Marx

Terrell Carver

Marx

Ontem e hoje

Tradução:
Denise Bottmann

Copyright © 2018 by Terrell Carver

Grafia atualizada segundo o Acordo Ortográfico da Língua Portuguesa de 1990, que entrou em vigor no Brasil em 2009.

Título original
Marx

Capa
Filipa Damião Pinto/ Foresti Design

Tipografia de capa
"Elza" da @blackletra

Preparação
Diogo Henriques

Índice remissivo
Gabriella Russano

Revisão
Erika Nogueira Vieira
Julian F. Guimarães

Dados Internacionais de Catalogação na Publicação (CIP)
(Câmara Brasileira do Livro, SP, Brasil)

Carver, Terrell
    Marx : Ontem e hoje / Terrell Carver ; tradução Denise Bottmann. — 1ª ed. — Rio de Janeiro : Zahar, 2021.

    Título original: Marx.
    ISBN 978-65-5979-035-7

    1. Marx, Karl, 1818-1883 2. Marx, Karl, 1818-1883 – Crítica e interpretação 3. Marx, Karl, 1818-1883 – Filosofia I. Bottmann, Denise. II. Título.

21-82984   CDD: 193

Índice para catálogo sistemático:
1. Marx, Karl : Filosofia alemã   193

Eliete Marques da Silva – Bibliotecária – CRB-8/9380

[2021]
Todos os direitos desta edição reservados à
EDITORA SCHWARCZ S.A.
Praça Floriano, 19, sala 3001 — Cinelândia
20031-050 — Rio de Janeiro — RJ
Telefone: (21) 3993-7510
www.companhiadasletras.com.br
www.blogdacompanhia.com.br
facebook.com/editorazahar
instagram.com/editorazahar
twitter.com/editorazahar

Sumário

Introdução: Um outro Marx 9

1. Transformando Marx em "Marx" 33
2. Luta de classes e conciliação de classes 56
3. História e progresso 104
4. Democracia e comunismo/socialismo 148
5. Capitalismo e revolução 186
6. Exploração e alienação 225

Posfácio 271
Nota sobre as obras completas e a formação do cânone 277

Agradecimentos 293
Cronologia 294
Abreviaturas 297
Notas 298
Bibliografia 322
Índice remissivo 331

Para meus (até agora) seis netos

Introdução: Um outro Marx

As obras de Karl Marx têm exercido uma atração de múltiplas facetas e múltiplas funções entre todos os tipos de públicos, políticos e não políticos, desde o começo dos anos 1840, embora em vida ele tenha contado com um número relativamente pequeno de leitores e gozado de pouca ou nenhuma fama. Marx encontrou seu primeiro público de massa no contexto ativista do movimento socialista internacional na segunda metade do século XIX; depois disso, passou a ocupar uma posição icônica entre os rivais e sucessores do movimento socialista, isto é, os comunistas e as estruturas comunistas de Estado, desde a revolução bolchevique na Rússia em 1917 até a queda do muro de Berlim, em 1989. De modo muito mais restrito, essa espécie de culto novecentista a Marx persiste até hoje, ainda que agora bastante marginal e cada vez mais tênue. Ao longo de todos esses desdobramentos póstumos, as relações entre o Marx histórico da "vida real", os marxismos atribuídos a ele, o Marx icônico dos cartazes nas passeatas e a política concreta dos movimentos, líderes e governos marxistas compõem um complexo torvelinho de negociações e conflitos políticos, ideológicos e acadêmicos. Nesses processos incluíram-se os confrontos da Cortina de Ferro e da Guerra Fria entre as grandes potências, além de uma enorme quantidade de libertações nacionais, revoluções, subversões, intervenções e mudanças de regime, junto com um grau considerável de violência por todo o planeta.

No entanto, o Marx histórico e seu legado intelectual só despertaram maior interesse acadêmico específico e respeitoso no final dos anos 1930. Esse Marx — "grande pensador" e dito revolucionário — foi então criticado nos anos 1950, revivido nos anos 1960, reconstituído nos anos 1970 e reinterpretado em releituras pós-marxistas desde o final dos anos 1980. Mais recentemente, desde os anos 1990 e no novo milênio, alguns o têm considerado o grande teórico da globalização, ocupando um lugar importante nos estudos globais e na economia política internacional. Durante e após as crises financeiras e econômicas mundiais de 2008, Marx foi invocado por comunidades e grupos ativistas, por economistas políticos e jornalistas da grande imprensa, chegando a ocupar a capa de revistas de notícias internacionais e aparecendo em documentários de tevê. Durante a última década, houve uma nítida cisão entre os estudiosos pós-coloniais e da decolonização sobre a maneira de entendê-lo: irremediavelmente eurocêntrico, "branco" e ocidentalizante, ou precoce dissidente com uma visão global das expropriações coloniais e dependências colonizadas. Sob uma forma ou outra, de uma maneira ou outra, Marx está de volta!

De todo modo, como referência política mundial e imagem facilmente identificável na cultura popular, e como figura estabelecida nos currículos de ensino e nos debates acadêmicos do mundo inteiro, Marx nunca desaparece e, apesar de todos os esforços, nunca desaparecerá. No entanto, como a cultura política e as instituições dominantes de sua época deixaram de existir faz muito tempo, foi inevitável que ele se transformasse numa espécie de espectro. Ou melhor, seu finado contexto e sua experiência de vida dentro desse contexto vieram a assombrar as diversas interpretações que seus escritos — os publicados em vida e os volumosos manuscritos reunidos postumamente — têm recebido até hoje por parte de estudiosos, comentadores, locutores de rádio e intelectuais da mídia, bem como de ativistas marxistas e zelosos antimarxistas. É verdade que, ao longo das décadas, suas obras adquiriram "vida própria", mas também é verdade que aquilo que os leitores sabem, ou não sabem, ou pensam que sabem sobre a vida de Marx afeta invariavelmente a interpretação que dão a suas palavras. E isso, por sua vez, afetará as conclusões que queiram extrair de seus contatos interpretativos com o "grande homem" e suas obras.

Embora os dados biográficos brutos da vida de Marx — nascimento, casamento, morte; o otimismo da juventude, as atribulações da meia-idade, as desgraças da velhice — sejam praticamente indiscutíveis, a história de vida que aparece em diversas narrativas biográficas gera inevitáveis controvérsias. Se Marx tivesse ingressado na carreira acadêmica (como queria na época em que era estudante) e, assim, tivesse escrito uma série de volumes importantes sobre filosofia, economia ou sociologia (as áreas em que, hoje em dia, costuma-se situar sua produção, nas prateleiras fisicamente separadas das bibliotecas ou nos sistemas digitais de classificação), haveria muito menos espaço para divergências sobre suas atividades concretas em vida e, talvez, suas expectativas quanto às atividades de outros. Se fosse um acadêmico, seria possível haver um ajuste muito melhor entre suas atividades e experiências de vida, de um lado, e nossa percepção do homem e recepção de suas obras, de outro. Ele estaria sentado num gabinete, escrevendo o que julgasse valer a pena escrever. Mas, como ativista político — e um homem que na verdade expressava sem rodeios seu desprezo pelos pretensos intelectuais radicais —, Marx coloca problemas peculiares para o estudo acadêmico.

Apesar das esforçadas tentativas biográficas de atenuar a difundidíssima imagem de "Karl Marx: homem e combatente" (citando o título de uma antiga biografia),[1] ela ainda gera dissociações interpretativas por todos os lados. Levando em conta seu engajamento político radical desde jovem, que geralmente é resumido em torno dos conceitos do Iluminismo e dos ideais da Revolução Francesa, por que ele dá uma contribuição tão ardorosa e brilhante à filosofia alemã? Levando em conta sua famosa declaração de que "A história é a história das lutas de classes",[2] por que não há nenhuma teoria sociológica das classes? Levando em conta seu engajamento no movimento socialista internacional e seu papel de destaque na Associação Internacional dos Trabalhadores (AIT), por que ele trabalhou por tanto tempo numa "obra de economia" tão imensamente obscura como *O capital*?

Marx, em sua época, era considerado um grande intelecto mas visto, em termos pessoais, como sujeito de temperamento forte. E, na verdade, foram apenas alguns poucos que, em círculos bastante restritos, fizeram tais avaliações e observações, às vezes muito tempo depois. Em vida, ele tentou várias vezes se explicar ao público leitor — dizendo quem era e (nas publicações censuradas) o que estava fazendo. Esse público mostrou-se bem pequeno, de fato, mesmo no final de sua carreira. Embora costumem ser repetidos nas narrativas biográficas, seus curtos parágrafos de conteúdo autobiográfico e autobibliográfico não guardam muita relação com a forma como ele tem sido, ao

Introdução

longo dos anos, demonizado e cultuado em termos políticos, bem como "reformulado" de diversas maneiras em termos intelectuais. Marx já foi retratado como pensador não democrático — às vezes antissemita — e radical do "Terror Vermelho"; inversamente, já foi celebrado como o "grande homem" indispensável das revoluções proletárias e mesmo camponesas pela libertação nacional e a modernização industrial em todo o mundo. E, em termos menos cinematográficos, foi acolhido na academia como "grande pensador" e subdividido por áreas, como descrevemos acima. Mas, desde os anos 1990, ele tem aparecido menos sob a forma de imagem em paramentos nacionais, monumentos públicos e bustos nos lares e mais como letra impressa em manuais, obras reunidas e biografias populares e "humanizadoras".[3] São versões de Marx muito diferentes, e cada uma delas ficou incumbida de várias tarefas a cumprir.

Portanto, se começássemos um livro sobre Marx nos moldes usuais da biografia intelectual, expondo seus primeiros anos e influências, resumindo suas obras de começo, meio e fim de carreira, repetindo os marcos usuais de uma existência, reciclando as poucas anedotas divertidas que permaneceram a seu respeito e sintetizando as contribuições que seu "pensamento" deu, acima de tudo, à filosofia e/ou à sociologia e/ou à teoria política e/ou à economia, isso poderia ser um pouco enganoso para o leitor. Como já dissemos e como veremos em detalhe nos capítulos a seguir, essas categorias acadêmicas não fazem muito sentido ao examinarmos as obras de Marx em seu contexto, devido à sua posição politicamente engajada e, ao mesmo tempo, antiacadêmica. De todo modo, ele mesmo deixou mais do que claro que o que estava fazendo não era "pensamento": numa anotação pessoal dos primeiros tempos, ele escreveu que

"Os filósofos só têm *interpretado* o mundo [...] a questão é *mudá--lo*", palavras que ajudaram a lhe trazer fama póstuma.[4] Além disso, agora que estamos a duzentos anos de seu nascimento, o contexto social e político em que Marx viveu na Europa de meados do século XIX não faz muito sentido direto para nós no presente. Assim, temos de examinar muito bem o que *nós* estamos fazendo, antes de abordarmos a "questão Marx".

Mais versões de Marx do que nunca

Marx escreveu muito, e muito do que escreveu foi preservado. Escreveu-se também muita coisa sobre ele, mas apenas após sua morte (antes disso, praticamente ninguém lhe deu atenção). Desde então, a reconstituição de Marx a partir de seus escritos — e o acompanhamento dos escritos de terceiros, sejam críticos, sejam favoráveis — tem prosseguido em escala industrial. E em data muito recente esse processo, agora usual, se acelerou ainda mais. A abordagem que adotei neste livro introdutório não se refere estritamente ao que Marx escreveu, mas sim ao que ele estava *fazendo* enquanto escrevia o que escreveu. Assim, ele não será considerado aqui como um filósofo, economista, "pensador" político ou intelectual difícil que precisa ser "humanizado". Pouquíssimos dos autores que escreveram sobre Marx eram ativistas políticos como ele, que iniciou essa "carreira" por volta dos 24 anos de idade e nela prosseguiu até o final da vida. E, ainda que alguns desses comentadores fossem ativistas políticos, não estavam fazendo o mesmo que ele fazia exatamente da mesma maneira, sobretudo porque os tempos mudam e a política também.

Introdução 15

Isso significa que "o que Marx escreveu" (ou, o que é mais comum nos comentários, "o que Marx pensava") aparece não exatamente fora de contexto, mas dentro de um contexto que não era o dele e foi criado pelo autor. Em termos amplos, esse contexto póstumo é o da biografia intelectual (dele, como intelectual) e do comentário feito por intelectuais (sobre ele, que não se via como intelectual). E, em geral, essas exposições procedem como se existisse uma identidade implausivelmente contínua entre pensamento e escrita, como se Marx sempre pusesse por escrito o que pensava, e só pensasse o que punha por escrito (e como se tudo o que escreveu e foi preservado — processo muito fortuito — abrangesse esse universo pessoal). No entanto, o autor que aqui lhes fala não é nenhum Doctor Who, e vocês não entrarão numa máquina do tempo para recriar a experiência vivida por Marx "em seu contexto".[5] Em vez disso, resolvi enfocar o presente, que é onde estão os leitores, para ver como Marx aparece de um ponto de vista que pode, espero eu, ser partilhado entre autor e leitor. Além disso, ao adotar essa perspectiva, minha intenção — um tanto contra a corrente — foi apresentar o que hoje partilhamos (ou, pelo menos, podemos supor que partilhamos) com Marx, em vez de expor como ele é diferente em sentido histórico e como é excêntrico em sentido intelectual, segundo a tendência predominante nas biografias intelectuais. Claro que há inúmeras diferenças entre esses dois tipos de abordagem, e elas precisam ser levadas em conta: tampouco Marx pode viajar no tempo e vir nos persuadir a "fundir nossos horizontes" numa animada conversa.

Os temas dos capítulos que escolhi para este livro, portanto, não são os "suspeitos de sempre", como a dialética, o materialismo, o idealismo e a ciência, que vemos quando nos apresentam Marx em termos intelectuais (num contexto bizarramente politizado) ou em termos políticos (num contexto bizarramente intelectualizado). Em vez disso, a estrutura do livro deriva de conceitos hoje correntes e, na maioria dos contextos, extremamente normais nas democracias liberais. Mas esses conceitos também derivam do contexto ativista de Marx na política de alianças numa época em que tanto o liberalismo quanto a democracia eram altamente incendiários.

Seguindo essa lógica, o que partilhamos com Marx não é o que lhe trouxe mais fama após sua morte, visto que sua fama póstuma foi construída para lhe dar coerência e originalidade doutrinária e, assim, lhe conferir vigor político. O que é tido como visão radical e como política radical mudou muito nos anos mais avançados de sua vida, e o que o aproximava dos radicais em anos anteriores já não era mais tão interessante, mesmo naquela época. Mas minha intenção não é provar que Marx não é mais radical — longe disso. Grande parte do interesse por Marx desde o final dos anos 1990, com as crises financeiras, surgiu para ressuscitá-lo justamente a fim de dar operacionalidade aos radicalismos correntes. Por um lado, é uma boa mudança em comparação aos dias da Guerra Fria, quando o radicalismo de Marx era tido como algo que jamais funcionaria e — o que é muito pior — desencadearia inevitavelmente um mal inimaginável e levaria à derrocada da civilização. Por outro lado, o Marx mais radicalizado (no sentido de sua identidade política e de sua originalidade intelectual) talvez não seja o que tenha mais conselhos a nos dar em nossa situação. Noto — com alívio — que hoje são raros os que afirmam que ele, e somente ele, pode "nos salvar" (e Marx certamente falava a sério quando dizia que isso não era tarefa dele).[6]

Introdução 17

Assim, este livro foi organizado em torno de conceitos e ideias que estão "em Marx" textualmente *e* em uso atualmente, em contextos tanto acadêmicos quanto ativistas. A organização deste estudo, portanto, segue até certo ponto em sentido contrário ao das narrativas, tanto acadêmicas tradicionais quanto ativistas engajadas, sobre "a vida e o pensamento" de Marx, que em geral avançam década a década textualmente (pelas "grandes obras") e contextualmente (pelo fracasso político e pela pobreza pessoal). Também segue em sentido contrário ao dos "manuais" explicitamente temáticos, que apresentam excertos ou textos completos com ínfima atenção ao contexto, seja do passado, seja do presente, assim forçando por meio da abstração uma leitura "filosófica" ou "teórica" de suas palavras. O ponto de partida deste livro ancora-se solidamente em questões políticas atuais, frequentes nos noticiários, mas mostrando em seguida como se construiu ao longo dos anos "um Marx" para responder a problemas persistentes desse tipo, e dando a devida atenção a seu ativismo socialista e a seus estratagemas políticos à medida que se desenrolavam.

Marx trabalhou em reconhecida parceria — embora às vezes mal entendida — com Friedrich Engels, mas aqui eles serão tratados como indivíduos e intelectos separados, e não como uma entidade em constante acordo, ou dividindo tarefas, ou escrevendo discussões complementares, como se um falasse pelo outro e fosse possível citá-los indiferenciadamente.[7] Assim, a relação entre suas atividades, obras e ideias como amigos e camaradas aparecerá de modo escrupulosamente histórico e fiel aos textos. Além disso, o objetivo aqui é apresentar um outro Marx, que fala ao presente por conceitos usados tanto entre ativistas quanto entre acadêmicos. Os engajamentos ativistas de Marx foram enfocados não segundo uma concepção estreita (e, no fundo, sectária) do que é ser marxista (ou mesmo marxiano), mas sim pela maneira de alcançar os públicos da época a fim de contribuir para uma mudança política. É interessante notar que esses conceitos tendem a coincidir com conceitos usados ainda hoje para as mesmas finalidades, que agora nem sempre operam utilizando a linguagem do marxismo como referência. Em outras palavras, hoje em dia social-democratas, "progressistas" e liberais sociais compartilham bastante desse mesmo vocabulário, pois era assim que se dava grande parte do ativismo de Marx na época. Isso requer um certo ajuste histórico, claro, sobretudo para entender que ser democrata e liberal nos tempos de Marx — e não só um socialista ou comunista "extravagante" — era ser, por definição, um radical perigoso, um subversivo imoral e um pérfido encrenqueiro.

Essa abordagem também se contrapõe à pedagogia política e acadêmica tradicional, a qual supõe — de variadas maneiras — que a iniciação em obscuros debates filosóficos constitui um preâmbulo indispensável a um contato com Marx. Na verdade, o próprio Engels, em idade mais avançada, incentivou esse tipo de enquadramento, apresentando materiais de teor didático sobre o materialismo, o idealismo, a dialética, a ciência e coisas do gênero.[8] Mais tarde, essa moldura ganhou corpo com as análises e argumentos de comentadores posteriores que sem dúvida têm interesse acadêmico, mas que — precisamente por causa disso — não estavam em sintonia com o ímpeto da política de Marx, tal como ele a exercia. Essa recepção engelsiana tem como efeito geral restringir o acesso ao pensamento de Marx, pois para isso seria supostamente necessário um árduo e intenso estudo preliminar. Ela também reveste a política com

Introdução 19

preocupações de ordem filosófica, das quais então derivariam as conexões políticas, o que é, em certa medida, o contrário do que fazia Marx. Essa abordagem filosofante do ativismo engajado de Marx esvaziou a mentalidade política com que ele operava e sufocou o envolvimento político que ele tentava incentivar em seus leitores.

Além disso, nossa abordagem neste livro também se opõe a um "fetichismo arquivístico" com que Marx tem sido apresentado desde os anos 1920, conforme os estudiosos buscam novidades e surpresas. Não há nada de errado nas pesquisas de arquivo, e na verdade elas podem ser muito reveladoras, mas essa atividade acadêmica tende a minar a autoridade e o interesse das obras que o próprio Marx de fato publicou (das quais apenas duas em colaboração explícita com Engels). A história da produção e publicação da maioria das obras de Marx é extremamente complexa, mas, de modo geral, ele se mostrava muito mais interessado em reiniciar projetos a partir do zero do que em reciclar retroativamente o que havia deixado de lado e não se destinava à posteridade. Com o habitual sarcasmo em relação a si mesmo, certa vez ele comentou em letra impressa que um conjunto inteiro de manuscritos fora "abandonado [...] à crítica roedora dos ratos",[9] enquanto ele próprio — muito tipicamente — seguira adiante, muitas vezes frustrando parentes, amigos e associados.

As discussões temáticas dos capítulos subsequentes serão avivadas com alguns excertos e citações menos conhecidos, sobretudo do jornalismo de Marx, o vetor característico com que operava para transformar o mundo. De fato, o que aparece como jornalismo em sua obra — no sentido de intervenção política publicada — será abordado quando for pertinente, de modo que algumas obras tradicionalmente "filosóficas" e/ou "sociológicas" e/ou "teóricas" e/ou "econômicas" e/ou "históricas" começarão a adquirir outra fisionomia, mais semelhante ao que eram para ele, ou seja, intervenções políticas. O mesmo tipo de consideração se aplica à sua correspondência, especialmente ao ser lida ao lado de atividades jornalísticas específicas e engajamentos ativistas coletivos, de modo que poderemos ver como seu pensamento político operava dentro de um determinado meio de comunicação e com vistas a um determinado público.

Além disso, o que busco é uma maneira renovada de abordar Marx, incluindo pesquisas acadêmicas de relevância textual e contextual, mas também concentrando a atenção do leitor nos papéis que suas ideias e reflexões vieram a desempenhar — mesmo que sem receber os créditos — nas práticas políticas e nas culturas acadêmicas atuais. É difícil imaginar algum outro "grande pensador" dos tempos modernos que tenha exercido maior influência nas vidas, nas mortes e nas ideias do que Marx. Todas essas versões de Marx, porém, não eram realmente ele. Seus pensamentos — ou melhor, os que temos publicados — ficaram ao encargo de terceiros, para serem pensados e repensados, seja em relação a mudanças políticas em escala mundial, seja em relação a textos estabelecidos e ensaios estudantis. Embora minha abordagem não pretenda responder à irrespondível pergunta "O que Marx diria agora?", ela incentiva a pergunta prática "Como ler Marx me estimula a pensar de novo?".

Introdução 21

Problemas e preliminares

Mas há algumas dificuldades iniciais para delinear o que partilhamos com Marx e travar com ele uma conversa significativa. Boa parte deste livro está diretamente envolvida nessas questões, de modo que Marx começa a fazer sentido somente depois de algumas reflexões e ajustes *em nós mesmos*. Assim, o exercício aqui consiste não em fornecer o contexto *de Marx* ao leitor, mas em chamar a atenção sobre *nossos* pressupostos e suposições contextuais enquanto leitores, de modo que ele se nos afigure um pouco menos estranho. Nesse sentido, minha esperança é que os leitores teçam algumas reflexões críticas sobre as razões pelas quais podem vir a considerá-lo antes de mais nada uma figura interessante — e não apenas histórica ou curiosa.

Assim, temos aqui um problema de gênero, pois este livro não é nem uma biografia (de um intelectual responsável por grandes pensamentos), nem um manual (o que precisamos saber para sermos intelectuais). Ele consiste num conjunto de ensaios sobre temas a pensar quando lemos Marx, quando mergulhamos em sua vasta obra, mas nem sempre encontramos os textos conhecidos e os ângulos usuais que — por razões de clareza e informação geral — também aparecerão à medida que avançarmos. Se essa abordagem der certo, terei conseguido mostrar um pouco as formas e as razões pelas quais Marx pensou sobre coisas que possuem um interesse vital para nós no presente, mas não da maneira como a maioria das "versões de Marx" tem sido construída para se dirigir aos diversos públicos leitores. É claro que Marx não fez o que fez em sua época exatamente da mesma maneira como qualquer um de nós faz qualquer coisa hoje em dia, nem exatamente pelas mesmas razões, mas isso nem vem muito ao caso, pois, de todo modo, não há entre nós duas pessoas que pensem a política hoje exatamente da mesma maneira e exatamente pelas mesmas razões. Confio que o leitor verá que a orientação contemporânea deste livro também presta o devido reconhecimento à diferença histórica e não é necessariamente anacrônica nem descabida.

A quantidade de biografias intelectuais de Marx disponíveis hoje é maior do que nunca, e a quantidade de pesquisas de arquivo (e não só o dele) *sobre* a composição dessas obras é maior do que qualquer um poderia esperar alguns anos atrás. Existem também cartilhas políticas com exposições lapidares da "doutrina" e dos princípios de seu "-ismo" (como se Marx e o marxismo tivessem surgido juntos, como se fossem um só — coisa que não aconteceu). Se nos ativermos ao homem (e tomarmos o "-ismo" como abstração intelectual e projeto político posteriores), a quantidade de problemas interpretativos a serem enfrentados diminuirá. Acima de tudo, este estudo evitará projetar sobre o próprio homem, sem uma sólida garantia histórica, os vários marxismos que surgiram independentemente de Marx — inclusive os resumos coetâneos de Engels sobre as reflexões publicadas de Marx. Quem quiser começar pelo marxismo e então recuar para Marx e depois avançar até nossos dias tem todo o direito de proceder assim.[10] Mas o compromisso deste livro é o de se ater a Marx — e aos ativismos dele e nossos — e deixar as disputas intramarxistas mais complexas para outras ocasiões e intragrupos.

Reduzi as citações de obras secundárias a fim de preservar o tom coloquial da exposição, dirigindo o leitor (espero eu) a itens que julgo serem acessíveis e proveitosos para aprofundar

Introdução 23

a compreensão e promover a discussão, preferindo sempre as obras mais recentes. Para Marx e suas obras, usei a coletânea em dois volumes da Cambridge University Press (*Early Political Writings* e *Later Political Writings*), junto com as *Collected Works* de Marx e Engels na edição standard em inglês (em cinquenta volumes).[11] Embora os volumes da Cambridge tragam apenas uma seleção de destaques, trata-se de uma edição em brochura com preço acessível. As *Collected Works* são muito mais completas (embora o que exatamente constituiria esse "completas", no caso de Marx, seja um problema espinhoso, envolvendo quase cem anos de projetos conflitantes em meio a vários turbilhões políticos). Os que têm acesso aos serviços de bibliotecas terão alguma chance de acompanhar meu uso desse recurso. Espero que seja um meio-termo razoável, e que os leitores que ficarem interessados possam encontrar tudo o que há de Marx disponível em inglês, o que, em termos de legibilidade, é na verdade mais do que há disponível em seu alemão nativo ou em qualquer outro idioma. E existem, é claro, inúmeras outras coletâneas populares ou volumes seriados das obras de Marx e Engels acessíveis em versões impressas, de segunda mão ou on-line.[12]

Incluo ao final uma proveitosa tabela cronológica, mostrando datas importantes para Marx e para seu amigo e ocasional colaborador Engels, oferecendo assim uma linha temporal biográfica e bibliográfica de apoio aos capítulos temáticos. Há também referências a biografias acessíveis ao longo de toda a exposição, para que os leitores possam consultar mais detalhes. Os cinco capítulos temáticos apresentam pares de ideias selecionadas, primeiro em seu contexto atual e depois recuando ao próprio Marx, passando pelos diversos momentos de recepção com que os leitores provavelmente irão se deparar. Assim, o ativismo de Marx na vida real será sintetizado em e por meio de um conjunto de conceitos úteis, empregados por ele e utilizados por nós no presente. Isso evitará afirmações espúrias de que seu "pensamento" era (ou pretendia ser) uma unidade, culminando em "teorias" (ou "doutrinas" científicas ou políticas) muito bem sistematizadas, a que ele teria chegado, em larga medida, graças a um esforço puramente intelectual, ou de que "ele" — o pensamento — seria realmente o próprio Marx ativista político.

Os acadêmicos não costumam alardear o componente imaginativo em suas exposições, mas certamente aqui ele é utilizado. Na abordagem "ativista" de Marx que adotei, é inevitável que haja algum elemento de reconstituição especulativa. Marx atuava em grupinhos e redes obscuras que surgiam e sumiam sem que nem se percebesse muito na época, e assim a tarefa de reconstituição narrativa fica muito mais difícil do que seria se tudo ocorresse às claras e estivesse "registrado". Quanto às conversas — e era a elas que Marx dedicava grande parte do tempo de suas atividades —, as pessoas não punham tudo por escrito (na verdade, em geral não punham nada por escrito), e, o que é mais importante, o que era escrito (e, pelo menos de vez em quando, publicado) guardava íntima ligação com o contexto, estava quase sempre sujeito à censura e muitas vezes era *ad hominem*. Muitos dos *homines* com quem Marx esteve envolvido foram devolvidos à obscuridade pelos historiadores, o que de forma alguma aconteceu com Marx, embora em grande parte não por culpa dele. É um esforço e tanto vê-lo em alguns aspectos como igual — e, na época, consideravelmente inferior — àqueles que agora são lembrados como meros "figurantes"

Introdução 25

na história de sua vida, isso porque os biógrafos construíram essa narrativa centrada em torno de Marx e subordinada ao gênero biografia. Se eu não quisesse correr riscos neste livro, iria me ater às "palavras na página" (as quais, evidentemente, em sua uniformidade impressa, não têm nada a ver com as páginas reais que o próprio Marx estava escrevendo, nem mesmo com as páginas que seus editores efetivamente publicaram).

No entanto, assumi aqui o risco — que é o que temos de fazer ao tentar recriar os efêmeros ativismos da época — de preencher algumas lacunas do material registrado, mesmo porque manter registros naquela época significava apenas jogá-los nas mãos da polícia e dos tribunais, os quais, de todo modo, estavam criando suas próprias versões "espectrais" desses ativismos, versões "medo vermelho" deles, com a hábil assistência de políticos e espiões.

O gênero aqui adotado talvez seja um pouco parecido com o dos cinedocumentários ou o das peças teatrais históricas: uma parte do diálogo é literal, mas uma parte da reportagem ou da peça segue o espírito do que (provavelmente) se passava. O que busco aqui, acima de tudo, é uma sensação de experiência viva, mais do que um texto morto(al). Mas, se esse exercício funcionar, não será porque eu tenha convencido alguém de que Marx está sempre certo ou mesmo de que é sempre muito fácil de entender. O sinal de que tive sucesso será o momento em que a atenção de algum leitor se desviar de Marx e passar a considerar (ou melhor, *re*considerar) as prementes questões políticas de hoje.

Como funciona a coisa e o que ela faz

As questões e os temas apresentados acima são tratados em mais detalhes no capítulo 1, "Transformando Marx em 'Marx'", que prepara a cena para as duplas "lentes" conceituais dos capítulos 2 a 6, a fim de ver o engajamento ativista de Marx, situando suas palavras dentro de seus projetos.

O capítulo 1 explica como chegamos a uma posição na qual Marx está sempre presente. Esse capítulo inicial se contrapõe a abordagens convencionais que afirmam que um Marx construído é necessariamente falso em relação ao Marx "real". Em lugar disso, o capítulo explica de que modo o primeiro Marx surgiu como artefato dentro de estratégias políticas específicas empreendidas *por ele próprio*, e como as versões posteriores de Marx têm sido até hoje construídas por biógrafos, comentadores, políticos e ativistas. Mas, ao longo do caminho, topamos com os elementos biográficos "básicos" de sua vida, e assim ganhamos alguma familiaridade com sua época e suas atividades. Essa abordagem traz uma visão mais ampla do que é tido como política, levando em conta os termos variáveis com que o ativismo político foi e é conduzido em diferentes contextos históricos. Ela também explica detalhadamente de que maneira Marx se tornou tema acadêmico e teve suas obras — e, portanto, sua política — filtradas por diversos enquadramentos em diversas disciplinas, principalmente a filosofia, a sociologia, a economia e a história. Além disso, esses enquadramentos tendem a apresentar o marxismo como uma ideologia, revelando suas origens mais de tipo acadêmico do que prático, a despeito das afirmações em contrário. Mas isso apenas coloca o problema da síntese e da referência: será que o que sabemos

Introdução

sobre Marx e o que temos de suas obras só pode ser entendido a partir dessas construções póstumas de sua figura, de seu "-ismo" e de sua ideologia? Os capítulos subsequentes, por sua vez, tomam conceitos surgidos no presente e, passando por esses fenômenos de recepção de sua obra, recuam até o Marx em atividade em seu contexto "cotidiano".

O capítulo 2, "Luta de classes e conciliação de classes", introduz aquele que é provavelmente o conceito mais importante associado a Marx ainda usado hoje — o conceito abrangente de luta de classes —, e que teve papel central em sua vida, pensamento e política. O texto resume brevemente as teorizações de classe mais corriqueiras com que a política contemporânea opera, mostrando como os projetos políticos e as análises acadêmicas têm trabalhado em conjunto — e também em enorme tensão — para colocá-la como a grande "questão social". Concebe-se a luta de classes na política às vezes em oposição, às vezes em complementaridade e interseção, com a "política identitária" de raça, gênero, sexualidade, religião e similares que está em curso especialmente desde os anos 1950. Em contraste, costuma-se teorizar a conciliação de classes numa relação negativa com a atividade revolucionária de Marx, mas, afora esse contexto, ela costuma ser teorizada numa relação positiva com as conquistas do constitucionalismo antiautoritário e dos Estados de bem-estar social. Além disso, o capítulo argumenta que essas conquistas liberais, seguindo-se desde as sublevações europeias de 1848-9, têm sido historicamente recebidas de uma forma que minimiza ou apaga as lutas e conflitos — contra governantes e instituições de caráter conservador e reacionário — por meio dos quais as revoluções democráticas liberais foram de fato alcançadas. Convencionalmente, mas a contrapelo dos fatos, essas conquistas são muitas vezes entendidas como resultados de conciliações pacíficas, um processo sobre o qual Marx era muito mais realista (em termos de luta) e do qual teve alguma experiência própria como ativista político (em termos de conciliação).

O capítulo 3, "História e progresso", ilustra como a política contemporânea do triunfalismo liberal democrático e capitalista reproduz a "a-historicidade" contra a qual alguns ativistas marxistas — e muitos acadêmicos — têm lutado, sobretudo os que, em anos recentes, têm se dedicado a abordagens genealógicas e desconstrucionistas da capacidade de julgamento e decisão nas circunstâncias atuais. Esse interesse pela contingência e pelo indeterminismo tem suas raízes nos textos de Marx, mas também encontra seu "outro" em versões mais antigas do marxismo e da história marxista, em que os conceitos de determinismo e ciência formavam uma poderosa conjunção política, a qual, porém, acabou caindo vítima das críticas do século xx. O foco político de Marx na produção, distribuição, consumo e troca como elementos fundamentais tanto na vida cotidiana de qualquer período quanto em qualquer investigação da história (inclusive da pré-história) revolucionou a historiografia, no mínimo por estabelecer um ponto de referência fundamental para o debate. A ideia de progresso na política contemporânea é talvez menos poderosa do que costumava ser, mas, de todo modo, qualquer preocupação com o aperfeiçoamento humano (e, obrigatoriamente, com as condições do planeta para os seres humanos) suscita o problema de definir qual é o tipo de sociedade capaz de fornecer base até mesmo para os mais ínfimos ajustes políticos "para melhor". É muito frequente desdenhar Marx como visionário — e, na verdade,

Introdução   29

algumas das ideias desse teor atribuídas a ele são espúrias —, mas, entre os que adotam essa linha crítica, são raros os que endossam as concepções inversas de estase ou regressão. Há uma certa verdade no lema "Agora somos todos marxistas". O capítulo 4, "Democracia e comunismo/socialismo", apresenta uma conjuntura que tem adquirido uma importância cada vez maior. Ao longo de toda a carreira de Marx e de suas posteriores recepções, ele e outros tiveram evidente interesse em traçar uma linha muito nítida entre suas ideias como comunista (ou, mais tarde, socialista — naqueles tempos os termos não eram muito estáveis e distintos) e as ideias dos revolucionários e defensores da democracia, em que ainda persistem consideráveis debates na teoria e consideráveis diferenças na prática. Todavia, Marx queria se diferenciar de outros liberais (isto é, defensores da democracia constitucional) como pensador "de esquerda", afirmando que os governos democráticos não deviam deixar os problemas sociais e econômicos entregues somente às relações de mercado ou apenas às instituições beneficentes ou à caridade pessoal. E, de fato, ele trabalhou ao lado desses liberais, visto que todos os defensores do constitucionalismo naquela época eram, por definição, traidores, rebeldes e revolucionários — assim denominados por regimes autoritários, não constitucionais e profundamente clericais. No entanto, quando o autoritarismo cedeu caminho (por meio da luta) a formas bastante restritas de democratização e ao concomitante desenvolvimento de uma esfera de discussão pública (ainda altamente censurada), os liberais traçaram uma clara linha divisória entre eles e seus antigos *confrères* socialistas e comunistas radicais, ainda revolucionários. O capítulo 4 conduz o leitor por esse intrigante jogo de distinções binárias e examina a recusa sumaríssima, porém muito interessante do ponto de vista metodológico, de debater em mais detalhes a sociedade comunista — ou mesmo os estágios de transição socialista até ela.

O capítulo 5, "Capitalismo e revolução", aborda a força inconteste de Marx no presente, como o crítico mais incisivo e mais cabal do capitalismo. Marx considerava o capitalismo — uma espiral crescente de produção com vistas ao lucro — como uma revolução da mais alta importância nos assuntos humanos. Essa revolução, a seu ver, se refletia em mudanças de longo prazo nas formas de governo, nos sistemas jurídicos e políticos e nas práticas religiosas, intelectuais e culturais com que se dá a vida social e "se faz com que ela faça sentido" para os indivíduos. Marx caracterizou claramente essas práticas como formas ideológicas por meio das quais se concebem e se travam as lutas. Passou a vida examinando tal fenômeno revolucionário mundial em todos esses aspectos, de forma que fosse possível abolir os aspectos negativos do capitalismo, mas preservando e organizando os ganhos de produtividade e os aperfeiçoamentos tecnológicos em benefício de todos. Assim ele se colocava categoricamente contra o sistema de propriedade privada que dava origem às desigualdades de riqueza e poder e contra o qual — assim ele afirmava e propugnava — a democracia se levantaria e venceria. Esse capítulo explica que o que Marx entendia por revolução não corresponde, de modo geral, à surrada visão negativa de que é injustificável a violência na transformação social, sendo na verdade uma avaliação realista dos fatos históricos; e tampouco corresponde à surrada visão liberal de que a democracia é apenas uma forma ou procedimento invocando instituições e sistemas "majoritá-

Introdução 31

rios", sendo na verdade uma sólida concepção da prosperidade humana e de um pacote definido de políticas apropriadas.

O capítulo 6, "Exploração e alienação", aborda o contraste entre um Marx maduro "economista" e um jovem Marx "humanista", contraste este criado pela recepção acadêmica pós-Segunda Guerra Mundial. O *magnum opus* de Marx, o primeiro volume de *O capital*, era uma minuciosa denúncia de um sistema logicamente especificável que estava — e continua — gerando desigualdades crescentes e crises catastróficas, com repercussões mundiais. Seu objetivo era minar as bases em que se apoiavam as elites proprietárias e a ciência social da época — a "economia política" que sustentava o poder e a influência dessas elites no governo e na sociedade. Assim, Marx se dedica em suas obras a definir e ilustrar em termos políticos precisos a exploração no cenário capitalista. Mas seu raciocínio está demasiado próximo do discurso dos economistas políticos da época — e, portanto, demasiado distante da economia atual — para ser prontamente entendido nos dias de hoje. A alienação, por outro lado, deriva dos manuscritos e rascunhos que o próprio Marx deixara de lado, quando sua reflexão sobre esses temas e questões — igualmente fundamentais para ele e para nós — alcançou maior precisão analítica e minuciosa apreensão empírica. Não deixa de ser um tanto paradoxal que, hoje, o que costuma sobreviver como crítica canônica à sociedade capitalista seja essa versão "inicial" de seu "pensamento", mais do que seu simultâneo ativismo. Isso porque o caráter aparentemente "filosófico" da redação nesses textos editorialmente montados agora parece superar a dissociação entre sua elaborada crítica posterior da "economia política" e os pressupostos da economia atual. Esse capítulo examina como diferentes leitores criaram diferentes "versões de Marx", chegando até a criar novas "obras" para seu cânone.

Posfácio: essa discussão final reexamina e avalia os vários conceitos e recepções analisados e debate a "aplicabilidade" de várias "versões de Marx" no futuro.

1. Transformando Marx em "Marx"[1]

O CONTEXTO EM QUE OS LEITORES — acadêmicos ou não — vieram a conhecer Marx como "Marx" não foi descoberto postumamente por diligentes biógrafos vasculhando arquivos. Foi construído em primeiro lugar pelo próprio Marx, em seguida por outros, enquanto ele ainda era vivo, e depois postumamente, após um intervalo de cerca de trinta anos. Esse contexto — biográfico e bibliográfico — agora exerce um profundo efeito sobre o Marx que imaginamos ao lermos sobre quem ele "era". Basta dizer que seus biógrafos e bibliógrafos — que se seguiram a ele nesse papel — exercem sobre o que sabemos hoje sobre Marx uma influência muito maior do que a dele próprio, mesmo quando estava tentando criar renome. Ou melhor, o que ele nos contou sobre si mesmo em diversas fases de sua vida foi assimilado de várias maneiras seletivas, a fim de reforçar o que os biógrafos mais ou menos autorizados — desde a Primeira Guerra Mundial — pensam que devemos saber sobre "a vida e o pensamento" de Marx.[2]

E é claro que, enquanto Marx vivia sua vida, pensava seu "pensamento" e escrevia seus escritos, havia ali um contexto "cotidiano" de incerteza e contingência. Marx ainda não sabia que ele era Marx, o "grande homem" e o "grande pensador" na acepção posterior. Mesmo quando ele se apresentava aos leitores e repassava sua vida até aquela data, olhava em frente e agia voltado para o público que pretendia atingir, em vez de olhar para trás, voltado para algo já "feito" e, portanto, "a ser conhecido", que é o olhar próprio do biógrafo. As biografias adotam um gênero que não é o cotidiano contingente, pois o que se apresenta aos leitores é uma história de vida que já terminou, e tampouco é a exposição autobiográfica e política com vistas à publicidade, como certamente eram as autocaracterizações de Marx. Este capítulo examina o que pensamos saber sobre Marx à luz da análise perspectiva acima apresentada. Mas, e nisso o capítulo escapa um pouco ao costumeiro, ele começa com Marx apresentando pessoalmente sua vida, enquanto vivia. Então vemos a distância entre sua visão "cotidiana" de si mesmo e as "versões de Marx" que foram construídas pelos biógrafos. O maior acesso mundial aos escritos de Marx numa infinidade de versões também lhe dá — incluindo imagens autênticas e imagens imaginadas — uma visibilidade maior do que nunca,[3] porém como "grande homem" e "grande pensador" com uma variedade de traços muitas vezes incompatíveis entre si. Essas versões de Marx serão detidamente examinadas aqui, com a devida consideração pelos dados biográficos "básicos", de forma que teremos alguma ideia de sua vida e de sua época ao vermos o tratamento que ele e outros lhe deram. Desse modo, o que lemos de Marx e sobre Marx e, ao mesmo tempo, o que podemos pensar a respeito da política hoje em dia, poderão travar um diálogo com bases bem informadas, nos capítulos conceituais posteriores.

"Selfie" de Marx: n. 1[4]

A primeiríssima caracterização autobiográfica de Marx raras vezes é mencionada pelos biógrafos e comentadores, mas ela

Transformando Marx em "Marx" 35

assinala um momento interessante em suas atividades iniciais, quando, aos 29 anos de idade, ele revê sua vida até então e se apresenta ao público almejado. Embora os dados biográficos expostos a seguir sejam — desde meados do século XX, em todo caso — talvez bastante familiares a muitos leitores,[5] meu enfoque sobre a visão do próprio Marx a esse respeito lhes confere um significado um tanto distinto. Esses dados não são pequenos degraus rumo a obras de maior importância, nem referências a obras-primas filosóficas displicentemente postas de lado mas à espreita num arquivo. Pelo contrário, ele menciona esses pontos de referência autobiográficos como marcadores na carreira de um escritor/ativista que começa a ter alguma projeção, anunciando a si mesmo e seu livreto (o primeiro de sua autoria exclusiva) como um projeto político-intelectual de alcance europeu.

Nascido em Trier, na Renânia (então Prússia renana), em 1818, Marx teve no liceu uma educação germânica clássica, que o levou a cursar direito (e também a se envolver em alguns episódios "estudantis" infelizes) na Universidade de Bonn e depois (com maior comedimento) na Universidade de Berlim, a capital do reino prussiano. Marx estava seguindo em linhas gerais aquilo que, em termos novecentistas, veio a ser conhecido como uma pauta liberal imbuída de valores iluministas, a saber, a defesa da soberania popular e das disputas eleitorais, do governo representativo que deve responder à sociedade e da igualdade perante a lei com um Judiciário independente. Qualquer um que adotasse essa pauta fazia-o sob rigorosa censura do Estado, no clima político hostil do autoritarismo monárquico anticonstitucional e de uma instituição religiosa de perfil semelhante. Esse liberalismo e esse republicanismo refletiam, sem dúvida, valores que ao menos algumas pessoas abraçaram em Trier, onde Heinrich, pai de Marx, e Ludwig von Westphalen, amigo do pai e futuro sogro de Marx — ambos profissionais liberais —, estavam sob certa suspeita e vigilância devido a possíveis tendências subversivas.[6] No entanto, são direitos e liberdades civis que só foram (em certa medida) instaurados em regimes constitucionais após a Primeira Guerra Mundial e, por isso, não recebem caracterização suficiente entre os primeiros biógrafos de Marx no contexto inicial dos anos 1820 e 1830. Na virada para o século XX, a profunda e opressiva hostilidade das autoridades e do sistema dominante diante de qualquer mínima participação popular nas instituições representativas havia em boa parte desaparecido. Mas, nos dias do *Vormärz* (isto é, antes dos acontecimentos revolucionários da Europa Ocidental e Central na primavera de 1848), esses direitos e liberdades civis eram tidos como muito, muito mais radicais do que cinquenta anos depois, mesmo que fossem formulados na época em termos reformistas bastante brandos. Nos primeiros tempos de Marx, o liberalismo estava longe de ser respeitável; era, na verdade, tido como sedição e traição. Para os regimes religioso-políticos estabelecidos, o liberalismo era a ladeira íngreme e escorregadia que levava aos extremismos e terrorismos das sucessivas revoluções francesas, então muito recentes, de apenas algumas décadas antes. De fato, a ocupação napoleônica da Renânia e a implantação de valores e princípios republicanos foram totalmente rejeitadas e anuladas pelo regime prussiano restaurado após 1815, mesmo que "aqueles dias" de instituições republicanas fossem discretamente reverenciados por alguns como — na memória viva — uma introdução progressista e "iluminista" da modernidade.

Transformando Marx em "Marx"

Marx desistiu de seguir a carreira paterna de advogado e preferiu se dedicar à filosofia, lendo tanto autores clássicos quanto as obras do finado G. W. F. Hegel, então renomado na Europa Central como o principal filósofo moderno, a quintessência da filosofia germânica. Aos 23 anos, Marx enviou pelo correio uma tese de doutorado sobre a filosofia grega clássica para a Universidade de Iena, que nunca frequentara, e depois abandonou qualquer esperança de seguir carreira acadêmica, dada a hostilidade do governo ao radicalismo revolucionário e a ações potencialmente traidoras. Naquele momento crucial, ele optou pelo jornalismo político, escrevendo reportagens impactantes para o *Rheinische Zeitung*, um jornal de classe média da Renânia, durante um breve período (1842-3) de relativo abrandamento da censura na Prússia. Entre suas contribuições havia artigos sobre a pobreza rural local, editoriais raivosos defendendo a liberdade de imprensa, a lei do divórcio e outras questões civis similares, bem como críticas *ad hominem* dirigidas a "escolas de pensamento" de orientação política, inevitavelmente disfarçadas como matérias de mero interesse intelectual a fim de conseguir passar pela censura. Quando outros editores e financiadores do jornal se acovardaram, Marx assumiu a editoria e "endureceu" a linha do jornal contra o constante assédio da polícia.

Depois que o governo prussiano fechou esse jornal liberal (para a época) em Colônia, e depois de se casar e passar a lua de mel num balneário da Renânia, Marx se aventurou outra vez, no outono de 1843, no mesmo território político/intelectual, coeditando o "número especial" (só saiu um número) do *Deutsch--Französische Jahrbücher* de 1844, um volume de ensaios políticos de diversos colaboradores, agora muito raro. Afastando-

-se do clima opressor e das repressões policiais dos Estados germânicos, Marx e a esposa haviam se estabelecido, com outros radicais alemães, em Paris, onde — assim esperavam eles — suas atividades não atrairiam tanta atenção oficial. Editado por Arnold Ruge e Karl Marx (nessa ordem), o "número" dual do periódico trazia uma troca de correspondência sobre assuntos políticos entre os dois editores;[7] contribuições políticas dos poetas radicais Heinrich Heine e Georg Herwegh; "Cartas de Paris" de Moses Hess, o teórico comunista cosmopolita; ensaios do jornalista Ferdinand Coelistin Bernays (também conhecido como Karl Ludwig, colega de Marx) e do liberal (radical) da Prússia Oriental Johann Jacoby, além de um ensaio do promissor Friedrich Engels de Manchester e outro do coeditor Karl Marx, que, afora isso, ainda não tinha qualquer ligação efetiva com Engels.[8] A intenção era contornar a censura nos Estados germânicos e fazer o volume chegar aos germanófonos "em casa", a fim de anunciar e tentar ampliar um coletivo radical de intelectuais que, em alguns casos, dividiam a moradia em alojamentos baratos no estrangeiro. O projeto político era, em termos amplos, derrubar as monarquias e as instituições religiosas do Antigo Regime a leste do Reno e, assim, liberalizar a ordem política e modernizar as economias locais, instituindo os direitos civis, o regime republicano e o livre-comércio.

Trabalhando em conjunto com o novo amigo e colaborador Friedrich Engels, Marx lançou a seguir um pequeno livro, publicado em 1845 em Frankfurt-am-Main, sob censura germânica. Era *A sagrada família, ou A crítica da crítica crítica: Contra Bruno Bauer e consortes.*[9] No livro, os dois fizeram uma polêmica tentativa de radicalizar contra os liberais radicais que permane-

Transformando Marx em "Marx"

ciam nos Estados germânicos, os quais, em termos de origens e educação universitária, não eram muito diferentes do próprio Marx. Com efeito, o Bauer do subtítulo tinha sido professor e *confrère* político de Marx — lançando ataques racionalistas e ateístas quase indisfarçados contra o cristianismo e, assim, contra a monarquia prussiana — em seus dias na Universidade de Bonn. Não admira que Bauer tenha sido demitido do cargo universitário. Em vista da censura e do restritíssimo público visado, a obra satírica de Engels e Marx levantou alguma poeira, mas num minúsculo perímetro, marcando pontos contra intelectuais que só pareciam moderados em comparação à ala radical que morava no exterior.

Tendo se instruído nos escritos comunistas da época — que eram utópicos sob vários aspectos —, Marx fundiu seu interesse jornalístico pelos trabalhadores pobres[10] com as resoluções políticas bem mais abstratas, e bem menos "cotidianas", então disponíveis. Talvez não surpreenda muito que ele e a família tenham sido expulsos da França na primavera de 1845, e então voltado a se instalar — em outra colaboração liberal/radical/comunista — em Bruxelas, onde a polícia era um pouco menos paranoica e certamente menos eficiente.

De 1845 a 1846, os dois ativistas e agora autonomeados comunistas[11] Marx e Engels — junto com outros colaboradores — se dedicaram a redigir uma continuação e uma ferina tréplica a seus objetos de crítica — em especial Bauer —, que tinham ousado responder ao ríspido *A sagrada família* em termos pouco adequados. Segundo eles, essas respostas eram meras críticas filosóficas que não levavam em conta os problemas prementes colocados pela realidade econômica da miséria e do sofrimento que se faziam claramente visíveis (como o jornalismo de Marx

40   *Marx*

conseguira demonstrar, dentro dos limites impostos pela censura sobre esse assunto). Mas então, após algumas difíceis e incômodas experiências com diversos coautores e editores, das quais não resultou quase nada (além de uma caixa cheia de manuscritos inacabados), Marx resolveu vir a público para apresentar aos leitores algo sobre si mesmo. Enviou uma nota pública de 8/9 de abril de 1847,[12] que saiu no *Deutsche-Brüsseler Zeitung*, um jornal de *émigrés* em Bruxelas, e no *Trier'sche Zeitung*, jornal de sua cidade natal, Trier. Os detalhes que ele apresenta na nota são agora um tanto obscuros, e mesmo na época eram tortuosos, mas o projeto de autodivulgação de Marx estava em visível andamento. Em meio à sua raivosa denúncia de um correspondente de jornal que lhe atribuíra obras e comentários que desmentiu vivamente, Marx apresentou pela primeira vez ao leitor desinformado um perfil sobre sua pessoa e suas atividades. A essa altura, ele estava claramente convencido de que tinha algo a dizer, tanto sobre suas realizações anteriores (de meros quatro anos) quanto sobre suas expectativas futuras — ou, pelo menos, assim pretendia que os leitores pensassem.

A salva com que inicia a nota, então sem título, informa aos leitores de língua alemã que ele está com um livro no prelo *em francês*,[13] no qual trata de uma figura importante na vida intelectual e política europeia, Pierre-Joseph Proudhon. O *Sistema das contradições econômicas*, livro de Proudhon lançado no ano anterior, fora amplamente resenhado e comentado; além disso, para os alemães letrados, a língua francesa, sua literatura e seu pensamento político eram verdadeiramente internacionais e inigualáveis. Ademais, quanto a obras referentes à "questão social" — que incluíam análises das desigualdades de riqueza e poder, ou seja, das divisões de classe nas sociedades em modernização —, os autores franceses, inclusive e sobretudo pensadores agora classificados como socialistas utópicos,[14] constituíam verdadeiras autoridades. Nesses jornais, Marx estava anunciando sua próxima réplica: *Miséria da filosofia: Resposta à "Filosofia da miséria" do sr. Proudhon.*

Num interessante lance publicitário, Marx anuncia Proudhon como importante autor de renome europeu e, assim, anuncia a si mesmo como autor de um importante contragolpe de título espirituoso, rebaixando um desventurado alemão, o Karl Grün do tema e do título editorial posterior. Grün era o autor de um exame supostamente abrangente dos movimentos sociais que haviam lutado contra a injustiça econômica e política (como variadamente a entendiam) na França e na Bélgica em 1845. Em data recente, Grün também acabara de traduzir para o alemão a própria obra de Proudhon a que Marx estava respondendo. Depois de descartar uma autoridade rival sobre os movimentos sociais *e* sobre a mais recente obra de Proudhon, Marx informa aos leitores sem qualquer rodeio:

> Minha crítica a Proudhon está escrita *em francês*. O próprio Proudhon poderá responder. Uma carta que ele me escreveu logo antes de publicar seu livro não mostra absolutamente qualquer disposição de deixar sua defesa a cargo de Herr Grün e seus associados, no caso de uma crítica de minha parte.[15]

Os leitores agora sabem que o "editor do antigo *Rheinische Zeitung*", título e fato que Marx teve o cuidado de repetir em seu texto, era a fonte a que deviam recorrer para as últimas notícias e resenhas sobre a famosa e polêmica obra de Proudhon. Também podem deduzir que o famoso francês estivera — como de fato esteve — em correspondência com o autonomeado principal jornalista alemão sobre o assunto, a saber, Marx. Além disso, também ficava evidente que, ao contrário de outros alemães menos dinâmicos e menos talentosos, ele (Marx) não só era plenamente proficiente em francês, mas estava se estabelecendo como igual e rival de uma importante figura europeia na vida intelectual e política.

Insistindo na mesma tecla, Marx então não só descarta Herr Grün como concorrente sequer remoto, mas também desmerece seu próprio contexto alemão e seus supostos associados, pelo ridículo atrevimento de pensarem que teriam mais competência do que ele para comentar o "socialismo estrangeiro" para o bem do "mundo germânico". Numa aguilhoada final, Marx então comenta que Grün tem mais credulidade do que credibilidade como fonte de esclarecimento, comparado aos artigos de jornal do próprio Marx — que os aponta claramente como marcos intelectuais de interesse geral.

Tal era o caso em relação à "economia" de Proudhon. A caracterização que Marx faz da obra hegeliana de Proudhon sobre um "sistema das contradições econômicas" como economia está longe de ser uma mera simplificação fortuita. É antes um sinal para que os leitores fiquem atentos e leiam sua crítica ao grande francês, a sair em breve, sobre o grande assunto, que assinalou uma mudança importante no pensamento socialista, afastando-se do utopismo e passando para questões práticas modernas. Era, acima de tudo, uma crítica da má filosofia hegeliana — isto é, alemã nativa — de Proudhon, tema sobre o qual, de todo modo, os leitores haveriam de supor que o jovem Marx tinha um domínio superior.[16]

"Selfie" de Marx: n. 2

O episódio seguinte a transformar Marx em "Marx" coincidiu com seu anunciado envolvimento com a "economia", isto é, a economia política[17] da época, conforme era publicada e debatida ao longo dos anos 1840, e o pano de fundo teórico e intelectual para seu jornalismo entusiasticamente (e seus ocasionais discursos) *engagé* durante os caóticos eventos revolucionários de 1848-9. Com Engels, Marx ressuscitou seu jornal radical em Colônia, agora com o título *Neue Rheinische Zeitung*, fazendo viagens como "correspondente" que se estendiam até Viena. O objetivo era manter os falantes de alemão atualizados com as grandes notícias da França, onde a "Monarquia de Julho" fora violentamente derrubada e se instaurara uma "Segunda República". Outros colaboradores do jornal tratavam de revoluções e revoltas antimonárquicas similares nos vários Estados germânicos e no extenso Império Austríaco, e por fim o jornal noticiou o retrocesso político e a repressão sobre alvos específicos que se seguiu ao longo de 1849. A essa altura, Marx e família — junto com muitos outros — tinham fugido, no caso dele para Londres, e, tal como outros, estavam praticamente sem um tostão e precariamente apátridas.

No período até 1859 — e em proximidade com a economia industrializada mais avançada no mundo e com recursos intelectuais de primeira categoria no Gabinete de Leitura do Museu Britânico —, Marx manteve minucioso contato com fontes gabaritadas sobre a modernidade econômica, nos originais em francês e inglês. Essas autoridades eram bem mais interessantes do que Proudhon, mesmo que não tivessem o mesmo destaque político que o suposto radical tivera nos dias turbulentos do *Vormärz* continental. Os interlocutores de Marx em sua *Contribuição à crítica da economia política*, como Adam Smith, David Ricardo e figuras semelhantes, estavam quase todos mortos e — salvo raras exceções — não eram conhecidos como intelectuais especialmente preocupados com a "questão social" (a não ser de modo decididamente não socialista), apesar de suas ocasionais dúvidas e apreensões sobre "os pobres".

No entanto, esses economistas políticos eram — como Marx tentou evidenciar — muito mais influentes nos termos práticos colocados pelas sociedades modernas de produção de mercadorias e de livre-comércio do que jamais os socialistas e comunistas tinham conseguido ser: o argumento socialista era que o controle público devia prevalecer sobre as supostas propriedades autorreguladoras das relações de mercado. Mais uma vez, ele trocou de idioma — de um modo que parece um tanto bizarro, em vista de seu exílio político pós-revolucionário na Inglaterra desde 1849 —, voltando ao alemão e, assim, necessariamente ao público germanófono. Dadas as dificuldades que a família Marx *émigrée* enfrentou durante os anos 1850, essa opção pelo alemão é compreensível. Mas, frente à sua autoimagem anterior, como o próximo socialista de interesse geral europeu — o francófono de mesma estatura de Proudhon —, o retorno ao alemão é surpreendente.

Além disso, nessa altura — começo de 1859 —, Marx também recorreu a Engels para apresentar sua *persona* ao mundo sob a forma de resenhas do livro plantadas na imprensa alemã. O prefácio autobiográfico e autobibliográfico de Marx a *Contribuição à crítica da economia política* de 1859[18] e a resenha de Engels com um resumo do livro de Marx, no mesmo ano,[19] tiveram um público germanófono contemporâneo um pouco

Transformando Marx em "Marx"

maior do que o restante do livreto, sem maiores sinais de qualquer grande impacto. Tanto o prefácio quanto a resenha (em grau bem menor) só vieram a receber tratamentos acadêmicos e populares — em contato direto ou em forma de paráfrase — em publicações do século xx.

A primeira e única autobiografia de Marx[20] apresentada é rascunhada nesse prefácio em alguns poucos parágrafos avulsos, estando ele evidentemente premido pelos prazos do editor, e, ao contrário da nota pública de 1847, mostra uma certa preocupação em contar a história de sua vida até aquela data de maneira bastante completa, mas com um enfoque muito preciso. Esse prefácio fazia parte, claro, de uma publicação sujeita à censura, e, de todo modo, o gênero da *Contribuição* era o de rigorosa (*wissenschaftlich*) crítica de um assunto extremamente sério e até notoriamente sombrio.[21] Mas, para Marx, essa crítica, em termos de método, era mais filosófica e crítica do que empírica e quantitativa (essa "guinada" metodológica no estudo acadêmico data do final dos anos 1870).[22]

O texto do prefácio era ainda recente quando Franz Mehring escreveu a primeira biografia de Marx, na época da Primeira Guerra Mundial, e os detalhes biográficos e a listagem bibliográfica são hoje talvez muito familiares a alguns leitores, devido à sua constante reprodução em diversas biografias populares e acadêmicas posteriores. Aqui é o caso de remover um pouco a pátina de familiaridade dessas passagens: vale notar o extenso tratamento que Marx dá à sua produção jornalística inicial, agora pouco lida, mesmo pelos especialistas;[23] sua ênfase na "Introdução"[24] à *Crítica da filosofia do direito de Hegel* (mas não em "Sobre a questão judaica",[25] sua outra contribuição ao *Deutsch-Französische Jahrbücher*, agora

46 *Marx*

meticulosamente estudada); seu deliberado cuidado em evitar incursões polêmicas, como seu primeiro livro em coautoria, *A sagrada família*.

Muitos leitores atuais também podem se perguntar o que aconteceu com os *Manuscritos econômico-filosóficos* de 1844,[26] que não recebem absolutamente qualquer menção (embora gozem de fama mundial desde os anos 1970), e com o extenso estudo *A ideologia alemã*,[27] não citado no texto de Marx. Hoje impresso, o título é mencionado apenas em nota pelos editores novecentistas do prefácio, preocupados em reconciliar o texto de 1859 com o que os leitores esperariam ver em meados do século. Marx, pessoalmente, menciona um manuscrito abandonado, que consistia numa crítica à "visão ideológica da filosofia alemã". As duas "obras" agora não só são canônicas mas costumam ocupar os primeiros lugares na lista de excertos de "leitura obrigatória" para os estudantes, embora ambas sejam artefatos criados pelos procedimentos de recortar e colar da indústria editorial do século xx, coincidentemente publicadas "na íntegra" em 1932, em volumes separados.[28]

Claro que Marx queria direcionar os leitores para textos — mesmo curtos — a que teriam acesso efetivo ou pelo menos possível: ele menciona especificamente o "Manifesto do Partido Comunista",[29] que agora também está no topo da lista canônica e não raro é o primeiro item em coletâneas ou "manuais". Mas, em 1859, esse texto parecia estar em pé de igualdade com o "Discurso sobre o livre-comércio",[30] escrito em francês, agora raramente reproduzido e pouquíssimo lido.[31] *Miséria da filosofia*, também escrito em francês, recebe destaque, mas vem acompanhado pela ressalva de ser polêmico, em contraste com a crítica *wissenschaftlich*, portanto muito sóbria,

Transformando Marx em "Marx" 47

de uma obra, e não de uma pessoa, que, além do mais, andava um tanto eclipsada àquela altura.

O longo parágrafo seguinte de informações bibliográficas é bastante surpreendente: Marx observa que sua obra no *Neue Rheinische Zeitung*, de linha liberal revolucionária e classe média radical, em 1848-9 constitui uma interrupção em seus estudos econômicos, e trata sua volumosa produção (parte dela escrita por Engels) para a *New-York Daily Tribune* nos anos 1850 em termos bastante similares. Mas, entusiasmado com esse tema jornalístico, ele comenta que os

> artigos sobre as atuais condições econômicas na Inglaterra e no Continente [em 1857-8] formavam uma parte tão significativa de minha produção [no jornal] [que] se fez necessário que eu me familiarizasse com detalhes práticos que escapam ao âmbito da economia política propriamente dita.[32]

Visto que Marx estava se promovendo como crítico estudioso da economia política, a presumível hierarquia aqui reflete seu interesse em contar com um público intelectualmente sério e politicamente ativo. Assim — se lermos esses comentários em ordem inversa —, sua menção ao jornalismo aponta uma questão relevante. Em termos de seus objetivos ativistas, são escritos importantes e significativos.

Os leitores atuais também notarão a ausência dos *Grundrisse*,[33] uma compilação editada de manuscritos "econômicos" desse mesmo período, agora tão canônica que costuma ser citada como livro — coisa que nunca foi, nem mesmo em sua primeira publicação bastante obscura como coletânea de manuscritos em dois volumes em 1939-41. Note-se ainda que a "Introdução (1857)",[34] que foi deixada de lado, também mencionada no prefácio de 1859, nunca foi uma introdução à *Contribuição*, mas sim um rascunho anterior do que veio a ser (em forma truncada) o fascículo publicado.[35] No geral, Marx define e conclui essa brevíssima autobiografia declarando que suas opiniões pessoais e seus variadíssimos escritos, como ele próprio diz, resultam de uma "extensa e conscienciosa pesquisa",[36] o que, sem dúvida, parece bastante acertado. Mas seu foco sobre as obras publicadas e o jornalismo com circulação de massa, ao explicar quem ele é e em que consiste seu projeto, certamente forma um expressivo contraste com o que, nos anos seguintes, veio a torná-lo um "grande homem" e um "grande pensador".

Transformando Marx em ícone[37]

Nos anos 1860, Marx voltou a se lançar ao trabalho de organização como socialista e comunista, em paralelo aos artigos "de esquerda" que escrevia para jornais nos Estados Unidos e no continente europeu. Embora não tenha sido um dos fundadores da Associação Internacional dos Trabalhadores em Londres, em 1864, aderiu a ela desde o começo e se tornou um membro importante do conselho. Desde os primeiros tempos das aspirações comunistas internacionais — por exemplo com as duas reuniões semiclandestinas em Londres dos integrantes internacionais do "Partido Comunista" ainda em fase embrionária e de mera aspiração, no final de 1847 —, Marx se notabilizou como vigoroso escritor, tremendo pensador e um tipo verdadeiramente irritante quando se tratava de questões econômicas. Assim, participava de comitês, procedia a alianças, era um correspondente e comentador incansável. Mas constituía, no máximo, uma tendência isolada, consistindo apenas em si mesmo, e não liderava nem mesmo uma facção. Como organização internacional, porém, a AIT era por definição desunida, abrigando as mais variadas orientações, inclusive em termos de prioridades nacionalistas e disputas transnacionais, sem falar das diferentes versões de comunismos, socialismos, reformismos ou utopismos. No decorrer dos anos 1860, o que veio a se equiparar com ela — em alguns locais — foi a força crescente dos protossindicatos e dos protopartidos políticos, lutando em posição de grande desvantagem pela tolerância (estágio anterior à legalidade) e avançando nos Estados germânicos — na ausência de Marx e Engels, que estavam na Inglaterra.

Em 1872, vários indivíduos — mais do que o próprio Marx ou do que Engels em seu papel de agente publicitário — se lançaram deliberadamente, e de modo talvez um tanto surpreendente, a um processo político de construir uma *persona* para a dupla (e esse emparelhamento é, por si só, notável). Esse processo visava a converter Marx no icônico pai fundador do socialismo, em especial de uma importante tendência dentro do movimento socialista alemão. Também pretendia aproveitar a breve notoriedade de Marx no palco internacional como defensor dos chamados "terroristas" da Comuna de Paris, do ano anterior, e como autor (em inglês) de um encômio de grande circulação sobre esses acontecimentos, encomendado pela AIT.[38] Esse projeto de criação política icônica estava associado ao informal "partido de Marx" — um vago agrupamento de revolucionários alemães de 1848-9 que tinham voltado do exílio após a anistia de 1862, embora nem Marx nem Engels tenham participado dele. Depois disso, desenvolveu-se a facção em torno de Wilhelm Liebknecht, quase contemporâneo de Marx e ex-amigo seu, e, um pouco mais tarde, em torno de outra figura mais jovem, August Bebel.[39] Não havia nada de inevitável na decisão do grupo em publicar um texto pouco conhecido, de 25 anos antes. Foram essas decisões que criaram Marx, o "grande homem" (se não tanto o "grande pensador") que conhecemos. O "Manifesto do Partido Comunista" (com o novo título de *Manifesto comunista*), que retornou em circulação maciça em 1872, numa edição "especial", com prefácio assinado pelo autor, teve ao longo dos anos uma quantidade enorme de reedições e traduções. Esse processo transformou Marx em figura histórica mundial.[40] Até aquele momento, ele era pouco conhecido, aliás nem sempre sob um prisma favorável, fora dos círculos limitados do socialismo alemão, e mesmo então seu "partido" (grupo de fãs, na verdade) era uma facção dentro de um movimento muito maior.

No prefácio para a edição "especial" do *Manifesto* de 1872 — que Marx e Engels foram instados a escrever —, ambos parecem realmente um tanto confusos com a republicação de um textinho meio descomposto de 23 páginas. Afinal, haviam escrito várias coisas que tiveram pertinência em determinados momentos da luta; o texto em questão fora escrito para um comitê de existência efêmera; como a luta política para eles ainda estava em andamento, que sentido fazia olhar para trás? Se o *Manifesto* afinal não manifestara grande coisa, não seria o caso de escrever outro?

Transformando Marx em "Marx"

> A aplicação prática dos princípios [do *Manifesto*] dependerá [...] de haver condições históricas, e por essa razão não se dá qualquer destaque especial às medidas revolucionárias propostas no final da seção II. Essa passagem [...] seria hoje formulada de maneira muito diferente [...]. Além disso, é evidente que a crítica da bibliografia socialista está defasada em relação ao presente, porque vai apenas até 1847; é evidente também que os comentários sobre a relação dos comunistas com os vários partidos de oposição (seção IV) [...] estão ultrapassados [...]. No entanto, o *Manifesto* se tornou um documento histórico [...].[41]

Entre todos os materiais à escolha para divulgar Marx e pôr as pessoas a par da política contemporânea, esse velho textinho esquecido não era, nem mesmo para Marx e Engels, a escolha mais evidente. Os "princípios gerais" supostamente presentes no texto, embora endossados em termos amplos pelos autores — mas não enumerados ali nem no novo prefácio —, só eram mencionados em relação com os acontecimentos recentes da Comuna de Paris, e a seguir o leitor era encaminhado para um documento de fato atualizado, a saber, "A guerra civil na França".

Todavia, Liebknecht, Bebel e outros colegas no começo dos anos 1870 se saíram bem melhor na tentativa de criar a "marca" Marx do que Engels em 1859 (ou o próprio Marx em 1847), e a "isca" para o público era, de fato, olhar para trás. Mas esse olhar retrospectivo não se dirigia a Marx como pessoa nem ao que ele fizera na revolução, visto que o objetivo era outro. A intenção era divulgar amplamente Marx, e a organização partidária socialista, e a tendência do "partido de Marx", mesmo com seus conflitos internos, e criar uma identificação mútua no presente. Em 1872, os acontecimentos e os personagens de 1848 já haviam se apagado na história em grau suficiente para permitir uma ressurreição dos gloriosos dias das revoluções. Por esse ângulo, aquele pequeno conluio precisava de algo chamativo que desse rumo a seu projeto, mas que não fosse uma narrativa heroica sobre um indivíduo (que poderia se tornar inconveniente) e mesmo assim criasse uma identificação de alguém vivo (convenientemente morando no estrangeiro) com os dias gloriosos e as verdades socialistas. Eram pouquíssimos os que tinham algum conhecimento do *Manifesto*, e era quase impossível encontrar e ler o texto. Mas era uma boa opção. E, felizmente, devido a um processo judicial então recente por traição, o texto fora parar nos arquivos públicos, assim escapando ao alcance da censura.[42]

Mesmo nos anos 1870, praticamente nenhum dos ensaios longos, dos livros curtos e do único volume substancial de Marx, *O capital: Crítica da economia política*, de 1867,[43] estava disponível aos leitores, exceto em edições muito limitadas de pequenas tiragens para germanófonos, embora certamente restassem alguns em sebos e circulassem de mão em mão, mesmo que não se saiba muito bem por que eram lidos. Marx e seus escritos estavam muito longe de se tornar objeto de estudo (para além da resenha bastante ocasional e apenas vagamente respeitosa), e seu "pensamento" — como demonstra a própria referência no prefácio de 1872 — se concentrava nas circunstâncias políticas em curso e era avaliado dentro desse quadro. Isso ocorria inclusive nas produções mais "acadêmicas" de crítica de viés científico [*wissenschaftlich*] e (aparentemente) não polêmico. Como o sujeito ainda vivia e era politicamente engajado — em correspondência e assuntos internacionais —, não podia ser uma figura *cult* de transcendência atemporal, coisa que ele sabidamente recusava. Em duas cartas após a morte de Marx,[44] Engels repete de duas maneiras ligeiramente diferentes o comentário que entreouvira de Marx, "Não sou marxista" (dito em francês), mas essa citação condiz com o mais que sabemos sobre o (então ainda não) "grande homem" Karl Marx.

A escolha de algo extemporâneo (isto é, "fora do tempo"), como era o *Manifesto* naquela época, tem a vantagem de deslocar o debate interno às tendências sobre as questões contemporâneas. Isso se dá ressaltando uma suposta herança comum a uma distância suficiente no passado para não gerar controvérsias no presente. O foco sobre Marx como autor principal cumpriu basicamente a mesma função da republicação do texto pelo "partido de Marx", apesar de sua condição até certo ponto voluntária de exilado, de sua inacessibilidade estilística como autor de *O capital* e de sua temível fama de ativista político. Engels, que tivera uma carreira e uma *persona* pública muito mais brilhantes até 1845, em 1872 já se eclipsara um pouco, recolhendo-se ao papel voluntário de autoproclamado "segundo violino".

A republicação do *Manifesto* não criou Marx, o "grande homem"; mas de qualquer forma Marx, o "grande homem", tampouco existia antes da republicação desse opúsculo então bastante *outré*. Nos vinte anos seguintes, o texto de fácil leitura cumpriu sua função de engrandecer o homem, mas de forma alguma pelas razões que ele — até onde sabemos — e tampouco Engels realmente queriam. Seja como for, as imagens simples são as mais fáceis de "pegar" — o homem se tornou grande porque escreveu o manifesto do povo, e o manifesto do povo lança grandeza sobre seu autor. Os dois se tornaram icônicos juntos.

Post mortem, resurrexit

A AIT chegou quase a desaparecer nos anos 1870, e Marx pouco produziu de substancial, afora uma tradução em francês de *O capital* (com revisões, 1872-5),[45] e passou a ter problemas de saúde e transtornos familiares. Mas a situação mudou drasticamente de duas maneiras após sua morte, em 1883. Ao republicar algumas obras de Marx com novos prefácios e introduções, Engels seguiu em larga medida as linhas políticas acima esboçadas. Mas em suas próprias obras, com introduções suas e grande sucesso de circulação, Engels promoveu seus projetos, ideias, dívidas e glosas como diretamente decorrentes e deliberadamente suplementares ao "pensamento" de Marx. Engels era um sistematizador e, assim, apresentou Marx, o "grande pensador", como cientista e filósofo tal como essas atividades eram concebidas nos anos 1870 e 1880.[46] Seu "Discurso junto ao túmulo" de Marx, registrado em notas manuscritas e em matérias da imprensa,[47] deu o tom à "vida" de Marx como "grande homem", ao passo que suas obras — como *Anti-Dühring*,[48] *Do socialismo utópico ao socialismo científico*,[49] *A origem da família, da propriedade privada e do Estado*[50] e *Ludwig Feuerbach e o fim da filosofia clássica alemã*[51] — recriaram a "marca" Marx como "pensador" acima e além da "grandeza" política com que fora agraciado em 1872. Engels capitalizou em cima de seu status similar, mas não em proveito próprio. A confusão canônica que poderia ter ocorrido entre os dois foi atenuada com grande eficiência pelo marxismo que surgiu do cânone conjunto, mas só depois da morte de Engels, em 1895. Esse processo avançou notavelmente com Karl Kautsky, Geórgui Plekhânov, Antonio Labriola e muitos outros, a despeito

Transformando Marx em "Marx" 55

das diferenças políticas e das rixas partidárias, e no final dos anos 1890 nascera um "-ismo".

O outro elemento fundamental para transformar Marx em "Marx" foi o estudo de Franz Mehring sobre o *Nachlass*, os legados arquivísticos de Marx-Engels, guardados à solta em caixas e variadamente conservados ou "fornecidos em empréstimo" por parentes e apoiadores socialistas.[52] A catalogação de Mehring, de 1902, lançou as bases para sua biografia intelectual de Marx como "grande pensador", que — fiel ao gênero — faz de Marx um homem de "obras" que constituem seu "pensamento". A seguir, essa construção é contextualizada com uma narrativa política e o interesse pela "vida".

Os capítulos subsequentes deste livro, porém, adotam uma abordagem dos conceitos que partilhamos com Marx, concentrando-se na atualidade, e o apresentam como ativista em seu "cotidiano", mais do que como um "pensador" um tanto isolado às voltas com o "pensamento". Outros aspectos de sua "grandeza" serão tratados dentro dessa estrutura conceitual, assim evitando misturar diferentes versões de Marx com as realidades de seu engajamento ativista, mas fornecendo um guia para as inspirações intelectuais e as ideias políticas muito variadas que resultaram em "Marx".

2. Luta de classes e conciliação de classes

CLASSE É UMA IDEIA MUITO GERAL,[1] assim como luta e conciliação. Níveis, ordens e castas; hierarquias de autoridade, riqueza e poder; diferença, conflito e acordo — tudo isso pode ser rastreado nos mais antigos registros escritos e simbólicos das sociedades humanas que chegaram até nós. E estes são os conceitos básicos por meio dos quais — por projeção — tentamos entender as sociedades pré-históricas que nos deixaram apenas vestígios e artefatos arqueológicos.

O século XXI tem testemunhado notáveis ressurgimentos de lutas e eventos conflituosos que têm como referência os termos básicos das classes sociais modernas nas sociedades industrializadas e em industrialização. E, de fato, esses termos — classe, luta e conciliação — são utilizados para abarcar as tensões e disputas que se dão entre nações e entre blocos comerciais em escala internacional. Faz tanto sentido usar autoridade, riqueza e poder para classificar países quanto para classificar indivíduos dentro de um país.

Também é importante notar que existem estruturas, coletividades e slogans que nos afastam dessa maneira de ver as inter-relações, concentrando o foco em cidadania, acordo e consenso. A Carta da ONU, por exemplo, iguala todos os Estados-membros de sua Assembleia Geral com o princípio de um voto para cada Estado, à semelhança de muitos sistemas

Luta de classes e conciliação de classes 57

políticos nacionais que igualam todos os cidadãos com constituições que especificam que cada pessoa tem direito a um voto. Aos políticos não faltam slogans como "Estamos todos no mesmo barco" em relação à economia, e o mesmo se dá com as imagens sobre a mudança climática e as exortações em escala mundial. Mas, sob o verniz do igual-como-mesmo ("cada um valendo um e não mais do que um"; "um por todos e todos por um" etc.), os países são diferentes, e as pessoas também.

Os regimes democráticos modernos se fundaram sobre essa tensão entre a igualdade direta (como em uma pessoa/um voto)[2] e as mais variadas diferenças. Muitas dessas diferenças agora são categorias estatísticas, incluindo índices de classe social e outros que são objeto de constantes levantamentos feitos por instituições públicas e privadas. E existem narrativas, programas e algoritmos que validam certas diferenças como justas e equitativas ou que, pelo contrário, defendem a igualdade para corrigir a injustiça e a iniquidade. Essas estratégias de equalização muitas vezes operam com procedimentos igualitários e transferências de renda — por exemplo, "emprego justo e igual" ou "admissão por mérito", "créditos fiscais" ou "benefícios para moradia".

Como processo global, a democratização remove (até certo ponto) instituições e identidades de autoridade, riqueza e poder que antes eram naturalizadas. Essas hierarquias eram geridas tipicamente por Estados *e* autoridades religiosas autoritários, enquanto a democratização redistribui mais amplamente a autoridade, a riqueza e o poder entre os cidadãos, de várias maneiras, como cargos públicos, mercados comerciais e gradações mais nebulosas da posição social. A democratização também tende a deslocar e marginalizar distinções religiosas e hierarquias formais, pelo menos em certa medida, ao mesmo tempo mantendo o respeito que o secular deve prestar ao sagrado na maioria dos ordenamentos políticos. Em vista da preservação de *algumas* diferenças em autoridade, riqueza e poder — afora os regimes igualitários extremistas —, surge necessariamente um discurso sobre a (des)igualdade e, por conseguinte, uma política que justifica — de maneiras variadas — os graus de igualdade *e* de desigualdade com argumentos circunstanciais e consequenciais.

Pelo menos desde os tempos romanos, o papel da moeda tem sido fundamental para contestar as hierarquias de autoridade vigentes, sobretudo quando são definidas em termos de hierarquias sociais por "nascimento" (isto é, clãs e antepassados), ou em termos do controle prático sobre os recursos geradores de riqueza, como a terra e os minérios, ou ainda em termos de "acionar as alavancas" do poder e "se safar numa boa". Definir peculato e outras formas de corrupção, em primeiro lugar, coibi-los, em segundo lugar, e obter restituição, em terceiro lugar, são questões de enorme preocupação contemporânea, em âmbito nacional e internacional. De fato, com sistemas financeiros globalizados e mesmo com o "capitalismo clientelista", a distinção parece cada vez mais tênue, porém bastante sensível, e tem presença constante nos noticiários. O entrelaçamento das instituições democráticas com o poder e a riqueza das grandes corporações, mas também a resistência a isso, chegando à reversão e à revolução, são fenômenos políticos muito conhecidos em todo o mundo.

Os "Panama Papers", divulgados inicialmente em 3 de abril de 2016, foram vazados por um *whistleblower* anônimo que se declarou preocupado com a desigualdade de renda e a injustiça em grande escala.[3] Pode-se afirmar que o uso de empresas de fachada, paraísos fiscais e mecanismos contábeis *offshore* é injusto, mesmo que tais esquemas se mantenham no lado de cá da linha entre elisão fiscal (que é legal) e evasão fiscal (que é ilegal). Da mesma forma, nos tempos pré-comerciais, nem todo mundo se sentia necessariamente feliz com as hierarquias naturalizadas de posição social, consumo e poder, sobretudo quando havia a definição e a imposição, legal ou informal, de graus variados de servidão. Muitos consideravam que esses sistemas eram não só tradicionais mas também sagrados, e portanto constituíam a própria justiça encarnada, mas muitos outros se queixavam e se rebelavam em pequena e grande escalas.

Nos tempos comerciais modernos, sobretudo na política internacional do século XXI, as diferenças de autoridade, riqueza e poder — e as relações de mútuo reforço entre os três — constituem um problema específico e "torturante" em relação às posses monetárias e ao acesso à geração de riqueza, tanto para os indivíduos quanto para os Estados nacionais. Grande parte da atenção nesses debates, confrontos e protestos políticos se concentra nos "extremos" de renda e riqueza, ainda que variem muito as noções de igualdade que justificariam alguns resultados, que seriam tidos como "não extremos" e, portanto, aceitáveis — talvez até benéficos —, tal como também variam muito os argumentos que poderiam ser usados para recomendar redistribuições compulsórias e outras estratégias equalizadoras, levando a diferença rumo à igualdade. A obra *O nível: Por que uma sociedade mais igualitária é melhor para todos*[4] é um bom exemplo do gênero para encontrar um "equilíbrio" geral entre desigualdades de renda, riqueza e poder, porque os autores afirmam que é possível demonstrar que resultados coletivos melhores em nível nacional constituem um poderoso manifesto em favor de políticas redistributivas e, assim, servem de alerta às nações que toleram resultados desigualitários ou os buscam. Esse argumento igualitário segue em sentido contrário à estratégia argumentativa oposta de validar os resultados individuais diferenciados com base em princípios moralizados dos direitos de propriedade individual e numa justiça exclusivamente "procedimental", situados dentro de um quadro de "livre mercado" com regulação governamental mínima e pressupondo a maximização das utilidades econômicas por interesse próprio.[5]

A naturalização das ordens de autoridade, riqueza e poder se deu por transmissão hereditária, seja por legado individual ou — com mais frequência — por estruturas de poder independentes da escolha individual, como os sistemas de parentesco e clãs. O princípio hereditário — operando em inúmeras variantes de práticas de parentesco ou similares — foi muito forte na retenção do poder, na transmissão de riqueza e nas relações de autoridade entre superiores e inferiores, bem como na naturalização dessas práticas enquanto tradição. As concepções pós-feudais de classe social — como efeito cumulativo de conduta individualizada em relação à "oportunidade" aberta a todos — aboliram alguns desses princípios e costumes hereditários, mas certamente não todos; a legislação proibindo o nepotismo e as tipificações jurídicas para definir essa infração e outros conflitos de interesse variam imensamente tanto na formulação quanto na aplicação.

A principal estrutura legítima de transmissão hereditária ainda vigente em inúmeros lugares do mundo é a herança, não

Luta de classes e conciliação de classes 61

só da riqueza mas também das ligações familiares, das redes e mesmo do poder político que se transmite pelos cônjuges e dinastias, às vezes validadas em eleições populares para posições de comando. A abolição da servidão e, por fim, da escravidão colocou os "níveis inferiores" das sociedades europeias e americanas colonizadas em relações comerciais, a saber, o trabalho assalariado e o trabalho doméstico não assalariado, mediadas pelas ligações hereditárias, de gênero e de família descritas, que são de desvantagens transmitidas por herança. A classe corresponde precisamente a esse nexo de propriedade mercantilizada em posses e recursos diferenciados. Os recursos incluem o trabalho a ser trocado por salário como fator de produção; inversamente, a falta de recursos pode incluir a total incapacidade de trabalhar ou de interagir, mesmo minimamente, com relações de mercado, e nesse caso isso se dá apenas em termos altamente desfavoráveis.

Os historiadores — e os historiadores da historiografia — podem rastrear isso, exatamente nesses mesmos conceitos, até os tempos romanos e a historiografia romana, quando ricos e pobres, enquanto classes da cidade-Estado, eram objetivados simbolicamente como "o Senado e o Povo de Roma" e semioticamente como "SPQR". Essa história é uma história de luta, em que a luta é um pressuposto dentro daquilo que os historiadores de então e de agora conceitualizam como um quadro "de equilíbrio" dos ordenamentos constitucionais. Claro que, quando à república se sucedeu o império, aumentou o número de pessoas — e de questões de luta — fora dos estratos sociais tradicionais e das instituições políticas da finada era republicana. Esses termos republicanos romanos foram retomados no pensamento político euro-americano pós-medieval, no início da modernidade, com a Revolução Americana (1776) e a Revolução Francesa (1789). A Constituição francesa de 1793 desferiu o ataque mais direto de todos contra o princípio hereditário nas relações de poder, equalizando o voto universal (masculino). Essa Constituição do Ano I logo foi suspensa e depois substituída pela de 1795, com a reintrodução do voto censitário — e, portanto, do privilégio hereditário de classe —, e as redistribuições e os variados controles de equalização sobre os bens foram deixados de lado.[6] Entre estes e os atuais ordenamentos constitucionais e econômicos, não vai uma grande distância.

Occupy Wall Street designa um movimento social e uma rede mundial que datam da ocupação do Zuccotti Park, no distrito financeiro da Lower Manhattan em Nova York, em 17 de setembro de 2011. A "Declaração da Ocupação da Cidade de Nova York",[7] de 29 de setembro, coloca questões similares às apresentadas acima. A Declaração se concentra sobretudo na aquisição, por empresas "privadas" ("pessoas jurídicas") nos Estados Unidos de direitos antes aplicáveis somente a "pessoas físicas", isto é, indivíduos humanos, uma atualização do papel dos cidadãos (masculinos) das revoluções do século XVIII citadas acima. Ela defende a doutrina setecentista da soberania popular, da qual — e somente da qual — pode nascer o governo legítimo.

Em seguida, a Declaração especifica as principais injustiças contra "o povo", decorrentes de violações governamentais e do desrespeito a seus direitos individuais, junto com benefícios empresariais decorrentes desse descumprimento e ilegitimidade; a lista se diz "não exaustiva". A listagem das injustiças se concentra nas desigualdades econômicas de renda, riqueza e poder geradas e exacerbadas no país por procedimentos políti-

Luta de classes e conciliação de classes 63

cos, judiciais e extrajudiciais. Afirma também que esses procedimentos resultaram em corrupção e opressão, beneficiando os "executivos" empresariais em detrimento dos "contribuintes" comuns. Vincula essas atividades empresariais e governamentais a colonialismos ainda existentes, assim invocando uma estrutura internacional classista das nações, além de apontar uma estrutura de classes oprimindo a grande maioria dos indivíduos americanos.

A ocupação teve precursores internacionais em protestos que se seguiram à crise financeira e gerou movimentos e sentimentos semelhantes em outras partes dos Estados Unidos e em vários outros países.[8] Ela chegou ao fim em 29 de novembro após decisões judiciais, que se pronunciaram em favor dos direitos de propriedade "privada" das empresas, em oposição aos direitos dos indivíduos de usar espaços "públicos". Os tribunais não trataram — o que não admira — das questões políticas substantivas referentes às desigualdades de riqueza, renda e poder, e tampouco abordaram questões constitucionais referentes à legitimidade ou falta de legitimidade do governo.[9]

O slogan "Nós somos os 99%", de imensa popularidade, do movimento Occupy se enquadra num padrão pós-1776 de protesto popular contra sistemas políticos autoritários corruptos ou democráticos corrompidos que permitem — e, em alguns casos, protegem e incentivam — a transmissão hereditária da autoridade por meio de redes, "conexões" e riquezas, de impostos baixos ou isenção tributária sobre a herança ou a riqueza, e da tolerância para com elisão fiscal em larga escala, aquisições corruptas, "acobertamentos", combinações "amigáveis" com funcionários da Receita e das agências reguladoras financeiras e coisas do gênero. A manipulação do eleitorado feita por bilionários às vezes liga a riqueza diretamente ao poder, e pretensos milionários a cargos de poder. Donald Trump, que usou a riqueza herdada para levar sua fortuna pessoal à casa dos bilhões de dólares, não é um fenômeno novo na história dos regimes presidenciais e das eleições democráticas.[10] E tampouco as manifestações e campanhas políticas relacionadas à questão de classe — espelhando e invocando a pauta e a Declaração do Occupy — têm qualquer probabilidade de cessar, mesmo diante da repressão e da brutalidade.

Marx hoje

Marx está presente — em todos os fenômenos e em várias histórias acima — de duas maneiras, mesmo que ninguém o cite. Aliás, o fato de ninguém precisar citá-lo dá uma medida de sua presença e influência. O pensamento marxiano simplesmente faz parte da cultura porque se encaixa na maneira como pensamos esses assuntos desde o ressurgimento, nas revoluções do século XVIII, do pensamento clássico em termos de classe, luta e conciliação. Essas duas maneiras são as seguintes: primeiro, o resumo de Marx sobre a situação acima, referente ao acesso diferenciado à renda, à riqueza e ao poder, é vívido, muitas vezes mordaz, expressivo e ubíquo, como mostrarei abaixo; segundo, a abordagem de Marx a nossos problemas é clara e provocativa, embora não necessariamente como costuma ser apresentada pelos comentadores. Como expliquei no capítulo anterior, os enquadramentos acadêmicos de Marx e de seu "pensamento", em vez de serem tratados contextualmente como um ativismo politicamente orientado, afastaram-no ainda mais e para além

Luta de classes e conciliação de classes 65

da evidente distância cronológica que o separa dos engajamentos políticos e ativistas atuais.

A discussão que se segue neste capítulo apresentará o que Marx estava *fazendo*, não só pensando, quando escreveu o que escreveu, para o público que tinha em mente. Também abordará o que ele disse sobre suas atividades — e, portanto, sobre si mesmo — em sua correspondência e em outros lugares, mas sem tomar acriticamente tais declarações de autopromoção. E, sem se basear apenas nos opúsculos mais divulgados e nos livros publicados, que foram relativamente poucos, mergulhará nos materiais jornalísticos de Marx, que são muito vigorosos, mas geralmente negligenciados.

A organização desses materiais não será rigorosamente cronológica, visto que aqui a discussão desses conceitos bastante abstratos — classe, luta e conciliação — será necessariamente temática. No entanto, resisto a anacronismos indevidos tomando a atividade como princípio organizador, pois vejo o ativismo de Marx como a perspectiva unificadora e, na verdade, autogerada que dá coesão à sua obra. Ou melhor, dá coesão até certo ponto, pois também resisto à ideia de que seu intelecto simplesmente gerou um conjunto de ideias que, com o tempo, foi ganhando coerência crescente e se tornando "ele", o que é uma maneira trivial de apresentar sua "vida e pensamento".

Marx não era um político, mas era altamente político. Seu pensamento, tal como aparece nos textos, costuma refletir sobre o momento, em vez de ser sempre abstrato. Mesmo suas passagens analíticas mais abstratas brotam e incidem numa luta política, mais do que meramente intelectual. Essas lutas se situam em diversos contextos e meios de comunicação, envolvendo instituições como jornais, veículos de divulgação, movimentos clandestinos e semiclandestinos em prol da transformação social e, assim, grupos e círculos variáveis de associados com posições mais ou menos semelhantes. Em suma, Marx não escreveu para a posteridade de nenhuma perspectiva acadêmica, tal como a entendemos hoje. Para ele, o público leitor almejado, que era sempre instruído — ou, pelo menos, autodidata —, tinha ou deveria ter a vaga impressão de que tais vocações e invocações acadêmicas eram sobrenaturais e despolitizadoras, quer fossem interesseiras ou simplesmente iludidas.

Classe

O jornalismo de Marx começa em 1842 e marca sua estreia como autor publicado. Esses artigos não têm sido muito lidos desde aquela época, e provavelmente nem mesmo então eram muito lidos, mesmo nas localidades imediatas da Renânia. O interesse acadêmico tem sido extremamente restrito, limitando-se em geral a sinalizações bibliográficas na estrada que leva a coisas supostamente mais interessantes. O que escapa a esse enfoque habitual sobre o filosofar não é tanto o peso das ideias de Marx no início da carreira jornalística, mas a percepção do que se passava quando ele decidiu escrever aquele tipo de texto para um público local e conseguiu publicá-lo num ambiente repressor e ainda censurado, bem como seu conteúdo efetivo. No entanto, mesmo a definição do conteúdo efetivo de qualquer um desses textos não é tão simples quanto parece, pois, para passar pela censura e, sem dúvida, por alguns colegas editoriais, eles eram redigidos de forma um tanto codificada. Essa tática não se referia apenas à situação dada, mas também aos termos que Marx empregava para entendê-la e para apresentar a seu público o sentido político das circunstâncias controvertidas, visto que toda e qualquer política era altamente desencorajada pelos regimes monárquicos.[11] Começarmos aqui pelo jornalismo inicial é uma boa preparação para examinarmos alguns textos e citações mais conhecidos de Marx sobre classe, e para vermos como ele se encaixa bem, em certos aspectos, numa tradição de radicalismo igualitário e, em outros aspectos, como contesta vigorosamente essa mesma tradição.

Conforme o historiador Heinz Lubasz explica num artigo fundamental, mas infelizmente pouco valorizado,[12] os contatos de Marx no coletivo editorial do *Rheinische Zeitung* ficavam a léguas de distância de seus ex-associados acadêmicos da época de estudante, radicais como eram em suas posições intelectuais. Esse radicalismo estudantil se referia basicamente à natureza da autoridade — tanto eclesiástica quanto estatal — em relação à soberania popular, a qual era então uma doutrina proibida, rescendendo ao "Terror" revolucionário francês, com suas execuções anti-hierárquicas e a mobilização da "plebe" passando a posições de "comando". O coletivo editorial do jornal, em contraste e sem tanta grandiosidade, estava interessado na "questão social", isto é, no problema da pobreza e da necessidade econômica e sua relação com o livre-comércio e as tarifas protecionistas. Os comentários públicos na imprensa, tal como os comentários na Dieta renana (a assembleia representativa da província) — que operava apenas como conselheira do monarca, e somente a convite dele —, restringiam-se a respeitosas sugestões de reformas brandas, sem nenhuma obrigação, evidentemente, de que o monarca as atendesse. Esse cenário é conhecido: classe, luta e conciliação, negociada por determinação fosse do monarca, fosse de grupos e ativistas antimonarquistas. Claro que, em tais circunstâncias, os acordos conciliatórios eram bastante limitados e unilaterais.

Mesmo assim, Marx abordava em seus artigos a filosofia política da sociedade prussiana de "ordens" ou "estamentos do reino" (*Stände*), uma estrutura ainda feudal de proprietários fundiários e guildas da qual os indivíduos faziam parte como senhores ou servos, em vários sentidos imune à aquisição monetária — ou não. Se você fazia parte dessa estrutura e se via na pobreza, o recurso de subsistência se dava por meio de seu "estamento do reino", entidade consistindo (supostamente) em obrigações mútuas e jurídicas. Se você não fazia parte dessa estrutura — e nos anos 1840 os "novos pobres" já se tornavam metade da população —, o único recurso era a (suposta) caridade "privada", geralmente religiosa, visto que a beneficência era, por definição, voluntária. Como escreveu Marx num de seus artigos, a *"existência da própria classe pobre* não [...] encontrou um lugar adequado na organização consciente do Estado".[13] Os "novos pobres" eram trabalhadores sem terra e sem emprego, que não tinham lugar assegurado entre a força de trabalho assalariada, fosse em ofícios braçais ou em serviços domésticos. Sua situação precária despertava pena e medo nos que tinham posses, posição e perspectivas. Para os liberais do *Rheinische Zeitung* a questão era um problema econômico e, portanto, político — uma abordagem inédita para a época e para o lugar, e necessariamente subversiva aos olhos dos poderes monárquicos e religiosos autoritários vigentes.

O "olhar" de Marx sobre essa situação era muito parecido com o do Occupy. Para ele, a sociedade consiste inteiramente numa questão de igualdade em relação à condição humana

Luta de classes e conciliação de classes 69

essencial (embora adulta e masculina); não é um sistema graduado de ordens que fixa as hierarquias de autoridade, riqueza e poder dadas por nascimento ou que, quando menos, considera qualquer mobilidade — seja para cima ou para baixo — algo profundamente "inatural" e improvável. Essa posição democrática é, em essência, um espelho do voto universal (masculino) e do empoderamento, tal como se tem na Constituição francesa do Ano I, e vem formulada a partir de princípios que também legitimariam a ação política, isto é, "o povo" tem o direito de agir politicamente para além do sufrágio, se assim for necessário em circunstâncias extremas. A relação entre esse princípio de igualdade — isto é, um indivíduo (homem)/um voto — e o grau de desigualdade entre os indivíduos em termos de potenciais e posições econômicas, como dissemos acima, é uma outra questão. Foi esta, com efeito, a questão efetiva que Marx apresentou e debateu, e foi esta, de fato, a essência dos ativismos de confronto próprios do movimento Occupy.

Assim, o tema escolhido por Marx em seu artigo "Debates sobre a lei referente ao furto de madeira"[14] se alinha com muitas preocupações e concepções presentes no Occupy e com debates e lutas similares aflorando pelo mundo — agora quase totalmente — transformado em mercadoria. A proposta feita à Dieta renana, para posterior comunicação ao rei prussiano em forma de sugestão, era a de revogar dispositivos centrais da lei feudal que concediam aos agricultores "camponeses" o direito de recolher lenha à vontade no solo das florestas. O argumento de Marx — também muito corrente hoje em dia — era que, qualquer que fosse a lei, a mudança proposta era um gesto desumano de uma classe que dava mais valor a recursos inanimados do que a seres humanos. Esses seres humanos já eram suficientemente pobres e não tinham nenhum outro recurso para atender às necessidades diárias, observava o artigo. Como explica Lubasz, a posição de Marx inverte o pressuposto de que as posses e a falta de posses são aspectos de uma ordem natural, argumentando em lugar disso que o natural são as semelhanças humanas em termos de carências e necessidades. Disso decorre que as ordens, os níveis e as hierarquias sociais podem ser questionados: eles possibilitam ou impossibilitam a vida, e todas as vidas se equivalem devido à "igualdade" de serem vidas humanas. Marx segue por essa via uma argumentação irônica e debochada. Afirma que a tradição, com suas invocações politizadas das ordens da humanidade estabelecidas na estrutura neofeudal ainda remanescente, na verdade constrói um sistema de castas semelhante à classificação das diferentes espécies animais existentes na natureza. Essa ordem social "animalística" do feudalismo tardio rebaixa falaciosamente alguns seres humanos em relação a outros, e Marx conclui que "as classes privilegiadas" baseiam suas reivindicações políticas não no "conteúdo humano do direito", e sim — de modo chocante — em sua "forma animal":

O *feudalismo* [...] o mundo da humanidade dividida [...] não é senão uma forma refratada de igualdade. Nos países do feudalismo ingênuo [...] em que as pessoas são literalmente separadas em compartimentos de castas [como espécies animais], e os nobres membros livremente intercambiáveis do grande corpo sagrado da humanidade [...] são apartados e arrancados à força [...] [assim] sob o feudalismo uma espécie se alimenta às custas da outra, chegando àquela espécie que [...] cresce no solo e tem apenas braços para colher os frutos da terra [isto é, a classe trabalhadora] para as raças mais altas [isto é, os indivíduos com posses e privilégios], ao passo que ela mesma come pó; enquanto no reino animal natural as abelhas operárias matam os zangões, no reino animal espiritual [isto é, político] [da humanidade moderna], os zangões matam as abelhas operárias, precisamente de tanto trabalharem.[15]

Além disso, Marx afirmava que os direitos de expressão — bem como o direito à vida — se aplicam universalmente a todos, não sendo naturalmente atribuídos a uns e não a outros, ou mais a uns do que a outros. Numa série de vivas polêmicas contra uma proibição da censura oficial a outro jornal, e também contra jornais que se alinhavam à ideia do governo sobre a "boa" imprensa, Marx defendia a liberdade de imprensa por princípio e na prática como "o espírito político do povo", representando "o espírito moral" e os "espinhos" (isto é, opiniões às vezes desagradáveis) do presente.[16] E, mais especificamente, quanto ao que exporia a seguir:

Assim, com um vivo movimento da imprensa, a verdade será revelada em seu todo, pois, se o todo aparece de início apenas como o surgimento de uma série de diversos pontos de vista individuais que — às vezes intencionalmente, às vezes por acaso — se desenvolvem lado a lado, ao final, porém [...] por meio de uma divisão do trabalho, a imprensa chega à verdade em seu todo, não com uma pessoa fazendo tudo sozinha, mas com muitas pessoas fazendo cada uma um pouco.[17]

Os apoiadores do Occupy espelhavam de maneira ainda mais precisa a situação que Marx abordou no artigo seguinte, defendendo em termos inequívocos um correspondente do jornal que tratara do empobrecimento dos viticultores no vale do Mosel.[18] Depois de prosperarem nos anos de grande aumento da produção e das vendas na década de 1820, os viticultores — pequenos proprietários e trabalhadores assalariados — faliram e ficaram sem trabalho num período de "quebra" na década de 1830. A análise de Marx sobre a situação — surpreendente para a época — desnaturalizava tanto as relações de mercado quanto a atitude do Estado prussiano de se eximir: "A ruína dos viticultores pobres é vista como uma espécie de fenômeno natural, ao qual a pessoa deve se resignar de antemão, tentando apenas atenuar o inevitável".[19] O argumento de Marx era simplesmente o de que os mercados e os Estados são criações humanas e que, como tais, as coisas feitas pelos seres humanos podem ser mudadas pelos seres humanos. O que estava impedindo qualquer mudança era a forma como os governos e suas burocracias substituíam questões específicas objetivas (por exemplo, o drama econômico de massa) por generalidades e tratavam até mesmo protestos coletivos como mera vontade pessoal de indivíduos privados (sem posição pública):

> Ao examinar uma situação *que concerne ao Estado*, é muito fácil sentir a tentação de passar por cima da *natureza objetiva das circunstâncias* e explicar tudo pela *vontade* das pessoas envolvidas. No entanto, há *circunstâncias* que determinam as ações das pessoas privadas e das autoridades [públicas] individuais, e que são tão independentes delas quanto o método respiratório.[20]

Mas os mercados e os Estados só mudariam, como também a relação entre eles, se houvesse uma vontade popular

Luta de classes e conciliação de classes

de mudar as condições em que esses sofrimentos humanos muito particulares surgiam e, obviamente, continuariam a surgir. A posição usual e tradicional do governo era apenas minorar o sofrimento, com as ações voluntárias de instituições beneficentes e da caridade individual, como se não fosse possível fazer mais nada. Marx sustentava que a burocracia oficial — concebida como um campo de generalidades abstratas que desprezava as circunstâncias particulares — não tinha nenhum interesse em deixar de investir na ordem "natural" das relações de propriedade, e concluía: "O habitante de Mosel, portanto, reivindica que, ao executar o trabalho que lhe foi ordenado pela natureza e pelo costume, o Estado crie condições nas quais ele possa crescer, prosperar e viver".[21]

A esperança de Marx de que os cidadãos em geral repensassem a relação entre interesse privado e bem público se baseava na educação que uma imprensa livre seria capaz de proporcionar, se assim lhe fosse permitido, tal como os ativistas do Occupy tentaram efetivar um "repensar" por meio das mídias sociais digitais, da cobertura da imprensa convencional e, claro, dos debates, assembleias e aulas ao vivo. No primeiro caso, as esperanças de Marx (provavelmente bastante tênues) foram destruídas quando seu jornal foi submetido aos ataques da censura e teve de fechar. No segundo caso, o Occupy gerou uma onda de interesse público que ainda persiste, mas parece ter tido poucos efeitos legislativos ou administrativos de longo prazo para além de uma vigorosa presença póstuma nos anais dos ativismos públicos.

As ideologias com que "o mercado" foi e é naturalizado como um mecanismo no qual não se deve mexer tiveram um enorme aumento desde os tempos de Marx. Por exemplo:

74 *Marx*

Hoje, vivemos na época mais próspera da história humana. A pobreza, as doenças e a ignorância vêm recuando em todo o mundo, em larga medida por causa do avanço da liberdade econômica. Em 2017, os princípios de liberdade econômica que alimentaram esse enorme progresso estão mais uma vez presentes em números no Índice de Liberdade Econômica, um guia anual publicado pela Heritage Foundation, o *think tank* número 1 de Washington.[22]

Mas os cartazes e tuítes protestando contra as gigantescas fatias de renda, riqueza e poder desfrutadas e defendidas pelo 1% não têm um enfoque tão preciso quanto o dos argumentos de Marx, os quais vinham, infelizmente, envoltos na prosa muito retorcida e codificada da mídia censurada daquela época. E, aqui também, os alinhamentos ideológicos e os discursos simbólicos mudaram. Alguns apoiadores do Occupy mencionavam Marx e citavam seus textos mais populares, mas, no geral, evitavam atiçar o "medo vermelho" que surgiria à menção do marxismo.[23]

Seja como for, o apelo de Marx em 1842-3 se dirigia à lógica, aos fatos e aos pontos em comum da experiência moral — sem nenhum "-ismo", evitando qualquer referência ao texto proibido e, ademais, estrangeiro da "Declaração dos direitos do homem e do cidadão", que datava da Revolução Francesa.[24] Felizmente para os apoiadores do Occupy, eles podiam contar com a Carta de Direitos dos Estados Unidos e com um Judiciário que respeita em ampla medida esses princípios, sobretudo a "igual proteção das leis".[25] Os protestos de Marx ao rei da Prússia sobre esse ponto — qual seja, que o *Rheinische Zeitung* devia continuar em atividade como espaço protegido para o diálogo democrático entre povo e Estado — passaram

Luta de classes e conciliação de classes 75

em branco.[26] As perorações de Marx, em seu estilo conciso e direto, são muito parecidas com as do Occupy: "O ser humano deveria prevalecer sobre o dono da floresta".[27] E, falando da posição da imprensa idealizada diante dos viticultores em dificuldades econômicas, ele escreve:

> A atitude da imprensa diante das condições de vida das pessoas se baseia na *razão*, mas está igualmente baseada no sentimento. Por isso ela não fala apenas na hábil linguagem do julgamento que transcende as circunstâncias, mas também na linguagem apaixonada das próprias circunstâncias.[28]

Embora esses escritos não despertem praticamente nenhum interesse — ou, no máximo, um interesse apenas muito superficial — dos comentadores, o próprio Marx os cita especificamente em seu prefácio autobiográfico de 1859 como elementos decisivos para a origem e o desenvolvimento de seu ativismo e de sua escrita:

> [...] aqui cabem algumas observações sobre o curso de meus estudos político-econômicos [...]. Foi nos anos de 1842 e 1843, como editor do *Rheinische Zeitung*, que me deparei pela primeira vez com o problema de ter de discutir os chamados interesses materiais. Os debates da Assembleia da Renânia [Dieta renana] referentes aos direitos de coleta de lenha nas florestas e de venda da terra nas propriedades rurais, a polêmica oficial [...] iniciada com o *Rheinische Zeitung* tratando das circunstâncias do campesinato do Mosel [...] forneceram as primeiras ocasiões para abordar questões econômicas.[29]

E, muitos anos depois, Engels informava algo parecido:

> Marx costumava me dizer que foi exatamente sua preocupação com a lei sobre o furto de madeira e as condições dos viticultores do Mosel que o conduziram da política pura e simples para as condições econômicas e, assim, para o socialismo.[30]

Luta

A ideia de classe não era inédita na época de Marx, e tampouco a existência de classes na história — ou de estruturas classistas baseadas na hereditariedade do poder e do privilégio ao longo dos tempos — constituía novidade. "Sempre tereis convosco os pobres" era um truísmo muito citado e amplamente aceito,[31] assim como a ideia de que um ou outro indivíduo poderia, contra todas as probabilidades, subir de posição social e/ou prosperar na riqueza, ou cair no esquecimento e/ou na pobreza, mas apenas em decorrência da intervenção divina ou — de modo bastante similar — das "preferências" ou excentricidades de alguém em posição elevada. A ideia de que outra estrutura social e outra formação política, muito diferentes, poderiam regularizar esse tipo de movimento — e, assim, eliminar até certo ponto as vantagens ou desvantagens de "berço" — eclodiu na Revolução Francesa (as colônias americanas não precisavam lidar com monarquias e aristocracias hereditárias de origem europeia assentadas no local). Desde então, autoritários e democratizadores têm se batido com essas leis, práticas, tradições, instituições, lemas e tabus.

Existe um texto de Marx e Engels que trata dessa situação, que também é nossa situação atual, com clareza e precisão maior do que qualquer outro texto de qualquer um dos dois.[32] Evidentemente, ele é a fonte de uma citação decisiva, que veio a representar a perspectiva [*Ansicht*] ou a concepção [*Auffassung*] de Marx em forma de máxima ou de verdade incisiva:[33] "A história de todas as sociedades até agora é a história das lutas de classes".

No entanto, no contexto da atividade política de Marx e Engels de meados ao final de 1847, esta era a frase de abertura retórica,[34] informando ao público de radicais democratizantes como eles deviam pensar sobre suas sociedades, famílias e associados, e também sobre si mesmos, para entender a importância de *agir* (isto é, de *fazer* a história), pactuar os objetivos e saber que tipo de ação adotar ou não. Trata-se de um documento programático sobre o pensar e o agir, mais do que de um exercício teórico sobre as instituições em geral ou um conjunto de regras para o Partido Comunista (o qual, na verdade, nunca esteve em jogo — o "Partido" parecia designar uma associação vaga e informal de pessoas de ideias parecidas, dispostas a correr riscos). Retoricamente, então, o texto reescreve a história e, assim, empreende uma crítica,[35] sem conceder muito espaço às historiografias tradicionais opostas. Com seu arrojo, ele dispensa nuances e ressalvas, o que também o diferencia das polêmicas *ad hominem*, que estariam operando "no calor do momento", e dos textos acadêmicos de hoje, que adotariam um tratamento "equilibrado" ou pelo menos respeitoso com outras concepções.

O que aflora dessa frase curta e da explicação subsequente — que passou amplamente despercebida até os anos 1870 —[36]

não traz nada de especialmente novo sobre a classe. E tampouco a ideia de luta é inédita; bastava lembrar a quantidade enorme de revoltas e levantes, rebeliões e tumultos de maior ou menor destaque. O que há de novo aqui é a ideia de que a luta, em nossa "época", como expõe o texto, vale a pena e não se restringe às eclosões que os historiadores quase sempre registram como fracassos. A luta que Marx e Engels identificam a todo momento é uma "guerra civil mais ou menos velada", e assim a luta já está em andamento para os leitores, que não precisam começar do zero, mas já estão, queiram ou não, envolvidos nela.

As importantes seções i e ii do *Manifesto* explicam a seguir como e por que as estruturas de classe das sociedades em industrialização, opondo-se às sociedades tradicionais de "ordens" ou "estamentos do reino", serão diferentes. O texto procede recorrendo ilustrativamente a diferenças já visíveis em alguns locais, e a seguir extrai conclusões estimulantes para exortar os leitores à ação. Assim, o que o texto *não* faz, retoricamente, é obedecer a critérios descritivos para se mostrar "acurado". O argumento retórico de Marx e Engels é, aqui, simplesmente binário, e decorre não de um levantamento sociológico ou de uma pesquisa política, mas de uma lógica da ação. É a lógica do "você é a favor ou contra?", que apresenta lados opostos divididos por algo muito específico, a saber, a identificação de classe.

Visto que, historicamente, as classes existem e têm lutado, e visto que ordens e níveis de riqueza, privilégio e propriedade sobrevivem sob uma ou outra forma, a retórica comunista no *Manifesto* precisa dar destaque a algo muito diferente que distinga de maneira clara entre os comunistas e seus concorrentes

Luta de classes e conciliação de classes 79

e, assim, apresente esses rivais como desinformados. O que é diferente, explica o texto, é o poder enormemente produtivo da indústria moderna: os produtos inundarão os mercados e assim exigirão compradores com poder aquisitivo; compradores *en masse* precisarão ter salários em dinheiro, em vez de trabalharem na terra para ter bens de subsistência.

O texto do *Manifesto* desenvolve essa lógica de superprodução/subconsumo — não incomum na economia política da época — como uma oportunidade *política*, e exorta seu público a solucionar a contradição e assim evitar mais crises.[37] O texto supõe que essa solução deve provir do extremo do espectro social correspondente aos trabalhadores, mas há brechas possíveis para outros situados em níveis mais elevados da sociedade. Esses indivíduos, sugerem Marx e Engels, podem chegar a compreender a questão e se juntar aos trabalhadores. Assim, a luta está em visível andamento, e encontra sua melhor conceitualização em termos de classes baixas *versus* classes altas. Mas Marx e Engels acrescentaram um elemento de inflexão: numa época de industrialização com alta produtividade e produção de excedentes, as (novas) classes trabalhadoras têm — ou terão — vantagem numérica sobre todas as demais. Visto que o número de trabalhadores industriais assalariados supera — ou superará — o número daqueles que ocupam níveis mais altos na escala de renda, riqueza e poder, e visto que o trabalho agrícola braçal e a manufatura artesanal acabarão entrando em declínio diante da mecanização, segue-se, explicam eles, que os processos decisórios democráticos hão de correr em sentido contrário às hierarquias existentes da riqueza institucionalizada e — como costumava ser o caso então — do poder político hereditário solidamente entrincheirado.

Como Marx e Engels escreveram no breve prefácio à edição "especial" do *Manifesto* em 1872, esse ensaio, depois de 25 anos, já havia perdido parte de sua força, o que implicava que a lógica simplificadora do texto não faria pleno sentido. Mas eles também invocaram os princípios duradouros apresentados — em algum lugar — no texto, embora se abstivessem de dizer em que consistiam precisamente. E sem dúvida se abstiveram de reelaborar os princípios num novo *Manifesto*, embora não se saiba claramente por quê.[38] Costuma-se apontar como explicação o avanço dos anos, mas os dois estão certamente envolvidos numa organização internacional mais elaborada, porém ainda bastante similar, a AIT.[39] Por um lado, o próprio Marx, em sua correspondência, apontou especificamente a luta de classes — em relação à produtividade industrial moderna — como elemento característico de seus textos e atividades, do qual se orgulhava:

> Agora, quanto a mim, não pretendo ter descoberto a existência de classes na sociedade moderna nem a luta entre elas. Muito antes de mim, historiadores burgueses já haviam descrito o desenvolvimento histórico dessa luta entre as classes [...]. Minha contribuição pessoal foi [...] mostrar simplesmente que a existência de classes está ligada a certas fases históricas no desenvolvimento da produção.[40]

Por outro lado, anos depois, Engels tratou o *Manifesto* de 1848 como obra que exigia atualização, mas o fez com notas de rodapé em seu estilo acadêmico. Isso mostra que sua recepção posterior — e a recepção póstuma dos textos de Marx de modo geral — se deu como objeto de exame e debate "científico" ou "filosófico".[41] Essa abordagem, evidentemente, deixa um pouco de lado a força retórica do texto: o leitor apenas absorve verdades que foram parcialmente abstraídas da ação, em vez de captar a retórica criada para *promover* a ação. Em sua nota de rodapé de 1888, fica evidente que Engels tratava o texto, pelo menos em parte, como apresentação de proposições que podiam e deviam ser avaliadas não por sua força retórica, mas pelo grau de verdade descritiva que continham. O texto dizia: "A história de todas as sociedades** existentes até agora é a história das lutas de classes". O duplo asterisco de Engels remetia a uma nota de rodapé retificadora: "Isto é, toda a história *escrita*. Em 1847, a pré-história da sociedade, da organização social existente antes da história registrada, era praticamente desconhecida".[42] No entanto, o asterisco simples que aparecia antes remetia a uma nota de rodapé em que Engels fazia um adendo mais voltado para uma atualização retórica do texto:

Por burguesia entende-se a classe dos capitalistas modernos, proprietários dos meios de produção social e empregadores do trabalho assalariado. Por proletariado, a classe dos trabalhadores assalariados modernos que, não tendo nenhum meio de produção próprio, estão reduzidos a vender sua força de trabalho para viver.[43]

Em 1847, *"Bourgeoisie"* e *"Proletariat"* eram palavras que o alemão tomara de empréstimo ao radicalismo francês, as quais certamente soavam como novidades para o público e o levavam a uma nova maneira — a econômica — de enxergar as hierarquias sociais. Retoricamente, isso representava um progresso para os leitores de Marx e Engels, no mínimo por causa do reconhecido "atraso" germânico em relação à França, e também porque o mero uso repetido de expressões germânicas corriqueiras não daria ênfase ao agudo contraste entre a produção industrial moderna e as estruturas sociais concomitantes. Na concepção de Marx e Engels, *Bürgerthum* e *Arbeiterklasse* (ou, no segundo caso, o uso mais provável de *Pöbel*, ralé) eram terminologia reacionária e conformista.[44]

A conclamação retórica de Marx e Engels à ação da classe trabalhadora contra a opressão econômica, à política democratizante contra o autoritarismo e a uma solução definitiva da "questão social" por meio da indústria moderna tem sido subestimada — e enfraquecida — por estratégias de leitura que reduzem seus argumentos no *Manifesto* a simples conclusões. Ao apresentar os argumentos como asserções descritivas, os comentadores têm despolitizado os sentidos do texto, visto que a força retórica original é transferida para juízos empíricos sobre os fatos. A afirmação do texto de que as indústrias modernas simplificam e intensificam as lutas de classe é, sem dúvida, redutora, mas, apesar disso, está mais a serviço de uma retórica da ação do que de uma generalização sociológica ou econômica, tanto naquela época quanto hoje. Um longo exame descritivo das discutíveis nuances dos sistemas de classificação social e uma investigação acadêmica para definir o que realmente é a classe teriam efeitos similares. Não admira que, nos rascunhos manuscritos posteriores para seu vasto estudo do capitalismo, os comentários de Marx para definir "classe" sejam minguadíssimos, frustrando muitos de seus seguidores acadêmicos.[45] Desse modo, grande parte dos elementos característicos das conceitualizações de Marx nesse nível desaparece, seja-se ou não impelido à ação pela força retórica do texto e pela lógica da ação que ele tanto se empenha em operar.[46]

Tipicamente, desde a virada do século xx, ou seja, décadas após a morte de Marx, suas concepções de classe têm sido abstraídas de seus textos ativistas (tal como estavam disponíveis), e seu uso político da retórica tem sido condensado em esquemas descritivos e proposições empíricas. Assim, Marx vem a ter um modelo geral de classe academicamente robusto (derivado de comentários sobre a produção social humana igualmente abstraídos), uma concepção de luta como, de certo modo, intrinsecamente necessária à história e exemplos de análises concretas com alguns acenos às complexidades, que se desenvolvem na exposição explicativa de estudos de caso específicos.[47] Considera-se, mais particularmente, que Marx teria realizado uma "apresentação estrutural" das classes, definindo-as a partir de uma "base material" por meio da qual interesses "objetivamente divergentes" "causam" a exploração e, com isso, os "antagonismos de classe". A "formação" de classe e a "consciência" de classe são então definidas como fenômenos "subjetivos", nascendo de percepções individuais, e a política deve se dirigir necessariamente à demonstração dos "melhores interesses" de uma classe, a fim de invalidar as informações "incorretas" derivadas da "ideologia" burguesa ou outra. Essa decomposição analítica das obras de Marx, concentrando-se em determinadas frases do *Manifesto*, monta "áreas de pesquisa" de forma que os resultados científicos sociais — se ela for feita da maneira apropriada — espelharão objetividades e subjetividades existentes numa determinada conjuntura social.[48] Complementa-se a guinada narrativa do ativismo para a academia quando se passa a *julgar* o grau de acurácia dessas explicações em vez de examinar o uso político que a retórica da luta de classes *efetivamente poderia ter* — ou, em outros termos, esse reenquadramento dentro das ciências sociais cria quebra-cabeças epistemológicos e testes empíricos anteriores a qualquer ação política prática que os indivíduos pudessem ter em mente.

As linhas do prefácio ao *Manifesto* previram de maneira notável o que veio a acontecer com o ativismo de Marx e, assim, com as ideias que tinham sido elaboradas retoricamente para gerar uma mudança social vinda "de baixo". Elas apresentam o texto como um *exposé* intelectual, mas popular, anunciando em alto e bom som verdades que haviam sido ocultadas por falsidades e fantasias. Estas são calúnias e difamações, um "medo vermelho" levando a uma caça às bruxas. Evidentemente, essa caça se dava em larga medida em benefício de um conjunto variado de autoritários, reacionários e forças políticas menos "progressistas" — menos "progressistas" do que o comunismo anunciado, explicado e esclarecido pelo *Manifesto.* Em termos retóricos — e redutores —, o texto expõe as verdades do comunismo e sobre o comunismo, em contraposição ao "espectro" do comunismo — uma aparição falsa e assustadora — com que as "autoridades" pretendem neutralizar e então destruir a coisa real.[49]

O "medo vermelho" veio a assombrar pessoalmente Marx nos julgamentos comunistas do começo dos anos 1850 em Colônia, e também mais tarde, quando foi usado para demonizar seu ativismo e, analogamente, para perseguir os adeptos de quase todo e qualquer programa político em favor de uma mudança radical. Marx definia a mudança radical sempre em termos locais e um tanto vagos dentro de uma concepção de luta pela soberania popular, mas enfocando estrategicamente

Luta de classes e conciliação de classes 85

as classes em oposição nessa luta. As estratégias e os princípios unificadores detalhados no *Manifesto* são, em geral, os que unificam subclasses em classes que se opõem mutuamente, e não tanto pressupostos ou asserções sobre a inclusividade e a igualdade que constroem uma "sociedade" singular em comum. Evidentemente, esse termo de consenso marginalizaria, negaria ou refutaria a ênfase específica sobre a produtividade industrial moderna e a má distribuição de renda, riqueza e poder que o *Manifesto* se esforçava para explicar. Assim, Marx e Engels pretendiam afastar o "espectro" do comunismo que "persegue a terra da Europa".[50]

No entanto, o "medo vermelho" operou contra Marx e Engels ainda em vida, e opera até hoje na direita política, perseguindo os manifestantes do Occupy, mesmo que eles talvez nem saibam o que vermelho pode significar.[51] Com essa demonização, é óbvio que há muito pouco estímulo para se explorar qualquer ideia "perigosa", especialmente quando o ativismo requer um foco definido e a luta está em andamento. De todo modo, classe e luta afloraram juntas nesses protestos, e, como exposto acima, Marx tem aqui uma clara presença no pensamento motivacional e no ativismo democrático, mesmo que essa presença não se dê propriamente na forma conceitual com que seu "pensamento" tem sido analisado e parafraseado, tanto academica quanto popularmente.[52]

Conciliação

Dentro dos quadros liberais democráticos que se desenvolveram desde a época de Marx, a conciliação se transformou em virtude — na verdade, uma virtude muito específica e dominante. De John Stuart Mill a Isaiah Berlin e a John Rawls, os liberais se apresentam em oposição ao dogmatismo, ao extremismo, ao fanatismo, ao totalitarismo, à ditadura e similares. Evidentemente, consideram-se as guerras justas, sejam estrangeiras, mundiais ou civis, como espaços excepcionais em que não cabe conciliação. Mas há momentos de ambiguidade e confusão, como foram, notadamente, as estratégias de pacificação de 1935-9, quando o próprio princípio em si ficou um tanto desacreditado.

Mas desde então a conciliação recuperou sua condição de princípio liberal, embora nem sempre tenha operado em favor de políticas liberais. A Constituição americana se fundava numa série de acordos conciliadores, abertamente defendidos como tal até a Guerra Civil e bem depois dela. Mas alguns desses acordos acabaram por ser afrouxados, em especial em relação à escravidão e ao racismo, em última instância mais por decisões do Supremo Tribunal dos anos 1950 em diante do que apenas por meio de instituições representativas. As políticas liberais implementadas com a legislação sobre os direitos civis se deram mais por *"cloture"*, um procedimento do Congresso para acelerar a tramitação de leis e encerrar os debates, do que por uma conciliação fundada no consenso. À parte as "ameaças à segurança", essa "disposição em conciliar" guarda mais traços de um modelo liberal do que os episódios revolucionários franceses, com manobras e disputas de vários tipos de extremismos para ganhar posição, enquanto os conciliadores liberais muitas vezes ficavam de fora.

Tais quadros se entrosam muito bem com a tática do "medo vermelho" mencionado no começo do *Manifesto* e discutido

Luta de classes e conciliação de classes 87

acima. A retórica redutora e simplificadora da ação desse texto e o tom semelhante que, na verdade, se encontra em toda a obra publicada de Marx têm fornecido uma quantidade incontável de citações, episódios e estudos de caráter que apresentam em traços aterradores Marx, suas ideias, suas atividades e quase tudo o que está relacionado a ele. Esse conjunto de imagens políticas alcançou status internacional nos anos 1890 e no começo do século XX, sobretudo nas intervenções militares antibolcheviques dos "Aliados" (isto é, britânicos e franceses) na Rússia pós-revolucionária entre 1918 e 1920. Após a Segunda Guerra Mundial, esse retrato de Marx ganhou status acadêmico em diversas versões, conforme os liberais da Guerra Fria postulavam ligações entre os totalitarismos contemporâneos, autodenominados comunistas, e o "pensamento" de Marx, reunido e entendido dentro dessa moldura.[53] Depois que os "medos vermelhos" se amainaram pelo menos um pouco, Marx se tornou acessível a leitores sob outros traços que não os de "Doutor do Terror Vermelho"[54] ou os de teor adequado a um "Estudo sobre o fanatismo".[55] Mesmo assim, ainda é raro encontrar alguém interessado em explorar na "vida e pensamento" de Marx qualquer traço da conciliação como estratégia, e não apenas como mera aceitação relutante e temporária de algum contratempo específico. Pelo contrário, a "conciliação", quase por definição, serve como marcador separando liberais e Marx, sendo que, em sua época, essa divisão nítida e doutrinal que lhe é imputada não fazia sentido algum.

Apesar disso, deveria ser óbvio que, no começo dos anos 1840, a posição de Marx ao defender um projeto próprio do operariado industrial dentro de uma ampla coalizão de forças democratizantes era não só minoritária, mas representante dos interesses de uma minoria visivelmente muito reduzida em todos os países a que ele, Engels e associados queriam se dirigir. Assim, disso se segue que o ativismo de Marx tinha de buscar outros interesses de classe e personalidades políticas além dos radicais socialistas ou comunistas, que eram em número ínfimo em qualquer parte do mundo. De todo modo, na época não havia nenhuma personalidade genuinamente pública na política da classe trabalhadora, a não ser os suspeitos de agitação criminosa e rebeldes traidores.

Um exame dos registros históricos, mesmo em linhas gerais, mostra que era assim que Marx operava. Na verdade, em comparação a seus associados, somente ele e Engels eram radicais econômicos de maneira concreta e moderna, em oposição aos utópicos românticos e aos defensores de pequenas comunidades. Praticamente as únicas pessoas com quem os dois podiam trabalhar eram revolucionários/liberais de classe média. Alguns deles estavam envolvidos — como estivera Marx quando editava o *Rheinische Zeitung* — em negócios e interesses comerciais "progressistas" que se opunham, discretamente, ao autoritarismo monárquico e ao privilégio aristocrático. Embora Marx tivesse fama — fundamentada ou não — de possuir uma retórica intransigente e atitudes pessoais categóricas, devem ter ocorrido algumas conciliações ao longo de seu percurso, do contrário ele não ficaria de maneira tão evidente "em pleno centro da coisa" com as forças democratizantes em Paris e Bruxelas, e depois nos eventos revolucionários de 1848-9, bem como nos anos de exílio londrino e de ativismo na AIT.[56]

A estratégia política marxiana típica era se unir a forças democratizantes em comitês de correspondência ou associações "de amigos" similares — grupos de debates, corais comunitários,

Luta de classes e conciliação de classes 89

jantares sociais — que se dedicavam a tipos de atividades que pessoas de classe média, justamente por causa da classe a que pertenciam, podiam praticar sem problemas, muito embora houvesse vigilância policial. Marx e sua família foram várias vezes presos e deportados das residências em Paris e Bruxelas nos anos 1840 apenas por causa desses envolvimentos, e não especialmente por serem estrangeiros ou não terem cidadania local. Como Marx tinha uma missão — promover uma perspectiva modernista, econômica e orientada pela luta de classes —, suas ligações conciliadoras com grupos e indivíduos menos radicais eram, sem dúvida, mínimas e estavam "sob o radar". E certamente é verdade que ele e Engels operavam juntos em táticas para serem aceitos e divulgarem a perspectiva "econômica" que defendiam, a fim de que fosse adotada.[57] Mas, até aí, é nisso que consiste uma organização política e é assim que ela opera, sobretudo em grupos de pressão e partidos de filiação livre, salvo sob alguma intervenção decisiva das forças de repressão e intimidação.

Os registros de época de que dispomos também têm o filtro adicional imposto pelas condições da censura e pela necessidade de usar uma linguagem codificada na imprensa, bem como pelas ponderações sobre o público almejado e as circunstâncias do cotidiano, que muitas vezes não chegaram até nós ou são quase incompreensíveis, em vista das diferenças entre o contexto da época e o contexto atual. Ainda assim, um breve exame do ativismo e das reflexões de Marx nos anos 1840 em Bruxelas — onde a repressão política era um tanto frouxa — ilustrará um modo de ação que ele pessoalmente não gostava muito de ressaltar (e muito menos seus comentadores). Também cabe lembrar que, na época, a conciliação não era a virtude que veio a ser mais tarde, visto que, de lá para cá, os autoritários de muitos lugares foram forçados a bater em retirada ou caíram em desgraça, e que, para aqueles entre nós com mentalidade mais ou menos liberal, basta um pequeno esforço para chegar a concessões mútuas — ou, pelo menos, houve períodos em que as coisas eram assim. Nos anos 1840, os revolucionários/liberais não dispunham desse luxo, e Marx precisava transigir, ao menos um pouco, para conciliar suas conclusões radicais com os projetos mais reformistas deles, mais numerosos e influentes — coisas que Marx não era.

Numa concessão extrema, temos a carta de Marx de 22 de março de 1845 — continuação de seu pedido de residência, de 7 de fevereiro, dirigido ao rei Leopoldo — concordando "em me comprometer, com minha palavra de honra, a não publicar na Bélgica nenhum trabalho sobre a política atual".[58] Em vista das dificuldades — situação financeira, censura, repressão — ligadas à publicação de qualquer obra desse gênero, talvez não tenha sido uma concessão, ou pretensa concessão, tão grande quanto parece.

Um mês antes, escrevendo de sua odiada cidade natal, Barmen, a Marx, em Paris, Engels sugere uma cooperação conciliadora:

> Vocês deviam escrever um artigo a cada quatro ou seis semanas [para o jornal *Vorwärts!*, dos *émigrés* em Paris] e não se deixarem ser "dominados" por seus humores. Por que [Mikhail] Bakúnin não escreve nada, e por que [August] Ewerbeck não se deixa persuadir a escrever pelo menos alguma coisa enfadonha?[59]

A maioria das cartas de Marx desse período se perdeu. As cartas de Engels para ele apresentam o vívido quadro de uma

Luta de classes e conciliação de classes 91

política de alianças conciliatórias *in loco*, nesse caso em sua terra natal, antes de rumar para Paris. Lá ele pôde voltar a atenção para os trabalhadores, *émigrés* alemães, que se encontravam em grande quantidade nos distritos em recente processo de industrialização. Mesmo descontando o entusiasmo de Engels com sua causa (e consigo mesmo), é improvável que esse quadro das atividades políticas de classe média nas cidades gêmeas de Barmen e Elberfeld fosse totalmente inventado:

Ontem tivemos nossa terceira reunião comunista na maior sala e principal estalagem da cidade. A primeira reunião teve quarenta pessoas, a segunda 130 e a terceira pelo menos duzentas. Elberfeld e Barmen inteiras, da aristocracia financeira à *épicerie*, estavam representadas, excluído apenas o proletariado [presumivelmente por convenção social e circunspecção política].[60]

Então Engels registra, em 25 de fevereiro: "Ontem à noite tivemos notícia de que nossa próxima reunião seria dissolvida pela polícia e os oradores, presos".[61] No dia 26, e na mesma carta: "Claro que agora desistimos [de outra reunião]". E depois, com mais ênfase, mas certamente indicando uma estratégia de alianças conciliatórias, Engels retoma uma correspondência (agora perdida) entre ele e Marx, de um lado, e o filósofo "progressista" Ludwig Feuerbach, de outro:

[...] recebi uma carta de Feuerbach [...] [que] sustenta que, enquanto ele não demolir totalmente a baboseira religiosa, não pode se dedicar ao comunismo a ponto de defendê-lo em letra impressa [...]. Todavia, ele diz que é comunista e que seu único problema é como pôr o comunismo em prática. Há uma possibilidade de que ele visite a Renânia neste verão, e nesse caso deve vir a Bruxelas e logo lhe mostraremos como.[62]

Se Marx tivesse objeções a tais planos e atividades, sua reação negativa certamente transpareceria nas cartas de Engels, mas não vemos qualquer sinal disso. Na verdade, como dito acima, temos amplas indicações de que Marx adotou as mesmas estratégias depois de se estabelecer em Bruxelas.[63] Sua carta a Proudhon, de 5 de maio de 1846, convidando o ilustre escritor socialista e ativista político francês a participar de um comitê de correspondência internacional, foi uma espécie de "contato não solicitado" — os dois não se conheciam e Proudhon não respondeu. Mas Marx descreve um projeto eclético, incluindo os nomes de Engels e do associado belga Philippe Gigot, o que representa uma posição de conciliação, e não uma recusa em transigir:

> O objetivo principal de nossa correspondência, porém, será o de pôr os socialistas alemães em contato com os socialistas franceses e ingleses, manter os estrangeiros constantemente informados sobre os movimentos socialistas que ocorrem na Alemanha e informar os alemães na Alemanha sobre o avanço do socialismo na França e na Inglaterra. Assim, há lugar para ideias e críticas imparciais [...]. E, chegado o momento da ação, evidentemente será de grande vantagem para todos ter conhecimento sobre a situação não só em casa, mas também no exterior.[64]

A conciliação, porém, não era de maneira alguma uma prática acrítica. Marx acrescentou um pós-escrito denunciando o "sr. [Karl] Grün de Paris" como "nada mais do que um charlatão literário, uma espécie de vigarista que tenta mascatear ideias modernas", acusando-o de patrocinar Proudhon como alemão e como intelectual, em seu estudo *Movimentos sociais na França e na Bélgica*, escrito em alemão e publicado pouco tempo antes.[65]

O *Manifesto* defende a conciliação intraclassista e interclassista como posição estratégica, o que faz mais sentido do que a concepção liberal posterior de que a conciliação é (quase sempre?) uma virtude em si mesma. Retoricamente, o texto descreve um proletariado desunido por causa da concorrência (seria possível acrescentar outros fatores), combatendo, ou pelo menos em posição de combater, "os inimigos de seus inimigos": monarquistas, grandes proprietários de terras, a burguesia não industrial, pequenos comerciantes. O *Manifesto* não alardeia essa flagrante conciliação (combater ao lado de um inimigo supremo), mas observa a burguesia exercendo apelo entre o proletariado, angariando seu auxílio, atraindo-o para a ação política. Embora o problema seja que, assim, a burguesia está "cavando sua própria cova", a dinâmica é a de conciliação de classes, entre os dotados de poucos recursos e seus exploradores imediatos. E ela opera ao inverso no *Manifesto*: a dupla dinâmica da pobreza *déclassée* e do esclarecimento intelectual impulsionará a conciliação da classe média com os proletários despossuídos. Essa explicação é antes uma consequência da lógica política do texto do que uma redução do argumento à conclusão única e contrafatualmente incorreta, ainda que dotada de grande força retórica, de que a vitória proletária é "inevitável".[66]

A maioria dos estudos sobre "a vida e o pensamento" de Marx enfatiza a natureza "falha" desses arranjos conciliatórios, apontando a rispidez dos comentários excludentes que às vezes Marx e Engels fazem, além do reiterado recurso de ambos a associados e correspondentes mais recentes. Essa redução, porém, já de início põe a conciliação — e mesmo a necessidade de uma grande dose dela — como condição necessária, mesmo que seja buscada de maneira crítica. Na verdade, é inconcebível que Marx pudesse ter pensado em outros termos. Ele deu uma contribuição substancial ao projeto de Engels e Moses Hess de traduzir para o alemão as obras de Charles Fourier e de criar uma coleção de textos socialistas utópicos similares escritos por autores franceses.[67] Em vez de desvalorizar esse episódio (na verdade, quase nada foi efetivamente compilado para publicação) à luz do olhar crítico sobre essas obras na seção III do *Manifesto* (em que a retórica era de explícita caracterização comunista, pois, afinal, era este o objetivo da obra), talvez seja mais fiel ao ativismo político — e ao concomitante pensamento político[68] — de Marx reabilitar os episódios de formação de uma aliança de classes, de nações e de ideologias.

Todavia, pode haver pontos de intransigência dentro da transigência. Engels, mais tarde, sugeriu que a tradução dos escritos de Fourier devia omitir, "claro, a bobagem cosmogônica" em notórios voos da imaginação.[69] Em certo sentido, a estratégia deles — em vista da repressão, intimidação e hostilidade de todos os governos envolvidos — era: se não houver democracia, não haverá socialismo, e, se não houver socialismo, não haverá comunismo. Em seu modelo revolucionário francês, a democracia chegaria nas ruas e não se daria por conspirações, assassinatos ou usurpações: como, aliás, de fato ocorreu em 1848-9, sob várias formas institucionalmente limitada e um tanto efêmeras, de Bruxelas a Budapeste. Depois desse período de sublevações, houve o retorno de um inflexível autoritarismo, com a volta dos governantes hereditários a seus tronos e palácios, denunciando os princípios da soberania popular. Mas a posição revolucionária se fizera ouvir, e nas décadas seguintes a reforma constitucionalista começou a fazer incursões (muito limitadas) na política europeia.

De volta ao futuro

A crise econômica de 1857-8 costuma ser vista como o primeiro "derretimento" global. Pânicos, bolhas e quebras financeiras já ocorriam na Europa desde o começo do século XVIII, mas essa crise específica surgiu nos Estados Unidos e envolveu as economias europeias que — sobretudo por meio do imperialismo — haviam se estendido globalmente e se interligado financeiramente a um grau até então inédito. Marx e Engels ficaram empolgadíssimos com as possibilidades revolucionárias que julgavam vislumbrar, conforme os acontecimentos se desenrolavam: "Ergueu-se o grito de classe entre os trabalhadores em todos os comícios nos Estados Unidos!", escreveu Marx a Engels.[70] Mas é claro que eles estavam muito distantes do palco dessa ação, e na Grã-Bretanha tinham menos a celebrar.

A posição de Engels a respeito da conciliação tinha uma base analítica interessante. Ele e Marx estavam acompanhando a tentativa de Ernest Jones, em meados dos anos 1850, de reviver o movimento cartista como uma campanha de amplas bases pela democratização, visto que a "Lei da Reforma" de 1832 praticamente nem chegara a ampliar o direito de voto.

As reivindicações cartistas históricas haviam surgido na segunda metade da década de 1830 e encalhado devido ao pânico antirrevolucionário e aos temores protovermelhos de 1848 e 1849. As reivindicações abrangiam: sufrágio universal (masculino), parlamentos anuais, voto secreto, número igual de representantes, abolição das exigências de propriedade para a candidatura ao Parlamento e remuneração para os parlamentares (de modo que a posse de fortuna pessoal deixaria de ser um pré-requisito para o cargo público).[71] Em sua maioria, tais reivindicações condizem com os termos ou, pelo menos, com o espírito democratizante das reivindicações para os "países avançados" arroladas no final da seção II do *Manifesto*, embora incluam várias medidas econômicas referentes à propriedade, ao trabalho, à educação e à nacionalização. Esse ângulo econômico era característico do olhar comunista sobre as sociedades modernas em processo de industrialização.

Na opinião de Marx, a proposta de Jones para uma grande conferência de coalizão nessa época era criar um "acordo" conciliatório entre trabalhadores e burguesia. Por esse acordo, os trabalhadores deveriam reduzir suas tradicionais reivindicações de melhores salários e condições de trabalho a uma única reivindicação — sufrágio masculino —, em vez de "*formar* um partido", promover agitação política nos distritos manufatureiros e obrigar os políticos "burgueses" a fazerem concessões a *eles*.[72] Isso ilustra bem a questão — que os democratas liberais costumam enxergar ao contrário — de que nem sempre são os oprimidos que se veem necessariamente obrigados (ou forçados) a fazer concessões, contanto que a política funcione de fato. Encerrado o episódio, Marx resumiu:

Luta de classes e conciliação de classes   97

Apesar de minhas reiteradas advertências, e embora eu tivesse previsto exatamente o que iria acontecer — a saber, que ele [Jones] liquidaria a si mesmo e desorganizaria o Partido Cartista —, ele adotou o curso de tentar chegar a um acordo com os radicais burgueses. Agora é um homem liquidado.[73]

O que quero argumentar aqui é que o ativismo de Marx é mais conciliador do que geralmente lhe creditam, e que seus textos têm uma dinâmica política mais realista do que sugeririam suas sarcásticas perorações e pretensas conclusões, citadas com tanta ligeireza. O movimento Occupy não parece ter chegado ao estágio de conciliação intramovimento em que as reivindicações programáticas seriam negociadas, de uma maneira ou de outra, por meio de uma efetiva conciliação, fortalecendo alianças que levariam a avanços políticos, de uma maneira ou de outra. Marx e Engels estavam, em grau muito limitado, com essa estratégia em andamento nos anos 1840, quando tinham associados e estavam em contato — até certo ponto — com alguns ativistas dos movimentos de massa e com eventos de rápido desenvolvimento, muitos deles consistindo em explosões espontâneas de insatisfação, incluindo revoltas e episódios violentos.

Mas, a partir da correspondência de ambos em 1857-8, podemos dizer que Marx e Engels não dispunham, naquela época, desse contexto de ativismo popular imediato, que na verdade não sobrevivera muito na zona geográfica euro-americana no final dos anos 1850 — nem mesmo num estilo Occupy frouxamente "organizado". E, como estrangeiros na Inglaterra por tolerância do governo, eles não estavam em posição de se dedicar a grandes atividades políticas, que atrairiam a atenção da polícia. Além disso, trabalhavam contra eles tanto a situação de pobreza em que se encontrava a família de Marx, quanto a vida profissional de Engels, muito ocupada com a empresa familiar Ermen & Engels, em Manchester.

A década de 1860 foi uma história bem diferente, embora retomasse a década de 1840 numa escala maior e até mais internacional. Aqui também, os comentários biográficos sobre Marx tendem a se concentrar nas concessões que ele não queria fazer, e não nas que fez, e, em particular — mais uma vez —, o enfoque das versões não marxistas tende a se concentrar num "fracasso" final que parece apagar as realizações positivas. O que quero frisar é que a perspectiva política em termos de classe e luta no interior de movimentos políticos democratizantes requer intrinsecamente a conciliação, e nisso as habilidades de Marx eram, em muitos aspectos, no mínimo tão boas quanto as de muitos outros. E suas atividades não eram necessariamente piores por evitarem as concessões que — como ocorreu com Jones — pavimentavam o caminho para a derrota e o desespero.

Marx não teve papel muito especial no desenvolvimento da AIT no começo dos anos 1860, nem foi de fato orador na reunião de fundação em Londres. O impulso veio dos sindicatos, preocupados com o achatamento salarial provocado pela concorrência entre os trabalhadores, sobretudo quando estes atravessavam a fronteira como imigrantes — questão com a qual Marx e Engels estavam plenamente familiarizados: suas atividades políticas secretas estavam voltadas para os imigrantes de língua alemã em Paris, Bruxelas e nos Estados Unidos. O que havia de diferente nos anos 1860 era o fato de tais organizações políticas serem publicamente toleradas, bem como, em particular, a tolerância muito restrita, mas de grande importância, que se estendia às organizações operárias, ainda que de forma variável e errática. Tais circunstâncias assinalavam uma profunda mudança em comparação à proibição e à perseguição, vinte anos antes, das atividades políticas, obrigadas a se manterem clandestinas.

Embora nenhum dos principais governos concedesse o sufrágio masculino universal e plenos direitos civis a todos, nem protegesse por lei os direitos dos trabalhadores de se organizar em oposição aos empregadores (pelo contrário), mesmo assim a repressão em alguns países europeus ocidentais era menos abrangente, menos intensiva e menos incontornável, se comparada à dos anos 1840. Por outro lado, era possível a formação de alianças entre forças reconhecidamente heterogêneas tratando da "questão social", frouxamente unidas e tendentes a divisionismos. Na fundação da Internacional, Marx foi nomeado para o Conselho Geral, mas seu enfoque econômico e suas ideias revolucionárias anticapitalistas (ainda que em última instância) representavam uma voz minoritária muito distinta e mal chegavam a ser uma "tendência". A grande maioria dos alinhados com a AIT eram nacionalistas democratizantes, sindicalistas reformistas e utopistas variados defendendo colônias, instituições sociais e valores éticos e/ou religiosos cooperativistas.[74]

Em vez de me concentrar nas discordâncias de Marx com inúmeros escritores e associados nos anos finais da década de 1860 e nessas (supostas) provas de seu gênio aparentemente desagradável, recorro aqui a dois documentos em geral tidos como de sua lavra. Pela descrição histórica exposta acima, deve estar claro que essa associação de trabalhadores é muito mais parecida com um grupo de pressão ou mesmo com um partido político social-democrata (abstraindo seu evidente perfil internacional) do que com o alinhamento ideológico muito mais cerrado do Partido Comunista revolucionário, ainda que putativo, de 1847, o qual, de todo modo, era minúsculo, "clandestino", tendo-se perdido rapidamente na fumaça das revoluções democratizantes de 1848. Grande parte de sua fama — ou melhor, má fama — só surgiu com os "julgamentos comunistas" amplamente divulgados no começo dos anos 1850 e sua mitificada ressurreição no começo dos anos 1870 por iniciativa de uma facção socialista.[75] Os meados dos anos 1860, portanto, oferecem uma boa ocasião para examinar as habilidades de Marx na formação de alianças, que se baseiam necessariamente em acordos de conciliação e não consistem em muito mais do que isso.

O "Discurso inaugural da Associação Internacional dos Trabalhadores"[76] de Marx é uma espécie de retomada do *Manifesto*, excluído o resumo geral e abrangente da história humana. Concentra-se na história mais recente, examinando acontecimentos políticos como a Guerra Civil Americana (1861-5) pelo ângulo de seus efeitos econômicos e seu potencial para construir uma solidariedade operária apesar de todas as forças públicas e privadas unidas contra esse objetivo. O discurso defende a tese da pauperização, isto é, enquanto a produtividade e os lucros aumentam, os salários e recursos dos trabalhadores diminuem, o que não é diferente dos pontos levantados durante os protestos do Occupy. Além disso, refuta os argumentos econômicos em contrário, sustentando — como faz o *Manifesto* — que estas são hipocrisias do interesse próprio e do interesse de classe.

À diferença do *Manifesto*, porém, o discurso repassa vários sucessos que Marx credita devidamente ao ativismo, à solida-

Luta de classes e conciliação de classes

riedade e à auto-organização da classe trabalhadora. Esses sucessos — que, décadas antes, eram apenas aspirações na situação política autoritária e repressora de então — incluem dados como a aprovação da Lei das Dez Horas em 1847: "um grande sucesso prático; foi a vitória de um princípio; foi a primeira vez que, em plena luz do dia, a economia política da classe média sucumbiu à economia política da classe trabalhadora".[77]

A seguir, Marx elogia o movimento cooperativo na esfera do consumo e as cooperativas fabris na esfera da produção:

> Nunca é demais ressaltar o valor dessas grandes experiências sociais. Por meio da ação e não do discurso, elas mostraram que é possível obter produção em grande escala, e de acordo com as exigências da ciência moderna, sem a existência de uma classe de patrões empregando uma classe de operários.[78]

Esse último aspecto contrasta, em termos retóricos, com a abordagem altamente — mas não exaustivamente — crítica dos socialismos como alternativas ao comunismo que Marx e Engels haviam desenvolvido na seção III do *Manifesto*.[79] Em 1864, Marx extrai uma lição positiva: "o trabalho cooperativo deve ser desenvolvido em dimensões nacionais".[80] A conclusão é a mesma nos dois textos, embora no discurso de 1864 pareça muito mais social-democrata — e, nesse sentido, reformista — do que no *Manifesto*. Sua retórica era menos explicitamente revolucionária, visto que a democratização estava em visível andamento. E assim — em contraste com os levantes de massa de 1848 — as forças antidemocráticas estavam em relativo recuo nos anos 1860, embora não derrotadas, não devendo de forma alguma ser subestimadas:

A conquista do poder político se tornou, portanto, o grande dever das classes trabalhadoras. Elas parecem tê-lo entendido, pois na Inglaterra, na Alemanha, na Itália e na França têm ocorrido ressurgimentos simultâneos [...] do partido dos trabalhadores.[81]

Aqui a política parece se alinhar muito mais a alianças e conciliações do que a desespero e combates de rua. Ou, em outros termos, o desespero e os combates de rua nos anos 1840 asseguraram alguns resultados notáveis nos anos 1860. Como o *Manifesto*, o "Discurso" de Marx aborda a situação internacional polarizada entre nacionalismos liberais nascentes (como na Polônia) e autoritarismo reacionário (como na Rússia).[82] O texto afirma a necessidade de cooperação, assistência, apoio e alianças entre nações, mesmo quando contrariam o interesse imediato dos trabalhadores locais, como no caso de alguns operários britânicos apoiando o lado da União contra a "escravocracia" algodoeira sulista na Guerra Civil Americana. E a conclamação que encerra os dois textos é a mesma: "Proletários de todos os países, uni-vos!".[83]

Conclusão

Em conclusão, os termos "classe" e "luta" — postos como luta de classes — trazem o reconhecimento praticamente instantâneo das ideias de Marx e/ou dos termos definidores do marxismo, a redução póstuma e um tanto esquemática de seu ativismo político a "pensamento". Mas ver o ativismo de Marx como atividade genuinamente política e concreta, em vez de enxergá-lo como pensador absorto em abstrações,

Luta de classes e conciliação de classes

mostra outro conjunto de circunstâncias. Essa perspectiva revisitada nos permite então chegarmos a juízos um tanto diferentes. Ao longo dos anos, a conciliação veio a soar estranha a essa política radical da "questão social", e a Marx e Engels em particular, mas eles tiveram de praticá-la para ganhar pelo menos um mínimo de impulso e, de fato, para se engajar com outros em comitês e cenários organizacionais, nos quais sabemos que realmente operaram. Marx sem dúvida teria severas críticas a muito do que foi dito no, e em nome do, Occupy. Mas estaria lá, na manifestação, dizendo o que tinha a dizer e pressionando por uma solidariedade programática. As imagens e logos dos 99% afirmaram uma posição — mas se resumiram praticamente a isso — no que se refere a uma política ativista que pelo menos conceitualizasse as questões. Foi o que tentaram fazer Marx e Engels, e tiveram algum sucesso em levantes posteriores. E, depois de 1872, suas recomendações programáticas — e impressionante estrutura analítica — obtiveram certa base de apoio na política popular, com o desenvolvimento do eleitorado de massa. Ainda teremos de ver se e o que emerge do movimento Occupy e seus sucessores, no que concerne à "questão social". Seus ativismos operam com práticas políticas de democratização e utilizam as estruturas constitucionais e institucionais que nos estão disponíveis — pelo menos por enquanto.[84]

3. História e progresso

É UM POUCO DIFÍCIL LIGAR o ativismo político atual às aulas de história e, na verdade, às aulas de metodologia sobre as maneiras de pensar a história. Por melhor que seja a intenção de "aprender as lições" e "não repetir os erros" do passado, o passado nunca é muito parecido com o presente, e o presente nunca é muito parecido com o passado. A questão do ativismo político é formar ou defender uma visão do futuro perante a qual o presente se mostra insatisfatório. Essa característica da atividade humana decorre da convicção de que o sequencialismo é importante nos assuntos humanos: o que pensamos e fazemos em relação a alguma coisa num presente qualquer é estruturado por nós de uma forma única porque ocupa uma posição numa linha temporal em andamento. Geralmente presume-se que essa linha é unidirecional, irreversível, nem circular nem cíclica, pelo menos segundo o entendimento majoritário atual. Mas, em alguns contextos, o tempo foi e é hoje configurado de modo bastante diferente, e o ativismo político se empenha em "voltar o relógio", revisitando uma "idade de ouro" ou apontando movimentos cíclicos e circulares que legitimam um ativismo de resistência à mudança.

Muito provavelmente, a retórica e o discurso político do ativismo no Occupy e no interior de amplas alianças semelhantes mencionavam todas essas abordagens do tempo e, portanto,

História e progresso 105

da história. Mas, fora dos contextos especificamente sectários, a concepção hoje dominante nos discursos seculares é a linha temporal unidirecional que — o que é paradoxal nesta nossa discussão — tende a desvalorizar a história como ponto de referência inicial ou importante. Assim, a pergunta "O que fazer?" no presente e para o futuro é muito mais envolvente em termos retóricos do que a pergunta "O que se fez no passado?". Uma concepção atemporal da "natureza humana", digamos assim, é ainda menos motivadora. Afinal, se tudo o que acontece é apenas a "natureza humana" como ela sempre foi, é e será, nem faz muito sentido, para começo de conversa, se dedicar ao ativismo político.

Outra maneira de encarar a questão, porém, é voltar a nosso pressuposto do sequencialismo e olhar Marx sob essa luz, em especial porque ele ficou famoso por uma "teoria da história". Hoje, é possível que sua fama em muitos contextos acadêmicos decorra precisamente desse artefato intelectual, ou pelo menos em muitos contextos acadêmicos aceita-se amplamente que é preciso levar em conta essa "teoria".[1]

Por um lado, a conceitualização da história apresentada por Marx e Engels no *Manifesto*, por exemplo, e as especificidades da "perspectiva" deles nesse texto sobre a sociedade industrial moderna e seus supostos sucessores nas formações socialistas e comunistas se tornaram lugares-comuns após os anos 1890. Essas fórmulas não constituíam apenas uma ortodoxia socialista (minoritária), mas também se afiguravam, na reação política contrária, como uma doutrina perigosa a ser enfrentada e eliminada. Com o desenrolar do século xx e a sucessão de lutas entre bolcheviques e antibolcheviques, comunistas e anticomunistas, soviéticos e antissoviéticos, as obras de Marx foram reeditadas em escala verdadeiramente bíblica, e importantes historiadores se posicionaram na política a partir de sua relação frente a um "Marx" de sua própria lavra. Após a apropriação devida ou indevida das concepções e escritos de Marx, após sua elevação ao estatuto de doutrina, seja como "texto sagrado", seja como "obra do demônio", a posição de Marx dentro de uma sequência histórica de recepções se estabeleceu como um conjunto de pontos de debate sobre a história. Não há como escapar a eles, e eles acompanham qualquer invocação do nome de Marx.

Por outro lado, houve também a recepção de suas ideias desacompanhadas de seu nome, e assim, tendo as qualidades de uma heroica virtude ou de um maligno vício se separado de determinadas concepções específicas da história, hoje lidamos também com pressupostos mais ou menos corriqueiros. Na verdade, esses mesmos pressupostos se tornaram lugares-comuns justamente porque — e quando — se dissolveu a associação deles com Marx. Vistas desse ângulo, as concepções de Marx sobre a história e sobre o papel das discussões históricas dentro dos ativismos democratizantes se mostraram de grande sucesso, e, quanto maior o sucesso delas, menos parecem "pertencer" a ele, e isso precisamente por causa do ardor ativista ilustrado acima.

A seguir, ao avançarmos na discussão, poderemos ver como isso se deu e, a partir daí, avaliar a que ponto o espectro de Marx assombra ativismos como o do Occupy. Mas aqui o objetivo não é lançar um espectro sobre o Occupy ou outros ativismos similares, e sim examinar com mais atenção o que eles têm a ver com a história. Desse modo, a ausência de aulas de história nesses eventos e debates não significa que os participantes não estejam fazendo suposições e adotando pressu-

História e progresso   107

postos sobre a história. Esses pressupostos se referem ao que é ou não significativo nos assuntos humanos, e a como a nova história-em-formação (isto é, um futuro melhor) impulsionará as lutas do presente.

Marx, Engels e a história

Em vista da dedicação de Marx ao ativismo comunista, a história como foco central pode parecer uma bizarrice pelas razões apresentadas acima. O que uma aula de história tem a ver com o empenho de mudar o mundo, em vez de meramente interpretá-lo?[2] O início e o núcleo do texto mais explicitamente ativista de Marx e Engels, o *Manifesto* — seja em seu contexto original de 1847-8, seja em sua retomada com maior influência nos anos 1870 —, são uma aberta recapitulação histórica: como chegamos aqui vindo de onde estávamos? Além disso, é uma recapitulação estabelecendo definições: o que *é* a história, em primeiro lugar? Marx e Engels "problematizam" a própria noção de história e, por isso, oferecem uma nova resposta, totalmente reelaborada, para as duas perguntas. No entanto, isso por si só não estabelece uma ligação com o ativismo político, nem naquela época nem agora.

Ainda mais intrigante, talvez, é que o legado político de Marx foi interpretado — em seu tempo e desde então — como um projeto intelectual, e em particular como a enunciação e a defesa da "interpretação materialista da história".[3] Isso começou quando Engels cunhou a expressão, em 1859, na resenha de um livro que poucos na época teriam lido, em que parafraseia a concepção de Marx sobre a história para um público popular:

A proposição de que "o processo da vida social, política e intelectual em geral é definido pelo modo de produção da vida material", de que todas as relações sociais e políticas, todos os sistemas religiosos e jurídicos [...] que surgem no curso da história só podem ser entendidos se as condições materiais de vida [...] forem rastreadas até essas condições materiais — essa proposição foi uma descoberta revolucionária [de Marx].[4]

Nesse contexto "rotulado" e abstraído, a "conclusão geral" de Marx e "guia para meus estudos"[5] se presta a uma leitura preditiva, enquadrada especificamente pelo termo "materialista", de Engels (não mencionado no texto original de Marx). Continuando com a resenha de Engels:

> [Marx escreve:] "Em certo estágio de seu desenvolvimento, as forças produtivas materiais da sociedade entram em conflito com as relações de produção existentes ou [...] com as relações de propriedade em cujo arcabouço haviam operado até então. Essas relações deixam de ser formas de desenvolvimento das forças produtivas e se transformam em grilhões [...]. A mudança na base econômica leva, mais cedo ou mais tarde, à transformação de toda a imensa superestrutura."[6]

Essa passagem transfere a discussão do sincrônico (como são as estruturas sociais) para o diacrônico (como uma determinada estrutura social se transforma em outra diferente). Esse processo, tal como Marx resume sua reflexão, gera termos e metáforas de grande força, mas sem explicação nem justificativa: forças produtivas, relações de produção (especificamente sistemas de propriedade) e uma dinâmica de desenvolvimento

História e progresso

que enfrenta "grilhões", assim prometendo uma transformação da "base" e da "superestrutura". Essa mistura, como "guia" e "conclusão geral", é bastante rústica — mais um enigma do que uma solução, um modo mais de colocar perguntas do que de oferecer respostas prontas.

Esse afã interpretativo de Engels ressurgiu na segunda metade dos anos 1870, com seus esforços para divulgar Marx, dessa vez com mais êxito. Após a morte de Marx e pelos doze anos que sobreviveu a ele, Engels continuou com essa conceitualização, enquadrando — e definindo — o "pensamento" de Marx, abstraído em proposições atemporais e teses preditivas, formulado com um caráter "materialista" de certeza, a qual sustentaria a luta de classes e a política socialista. Foi o que ele fez em introduções, prefácios, artigos de jornal e obras independentes que, desde então, tiveram enorme circulação. Desde o final do século XIX, um traço característico do marxismo têm sido as preleções sobre a história — com grandes doses de metafísica — e, na apresentação de Marx como "pensador", a história frequentemente ocupa um lugar de honra.[7]

Depois de quase 150 anos de consenso, talvez pareça estranho achar que a "interpretação materialista da história", no que se refere a Marx, é um tanto obscura e enigmática, em particular essa questão de "ter uma teoria da história", e não só se e como a teoria dele é "materialista" e, claro, se é plausível ou não. Com efeito, um entendimento presente do que se considera ser a história, e do que se considerava ser no passado, tinha grande e evidente importância para Marx, pelo que podemos depreender de seus escritos publicados, de seus materiais manuscritos e de seus "cadernos de excertos". E, escrevendo como ativista e despontando mais tarde iconicamente na reedição do *Manifesto*, era mesmo com essa preocupação com a história — em termos metodológicos — que ele costumava dar início a suas discussões. É evidente, porém, que Marx estava *usando* a história, tal como ele e Engels a reconceberam, para incentivar a ação política, e não simplesmente escrevendo sobre ela para os intelectuais, os acadêmicos e/ou o leitor geral.

No entanto, desde o começo do século xx, a atenção ao que Marx tinha a dizer sobre a história como tal e sobre as circunstâncias e acontecimentos históricos que investigava transferiu-se para a pesquisa de textos e a leitura de perto — seguindo o modelo de Engels — a fim de determinar o conteúdo preciso daquilo que ele chamava de sua "perspectiva" ou "concepção",[8] embutido na expressão "teoria da história". Isso levou a dois resultados: quando Marx é estudado, consideram-se realmente significativos apenas os textos tidos como pertinentes à questão — e, na verdade, os mais propícios para a abstração *enquanto* metodologia.[9] O *Manifesto* contém muitas das mesmas ideias e termos (por exemplo, "grilhões"), mas não se presta à abstração de proposições, visto que sua retórica conclama mais as pessoas à ação do que os acadêmicos ao estudo.

A resenha de 1859 de Engels[10] inaugurou o processo de enunciar a "teoria da história" de Marx, mas não o processo de defendê-la num debate sério, visto que a retórica de Engels era a da certeza na proclamação de verdades, que ele tomava como autoevidentes a partir da exposição, convenientemente contrastadas com ideias inferiores. O revolucionário russo Geórgui Plekhânov, autodenominado teórico do marxismo, foi o primeiro a defender e não só simplesmente expor a teoria de Marx. Fez isso em seu livro *O desenvolvimento da visão monista da história* (1895), escrito em russo e traduzido para o

História e progresso

alemão em 1896. A ele se seguiram outros ensaios e estudos sobre "A concepção materialista da história", muito traduzidos e amplamente reeditados. Eles tiveram um importante papel na popularização da metáfora da base/superestrutura como traço definidor do marxismo, junto com o "materialismo dialético" como uma versão científica da metafísica hegeliana.[11] Este último derivava da obra sintética de Engels sobre uma "dialética", deliberadamente extraída de Hegel, formulada como um conjunto de "leis" aplicáveis a "natureza, história e pensamento".[12] Era um esquema tripartite projetado — mais do que textualmente derivado — sobre os (pouquíssimos) comentários favoráveis de Marx a respeito de Hegel e sobre suas incursões (ainda mais raras) na descrição de um "método" (o que pressuporia uma unidade em seu "pensamento", em lugar da eficácia em seu ativismo).[13] Pouco antes de morrer, Engels deu seu endosso pessoal às concepções expressadas por Plekhânov, comentando solidariamente a dificuldade de escapar aos censores russos e de defender a revolução num contexto tão autocrático e repressor.

A questão aqui não é aferir se esses resumos e paráfrases são ou não "fiéis" aos textos de Marx, e sim notar como a seleção de textos relacionados com uma "teoria" foi admitida e adotada enquanto um projeto de tipo acadêmico legítimo em si mesmo, ou — em relação a outros que empreendiam estudos semelhantes — como tais debates sobre a "teoria" foram considerados cruciais nos processos de posicionamento político ao se elaborar políticas socialistas e/ou revolucionárias. Na medida em que Plekhânov estava escrevendo para intelectuais subversivos e traidores, e trabalhando junto com eles, num contexto pré-constitucional e antiliberal, seu envolvimento com a filosofia e os filósofos reproduzia claramente as atividades e estratégias políticas de Marx, quando menos para fomentar uma consciência da transformação histórica e dos valores liberais do "Iluminismo". Mas, em contextos menos repressores, esses debates — e, depois, as pesquisas marxistas — parecem constituir um deslocamento da política para a atividade intelectual, em lugar do ativismo organizativo realmente empreendido por Marx. A dita teoria de Marx, com um vigor formulado nos termos de sua retórica ativista e *ad hominem*, foi escrita precisamente para enfraquecer aqueles intelectuais que imaginavam fazer política quando o que estavam realmente fazendo era filosofia ou, no caso de Proudhon e dos *proudhonistes*, uma "economia filosófica".[14]

Dito isso, Marx — ainda que involuntariamente — inaugurou discussões que o converteram num "teórico" de enorme importância. Esses esforços intelectuais mudaram profundamente o que os historiadores consideram ser a história e o que constitui uma estratégia historiográfica legítima. E, ao mesmo tempo, esses debates vincularam historiografia e filosofia, por exigirem "fundamentos" ontológicos e epistemológicos para a historiografia, em vez de suporem meramente um constante "interesse humano" pelos "grandes homens" ou adotarem uma posição de correção moral radicada na religião ou no nacionalismo. A estratégia de Plekhânov — enquanto narrativa política — foi a de situar a teoria da história de Marx numa sequência de "materialismos" politicamente progressistas, em que o ateísmo, a matéria em movimento e as atividades produtivas sociais forneciam o conteúdo necessário para definir mais sua suprema realização. Segue-se daí que os historiadores em geral, partindo de perspectivas religiosas, morais, nacionais e de "interesse humano", se posicionaram contra esse reducionismo "materialista" e "econômico" tão explicitamente declarado, e em particular contra a metafísica "dialética", tal como era sustentada por Plekhânov e seus *confrères* autointitulados como "marxistas". Desde então, ironicamente, muitas vezes os marxistas têm se visto na incômoda situação de se posicionar contra os textos existentes de Marx, os quais — exceto em raríssimos comentários resumidos como "guia para meus estudos"[15] — têm um caráter que mais explora do que reduz a certezas, mesmo quanto à atividade "econômica" como base "material".[16] Essa abordagem estreitou consideravelmente o campo de visão da maioria dos comentadores — aliás, de maneira bastante paradoxal — na mesma época em que se compilava, se transcrevia e se publicava uma quantidade imensa de escritos de Marx, inclusive extensas indagações históricas e ruminações exploratórias. E, dentro desse campo de comentários com foco altamente concentrado, empregaram-se esforços consideráveis para determinar se e em que sentido essa "teoria"[17] era verdadeira ou falsa, e — bastante extensamente — em que bases epistemológicas seria possível conduzir tal exame e julgamento.

Os grupos de "marxismo analítico" do final dos anos 1970 e dos anos 1980 adotaram uma abordagem autodenominada "rigorosa" da "teoria" da história e se notabilizaram por reunir filósofos da linguagem, historiadores econômicos e estudiosos da teoria dos jogos e da escolha racional.[18] Declarando-se contra a metafísica hegeliana e as ruminações engelsianas sobre uma dialética "materialista" (mais tarde abastardadas como tese-antítese-síntese e outras versões do "materialismo dialético"),[19] os marxistas analíticos fundavam suas obras num empirismo que diziam ser concordante com a ciência. Em sua visão de ciência, a validação (ou, pelo menos, a falsificação) consistia em requisitos rigorosos na construção de proposições que poderiam ser testadas contra os fatos na história, revelados pela pesquisa histórica. O minimanifesto dessa "escola" afirmava que seus trabalhos

> pretendem exemplificar um novo paradigma no estudo da teoria social marxista. Não serão dogmáticos nem puramente exegéticos em sua abordagem. Examinarão e desenvolverão a teoria inaugurada por Marx, à luz da história interveniente e com as ferramentas da ciência social e da filosofia não marxistas.[20]

A esperança deles era que "assim o pensamento marxista será libertado dos métodos e pressupostos cada vez mais desacreditados que ainda são amplamente considerados essenciais a ele, e se estabelecerá com maior solidez o que é verdadeiro e importante no marxismo".[21] Tal abordagem pressupunha, evidentemente, que reescrever a prosa de Marx em termos dessas proposições era prestar um serviço (na verdade, um exercício em sua "defesa") e que os cientistas acadêmicos poderiam — para o bem de todos — decidir a verdade (ou não) da "teoria" assim atribuída a Marx, ou, melhor, daquelas passagens em certos textos dele tidas como sua "melhor abordagem" do assunto.

Os marxistas analíticos montaram espantosos quebra-cabeças quanto à determinação linguística, examinando em especial de que forma poderiam definir e relacionar termos descritivos, como "modo de produção", "forças produtivas", "relações de produção", "base econômica", "superestrutura ideológica" e congêneres (abstraídos sem contexto político de

História e progresso 115

algumas poucas passagens de textos publicados e de rascunhos manuscritos), de uma maneira mais lógica do que a de Marx. G. A. Cohen analisou e dividiu as expressões de Marx (reconhecidamente vagas e "indicativas") nessas principais proposições:

a) As forças produtivas tendem a se desenvolver ao longo da história (a Tese do Desenvolvimento).

b) A natureza das relações de produção de uma sociedade se explica pelo nível de desenvolvimento de suas forças produtivas (a Tese do Primado [das forças produtivas] propriamente dita). [...]

c) Os homens são [...] até certo ponto racionais.

d) A condição histórica dos homens é de escassez.

e) Os homens possuem um tipo e um grau de inteligência que lhes permite melhorar sua condição.[22]

Cohen investigou longamente quais seriam as relações estruturais vigentes e as alegações preditivas falsificáveis que poderiam ser deduzidas da prosa de Marx agora reescrita. Esses problemas incluíam, em especial, a verdade (ou não) do "determinismo" econômico ou tecnológico na efetivação da mudança histórica de um modo de produção para outro e, em última instância, decidir se a revolução proletária é "inevitável" (ou não), dada a estrutura "lógica" atribuída às concepções e suposições "razoáveis" de Marx referentes à "natureza humana" que ele então aduziu ao texto de Marx.[23] Em vista do ferrenho compromisso com o "rigor" metodológico esposado pelos marxistas analíticos, que radicavam suas alegações numa filosofia da ciência como conjunto universal e singular de suposições e protocolos, o projeto, ao fim e ao cabo, inevitavelmente concedeu pouquíssimo crédito a Marx em seus termos do século xx. Numa peroração da década seguinte, Cohen escreveu:

> Chamei meu livro sobre a teoria da história de Karl Marx de *defesa*, porque nele defendi o que considerei [...] ser verdadeiro [...]. Em data mais recente, porém, vim a me perguntar se a teoria defendida no livro é verdadeira [...]. Não que eu creia agora que o materialismo histórico é falso, mas não sei ao certo como dizer se é ou não é verdadeiro [...]. Tentei [...] tornar a teoria mais determinada e, com isso, esclarecer suas condições de confirmação, mas [...] é preciso um grau de elucidação consideravelmente maior.[24]

Os próprios termos "analíticos" pelos quais o "rigor" era expressado (por Cohen e outros) já eram, na época, objeto de crítica por parte de estudiosos revisionistas da sociologia e da história da ciência,[25] e também de pós-estruturalistas desenvolvendo uma concepção radicalmente distinta da linguagem, da verdade e da lógica.[26]

O que se destaca pela ausência na maioria dessas discussões "abstratizantes", "analíticas" ou não, é qualquer compromisso sério com aquilo a que se destinavam, no contexto próprio de Marx, as concepções por ele assinadas — o que *é* a história, como se dá (ou não) a mudança, em que consiste uma mudança significativa. Em suma, que diferença faz para um ativista — imbuído de concepções críticas sobre o presente e comprometido com um futuro melhor — envolver-se com a "história" em termos de conteúdo e metodologia? Como se supõe que tais discussões vão agregar um público, aglutinar um movimento, avançar para um objetivo? Uma parte da resposta a essa pergunta se encontra na natureza da política, durante a

História e progresso 117

época de Marx, nos Estados germânicos dos anos 1840 e 1850, onde a discussão de questões e sugestões de mudança era quase unanimemente malvista e onde não havia nenhuma constituição concedendo soberania ao povo e, portanto, nenhum público bem-informado.[27] Os intelectuais universitários eram, na melhor das hipóteses, tolerados, mas não protegidos — ou, em casos mais notáveis, nem tolerados, tornando-se sujeitos à exclusão e à perseguição. Com 23 anos de idade, Marx, então com doutorado recente, recaiu diretamente nessa segunda categoria, mas continuou a fazer o que sabia fazer bem, ou seja, conduzir um combate de ideias (qualquer outro tipo de combate era eliminado o mais depressa possível). Nos Estados germânicos, discussões desse tipo eram aceitas na imprensa apenas depois de sofrerem emendas suficientes dos censores ou de entrarem clandestinamente vindas do estrangeiro, em geral da Suíça, da Bélgica ou da França. Os escritos de Marx — matérias liberais, polêmicas intelectuais *ad hominem* e um panfleto e manifesto popular de "reivindicações"[28] — recaíam nas duas categorias: censurados e contrabandeados.

Embora isso possa estabelecer um contexto com espaço para discussões de alto nível sobre a história e até talvez para um público, ainda que muito reduzido, mesmo assim não explica por que Marx — e, às vezes, Engels — dedicou uma notável quantidade de energia cerebral a questões desse tipo. Por que não formular o programa, redigir a concepção, apresentar os discursos e fazer a panfletagem? No entanto, o que sabemos pelas pesquisas recentes é que os dois redigiam seus textos ativistas — basicamente críticas aos socialistas e comunistas alemães contemporâneos —*excluindo* algumas de suas reflexões sobre questões mais tarde reunidas como a "interpretação materialista da história".[29] Não era, porém, uma exclusão completa, mas antes um processo de editar e eliminar materiais apenas exploratórios e digressões expositivas para apresentar itens muito mais concisos sobre a história àqueles que eram tidos como opositores, por exemplo Bauer e Proudhon.

Assim, aqui estamos observando um efeito de recepção: nossos dois autores conduziam debates polêmicos *ad hominem* com personalidades da época sobre questões e possibilidades políticas também da época; mais tarde, os leitores passaram por cima deles, julgando-os incompreensíveis ou, muitas vezes no caso de Marx, extremamente enfadonhos. O que outros leitores posteriores deduzem ou resgatam, de modo geral, são raciocínios e conceitos mais abstratos que poderiam ajudá-los a pensar sobre questões e possibilidades políticas de *sua própria* época. Nos anos 1840, porém, o cerne do debate não eram as abstrações: na verdade, para Marx e Engels o cerne era que seus interlocutores eram abstratos *demais*, e não apenas abstratos de uma maneira equivocada, daí a determinação de ambos em não discorrer *demais* sobre a "história".

Visto que *todos* os seus interlocutores nos anos 1840 eram vigorosos defensores do constitucionalismo e da soberania popular, talvez pareça estranho e até distorcido que Marx e Engels dedicassem tanto tempo a criticar companheiros intelectuais que — em certo sentido — estavam do mesmo lado. Esses interlocutores se diziam socialistas ou comunistas ou, pelo menos, estavam dispostos a sugerir que tais assuntos — isto é, a "questão social" — contavam com sua atenta simpatia. Mas, conforme dissemos antes,[30] os princípios constitucionais de soberania popular eram, nos Estados germânicos, revolucionários por definição e, portanto, sediciosos, constituindo

História e progresso 119

em última análise uma traição. Marx se concentrou em refinar as ideias comunistas como indispensável prolegômeno a um ativismo revolucionário e liberalizante, que ainda não existia a não ser entre sussurros clandestinos, pois não precisava pregar aos já convertidos. Em vez disso, ele tentou levá-los — aos já convertidos a um liberalismo revolucionário — a um melhor entendimento da situação vigente, a uma avaliação sóbria da oposição e a uma visão realista do potencial do momento.

Engels, sob esse aspecto, tinha um histórico mais interessante, pois dispunha de outros contextos e, quando formou parceria política com Marx, na primavera de 1845, já havia publicado cerca de cinquenta artigos de jornal e um livro respeitável. Isso porque Engels morara e trabalhara na Inglaterra, tendo considerável conhecimento e ligações políticas com o cartismo e a propaganda democratizante da época, além de possuir experiência concreta das classes industriais, comerciais e (fato menos usual) trabalhadoras. Ao contrário da situação nos Estados germânicos, o contexto britânico incluía manifestações de massa e acarretava a repressão e a perseguição em massa, não simplesmente individual. Embora basicamente concentrados sobre os eventos da época, os textos ativistas de Engels, em inglês e em alemão, ainda assim lidavam com temas que combinavam com os interesses de maior sofisticação filosófica e metodológica de Marx pela história. Com efeito, Marx afirmou mais tarde que Engels chegara às mesmas conclusões que ele, mas "por outro caminho", mencionando em particular *A situação da classe trabalhadora na Inglaterra* (1845),[31] livro em alemão e decididamente não histórico de Engels. No entanto, isso apenas recoloca o enigma: por que o ativismo comunista exigia uma discussão desse tipo — sobre a história e o método histórico — como ponto de partida?

Passados cotidianos e futuros cotidianos[32]

O enigma se resolve quando examinamos a estratégia retórica de Marx para mobilizar seus colegas comunistas que, mais do que *confrères*, eram forçosamente rivais. Assim, sustenta ele, para entender o presente é preciso entender o passado. E disso ele extrai o inverso: se por trás dos juízos políticos sobre o presente está um entendimento errado do passado, segue-se que esses juízos políticos serão errados. Tais juízos políticos podem, claro, se referir ao que há de errado no presente — que, para os comunistas, era a "questão social" da pobreza, da desigualdade, da opressão e do autoritarismo —, também abordando qual exatamente seria a maneira de organizar o futuro próximo e o futuro distante a fim de melhorar, reformar e revolucionar a experiência social humana.

Comunistas e socialistas — naquela época, os termos eram amiúde intercambiáveis, embora nem sempre — ofereciam inúmeras visões do futuro, o qual, evidentemente, era o núcleo retórico e político da questão. O contexto intelectual do período tem sido reconstruído ao longo dos anos em vários tipos de recepção acadêmica; o que agora é mais difícil de captar é o senso de engajamento ativista e popular — com seus entusiasmos e ingenuidade —, visto que tende a não aparecer no registro histórico e, quando aparece, é mais sob forma visual (e, em data mais recente, oral) do que escrita. A despeito de todos os atritos internos, porém, os textos de Marx e Engels captam um pouco dessa intensidade emocional e desse foco político, visto que são, em si mesmos, uma recepção-do-momento, e não uma exposição filosófica "para a posteridade".

História e progresso

Paradoxalmente, os estudos contextuais sobre Marx e Engels dificultaram a apreensão desse aspecto, pois o enfoque acadêmico geralmente abarca os dois, os escritos de ambos e o que puder ser resgatado em termos intelectuais para futuro interesse. Devido a esse enfoque, os interlocutores — tão importantes na época e para os textos dirigidos às comunidades envolvidas — tendem a sumir no pano de fundo, na medida em que, ao contrário de Marx e Engels, se tornaram figuras menores, embora apenas para nós e não para seus contemporâneos e, em particular, para Marx e Engels. Assim, os diálogos costumam ser lidos apenas numa direção, e Marx e Engels ficam monologando. Todavia, o problema adicional é que o ardor da época agora parece estranho, visto que a política desaparece junto com as personalidades. De todo modo, as condições políticas nas sociedades já democratizadas deixaram de lado o tipo de autoritarismo miúdo porém poderoso então vigente, contra o qual lutavam os radicais. Por que Marx e Engels iriam se envolver com tais nulidades? E por que eram tão ardorosos a esse respeito? Quando se trabalha a partir de textos e de pressupostos muito posteriores, é comum que essas perguntas surjam, mas em geral não se chega a nenhuma resposta realmente convincente. Por isso é interessante voltar a um texto que capta um pouco da imediaticidade vivida por Marx e Engels.

Embora muito crítica, depreciativa e muitas vezes sarcástica, a seção III do *Manifesto* oferece um *tour d'horizon* de socialismos e comunismos dos anos 1840, ordenados por valência política e tendência intelectual. Marx já tinha intenções de publicar um levantamento crítico sobre o assunto, e Engels já possuía considerável experiência concreta como jornalista, com reportagens sobre tais temas. O que se destaca na discussão (agora pouco lida) apresentada no *Manifesto* não é apenas o cáustico desprezo que Marx e Engels certamente nutriam pela religião em geral e pelo cristianismo em particular, mas também seus juízos depreciativos a respeito tanto das "colônias" e experiências utópicas em pequena escala quanto dos retornos de tipo rousseauniano a modos de vida agrários e outros "simples" e "naturais". Isso nos mostra de onde Marx e Engels *não* queriam partir: de soluções baseadas na fé, do isolacionismo de pequenos grupos em pequena escala, de idílicas autogestões pré-industriais, "naturais" ou não.[33]

Em lugar disso, Marx abordou essa mistura de ideias sobre a humanidade (passado, presente, futuro) adotando positivamente uma alternativa, que ainda hoje se destaca como tática ativista, conforme será demonstrado aqui. Num lance sagaz, o objetivo era político: esses socialismos e comunismos não funcionariam como solução porque os problemas do presente eram vistos de modo equivocado, e isto porque a natureza da história — e, assim, da mudança histórica necessária para transformar um presente problemático num futuro melhor — era vista de modo equivocado. E a própria história era vista de modo equivocado — ou, na maioria dos casos, nem sequer era vista — porque a civilização era vista de modo equivocado. Além disso, a civilização era vista de modo equivocado porque a própria humanidade era vista de modo equivocado. Como cadeia lógica rigorosa, isso talvez faça sentido em seus próprios termos, e em termos de ativismo político também poderia congregar — ou não — um certo público. O *Manifesto*, nas seções i e ii, era sem dúvida uma boa tentativa de congregar um público nos anos 1840, embora seu conteúdo tenha alcançado circulação maciça apenas mais

História e progresso

tarde, no contexto dos anos 1870 — mas, de todo modo, àquela altura já se afastara um pouco das questões de momento, como Marx e Engels prontamente admitiam.[34]

Deixando de lado as questões notoriamente discutidas — se e em que sentido os textos de Marx e Engels representam uma "teoria", e, em caso afirmativo, em que sentido essa "teoria" é ou não é "materialista" ou "determinista" (palavras que não são empregadas em momento algum no *Manifesto*) —, vejamos quais parecem ser os princípios a que Marx e Engels se referiram em 1872, mas que não constavam no prefácio conjunto à edição "especial".

- As pessoas — não entidades imateriais ou sobrenaturais — fazem a história.
- São os processos comuns da produção e do consumo no dia a dia que realmente importam à maioria das pessoas no passado e no presente — não dinastias ou batalhas.
- A civilização se baseia na produção e no consumo que é excedente à subsistência como agregado social — não em princípios morais, valores, arte ou coisas do gênero.
- A divisão do trabalho (ou do não trabalho) e a divisão do consumo (seja no nível ou abaixo do nível de subsistência, seja no nível do luxo ocioso) são características das sociedades civilizadas.
- Essas gradações — jurídicas e políticas — na necessidade ou obrigação de trabalhar e nos recursos disponíveis para o consumo de grupos e indivíduos são fontes previsíveis de dominação, resistência e luta como uma questão estrutural, sobre a qual ou dentro da qual os indivíduos, em termos realistas, pouca escolha têm.

- As ideias religiosas, morais, intelectuais, artísticas e políticas sobre o governo geralmente provêm dessas profundas brechas de luta na estrutura (e geralmente são contestadas dentro delas) — por mais complicadas, variadas e contraditórias que sejam em seus detalhes.
- A indústria moderna marca uma ruptura com os tipos anteriores de tecnologias e, assim, de gradações sociais e instituições políticas, por causa de sua produtividade muito maior, resultante da produção movida a vapor e de processos automatizados de manufatura, recentemente introduzidos.
- As conquistas e o comércio convertem essa atividade econômica intensificada e intensificadora em fenômeno realmente mundial, e cada vez mais globalizado.
- As desigualdades de riqueza e poder estão se tornando mais, e não menos, extremas à medida que essas estruturas e forças se desenvolvem, e os movimentos e políticas igualitaristas em contrário exigem uma considerável luta política.
- O contraste entre o potencial produtivo para bens e serviços e os padrões altamente diferenciados de trabalho e consumo vão se tornar mais flagrantes — embora as reações políticas venham a ser extremamente variadas.
- Essa "perspectiva" sobre a história apresenta de forma precisa a "questão social", que o comunismo deve resolver — em oposição a outras concepções que são menos informadas historicamente e/ou menos plausíveis como estratégias políticas.

Ou, como diz o *Manifesto*, "a história é a história das lutas de classes". E é nas "lutas de classes" que os comunistas devem se colocar politicamente, aplicando as mensagens acima e extraindo conclusões locais para a ação.[35]

História e progresso 125

Por um lado, essa mensagem foi imensamente inspiradora nos movimentos políticos mundiais, tanto nos social-democráticos nos Estados nacionais estabelecidos quanto nos contextos das lutas de libertação nacional e de construção nacional no mundo em decolonização. A ideia de que a expansão global dos processos modernos mecanizados e altamente produtivos de extração de recursos, fabricação de produtos e transporte pesado é praticamente irrefreável por qualquer razão que seja parece plenamente plausível em vista dos padrões de produção e consumo que servem para conceitualizar e mapear a globalização.[36] Sem dúvida, as sociedades e os Estados grandes e pequenos que resistiram às forças internacionais do mercado e à política das grandes potências pelas mais variadas razões geralmente sucumbiram, de diversas formas, às mudanças sociais que Marx e Engels haviam esboçado já nos anos 1840. Naquela altura, as fábricas movidas a vapor e os sistemas de transporte pesado estavam apenas se iniciando, sobretudo no contexto da Grã-Bretanha, com suas colônias e outras áreas de comércio e conquista. Como o *Manifesto* expõe em termos descritivos de grande força:

O aproveitamento das forças naturais, o maquinário, a aplicação da química à indústria e à agricultura, os navios a vapor, as ferrovias, o telégrafo, o desmatamento de continentes inteiros para o cultivo, a canalização de rios, populações inteiras brotando da terra [...].[37]

Por outro lado, desde então perdeu-se um pouco do entusiasmo ativista e do ineditismo intelectual, o que é compreensível na medida em que a linguagem de Marx e Engels ficou datada e seus pontos de referência da época se obscureceram. Apesar disso, a "perspectiva" se tornou quase um lugar--comum, um fato consumado. E o que talvez surpreenda é que grande parte desse enfraquecimento foi assumida pela exegese acadêmica, por verificações, ataques, defesas e debates de segunda ordem, isto é, indagando-se quais seriam as bases para fazer tais alegações e formular tais juízos. Esse uso de Marx, porém, apresenta uma característica marcadamente circular. Para "testar" a validade de suas teorizações, é preciso saber de antemão o que a "história" realmente é e, dentro dela, o que já se sabe ser importante. Quer se trate do "choque de civilizações",[38] de "grandes guerras" específicas, da ascensão ou queda da democracia como forma política, da criação de mercados mundiais por meio de empreendimentos capitalistas, em suma, seja qual for a questão, a alegada obsessão de Marx com as ditas explicações econômicas e determinismos a ele atribuídos tem sido testada contra a opinião corrente sobre a humanidade, a sociedade e a civilização, que é exatamente o que Marx, em seu tempo, estava tentando deslocar.

Adotando aqui outro ponto de vista, sugiro que — estando a abordagem de Marx e Engels "certa" ou "errada" segundo critérios exógenos — o que impressiona em sua revisão da história é, no fundo, a questão da definição: eles sustentam que o que conta como história, e como mudança histórica importante, se apresenta em primeiro lugar como uma pergunta. Assim, a típica pergunta argumentativa se "a economia determina [ou não] a história" já traz a pergunta realmente interessante: o que vale a pena encarar como interessante o suficiente — e, em particular, para quem e por quê — para fazer da história uma questão importante, por mais diferente que ela possa ser da historiografia convencional, profissional e acadêmica?

História e progresso

O resultado de se formular tal pergunta e de respondê-la nos termos de Marx e Engels apresenta um aspecto curiosamente arqueológico: à falta de textos escritos, o que importa são os artefatos, como na chamada pré-história. Se seguimos apenas os textos, isto é, se trabalhamos apenas a partir da época em que havia registros escritos, essa abordagem usual realmente rejeita um dos argumentos interessantes apresentados no *Manifesto*: as ideias expostas nos textos já guardam algum vínculo — por variável que seja — com as relações e instituições socioeconômicas por meio das quais o excedente da produção fica disponível para ser desigualmente distribuído e consumido, em qualquer base que seja. Como os textos escritos já pressupõem essas relações como regra, em geral não discorrem longamente ou não falam muito criticamente sobre elas; portanto, o que lemos nesses escritos, como dizem Marx e Engels numa citação retoricamente redutora, mas muito expressiva, corresponde ao seguinte: "As ideias de uma época sempre foram as ideias da classe dominante".[39]

Claro que essas ideias em textos históricos podem ser verificadas, pelo menos às vezes, contra as concepções contemporâneas que as combatem de várias maneiras. Mas os artefatos costumam ser deixados de lado, tidos como de interesse apenas para os arqueólogos, e não para os historiadores propriamente ditos. Para polemizar um pouco, poderíamos talvez dizer que, se Marx e Engels montassem um museu da civilização, ele consistiria em primeiro lugar em expositores de ferramentas toscas, reconstituições de locais de produção não muito atraentes, reproduções de alimentos e móveis extremamente rústicos que seriam usados pelas pessoas comuns, os vários desenvolvimentos na história da lareira, da chaminé, do martelo, do parafuso, como momentos de alta dramaticidade.[40]

O aspecto polêmico aqui, na verdade, consiste numa contraposição: não é que se possa chegar à civilização apenas por meio dos artefatos, mas sim que a civilização se tornou, de modo geral, sinônimo de "alta" política, "alto" intelecto, "alta" cultura, "alta" sociedade e assim por diante. E talvez valha a pena adotar o ponto de vista do "cotidiano" e do "homem (e mulher) comum", atribuindo uma posição central a esses processos e vendo como a coisa se desenrola. Marx e Engels não fizeram no *Manifesto* qualquer grande declaração de que a arte e as batalhas não têm importância *alguma* na história humana, mas sim que os processos "cotidianos" constituem a "experiência vivida" da maioria das pessoas, e que as mudanças nesses processos são pelo menos tão importantes quanto as mudanças de dinastias ou credos sobre as quais os historiadores se sentem tão à vontade para discorrer, talvez até demais.[41]

Desde as décadas finais do século xx, a história tem sido cada vez mais conceitualizada de uma maneira mais ou menos próxima ao que defendiam Marx e Engels, embora mais como "alternativa" ou suplementação do que como substituição da historiografia convencional. Ou, nos termos desta nossa discussão, a originalidade de Marx e Engels não consiste em descobrir a influência da "economia" na história nem em atribuir um "determinismo"[42] aos fatores econômicos, mas — reiterando meu argumento — em tentar abrir a questão de definição da "história" e esboçar uma resposta que ainda tem repercussão e gera controvérsias. A história das mulheres, a história da classe operária, as histórias "ocultadas" dos povos indígenas, marginalizados e colonizados, todas elas têm uma dívida con-

História e progresso   129

siderável para com a abordagem inédita formulada por Marx e Engels, mesmo que — e, na maioria dos casos, muito embora — seus textos efetivos não gerem histórias desse tipo nem mencionem as questões envolvidas como dignas de nota.

Assim, abrir essa questão de definição da história nos leva a questionar: por que as pessoas fazem essas coisas cotidianas de maneiras diferentes em épocas diferentes, e mesmo assim, pelo visto, de maneiras que — aos trancos e barrancos — resultam de algum modo em processos industriais, movidos a vapor, altamente produtivos de extração dos recursos naturais e fabricação de produtos? Marx e Engels não foram os primeiros a levantar a pergunta, mas se destacaram por refletir (embora não no *Manifesto*) sobre a condição humana como assunto abstrato mas ainda assim histórico, que se desenrola numa temporalidade unidirecional e numa sequencialidade "dependente da trajetória", tal como foram expostas acima. Os dois autores suprimiram essas cogitações — em larga medida, mas não por completo — dos contextos polêmicos e manuscritos dos anos 1840, sem dúvida por serem "teóricas demais" para as candentes discussões políticas. É o contrário, como dito acima, da reação acadêmica a Marx e Engels desde a virada do século xx, pois, naquele contexto, tanto melhores seriam os comentários quanto mais abstratos e filosóficos fossem.

É interessante notar que, nessas ruminações, Marx evita o duplo perigo do triunfo e da tragédia, isto é, a condição humana como uma condição movida por êxitos e melhorias ou, inversamente, condenada à frustração e à infelicidade. A primeira — com êxitos e melhorias — era a posição característica de notáveis economistas políticos de uma ou duas gerações antes da época de Marx, embora certamente não de todos eles,

como mostra a exceção de Thomas Malthus. A segunda —
com frustração e infelicidade — era a posição característica de
Jean-Jacques Rousseau, ao pensar a relação entre a incipiente
industrialização e o comercialismo, de onde decorreriam a
crescente indiferença e a crueldade que ele via nas relações
sociais e estruturas políticas "civilizadas".[43]

Marx evitava as perguntas que tendem a resultar em morali-
zações: seria possível dizer que a humanidade é cada vez mais
bondosa porque está "melhorando" seus recursos; ou que a
humanidade é má porque os "melhoramentos" a tornam cada
vez mais cruel. Do ponto de vista de Marx, a humanidade
vem sempre alterando — sem que seus intelectuais se deem
conta — sua relação com os recursos materiais de várias maneiras cotidianas, e, seja lá como isso tenha ocorrido, embarcou
muito recentemente numa imensa mudança na produção, por
meio da qual os processos cotidianos cada vez mais poderosos
estão se tornando cada vez mais homogêneos e globais. Mas,
para que essa concepção de fazer a história e mudar a história
tenha plausibilidade, não é mais necessário especular sobre o
porquê, que, de todo modo, atrelaria a humanidade a algo que
alguém já poderia saber o que era, em vez de vê-la como uma
potencialidade em aberto, para além das capacidades preditivas
de quem quer que seja. Ou, em outros termos, a própria ideia
de que a humanidade tem alguma ou algumas características
atemporalmente identificáveis, permitindo prever a ascensão
ou a queda, exige, ela mesma, um ponto de vista atemporal
— que não está aberto a ninguém que pense crítica e cuidadosamente sobre esse tipo usual de discurso.

As deduções políticas que Marx e Engels extraíram desse
quadro tiveram impacto retórico na época, e eram dotadas de

História e progresso

caráter mais mobilizador do que estritamente descritivo. Se e quando as pessoas acreditarem nesse quadro — assim segue o ímpeto narrativo do *Manifesto* —, elas converterão sua política numa política da luta de classes, que então se desenrolaria como uma vitória para a classe trabalhadora do cotidiano ou — no outro roteiro pouco citado — como a "ruína em comum das classes em conflito".[44] Assim, a luta de classes é antes uma prática, que poderia — ou não — ocorrer, mais do que uma "coisa", um "fator" ou uma "força" que sempre e por toda parte poderia ser identificada descritivamente e isolada para fins de observação. Afinal, se a luta de classes fosse algo que operasse independentemente da política, não haveria qualquer necessidade de um *Manifesto* mobilizador para reunir as pessoas.[45]

Mas a luta de classes também é, no texto, uma "guerra civil mais ou menos velada".[46] Eis aí mais uma incursão em questões historiográficas que levanta algumas dificuldades: algo "mais ou menos" velado à observação pode explicar o que se observa nos textos e nos artefatos? A resposta parece ser "Por que não?", e desde aquela época há inúmeras defesas do papel dos "inobserváveis" na filosofia da ciência. Contudo aqui, uma vez mais, a questão não é se a resposta é correta ou não, segundo algum protocolo epistemológico de verdade, e sim como os leitores — que são ativistas em potencial — reagirão à ideia de que devem prestar mais atenção aos fenômenos "cotidianos" e não tomar as aparências como dados de fato.

As discussões de Marx e Engels sobre a história — e o uso que lhe dão na retórica de politização — têm um interessante perfil prospectivo, pois os elementos retrospectivos de suas narrativas são arregimentados de modo a demonstrar a maleabilidade das relações humanas, concentrando-se, evidentemente, nas relações da produção e do consumo cotidiano e nos contextos estruturais em que elas se dão. As historiografias convencionais muitas vezes operam segundo o princípio de que devemos aprender com os erros do passado a fim de não os repetir no futuro. A historiografia de Marx e Engels (quanto a Engels, nos anos 1840, pelo menos) parece operar a partir de um princípio contrário: a variabilidade do passado indica que o futuro será como a humanidade o fizer. Aquele primeiro princípio pressupõe que o conceito de humanidade incorpora noções de certo/errado e de bom/mau, de modo que podemos julgar em que consistem os "erros", e que essa constituição da "natureza humana" perdura atemporalmente no futuro. O segundo princípio pressupõe que a humanidade constitui a si mesma e que sua "natureza" — se é que esse conceito faz algum sentido — consiste numa maleabilidade cujos limites não podem ser antevistos nem, portanto, conhecidos de modo definido.[47]

Essa maneira de encarar a historiografia de Marx e Engels acarretará certos efeitos interpretativos, no sentido de que ela irá se afigurar mais exploratória, em especial no caso de Marx, e menos argumentativa e demonstrativa do que geralmente se supõe. Assim, a formulação de perguntas históricas e o recurso a pesquisas, como fez Marx em larga medida, carregam um elemento de "descoberta de alguma coisa" com base numa "perspectiva" (qualquer que seja o resultado), mais do que de "demonstração da verdade" de uma "teoria" já formulada. Em vista das concepções políticas de Marx e de sua abordagem do potencial humano, o aspecto da história que mais o interessava sempre foi o desenvolvimento das relações mercantilizadas de produção e troca, bem como, dentro desse

História e progresso

modo de produzir e consumir bens e serviços, as recentes mudanças que, para ele, constituíam "o modo de produção burguês". Somente mais tarde essa formação social veio a ser designada como "capitalismo", termo raramente empregado por Marx. Esse desenvolvimento específico dentro da história era composto pelo duplo dispositivo da produção mecanizada e da circulação monetarizada, postulando uma produtividade ilimitada e uma acumulação igualmente ilimitada. Sabia-se na época que esses processos estavam sujeitos a crises, aspecto que Engels resumiu em seu "Esboço de uma crítica da economia política",[48] com base no qual Marx fez anotações e, empolgado, elaborou planos para sua própria crítica da política que sustentava o contrário.[49]

Em suas pesquisas agora famosas — compiladas no século XX a partir de materiais manuscritos e volumosos cadernos de notas —, Marx se mostrava intrigado e interessado em entender como tal mudança se deu onde se deu. A discussão no *Manifesto* menciona, por exemplo, a importação de ouro na Europa, proveniente das conquistas espanholas nas Américas.[50] Marx enfocou o impulso do comércio no nordeste da Europa, que por sua vez incentivou um grande aumento na produção e um intenso desenvolvimento das relações comerciais. Mas também ficou muito intrigado — embora não da mesma forma — em saber como e por que essa mudança não se deu em outro lugar, sobretudo na época do baixo Império Romano e, aliás, em outras "formações econômicas pré-capitalistas".[51] Os comentaristas convencionais consideram que este é um exercício tipológico que decorre — pois deriva — da "interpretação materialista da história" e, assim, consiste num projeto circular de autovalidação. Desse ponto de vista, o objetivo se-

134 *Marx*

ria determinar com precisão quais os fatores que estavam ou não presentes, de forma que a sociedade industrial moderna se desenvolveu mais tarde e não mais cedo. Lida por esse ângulo, a "perspectiva" de Marx sobre a história tem exercido grande influência — desde meados do século xx — entre os historiadores acadêmicos, embora, claro, não sem controvérsias e abordagens opostas.[52]

Mas, por esse ângulo, escapa aos leitores o caráter contingente das indagações de Marx, a intensa curiosidade em descobrir "o que se passava", com os detalhes em aberto, e assim ver como a atividade humana sempre gera uma infinidade de consequências possíveis, trabalhando sem aquele tipo de suposição metodológica que necessariamente ocultaria o que seria possível descobrir. Em outras palavras, quando se estipula de antemão que são os "grandes homens", as "inovações tecnológicas", as "invasões maciças" ou as "guerras religiosas" que são "verdadeiramente" decisivas, deixam-se de lado ou se subestimam inúmeros elementos importantes pelos quais a humanidade faz a história como a faz. Para alguns leitores, essa maneira de ler Marx e, na verdade, de ver a história há de parecer desordenada, frustrante e obsessiva. Já outros podem se deleitar com os detalhes e admirar essa curiosidade de espírito aberto. Toda essa ideia de que a história poderia ter algo a ver com as pessoas "comuns"[53] e as tecnologias "do cotidiano" era inédita na época de Marx, e já então — como às vezes ainda agora — ganhou vigor com os economistas políticos, os primeiros a criarem esse enfoque, e pelos historiadores econômicos, que seguiram o exemplo.

É claro que, no tempo de Marx, não havia tanta história acessível ao conhecimento, e certamente eram pouquíssimos

História e progresso 135

os trabalhos sobre os artefatos do cotidiano, que se limitavam às poucas investigações da pré-história esporadicamente empreendidas. As fontes históricas e, portanto, as áreas de investigação reconhecidas se restringiam a textos clássicos e medievais, a manuscritos bíblicos e cristãos, a ocasionais coleções de antiquaristas curiosos e aos inícios de uma arqueologia sistemática do mundo greco-romano, incluindo as antiguidades egípcias. Apesar das limitações obviamente eurocêntricas em termos de materiais e interesses, Marx se esforçou ao longo dos anos para investigar áreas menos conhecidas e de menos recursos da historiografia feita por e para europeus, sobre, por exemplo, a Índia, a China, a Rússia e — notadamente — as Américas.[54] Embora, por critérios posteriores, alguns desses esforços pareçam rudimentares e às vezes ambíguos ou equivocados, o espírito inquisitivo transparece visivelmente, a despeito do empenho de alguns comentaristas em expor a autocontradição de Marx, enquadrando os estudos dele como tentativas de "provar" sua "teoria", o que nem sempre dava certo, até para sua própria satisfação.

Um procedimento útil, aqui, é examinar cuidadosamente a política de Marx na relação com suas estratégias de pesquisa. Se supomos que sua política está baseada — ou pretensamente baseada — na verdade demonstrada de sua "perspectiva", então sua incontesté dedicação política a revoluções democratizantes e a resultados de perfil comunista está impulsionando suas pesquisas da maneira tautológica acima descrita. Mas, se sua política é impulsionada por uma retórica performativa — como indicam o *Manifesto* e outros textos exortativos —, neste caso suas pesquisas históricas representam uma investigação das atividades humanas que pode seguir e de fato seguiu em várias direções. Assim, há inúmeras coisas que se podem aprender a partir das investigações e explorações de Marx, e inúmeras opções abertas aos agentes humanos no presente. É possível que uma parte da relutância de Marx em redigir os contornos detalhados de uma sociedade comunista — e seu persistente insucesso em atuar como guru programático para um movimento de massa — decorra precisamente dessa modéstia (ou talvez cautela) diante do caráter indeterminado dos acontecimentos e, claro, das ações individuais. Pode-se demonstrá-lo, por exemplo, com seu minucioso exame das lutas políticas de 1848-9, em especial na França.

O livreto *O 18 de brumário de Luís Bonaparte*,[55] de Marx, derivava inicialmente de suas matérias jornalísticas de 1848-9, escritas e publicadas durante os acontecimentos revolucionários que se alastraram pela Europa continental. Nesses anos, a ação das massas depôs governos autoritários não constitucionais e os substituiu — por curto tempo — por instituições de gestão popular e assembleias constituintes. O livreto de Marx, redigido em alemão e publicado em 1852, era evidentemente uma intervenção política, mas teve circulação ampla apenas nos Estados Unidos, devido aos caprichos editoriais que sempre perseguiram Marx. Os planos de tradução não se concretizaram, fato que tampouco era raro para ele, mas a intenção era clara: tal como Victor Hugo, Marx alertava o público francês e outros interessados que Luís Bonaparte era um vigarista criminoso e não uma encarnação salvadora do tio imperial.

Quanto à recepção e aos comentários subsequentes, essa obra altamente circunstancial — quase um docudrama —, de prosa viva e sarcástica, tem sido recebida como "histórica", quando menos porque o texto está repleto de personalidades

História e progresso   137

da época, muitas das quais, com o passar dos anos, os leitores tinham de procurar em enciclopédias e obras de referência. E, de fato, a cerrada atenção que Marx dedica à interação de personalidades e forças políticas torna difícil que os leitores posteriores acompanhem o texto ou se empolguem durante a leitura. Embora não fosse história enquanto Marx a escrevia — era, em larga medida, o próprio momento presente e uma intervenção política na situação —, essa obra, no entanto, indica o tipo de obra histórica que realmente lhe interessava, escavando detalhes, inclusive excentricidades, fraquezas e tolices. Sua obra posterior é, sem dúvida, de caráter mais econômico, pois havia mais materiais à disposição, e os interesses de Marx se concentraram mais nesse tipo de material, em vista da ausência de sublevações políticas e violências revolucionárias naqueles anos. Mas não era um foco exclusivo: seu jornalismo na segunda metade dos anos 1850 e nos anos 1860 volta a mostrar um interesse em escrever a história-enquanto-se-desenrola e em apreender seus detalhes. Em seus escritos encontra-se uma grande ênfase na personalidade e nas ocorrências fortuitas, como em suas considerações sobre a política das grandes potências europeias em relação à "Questão Oriental" e à política colonial britânica em relação à Índia e à Irlanda.[56] Mas, do ponto de vista predominante entre biógrafos e comentadores posteriores, esses textos eram breves, efêmeros e díspares, ao contrário da reportagem de foco altamente concentrado em *O 18 de brumário*. Todavia, do ponto de vista de Marx — e de um ponto de vista que valoriza o engajamento ativista —, essas obras variadas hão de se afigurar contínuas, contemporâneas e apaixonadas.

Historicismo metodológico

Essa maneira de ler Marx e de entender politicamente seu foco sobre a história revela que ele sempre foi um historicista, utilizando e desenvolvendo uma concepção do conhecimento como prática, da prática como política e da política como construção do futuro. Assim, a epistemologia é socializada e historicizada, de modo que não se pode mais entender o conhecimento — e, portanto, os critérios de verdade ou falsidade — de nenhuma maneira que o abstraia das atividades humanas situadas sequencialmente no tempo. Claro que esta é, ainda hoje, uma visão muito radical, que elimina qualquer escatologia, não só cristã, e narrativas similares sobre quem somos "nós" como humanidade, para que estamos "nós" aqui e qual é nosso propósito ou nosso fim, como ele se realizará e o que acontecerá quando a história "acabar". Ou melhor, do ponto de vista de Marx, tudo isso pode acontecer, mas apenas se as pessoas se organizarem para fazer "isso" acontecer, qualquer que seja o "isso" que estejam tentando fazer acontecer. Adotando a concepção de que os critérios de fundamentação, sejam derivados de concepções religiosas ou de especulações filosóficas (por exemplo, sobre a "natureza humana"), são sempre e necessariamente efeitos de processos socioeconômicos impulsionados pelos seres humanos (como vimos acima, na discussão sobre o *Manifesto*), Marx dificilmente apelaria a qualquer entidade tida como externa à experiência e ao conhecimento humanos ou a supostos fatores presentes na biologia, na psicologia, na espiritualidade ou nas tecnologias humanas que determinariam ou guiariam a humanidade para um fim "último".

História e progresso

As tentativas de demonstrar a verdade (ou não) da "interpretação materialista da história" constituíram por muitos anos um traço característico do marxismo, quer os comentadores fossem marxistas demonstrando uma verdade sobre a história, quer fossem antimarxistas sustentando que, pelo contrário, a história segue algum outro padrão, sem necessariamente especificarem qual seria. Essas duas abordagens, com efeito, localizavam dentro da "própria história" um "fundamento" para o conhecimento da sociedade — de seu passado, presente e futuro —, isto é, uma visão atemporal da experiência humana que pressupõe um padrão intrínseco passível de ser conhecido. Claro que isso colocava a pergunta não só sobre o que é o conhecimento, mas também de que maneira se poderia usá-lo como guia para a ação. Ou, de fato, a pergunta mais difícil, se seria mesmo necessário que ele fosse usado — ou simplesmente apenas "conhecido" — para se ter conhecimento de algo já acontecendo numa determinada sociedade ou abrangendo toda a humanidade. Esse dilema sobre o conhecimento e a ação se apresentou de diversas maneiras na política marxista sempre que os grupos e partidos marxistas professos adquiriam poder político ou, ao menos, poder suficiente para gerar exigências de mudança e realizar mudanças. Por outro lado, alguns marxistas objetavam contra esse "voluntarismo", argumentando que a "história" operaria seu próprio determinismo. Mas esse dilema não é propriamente uma invenção marxista: qualquer concepção que situa o conhecimento importante sobre a humanidade dentro de um padrão atemporal, ou de um padrão que se sabe existir e se desenvolver ao longo do tempo, cai na mesma armadilha.

Politicamente, porém, essa era uma armadilha muito corrente, e a promessa de um determinismo — e, portanto, de um conhecimento do passado, do presente e do futuro sabidamente verdadeiro — sem dúvida gerava entusiasmo e trazia convertidos para a causa comunista, como ocorre com religiões, pseudorreligiões ou filosofias analogamente construídas. Em seus anos mais avançados, Engels — como divulgador de Marx — adotou essa linha, e com efeito foi nessa época, de 1859 em diante, que surgiu a "interpretação materialista da história", com ampla circulação a partir do final dos anos 1870 como fundamento para uma ciência. Marx, sem dúvida, tolerou isso — afinal, ele e Engels eram companheiros políticos — e parece não ter levantado nenhuma objeção explícita. Mas há inúmeros textos e comentários de seus últimos anos mostrando uma continuidade em seu entendimento da história, a saber, que a história é feita de maneira contingente por meio das atividades humanas.[57] Claro que foi uma troca: se o fundacionalismo espúrio está funcionando bem em termos políticos — como, aliás, muitas outras coisas poderiam funcionar —, então eis uma razão para continuar com ele.[58]

Essa discussão mostra a dificuldade de atuar politicamente com a concepção que hoje poderíamos chamar de "antifundacionalista", ou, em termos mais precisos, uma visão que situa todo o conhecimento dentro de sistemas de ideias que surgem em determinados contextos políticos, institucionais e cotidiano-econômicos. O tipo de maleabilidade presumido por Marx lança um peso muito grande sobre os ativistas responsáveis por tomar as decisões — em todos os níveis até o cotidiano — e, assim, veda qualquer atalho na organização programática que poderia decorrer de supostas garantias de que determinadas ações e consequências já estão validadas em outra esfera e, portanto, se encontram disponíveis para o conhecimento. Mas, da maneira como interpretei Marx, não existe mesmo nenhum guia para a ação? Nenhum objetivo estabelecido a alcançar? E onde ficamos quanto à ideia de "progresso", conceito com que Marx e Engels se identificavam e que permeia os escritos de ambos de uma ponta a outra?

Marx, Engels e o progresso

Raramente Marx utilizou a palavra "progresso", embora, num de seus rascunhos resumindo e explicando sua "perspectiva", tenha ordenado a história em várias épocas dizendo-as "progressivas".[59] No século XX, essa sequência se tornou notoriamente controversa, sobretudo por causa das ambiguidades de Marx em suas observações sucintas. Embora de aparência sequencial, os modos de produção "asiático, antigo, feudal e burguês moderno" se encontram — à exceção do "antigo" — superpostos no presente ou no passado recente, e, de todo modo, o texto não menciona explicitamente nenhum fator comum, nem mesmo um conjunto de fatores identificáveis que os caracterize com clareza.[60] A tipologia brevemente esboçada de Marx parece muito improvisada, uma mera e rápida tentativa de distinguir, de alguma maneira, as possíveis diferenças das formações sociais em termos de tecnologias, relações dentro das atividades de produção, sistemas de propriedade, circulações monetárias (ou não). Outros esquemas de Marx eram, em alguns casos, um pouco mais bem organizados — por exemplo, idade da pedra, idade do bronze, idade do ferro[61] —, mas tampouco tinham uma sequencialidade convincente em termos históricos ou em termos de um entendimento das várias formações sociais que existem no presente. Essas tipologias comparecem mais como recursos heurísticos do que como asserções derivadas de uma "teoria" específica que nos diz o que é a história, como opera e como operará.

Engels, a partir dos anos 1860, adotou uma linha diferente, haja vista suas repetitivas afirmações da "interpretação materialista da história", mas sempre atribuindo essa "descoberta" a Marx. Os escritos históricos do próprio Engels, tomando como premissa seu conhecimento dessa verdade, eram muito mais argumentativos e demonstrativos do que suas declarações teóricas. Em seus estudos, ele procedia dedutivamente a partir da teoria para identificar fenômenos na história já sabidamente de grande importância e, assim, produzia historiografias espelhando a política da qual a "teoria" já estava imbuída. Mas esse tipo de escrita era mais uma retórica da certeza do que uma retórica da persuasão, mesmo quando os acontecimentos históricos sob exame, por exemplo *As guerras camponesas na Alemanha*,[62] não preenchiam suas expectativas políticas. Claro que a "interpretação materialista da história" nas mãos de Engels fornecia uma explicação para isso: ele ressalvava que as forças produtivas não desenvolvidas eram tais que seria impossível que uma revolução se seguisse. Mas aí essa aparente saída nega a força da teoria: como, em primeiro lugar, foi possível surgir um movimento tão anti-histórico como esse?

As explorações históricas de Marx, por sua vez, chegam a uma visão das possibilidades (no plural) frente à contingência humana, e não a conclusões das quais se extrairiam "lições", como se dá no exercício de tipo dedutivo e demonstrativo feito

História e progresso 143

por Engels. Mesmo assim, Marx certamente estava mais interessado em algumas possibilidades políticas do que em outras, e, aliás, estava ajudando — enquanto intervenção política — a tornar algumas possibilidades inteligíveis, caso ainda não o fossem. E estava ajudando — enquanto crítica mordaz — a eliminar outras, pelas razões dadas. Esta é uma orientação que confere à escrita de Marx um perfil ativista com estimulante sentido democrático, em vez de ser uma invocação autoritária do conhecimento baseado em protocolos epistemológicos garantidores de certeza.

Dado o ativismo de Marx, realmente não há nenhuma dúvida sobre quais seus valores políticos e desfechos preferidos ao longo de toda a sua carreira. Tampouco há qualquer dúvida sobre o tipo de relação e de crucial dependência dessas ideias com a noção de que nem todas as mudanças históricas eram da mesma envergadura e que o desenvolvimento da produção "burguesa" moderna com base nas tecnologias industriais modernas marcou, de fato, uma transformação sísmica — e global — nas capacidades da humanidade e nos problemas que uma política progressista da época e do futuro teria de combater.

Essas ideias de Marx, em vez de derivarem de uma noção de progresso — que decorreria de um estudo da história[63] —, derivavam de sua percepção política da "questão social" e das possibilidades de que as revoluções democratizantes fossem a chave para solucioná-la. Não se trata de uma dedução, mas de um projeto fundado em valores que não eram amplamente adotados na época, mas tampouco eram exclusivos de Marx. Eles consistiam no valor e na dignidade da vida humana e, em especial, numa rejeição explícita da visão então corriqueira de que o que determina o valor de uma vida é a hierarquia do status hereditário e da classe econômica. Para Marx, essa própria hierarquia era, em grande medida, resultado de uma hierarquia da riqueza e do acesso a ela através dos sistemas monetários, comerciais, de propriedade e de parentesco da época ou, na verdade, de qualquer época. A perspectiva de Marx também operava, notadamente, eliminando as classificações raciais e os sistemas evolucionários do período, bem como os elos de evidência que racializavam a escravidão e os projetos coloniais também presentes na vida política e intelectual.[64] Há poucas indicações de uma crítica direta dele aos determinismos "científicos" ou às "ciências raciais" da época, mas também são poucas as indicações de que seu pensamento se baseasse nuns ou noutras. Seria de fato improvável, em vista das caracterizações de sua orientação ativista apresentadas acima.[65]

Nos escritos de Marx, em especial no *Manifesto*, comparece maciçamente uma noção de progresso, como função da enorme mudança na produtividade que ele identificou com aquilo que autores posteriores chamariam de revolução industrial. É difícil imaginar que ele se sentiria insatisfeito com essa expressão, a não ser para passar imediatamente às exigências de uma revolução política que, a seu ver, se constituiria com as exigências de que aquela revolução industrial estendesse seus benefícios a populações inteiras, e não só a classes específicas. Por esses benefícios entendiam-se processos altamente produtivos que permitiriam a distribuição de bens e serviços de tal modo que as desigualdades baseadas na classe e, portanto, a "questão social" deixariam de existir. Resumindo a questão no *Manifesto*, Marx e Engels escreveram:

História e progresso

Foi isso que vimos até agora: os meios de produção e comércio que formaram a base do desenvolvimento comercial foram gerados na sociedade feudal. Num determinado nível de desenvolvimento [...] a organização feudal da agricultura e da manufatura em pequena escala [...] passou a ser uma corrente de grilhões. Tinham de ser rompidos, foram rompidos.

Em seu lugar veio a livre concorrência com uma constituição social e política complementar, o domínio econômico e político da classe comercial.

Um movimento semelhante está ocorrendo sob nossos próprios olhos [...]. [A] sociedade comercial moderna, que trouxe meios tão poderosos de produção e comércio, se assemelha ao feiticeiro que não conseguia mais controlar as potências sobrenaturais que havia conjurado.[66]

Vários comentadores apontaram não apenas eurocentrismo nessas ideias de Marx, mas também uma obstinada ênfase nos aspectos negativos da crescente industrialização conforme esta se alastrava pelo mundo. O *Manifesto* não é um discurso sobre os aspectos negativos, a não ser para contraste, e por isso não é o local adequado para procurar ideias mais nuançadas. Há passagens notáveis nos textos de Marx que tratam dos custos humanos em termos de sofrimento individual e coletivo, de apagamento cultural e civilizacional — que a "burguesia" ou as classes comerciais impuseram ao mundo. Mas, em vista do projeto de Marx — separando as brutalidades da estrutura classista moderna do potencial produtivo das tecnologias movidas a energia —, dificilmente ele recomendaria um retorno a alguma formação social pré-capitalista, a uma cultura artesanal, a uma utopia *new age* ou qualquer outra que rejeitasse o avanço tecnológico.

Não é difícil passar da espécie de cântico que Marx e Engels entoam à burguesia como capaz de mover a terra e abalar o planeta, no *Manifesto*, para recentes posições sobre a poluição industrial como risco, individual e relacionado à questão de classe, para a saúde global.[67] Mas é verdade, sem dúvida, que essas posições não estão apresentadas de modo explícito no texto, pois só vieram a ter maior destaque por volta da década de 1980, se não considerarmos aqueles autores que, desde então, passaram a ser tidos como proféticos. Apesar disso, seria difícil atribuir a Marx qualquer ideia de algum "ajuste" que não tivesse um foco intrinsecamente tecnológico e industrial, em oposição à ideia de simplesmente eliminar as forças produtivas e rejeitar os potenciais capazes de poupar trabalho. Ele tinha uma visão global, mas era uma visão global da luta de classes, e — como veremos — suas ideias para uma solução se fundam na abolição de classes, e não numa pretensa coletividade de interesses dentro das estruturas existentes das relações econômicas nacionais e internacionais. A política da mudança climática se baseia maciçamente numa retórica não só dos fatos, mas de uma concordância humana decorrente da coexistência num mesmo planeta, que tem um poderoso símbolo na imagem do "mármore azul" tirada no espaço sideral.[68]

Isso não significa dizer que as estratégias intelectuais de Marx para promover intervenções democratizantes de massa na política, ou mesmo para "dinamizar" redes ou protopartidos a partir de uma posição que, na época, era de "extrema esquerda", tivessem grande êxito: não tiveram. Como comunista, a partir dos anos 1850 ficou rotulado como revolucionário-

História e progresso 147

-no-exílio, e como socialista em anos seguintes trabalhou incansavelmente na AIT. Assim, ele estava um tanto distante de intervenções diretas na política nacional, onde teria tido mais visibilidade, ao mesmo tempo correndo o risco de perseguição e deportação. Suas iniciativas se dirigiam internacionalmente a organizações nacionais, e não a entidades específicas locais nos Estados germânicos ou no Reino Unido. A atividade de Marx não era o trabalho político-partidário que outros faziam *in loco*. Como integrante de tendências e movimentos maiores, Marx teve em vida alguma influência em aspectos limitados, mas foi ignorado ou marginalizado em outros. Transformado em ícone a partir dos anos 1870 em alguns setores do movimento socialista, e então demonizado por outros setores e, claro, por políticos e movimentos antissocialistas, não admira que sua potência política tenha aumentado muito. Mas aí ele já era uma espécie de símbolo, e não um participante ativo direto, e no prazo de uma década veio a morrer.

As ideias de Marx sobre a criação do progresso — entendidas como intervenções políticas — serão o tema do próximo capítulo.

4. Democracia e comunismo/socialismo

DESDE A ÉPOCA CLÁSSICA, a democracia — significando "governo do povo" — tem sido um conceito muito desprezado, entendido variadamente como governo da "plebe", dos desqualificados, dos pobres ou da "ralé", tomado em geral como um convite ao caos. O governo historicamente "republicano" (isto é, um governo sem monarquia/ditadura ou sem autoridade religiosa autocrática) é reconhecidamente elitista, criando instituições parecidas com comitês a serem integradas por pequenos grupos "que governam e são governados", como disse Aristóteles.[1] A clássica "constituição equilibrada" (ou "constituição mista"), datando dos tempos republicanos romanos, permitia que o governo da elite — quer a seleção se desse por família, propriedade ou riqueza — fosse exercido por meio de um senado ou de um corpo similar, acrescido de algumas instituições limitadas através das quais "outros" membros masculinos da comunidade em geral se faziam ouvir por intermédio de representantes autorizados, e não de tumultos, embora estes muitas vezes fossem suplementares. E também fornecia alguns poderes de execução legal no dia a dia (ou em situações de emergência) para a aplicação da lei e o encaminhamento judicial dos transgressores. Desse modo, as constituições republicanas reconheciam poder executivo a uma ou mais pessoas com relativa independência

Democracia e comunismo/socialismo   149

do legislativo. A questão, claro, consistia em controlar essa independência, em especial quando o executivo — ou mesmo um ditador temporário — agia como dirigente único e permanente, desafiando a soberania da elite legislativa.[2]

De modo geral, os sistemas parlamentares modernos se desenvolveram por meio da derrogação de poder dos monarcas (quase sempre sob coerção), da tomada do poder abolindo as monarquias (republicanismo revolucionário) e da imposição de sistemas constitucionais democráticos por parte dos vencedores sobre os vencidos (após guerras, conflitos ou intervenções). A "constituição mista" clássica contribuiu com vários elementos em vários graus para esses processos de construção do Estado, muitas vezes instituindo assembleias populares (do "povo" e, portanto, constituindo a "nação"), dividindo a soberania de várias maneiras com uma "segunda câmara", em certa medida imitando o elitismo do senado romano, com vistas a servir de "freio" à vontade popular. Embora existam infindáveis variações sobre esses temas, o modelo americano de 1787 acrescentou três ingredientes à mistura: uma explícita declaração da soberania popular como ponto de origem, em vez da soberania monárquica estendida para os setores abaixo ("Nós, o povo...");[3] uma clara separação dos poderes entre as esferas do legislativo, do executivo e do judiciário; e, notadamente, em coerência com isso, o princípio e a prática da independência judiciária, sobretudo diante da interferência do legislativo e do executivo e de arrogações de poder extraconstitucionais.

Historicamente, o movimento na direção da soberania popular, isto é, afastando-se da soberania monárquica ou teocrática, foi mais violento do que pacífico. Muitas vezes envolvia lutas de libertação nacional, nacionalismos anti-imperiais, anticoloniais e antiestrangeiros, bem como projetos nacionais de fundação ou renovação, não raro incluindo intervenções estrangeiras e guerras civis locais. Nos últimos 450 anos, mais ou menos, os movimentos antidemocráticos têm sido tão ou, muitas vezes, até mais populares do que os movimentos pró-democráticos, e as contrarrevoluções muitas vezes têm tanto êxito quanto as revoluções democráticas. A democracia como modelo global — e globalizante — para a humanidade é um fenômeno posterior à Segunda Guerra Mundial, assim como a política das grandes potências que anuncia seu valor supremo e elimina seus rivais e inimigos — e os assim considerados. E, evidentemente, a democracia é mais uma questão de "quanto" do que de "o quê", em vista da complexidade dos vários procedimentos e instituições que a constituem.[4] É também uma questão de "quem" e, com grande frequência, de "o que fazer quando dá errado". Há diversos ângulos que podem ser adotados ao tratar dessas questões, e, de uma perspectiva mundial, estão em andamento inúmeros ajustes, emendas, reformas e renovações dos arcabouços institucionais.

A política e a economia da "questão social"

Embora a famosa frase "É a economia, estúpido!" tenha surgido na campanha presidencial americana de 1992, ela pegou porque menciona um truísmo: o de que os governos eleitos pós-Segunda Guerra precisam gerir a economia ou enfurecerão os eleitores e serão derrotados nas urnas. Mesmo que uma política de se retirar da gestão econômica seja anunciada, ou se prometa renunciar inteiramente a ela, com estratégias de privatização e

Democracia e comunismo/socialismo

desregulamentação, o que está implícito não é que a economia não seja importante, e sim um reconhecimento de sua enorme importância. O desenvolvimento desse tipo de enfoque — não como a política funciona, mas como deveria funcionar — se deve em larga medida a Marx, mesmo que seu nome não venha vinculado a uma ideia tão genérica e mesmo que ele não tenha sido o único a pensar assim. O fato de que Marx fique à sombra nessa mudança política fundamental não deve ocultar a importância que ele teve nisso. E tampouco se deve restringir sua contribuição (e explicação) para as condições da modernidade industrial ao que ele próprio selecionou deliberadamente como elementos característicos, ou ao que outros selecionaram em nome dele. Quanto a si mesmo, Marx comentou numa carta que

a novidade no que fiz foi provar: 1) que a existência de classes está exclusivamente ligada a fases históricas específicas no desenvolvimento da produção; 2) que a luta de classes leva necessariamente à ditadura do proletariado; 3) que essa ditadura constitui em si a transição para a abolição de todas as classes e para uma sociedade sem classes.[5]

Todavia, em vez de seguir essa tipologia, que de fato é caracteristicamente marxiana, é mais compatível com nossos objetivos considerarmos o ativismo político de Marx em sua relação com os movimentos democratizantes da época. Essa abordagem inclui examinar os movimentos aos quais ele se alinhava e avaliar até que ponto suas reflexões sobre "a economia" figuravam nesses textos e, portanto, em sua política. Ela também leva a discutir como a "ditadura do proletariado" conseguiria se encaixar com a democracia.

Em primeiro lugar, porém, precisamos ter uma ideia *do que* seria se não fosse "a economia, estúpido". Neste caso, teríamos de perguntar quais seriam as áreas de preocupação mais importantes para uma linha política e para seus políticos. Hoje é difícil imaginar uma política em que "a economia" não seja a questão dominante, na suposição de que é uma função que cabe ao governo, e de fato alguns governos são fundos de riqueza soberanos por si próprios. E mesmo quando se sacrificam objetivos econômicos a outros objetivos, pela ação do governo ou por outros meios (como plebiscitos), esses sacrifícios são considerados importantes e precisam ser avaliados com grande cuidado. Mas, voltando o calendário para os tempos de Marx, a ideia de que houvesse uma "economia", para além do tesouro real, a ser administrada pelo "governo", e de que essa administração se daria de alguma forma "para o povo", seria muito estranha na maior parte do mundo e constituiria uma franca traição em alguns países, sobretudo a leste do Reno.

Os tesouros reais administravam a tributação ou a taxação em benefício da casa governante, régia ou não, de suas forças militares, de seus cortesãos e "pensionistas" favoritos e congêneres. As entidades beneficentes e as instituições eclesiásticas atendiam — ou não — às condições de miséria, indigência e sofrimento entre os "pobres". No começo do século xix, a "questão social" surgira justamente para converter esses problemas em assuntos de "interesse público"; esse apelo ao "público" invocando seu "interesse" foi um passo fundamentalmente democratizante, pela exata razão de não provir da corte real ou principesca. Ao se levantar a "questão social", o implícito era que havia entre o povo, mas certamente não em todo ele — em

Democracia e comunismo/socialismo   153

vista das hierarquias de riqueza, educação, gênero e raça —,
a reivindicação de direitos políticos e de uma participação que
não se resumisse a obter uma posição elevada em círculos pri-
vilegiados. Ainda hoje existem algumas nações, embora não
muitas, que funcionam dessa maneira e se baseiam maciçamente na comercialização de seus recursos naturais (como o
petróleo), mais do que na tributação e/ou nas conquistas, como
geralmente operavam os regimes pré-modernos.

A partir de 1842, Marx estava totalmente empenhado em
levantar a "questão social", usando meios que por um fio não
roçavam a ilegalidade para chegar a uma resposta. Mas isso
coloca uma série de enigmas biográficos em relação às pessoas,
e, de fato, são enigmas atuais: nem todos são social-democratas
ou "liberais" de esquerda, ou nem sequer se preocupam com
"a economia" como a primeira e principal questão na política, visto que existem outros valores e outras batalhas, por
exemplo, a soberania nacional, os direitos reprodutivos das
mulheres, os direitos civis, o casamento entre indivíduos do
mesmo gênero, intervenções em outros países, pureza racial
e conformidade religiosa.

Por que Marx veio a abraçar a "questão social", enquanto
parentes e amigos não abraçavam? Examinando a sua vida
até 1842, os biógrafos se detêm na história de sua Renânia natal sob conquista napoleônica e governo provincial, época em
que foram implantados os "direitos do homem e do cidadão",
aprovados na Assembleia Nacional Revolucionária francesa
em 1789. Em decorrência disso, a discriminação religiosa foi
abolida em certas áreas (por exemplo, a fé cristã como critério para ingressar na universidade e nas profissões liberais),
e foi instituída uma "Dieta", ou assembleia representativa —

154 *Marx*

embora apenas consultiva e escolhida entre uma espécie de eleitorado muito restrito.[6]

Ainda que os valores por trás dessas reformas fossem os de uma versão bastante limitada de soberania popular, as instituições, de início, não foram criadas pela política local, mas pela conquista estrangeira. No período napoleônico, o foco se concentrava na tributação e no recrutamento militar obrigatório para os objetivos nacionais franceses, e não em gastos redistributivos nem em intervenções no mercado em favor dos pobres ou de qualquer outro setor social. Intervenções e políticas governamentais desse tipo não fariam sentido conceitual na época, embora a caridade e a "assistência aos pobres", para famílias e indivíduos indigentes, fossem prontamente entendidas e sem dúvida praticadas. A Confederação da Renânia mudou de rumo após a derrota de Napoleão em 1814, porém as lembranças e os valores persistiram em alguns círculos liberais. Tanto o pai quanto o futuro sogro de Marx eram conhecidos localmente — e entre a polícia — por terem posições e simpatias liberais, ainda que tênues.[7]

Marx teve em Trier uma formação clássica, à qual se seguiu um certo interesse em "jurisprudência [...], filosofia e história"[8] quando estava na graduação.[9] Na época, suas ideias liberalizantes de "livre-pensador" se voltavam, até onde sabemos, para a defesa intelectual da liberdade de expressão, sobretudo na crítica à religião e, portanto, às instituições religiosas, e por conseguinte aos princípios e instituições monárquicos divinamente sancionados dos Estados germânicos. Tais posições eram muito radicais, claramente inspiradas pelos ideais racionalistas da Revolução Francesa e certamente democratizantes, na medida em que rejeitavam a política da corte e concentra-

Democracia e comunismo/socialismo   155

vam intelectuais, ocupantes de cargos públicos e profissionais liberais da área do direito, dos setores masculinos de classe média. Mas, pelo que sabemos, ainda não são os problemas econômicos nem a "questão social" que afloram politicamente como os temas mais pertinentes.

Os biógrafos não costumam colocar o tema da "questão social" em Marx de maneira tão direta, e geralmente se baseiam em apelos ao ceticismo do Iluminismo e ao anticlericalismo francês correntes na intelectualidade liberal (e antiprussiana) de Trier. Note-se de passagem que o "caminho" de Engels até uma "perspectiva"[10] muito semelhante começou em circunstâncias bem distintas das acima arroladas. Engels cresceu na atual Wuppertal, área que começou a se industrializar (no setor têxtil) no começo do século XIX, época em que sucessivas gerações dos Engels atuaram como empresários e donos de fábricas. A seita protestante local, que tinha sólido esteio na família Engels, era o pietismo, isto é, um protestantismo biblicamente fundamentalista que nutria desconfiança pelos textos seculares, mesmo clássicos. Em termos políticos, os pietistas eram sem dúvida hostis ao republicanismo antirreligioso e pró-racionalista da Revolução Francesa. Em suma, Friedrich Engels surgiu no vale do Wupper, área industrial e conservadora, em situação quase oposta, em termos comparativos, à do liberalismo da região viticultora de Trier que constituiu o pano de fundo imediato de Karl Marx.[11]

O próprio Marx, num perfil autobiográfico, citou seu trabalho jornalístico no *Rheinische Zeitung* de Colônia como sua introdução pessoal e prática aos "interesses materiais", referindo-se às preocupações econômicas.[12] Essas preocupações eram, por definição, "do povo", visto que a preocupação da corte prussiana era com a tributação para seus próprios fins, e não para fins públicos. Embora Marx pessoalmente não reconheça que aqueles indivíduos liberais e liberalizantes que possuíam e mantinham o jornal tenham feito grande diferença em sua vida, sabemos quem eles eram e em que consistiam seus interesses. Eram empresários e estavam interessados numa força de trabalho e em relações comerciais que fossem estáveis; não lhes agradava uma "ralé" instável de trabalhadores braçais, sem terra, infringindo a lei por desespero, que não se qualificava nem sequer para a caridade.[13] Mas talvez haja aí uma pista para entendermos o "caminho" de Engels até "a questão social", pois, desde seus dezesseis anos, fora alocado na empresa da família em vários locais, como Bremen e Manchester, para aprender o ofício, e com isso ele visitava as fábricas, via os pobres e se perguntava — com outros mais, notadamente na Inglaterra — o que poderia ser feito para que os governos passassem a encarar esses fenômenos como um problema para "o Estado".[14]

É possível que os biógrafos tendam a não enxergar ou a subestimar esse ponto de inflexão específico no pensamento de Marx.[15] Isso porque veem Marx como um intelectual, já que seus textos — mesmo os jornalísticos — mostram esse estilo e dicção intelectual, sendo altamente livrescos e complicados. Como já foi dito, em certa medida isso se devia à censura, bem como à suposição de que seu público leitor se restringia a uma elite, embora seja discutível quantos leitores de fato conseguiram extrair qualquer coisa do estilo altamente acadêmico de Marx. Não se tem registro das indagações, investigações e discussões de Marx sobre os "interesses

Democracia e comunismo/socialismo

materiais", tal como ocorriam entre seus colegas editoriais, mas parecia haver uma interessante área de convergência. Voltando por um instante ao caso mais prático de Engels: para começo de conversa, o jovem Engels, que era mais novo do que Marx, não tinha propriamente nenhuma qualificação acadêmica, e a única coisa com que estava acostumado eram aqueles contatos empresariais. Seus escritos — por críticos que fossem — se encaixavam num tipo de dicção jornalística bem mais familiar aos biógrafos e leitores anglófonos, e de fato uma parte desses textos era mesmo redigida em inglês. Os "caminhos" bastante diferentes de Marx e Engels rumo a um mesmo projeto político parecem convergir para um ambiente e por meio de um ambiente cujo primeiro plano era ocupado pelos "interesses materiais".

Não dispomos das notas iniciais de Engels sobre suas leituras dos economistas políticos, nem sabemos muito bem como o rascunho de seu "Esboço de uma crítica da economia política", de 1843, chegou à atenção de Marx, afora a hipótese de que provavelmente a Biblioteca Chetham em Manchester teve um papel relevante nisso, visto que ele era um frequentador assíduo do local. E decerto foi importante, em seu circuito "obrigatório" posterior, levar Marx até lá, em 1845.[16] Engels lia perfeitamente em inglês, e o discurso econômico lhe era sem dúvida familiar. Em certo sentido, ele estava muito bem "escorado" para adotar uma visão crítica da economia política, e de fato havia várias críticas a ela circulando em fontes cartistas e congêneres, bem como entre outros "reformadores" no norte da Inglaterra.

Confrontos políticos de tipo filosófico

Assim, para a maioria dos biógrafos anglófonos, é uma espécie de alívio que, após o fechamento do *Rheinische Zeitung*, em 1843, Marx, o intelectual, "se recolha" a um gabinete e lide com Hegel, dessa vez de maneira adequada, em contraste com seus contatos romantizados da época de estudante. De todo modo, como alguns notaram e como diz o próprio Marx, a *Filosofia do direito* de Hegel servia de atalho em língua alemã pelo menos para alguns dos fundamentos da economia política, dada sua abordagem da sociedade como uma estrutura, embora não com uma "questão social" de fundo reformador que tomasse a pobreza — em vez da ordem e estabilidade geral — como o ponto principal. E sabemos que Marx tinha a seu alcance *A riqueza das nações*, de Adam Smith, em francês.[17]

Marx era muito bom em filosofia, muito sagaz em lidar com o persistente papel de Hegel no mundo rarefeito da corte e da política universitária prussianas e assim, e de maneira muito visível, em ler o pensamento e a obra de Hegel como uma narrativa de transformação e maleabilidade, em vez de uma filosofia que simplesmente legitimava o autoritarismo prussianocêntrico. O rascunho da *Crítica da filosofia do direito de Hegel* (publicada apenas em 1932) é uma obra impressionante,[18] que vem inspirando comentários muito detalhados desde os anos 1960. Mas esse enfoque sobre o que Marx disse e como isso se encaixa com "seu pensamento" costuma omitir um exame realmente sério do verdadeiro impulso político: o que ele estava *fazendo*? A "Introdução" publicada de Marx a essa crítica oferece uma resposta surpreendente, que nos revela muito sobre o tratamento que ele — em seu contexto, não no nosso

Democracia e comunismo/socialismo 159

— dava à "questão social". Ele a vinculava à democratização, de forma que as duas convergiam como revolução social. Na concepção de Marx, a revolução social era institucionalmente política, nos moldes da Revolução Francesa, mas também de conteúdo decididamente econômico, e assim constituía um passo adiante na rota democrática, avançando além de qualquer revolução ocorrida até então.

Em vez de ler a "Introdução"[19] publicada de Marx como uma obra crítica sobre Hegel, proponho examiná-la aqui como uma obra sobre o próprio Marx, tomando os explícitos pontos de continuidade com seu ativismo ao coeditar o *Deutsch-Französische Jahrbücher* de 1844, que trazia essa explosiva "Introdução" à sua crítica da obra de Hegel sobre a sociedade e o Estado. Esse livreto foi proibido na Alemanha, levando a ordens de prisão contra ele e outros. O coeditor de Marx no projeto era Arnold Ruge, cujas experiências como universitário radical ingressando no jornalismo liberal (isto é, revolucionário) prefigurava a trajetória do próprio Marx. O *Hallische Jahrbücher* de Ruge fora banido no reino da Saxônia em 1843; ele deixou Halle e foi para Paris, depois se mudando para a Suíça, onde o próprio *Deutsch-Französische Jahrbücher* foi impresso para ser remetido clandestinamente aos Estados germânicos.[20]

Em termos gerais, comentadores e biógrafos têm se dedicado a explicar o método de Marx como Jovem Hegeliano — que consistia em inverter as asserções de Hegel e, assim, atacar o idealismo filosófico — e/ou costumam destacar sua conclusão programática de que o *"proletariado"* é o *"cerne"* de uma *"filosofia"* radicalizadora que — quando se realizar — emancipará *"o ser humano"*.[21] Tem havido um considerável interesse por saber onde e como Marx adotou o termo *"proletariat"* do francês, e como — em termos empíricos — ele tinha tão poucos referentes concretos na Alemanha ou mesmo na França. Mesmo na Inglaterra, os operários industriais, embora tivessem grande visibilidade em algumas áreas manufatureiras, constituíam uma minoria na população geral, cuja maioria ainda estava empregada na produção agrícola. Mas aqui, para nós, é mais interessante seguir o que Marx diz sobre a "questão social", vendo como sua discussão se estrutura em torno desse ponto de partida com vistas aos aspectos práticos de seu ativismo.

Essa "Introdução", hoje famosa mas muito sucinta, passou quase despercebida na época de sua publicação, para o que contribuiu o fato de a maioria dos exemplares do *Deutsch-Französische Jahrbücher* terem sido apreendidos pela polícia prussiana. Somente nos anos 1960 teve ampla circulação, e desde então tem sido reeditada várias vezes. Essa popularidade se deu, em grande medida, por se tratar de um texto curto e facilmente inteligível com a crítica de Marx a um filósofo famoso, Hegel, bem como por se apresentar como o primeiro exemplo de sua "doutrina" da revolução proletária, pois registra a primeira vez em que ele usou o termo num texto impresso. Mais tarde, claro, o termo "proletariado" ficou famoso e se tornou iconicamente "marxista" com a reedição do *Manifesto*, como dissemos acima, aparecendo nos subtítulos da seção I ("Burgueses e proletários") e da seção II ("Proletários e comunistas"). Mas, antes de examinarmos politicamente o texto de uma maneira menos sobrecarregada, vejamos as pouco lidas "Cartas" trocadas entre Marx e Ruge,[22] também publicadas no *Deutsch-Französische Jahrbücher*. Elas foram publicadas em inglês pela primeira vez em 1967.

A mensagem imediata que se depreende dessas cartas é o profundo desprezo dos autores pelo governo prussiano. Eles

Democracia e comunismo/socialismo

dizem que o governo eliminou qualquer vestígio recente de liberalismo e desnudou seu "despotismo" perante o mundo, assim exibindo o que Marx — em sua carta inicial — descreve como a vergonha nacional da Prússia. É algo que outros países do cenário internacional estão julgando com grande severidade, diz ele. O "sistema estatal" germânico, declara Marx, é uma "aberração", uma "nau de insensatos", uma "palhaçada", embora o "miserável" povo alemão ainda não se tenha apercebido disso, segundo ele.[23] Em suas cartas abertas, Marx e Ruge deploram a então recente revogação das "reformas" do novo rei Frederico Guilherme IV como um gesto sintomático do "Antigo Regime", e consideram que o monarca agora persiste na hostilidade prussiana contra as ideias liberalizantes da Revolução Francesa. Assim, veem-no — contra algumas expectativas iniciais de reforma com sua ascensão ao trono — como o exato oposto de um sistema político que converteria escravos oprimidos em seres humanos emancipados, que era o que Marx e Ruge, em última instância, defendiam.[24]

Em sua resposta à carta de Ruge nessa correspondência, Marx afirma sucintamente que a "atmosfera aqui [na Alemanha] transforma o indivíduo em servo". Depois disso, passa para uma discussão sobre o que fazer a respeito, a qual devia soar muito familiar e muito prática, pelo menos enquanto "perspectiva" de como estabelecer e alcançar determinados objetivos políticos. Notando que "a filosofia se tornou terrena", não mais abstrata e rarefeita, Marx celebra esse caráter dizendo que ela foi "trazida para a tormenta da luta".[25] Mas luta *contra o quê* e *pelo quê?* Sua resposta é que a "filosofia crítica" — à semelhança da teoria crítica[26] hoje corrente na academia — deveria se orientar para lutas pelo "Estado político" e, assim, operar como "registro das lutas práticas da humanidade". Em termos de lutas pelo Estado, o conflito, para Marx, se dá entre "um sistema baseado no estamento social" (isto é, o medievalismo monárquico) e um sistema "baseado na representação" (isto é, o constitucionalismo democratizante).[27] Porém ele prontamente relaciona essa visão com a "questão social", que coloca nos termos de uma economia política muito básica, mas altamente politizada: a "questão" do Estado "apenas expressa de modo *político* a diferença entre o governo exercido pelo homem e o governo exercido pela propriedade privada".[28] O contraste aqui criado por Marx reflete uma dupla conclusão: a solução da "questão social" não coincide apenas com a implantação de instituições representativas; mais que isso, uma solução deve "entrar em" luta dentro da economia, como diríamos hoje.

Assim, como diz Marx, "surge a pergunta: como resolveremos isso?". Mais uma vez, segue-se uma dupla conclusão: tomar as questões presentes, neste caso a crítica das instituições religiosas e da política monarquista, "em qualquer forma que existam", e então confrontar essas questões, não com um dogma pré-fabricado, e sim com um princípio. Esse segundo procedimento exige, então, uma distinção entre os diversos comunismos, aqueles ensinados como doutrina por vários escritores, e um princípio socialista ou humanista ressaltando "a *realidade* do verdadeiro ser humano".[29]

É claro que abordar esse conceito de forma mais extensa geraria uma autocontradição: Marx estaria enunciando — digamos, à maneira de Étienne Cabet, por ele citado — um outro sistema "pré-fabricado" ou "unilateral". Marx vê seu leitor revolucionário como um crítico sintonizado com a razão, e

Democracia e comunismo/socialismo

convoca seus contemporâneos alemães para essas lutas à maneira esclarecida com que ele apresenta: "Ao analisar a superioridade do sistema representativo em relação ao sistema de estamentos sociais, o crítico *conquista na prática o interesse* de um grande grupo". Esse interesse, como afirma Marx, está no papel da propriedade privada, que é (mais uma vez na visão concisa de Marx) o "sistema de propriedade [privada]", a antítese do comunismo — o qual, em seu amálgama abstrato, é o princípio humanista ou socialista se e quando se concretiza adequadamente.[30] A "Introdução" publicada de Marx formula mais detalhadamente essa posição em termos intelectuais, mas o interessante aqui é a forma como ele desenvolve um entendimento e uma estratégia breve, porém muito clara, para o ativismo político que praticamente todos os envolvidos no movimento Occupy ou em tipos análogos de ativismo entenderiam de imediato.

Note-se que a "Introdução" de Marx à *Crítica da filosofia do direito de Hegel* não diz praticamente nada sobre Hegel. Hoje isso talvez pareça um tanto estranho, mas provavelmente não o era em 1843, quando ele a escreveu. Hegel, a filosofia hegeliana e, em particular, sua filosofia da sociedade, do Estado, dos direitos e das leis eram uma metáfora tanto do "Antigo Regime" da monarquia prussiana conservadora quanto dos críticos democratizantes e liberalizantes como Marx, até onde podiam publicar alguma coisa sobre o "Antigo Regime". Mas Hegel era mais do que uma metáfora, no sentido de que sua filosofia era uma questão política (e até um futebol político, para utilizar uma imagem moderna) para os dois lados, conservadores e reformadores. Isso porque a monarquia nomeara "velhos hegelianos" para importantes cátedras universitárias, isto é, filósofos que dariam suas aulas sobre Hegel e outros textos do cânone pedagógico e extrairiam conclusões apoiando o autoritarismo e a hierarquia.[31] Essas conclusões anulariam então a ideia de que indivíduos não integrantes da elite ou não escolhidos pela elite devessem participar de maneira substancial, que dirá constitucional, no processo decisório ou em definições sobre a adequação ou não do processo decisório governamental.

A crítica impressa de Marx a Hegel, portanto, não era filosófica, como depois vários comentadores vieram a concebê-la, e sim uma crítica a uma política em curso amplamente endossada pelo governo prussiano como uma espécie particular de filosofar, e, na verdade, não só por seu suposto conteúdo político, mas também por seu veículo de transmissão: as faculdades de filosofia de elite em universidades de elite. Como ativista democratizante, Marx investia vivamente contra ambas, sustentando que a filosofia, para os radicais, não era uma atividade política prática e que buscá-la como se fosse atividade prática constituía uma séria ilusão e um censurável deslocamento. E nem é preciso dizer que Marx ridicularizava as mensagens políticas de que o "Antigo Regime" se servia desse artifício, qual seja, o de que os filósofos eram apenas os "espíritos sábios" que davam ainda mais credibilidade a ideias "tradicionais" contra as realidades modernizantes — políticas e industriais — que Marx frisava estarem ocorrendo em outros países. Como ele diz em seu texto: "A exposição que se segue [...] [trata] da *filosofia* alemã do Estado e do direito simplesmente porque trata da *Alemanha*".[32]

A noção de crítica em Marx — seu apelido para o ativismo — não é nem remotamente filosófica, e é deliberadamente

Democracia e comunismo/socialismo

aterrorizante para os leitores. Ao dizer que a sociedade germânica evitava de maneira anacrônica o mundo moderno e se enterrava num imaginário passado teutônico, Marx propõe uma crítica que consiste num "combate corpo a corpo": "É preciso ensinar a nação a se *aterrorizar* consigo mesma a fim de lhe dar *coragem*", escreve ele. Vale notar que há uma lição de Marx para outros países também: "A luta contra o presente político germânico é a luta contra o passado das nações modernas, que ainda são continuamente perturbadas pelas reminiscências desse passado".[33] Assim, o conflito aqui — entre conservadorismo autoritário e liberalismo modernizante — é um conflito geral, e Marx apenas considera a situação alemã atrasada e patética.

Sua conclusão nesse texto é que só até certo ponto a crítica consegue ser efetiva contra o *statu quo* germânico, precisamente porque ainda não estão surgindo "problemas verdadeiramente humanos" num país tão atrasado. "A relação da indústria, do mundo da riqueza em geral, com o mundo político é um dos principais problemas dos tempos modernos." Empolgando-se com essa linha de raciocínio, Marx lança um ataque ferino ao economista político da própria Alemanha, Friedrich List, embora sem citar seu nome, exatamente porque em sua obra (tal como Marx a lê) List toma o desenvolvimento moderno da indústria e da criação de riqueza na Alemanha e o encerra dentro de uma visão radicada no patriotismo germânico, isto é, numa *Nationalökonomie*, totalmente diversa do tipo de perspectiva internacional sobre a mudança social que impulsiona a narrativa de Marx — "ao passo que na França e na Inglaterra", diz Marx, "o problema é: *economia política* ou *o predomínio da sociedade sobre a riqueza*"; em outras palavras,

166 *Marx*

na França e na Inglaterra um público democratizante está erigindo a "questão social" na política como o grande problema do momento, algo que, segundo Marx, os dirigentes, os economistas políticos e os pretensos radicais democratizantes germânicos simplesmente não conseguem entender.[34]

Em suma, de acordo com Marx, *"os governos germânicos* [...] combinam as *deficiências civilizadas* do *mundo político moderno*, de cujas vantagens não gozamos, e as *deficiências bárbaras* do *Ancien Régime*, das quais gozamos em sua plenitude"*. Isso inclui a "burguesia" ou classes comerciais germânicas que, alerta Marx, haviam desempenhado um papel revolucionário na democratização da França, derrubando a monarquia e instituindo o governo com uma assembleia nacional. Em termos representativos, essa assembleia era composta pelo "terceiro estado", isto é, "o povo" — ainda que seletivo em termos de classe e gênero. Marx tinha uma visão nada lisonjeira da "classe média alemã" de sua época: "a representante geral da mediocridade filistina de todas as outras classes".[35] E, numa reflexão mais especulativa do que sociológica, ele se detém no "proletariado", que "apenas começa a surgir na Alemanha como resultado do desenvolvimento *industrial* em curso", considerando-o como contraparte e adversário supremo da classe média.[36]

No entanto, qualquer exortação à reforma radical é necessariamente especulativa e, em termos formais, mais uma asserção do que uma referência a algo concreto. A "Introdução" publicada de Marx trata o proletariado como performativo: invocá-lo retoricamente contribuirá para formá-lo — e, a contrapelo de sua crítica abrangente ao atraso germânico, ele considera que há uma industrialização em andamento em sua terra natal. E, com ela, o trabalho e o emprego se torna-

Democracia e comunismo/socialismo 167

riam um mercado, e assim "os empobrecidos artificialmente" — não os "pobres surgindo naturalmente", característicos da antiga ordem — começariam eles mesmos a colocar a "questão social". Aqui o elo ativador, como Marx formula o tema, se dá entre a dissolução do antigo "estamento médio" dos pequenos comerciantes, pequenos produtores e pequenos distribuidores que serão lançados às fábricas e o recente proletariado em formação, cujos números, por conseguinte, aumentarão. Nesse processo, como avança a linha de raciocínio, surgirá a "questão social" de reorganizar a sociedade em torno dos princípios de emancipação humana, justamente porque ficará óbvio que serão forças sociais "artificiais", e não naturais (como a antiga ordem retratava a si mesma), que não só colocarão a "questão social", mas também porão em prática uma solução social.[37]

Alianças com os comercialismos

Até aqui, essa argumentação apenas apresenta um tipo de maleabilidade — e responsabilidade — social que hoje seria facilmente aceita por qualquer pessoa que reconheça a "questão social". De fato, não aceitar essa perspectiva sobre os temas sociais e as responsabilidades governamentais simplesmente apagaria a "questão social" ou a converteria em outra coisa que não um envolvimento com a economia. As alternativas atuais incluem — como na época de Marx — várias formas de autoritarismo religioso. Elas pretendem impor valores morais derivados da tradição e invocam um valor superior a considerações de ordem econômica. De modo geral, esses regimes e movimentos operam especificamente para restringir as incursões econômicas seculares ou "ocidentais" na vida social como questão de política pública. Alternativa corrente hoje em dia é o etnonacionalismo como projeto, às vezes ao ponto de quase isolamento em relação à economia internacional, sendo muitas vezes, embora nem sempre, um projeto de ditaduras militares. Há também algumas monarquias restantes que resistem à democratização, entendida como requisito de que o governo derive do "povo" e responda perante ele por meio de instituições representativas — do contrário, ele será ilegítimo. Essas comparações nos mostram que Marx estava certíssimo em identificar um fio comum entre os projetos revolucionários de democratização do governo que consistiam em abri-lo às elites comerciais (em oposição às elites da corte e da realeza) e em instituir economias comerciais envolvendo investimentos "privados" de riquezas (isto é, não estatais) e o emprego de mão de obra "livre" (isto é, desfeudalizada), geralmente sintetizados nos slogans do "livre mercado" e do "livre-comércio".

Desde a época de Marx, alega-se vivamente na tradição libertária que o comercialismo e a democracia coincidem e que a dissociação entre ambos constitui uma injustiça para com os indivíduos, além de gerar ineficiências na economia. Pelo lado inverso, alega-se vivamente na tradição social-democrata que o comercialismo e as forças do mercado geram injustiças consideráveis que recaem sobre os indivíduos em termos de hereditariedade de classe, de modo que as instituições democráticas têm a obrigação de atuar como reguladoras e como instâncias de geração e distribuição de renda e riqueza. Ter uma estratégia para realizar a democratização através da formação de uma preocupação pública com questões econômicas é uma coisa, outra coisa é criar um equilíbrio entre

Democracia e comunismo/socialismo 169

filosofias políticas concorrentes e asserções de fundo rivais que tenha algum "sucesso". Marx se identificava fortemente com um objetivo último: o comunismo como a instauração de uma sociedade industrial mas sem classes, que — segundo seu raciocínio — acarretaria a abolição da moeda. Essa concepção lhe era familiar a partir dos textos utópicos da época, apesar de suas críticas a esses vários autores. Todavia, um exame do ativismo de Marx mostra que essa visão de longo prazo incluía projetos locais e objetivos mais imediatos. Tais atividades políticas se deram sobretudo em Bruxelas, onde Marx residiu de 1845 a 1847, quando precisou se exilar dos Estados germânicos.

Ele se envolveu na formação de alianças com pessoas e oportunidades necessariamente vinculadas a classes que surgiam e estavam ao alcance de um radical alemão exilado e seus *confrères*. Consistiam notadamente num Comitê Democrático de classe média, com interesses comerciais, que mantinha reuniões em certa medida públicas em que se falava no francês local e fazia circular textos que defendiam a ampliação do direito de voto e um maior envolvimento público nos processos políticos decisórios.[38] A própria Bélgica, como monarquia constitucional independente, era fruto de uma revolução democratizante em 1830, que derrubou as restaurações monárquicas pós-napoleônicas nos Países Baixos e desencadeou no mesmo ano uma revolução similar na França. É plausível supor que o envolvimento de Marx com os ideais revolucionários franceses decorresse mais dessa revolução do que derivasse diretamente das experiências de 1789-93. Estas últimas não podiam ser tratadas em textos históricos nos Estados germânicos — a não ser como objeto de horrorizada condenação —, ao passo que

170 *Marx*

a revolução de 1830 era, em certo sentido, um evento da época, tendo ocorrido quando Marx tinha doze anos de idade.

Os ideais desse período eram a ampliação do direito de voto, que fora restringido sob as monarquias previamente restauradas às elites integrantes das dietas ou assembleias consultivas; a eliminação de guildas e restrições de tipo corporativista que impunham proibições e barreiras profissionais na produção; a enérgica defesa da iniciativa comercial como questão de direito e emancipação humana. É importante notar que, antes de 1830, quase ninguém votava — da maneira que fosse — em coisa alguma, e que os monarcas ostentavam suas pretensões de soberania pessoal como uma questão de direito divino, mesmo que, na prática, não tivessem uma soberania absoluta. Mesmo depois das revoluções de 1830, e mesmo depois da Lei da Reforma de 1832 na Inglaterra, foi pequena a ampliação do direito de voto, incluindo apenas alguns indivíduos muito selecionados entre os setores masculinos com educação e propriedades. Os amigos liberais comercialistas de Marx em Bruxelas eram muito similares aos mantenedores do *Rheinische Zeitung* com os quais ele se associara em Colônia, cujos interesses "materiais" tanto o intrigaram e tanto o influenciaram. Seu "Discurso sobre o livre-comércio" — hoje raramente citado, mesmo pelos interessados em sua "economia" — representa um importante trabalho ativista desse período e com esse tipo de engajamento democratizante. O discurso foi escrito em francês para os locais e especificamente mencionado por Marx em sua breve autobibliografia de 1859.[39]

Todavia, um exame mais detido dos registros históricos — tal como dispomos deles hoje em dia — mostra uma considerável colaboração ativista entre Marx e Engels sobre o tema do "livre-comércio". Esse trabalho em conjunto mostra as

Democracia e comunismo/socialismo 171

questões como eram na época e evidencia que elas persistem ainda hoje, presumivelmente muito ampliadas, sobretudo se considerarmos as enormes desigualdades globais nos produtos internos brutos (PIBs) e os padrões de vida locais, bem como as migrações globais de trabalhadores usando, de uma ou outra maneira, meios modernos de transporte para conseguir melhores salários e melhores padrões de vida. A contraposição entre livre-comércio e protecionismo era um tema candente na Bruxelas comercial, na imprensa local em língua francesa e também — importante para os dois — no veículo de imprensa em língua alemã dos exilados lá estabelecidos. Esse veículo era o *Deutsche-Brüsseler Zeitung*, no qual Engels publicou seu artigo sobre um "Congresso sobre o livre-comércio em Bruxelas" (16-18 de setembro de 1847), relatando três dias de debates, a seu ver insípidos e repletos de chavões, sobre os benefícios do livre-comércio para "o mundo".[40]

O debate, segundo Engels, estava muito desinformado, faltando-lhe a devida avaliação das obras clássicas e contemporâneas de economia política. Com efeito, Engels registrou uma reunião contra o protecionismo econômico à qual compareceram "economistas políticos, manufatureiros, negociantes etc.", tanto locais quanto visitantes, sobretudo ingleses e franceses, mas nenhum "livre-cambista" da própria Alemanha.[41] A discussão no terceiro dia foi a única que atraiu sua atenção — e, a seu ver, a única capaz de interessar a seus leitores —, a saber, irá "o livre-comércio universal beneficiar as classes trabalhadoras?". O poeta Georg Weerth, amigo alemão de Engels e morador de Yorkshire por algum tempo, se manifestou contra a hipótese de que o "sistema protetor" de tarifas e exclusões beneficiaria as classes trabalhadoras, e também contra a conclusão de que o livre-comércio iria "mudar a condição de miséria delas".[42]

Embora não tenha podido falar no congresso (mas tenha sido mencionado no artigo de Engels), Marx tinha um "olhar" mais nuançado sobre essas questões que lhe eram familiares. Seu texto foi recuperado no século xx numa tradução alemã de um original perdido em francês, e nesse discurso ele tratava do programa político dos protecionistas, que dividia em duas escolas. Os seguidores de List, dizia Marx, defendem as tarifas apenas para proteger as indústrias de grande escala, e não, como alguns poderiam pensar, oficinas e empresas de pequeno porte, e assim o emprego do operariado. A posição de List, segundo Marx, na verdade sacrifica o emprego e as condições de vida da classe trabalhadora ao progresso industrial, que avança por todo o globo. Por sua vez, os seguidores de Gustav von Gülich, outro economista político alemão, defendem a proibição total da importação de alguns produtos, a imposição de tarifas elevadas sobre outros, além de uma alta tributação sobre o maquinário industrial, a fim de proteger a produção artesanal. Como protecionista, Von Gülich afirmava que tais políticas e princípios beneficiariam as classes trabalhadoras.[43]

Passando prontamente a criticar as duas escolas pelo entranhado nacionalismo, Marx escreve que não há nenhuma grande vantagem em ser "explorado pelos conterrâneos" em vez de ser "explorado por estrangeiros". O último refúgio das duas escolas, diz ele, é alegar que, de uma maneira ou outra, preservam a nação como o único caminho para a reforma social, que deve ser obrigatoriamente independente do sistema econômico. Marx expõe a contradição: visto que os dois sistemas dizem permitir a acumulação de riqueza comercial

Democracia e comunismo/socialismo 173

como capital, como é que essa força se converte em fraqueza de modo que "o capital [...] possa ser um filantropo?".[44] Ele oferece duas generalizações que continuam a ser pontos de discussão pertinentes à "questão social", tal como se apresenta hoje. A primeira é uma provocadora tese de teoria política e ativismo social: "Em geral, as reformas sociais nunca podem ser geradas pela fraqueza dos mais fortes; precisam ser e serão criadas pela força dos fracos". A outra está ligada ao estatuto da "questão social" na política: se a "questão social" não há de se resolver dentro das estruturas econômicas da sociedade, como sustentavam os protecionistas nacionais, então ela é uma questão "especial" sobre alguma outra coisa, que presumivelmente será resolvida em outra esfera.[45] Marx não se dá o trabalho de discutir como isso ocorreria, mas, de todo modo, a perplexidade "liberal" frente aos populismos religiosos, etnonacionalistas e autoritários dos anos recentes se encontra em posição muito semelhante.

Passando para o livre-comércio em sua relação com a "questão social", Marx apresenta, no "Discurso" oral e publicado, o dilema do reformador social, isto é, propõe um esquema geral que se aplica aos envolvidos com a "questão social" dentro de uma perspectiva que inclui mudanças fundamentais na economia e, portanto, na sociedade. Tem em mente um comunista "prático". Note-se também que o conceito de revolução, nesse contexto, não se aplica só à sua própria posição radical, mas desce pela escala de radicalidade até a situação dos Estados autoritários não constitucionais, em que qualquer conceito de alguma "questão social" era revolucionário. Esse discurso em francês para a Associação Democrática de Bruxelas, de 9 de janeiro de 1848 (isto é, antes das revoluções democratizantes

174 *Marx*

que se iniciaram em Paris em fevereiro), foi elaborado a partir de suas anotações para o discurso programado para setembro do ano anterior. O *Deutsche-Brüsseler Zeitung* publicou uma matéria sobre esse discurso para os leitores alemães; a versão impressa saiu em francês no final de janeiro e, como tantas vezes ocorria com Marx, outras traduções — dessa vez para o flamengo — não chegaram a ser publicadas. Uma tradução completa para o alemão saiu meses depois.[46]

A peroração nesse discurso — especificamente relembrado por Marx em 1859 — é, de fato, uma aula de teoria política para homens de negócios da classe média interessados na liberalização da política e das pautas governamentais na Bélgica:

- Diz-se que o livre-comércio supõe "a liberdade de um indivíduo em relação a outro", mas, na verdade, supõe "a liberdade do capital em esmagar o trabalhador".[47]
- As "leis formuladas pelos economistas políticos [...] se baseiam na hipótese de que os obstáculos que ainda interferem na liberdade comercial desapareceram", o que é o que os "livre-cambistas" querem, evidentemente.[48]
- A lei mais importante que eles identificaram é que "a concorrência reduz o preço de todas as mercadorias ao custo mínimo de produção". Segue-se daí que o "preço natural" do trabalho é o salário mínimo, isto é, "os artigos absolutamente necessários para a subsistência do trabalhador [...] [e] de sua classe".[49]
- Enquanto a manufatura está "em progresso", o salário mínimo está se constantemente reduzindo no que se refere à qualidade dos "meios de subsistência", de modo que "o homem" é obrigado a "viver a vida de uma máquina".[50]

Democracia e comunismo/socialismo 175

- Os livre-cambistas podem ou rejeitar as leis da economia política, ou encarar a realidade nua e crua da exploração de classe.[51]
- "Exploração cosmopolita" não é "fraternidade universal" — assim dizem alguns livre-cambistas.[52]
- A divisão internacional do trabalho não promove a "harmonia" entre países com "vantagens naturais" nos bens comerciais.[53]
- A produção se transfere internacionalmente para onde as matérias-primas e a força de trabalho local são mais baratas.[54]
- Há "alguns setores da indústria que [...] asseguram o domínio do mercado mundial às nações que melhor os promovem".[55]
- Os livre-cambistas reconhecem que "uma nação pode enriquecer às custas de outra" e deveriam, portanto, reconhecer que "no mesmo país uma classe pode enriquecer às custas de outra".[56]

Os comentários de Marx sobre o "sistema protetor" são especialmente incisivos e prescientes: o sistema instaura "a manufatura em larga escala num determinado país", o que o torna, por definição, "dependente do mercado mundial", e assim, com o passar do tempo, sujeito às pressões do livre-comércio. E o "sistema protetor" também opera contra os vários protecionismos do feudalismo e do medievalismo, ajudando a "desenvolver a livre concorrência dentro de uma nação". Mas, em geral, esse sistema é conservador, pois se funda no nacionalismo autárquico, o qual não tem como se sustentar diante da economia global, movida por princípios do livre-comércio que decorrem das leis econômicas. Mas o próprio livre-comércio é autodestrutivo, visto que gera necessariamente uma desigualdade extrema e, com isso, o antagonismo de classes.[57]

Na expectativa de Marx, desses antagonismos brotariam revoluções e mudanças sociais, as quais — em termos de uma democracia social que atende ou pelo menos reconhece a "questão social" — de fato ocorreram. Foram revoluções com ou sem violência que se sustentaram como soluções conciliatórias, às vezes como conciliações especificamente classistas, e muitas vezes com outras razões "humanitárias" mais gerais: a abolição da pobreza na infância ou na velhice, por exemplo, assistência à saúde ou pensões universais concedidas pelo governo e assim por diante. O esquema de Marx é claro e provocativo, e isso é deliberado, visto que seu ativismo — como a maioria dos ativismos — consistia em afirmar e defender uma posição. Mais tarde, quando Marx dispunha de mais tempo livre (forçoso) e de mais recursos para pesquisas, ele preencheu grande parte dos detalhes empíricos referentes à "questão social", ocupando seções substanciais de seu *magnum opus*, o primeiro volume de *O capital*, e expondo quadros muito vívidos de desigualdade, exploração, sofrimento e escravidão no decorrer da história e durante sua própria época.

Democratizando o presente, visualizando o futuro

Escrevendo em nome de terceiros, especificamente comitês ou grupos de que participava, Marx estava bem mais preparado para ser programaticamente explícito, o que se evidencia em dois exemplos notáveis. Um está no *Manifesto* de 1848 e o outro

Democracia e comunismo/socialismo

em "A guerra civil na França", discurso redigido em inglês em 1871 para a AIT após a queda da Comuna de Paris, revolta urbana de 1870 na sequência da Guerra Franco-Prussiana. A lista de reivindicações no *Manifesto* é, na verdade, um "primeiro passo" na revolução dos trabalhadores, e — ao longo do século seguinte — a classe trabalhadora, enfim incluindo mulheres, por vezes obteve algum acesso à participação política em instituições constitucionais e representativas em determinados países. Hoje parece uma lista de reivindicações institucionais social-democratas ou mesmo meramente liberais, que agora coincidem em grande medida com a percepção corrente sobre o que os governos democráticos fazem, e como o fazem. Na época em que Marx escreveu, essas reivindicações eram "comunistas", no sentido de serem franca e radicalmente liberais, mas não no sentido de que, em si mesmas, pleiteassem ou exigissem a abolição completa das classes economicamente constituídas e da troca monetária em geral.

Essas reivindicações como "primeiro passo" incluem a "expropriação agrária", a "tributação progressiva", a "abolição da transmissão hereditária", um "banco nacional", a "centralização" dos "transportes", "fábricas estatizadas", "obrigação igualitária com o trabalho", "unificação administrativa para a agricultura e a indústria" e "ensino público gratuito para todas as crianças".[58] Se lermos essas reivindicações com as lentes da social-democracia e do Estado de bem-estar social — e não pelas lentes da posterior ditadura e planejamento central soviético ou maoista —, é válido enxergar o domínio eminente e os controles de planejamento sobre o uso da terra como uma "expropriação", e de fato é assim que às vezes são descritos pelos libertários. Também é válido ver os bancos centrais, montados para emitir e gerir a moeda, como um "banco nacional"; a política e o planejamento da infraestrutura dos transportes como "centralização"; as estratégias industriais nacionais, o investimento público, as inúmeras isenções fiscais e mecanismos de incentivo como "fábricas estatizadas"; e o "agronegócio" como uma "indústria" publicamente subsidiada e altamente regulamentada. Mesmo nos países em que não são de fato praticados como elementos de boa governança, esses controles são em princípio praticáveis, em termos atuais.

Em 1848, porém, comunistas ou não, todas essas ideias eram objeto de luta, não só de discussão, visto que as lutas se destinavam precisamente a criar direito a espaços onde o público pudesse travar discussões. As lutas prosseguiram por muitas décadas e houve muitas reviravoltas: na verdade, repressões em massa e até massacres, como detalha Marx em "A guerra civil na França".[59] O comunismo de Marx era "prático" (como ele mesmo dizia) precisamente porque ele o diferenciava, na teoria e na prática, das fantasias e experiências utópicas, e porque o identificava com coisas que hoje — devido à influência de acontecimentos posteriores sobre nosso pensamento — parecem ser ideias e reivindicações que não têm quase nada a ver com o comunismo como movimento específico ou nem mesmo apresentam qualquer aspecto digno de nota em termos definitórios e programáticos.

A AIT, à qual Marx se associara desde sua fundação, em 1864, era uma ampla organização internacional de grupos socialistas e delegações nacionais. Na época, existiam pouquíssimos partidos políticos de massa na legalidade, em qualquer acepção significativa. Enquanto a sublevação era tratada na maioria das matérias de imprensa como uma explosão

Democracia e comunismo/socialismo 179

de barbárie, em inexplicável e violenta oposição a uma paz republicana francesa negociada com os ocupantes prussianos vitoriosos, a AIT naturalmente via esses acontecimentos como uma tragédia do povo (entendido amplamente como conjunto de trabalhadores) e da democracia no sentido de processos decisórios populares (a despeito das alegações republicanas provinciais em contrário).[60]

Esse "Discurso", portanto, era controverso na época e valeu a Marx seu primeiro destaque e breve notoriedade na imprensa inglesa, quando ele foi classificado como um "Doutor do Terror Vermelho" residente em Londres.[61] Assim, seus comentários são — como sempre — uma intervenção política, montada para inspirar (ou melhor, consolar) um público e celebrar a sublevação de uma maneira muito específica. Desde então, o discurso tem sido muito criticado por suas imprecisões históricas, mas de todo modo Marx não estivera em Paris como testemunha ocular e, ademais, não estava escrevendo um texto de história, e sim sobre a atualidade política. A criação de mitos como prática ativista muitas vezes é o que faz a política, de forma que não tem muito sentido perguntar se as instituições da Comuna eram, de fato, como Marx as descrevia. No entanto, vendo por outro ângulo, essa foi uma ocasião em que — num contexto coletivo — Marx escreveu mais como teórico, embora não exatamente como guru, pois escrevia em nome de uma organização e de um comitê executivo.

Na idealização de Marx sobre a Comuna, tomando a como modelo de processo decisório para a nação — e modelo que se estendia "até o mais minúsculo povoado do país" —, ela consistia numa democracia representativa, mas por mandato, uma "autogestão dos produtores", respaldada por uma "milícia nacional" com "prazo de serviço extremamente curto", um dispositivo decididamente prático-político, mais do que utópico. Nesse modelo, a tomada de decisões se inicia no nível mais baixo em assembleias representativas, das quais partem delegados — com mandatos estritos estipulados por seus constituintes — para assembleias distritais, e assim sucessivamente até o nível regional e, por fim, até a assembleia nacional. Segue-se que as decisões em nível nacional têm um caráter basicamente coordenador. Em suma, esta era a "forma política [...] para chegar à emancipação econômica da força de trabalho".[62] Hoje, muitas dessas ideias são correntes como reivindicações políticas, ainda que dentro de estruturas de governo centralizadas, elas mesmas profundamente imbuídas da importância da administração econômica.

No entanto, a identificação de Marx com o efetivo termo "ditadura" é, em certa medida, um artefato político e acadêmico, visto que ele não se identificava com a expressão "ditadura do proletariado" na letra impressa, limitando-se a empregá-la na correspondência e nas "notas para si mesmo"[63] e a atribuí-la — geralmente em termos favoráveis — a indivíduos e classes que estavam fazendo política com algum teor comunista ou socialista. A chave para a aparente contradição — entre promover a democratização revolucionária e, ainda assim, defender a ditadura como algo coerente — se encontra na avaliação de Marx sobre a dinâmica política pós-feudal, moderna, como luta de classes. O princípio exploratório de Marx consistia em que as classes faziam política e que a mudança política surgia dessas lutas, não só no passado, mas também no presente. Desse ponto de vista, as lutas democratizantes capazes de ter sucesso seriam lutas de classes — as classes comerciais pro-

Democracia e comunismo/socialismo 181

prietárias derrotando as classes feudais e, no devido tempo, as classes trabalhadoras (o "proletariado") derrotando as classes comerciais (a "burguesia"). Tal luta era também e necessariamente uma luta econômica e uma luta política, visto que, segundo Marx, essas lutas tinham sempre a mesma essência (a despeito das aparências e das negativas). Seguia-se que as instituições democratizantes eram em alta medida progressistas, mas constituíam veículos da classe em ascensão, uma vez que admitiam modos de participação não aristocráticos. Todavia uma crucial democratização ulterior prometia brechas para o ingresso da classe seguinte, dado que uma maior ampliação do sufrágio e dos direitos civis permitiria aos eleitorados de massa se organizarem politicamente e... conquistarem o controle! O *Manifesto* é muito explícito em recomendar que o proletariado se una "como classe" e se transforme "em classe dirigente".[64] O lado reverso disso, como Marx afirmou ao longo de toda a sua carreira (embora em estilos e terminologias que variavam a depender do público-alvo), era que a democracia, até onde chegara, era um projeto "burguês" para o domínio classista dos proprietários comerciais que — previsivelmente — não se deteriam diante de nada para defender suas propriedades contra a redistribuição e — muito significativamente — contra sua redefinição como bens "públicos" em vez de "privados". A intensa fúria política que consome Marx em *O 18 de brumário* transborda quando vê os representantes eleitos das classes comerciais entregarem o país a um ditador, o "presidente-príncipe", cujo banditismo brutal mal se disfarçava sob os ornamentos do kitsch imperial.

Como forma política viável, porém, o modelo marxiano "de baixo para cima" para o domínio da classe proletária em "A guerra civil na França" parece um modo não muito provável de reproduzir as vantagens econômicas na produção e no consumo — desfrutadas por alguns, mas não por todos — que os atuais sistemas representativos costumam promover. Em todo caso, o modelo de Marx aponta, dessa maneira, para determinados custos das estruturas econômico-políticas que atualmente formam a democracia como um sistema integral. Hoje é difícil analisar e entender a "emancipação da força de trabalho", mencionada por Marx, como lema ou objetivo, e de fato Marx disse que era algo que precisava ser "trabalhado". Poderia ser algo relativamente simples como empresas cooperadas ou cooperativas de trabalhadores em que estes detinham uma parcela da sociedade, ou poderia ser algo revolucionário como é hoje a "ecocomunidade" planetária, moralmente responsável, igualitária e sem classes.[65]

Como teórico da democracia, a verdadeira força de Marx se encontra em outro lugar: consiste em detalhar com a máxima clareza possível a fragilidade das estruturas democráticas, a facilidade com que cedem a políticos autoritários por meio da demagogia eleitoral e dos golpes de Estado, o enorme papel desempenhado pela propriedade e pelo controle da riqueza nas instituições representativas que se dizem "democráticas". Seu comentário sobre a ascensão e a queda da Segunda República (1848-51) na França representa uma extraordinária defesa dos princípios constitucionais da soberania popular e das instituições representativas efetivamente existentes, ao mesmo tempo esmiuçando com precisão as razões de sua grande fragilidade e da enorme dificuldade em protegê-las. Marx não criticava essas instituições por serem tímidas e não conseguirem se pôr à altura dos ideais "comunistas" e assim realizarem a ruptura revolucionária com a sociedade comercial existente; o que ele

Democracia e comunismo/socialismo 183

lhes censurava era não conseguirem se pôr à altura de *suas próprias* concepções classistas de democracia e representação, nem mesmo de seus critérios e dispositivos constitucionais, e agirem de formas covardes que minavam seus próprios interesses pessoais e coletivos como agentes econômicos "burgueses".

O *18 de brumário* como o voto masculino universal nas eleições à presidência foi facilmente manipulado por Luís Bonaparte, candidato ao cargo, levando à vitória um tal aventureiro inventor de mitos. O fato se deu para a grande surpresa das classes políticas da Assembleia Nacional, que não tinham levado em conta o voto do campesinato endossando uma memória imperial da reforma agrária e da *gloire* nacionalista. A extensão do direito de voto à classe trabalhadora urbana, porém, não gozava de qualquer popularidade entre as classes proprietárias e seus representantes parlamentares de condições semelhantes, nem entre os editores e proprietários dos veículos de imprensa. Manipulando o medo de desordens e de ameaças classistas à propriedade privada, sucessivos grupos parlamentares voltaram atrás em relação à soberania popular e uniram forças para que se reprimissem as manifestações urbanas por questões econômicas. Esses legisladores então atuaram para restringir o direito de voto e eliminar oposições indesejadas.[66]

Bonaparte viu uma chance de ser o salvador da "ordem" estendendo seu mandato presidencial por vias inconstitucionais e — com o consentimento de parlamentares e o respaldo de um plebiscito nacional — governando por decreto. Essa lei acabou então com o governo republicano baseado na soberania popular, substituindo-o — como Bonaparte deixou claro após a redação e publicação do opúsculo de Marx — por um regime em que ele governava sozinho como imperador Napoleão III, ratificado por outro plebiscito no final de 1852.

O gênero de *O 18 de brumário* não era o histórico, mas o de história-em-ação, visto que Marx acompanhara muito de perto as revoluções de 1848-9 pelas matérias da imprensa e escrevera seus próprios artigos de jornal enquanto os acontecimentos estavam em curso, constituindo a base de sua narração. O que Marx identifica é uma dinâmica dentro da democracia liberal que muitos comentadores e teóricos não percebem, preferindo considerar como uma aberração ou um enigma indecifrável: por que o povo vota em autoritários populistas, que por vezes têm comportamentos francamente ridículos? E por que os parlamentares — que são a encarnação e os guardiões da soberania popular — são tão propensos a desvalorizar, restringir ou abolir direitos individuais básicos quando generais e executivos ambiciosos lhes colocam questões de "segurança" nacional ou de "ordem" interna? Marx chega a detalhar a flagrante brutalidade visível na versão de Bonaparte de uma força policial militarizada e suas políticas econômicas corruptas e insustentáveis, seu "capitalismo de cassino" e sua mistura de impostos, subornos e negociatas.[67]

A apresentação de Marx da política de classes nesse período turbulento rende considerável tributo ao heroísmo da classe trabalhadora, ao lutar pela soberania popular, embora esse seu "olhar" bastante previsível sobre o ativismo proletário tenha gerado comentários céticos e na maioria hostis igualmente previsíveis. Porém a exposição mais interessante, mais detalhada e mais pertinente é, de fato, a da política entre as elites de maiores fortunas, pequenos nobres e latifundiários, empresários e financistas ricos, e por fim as classes médias mais numerosas,

Democracia e comunismo/socialismo 185

nas quais se situavam profissionais liberais, donos de imóveis, rentistas e possuidores "de recursos privados". Como explica Marx, essas classes e "frações de classe" são facilmente tomadas de pânico, temendo por suas posses frente aos que as têm em menor quantidade ou são quase despossuídos. Quando a política chega a esse ponto, o interesse econômico muitas vezes se rende à ilusão, como nesse caso em que o mito que Bonaparte criou sobre si mesmo venceu qualquer crença nos sistemas democráticos que as classes comerciais comumente teriam. Assim, o autoritarismo assume por demanda do povo.

Em termos esquemáticos, Marx identifica dentro das formações democráticas liberais, baseadas na produção de mercadorias e na acumulação de riqueza, uma relação dinâmica entre propriedade, autoritarismo e instituições representativas. Sua análise conclui que a soberania popular precisa de apoio ativo, visto que o "medo" da desordem e da anarquia manipula os temores de classe em relação à propriedade e as ilusões sobre a autoridade baseadas na personalidade. Desde os tempos de Marx, muitas democracias em algum momento regrediram por guerras civis a governos autoritários e a ditaduras militares, e muitas sucumbiram mais de uma vez. Como ativista, Marx dedicou mais tempo a apoiar a soberania popular na política de alianças, tratando de questões características e pertinentes a essa formação política, do que a elaborar claramente princípios comunistas e tentar criar um futuro especificamente comunista.

No capítulo seguinte, "Capitalismo e revolução", veremos como Marx explicava essa conjunção entre interesses "privados" e instituições públicas.

5. Capitalismo e revolução

MARX É GERALMENTE RECONHECIDO como o maior — no sentido de "o mais cabal" — crítico do capitalismo até os dias de hoje. Isso não significa que muita gente hoje aceite suas críticas ao sistema ou que sua definição e caracterização do sistema tenham grande sustentação, em primeiro lugar. Até agora, a abordagem de Marx neste livro é a de ver como seus conceitos se sobrepunham aos de seus contemporâneos e aos utilizados atualmente: classe, história, progresso, democracia, socialismo.[1] Essa abordagem se contrapõe à ideia de que o que torna Marx interessante é o que ele mesmo e vários outros selecionaram como caracteristicamente marxiano, de uma maneira ou outra, ou seja, "o que transforma Marx em 'Marx'".[2] A falha dessa segunda estratégia não é historicizar Marx — afinal, ele é histórico —, mas sim afastá-lo de nós e obscurecer sua política. E, como vimos, era sua política que dava impulso a seus textos, escritos como intervenções para fomentar alianças com revolucionários de ideias parecidas, que eram ou podiam ser liberal-democráticos, pelo menos até certo grau. E — como apontado em capítulos anteriores — ser liberal-democrático em *qualquer* grau nos Estados germânicos até os anos 1860 era ser revolucionário, ou pelo menos altamente suspeito, e se arriscar a perseguições e punições. Na verdade, muito depois dos anos 1840, os partidos socialistas voltaram a ser proibidos no

Capitalismo e revolução

Império Alemão, de 1878 a 1891 — e as mulheres eram proibidas de participar de qualquer reunião política.[3]

Assim, o que Marx tinha em comum com seus contemporâneos, e ainda tem conosco, parece ser um bom ponto de partida, realista e proveitoso. De modo geral, o capitalismo — como prática assim nomeada e como sistema econômico — hoje em dia só é incontroverso como termo descritivo. Sem dúvida passou a fazer parte da linguagem, mesmo que em grande medida o discurso econômico atual fale menos em capitalismo e mais em mercados "livres", negociantes, especuladores, investidores, poupadores, bilionários, "indivíduos de alto patrimônio líquido", empreendedores, capital de risco e similares. Há aqui um certo proveito político em decompor um sistema no discurso cotidiano em que o leitor pode ver como os termos e as práticas se entrelaçam em atividades corriqueiras. É aqui que se iniciam "os elementos básicos" de microeconomia, refinando e redefinindo esses termos cotidianos por meio da elaboração de definições, princípios e recomendações de políticas precisos e matematicamente operacionais. Esses "elementos básicos" microeconômicos cotidianos são o preço, a utilidade, a marginalidade, a preferência, a poupança, o investimento, a liquidez, o lucro, os gastos e o consumo, elevando-se para a política monetária, a política fiscal, as taxas de empréstimo interbancário, o PIB, a balança corrente e a balança de capital como "balança de pagamentos", e outros conceitos similares que os noticiários de melhor qualidade supõem que serão entendidos.

A terminologia de Marx para o sistema econômico mudou um pouco ao longo de sua carreira como ativista engajado na "questão social". De início ele empregava "sociedade civil", embora a expressão dele (e de Hegel) fosse *bürgerliche Gesellschaft,* usualmente vertida para o inglês como *bourgeois Society* ["socie-dade burguesa"]. Mas agora dificilmente essa locução é usada fora dos círculos marxistas. Sociedade civil veio a designar o voluntariado ou o "terceiro setor", isto é, atividades econômicas que não pertencem ao setor público e estatal (desenvolvidas por servidores públicos) nem ao setor privado (desenvolvidas dentro de empresas comerciais "com fins lucrativos"). Por outro lado, e num uso pós-marxista mais ligado ao século xx, a sociedade civil incluía empresas comerciais "com fins lucrativos" e excluía apenas as atividades sob controle ou propriedade do Estado. Por isso o uso atual da expressão é um pouco ambíguo, e pode gerar dúvidas se se refere apenas a organizações voluntárias ou se inclui também empresas do setor privado. Historicamente, claro, sociedade civil designava o que era "do conjunto de cida-dãos", em oposição a autoridades religiosas ou militares e suas respectivas atividades, embora essas atividades "estatais" fossem financiadas por tributos, por esmolas ou por impostos, e por isso civil = laico e paisano. E, nos Estados de língua alemã, o que era "do conjunto de cidadãos" era *bürgerliche*.[4]

A expressão "sociedade burguesa" só transpõe *bürgerliche Gesellschaft* por meio de um termo tomado de empréstimo ao francês, conotando um filistinismo arrivista em matéria de gosto. Tal conotação reflete as avaliações estéticas e morais correntes, na França, da aristocracia sobre o meramente co-mercial. O alemão da época de Hegel e de Marx refletia tanto o esnobismo anticomercial quanto uma distinção entre ativi-dades comerciais, de um lado, e instituições estatais/militares/religiosas, de outro. Mas Marx não adotou a locução *bürgerliche Gesellschaft* para depreciar nem para legitimar uma classe em termos de bom ou mau gosto ou de caráter moral, tampouco

Capitalismo e revolução 189

para defini-la como uma "ordem" da sociedade distinta da vida familiar (meramente "biológica") ou das burocracias estatais ou eclesiásticas (mais "racionais"). Adotou-a para apontar o vínculo, no contexto dos Estados alemães, das atividades comerciais aparentemente "sujas", associadas ao ganho financeiro no comércio e na manufatura, com a introdução dos processos industriais movidos a energia e o potencial produtivo imensamente ampliado na geração de bens e serviços.

Contatos práticos com a economia política

Em suas atividades jornalísticas iniciais, Marx defendia vivamente que os governos da época assumissem pelo menos alguma responsabilidade pelos pobres "artificiais", visto que essa sua situação fora causada por atividades econômicas humanas, e não por algum processo "natural", por "justo mérito" ou por algum destino cego.[5] O outro lado da moeda era o argumento de que as próprias atividades econômicas eram "artificiais", pois eram atividades humanas que faziam a economia mudar e se desenvolver. Disso se seguia que o entendimento da questão requeria exame e discernimento, em vez de mera e desculpável ignorância ou resignação. Marx parece ter chegado a isso em 1843, depois de — como diz ele — se sentir intrigado com os "interesses materiais" que via em suas relações com os financiadores comerciais e os editores de mentalidade empresarial do *Rheinische Zeitung* em Colônia, a capital econômica da Renânia.[6]

Intuitivamente Marx parece ter se posicionado no lado mais ativista do coletivo editorial e criado problemas para a administração do jornal — e depois para si mesmo — ao insistir na "questão social". O lado menos ativista do grupo insistia apenas na "questão do comércio",[7] afirmando a necessidade de que o Estado se interessasse por todos os aspectos dela, e não apenas para fins de arrecadação tributária e regulação moralizante. O que surgiu de novidade para Marx, após o encerramento do jornal em março de 1843, não foi seu envolvimento com Hegel enquanto tal, mas sua iniciativa de fazer um estudo concentrado na economia política francesa e britânica por meio da inclusão hegeliana desses materiais em sua versão filosofizada de uma estrutura "ordenada" de classes. Em sua *Filosofia do direito* (1820), Hegel formulara essa visão idealizada em termos que ficavam a meio caminho entre as "ordens" ou "estamentos" medievais e as concepções mais modernas de indivíduos "civis" envolvidos em atividades comerciais — porém mais em "corporações" definidas pelo Estado do que em estruturas empresariais "de livre mercado".[8]

Embora tivesse algum acesso às fontes de Hegel para essas passagens em livros em francês (nem Hegel nem Marx, na época, liam em inglês), nessa fase foi sobretudo por meio do texto e das notas do próprio Hegel que Marx veio a conhecer os economistas políticos. As fontes principais eram Pierre le Pesant, sieur de Boisguillebert, Jean-Baptiste Say, sir James Steuart, Adam Smith e similares, mas logo Marx foi presenteado com uma síntese muito mais sucinta da "economia política". O curto ensaio foi redigido por Engels e submetido em novembro de 1843 à avaliação de Marx, como coeditor do dito "primeiro número" do *Deutsch-Französische Jahrbücher*.[9]

A economia política consistia na bibliografia descritiva e avaliativa sobre assuntos econômicos, datando do século XVII,

Capitalismo e revolução

escrita no gênero da arte de governar e, portanto, na modalidade de aconselhamento. Essa modalidade supõe, claro, que existam governantes interessados em conselhos e que seus Estados tenham dimensões suficientes para se lançarem à expansão, o que exige disporem de riquezas. Naquele contexto, a própria ideia de que o comércio gera riqueza, em vez de simplesmente transferi-la na troca de bens de igual valor, era em si mesma controversa. Era também objeto de ampla descrença e, assim, rejeitada por razões empíricas, filosóficas e morais. Além disso, a relação entre moeda e riqueza era, de todo modo, um tanto misteriosa e, relacionada com empréstimos e juros, também parecia meio abominável, em vista dos preceitos tradicionais da igreja sobre a usura, aos quais se sobrepunham as suspeitas aristotélicas clássicas quanto ao "uso do dinheiro para gerar dinheiro".[10]

Havia na época — como há agora — uma política da ciência como tal, quer essa ciência social fosse "economia política" ou — como agora — simplesmente "economia". E, voltando à nossa discussão anterior sobre a história,[11] havia na época — como há agora — um considerável questionamento sobre a maleabilidade das práticas correntes na sociedade política e na vida social de modo mais geral. Essa questão, por sua vez, se refletia em diversas formas de conceber qual seria a melhor maneira de apresentar em termos simples as práticas atuais, tal como realmente são. Os que adotaram uma linha histórica geralmente sustentavam que as práticas comerciais modernas de produção de riqueza e acumulação financeira eram marcas de modernidade, civilização e progresso, vencendo a barbárie, o atraso e o retrocesso. Os que não se preocupavam com tais questões históricas pareciam se contentar com fábulas que supostamente demonstravam a atemporalidade e, portanto, a naturalidade das práticas comerciais correntes: em *A riqueza das nações* (1776), os fictícios "caçadores" de Adam Smith faziam um escambo de castores por cervos e então inventaram a moeda para conferir maior eficiência a essa prática trabalhosa. Havia versões parecidas nesse gênero de explicação e justificação *à la* Robinson Crusoé ou na linha do "simples-assim".[12]

Contudo, Marx não entrou na briga com suas respostas pessoais, escrevendo como faria algum outro economista político, pois ainda não fizera uma leitura suficientemente cuidadosa dos originais que lhe permitisse estabelecer os elementos exatos das questões e debates. Fica claro, porém, que ele desconfiava do viés político desses autores, como defensores de uma nova classe comercial e empresarial. A apresentação concisa de Engels oferecia um tratamento muito prático dos "elementos básicos" da economia política, com a importante iniciativa de vertê-los para o alemão em seu curto artigo. E, melhor ainda, Engels extraía conclusões sobre a "questão social" e sobre a política da ciência da economia política, e não só sobre a política dos economistas políticos enquanto indivíduos. Essas conclusões espelhavam as experiências próprias de Marx com os "interesses materiais" burgueses e o sofrimento, objeto de preocupação sua, em cenários sociais divididos em classes, mas em processo de industrialização, tal como o descrevera a partir de relatos locais. Mais tarde, Marx declarou que o artigo de Engels era "inspirado" e, visto que esboçou logo a seguir um plano para uma "crítica da economia política", é difícil não ver a inspiração direta fornecida pelo texto de Engels.[13]

O resumo ou "sinopse" de Marx sobre o artigo de Engels estava em seus chamados *Manuscritos econômico-filosóficos*, de

Capitalismo e revolução 193

1844, que na maioria consistiam em excertos bastante literais dos livros que estava lendo na época, em geral obras de economia política em francês e alemão.[14] De fato, Engels forneceu a Marx não só "elementos básicos" utilizáveis, como também um "olhar" político comunista sobre a situação (nos termos do próprio Engels). Comunista, nesse contexto, significava apenas uma crítica da propriedade privada e um compromisso com sua abolição em algum momento do futuro e num sentido mais ou menos especificado. A alternativa comunista consistia, em geral, na propriedade coletiva — aqui também dependendo, num sentido ou noutro, do escritor comunista em questão. Marx, com efeito, considerava insatisfatórios *todos* os escritores comunistas que conhecia, por serem vagos demais ou específicos demais, e por isso os estudos pormenorizados dos conceitos constitutivos e do "kit de ferramentas" definitórias que então começou a registrar.

Assim, em seu manuscrito "Resumo do artigo de Frederick Engels...",[15] a primeira medida de Marx é tomar o conceito de "propriedade privada", que associa imediatamente ao "comércio", como "uma fonte direta de ganho para o comerciante". Na frase seguinte ele rastreia a economia política, passando do comércio para o valor, dividido entre valor real ou utilidade — isto é, qual o uso que se obtém realmente de alguma coisa — e valor de troca, o qual ele relaciona, numa interpretação alternativa dentro da economia política, aos preços. Estes, observa ele, não são equivalentes aos custos de produção, pois nesse caso, não haveria qualquer "ganho" ou lucro. E, num comentário talvez desconcertante, ele diz: "Apenas o que pode ser monopolizado tem *preço*". Seja como for, para Marx a propriedade privada — o ponto de partida — é, em primeiro lu-

194 *Marx*

gar, uma forma de controle monopolista sobre algumas coisas, privilegiando uns e excluindo outros.

A seguir, as anotações de Marx deixam o terreno das definições e passam a colocar problemas. De fato, ele propõe alguns quebra-cabeças para entender a relação entre capital e trabalho, entre lucro e capital e também entre juro e lucro. O lucro, conclui ele rapidamente, "é o peso que o capital coloca na balança depois de determinados os custos de produção" e "se mantém inerente ao capital". Como se estivesse pensando em voz alta sobre a relação entre salários e custos de produção, Marx conclui que o "trabalho humano" foi "dividido em capital e trabalho", seguindo a sumária versão da ciência fornecida por Engels.[16]

O texto efetivo de Engels, tal como foi aceito e publicado por Ruge e Marx, seguia em larga medida a retórica politizante e moralizante do jornalismo cartista, gênero em que Engels era grande perito. A frase inicial vincula a ciência (mais ou menos) nova da economia política à expansão do comércio e à produção mecanizada, observando que tanto a prática quanto a ciência nascem da "inveja e ganância mútuas" e trazem "a marca do mais detestável egoísmo". Concluindo, ele pretende "expor em detalhes a desprezível imoralidade desse sistema [fabril]" e "desnudar impiedosamente a hipocrisia do economista que aqui aparece em toda a sua impudência".[17] No geral, Engels traça a história da produção e do comércio internacionalizados, conjugados com a economia política que acompanhou tais desenvolvimentos.

Vale notar uma vez mais que a economia política era entendida por seus praticantes como a arte de governar dentro de um arcabouço político, de modo que o exercício da arte de governar deveria, na prática, se tornar econômico, o que evidentemente incluía *desmantelar* os medievalismos que re-

Capitalismo e revolução 195

gulavam e limitavam o "livre-comércio", nacional ou internacional. Ainda não ocorrera a separação entre a ciência política e a ciência econômica, que se daria no final do século xix, e de fato seria importante levar em conta essa separação agora corriqueira, visto que essas questões acadêmicas têm grandes consequências políticas na prática. As distinções entre fato e valor, entre positivo e normativo, entre objetividade científica e viés político são, em si mesmas, questões políticas, isolando algumas suposições, deduções e verdades em contraposição à crítica e desautorizando questões sobre as consequências políticas ou mesmo morais das práticas sociais sob análise. Quer os economistas políticos fossem mercantilistas, defendendo a acumulação nacional de riqueza às custas de outras nações, quer fossem "livre-cambistas", defendendo a concorrência dos mercados para a mútua vantagem dos indivíduos, Engels tinha sentimentos amplamente críticos, pelas mesmas razões: a acumulação de riqueza financeira como capital permite que os proprietários se beneficiem às custas dos assalariados, que sofrem desigualdades individuais e transgeracionais, incluindo uma sórdida miséria. Assim, para Engels a economia política é uma "ciência" hipócrita que oculta ou justifica especiosamente essas consequências inaceitáveis.

Pós-Marx

Não é difícil encontrar sentimentos parecidos em qualquer protesto do Occupy ou em manifestações contra a mudança climática, embora explicações moralizadas como a de Engels acima — e depois de Marx — costumem ser descartadas como marxistas, pois hoje ressoam com as lutas, os fracassos, a ingenuidade e o horror da política ideológica e das "grandes potências" mundiais do século xx. Ou, por outro lado, a economia moderna, contraposta à economia política acima esboçada, se presta a expor os fatos econômicos em termos empíricos/ estatísticos, dos quais então os juízos moralizados poderiam passar para a elaboração de políticas, quer fossem reformistas ou revolucionárias em algum sentido. Mas, quanto a uma aplicação direta — isto é, partindo dos textos e ideias de Marx — aos atuais entendimentos do que é o capitalismo, há uma espécie de anacronismo às avessas: os termos do passado, isto é, da economia política, não são os termos do presente, isto é, da economia moderna.

Dito de outra maneira, o problema aqui é que podemos ler a análise crítica do modo de produção capitalista no primeiro volume de *O capital* e em outras obras de Marx, mas sua terminologia nos parecerá muito frustrante. Isso porque, desde os anos 1870, a revolução marginalista que levou à transformação da economia política em economia moderna é posterior à sua obra, mas controla em larga medida nossa reflexão sobre as questões que temos em comum com ele. Além disso, qualquer tentativa de alinhar Marx diretamente com nosso presente se vê então assombrada por outro espectro, qual seja, a economia marxista. Essa forma híbrida de economia tenta fazer uma tradução exata e cientificamente robusta entre a economia moderna e a crítica da economia política de Marx. Aqui, uma estratégia possível para obter alguma clareza é mais uma vez voltarmos nossa atenção ao capitalismo como sistema, isto é, o que queremos tomar como tema, em primeiro lugar.

Capitalismo e revolução 197

A terminologia do próprio Marx para esse nível de generalidade se desenvolveu em sua época, primeiro como *bürgerliche Gesellschaft*/sociedade civil/sociedade burguesa, como vimos, e depois como o moderno modo de produção burguês [*bürgerliche Produktionsweise*] ou relações de produção burguesas [*die bürgerlichen Produktionsverhältnisse*]. Mas vale notar uma vez mais que "burguês" [*bourgeois*] tem conotações que *bürgerliche* não tem: "comercial" funcionaria igualmente bem ou melhor. Marx modificou suas ideias sobre os exatos conceitos básicos de economia política que iria usar para organizar a crítica que planejava fazer, sobre a ordem em que os usaria e quanto da crítica planejada conseguiria colocar num volume: de início ocuparia um fascículo em 1859, e depois o primeiro volume de uma série truncada.[18] Mas, sem dúvida alguma, ele considerava que os teóricos contemporâneos à sua vista estavam trabalhando dentro de um sistema. Na época da primeira edição de *Das Kapital* (1867), o uso do termo "capital" como conceito organizador central — e alvo primário de ataque — era bastante claro. A diferenciação histórica das sociedades em relação a esse conceito também ficava clara já na frase inicial de Marx: "A riqueza daquelas sociedades em que predomina o modo de produção capitalista [...]".[19] E, evidentemente, as duas palavras andam juntas: capital e capitalista. Mas o termo "capitalismo", agora usual, parece ter surgido apenas nos anos 1870, portanto, não aparecia como *Kapitalismus* na maior parte da obra publicada de Marx. E, de todo modo, ele foi cunhado para promover as mesmas práticas que Marx propunha criticar severamente e eliminar por meio da crítica-como-ativismo.

Depois da época de Marx, o termo "capitalismo" se estabeleceu como algo mais descritivo, muito embora o uso aparentemente descritivo tenda a ocultar as questões históricas que tanto o ocuparam. A saber: as características práticas que constituem esse sistema derivam de aspectos atemporais da natureza humana, operando sozinhas historicamente, salvo se reprimidas? Ou o sistema demarca sociedades civilizadas/progressistas/modernas/democráticas, diferenciando-as das sociedades atrasadas/primitivas/autoritárias/regressivas, quer do passado, quer do presente? O sistema evolui por si só (a menos que se o reprima) para um futuro melhor para todos? Para alguns? Apenas para os "industriosos e racionais"?[20] Para alguém? Para o planeta? O sistema requer proteções políticas? Ou ajustes de equilíbrio? Ou aperfeiçoamentos? Ou agudas intervenções após as crises? Ou medidas de prevenção contra crises? Até que ponto os "ajustes do sistema" o destroem? Ou o convertem em outra coisa? Alguma dessas perguntas, ou todas elas, consiste exclusivamente em decisões políticas? Ou apenas em decisões técnicas, que podem ser tomadas "à ciência"?

O mundo de Marx não era apenas muito mais simples; sua tarefa não era nenhuma das acima citadas. Seu ativismo era necessariamente político, bem como a obra dos economistas políticos, no sentido de que os Estados e os governos — tal como existiam — precisavam ser persuadidos de que tais verdades sobre a produção, o consumo, a distribuição e a troca de bens e serviços eram pertinentes para a arte de governar, e que eles precisavam decidir em qual escola de pensamento, em quais tratados e em quais indivíduos iriam acreditar. Os temas e questões acima só existem porque essa batalha foi vencida faz mais de cem anos e segue conosco na forma de "É a economia, estúpido!".[21]

Assim, nos anos 1870, o campo de batalha se afastou decisivamente da crítica de Marx, mas não por causa do trata-

Capitalismo e revolução

mento dado à "questão social" por meio dos conceitos de luta de classes e ativismo da classe trabalhadora.[22] Essa mudança se deu quando a economia se afastou da economia política em termos metodológicos e conceituais e assim se afastou — de modo inevitável — dos termos mais especificamente técnicos da crítica de Marx e dos detalhados argumentos e asserções mais intimamente associados a ele e a seu "pensamento". A crítica da economia política de Marx era imanente: operava nos termos estabelecidos pelos economistas políticos como objetos e pressupostos básicos de seus debates e divergências. Tais termos eram utilizados metodologicamente pelos economistas políticos e por Marx, trabalhando dentro do arcabouço da "filosofia natural". Trabalhar com esses pressupostos e conceitos, transmitidos pelas fontes clássicas e medievais, constituía um exercício basicamente narrativo. Esse exercício consistia num exame dos conceitos gerais de riqueza e valor a fim de fornecer explicações — e estabelecer regras — para atividades referentes ao comércio e à moeda, quer o contexto moral fosse o de uma construção patriótica da nação, quer fosse o de trocas individualistas no mercado.

A grande pergunta se referia à riqueza: provinha da terra ou do trabalho? Se da terra, derivava em última instância da renda sobre um recurso escasso, mas essencial e essencialmente limitado? Se do trabalho, como a labuta honesta do trabalhador estaria relacionada com o lucro do proprietário da fábrica? E, de maior pertinência, a riqueza monetária, quando se acumula a partir de qualquer fonte que seja, deriva da moeda como veículo neutro para a troca de valores equivalentes, entendida como preço "natural" que regula "naturalmente" as transações de mercado? Caso contrário, deriva de uma troca necessariamente desigual de valores? Neste caso, o que justifica isso? Como vimos, Aristóteles e pensadores religiosos e laicos sob sua influência nutriam profunda desconfiança perante a ideia de que é justificável que a riqueza derive do "uso do dinheiro para fazer dinheiro", isto é, dos juros sobre os empréstimos. Mas os economistas políticos que apoiavam a circulação monetária, os investimentos de risco, a diversificação de bens e serviços e o constante aperfeiçoamento das manufaturas geralmente adotavam a linha oposta, invocando o fato — e a necessidade — do incentivo empresarial, do reinvestimento dos lucros em empreendimentos ainda mais produtivos e do pronto acesso ao crédito como serviço produtivo.

A revolução marginalista em economia eliminou essas questões excluindo os termos do debate. Preços eram pura e simplesmente valores, ou melhor, qualquer problema sobre o valor era pura e simplesmente filosófico; em termos científicos, o conceito aplicável era o de preço, que afinal era empírico (há preços em mercados existentes) e numérico (o que permitiu o desenvolvimento de uma metodologia muito diferente, a saber, a análise quantitativa). Então foi fácil explicar o comércio por meio de trocas no mercado, daí se inferindo como resultado lógico e benéfico a acumulação de riqueza em termos monetários. Assim, as questões filosóficas surgem apenas em discussões de filosofia, não de economia. As discussões econômicas partem de suposições, abstratas mas "do cotidiano", sobre os indivíduos e as preferências de uso, e não de debates que criam questões morais que não vêm ao caso — o que significa aceitar a facticidade das relações de mercado, em vez de examiná-la. Do ponto de vista da economia moderna, a sociedade não está dividida de modo natural ou necessário entre

Capitalismo e revolução

"ordens" ou classes de latifundiários, pequenos proprietários e trabalhadores; ela se compõe de indivíduos que usam e trocam recursos a fim de obter mais, ao menos em princípio, ou como expediente heurístico e ideal social. No entanto, o objetivo de minha discussão aqui não é julgar os pontos fortes ou fracos do arcabouço conceitual da economia política ou da economia moderna, mas sim ressaltar a incomensurabilidade delas e, portanto, as dificuldades de intercomunicação e tradução para entender Marx, dados os pressupostos totalmente distintos.

Além disso, a revolução marginalista eliminou os conceitos dentro da crítica de Marx que ele mesmo e, claro, inúmeros críticos e comentadores tomavam como tipicamente marxianos e constitutivos do marxismo e da economia marxista. Marx, em sua crítica, reconhecia aos economistas políticos o mérito de estabelecerem um problema importante: de onde provém o lucro quando a troca monetária é, em teoria, uma troca de valores iguais. E também de oferecerem o germe de uma boa resposta: o trabalho deve ser, de alguma maneira, uma parte importante do valor, bem como — e tal foi o argumento original de Marx — a fonte de produção do "excedente" de valor ou mais-valia de onde surge o lucro nos sistemas de troca monetária. Os marginalistas e, com eles, a maioria dos economistas modernos simplesmente rejeitam a ideia de que o lucro constitui por si só algum tipo de problema, sendo antes um pressuposto dentro do sistema deles ou, diríamos, um novo paradigma[23] para pensar a produção, o consumo, a distribuição e a troca que se realizam numa base monetária agora incontroversa. Desse modo, eles geraram uma ciência social levantando questões mais práticas do que filosóficas. Fez-se com que Marx, em contraste, parecesse antiquado, explicitamente político (em vez de "científico") e não matemático (o que não era o caso). A conciliação, na economia marxista, tem sido defender as posições de Marx em relação ao trabalho, à mais-valia, aos preços e aos lucros por meio de elementos quantificáveis para chegar a uma conclusão política, a saber: os assalariados são explorados — mais do que tratados com equanimidade — e o capitalismo não consegue por si só anular essa exploração, visto que o sistema é estruturado para reduzir os custos de produção, como o trabalho, a fim de facilitar a acumulação de capital e o investimento na produção.[24]

A crítica de Marx

Mas, então, por que Marx é tantas vezes reconhecido como o mais cabal crítico da sociedade capitalista, em especial do sistema capitalista, entendido como fenômeno empírico global e objeto de um ativismo político global? É um tanto surpreendente que isso nos leve de volta à burguesia ou às classes comerciais e a seu inesquecível retrato pintado por Marx e Engels no *Manifesto*, como atores históricos que abalam o mundo.[25] Como afirmam os dois autores, cidades inteiras brotaram e continuam a brotar do solo, enquanto surgem tecnologias que produzem quantidades enormes de novos bens usando menos trabalho, de modo que praticamente tudo se transforma, inclusive os sistemas políticos e judiciários, a religião e a moral, as artes e as ciências. Em anos recentes, veio a se reconhecer esse texto como a primeira grande explicação da globalização, em especial pela forma como retrata o alastramento do desenvolvimento comercial e da financeirização por todo o globo, uma

Capitalismo e revolução 203

força irrefreável de desenvolvimento progressivo autodeterminante.[26] Os benefícios das economias de mercado produzindo artigos de primeira necessidade a baixo preço e luxos jamais pensados decerto são exaltados; retiradas do contexto, essas passagens são como que um hino à burguesia.[27]

Muitos dos críticos atuais da globalização compartilham — sem necessariamente o saberem — a crítica do capitalismo como processo histórico, entendido em termos muito semelhantes aos de Marx e Engels. No *Manifesto*, ambos observam que as culturas e as tradições, bem como os sistemas políticos e econômicos, são quase impotentes para resistir às forças do comercialismo. Os produtos baratos acabam com os produtores locais e, por sua vez, criam consumidores locais que desejam mais do mesmo, incapazes de recorrer às fontes de abastecimento anteriores e aos prévios hábitos de consumo. As forças do mercado e as crises financeiras criam instabilidades na produção e no consumo, gerando desemprego e miséria. O sistema tende a gerar a acumulação de riquezas colossais nas mãos de uma reduzidíssima minoria, aumentando as desigualdades para a maioria, até a base da pirâmide dos paupérrimos. Os políticos e os sistemas políticos promovem panaceias hipócritas, afirmando que "estamos todos juntos nisso", que "não há alternativa", que os que recebem altas remunerações são (circularmente) "os merecedores" e moralmente admiráveis, e que os outros mais abaixo na escala de renda "não merecem" (circularmente) e são moralmente inferiores. Radicado no individualismo egoísta, o capitalismo cria o "efeito carona", com os indivíduos egoístas "privados" se aproveitando dos benefícios gerados coletivamente, e um "problema de ação coletiva", que é o inverso: indivíduos egoístas não sacrificarão os benefícios "privados" a um bem coletivo. Diagnósticos bem familiares ante as preocupações ecológicas em escala internacional e a mudança climática. A pior acusação de todas, e também a denúncia mais marxiana, talvez seja o argumento de que a democracia liberal representativa coincide de tal modo com o capitalismo que o dinheiro comanda tudo, e — como disse o satirista americano Will Rogers sobre os Estados Unidos — "temos o melhor Congresso que o dinheiro pode comprar".[28] Claro que isso inverte a defesa política liberal do capitalismo, qual seja, que a troca monetária e a escolha do consumidor são os casos paradigmáticos das liberdades individuais, sem as quais a democracia sofre uma derrocada total.[29]

Em suma, como processo histórico e como crítica política, a posição de Marx e Engels sobre o capitalismo tem uma base sólida razoável precisamente porque eles adotaram uma visão global e porque fizeram uma abordagem historicizante. Esta demolia os argumentos de que a "natureza humana" era a causa imutável de todos os efeitos prejudiciais produzidos pela história, mesmo que de diversas formas em diversos lugares, ou de que era necessariamente impossível qualquer mudança histórica de grandes proporções, visto que o capitalismo era, com toda a clareza, uma mudança histórica crucial que eliminava em larga medida os sistemas pré-modernos. Todavia, caracterizar um processo histórico como o surgimento das classes comerciais e o advento concomitante das instituições capitalistas atendendo a seus interesses é muito diferente de sustentar que o capitalismo é, de alguma maneira, um sistema com uma lógica interna que pode ser revelada pela análise filosófica. A economia moderna — com seus fundamentos nos cálculos individuais da utilidade marginal e suas concepções

Capitalismo e revolução

agregativas de tributação estatal, políticas monetárias e fiscais, regulação do mercado e gestão das crises — já barrara o caminho para a ideia de uma lógica interna, ao tratar o sistema de modo mais ou menos empírico e geralmente a-histórico como a mera soma de suas partes entrelaçadas e inter-relacionadas observáveis no momento. O que Marx supunha era que todas essas atividades econômicas constituíam fenômenos "de superfície", embora complexamente relacionados, exigindo um exame e uma crítica política "em profundidade".

Para Marx, porém, essas complexidades não abrangiam o sistema em si e por si, correspondiam apenas à maneira como a lógica do sistema operava partindo de fenômenos mais profundos e chegando ao que podia ser observado. Marx dedicou alguns esforços a deduzir e ilustrar essa lógica a partir das observações "de superfície", mas a lógica já se encontrava em sua extensa análise conceitual sobre a mercadoria, a moeda e o capital, cujas relações eram deduzidas de verdades necessárias, segundo ele argumentava. Entre elas estavam as verdades sobre o trabalho, em especial sobre a força de trabalho, que foi sua retificação conceitual específica à economia política, e sobre o valor de troca, que ele considerava um regulador dos preços que observamos. De fato, o argumento dizia que estabilidades em fenômenos aparentemente inexplicáveis ou surgidos de modo aleatório resultam de processos "mais profundos" que podem ser desvendados pelo raciocínio conceitual. Para Marx, a economia moderna era como um fútil exercício indutivo, meramente traçando inter-relações em representações sempre mais complexas, mas sem as explicar a fundo. Por essa razão, ela lhe parecia — como parece a muitos críticos atuais — uma ciência social em total ou fundamental cumplicidade com os ricos e poderosos, ou, por outro lado, tão abstrata em suas autorreferências que não mostra qualquer contato fidedigno com as realidades humanas concretas.[30] São, claro, críticas atuais, mas que poderiam ter sido feitas por Marx a partir de sua própria perspectiva, e de fato seus comentários sobre os economistas políticos da época, em particular John Stuart Mill, seguem em larga medida nesse sentido.[31]

No entanto, a crítica publicada de Marx — até onde dispomos dela — é de leitura notoriamente difícil e, para as finalidades presentes, de árduo entendimento como intervenção política, pelo menos à primeira vista (que é, sabidamente, até onde vão muitos leitores do primeiro volume de *O capital*).[32] A situação nos anos 1840 era um pouco mais clara quanto a seus artigos publicados e a seu único livro de autoria exclusiva então lançado, *Miséria da filosofia*, escrito em francês para ter repercussão europeia. Seus artigos em alemão eram intervenções políticas num mundo sob cerrada censura, muito perigoso, onde o debate se dava em código e tinha um público forçosamente bem limitado. Embora alguns desses textos anteriores a *O capital* fossem bastante diretos em explorar as questões, por exemplo a liberdade de imprensa, e em polemizar contra indivíduos, por exemplo Proudhon, outros textos tratavam da "questão de Hegel" na política da época, com resultados muito mais obscuros, a não ser, claro, para os colegas Jovens Hegelianos. Desde a década de 1930, porém, e certamente desde os anos 1960, as obras e os manuscritos de Marx nesse veio "hegeliano" adquiriram grande fama, pelo menos nos círculos acadêmicos de filosofia e teoria política. Os seguidores políticos do marxismo, fossem soviéticos, chineses ou outros, demoraram muito mais para se interessar por esses escritos iniciais de Marx, que na época não faziam parte do cânone para os marxistas. Esse fascínio decorre, em parte, da dificuldade desses textos, que se deve tanto à falta de familiaridade dos círculos anglófonos com as escolas filosóficas hegelianas quanto à sofisticação filosófica das ideias de Marx. E uma parte dessa surpreendente adoção de posições aparentemente obscuras no e contra o idealismo alemão constituía, para o público acadêmico, um atraente contraste com o primeiro volume de *O capital*, com suas tremendas dificuldades, ao menos para os filósofos. De todo modo, os economistas do século xx (exceto os explicitamente marxistas) já desprezavam mesmo o volume e a crítica como um todo, conforme vimos acima.

Em suma, o primeiro volume de *O capital* não sobreviveu muito bem na recepção e no uso da obra de Marx, exceto nos elogios meramente verbais a essa primeira parte de um *magnum opus*. Mas, para entendermos a posição ainda controversa de Marx de que o capitalismo é um sistema dotado de uma lógica interna, precisaremos desenvolver uma estratégia de leitura que nos ajude a compreender sua obra mais plenamente elaborada, que ele publicou em duas edições alemãs (1867 e 1872) e uma tradução francesa (1872-5), na qual procedeu a revisões importantes que se refletiram na terceira edição alemã (1883).[33]

Estudiosos e hierarquias

Como ativista, Marx teve um amplíssimo leque de estratégias de intervenção. Esse ativismo chegou filtrado para nós nas obras reunidas e completas, mas perdeu-se boa parte do *parti pris* e da natureza "de momento" desses escritos. Apenas uma ínfima parcela dos escritos jornalísticos de Marx, se tanto, tem recebido tratamento sério, muito embora grande parte dessa produção tenha sido redigida em inglês para a imprensa americana. Há algumas ocasionais coletâneas temáticas, e não jornalísticas, como, por exemplo, volumes sobre a Índia e sobre a Irlanda. O que quero dizer aqui é que, ao lado do primeiro volume de *O capital* (e dos manuscritos prévios para esse volume, junto com os manuscritos publicados postumamente, reunidos como volumes 2 e 3), há uma crítica paralela do capitalismo como sistema no próprio jornalismo de Marx. Se tomarmos como exemplo as crises econômicas e financeiras de 1857-8, teremos a clara percepção de uma lógica interna operando nas sociedades divididas em classes e a clara percepção do potencial político em termos de luta de classes como resultado. Mas o que não temos nem no primeiro volume de *O capital* nem nos artigos de jornal é a aplicação de uma teoria pronta aos acontecimentos à medida que se desenrolam, de modo que os eventos confirmem ou infirmem uma teoria preditiva. Em lugar disso, o que temos é uma sólida percepção de que o capitalismo é um sistema, dotado de uma lógica interna, e de que as crises econômicas e financeiras dão prova disso, visto serem — ao menos por imputação — endógenas e inevitáveis, mais ou menos como dissera Engels em seu "Esboço de uma crítica da economia política".

Na correspondência com Engels, Marx monta resumos muito vívidos do que lê nos jornais:

O PÂNICO MONETÁRIO em Londres SE ACALMOU em certa medida nos últimos dias, mas logo recomeçará [...]. Porém os empréstimos do Banco [da Inglaterra] [...] manterão em andamento um grande volume de transações que por fim deverão levar a outra QUEBRA.[34]

Capitalismo e revolução

Nas passagens seguintes Marx elabora uma sequência histórica plausível, baseada numa lógica interna do sistema capitalista:

> À diferença de crises anteriores, o que ainda está sustentando em certa medida o chamado MERCADO MONETIZADO em Londres é a existência de BANCOS DE CAPITAL MISTO que não se expandiram realmente até os últimos dez anos [...] se um desses bancos quebrasse agora, haveria um clamor geral.[35]

A lógica interna, porém, não opera em termos causais e cronológicos: "Por isso é de se lamentar muito que o ROYAL BRITISH BANK tenha quebrado prematuramente".[36]

Nesse exato momento, Marx estava escrevendo um artigo para a *New-York Daily Tribune* com uma dose bem maior de teoria (coisa desnecessária ou simplesmente pressuposta na correspondência com Engels):

> No entanto, a própria recorrência das crises a intervalos regulares, a despeito de todas as advertências do passado, proíbe a ideia de procurar suas causas finais na imprudência de indivíduos isolados. Se a especulação face ao encerramento de um determinado período comercial aparece como o precursor imediato da quebra, não se deve esquecer que a própria especulação foi gerada na fase anterior do período e, portanto, ela mesma é resultado e acidente,[37] e não a causa final e a substância. Os economistas políticos que pretendem explicar os espasmos regulares da indústria e do comércio pela especulação se assemelham à extinta escola de filósofos naturais que consideravam a febre como a verdadeira causa de todas as doenças.[38]

Voltando ao primeiro volume de *O capital*, porém, o gênero e o estilo — pelo menos no começo e ao longo das seções teóricas — são muito diferentes. É um tanto difícil captar o próprio objeto da crítica de Marx, ao contrário dos acontecimentos relatados que constituem uma crise econômica. Estará ele fazendo objeções em termos políticos às sociedades em que domina o modo capitalista de produção, ou objeções em termos "científicos" ao que considera ser a teorização abstrata dessas sociedades, isto é, a economia política (tal como ele a sintetiza)? Ao contrário de alguns economistas modernos, que negam qualquer ligação necessária entre o pensamento e o comportamento dos seres humanos concretos e os conceitos abstratos utilizados para teorizar e explicar esse comportamento, Marx considerava claramente que os conceitos teóricos tomados à economia política eram constitutivos das sociedades que ela pretendia descrever, influenciar e, em muitos casos, justificar, pelo menos até certo ponto. Isso significa que podemos situar o discurso do primeiro volume de *O capital* dentro do quadro da performatividade, de modo que os conceitos da economia política — mercadoria, moeda, capital — não descrevem nenhuma outra realidade senão a realidade social que utiliza esses e outros conceitos similares em atividades que então são entendidas nesses mesmos exatos termos. Ou seja, sabemos o que é a moeda porque vemos as pessoas usarem a moeda de maneiras práticas, e assim — enquanto realizam essas ações práticas de compra e venda — elas estão criando uma realidade poderosa a partir de um metal ou de um papel que de outra maneira seria "morto", o que portanto é uma realidade social que vivemos. A política comunista/socialista de Marx ressaltava forçosamente as experiências negativas dos trabalhadores, dos ditos trabalhadores e dependentes. Marx já subvertera o empirismo vulgar

Capitalismo e revolução

segundo o qual os conceitos simplesmente referenciam os objetos como o que são — por exemplo, moeda é apenas metal cunhado ou papel impresso autenticado ou um símbolo similar — e o racionalismo vulgar que define e explica relações em termos abstratos que não são os mesmos (ou não exatamente iguais) empregados nas próprias atividades — por exemplo utilidade marginal numa hierarquia das preferências do consumidor.

Visto desse ângulo, o problema do primeiro volume de *O capital* não é apenas que a própria economia política ficou ultrapassada poucos anos após a publicação, mas sim que a crítica de Marx a essa economia política era de concepção muito ambiciosa e ainda hoje desconcerta a maioria dos leitores. Todavia, vencida essa primeira dificuldade, a arquitetura do projeto — pelo menos do primeiro volume — se torna clara. Como disse Marx, ele partia da unidade individual para chegar ao fenômeno geral, um método corriqueiro na filosofia clássica.[39] A unidade individual aqui era a mercadoria, e o fenômeno geral era o capital. Embora a lógica desse desenvolvimento conceitual fosse classicamente hegeliana, precisamente por traçar um desenvolvimento conceitual como um "movimento" abstrato, o texto oferece inúmeras ilustrações empíricas tomadas à vida real, em vez de se ater a ficções *à la* Robinson Crusoé. Essas notas e referências empíricas são incluídas para ajudar o leitor a entender o que se passa e instigar as devidas sensibilidades políticas ao longo da leitura. Ao seguir a exposição, o leitor então se depara com os conceitos constitutivos de *mercadoria* como objeto de valor, dividido em valor de uso e valor de troca, de *moeda* como representação do valor e, por último, de *capital*, o objeto da obra. Marx apresenta o conceito-título em termos descritivos e explicativos como um "valor que se expande por si", numericamente ilimitado, mas limitado em última análise por uma lógica interna que ele se empenhara em descobrir e agora apresentava em sua exposição.[40]

Mercadoria, moeda, capital

Marx rendeu tributo aos economistas políticos cujas obras resumiu, citando-os em referências em notas de rodapé, algumas informativas, mas em geral mordazes. Elogiou-os pela intuição de que o valor e o lucro eram, de alguma forma, uma função do trabalho. Nem todos os economistas políticos se colocavam esse problema ou o abordavam nesses termos, mas Marx rejeitou suas diversas abordagens por considerá-las apenas superficiais, oferecendo meros reflexos do que se via nos fenômenos de superfície, como os preços de mercado. Sua divisão ciosa, porém altamente aristotélica, do trabalho como atividade e da força de trabalho como o potencial para essa atividade permitiu-lhe sustentar que a segunda tinha uma propriedade peculiar: a de que o tempo de trabalho despendido resulta num output maior do que o necessário para reproduzir seu potencial em termos de input — sendo o input medido como tempo de trabalho "objetificado".[41]

O tempo de trabalho, seja o tempo despendido, seja sua forma "objetificada", é aqui a medida comum de inputs e outputs e o excedente do tempo de trabalho do qual, segundo Marx, derivaria o lucro, em vista da suposição de uma troca igual. Assim, o trabalho era a única fonte de valor da qual poderia surgir o valor excedente ou mais-valia e, assim — na superfície econômica —, o lucro. É claro que, quando Marx e

Capitalismo e revolução 213

seus leitores avançavam na exposição para os fenômenos de superfície, aparentemente derivados dessa lógica interna e por ela controlados, a referência empírica para essa exposição bastante abstrata se tornava mais problemática. E os conceitos de tempo de trabalho, valor e mais-valia evoluem como reguladores virtuais ou inerentes dentro do sistema. Na exposição de Marx, o "tempo de trabalho socialmente necessário"[42] surge como um regulador do valor e, portanto, dos preços ao longo do tempo, e não como inputs concretos de tempo de trabalho concreto de trabalhadores concretos em fábricas concretas num processo competitivo concreto de produção e troca.[43]

Por um lado, a exposição de Marx sobre o capitalismo como sistema dotado de uma lógica interna segue caminhos eminentemente lógicos passando pela observação, abstração, análise, dedução e síntese. Por outro lado, o capitalismo como sistema surge enquanto tal somente porque refletiria a lógica interna que lhe é atribuída. Quem quiser observar o funcionamento da lógica interna reunindo e analisando fenômenos de superfície, por exemplo estabilidades do mercado na precificação cotidiana ou, inversamente, instabilidades do mercado como quebras excepcionais ou periódicas, não encontrará nenhum vínculo evidente remontando aos "blocos de construção" inobserváveis da exposição de Marx. Isto é, a mensuração do output do tempo de trabalho socialmente necessário de um trabalhador e os inputs reprodutivos do tempo de trabalho "objetificado" socialmente necessário — supondo que isso fosse possível — não nos diria nada sobre o sistema, porque não é aí que se pode encontrar concretamente a lógica interna das identidades socialmente necessárias entre trabalhador e mercadoria. Os atuais defensores da "matéria escura" na astrofísica se encontram em posição muito semelhante e, tal como as pesquisas de Marx nas economias concretamente existentes, estão em busca de elementos que apoiem sua teoria, ela mesma derivada de inobserváveis.

Acima de tudo, porém, a sofisticação de Marx como escritor — e como humorista sardônico — gera outro quebra-cabeças interpretativo. Quando é que ele está citando os pontos de concordância com a economia política da época, a qual elogia por colocar problemas e procurar soluções? Quando é que está falando por si mesmo, como crítico convicto e ativista político da questão, esbravejando contra a economia política por causa de seu endosso acrítico ao poder de classe burguês? Aqui duas coisas trabalham contra Marx: ele era infatigável em expor a economia política de modo a derrubá-la, mas sua maneira de chegar a essa derrubada se confunde facilmente com um aperfeiçoamento da economia política em seus próprios termos. É um problema bastante conhecido, que ocorre quando o gênero sátira adota a forma de paródia.

Comentadores e críticos

Alguns comentadores não dão maior importância a Marx, reduzindo-o a um ricardiano menor, o que não admira, visto que é com a exposição conceitual do economista político David Ricardo que sua obra mais se assemelha. Outros comentadores e provavelmente muitos leitores consideram que Marx estava apenas expondo um "olhar" curiosamente equivocado — ou uma alternativa tediosamente rebuscada — sobre a economia marginalista que se sucedeu à sua obra e, a partir do final dos anos 1870, substituiu em larga medida a economia política.

Capitalismo e revolução   215

Uma boa parte da crítica de Marx consiste numa sátira muito sutil; e — no registro político censurado dos Jovens Hegelianos dos anos 1840, no qual ele persistiu por décadas seguidas — a sátira era a principal modalidade da crítica radical e do ativismo progressista. Com efeito, o primeiro volume de *O capital* tem algo de uma requintada paródia em suas passagens expositivas, abordando a economia política longamente e "com toda a seriedade", mas então criando um ponto crítico *político* devastador e ao fim explosivo. Esse ponto era a conclusão dedutiva de que a lógica interna do sistema geraria uma taxa de lucro decrescente, de modo que uma restrição específica necessária aumentaria até forçosamente surgir um ponto de contradição sistêmica, porém solucionável em termos *políticos*.[44] Uma imensa capacidade produtiva geraria quantidades enormes de bens invendáveis, precisamente porque as tecnologias mecanizadas intensivas teriam substituído os trabalhadores de carne e osso, a fim de cortar os custos e, com isso, ter preços competitivos. Mas, sem trabalhadores de carne e osso empregados na produção, não haveria salários e seria muito pequeno o número de consumidores, e daí decorreria um excesso de bens invendáveis.

No entanto, a ideia de que o capitalismo é, em certo sentido, um sistema dotado de uma lógica interna não se extinguiu por completo. Essa formulação surge, em particular, como uma problematização ao enfrentar as crises que ocorrem e então examinar as causas e estratégias de prevenção ou aprimoramento. Embora muito díspares e *ad hoc*, as reflexões a partir dos desastres econômicos geram uma reação para "ajustar o sistema", o que, por sua vez, pressupõe um sistema. Certamente houve mudanças de caráter sistêmico: do padrão-ouro para os acordos de Bretton Woods, das taxas de câmbio fixas para as flutuantes, das restrições cartelizadas à comercialização de ações e títulos para a comercialização automatizada de instrumentos financeiros constituída agregando-se os riscos.[45]

Todavia, é possível argumentar que as crises são endêmicas, inevitáveis e cada vez piores sem ser preciso abraçar a proposição caracteristicamente marxiana de que há uma lógica no sistema que, quando exposta, desempenhará um papel importante num profundo processo político de mudança histórica em nossas relações sociopolíticas. Na posição apresentada por Marx, essa própria mudança seria de ordem diversa das anteriores, no sentido de que a humanidade — procedendo com deliberada racionalidade — tomaria controle de seu destino, formulado em termos sociais e políticos.[46] Ou não: as lutas de classes, como observava o *Manifesto*, poderiam terminar na "ruína em comum das classes em conflito".[47] Em suas pesquisas históricas sobre a extensão da maleabilidade humana e das concomitantes maleabilidades estruturais, Marx sem dúvida estava ciente da regressão. O equivalente moderno é a ecocalamidade em escala planetária, seja devido à poluição e à mutação, seja devido à mudança climática e aos conflitos na disputa pelos recursos hídricos.

Os ajustes tecnológicos dos problemas humanos eram realmente — como deve estar claro — o ponto forte de Marx. A seu ver, o potencial produtivo das manufaturas modernas estava mal organizado por causa da exploração do trabalho e dos ciclos de desemprego em massa. No entanto, por intermédio de outras estruturas — com lógica interna muito distinta —, a humanidade poderia colher os benefícios de uma forma que poderia ser entendida e defendida como igualitária e, assim, democrática em termos propriamente ditos. Não há nenhuma

Capitalismo e revolução   217

razão particular para que essa visão política não seja capaz de enfrentar as externalidades da poluição e da mudança climática. A poluição, ao menos, aparece de modo explícito na crítica de Marx ao capitalismo como sistema, precisamente como o tipo de externalidade que os economistas modernos levam em consideração (pelo menos de vez em quando). Tais comentários surgem a propósito das condições de trabalho, dos problemas de saúde crônicos e da morte prematura dos pobres;[48] passaram-se cem anos desde sua época até que as leis sobre a salubridade do ar começaram a melhorar substancialmente as condições nos principais países industriais. Como ativista, Marx apoiou numerosas medidas reformistas e não adotou a linha do "quanto pior, melhor", segundo a qual as intervenções políticas deveriam piorar as coisas a fim de melhorá-las — o que é diferente de observar que *outros* poderiam piorar as coisas e assim, sem perceber, provocar mudanças progressistas. No entanto, Marx também observou ocasiões em que o reformismo falhou ou nem sequer foi tentado, e a violência revolucionária surgiu — o que, claro, nem sempre melhorou as coisas.[49] Em suma, ainda está muito presente entre nós a ideia marxiana de que as criações humanas geram forças que, de modo muito direto, por exemplo através das relações de mercado, controlam a vida humana e acarretam consequências trágicas.

Em termos específicos, essa ideia encontra uma formulação impressionante no primeiro volume de *O capital*, tal como foi revisto por Marx após a primeira edição. Engels e decerto outros haviam argumentado que era difícil acompanhar a exposição introdutória do livro original e ela precisava ser desenvolvida para ajudar na leitura. Uma das correções de Marx foi incluir a seção agora famosa sobre "O caráter fetichista da mercadoria e seu segredo", embora infelizmente a forma precisa do argumento exposto por Marx seja amiúde mal entendida. A referência ao fetichismo diz respeito não a conceitos freudianos muitos posteriores, mas sim a uma obra do século XVIII, *Du Culte des dieux fétiches* [Do culto dos deuses fetiches].[50] O sentido não é o de um especial fascínio sexual por alguma coisa. Marx se refere à ideia muito específica de que os seres humanos têm práticas por meio das quais suas próprias criações passam a controlá-los, como os cultos de idolatria. Tais práticas nasceram e em alguns casos desapareceram ou foram desautorizadas. Assim, elas são historicamente maleáveis, e não traços necessários da existência social humana.

A cunhagem setecentista original do termo "fetichismo" apresentava o culto aos ídolos como realidade social e institucional em que objetos inanimados pareciam adquirir os poderes de seres animados. Na versão de Marx, as relações de mercado, que tinham poderes de vida e morte sobre muitos, eram analogamente históricas enquanto instituições maleáveis, e analogamente operacionais por meio de poderes como que divinos atribuídos à moeda em particular e às relações monetárias em geral.[51] Marx deu colorido ao texto com diversas referências satíricas a religiões, inclusive com menções específicas ao cristianismo, a superstições e a charlatanices, sustentando que a crença na naturalidade, necessidade e imutabilidade das relações de mercado e, assim, no trio mercadoria, moeda e capital era flagrantemente irracional. Ao mesmo tempo, Marx não era ingênuo a ponto de supor que o desmascaramento do irracionalismo por um intelectual como ele próprio bastaria, por si só, para derrubar ou sequer reformar o capitalismo.[52] Como em todas as formações sociais — fosse o culto aos ídolos, o culto ao mercado ou o co-

Capitalismo e revolução

munismo como sociedade sem classes mas altamente produtiva —, o pressuposto de Marx era performativo: as pessoas precisam fazer as coisas acontecerem, e a política surge como um conjunto de intervenções, na e pela luta de classes, para conseguir ou, ao contrário, para impedir que as coisas aconteçam.[53]

Marx e a revolução

A revolução estava longe de ser uma questão simples para Marx, e, com efeito, nunca houve uma discussão definitiva sobre seu significado para ele. Aqui há outro paradoxo: Marx era um convicto defensor de uma profunda revolução na história social humana, trabalhando em seu ativismo para criar consciência dessa possibilidade; no entanto, como, onde e quando surgiria tal possibilidade, e quais resultados teria, eram — até onde sabemos — questões em aberto para ele. O que Marx dizia geralmente seguia ou na linha da "revolução vindoura", ou na linha da "revolução que falhou". A primeira é mais exortatória do que preditiva, no sentido de que a retórica costuma anunciar uma situação como existente a fim de convencer os ouvintes ou leitores a agirem para que ela aconteça e, assim, se torne fato. Marx escreve como participante político, não como observador distanciado capaz de arriscar uma previsão à maneira de um cientista social ou, talvez, de um jornalista objetivo.[54] Na linha da "revolução vindoura", os exemplos mais citados ao longo dos anos provêm, claro, do *Manifesto*:

[...] traçamos a guerra civil mais ou menos velada dentro da sociedade existente até o ponto em que ela eclode em revolução aberta, e o proletariado estabelece seu domínio pela derrubada violenta da burguesia.[55]

Mas recentemente, tendo a "Introdução" à *Crítica da filosofia do direito de Hegel* voltado a circular em tradução para o inglês, a seguinte passagem é amiúde citada:

> A única emancipação possível da Alemanha *em termos práticos* é a emancipação baseada na teoria única que sustenta que o homem é o ser supremo para o homem [...]. A *cabeça* dessa emancipação é a *filosofia*, o *coração* é o *proletariado*. A filosofia não pode se realizar sem a superação [*Aufhebung*] do proletariado; o proletariado não pode se superar sem a realização da filosofia.[56]

A linha da "revolução que falhou" contém um dilema que já era de esperar, a análise dos fracassos de 1848-9 na Europa e de 1869-70 em Paris, mas logo passa à modalidade retórica esperançosamente performativa, acima esboçada. A evocação marxiana das "jornadas de junho" de 1848 em seu livreto contemporâneo *O 18 de brumário de Luís Bonaparte*, de 1852, não é citada com muita frequência, mas é um indicador do dilema: como descrever um fracasso político sem faltar à causa política. O texto de Marx faz uma interpretação peculiar — sem dúvida discutível — sobre o levante urbano de fevereiro de 1848, que derrubou o rei Luís Filipe de França:

> A intenção original nos dias de fevereiro [de 1848] era a de uma reforma eleitoral que ampliasse o círculo do privilégio político entre as classes proprietárias [...] assim surgiu a república [e] o proletariado lhe imprimiu sua chancela e a proclamou como re-

Capitalismo e revolução

pública social. Assim ficou assinalado o conteúdo geral da revolução moderna.[57]

Seguindo o texto de Marx, ficamos sabendo que as outras forças políticas — das classes proprietárias em várias gradações e com vários compromissos simbólicos — puseram fim às reivindicações sociais feitas pelo "proletariado de Paris", como nos diz ele. A "insurreição de junho" de 1848 foi, em resposta, "o acontecimento mais colossal na história das guerras civis europeias", escreve Marx. O resultado, segundo suas estimativas, extraídas seletivamente das matérias da imprensa, foi que "3 mil insurgentes foram massacrados" e "15 mil foram degredados sem julgamento". Quaisquer que tenham sido as circunstâncias e os números, foi decerto uma insurreição e decerto uma derrota para os insurgentes, constituindo assim um problema para Marx, ao escrever como ativista:

Sem dúvida, a derrota dos insurgentes de junho havia nivelado o terreno para a fundação e construção da república burguesa; mas, ao mesmo tempo, demonstrara que a questão de hoje na Europa não se dá entre "república ou monarquia". Ela provara que a *república burguesa* significa o despotismo ilimitado de uma classe sobre as outras.[58]

Marx explica exatamente o que isso significa, mostrando como os "medos vermelhos" são usados para criar ditaduras, de modo que mesmo as classes proprietárias perdem sua segurança, porque perdem suas liberdades "burguesas":

Mesmo a mais simples reivindicação por uma reforma financeira burguesa, pelo mais simples liberalismo, pelo mais formal republicanismo, pela mais básica democracia, é ao mesmo tempo punida como "ultraje à sociedade" e estigmatizada como "socialismo" [...]. Por fim a escória da sociedade burguesa forma a *sagrada falange da ordem* e o herói Crapulinski [Luís Bonaparte] toma [o palácio real das] Tulherias como *"salvador da sociedade".*[59]

A exposição bastante semelhante da insurreição urbana em Paris, em "A guerra civil na França", é citada com mais frequência, embora geralmente pelo lado esperançoso,[60] em que Marx vê nas efêmeras estruturas de um levante os contornos gerais de uma sociedade futura. Marx, porém, era perito em transformar em vitória uma derrota acachapante — sob forças muitíssimo superiores — usando sarcasmos muito expressivos, como, por exemplo, o seguinte:

> A Paris dos trabalhadores, no gesto de seu heroico auto-holocausto, envolveu edifícios e monumentos em suas chamas [...]. Se os atos dos trabalhadores parisienses foram vandalismo, foram o vandalismo de uma defesa desesperada [...]. A Comuna sabia que seus oponentes não se importavam minimamente com a vida do povo parisiense, mas se importavam muito com seus edifícios parisienses.[61]

Passando, porém, para um conjunto de revoluções em andamento em 1848, vemos Marx trabalhando como jornalista/ativista não propriamente por uma revolução "vindoura", pois ela já se iniciou. Mas tampouco se trata de uma revolução "que falhou", visto que, nos acontecimentos em curso, não há conclusões previamente estabelecidas. Como editor-chefe do jornal que veio a retomar, agora como *Neue Rheinische Zeitung — Organ der Demokratie*, e com Engels no conselho editorial,

Capitalismo e revolução

Marx estava em casa. O jornal cobriu as "jornadas de junho", em Paris, à medida que chegavam as notícias:

> Colônia, 24 de junho, dez da noite. Cartas de Paris do dia 23 não chegaram. Um carteiro que passou por Colônia nos disse que, quando partiu, haviam estourado combates entre o povo e a guarda nacional, e que ele ouvira canhoneios pesados.[62]

Poucos dias depois, temos no jornal o artigo "Notícias de Paris", escrito por Marx num tom de "animador de torcida" com vistas ao público local na Renânia:

> *Colônia*, 26 de junho. As notícias que acabam de chegar de Paris demandam tanto espaço que somos obrigados a omitir todos os itens de comentários críticos [...]. A última notícia recebida [...] é [...] *Paris banhada em sangue; a insurreição* se transformando na *maior revolução que jamais existiu*, numa *revolução do proletariado contra a burguesia*. Três dias que bastaram para a *revolução de julho* [de 1830] e para a *revolução de fevereiro* [em 1848] são insuficientes para os contornos gigantescos dessa *revolução de junho*, mas a *vitória do povo é mais certa do que nunca*.[63]

No dia 28, porém, Marx passara a enaltecer os mortos, ao mesmo tempo mantendo a revolução viva:

> Os trabalhadores de Paris foram *esmagados* por forças superiores, mas não foram *subjugados*. Foram *derrotados*, mas seus inimigos foram *vencidos* [...]. *É direito e privilégio da imprensa democrática laurear suas* [...] *frontes*.[64]

O interessante é que isso faz parte do artigo tomado como excerto para mostrar uma exposição histórica e síntese exemplar, já em 1850, retirando assim Marx do calor do ativismo revolucionário e colocando-o na posição retórica de transformar a derrota em vitória. Foi então incluído numa tradução inglesa de 1851 no hebdomadário cartista *Notes to the People*, e por fim publicado em *As lutas de classes na França*, o fino volume editado por Engels em 1895.[65]

Não há nenhuma especial incoerência entre uma leitura da sequência das posições de Marx enquanto os acontecimentos estão em curso e uma leitura mais histórica de suas avaliações como *post factum*. Mas o posicionamento de Marx sempre comentando revoluções fracassadas realmente faz com que sua coerência pareça mais uma fórmula "aplicada" do que exploratória e engajada. Claro que havia muitas outras intervenções de outros escritores, de teor semelhante ou diferente, ocorrendo na época, em 1848, enquanto os acontecimentos se desenrolavam. Esses escritos talvez ainda estejam acessíveis em arquivos, disponíveis em acervos de colecionadores ou em circulação restrita, atraindo um interesse apenas limitado. A obra de Marx se beneficiou com a marca de seu nome, o que não ocorreu com outros escritores. Mas o preço disso é que os leitores são orientados para uma leitura com foco nas coerências do "pensamento", e não nas atividades e no ativismo.

No último capítulo do presente livro, examinamos o conceito que, desde o final dos anos 1960, ocupou lugar de honra na apresentação do "pensamento" de Marx ao público acadêmico e ao público geral: a alienação. Todavia, nos termos do ativismo de Marx, esse conceito foi taticamente engolido por outro, a exploração, e assim os dois serão examinados em conjunto.

6. Exploração e alienação

A EXPLORAÇÃO É UM CONCEITO altamente polêmico na política atual, em que a economia tende a dominar as discussões e políticas públicas ou em que, ao menos, outras questões dominantes, como identidade nacional, quase sempre remetem à economia.[1] Mesmo em áreas de políticas públicas em que a renda e a riqueza não são os pontos imediatos de conflito, a exploração tem um "alcance" conceitual que ultrapassa preocupações como índices salariais, condições de trabalho e "benefícios" (ou a falta de benefícios) do empregador. As relações de poder desiguais e sua utilização pelas elites econômicas aparecem em controvérsias relacionadas à prática e às políticas sexuais, no caráter esgotante e insustentável das políticas ambientais e, de modo geral, frente a situações em que se considera que algo ou alguém está "se aproveitando", "levando vantagem" e/ou "sendo injusto". A exploração é um conceito moralizado e moralizante, mas é muitas vezes confrontada com avaliações objetivas do que é justo e razoável, em especial no discurso jurídico e nas decisões judiciais. Inversamente, pode-se considerá-la por definição ausente quando as relações de poder se tornam igualitárias ou — se ainda desiguais, como nos papéis parentais ou em outros papéis de cuidadores — quando há boas razões que possam justificar esse diferencial de poder.[2]

Por outro lado, o conceito às vezes é tido apenas como moralizante, sem qualquer conteúdo objetivo. Desse ponto de vista, a exploração somente acrescenta uma carga emocional a uma discussão, e os espíritos mais lúcidos e mais serenos deveriam se remeter a uma situação sem essa carga, utilizando conceitos e argumentos que assentam bem na esfera da justiça. Dentro dessa visão "procedimental" da justiça, as transferências legais de propriedade (seja de objetos e valores monetários, seja da pessoa e tempo de trabalho de alguém) são "justas", desde que a força e a violência estejam excluídas da transação e que as trocas se deem com o conhecimento e o consentimento de todas as partes envolvidas. Com tal base, consequências não igualitárias em termos de poder e de recursos são esperáveis, e, de fato, essas consequências são representativas de um sistema econômico "livre" e produtivo. Assim, a desigualdade representa — teoricamente falando — incentivos prospectivos e prêmios retroativos. Nesse quadro, de duas uma: ou as consequências desiguais resultam de transferências "livres", e portanto são "justas", ou, se as transferências são realmente "não livres", então — e só então — as consequências são "injustas". Desse ponto de vista analítico e relacionado com a justiça, o uso ativista do conceito de exploração é inevitavelmente suspeito, especialmente propenso a incluir alguma familiaridade com o marxismo.

Os marxistas, que usam o conceito de exploração num sentido definido de forma muito específica e diferente da visão procedimental acima esboçada, também costumam rejeitar a moral e a moralização, muitas vezes invocando objetividades na ciência, na racionalidade e na lógica, tidas como guia mais claro do que a retórica exortativa para uma melhor política. O próprio Marx zombava de outros radicais que agiam como

Exploração e alienação

227

moralizadores dentro de certos quadros, como o cristianismo, ou elaboravam sistemas morais próprios. No entanto, como ativista, ele próprio não estava muito interessado em apresentar uma defesa academicamente rigorosa de suas reflexões políticas, para que sua posição — mais do que mera rejeição — diante da "moral" comum resistisse a um exame de perto. Assim, os marxistas, seja no sentido forte ou no sentido fraco do termo, têm trabalhado infatigavelmente nesse tipo inquietante de questão intelectual: se Marx (de fato) rejeitava o discurso moralizador e os princípios universalizantes, qual é então a base (sólida) de seu conceito altamente crítico de exploração?

Como seria de esperar em tais discussões, considera-se de modo geral que o resultado é inconclusivo: Marx rejeitava os arcabouços moralizadores e os apelos políticos a eles, mas utilizava uma terminologia de referências morais porque tinha opiniões muito firmes sobre os sistemas sociais divididos em classes em que — por razões desgraçadamente insuficientes, dizia ele — alguns trabalham para o proveito de outros ou apenas definham na pobreza, com seus filhos, e assim por diante.[3]

O termo "exploração" sem dúvida é corrente na política atual em inúmeros sentidos, mas advém da história política exposta acima, que é controversa sob vários aspectos. Nos contextos atuais da política de classe e de gênero, por exemplo, ele é altamente polêmico: as negociações salariais ou as relações sexuais estão ocorrendo em situações de livre troca dos recursos? Ou em circunstâncias coercitivas, derivadas do poder de classe ou do poder de gênero como estruturas persistentes de desigualdade? Se for este o caso, e se essas instâncias são maleáveis, o conceito de exploração cobre corretamente a situação em termos factuais, em termos morais ou em ambos?[4] Uma formulação moral de uma situação que não traga esse conceito autoriza, então, os ativismos moralizantes? Os trabalhadores mal remunerados, "intermitentes", "bicos", "informais" ou "temporários" são explorados? A economia doméstica, por um lado, e as babás ou creches particulares, por outro, levam à exploração das mulheres? Ou, ainda, a exploração é uma forma factualmente correta, ou pelo menos defensável, ou mesmo politicamente útil para defender a melhoria, a reforma, a justiça, a equanimidade, o ajuste ou a revolução?

A "questão social"[5] fora formulada como questão já moral e política. E assim também foram formuladas as respostas usuais — ou, inversamente, o total descarte da questão. Desde a época de Marx, um "pagamento justo por um trabalho justo", uma "remuneração justa" para todos, um "acordo justo" para os trabalhadores, e assim por diante, são e têm sido moeda corrente em política para gerações de críticos, reformadores e revolucionários. Marx trabalhou em termos intelectuais e práticos sobre esse problema como a questão central, lidando *politicamente* com a "questão social". E acabou por resolvê-la *intelectualmente* em termos satisfatórios para si (e para alguns outros). Mas, nesse processo, e contra sua própria abordagem, levantou, inadvertida mas inevitavelmente, a questão da base filosófica e moral de sua argumentação conceitual. Assim, o próprio Marx se tornou um ponto conflitante em qualquer discussão sobre exploração, total ou gradual, e sua própria presença nesses debates se converteu em argumento para abandonar totalmente o conceito. Ou, por outro lado, sua presença nesses debates é muitas vezes tomada como razão para que o conceito tenha não só um "alcance" político, mas também pelo menos alguma validade, e por isso o presente capítulo seguirá necessariamente sobre tais bases.

Exploração e alienação 229

Reformas revolucionárias

Todavia, a posição política de Marx como ativista sempre teve alguns aspectos peculiares. Assim, é preciso retomar esse contexto antes de passar para uma visão da "questão social" — e sua respectiva solução — que tenha como eixo um conceito de exploração que não se reduza a uma carga emocional. Desde seus primeiros dias em contato com os "interesses materiais" no coletivo editorial do *Rheinische Zeitung*, Marx optou por um engajamento em favor do controle (em algum sentido) social, público ou coletivo dos recursos, em vez da "propriedade privada" individual de terra, trabalho e capital.[6] Era uma hipótese derivada da reflexão racional sobre as circunstâncias do momento e também — ao ver de Marx — um processo de concretização que ocorria nos e por meio dos confrontos políticos de então, embora não muito nos Estados germânicos de sua época. Qualquer conscientização sobre a "questão social" que houvesse nos Estados germânicos estava muito mais avançada entre os filósofos do que em termos de uma mudança estrutural na economia. Como já foi mencionado,[7] Marx evitava categoricamente sistemas e gurus, fossem específicos ou de modo geral, e escarnecia em seus textos das doutrinas moralizadoras e das religiões redentoras em relação ao comunismo.[8] Com isso, restavam-lhe poucos dos instrumentos políticos e recursos retóricos que outros usavam — com sucesso muito maior — nas lutas democratizantes que estavam levando à implantação do constitucionalismo na Europa Central e Oriental, bem como em outros lugares.

Além disso, para dificultar ainda mais as coisas, Marx e Engels adotavam uma abordagem decididamente histórica "de uma ponta a outra" ao elaborarem sua "perspectiva" ou "concepção".[9] Isso significa que todos os fenômenos intelectuais, inclusive a moral, não podem existir senão no contexto prático e social em que os seres humanos vivem em determinadas circunstâncias. Isso não significa afirmar nem demonstrar de maneira convincente que os princípios morais são unicamente determinados pelas atividades socioeconômicas, ou que podem ser deduzidos delas, nos costumes e práticas "cotidianos". Pelo contrário, a grande alegação de ambos era que não se podia presumir que tais princípios, normalmente entendidos como moral comum e corriqueira, fossem atemporais e estivessem "à parte" da experiência humana. Ao contrário do que a maioria sustentava, esses princípios não podiam constituir um âmbito inflexível ao qual os seres humanos deveriam — por obrigação moral — se conformar, quer viessem ou não sanções divinas ou sobrenaturais. Aqui, os alvos óbvios eram as religiões e os seres sobrenaturais em conjunto, mas também incluíam filósofos expondo verdades "eternas", além dos reformadores moralizantes e dos "excêntricos" de toda espécie, em particular os autonomeados "comunistas". Para Marx e Engels, como vem notavelmente expresso no *Manifesto*, sua posição representava um gesto de considerável libertação na história da humanidade, na medida em que viam os princípios "a-históricos" e as verdades "atemporais" como meras oportunidades para que alguns enganassem e oprimissem outros. No entanto, o corolário era que a posição de ambos como historicistas teria de ser necessariamente individual e social a fim de circular entre uma determinada população e ser capaz de efetuar uma mudança. Para ser capaz disso, sua "perspectiva" historicizante teria de ser política em ampla escala e não podia se resumir a uma

Exploração e alienação

convicção pessoal ou a um pequeno culto secundário. Desse modo, a ambição de ambos era efetivar uma política democrática ou, melhor, uma política que só poderia ser democrática em grande escala, em vista dos objetivos abrangentes. Mas essa política de grande escala e historicamente significativa também teria de se fundar no juízo autônomo realizado pelos indivíduos, em oposição à autoridade transcendente, ao estilo dos gurus, sobre a individualidade, a fim de que um movimento coeso surgisse racionalmente.[10] Como um entusiástico Marx escreveu num folheto publicado em 1844: "A arma da crítica certamente não é capaz de substituir a crítica feita pelas armas; a força material deve ser derrubada pela força material; mas a teoria também se transforma numa força material quando captura as massas".[11]

Essa orientação racionalista, sem dúvida, causou a Marx uma considerável frustração ao longo da vida de ativista, e também era frustrante para os que queriam aderir a ele e a suas concepções no modelo convencional líder/seguidor. Marx como ativista sempre foi mais uma "tendência" do que um partido ou mesmo um grupinho; o momento de glória do proto-"Partido Comunista", para o qual o *Manifesto* foi redigido, só chegou retrospectivamente 25 anos depois, começando em 1872,[12] quando as estruturas organizacionais e unificadoras de um partido socialista de massas começaram a surgir e ganhar força na Alemanha imperial. A política de Marx era de coalizão,[13] mas não fazia grande diferença, pois não eram muitos que o procuravam para "se juntar" a ele. No entanto, o que ecoa para nós no ativismo atual é o espectro de uma moral, de princípios morais e bases morais *imputados* à sua política em geral, embora na variedade de "reação intuitiva". O conceito de exploração de Marx, que de fato encontra uma definição precisa em sua teorização do "modo de produção capitalista" (*kapitalistiche Produktionsweise*), figura dentro dessa recepção geral, mas, como veremos a seguir, requer uma apresentação especializada para captar seus aspectos específicos, e não apenas o tom moral.

Moral e justiça

O problema da moral já estava presente na vida e no pensamento de Marx desde o início de seu ativismo local. Mas quando seu engajamento com a "questão social", conforme a entendia, começou a enfocar sua crítica da justiça social, o problema se tornou especialmente agudo para ele. A justiça era um lema central na linguagem tanto dos reformadores quanto dos revolucionários. A justiça como equanimidade em relação ao trabalho, aos salários e à assistência social era uma palavra de ordem poderosa, e os princípios e práticas da troca igualitária sob um viés moralizado, que encontravam exemplo nas transferências de valor alegadamente voluntárias, plenamente consensuais e mutuamente benéficas nas transações do mercado, tinham sólida presença na linguagem popular e nas versões cotidianas de negociação salarial. O exame mais analítico e intelectualmente sutil de Marx dessa suposta igualdade era, em termos políticos, inexplicável para muitos; em termos intelectuais, inteligível apenas para poucos, e, em última análise, bastante difícil até para o próprio Marx conseguir avançar. E, como sua principal exposição se dava no primeiro volume de *O capital*, isso restringia drasticamente o público. Embora

Exploração e alienação 233

Marx tenha feito algumas palestras semipúblicas no contexto do ativismo internacional da AIT (reunidas postumamente em *Salário, preço e lucro*),[14] o "alcance" político de sua mensagem se reduziu muito com esse tipo de material e essa forma de engajamento, e tais versões expositivas não tiveram qualquer presença mais substancial na política de alianças que ele adotou na segunda metade dos anos 1860. Esse engajamento na política internacional de democratização, com vistas aos interesses específicos dos trabalhadores, se deu, no que tinha de característico, valioso e produtivo, de forma um tanto apartada — pelo menos na prática, embora certamente não no espírito — do projeto, cultivado ao longo da vida, de elaborar a crítica definitiva da economia política.

Em vista do caráter necessariamente amplo e de alianças da AIT, era evidente que se seguiria essa posição bastante frustrante, muito embora a maioria das versões sobre a história da organização — em particular aquelas com foco em Marx — enfatize a "disputa sectária" que se dava nos debates e na correspondência privada. Tal tipo de enfoque expositivo se dá, em larga medida, em detrimento dos acordos e declarações de caráter "conciliatório" por meio dos quais a associação atuava na prática.[15] Marx supunha que sua crítica fornecia elementos para desbancar definitivamente a moralização usual — por exemplo sobre os preços "justos", as trocas "equânimes" e os salários "adequados" — por meio da qual efetivamente operavam as relações de produção capitalistas. Mas a AIT não era nem poderia ser o veículo para os elementos específicos de sua crítica.

Marx desenvolveu sua solução para a "questão social" por meio de uma crítica do capitalismo como sistema, entendida em acepção performativa.[16] Isso significa que as estruturas conceituais abstratas com que se dão suas teorizações não descrevem um conjunto de práticas que "já estão ali" como objetos de estudo. Em lugar disso, as estruturas abstratas em seu trabalho demonstram como as próprias práticas (as quais, claro, já envolvem o pesquisador como ser humano no cotidiano e como crítico atento em termos intelectuais) são constituídas nos conceitos e por meio dos conceitos apresentados pela ciência da economia política da época como exatos e precisos em termos descritivos e explicativos. Assim, os conceitos descritivos só são descritivos porque já são constitutivos daquilo que então propõem meramente descrever. O "olhar" performativo marxiano sobre o capitalismo também incorpora ao objeto de estudo o prisma crítico do pesquisador e, ademais, elimina a suposta distância entre conceitos científicos e conceitos cotidianos que seria exigida pela descrição e explicação objetivas. Assim, Marx entende que os conceitos técnicos da economia são versões dos conceitos cotidianos comumente usados e facilmente observados, só que formulados com mais precisão, porém sem o gume crítico fundamental que seu "olhar" performativo pressupõe: os termos cotidianos e os conceitos técnicos não são simples descrições "do que é", mas sim indicadores da maleabilidade intrínseca das estruturas, relações e práticas sociais. Ou, em termos muito simples, outros conceitos muito diferentes poderiam ser verdadeiros em termos técnicos e descritivos se os fizéssemos verdadeiros, nas e por meio das atividades sociais tal como as entendemos e realizamos.

O trabalho de Marx em sua crítica definitiva apresenta dois aspectos característicos e inovadores que ele próprio apontou,

Exploração e alienação 235

embora um seja consequência do outro. O aspecto consequente
— popularmente conhecido como a teoria da mais-valia — é
muito mais conhecido do que o "passo" conceitual anterior,
que consistiu numa mudança de enfoque, passando da troca
para a produção. Foi um primeiro passo importantíssimo ao
teorizar a economia, concebido como o modo necessário e significativamente "condicionante" por meio do qual surgem outras atividades sociais humanas.[17] A economia política e outras
economias analogamente modernas costumam teorizar a partir de princípios de troca individualizada de recursos através
de um cálculo de utilidade de venda/compra, operando para a
vantagem individual, mas também mútua. É evidente que esse
cenário depende de um conceito de produção, seja de um bem
ou de um serviço, pois do contrário a troca não faria sentido,
supondo — em primeiro lugar — que esse cálculo da utilidade
é algo intrínseco aos seres humanos em sua vida social.

Marx concedeu a essa abordagem histórica e ainda corrente
bases lógicas e passíveis de observação empírica, com a vigorosa defesa de que qualquer tipo de teorização sobre a sociedade e a política deveria começar pela esfera da produção.
Empregou em seus argumentos a perspectiva e a terminologia
dos Jovens Hegelianos,[18] bem como uma terminologia posterior derivada da economia política de abalizados ingleses e
franceses que, na época, gozavam de alta consideração como
autores dos grandes clássicos da "filosofia natural", com influência sobre a arte de governar. Mas em termos políticos, nos
Estados germânicos, onde persistiam as propriedades de tipo
feudal e os monarcas autoritários, tais mostras de livre pensamento ímpio e estrangeiro não eram bem recebidas e, aliás,
eram estigmatizadas como próximas da subversão. Tal rejeição

surgiu devido aos cenários comerciais de mútua troca na economia política, envolvendo "o homem comum", contrapostos às hierarquias cristãs de Deus/Natureza/Homem, e devido a seu foco sobre os valores terrenos "materiais" — em oposição aos espirituais — da geração e acumulação de riqueza, quer em nível individual, quer em nível nacional. Essa visão do mundo pelos olhos da economia política alinhava Marx com estrangeiros (como os revolucionários franceses do presente e do passado), com radicais que se opunham às hierarquias autoritárias da Igreja e do Estado e com as classes meramente "burguesas" interessadas em enriquecer, que pressionavam por mudanças nos sistemas jurídicos e políticos restritivos que provinham da Idade Média e ainda persistiam.

Não bastasse todo esse radicalismo, Marx ainda acrescentou um toque pessoal: suas teorizações pressupunham a importância humana e a precedência lógica do processo de produção e das relações sociais — de qualquer natureza — por meio das quais se davam esses processos essencialmente "econômicos". Tal concepção funciona igualmente bem com as supostas sociedades de caçadores-coletores e com as sociedades escravistas clássicas e contemporâneas (para as quais existiam melhores indícios históricos); Marx manifestava especial desdém pelas *Robinsonaden* ["robinsonadas"], isto é, histórias ao estilo "simples assim" de produção e "invenção" tecnológica microssocial e individualizada.[19] Ela funciona igualmente com a aristocracia fundiária e os rendeiros feudais, bem como com as relações de produção mais mercantilizada entre empregador e empregado, que se desenvolviam rapidamente nos Estados germânicos. A perspectiva da "produção" é muito geral, e nas mãos de Marx operava como pressuposto para a esfera — su-

Exploração e alienação 237

postamente — mais pertinente e mais interessante das relações de troca, que é por onde a economia política e a economia moderna costumam começar.

As consequências teóricas e políticas desse "passo" foram de grande importância e formam o arcabouço dentro do qual a decorrente inovação de Marx adquire pleno sentido. De fato, com o pressuposto de que iguais agentes de troca são (aparentemente) agentes iguais no cálculo da utilidade, elimina-se dos pressupostos iniciais e dos cenários fundadores de uma análise descritiva da sociedade a desigualdade nas relações de poder. Esse pressuposto inicial de indivíduos iguais só faria algum sentido numa sociedade sem propriedade — pelo menos sem propriedade "privada" individual, sendo, portanto, de caráter "coletivo" e igualitário. No entanto, como modelo para uma sociedade em que a propriedade privada de recursos se acumula nas mãos de alguns muito mais do que nas mãos de outros, esse quadro despertou em Marx, bem como no "Esboço de uma crítica da economia política" de Engels, um agudo veio crítico.[20] O cenário não se limitava a ser inverídico diante dos fatos econômicos óbvios nas ruas ou nos campos, relativos ao trabalho e à remuneração, e diante das diferenças igualmente óbvias de poder derivadas das quantidades diferentes de recursos, como também era uma ficção muito conveniente para os que empregavam suas acumulações de recursos em trocas comerciais e em investimentos financeiros. Os que tinham muito menos recursos ou, em casos extremos, nenhum recurso além de sua capacidade física de trabalho — a qual, aliás, podia nem ter quem a comprasse — estavam numa evidente situação de desvantagem relativa.

A simples indicação dessa discrepância — entre mito e realidade, entre igualdade moralizada e necessidade humana — não era em si nenhuma grande novidade, pois a "questão social" era, em larga medida, formulada nesses exatos termos.[21] A inovação de Marx foi tratar um cenário de acesso desigual aos recursos produtivos — isto é, objetos tipicamente "cercados" por barreiras físicas ou jurídicas como propriedades "privadas" — como um cenário de *desigualdade* na esfera das trocas como ponto de partida, em vista das circunstâncias históricas dos sistemas de propriedade "privada" e do fim dos direitos de propriedade comunal da época feudal e outros direitos de uso comum similares, sobretudo nos Estados germânicos de sua época. Sua abordagem historicizava e contextualizava os conceitos fundamentais da economia política, aproximando-os muito mais dos termos cotidianos das trocas corriqueiras em mercados e relações de mercado realmente existentes, em especial o mercado de trabalho, incluindo formas de serviço por vínculos consuetudinários ou em regime de servidão, e apenas um mínimo de dispositivos (muitas vezes, extremamente desumanizadores) para "os pobres". Uma troca mutuamente benéfica de utilidades entre agentes calculadores igualmente independentes nesse mercado — onde o trabalhador encontra o empregador, de alguma maneira — parece muito menos plausível do que a pretendida plausibilidade (com Adam Smith, por exemplo) de conceitualizar a economia em termos de "selvagens" trocando castor por peixe a fim de atender a suas preferências individuais de consumo num quadro aparentemente atemporal de "escassez" abstrata.[22]

O argumento moralizado central com que a economia política operava era o pressuposto de que a propriedade é indivi-

Exploração e alienação 239

dualmente adquirida e assim se sacraliza, em alguma acepção religiosa ou física, ou em ambas, como "privada" para o trabalhador desde o primeiro momento. Não faz muita diferença se era definida como um virtuoso acréscimo de bens e serviços à economia natural da criação divina, ou como a abstinência de um consumo prazeroso que depois encontra recompensa nos frutos produzidos pelo trabalho. O argumento empírico de Marx se sustentava com referências vívidas às condições de trabalho e às crises econômicas, em especial como haviam sido expostas nas obras iniciais de Engels, que inspiraram Marx e às quais prestou reconhecimento em seu prefácio autobiográfico de 1859 e no primeiro volume de *O capital*.[23] O argumento de ambos era que as desigualdades aumentariam e, assim, seguir-se-ia necessariamente um aumento nas diferenças de poder, por exemplo o controle sobre os recursos. As acumulações de propriedade privada decorrentes da troca monetária então ampliariam as disparidades de poder, sobretudo ao se negar acesso à terra para o cultivo de subsistência — como modo retrógrado de mera sobrevivência e existência mínima. Os métodos "agroindustriais" de maior produtividade já estavam disponíveis para os proprietários fundiários inovadores da época, e os arrendamentos de tipo feudal com uma produção quase restrita ao nível de subsistência não exerciam qualquer atração para as ambições empresariais.

Valor e lucro

Esses pressupostos e essa linha de análise levantam, então, a questão do lucro — derivado de trocas supostamente iguais e, portanto, mutuamente benéficas de objetos dotados de valor que os economistas políticos haviam encontrado e analisado.[24] Noto aqui que seus críticos políticos compreendiam tanto as ordens religiosas tradicionais, preocupadas com a indolência e a usura, quanto todos os radicais que definiam esse aspecto como o eixo da "questão social". De fato, os movimentos religiosos antimodernistas muitas vezes obtiveram e ainda obtêm grande êxito político ou, pelo menos, uma grande influência. De modo talvez um tanto tolo, a maioria dos economistas políticos havia optado pela ideia de que o lucro decorrente do trabalho produtivo, protegido por um sistema de propriedade privada sustentando a troca monetária, surgia *tanto* da troca igual *quanto* do trabalho humano. Aristóteles, muito tempo antes, já o sugerira como possível resposta à questão da igualdade-na-troca: como, afinal, objetos úteis são intercambiáveis por meio da moeda, a qual — argumentava ele — exige um padrão comum que permita a equalização entre dois objetos totalmente diferentes? Mas Aristóteles rejeitou então o trabalho e, na verdade, qualquer aspecto necessário e essencial em comum nas trocas, a não ser o puro e simples cálculo.[25]

Todavia, esse passo aristotélico na direção da incerteza e da indeterminação não era aceito por vários economistas políticos importantes, que continuaram em busca de uma solução para o enigma. Na verdade, a solução desse problema também reproduziria — e moralizaria — a relação de troca entre empregador/empresário/proprietário e os trabalhadores sem terra vendendo seu tempo de trabalho por ano, por dia, por hora ou por empreitada. O elemento central na retórica moralizante desse discurso era, claro, a igualdade no mercado, atribuída a trocas feitas por livre e espontânea

Exploração e alienação 241

vontade. A desigualdade de renda, porém, parecia zombar da alegada igualdade dos valores-em-troca e da pretensa igualdade de poder entre os agentes da troca. O dinheiro e o poder haviam se acumulado com grande rapidez nas mãos dos que eram os empregadores/empresários/proprietários, mas a um ritmo muito mais lento entre as classes trabalhadoras, embora a mobilidade social ascendente não fosse tão tolhida em termos jurídicos e morais quanto fora nos tempos feudais. Assim, para os economistas políticos, se as trocas e os agentes das trocas eram iguais no ponto de partida, o que, então, explicava a discrepância no resultado? Era a justa recompensa pela abstinência do consumo imediato ou o perigo dos riscos assumidos que tornava os proprietários tão merecedores? Ou seria por causa do caráter — em algum sentido oposto a "não merecedor" — dos despossuídos que seu trabalho, e não a abstinência ou o risco, era muito menos recompensado e a vida deles muito menos segura?

Alguns leitores achavam essas diferentes respostas oferecidas pelos economistas políticos mais agradáveis do que outras, mas, seja como for, essa acolhida diversificada apenas recolocava o problema como questão política mais geral. Houve várias maneiras de tentar chegar a uma solução nos termos entrelaçados da política e da moral, tomando-se a primeira como referente ao poder em sua mais ampla acepção e a segunda como referente à avaliação das ações e atividades humanas, também em sua mais ampla acepção. Marx parece ter chegado à sua chave conceitual própria para uma solução do problema do lucro em algum momento de 1847, pelo menos num esboço bastante cru,[26] mas, devido ao torvelinho geográfico e financeiro dos acontecimentos revolucionários subsequentes e suas consequências se estendendo à década de 1850, teve pouco tempo para prosseguir em seu "relatório" até anos mais adiantados, começando a sério em 1857. E, de fato — fiel a suas ambições colossais e sinópticas de elaborar uma crítica persuasivamente teórica e minuciosamente historicizada das relações de produção capitalistas —, seu primeiro trabalho publicado foi um fascículo bem fino, com o modesto título *Contribuição à crítica da economia política*, em 1859.[27]

Todavia, o envolvimento de Marx com o problema se dava em larga medida no território familiar da economia política, tal como ele a concebia sintética e sinopticamente. Do ponto de vista político, parecia uma boa tática: aprisionar os economistas políticos com influência nas esferas do poder em seu próprio território. E ele trabalhou para aprisioná-los de duas maneiras diferentes. Logicamente, como filósofos naturais, trabalhando segundo o entendimento então clássico dos fenômenos naturais (isto é, materiais) e artificiais (isto é, humanos). Mas ele os via ainda numa dupla posição como ideólogos dos interesses das classes comerciais: como rebeldes contra os monarquistas autoritários, mas também — por imputação — como opressores das classes trabalhadoras, visto defenderem a comercialização por meio das relações de mercado.

Marx e Engels já haviam escrito no *Manifesto* uma longa crítica da "hipocrisia burguesa" nas declarações moralizantes — mas oportunistas e interesseiras — sobre a abstinência, os riscos e outras justificativas para a exclusividade ligada à propriedade e sua defesa jurídica com a invocação de penalidades judiciais, inclusive a prisão e a pena de morte.[28] Segundo ambos, essa sistemática disparidade de poder concentrava nas mãos das elites o controle dos recursos na agricultura e na

Exploração e alienação 243

manufatura, de forma que a subsistência dos trabalhadores só podia depender de seus "superiores" em termos de uma óbvia relação financeira escancaradamente socio-hierárquica. Após meados dos anos 1840, Marx praticamente abandonou a linguagem da ideologia, utilizada para abarcar essa hipocrisia, visto que a essa altura o próprio termo tinha uma relação metodológica com seus ataques críticos aos pressupostos políticos de alguns filósofos idealistas alemães, que posavam de radicais em seus escritos.[29] Mas as ideias por trás do conceito de ideologia, entendido como abordagem crítica da "questão social", sobrevivem claramente no *Manifesto* e, em termos de ataque político — a *raison d'être* daquele texto —, os conceitos realmente ali empregados por Marx e Engels autorizam o uso de um de seus melhores estilos retóricos, o do sarcasmo.[30]

A estratégia crítica de Marx estava sujeita a pelo menos dois riscos imprevistos. Um era o de que a economia política e os pressupostos da filosofia natural não poderiam durar para sempre e, de fato, estavam sendo rapidamente varridos pela "revolução marginalista" que criou a economia moderna no final dos anos 1870. O outro era que o franco caráter político de seus sarcasmos críticos — ainda que levemente disfarçados e apenas de vez em quando explícitos — entrava em atrito com a distinção um pouco posterior entre fato e valor, da qual, de modo geral, a ciência social dita objetiva se beneficiava. Isso significa que a concepção de Marx sobre o problema do lucro, relacionado com a "questão social", faz mais sentido quando tomada a partir de seus próprios pressupostos. Mas, como vimos,[31] daí se segue que os pressupostos subsequentes — até os nossos atuais — dificultam que se veja o papel exato de cada proposição dentro de seu raciocínio argumentativo. Apesar disso, é possível entendermos o sentido de algumas conclusões dele e até usá-las em nossos próprios termos de hoje, sem precisarmos nos preocupar indevidamente em defender todo e cada ponto do argumento à medida que se desenvolve.

Mas — e em resumo — eis o argumento de Marx.[32] A produção envolve necessariamente trabalho humano e objetos físicos. O trabalho, entendido como ponto de partida enquanto fenômeno físico e propriedade dos corpos humanos individuais, é medido, pelo menos em princípio, em termos de dispêndio de tempo e, como substância, ele se fixa ou se "materializa" nos produtos resultantes. Como substância, ele está presente no trabalhador como potência e nos produtos criados pelo trabalhador como realidade. Nos termos de Marx, e tal como são entendidos na filosofia natural, os objetos materiais mudam qualitativamente por meio da produção quando — após um processo físico — se convertem em produtos usáveis. O uso de um produto e a avaliação dele por sua utilidade são exercícios exclusivamente qualitativos, diz o argumento clássico, ao passo que a avaliação do produto por seu valor na troca por um produto de qualidade diversa é um exercício exclusivamente quantitativo, ainda que o objetivo último seja o uso qualitativo.[33]

Tomando o rumo contrário, mas complementar, e ainda em termos clássicos, Marx afirma que esse modo quantitativo de avaliação é abstrato, comparado às especificidades concretas do uso e do consumo. E o ponto fundamental é que essa maneira abstrata de abordar a troca coloca um problema de equalização, em termos muito semelhantes aos da pergunta de Aristóteles: como um produto pode ser trocado por outro de valor (em algum sentido) igual? O mesmo argumento pode

Exploração e alienação 245

ser formulado às avessas: haveria trocas de caráter visivelmente *estável* (isto é, autorreguladas e não aleatórias), se não fosse possível discernir de alguma maneira uma igualdade à medida que se dão as mais variadas e infindáveis transações?

Se os argumentos acima não se sustentam — e foi esta, de fato, a conclusão a que Aristóteles chegou —, abre-se uma possibilidade desconcertante. Todo o sistema de troca física de objetos — intermediada por uma ideia de valor monetário — estará então fundado ou numa igualdade baseada numa substância totalmente incognoscível como medida padrão, ou numa "trapaça" endêmica em relação a algo que é cognoscível, mas apenas para uma minoria, ficando oculto, portanto, para a maioria? Como já foi observado,[34] a economia moderna não considera que esses aspectos constituam problemas ou questões, visto que as trocas no mercado, que ela aborda em termos de preços e acordos, são tomadas como fonte de dados significativos, e não como um fenômeno problemático que exija uma investigação "em profundidade" para expor uma verdade "oculta".

Para Marx, o problema consistia em explicar a contradição entre a igualdade presumida e — supostamente — necessária nas trocas mediadas pela moeda e o resultado contrário ao que seria de se esperar, isto é, um excedente decorrente de trocas que são rigorosamente iguais, tomando o sistema como um todo e ao longo do tempo. O resultado, como ele o entendia, é que o lucro surge dentro do sistema, de forma que o conjunto do sistema produz um total de valor monetizado que é maior do que a soma das trocas iguais com que opera. Sua solução "em profundidade" desse fenômeno "de superfície" foi examinar melhor o processo de produção, como haviam feito os economistas políticos, e se ater ao pressuposto deles — e à hipótese inicial de Aristóteles — de que apenas o trabalho humano se prestava a ser conceito *e* ao mesmo tempo realidade (em algum sentido) física, que permitiria elaborar uma resposta, pois o trabalho humano era o único fator comum presente em toda e qualquer troca de produtos. Esse argumento dedutivo implica, claro, que a maioria dos produtos durante a maior parte do tempo surge apenas por meio do processo de produção tratado por Marx, ou — para dizer em outros termos — que os produtos no fluxo geral do mercado não se encontram já prontos e soltos por aí e são simplesmente usados como tal, mas, pelo contrário, só podem ser usados depois de uma mudança qualitativa que envolve algum dispêndio de trabalho humano.

De fato, a solução de Marx era engenhosa: ele sustentava que o trabalho, como substância física, mas especificamente *humana*, tinha uma propriedade *única*, qual seja, a de produzir como output mais produtos do que exigia como input a ser consumido para que os trabalhadores subsistissem e continuassem a gerar outputs. Esses inputs/outputs são mensuráveis — em alguma acepção de "mensuração" como que física, embora altamente abstrata — como dispêndio de trabalho ao longo do tempo, o qual, assim, é um critério comum contido no próprio trabalho[35] e comum nos produtos desse trabalho. No entanto, mais do que um critério físico simples — capaz de ser mensurado de maneira simples —, o raciocínio de Marx passava do plano individual e observável da manufatura para o nível geral e social dos mercados de produtos comerciais. Seu critério era o tempo de trabalho "socialmente necessário" "sob determinadas condições", que variava no tempo e entre as sociedades.[36]

Exploração e alienação   247

Para Marx, seguia-se que esse valor excedente que surgia numa troca de resto igual de produtos de subsistência por tempo de trabalho (por meio do salário em dinheiro) não se originava nem do maquinário ou de qualquer outra tecnologia envolvida, nem das matérias-primas e fontes de energia não humanas empregadas nos processos. Marx definia a propriedade exclusiva que atribuía ao trabalho (visto em termos quantificáveis, pelo menos em princípio, e portanto abstratos) nos termos clássicos constituintes da filosofia natural, a saber, como um "potencial" ou uma "força" ou uma "capacidade" [*potentia*] que se pode materializar ao ser despendida. Marx afirmava que o trabalho humano simplesmente continha uma capacidade ou força de produzir mais output em termos de tempo de trabalho "materializado" do que o necessário para revigorar essa força com inputs de subsistência física, por mais que variasse, ao longo do tempo e entre as diversas sociedades, o que se entendia por subsistência.

A teorização de Marx lhe permitiu gerar uma explicação sistêmica vigorosa e persuasivamente unificada — aceitas as premissas iniciais — do capitalismo, definido essencialmente em termos de exploração. Era uma análise dinâmica ao apresentar o comportamento capitalista dos indivíduos como efeito do sistema enquanto entidade, e não como efeito de uma escolha individual (moral ou outra). Em seu prefácio ao primeiro volume de *O capital*, dirigia-se ao leitor:

> [...] aqui os indivíduos são tratados apenas enquanto personificações de interesses econômicos. Meu ponto de vista [...] é o que menos seria capaz de responsabilizar o indivíduo por relações das quais ele é criatura no plano social, por mais que, subjetivamente, possa se erguer acima delas.[37]

A dinâmica com que o sistema necessariamente operava era o impulso de buscar lucros irrestritos e, com isso, acumulações de riqueza entre "capitais" concorrentes (isto é, posições de sujeitos despersonalizados dentro do sistema), mas tolhido pelo fato (afirma Marx) de que o valor excedente ou a mais-valia de que surge o lucro só pode provir do trabalho humano. Assim, o "capital" está continuamente explorando a "força de trabalho" de duas maneiras: prolongando a jornada de trabalho (ou, nos termos de Marx, forçando um aumento na mais-valia absoluta) ou reduzindo o custo — em termos do trabalho "objetificado" ou "materializado" — dos produtos de subsistência necessários para reproduzir a força de trabalho. Essa redução seria possível aumentando-se a produtividade do trabalho por meio da mecanização (ou, nos termos de Marx, beneficiando-se com um aumento na mais-valia relativa).[38]

No primeiro volume de *O capital*, para Marx foi bastante fácil mencionar e citar estudos empíricos e relatórios que apresentavam detalhadamente as condições de trabalho e de vida dos trabalhadores da época, de modo que suas abstrações um tanto áridas ganharam presença política para os leitores. Menos fácil de perceber, talvez, era o problema econômico mais abstrato — e mais sutilmente moralizado — de um sistema que ocupava o centro de sua denúncia do capitalismo e de sua *entrée* retórica numa solução democratizante da "questão social". Um estudo recente resume bem a questão:

> Ao contrário do que pensavam os socialistas anteriores, então, a exploração do trabalhador pelo capitalista não é um eco nem um renascimento do feudalismo. A exploração capitalista é uma novidade. Baseia-se na dominação impessoal do mercado, não

Exploração e alienação

249

na dominação pessoal do monopolista local [...]. Contém um impulso imanente para o sobretrabalho que é estranho a outras formas de exploração.[39]

Assim Marx resolveu — a seu contento — o problema gerado pela economia política, e o resolveu em termos que os próprios economistas políticos teriam de reconhecer como válidos. Ou, do contrário, teriam de retornar a seus pressupostos a fim de contestar o impecável raciocínio de Marx. Do ponto de vista de Marx, grande parte das seguranças intelectuais e certezas políticas de teor burguês e comercial dos economistas políticos iria inevitavelmente desmoronar. Ou, caso rejeitassem seu raciocínio, eles teriam de encontrar outra base para defender o comercialismo e as instituições voltadas para o lucro e explicar as terríveis condições de trabalho delas, documentadas por autores debruçados sobre a "questão social", ficando numa posição ainda mais difícil frente a suas hipocrisias.

Claro que, para Marx, essa sua maneira de apontar uma propriedade exclusiva dentro do próprio trabalho humano, tal como é despendido por trabalhadores humanos, colocava sua política comunista — para a qual o proletariado ou a classe trabalhadora estaria no centro da revolução, como anunciara em 1844[40] — em contato conceitual com sua crítica intelectual e seus textos ativistas das décadas seguintes. Embora esses argumentos altamente abstratos não costumassem aparecer em seus textos jornalísticos, eles se encontram em visível concordância com seus comentários políticos e suas conclusões políticas. O que faltava na vida de Marx nos anos 1850 e na primeira metade dos anos 1860 — pelo menos até meados da década — era, em termos gerais, uma política produtiva de ativismo prático baseada em alianças e uma crítica engajada em prol de uma agitação nacional demandando reformas ou revoluções democráticas, com destaque para a "questão social". Nos anos 1840, Marx estivera trabalhando e contribuindo com o radicalismo revolucionário democrático que — por si só — se alastrou pelos Estados e impérios germânicos, austro-húngaros e outros em 1848, e também gerou as grandes repressões e julgamentos políticos — inclusive seu próprio julgamento *in absentia*[41] — dos pós-revolucionários anos 1850.

Politizando a economia

Embora o raciocínio abstrato de Marx em sua crítica dita madura do final dos anos 1860 e ao longo dos anos 1870 possa parecer um tanto obscuro para ser eficaz na política de rua, o termo que melhor expressa o vínculo que ele — e, por fim, o "partido de Marx" na Alemanha — foi capaz de usar no ativismo prático já era bem conhecido na linguagem corrente: exploração [*Ausbeutung*]. Ainda que a crítica anterior relacionada à "questão social" se limitasse, de modo geral, a denúncias de salários baixos ou de negociações injustas, e ainda que isso pudesse encontrar maior ou menor apoio entre determinados públicos, dependendo da composição de classe e do posicionamento pessoal, a retórica costumava se restringir a melhorias e ajustes — salários mais altos para os trabalhadores, menor resistência por parte dos empregadores etc. Era um princípio muito corrente e tido como verdadeiro ou, pelo menos, como uma espécie de ideal-a-ser-realizado. Raciocinando a partir dessa base, as transações de mercado eram apresentadas de

Exploração e alienação 251

forma abstrata e justificadas em termos políticos, como vimos acima a propósito dos economistas políticos da época. E entre socialistas e utópicos — que eram os economistas políticos heterodoxos da época — havia inúmeras referências a esquemas de "trabalho-moeda" e similares para uma "moeda justa", apresentada como alternativa aos correntes sistemas monetizados de trocas no mercado. Os "vales de troca" e as moedas locais, regulando os "escambos" de mercadorias e tempo de trabalho, fazem parte desse gênero político-econômico.[42]

O esforço de Marx para conceitualizar os termos básicos das trocas de mercado num sistema capitalista, que implica necessariamente a presença de trabalhadores assalariados, costuma ser reduzido pelos comentadores a tomar como pressupostos — e então defender ou, pelo contrário, atacar — os termos agora não mais ortodoxos de sua discussão, visto que, desde então, o que se tornou ortodoxo foi a economia moderna. A abordagem politizada de Marx das economias capitalistas, porém, adquiriu influência crescente como economia marxista híbrida, apesar da grande dificuldade em adquirir respeitabilidade acadêmica. A objetividade científica nas regras da economia "marginalista" convencional a exclui quase por completo, devido a seu caráter político e politizador explícito, além de vir carregada de problemas e conceitos tidos como ultrapassados.[43]

O argumento de que o caráter classista das atuais sociedades capitalistas é um fato demonstrável e bem ilustrado constitui uma tática retórica, como vimos, que tem sido adotada pelos que hoje estão engajados numa política da "questão social". Já o argumento de que a exploração é definidora de toda a produção e distribuição dos recursos e do poder na gestão política nacional e internacional das economias nacionais e do sistema econômico global é uma tática totalmente diferente, que não permite uma fácil vinculação das abstrações de Marx, dotadas de grande rigor lógico, às lutas de classe concretas e imediatas. A crítica política atual nessa vertente costuma recorrer mais ao argumento das disparidades de poder — como no *Manifesto* — do que aos princípios da filosofia natural que Marx utilizava, referentes ao trabalho, aos objetos, ao valor e aos produtos — como nas seções "teóricas" de *O capital*. A ideia de que a acumulação "privada" de recursos monetários, obviamente obtidos por meios sociais, requer uma justificação específica e renovada, bem como a ideia de que essas acumulações têm diferentes efeitos antidemocráticos na política pública das e por meio das instituições do governo representativo têm considerável poder descritivo e apoio político no presente. Marx, sob qualquer forma que se apresente, tem sido parte importante desse processo.

Desde a sua época, os vínculos mais arrojados com sua obra se deram pela "teoria da dependência" internacional, que atribui posições de classe aos países, e não a indivíduos, dependendo de sua posição dentro dos sistemas de produção e comercialização que são geridos, segundo essa perspectiva, para a vantagem de algumas grandes potências e para a evidente desvantagem de países "em desenvolvimento" ou do "Terceiro Mundo". Ou, em outras palavras, quanto a um "bem-estar social", os países pobres estão praticamente na mesma posição em que os indivíduos pobres. E, aliás, muito do que se passa por "assistência" aos países "pobres" e "em desenvolvimento" (como organizações governamentais, organizações não governamentais e "ajuda" humanitária) já tem sido criticado por cumplicidade com os processos de manutenção e ampliação das diferenças de poder em desfavor dos pobres.[44]

Exploração e alienação 253

A situação de algumas economias nacionais "ricas" ou "desenvolvidas", em que ainda existem alguns elementos de social-democracia, de programas de bem-estar social, "redes de segurança" e similares — todos atualmente em fase de declínio na maioria das sociedades "setentrionais globais" —, apresenta traços menos nítidos. É melhor considerar os cidadãos como consumidores, envolvidos em trocas de mercado que representam suas funções de cálculo pessoal da utilidade? Ou é melhor concebê-los como trabalhadores — pelo menos em alguns pontos em seu ciclo de vida — que parecem não ter muita escolha a não ser aceitar negociações salariais que oferecem salários reais em agudo declínio e "benefícios" como pensões e assistência médica?

Talvez a mais sólida linha de argumentação marxiana fundada num conceito de exploração — termo que poderia ser definido como persistente acesso desigual ao poder e aos recursos — seja a que está ligada a conceitos operacionais da social-democracia, não muito diferente da política de coalizão que Marx ressaltou em termos revolucionários nos anos 1840 e prefigurou no *Manifesto* como uma lista de "reivindicações".[45] No entanto, para o desalento de Marx, tal como ocorreu nas eleições pós-1848 e nos plebiscitos de 1851 e 1852 na França, os eleitores às vezes votam em políticos autoritários, amiúde apenas interesseiros e beirando a corrupção, ou pior.

Alienação

Ironicamente, o conceito precursor da exploração tal como foi desenvolvido por Marx — a alienação — é, com muita probabilidade, o de maior circulação hoje em dia, embora talvez com menor frequência entre os marxistas do que entre os curiosos sobre Marx e os interessados na "questão social". O conceito não era ortodoxo — ou sequer conhecido — para o marxismo que se desenvolveu desde a virada para o século xx, e não teve efetiva circulação em discursos políticos mesmo que apenas vagamente associados a Marx até o final dos anos 1950, quando os manuscritos "de 1844", ou "de Paris", ou "da juventude" ganharam popularidade em traduções para o francês e o inglês. Os *Manuscritos econômico-filosóficos* de 1844[46] — que constituem uma invenção editorial — do jovem Marx só foram publicados em alemão, de forma editada, em 1932 (em duas versões), e depois disso essa "obra" ingressou lentamente no discurso acadêmico e, mais tarde, no discurso popular como um Marx "humanista".[47]

O termo "humanista" não era uma mera descrição de um filosofar "centrado no humano" que os leitores viam nas seletas dos manuscritos. O texto, de fato, foi montado a partir de excertos de cadernos e folhas avulsas em que Marx anotava resumos e observações para si mesmo, referentes aos clássicos da economia política. "Humanista" aí significava sobretudo uma diferenciação se contrapondo ao Marx "materialista" montado por Engels na segunda metade dos anos 1870, visto amplamente como autor de uma ligação original e sistemática entre a história, a ciência social e as ciências físicas. Fora assim que Engels pintara Marx num elogio fúnebre de ampla circulação, o "Discurso junto ao túmulo", bem como em suas obras independentes e em posteriores introduções às obras de Marx. Ele se dedicou diligentemente a promover Marx como cientista social de estatura equivalente à de Charles Darwin, o grande cientista natural e praticamente coetâneo.[48]

Exploração e alienação 255

Todavia, o termo "humanista" também evitava a posição antimaterialista muito mais controversa de designar Marx como "idealista" no sentido filosófico, visto que isso colocaria o novo interesse por Marx nos anos 1960 numa posição de evidente e clamorosa heterodoxia, devido ao "materialismo" a ele atribuído, no sentido em que Engels o entendia. "Humanista" era um termo que caía bem para os comentadores acadêmicos e os grupos ativistas envolvidos em descobrir esse Marx "desconhecido". Tal interesse, porém, só teve seu efetivo arranque nos anos 1960, quando as manifestações juvenis e estudantis nas ruas e universidades, as manifestações de massa e as frequentes revoltas contra as repressões e ações violentas do Estado na época passaram a ocupar as manchetes dos jornais. Eram movimentos políticos de massa contra o autoritarismo, a hipocrisia das elites, as guerras pós-imperiais e assim por diante, operando em alianças frouxas e muitas vezes não organizadas entre ativistas, despertando e facilitando um considerável envolvimento de massas.

O novo Marx também era o jovem Marx, e o gênero utilizado nesses "manuscritos de 1844" — reflexões filosóficas sobre aqueles que pareciam ser "os fatos básicos" e "os valores duradouros" da vida social humana — exercia grande atração, em vista da sabida associação de Marx com a mudança radical, chegando à revolução e incluindo instigações de tipo revolucionário. A visível diferença de gênero e terminologia frente a obras mais conhecidas de Marx, que constituíam os itens indispensáveis do cânone marxista ortodoxo, na época organizados em edições baratas com prefácios muito didáticos, era um fator de grande vantagem. O tom abstrato da discussão e sua apresentação geralmente sem contexto permitiam transferir o conteúdo no tempo e no espaço, sendo, em suma, mais filosófico do que econômico, visto que os termos, os pressupostos e os métodos de raciocínio pouco se assemelhavam aos da economia moderna. Esse Marx era jovem, rebelde, filosófico, humanista de um modo novo e secular, não invocado nem desejado pelo marxismo ortodoxo, e em todos esses aspectos vendavelmente pertinente e cheio de frescor.[49]

O que é ainda mais irônico é que essas "notas para si mesmo", que Marx escrevera numa fase muito inicial de seus estudos críticos da economia política, não só não foram publicadas mas eram também impublicáveis — enquanto ele não se tornasse um ícone intelectual —, no mínimo por conta de seu contexto físico, como discussões intercaladas com a transcrição de trechos inteiros dos textos em estudo. Com efeito, essas observações às vezes vinham escritas como comentários diretos a passagens copiadas que não são reproduzidas integralmente nas edições correntes desses "manuscritos". Além disso, o próprio Marx desautorizara explicitamente essas reflexões — ou, com certeza, pelo menos o conceito de alienação — poucos meses depois de tê-las anotado nesses cadernos pessoais. Suas pesquisas sobre a economia política haviam mudado de fase, passando para a dos clássicos que lera em inglês (e em Manchester), e junto com elas também mudaram os conceitos que ele usava para tratar da "questão social" em termos teóricos e políticos. Mas, no começo dos anos 1840, tais termos eram amplamente usados por seus colegas, que eram Jovens Hegelianos filósofos radicais, e provavelmente por alguns reformadores democratizantes alemães que seguiam essas correntes ativistas semiclandestinas.

Mas, em meados dos anos 1840, as ambições de Marx tinham passado para mais uma nova fase quanto aos interlocutores políticos, avançando além dos reformadores e radicais alemães,

Exploração e alienação

pouco conhecidos na época e, na maioria dos casos, ainda menos lembrados desde então, a não ser em suas ligações com Marx como importante figura histórica. Em 1846, morando fora dos Estados germânicos fazia três anos, ele comentou zombeteiro — em outros manuscritos confusos e desorganizados — que utilizava ali o termo "alienação" só para criar um aparente sentido para os filósofos alemães. Era uma menção irônica, pois Marx estava dizendo que eles também deviam repudiar o termo, e o dizia usando uma linguagem que ele próprio repudiava claramente.[50] E quanto a esses filósofos — e à filosofia em geral —, descartou-os de maneira ainda mais ríspida. Depois de se livrar dos pretensos radicais alemães cuja filosofia se fazia passar, segundo ele, por ativismo político, partiu para o ataque a um filósofo francês muito conhecido: Proudhon.[51] O objetivo do ataque de Marx era demonstrar sua melhor compreensão dos conceitos teóricos da economia política, sua abordagem meticulosamente historicizada das possibilidades de mudança social e seu lúcido radicalismo fundado, dizia, na solução da "questão social". Essa solução consistia numa sociedade industrial organizada sem classes, por meio de um igual compromisso com o trabalho na produção social.

É aí que surge a atração que os "escritos do jovem Marx" sobre a alienação exercem nos anos 1960. Nesse mundo mais recente, era muito mais difícil dividir as sociedades comercializadas entre exploradoras e exploradas e teorizar com tanta incisividade sobre o trabalho fabril e as crises sempre piores, como Engels havia feito (e com alguma originalidade) 120 anos antes.[52] A maioria dos leitores, em especial nos cenários americanos e europeus ocidentais, era de classe média; os governos dessas regiões estavam empenhados em gerir economias nacionais e sistemas de bem-estar social — pelo menos até certo ponto —; e, num contexto que anunciava arrogantemente o fim das ideologias, a perspectiva de reviver Marx, no mínimo como protesto, tinha grande vigor político. A discussão um tanto atemporal de Marx — ou como assim se afigurava, depois de abstraída do contexto confuso e atravancado dos cadernos manuscritos — permitia que passado, presente e futuro se amalgamassem e também facilitava uma fusão aparentemente integral e "radical" entre filosofia e política, esferas que algumas filosofias positivistas da época, de linha contrária, consideravam necessariamente opostas. Montada e lida dessa maneira, a "teoria da alienação de Marx" apresentava uma "filosofia do homem [sic]" que diagnosticava os males das sociedades industriais capitalistas em termos muito abstratos, mas bastante atraentes. E fazia uma proposta alternativa — igualmente abstrata — para superar o mal-estar de então.

Os materiais teóricos nos "manuscritos de 1844", embora um tanto fragmentários e desorganizados, podiam ser facilmente distribuídos num esquema quádruplo. A linguagem filosófica do "homem" era corrente nos anos 1960, embora já então questionada por razões feministas, de forma que a apresentação da "teoria da alienação" aqui exposta deve ser considerada como fiel não só aos comentários da época e ao original na tradução em inglês, mas também aos problemas agora postos por uma filosofia do "homem" em relação às críticas feministas:[53]

- O homem está alienado do produto de seu trabalho.
- O homem está alienado dos processos sociais de produção.
- O homem está alienado dos outros homens necessariamente envolvidos nesses processos sociais.
- O homem está alienado de seu ser genérico, isto é, daquilo que distingue a humanidade dos outros animais.[54]

Exploração e alienação

A maior parte dos comentadores tomou os usos marxianos de "alienação" e de "estranhamento" como praticamente sinônimos: "hostilidade, detrimento ou não aceitação" e um sentimento geral de perda, desenraizamento e alteridade, vagamente derivados das concepções hegelianas então correntes. Recém-saído de seu envolvimento jornalístico com a "questão social", Marx refletiu por um breve período sobre o possível significado, em nível mais abstrato, da pobreza nas sociedades comerciais. Assim, suas notas não eram considerações psicológicas ou sociológicas sobre os possíveis sentimentos dos indivíduos concretos em relação a suas condições de vida, mas sim uma exposição descritiva e crítica de um sistema econômico, ainda que num nível muito alto de abstração filosófica. Sob as condições do trabalho assalariado que então se implantava, o "homem" (isto é, um trabalhador assalariado genérico) estava perdendo o que existia nos sistemas anteriores de guildas e ofícios: uma relação íntima e direta com os processos e os produtos. Num sistema de produção de mercadorias para trocas no mercado e, portanto, de trabalho assalariado somente por esses meios, as relações pessoais e experiências práticas diretas antes vigentes se tornaram impessoais, eliminando o "toque humano". Embora isso possa parecer um convite a um retrocesso histórico, num retorno da produção fabril a vapor e da manufatura moderna para os conteúdos e procedimentos da Idade Média, a análise de Marx — e sua concepção de progresso histórico — não seguia nessa direção passadista e romântica.

Pelo contrário, havia em seu horizonte uma espécie de transcendência desenvolvimentista hegeliana ("superação" ou *Aufhebung* — termo que se popularizou nos estudos da alienação), sobretudo porque o teor de suas reflexões consistia na intensificação da contradição histórico-mundial, e não na pobreza e na pauperização meramente empíricas. Encimando tudo isso, havia uma interessante distinção entre essa miséria concreta da época moderna e o potencial humano para o avanço do desenvolvimento, porém em direções muito diferentes e contrárias. Considerava-se que o "homem" estava alienado de seu "ser genérico" (*Gattungswesen*, outro termo filosófico popular na época de Marx), concepção que contrastava com a libertação ou emancipação da criatividade humana tida como ilimitada. Essa lisonjeira versão das capacidades humanas, contrapostas à mera satisfação das necessidades (seja em relação à espécie animal, seja em oposição a visões redutoramente economicistas do "homem"), apontava para uma moral "humanista" e uma política anticapitalista.[55] Politicamente, esse "marxismo light" permitia que muitos ativistas com "tendências de esquerda" — fossem conscientes ou ingênuas — adotassem um Marx "humanista" presente em textos de publicação recente, porém geralmente rejeitado pelos marxismos anteriores. Esse "novo Marx", assim, passava ao lado dos elementos e estilos de liderança mais dogmáticos dos vários marxismos até então, sobretudo os derivados da Revolução Russa e da Revolução Chinesa, com suas respectivas práticas políticas, controvertidamente autoritárias e sanguinárias.

Esse esquema simples da "alienação" sem dúvida guarda uma relação — ao menos implícita — com o trabalho e os trabalhadores em posição central numa crítica da economia política e no comunismo como solução da "questão social" numa economia sem moeda, ou mesmo, talvez, no socialismo como etapa intermediária nesse percurso. Abre espaço para discutir

Exploração e alienação 261

a exploração nos sistemas sociais pré-comunistas e prefigura com grande precisão a seção, de data muito posterior, sobre o "caráter fetichista da mercadoria" no primeiro volume de *O capital*: as criações sociais humanas — ou seja, mercadorias como produtos úteis por meio das relações monetizadas do mercado — vieram a controlar os próprios seres humanos, tanto individual quanto coletivamente.[56] Na teoria posterior de Marx, esse fetichismo — isto é, a atribuição de poderes humanos a objetos inanimados — é especificado com a metáfora das "relações sociais entre coisas", ou seja, um "outro" mundo estranhamente alheio em que as mercadorias, como criações humanas, passam a conversar entre si numa "linguagem" (a precificação do mercado) dentro de uma relação "social" (as forças do mercado) que domina seus criadores (os seres humanos).[57]

Alguns comentadores no final dos anos 1960 e nos anos 1970 começaram a traçar ligações entre a teorização do "jovem" Marx, o desenvolvimento de suas teorizações no "período intermediário" dos *Grundrisse* (também extraídos editorialmente de diversos cadernos de anotações e organizados como uma "obra")[58] e as passagens sobre o "caráter fetichista da mercadoria" dos anos 1870, que constituíam as revisões do próprio Marx no primeiro volume de *O capital*. Mas muitos comentadores se empenharam em elucidar o esquema exato e os postulados precisos do que dizia Marx, a fim de reconstituir — ou constituir a partir do zero — uma coesão e coerência nessa "filosofia do homem".[59] Enquanto notas pessoais, os "manuscritos de 1844" de Marx não eram completos nem tinham uma escrupulosa coerência, e os termos que tanto intrigavam seus comentadores de meados do século xx tampouco tinham sido definidos com precisão, devido à rapidez com que ele avançava em suas reflexões e ruminações. Seu pensamento crítico e altamente político corria ao longo de várias páginas dos materiais de estudo e — quando lhe vinham as ideias — registrava-as no papel como resumos do texto e comentários em estado bruto.

O estranhamento [*Entfremdung*], os objetos estranhos [*fremd*] e a alienação [*Entäusserung*] foram muito discutidos nos comentários de meados do século xx, a fim de localizar as distinções conceituais entre esses termos, se é que de fato existiam. Da mesma forma, o ser genérico [*Gattungswesen*] era interpretado como uma relação social entre seres trabalhadores, que se encaixava facilmente com os comentários posteriores de Marx no primeiro volume de *O capital* sobre "o pior arquiteto" e "a melhor abelha".[60] Muitos comentadores, porém, preferiam não enveredar pelas trilhas mais recônditas, controversas e batidas que outros — em geral marxistas autonomeados e identificados com o partido — já haviam percorrido no *magnum opus* de Marx. Esse distanciamento decorria dos atrativos de uma linguagem "filosófica" que pareciam tornar os "textos de juventude" mais acessíveis a filósofos e historiadores, visto que então não havia muita familiaridade com a economia política da época de Marx. O caráter incompleto das teorias de 1844 constituía um irresistível incentivo para que aqueles dotados de espírito filosófico preenchessem as lacunas de modo teórico e — às vezes — empírico.

A abordagem ativista posterior costumava tomar como referência os movimentos operários cooperativistas, sobretudo na antiga federação iugoslava. De fato, os "textos de juventude" circulavam nesses contextos, onde sua novidade e heterodoxia voltavam a ser politicamente atraentes e, assim, constitutivos

Exploração e alienação 263

do movimento da "práxis" da época, criando ligações ativistas com os trabalhadores e as famílias das classes trabalhadoras. Coincidindo com os primeiros movimentos antissoviéticos na Europa Oriental, essas ideias — e essas atividades de importante teor politizador — exerceram influência sobre o desenvolvimento da descentralização e o controle dos trabalhadores nas fábricas. Tais desdobramentos políticos contrariavam as ortodoxias soviéticas do planejamento central e se adequavam à pauta nacional-comunista do regime de Tito.[61]

Num contexto muito diferente, a "teologia da libertação" como filosofia e movimento social na América Latina se inspirou a um grau significativo na "teoria da alienação" de Marx, muito embora o teor ateísta e antirreligioso da política de Marx fosse de pleno conhecimento dos católicos mais intimamente associados a muitos dos grupos ativistas e "modos de vida alternativos" com bases locais. Mais uma vez evidenciava-se o apelo do "novo Marx", como uma forma de protestar: indicava-se a rebelião dentro da Igreja católica, para reformá-la e renová-la em aspectos fundamentais, ao alinhá-la com o radicalismo antiautoritário de Marx, com sua crítica "obreirista" da sociedade capitalista e suas evidentes simpatias pelo "homem" — designando a humanidade como um todo, vista emblematicamente como o conjunto dos trabalhadores socialmente vinculados. Era possível projetar com toda a segurança o Marx ateísta e antirreligioso sobre os marxistas ortodoxos, ao passo que o Marx "humanista" podia ser adotado em termos seculares mais aceitáveis e tolerantes, devido ao caráter um tanto descontextualizado, mas convenientemente abstrato, dos *Manuscritos econômico-filosóficos*. Tais movimentos permitiam a inclusão social de trabalhadores e camponeses pobres, e nesse sentido se opunham às elites agrárias e capitalistas, vistas na posição de classe dominante por meios autoritários ou hipocritamente democráticos, com o apoio acrítico da maioria das hierarquias eclesiásticas. A categorização filosófica marxiana do "homem" como "trabalhador" se converteu num quadro que permitiria a reinterpretação dos evangelhos cristãos, devido ao caráter sucinto dos comentários de Marx e sua origem relativamente recente numa sociedade em industrialização.[62]

A alienação agora é parte solidamente integrante da recepção global de Marx e representa uma "via de entrada" popular e acessível, às vezes até populista ou obreirista, a suas ideias. Os textos e conceitos que são mais representativos das intervenções teóricas precisas de Marx, como ativista na política de sua época, demandam maior esforço interpretativo, pois se situam em contextos mais específicos, como o *Manifesto*, ou são mais obscuramente abstratos, como o primeiro volume de *O capital*. A tensão aqui existente entre o intervencionismo antifilosófico de Marx, as ortodoxias textuais e conceituais marxistas e a política de protesto e rebelião da juventude — agora já não tão jovem — assegura que os ditos "manuscritos" de 1844, essa invenção editorial já muito difundida, continuará a ser republicada.

Na segunda metade do século xx, os contextos educacionais em âmbito universitário se tornaram muito mais acessíveis em todas as sociedades capitalistas, e a estrutura de classes nesses contextos se ampliou numa escala gradativa, embora nem sempre nem em todos os lugares, agora se estendendo ao inimaginável reino dos "indivíduos de alto patrimônio líquido". Com efeito, muitas outras sociedades — por meio dos processos de globalização — foram absorvidas ou resolveram

Exploração e alienação

deliberadamente ingressar em relações capitalistas de produção, distribuição, consumo e finanças. E o próprio trabalho passou a se concentrar cada vez mais no setor de serviços nesses locais, conforme as economias sobem na escala do PIB per capita, enquanto o efetivo trabalho fabril tem sido relegado a locais marginalizados dentro dos países e a países onde dificilmente a mídia investigativa consegue entrar. Nesse mundo, uma visão filosófica abstrata do *Homo faber* (o "homem" como "fazedor") representa um espaço onde é possível dar vazão às preocupações sobre a "questão social" e tentar resolvê-la, se não em princípio, ao menos em termos de uma solidariedade humanizadora. Assim se faz com que a "teoria da alienação" de Marx aponte para teorizações sobre melhores relações entre indivíduos cuja atividade social de trabalho conjunto pode se realizar em termos cooperativos pacíficos e mutuamente satisfatórios.[63]

"Homem" e "natureza humana"

Devido ao caráter abstrato da conceituação filosófica marxiana do "homem" como "trabalhador", não surpreende que suas reflexões tenham gerado uma controvérsia filosófica — pelo menos no mundo anglófono —, em que se debatia se ele tinha ou não uma teoria ou um conceito, explícito ou implícito, de "natureza humana". O quebra-cabeças surgiu por causa da "perspectiva" de Marx e de Engels defendendo a historicização "de uma ponta a outra" das sociedades, relações, ideias e códigos morais humanos, incluindo fenômenos jurídicos, religiosos e culturais.[64] Seria a filosofia do "homem" de Marx de caráter tão abstrato e, portanto, tão a-histórico que contradiria aquelas observações posteriores que, no *Manifesto*, são categoricamente historicizantes? Ou, pelo contrário, essas abstrações ainda guardariam alguma compatibilidade com a "teoria da história" marxiana, tal como é entendida a partir do *Manifesto* e de algumas outras fontes em sua obra, apesar da asserção de que os sistemas morais estão sempre relacionados com as tecnologias produtivas e as relações sociais da época? Essas linhas de combate eram, em larga medida, acadêmicas, mas também políticas no interior das diversas vertentes de abordagem acadêmica de Marx. Algumas estavam sintonizadas e afinadas com variados tipos de ortodoxias marxistas, e algumas se rebelavam contra essas ortodoxias ou nem se interessavam em se envolver diretamente com elas.

O problema em si — Marx tinha ou não uma teoria ou conceito da natureza humana? — pouco impacto teve sobre os ativismos da época, figurando apenas em debates já existentes que talvez soassem um tanto distantes para os que se interessavam mais pela luta e pelas classes. A conclusão — ao se extinguir o debate — foi que era possível ler aqueles textos iniciais de Marx como se as generalizações referentes à natureza humana fizessem algum sentido muito geral em relação ao trabalho, tomado numa acepção muito ampla e, portanto, muito abstrata. Todavia, a noção mais marcante de Marx nesse período — de que os homens se refazem a si mesmos, inclusive em termos corporais e de percepções sensoriais, conforme suas sociedades alteram as relações e os sistemas produtivos — veio a se tornar uma ideia mais interessante e, por fim, mais dominante. O resultado foi que as tentativas de dotar Marx de um conceito de natureza humana, a partir da qual a história se desenrolaria em termos previsíveis, projetava um excessivo essencialismo — fosse materialista aristotélico, fosse idealista

Exploração e alienação 267

hegeliano — em notas manuscritas que, em si mesmas, eram muito incompletas. Apesar disso, o episódio mostra a notável tenacidade com que comentadores e ativistas tentaram lidar com um Marx desconhecido, um jovem Marx e um novo Marx, concedendo-lhe assim um novo prazo de vida.[65]

O *Manifesto*, embora se notabilize por não dizer nada sobre alienação, materialismo, idealismo, dialética, Hegel, filosofia ou sequer ideologia como termo específico, é um texto — como disseram Marx e Engels em 1872 — vinculado demais à sua época e difícil demais de atualizar sem o reescrever por completo e criar um novo texto, que foi o que ambos sugeriram. O primeiro volume de *O capital* apresenta os problemas quase insuperáveis de transposição do mundo da economia política para nosso mundo da economia moderna, acima descritos, mesmo que muitos de seus conceitos ainda façam parte do "cotidiano" — como pretendia Marx, na forma como estruturou sua crítica — nas sociedades capitalistas atuais, a saber, mercadoria, valor, moeda, capital, trabalho e similares. Assim, parece esquisito que uma "obra" ultrapassada e impublicável, contendo um conjunto de termos mal definidos como "alienação" e "ser genérico", uma série de reflexões sugestivas, mas não elaboradas, sobre o *Homo faber*, aparentemente sem interlocutores concretos na época e sem uma locação política específica, tenha conquistado um público tão amplo, exercendo atração internacional e até ganhando status na cultura pop, como aconteceu com os *Manuscritos econômico-filosóficos*. Todavia, essas circunstâncias mostram o caráter transferível da abstração, sua utilidade para desenvolver possibilidades e movimentos políticos e o poder da pura e simples curiosidade em criar vínculos imprevistos.

De volta ao futuro

Ou, pelo menos, tais vínculos foram criados com os ativismos de algumas gerações atrás. O Occupy estava menos interessado em abstrações como a alienação — e ainda menos na natureza humana — e mais preocupado com as especificidades da classe social, das expectativas de vida, da distribuição da riqueza e da propriedade, e da tomada (assim se dizia) das instituições democráticas pelos interesses corporativos. A teoria que se sucedeu à alienação na obra de Marx — o caráter fetichista da mercadoria — surgiu com mais rapidez, embora muitas vezes numa versão simples pouco fiel ao texto. A versão imprecisa consistia na mera alegação de que as pessoas prestam atenção demais à aquisição de mercadorias, sobretudo como circulação de "símbolos" e ostentação de status, sem se preocuparem muito em reformar ou revolucionar o provimento de recursos de maneira mais equitativa nas sociedades produtoras de mercadorias.

Os movimentos sociais contra a globalização e os protestos anticapitalistas, ao atraírem a atenção da mídia, levaram a discussão até as estruturas de poder governamentais internacionais e corporativas multinacionais, em que um conceito bastante geral de exploração é mais útil do que em contextos "desenvolvidos", onde os trabalhadores não são — pelo menos até agora — tão flagrantemente miseráveis e famintos como Engels descrevera, e como ele e Marx haviam previsto que aconteceria cada vez mais. Esses movimentos ativistas de importância global deram alta visibilidade às enormes discrepâncias de poder entre os interesses corporativos internacionais e seus apoiadores nos governos nacionais, de um lado, e, de outro, a dura realidade da vida nos países "menos desenvolvi-

Exploração e alienação

dos", que dependem de produtos primários de baixo valor, em especial produtos agrícolas, ou de uma produção em linha de montagem de baixo valor, sobretudo de artigos de altíssima tecnologia e alto valor.

Mas, por ironia, um elemento marxiano central costuma ficar de fora: o argumento de Marx de que as teorizações devem partir da produção, isto é, das relações e processos de produção, e não do consumo e da troca, como teoriza a economia moderna. Marx expõe com inesquecível dramaticidade, que encontra vigorosas ressonâncias nos conflitos atuais, o problema de como tratar a "questão social", apresentando sardonicamente o "livre mercado" como um paraíso imaginário:

> Essa esfera [das trocas de mercado] [...] é, de fato, um verdadeiro Éden dos direitos inatos do homem. Ali reinam apenas a liberdade, a igualdade, a propriedade [...]. Liberdade, porque tanto o comprador quanto o vendedor de uma mercadoria, digamos, a força de trabalho, são movidos apenas por sua livre vontade. Estabelecem contrato como agentes livres, e o acordo a que chegam é apenas a forma com que dão expressão legal à sua vontade comum. Igualdade, porque cada qual entra em relação com o outro como simples dono de mercadorias, e trocam equivalente por equivalente. Propriedade, porque cada qual dispõe apenas do que lhe pertence [...]. A única força que os aproxima e os coloca em mútua relação é o egoísmo, o ganho e os interesses privados de cada um [em] [...] trabalharem juntos para sua mútua vantagem, para a prosperidade geral e o interesse de todos.[66]

Mas as coisas mudam de repente quando se ingressa na esfera da produção, com empregos, salários, "benefícios" e congêneres:

Ao sair dessa esfera de simples circulação ou de troca de mercadorias, que fornece ao "livre-cambista" [...] suas ideias e concepções, e o padrão com que julga uma sociedade baseada no capital e nos salários, cremos poder perceber uma mudança na fisionomia de nossas *dramatis personae*. Aquele que antes era o dono do dinheiro agora toma a frente como capitalista; o possuidor da força de trabalho segue atrás como seu trabalhador. Um com ares de importância, sorrindo afetado [...], o outro tímido e se retraindo, como quem está levando seu próprio couro para o mercado e não tem nada a esperar exceto — ser esfolado.[67]

Este, tal como na época de Marx, é o nexo entre propriedade e poder, para onde convergem teoria e prática, teóricos e práticos, reformistas e revolucionários, realistas e utópicos. Quanto à "questão social", Marx era e é "um dos nossos", e sem dúvida tem ainda mais a oferecer.

Posfácio

ENTÃO COMO FICAMOS EM RELAÇÃO a Marx, e como Marx fica em relação a nós? Como este livro demonstrou, existem inúmeras maneiras de construir tal relação e — em vista da sólida reputação internacional e da enorme quantidade de materiais disponíveis — não há por que pensar que esse processo tenha terminado ou sequer esteja enfraquecendo, muito pelo contrário. Mas aí, com essa situação, surge a pergunta: por quê?

Este livro adotou um ângulo político do tema, qual seja, sustentando que existe uma identidade de conceitos e problemas entre nossa época e a época de Marx. O elemento de ligação é a "questão social", concebida não como mera desigualdade entre indivíduos (e gerada por ações individuais), mas como algo mais complicado, enquanto "classe social" (uma estrutura durável com frequente efeito coercitivo sobre os indivíduos, devido ao "lugar" que ocupam dentro dela). Os indivíduos podem gostar ou não, aceitar ou não, e, no caso desses "não", podem resistir e mudar suas circunstâncias individuais, ou — como era a ardorosa esperança de Marx — podem se rebelar coletivamente contra as estruturas de poder por meio das quais surgem as circunstâncias e oportunidades de vida dos indivíduos.

A política de Marx resistia à ideia de que o futuro há de ser necessariamente igual às presumidas certezas do presente, e sua concepção de classe era performativa — isto é, a classe não era algo que se identificava, mas algo que se fazia. E era analítica — surgia nas e pelas propriedades específicas da produção mercantilizada para troca, inclusive para a reprodução dos inputs do trabalho humano. Isso me parece presente em inúmeros movimentos, posições e debates políticos atuais, oferecendo-nos um "olhar" sobre diversos pontos de discussão, confrontos e até ações revolucionárias e levantes armados, quando eclodem. Mas, sem dúvida, essa orientação política em termos de classe não descreve todos os conflitos de todos os lugares, já que o cerne do ativismo de Marx era *criar* conflitos que "se afigurassem como tal". E essa orientação política tampouco é um mero receituário para todo e qualquer conflito. Desse ponto de vista, o legado de Marx pode ser, talvez, uma inspiração, mais do que um fardo exegético. E, também desse ponto de vista, a luta de classes, a análise de classe e a teoria de classe armam o palco para vermos o que Marx tem a dizer sobre a história, o progresso, a democracia, o socialismo/comunismo, o capitalismo, a revolução, a exploração e a alienação — os temas que compõem a estrutura deste livro.

Por outro lado, nada impede que se leia Marx como filósofo, sociólogo, cientista político ou economista, e um cânone com mínimas variações nos textos "fundamentais" cai muito bem nos "manuais" para professores e alunos. Tal como no "olhar" político que adotamos, mas em contraste com ele, essa abordagem acadêmica gera diversas "versões de Marx" mais ou menos adequadas a suas finalidades, formando quebra-cabeças apropriadamente complicados e investigações acadêmicas capazes de infundir maior ou menor inspiração. Esse tipo de explicação começou a sério logo após a morte de Marx, com formulações sobre seu contato e, claro, sua crítica dos materia-

Posfácio

lismos filosóficos, dos idealismos, da dialética hegeliana, de histórias específicas e coisas do gênero, geralmente extrapolando o que ele dizia de um prisma *político* sobre os materialistas, os idealistas, os hegelianos, os dialéticos e as transformações históricas. Grande parte disso também se aplica a construções um pouco posteriores de suas "teorias" sobre as classes, a política de classe, o Estado, a revolução e o comunismo, e também às complexidades de seu trabalho sobre o valor, a mais-valia, a força de trabalho, a moeda, o capital e os mercados e, por extensão, aos conceitos econômicos mais familiares de preço, renda, produtividade e crise. Marx é, sem dúvida, uma grande diversão, como qualquer autor pode ser quando o revivem suficientemente como mestre e colega (mesmo que tenha centenas de anos). Também não há dúvida de que suas análises argumentativas e suas críticas *ad hominem*, complexas e eruditas, são expostas num estilo retórico memorável.

Este livro foi bem seletivo ao "trazer" algumas das várias "versões de Marx", a fim de oferecer ao leitor um panorama contemporâneo de seu legado (o testamento efetivo foi bastante simples, embora seu executor literário, Engels, tenha explorado os materiais remanescentes da maneira que descrevemos). Assim, leninistas, stalinistas e maoistas não aparecem nesse estudo introdutório, mas a construção de uma "teoria materialista da história" certamente aparece, pois persiste como artefato intelectual e político desde os dias de Engels até a hoje. Da mesma forma, outros conceitos canônicos como burguesia e proletariado, transformação revolucionária, ditadura do proletariado, valor, mais-valia e comunismo constam aqui (ainda que esquematicamente) como "elementos básicos". A metáfora de "base e superestrutura", agora onipresente, aparece enquanto tal apenas uma única vez nos escritos de Marx, e mesmo então só de passagem, a título de experiência; já aqui ela aparece nas discussões sobre a transformação histórica, na qual Marx situava essa imagem bastante tentadora. Do mesmo modo, Marx não recorria à "dialética" como fórmula em suas intervenções políticas, e até comentava irritado que não tinha nenhuma "chave mestra" para o desenvolvimento histórico e a transformação política, rejeitando qualquer "fórmula multiúso de uma teoria histórico-filosófica geral cuja virtude suprema consiste em ser supra-histórica".[1] Esta também se demonstrou uma ideia tentadora, extensamente desenvolvida por Engels, e tem sido seguida por alguns filósofos ilustres (e alguns nada ilustres).

É evidente, porém, que os ativismos de Marx não deixaram rastro em todos os nossos ativismos atuais, e disso se segue que ele talvez não tenha muito a nos dizer em alguns aspectos. Mas, em vista de seu estatuto como referência intelectual e política, está-se sempre tentando fazer com que ele fale a essas preocupações, embora muitas vezes essas tentativas "forcem a barra" (ou concluam que, na verdade, ele não está no lado certo das atuais questões, causas e movimentos "progressistas"). Marx não estava ativamente engajado na "questão da mulher", que gerou disputas e controvérsias explícitas nos círculos socialistas no final dos anos 1870, e assim, como era previsível, depois disso construiu-se "um Marx" que falasse a essa questão e à hierarquia de gênero em relação com a hierarquia de classes, tal como ele a concebia. Esse tipo de construção, como descrevemos, consiste em "garimpar" os arquivos em busca de trechinhos e citações, pois as mulheres (embora não numa apresentação em termos de gênero) de vez em quando

Posfácio 275

realmente aparecem em diversos contextos, ainda que apenas suplementando os assuntos em pauta.[2]

As políticas do nacionalismo, de raça/etnicidade e a perspectiva pós-colonial também têm se dedicado a situar o "pensamento" de Marx em relação a preocupações e projetos políticos em andamento, tanto práticos quanto intelectuais. O *Manifesto* sabidamente descarta os nacionalismos como movimentos políticos fortes e duradouros ("Os trabalhadores não têm nação própria"), embora a seção IV do texto trate dos partidos socialistas em cenários nacionais, necessariamente envolvidos numa política de alianças.[3] O jornalismo de Marx, porém, não rejeita em absoluto as nações e os projetos nacionalistas, e trata explicitamente das conquistas imperiais, da construção nacional e da revolta nacionalista em termos econômicos e políticos. Marx geralmente defendia uma perspectiva internacionalista da luta de classes e da libertação da classe trabalhadora, como seria de se esperar — ainda que ele e, muitas vezes, nós mesmos não tenhamos análises prontas nem respostas fáceis.[4] Embora propenso a usar na correspondência expressões informais que hoje são consideradas racistas, seus ativismos se alinhavam decididamente com os movimentos antiescravistas (ainda que fosse pouco receptivo a outros aspectos da hierarquia racial nas sociedades estruturadas em classes). Não é muito fácil construir "um Marx" que fale a essas questões, sobretudo quanto ao papel central (e não marginal) do colonialismo para o capitalismo e sua "lógica interna" — mas, de todo modo, os estudiosos atuais raramente consideram essas questões muito claras mesmo em termos conceituais.[5]

No entanto, Marx era diferente em muitos aspectos, e é por isso que este livro o enfocou como ativista engajado. Claro que nem todos os "grandes homens" da academia branca e ocidental estavam apartados de seu ambiente político ou se abstinham de ocasionais intervenções deliberadas, porém Marx tinha uma excepcional coerência como animal político, mesmo não sendo propriamente um político. Nenhum de seus contemporâneos teve sua perseverança, muitos caíram na obscuridade ou até renegaram seu radicalismo de juventude, e alguns, na verdade, ascenderam na política partidária de respeitáveis agremiações socialistas. No entanto, houve no século xx acontecimentos que tornaram Marx icônico, porém reduzido a fórmulas: Lênin, Stálin e Mao criaram cartilhas, cursos rápidos, paráfrases e reduções que se adequassem a suas finalidades políticas. Mas esses homens, à diferença de Marx, eram políticos e se tornaram líderes mundiais; apesar disso, das perspectivas atuais, nenhum desses ex-heróis (de diversos marxismos conflitantes) tem grande vulto no mundo dos estudos acadêmicos da "teoria social". Em certo sentido, tiveram êxito em algo que Marx, pelo visto, nem tentou. Por outro lado, platônicos, aristotélicos, kantianos, hegelianos, ricardianos ou weberianos não têm essa presença no cenário mundial, e seus respectivos gurus não ganharam avatares tão altamente politizados, como foi o destino de Marx.

Assim, neste livro um "olhar" político sobre Marx — como ativista no "cotidiano" — não gera uma nova versão de nenhuma das várias "versões de Marx" ou de um "Marx" tamanho único, mas isso, defendo, é um ponto forte — não do autor que aqui lhes fala, e sim de seu objeto.

Nota sobre as obras completas
e a formação do cânone

A bibliografia pode parecer um assunto árido e um processo
que apenas confere ordem ao óbvio, e o mesmo ocorre com
a formação do cânone — as grandes obras simplesmente chegam como grandes obras e as menores ficam em seus devidos
lugares. Mas, pelo menos com Marx, nem de longe as coisas
se passam assim, e as histórias políticas são muito complexas.
A presente "Nota" decorre do tema que abordei no começo do
livro, avisando o leitor que "Transformando Marx em 'Marx"
é um processo de construção que envolve a bibliografia e a
formação do cânone e fornecendo alguns "elementos básicos".
Aqui a apresentação é mais detalhada, embora não completa,
constituindo uma espécie de guia para o pano de fundo e para
a situação atual.

O próprio Marx sugeriu um projeto para a publicação de
suas obras reunidas no começo dos anos 1850; após tortuosas
negociações — visto que ele e sua turma estavam sob suspeita
na escalada que levou à caça às bruxas e aos julgamentos anticomunistas em Colônia, no final de 1852 —, saiu a primeira
parte dos *Gesammelte Aufsätze von Karl Marx* [Ensaios reunidos
de Karl Marx], publicados naquela cidade em abril de 1851,
edição hoje extremamente rara. Continha dois artigos (um
na íntegra, outro parcial) datando de seu jornalismo liberal/

radical de 1842.[1] O contexto político dos anos 1850 sugere que seus textos jornalísticos políticos do período revolucionário e imediatamente pós-revolucionário seriam os itens principais na continuação da série. Essa hipótese parece altamente provável, pois naquela mesma época Marx e Engels também estavam negociando com um editor suíço para dar continuidade à *Politisch-Ökonomische Revue*, revista de ambos, de 1850, sediada em Hamburgo. Esse periódico era o sucessor do revolucionário *Neue Rheinische Zeitung*, também de ambos, que sucumbira nas derrotas sofridas pelas forças e regimes revolucionários de 1849.[2] Nos seis números da revista, os dois autores/editores narravam os acontecimentos e as perspectivas das lutas de classe em curso na França e em outros lugares.[3]

Parece muito improvável que os textos manuscritos, redigidos para esclarecer suas próprias ideias, fossem comparecer nesse processo de publicação, mesmo que Marx tivesse sido motivado a terminá-los ou, pelo menos, organizá-los. Talvez em alguma circunstância ele completasse o esboço de sua *Crítica da filosofia do direito de Hegel* ou extraísse pessoalmente suas reflexões sobre a "alienação"[4] de seus "cadernos de excertos" — que entrelaçavam citações de economistas políticos e suas reflexões críticas iniciais —, mas isso parece um tanto forçado.[5] Marx já andava bastante ocupado nos anos 1850 com pesquisas realmente inovadoras sobre autores e conceitos que se mostravam mais pertinentes após a revolução do que antes dela — o que não significa de modo algum dizer que seus pensamentos iniciais não têm nada a ver com seus pensamentos posteriores. Mas, no geral, ele pouco se dispunha a um "garimpo" ou a uma reciclagem deliberada de ideias confusas anotadas em manuscritos igualmente confusos. Na verdade, ao longo dos

Nota sobre as obras completas e a formação do cânone 279

anos, ele era mais propenso a começar de novo do que a reelaborar rascunhos anteriores, e muitas vezes também relutava em mudar seus planos minuciosamente programados.

Os manuscritos que Marx deixou de lado nos anos 1840 geralmente se dirigiam — de uma forma ou outra — a adversários políticos e a um tipo de política altamente censurada e altamente intelectualizada que deixou de existir a partir dos anos 1850. A intenção de publicar os volumes de *Collected Essays* parece ter sido a de repor em circulação apenas aqueles itens que levantariam questões políticas ainda correntes e ainda controvertidas, como a liberdade de imprensa e o governo representativo, e não a de olhar para o passado num exercício um tanto narcisista. No projeto de reunir suas próprias obras Marx estava agindo, como sempre, como jornalista/ativista em sua *persona* pública, o que se reflete no cânone definido pessoalmente por ele.

O primeiro biógrafo de Marx, Franz Mehring, catalogou os papéis dos arquivos de Marx, mas morreu antes de pensar numa edição de obras reunidas, que incluiriam os poucos volumes publicados de Marx, também de textos reunidos. Após uma tentativa inicial em 1911-3,[6] esse projeto foi assumido por D. B. Riazánov, que trabalhou junto com uma equipe russo-alemã de acadêmicos e ativistas no começo dos anos 1920.[7] Anos depois, ainda no mesmo decênio, Riazánov foi preso por traição ao regime soviético e substituído por um sucessor stalinista. O projeto, *Marx-Engels-Gesamtausgabe*, resultou em apenas onze volumes e foi interrompido no início da Segunda Guerra Mundial.

Ao contrário da coleção de ensaios sugerida nos anos 1850, o Instituto Marx-Engels de Riazánov (e as entidades parceiras na Alemanha) seguia um conjunto de princípios de orientação científica e formulação acadêmica. O modelo criado visava a ser um exemplo de precisão histórica, de rigoroso método de análise textual e escrupulosa objetividade, dentro de uma visão política e politizante de ampla abrangência, a despeito das tiragens restritas e do enorme aparato acadêmico.[8] O projeto posterior, dos anos 1970, retomando o *Marx-Engels-Gesamtausgabe* (conhecido como MEGA2,[9] ainda em andamento) apresenta algumas diferenças em relação ao plano e à metodologia de Riazánov, mas as linhas gerais se mantêm deliberadamente similares. São algumas dessas similaridades que quero aqui abordar e comentar criticamente, apontando os aspectos negativos desses monumentos de erudição editorial que são construídos em homenagem a um "grande homem", mas que ratificam e confirmam esse tipo particular de construção.

O plano de Riazánov incluía não só uma cronologia e atribuição das obras de Marx e Engels, mas também uma separação e hierarquia: a Série 1 traria obras (tal como eram classificadas pelos editores, exceto *O capital*, que sairia em edições populares); a Série 2 traria manuscritos "econômicos" (aqui também conforme eram determinados pelos editores); e a Série 3 conteria cartas escritas por ambos.[10] O MEGA2 é montado em moldes similares (e, desde os anos 1970, rigorosamente seguidos): a Série 1 abrange obras (tal como determinadas pelos editores), exceto *O capital*; a Série 2 consiste em manuscritos e publicações "econômicas", começando em 1857-8 e incluindo *O capital*; a Série 3 traz a correspondência, incluindo cartas de terceiros; a Série 4 é composta dos cadernos de notas, incluindo excertos de anotações e vários itens heterogêneos.[11]

Nota sobre as obras completas e a formação do cânone 281

Se os artigos e livros publicados são fáceis de situar, os esboços não publicados de trabalhos apenas planejados (de várias maneiras) levantam diversas dificuldades. Com efeito, Riazánov inaugurou seu projeto com a "descoberta" de um "capítulo" de uma obra "planejada" por "Marx e Engels" (apenas) a ser editada num "volume" único com um título definitivo — a saber, o "capítulo sobre Feuerbach" da chamada *Ideologia alemã*.[12] Porém o que mais salta aos olhos — embora pouco se comente — é a classificação de algumas obras, publicadas ou não, como "econômicas" (e por que não "filosóficas", ou simplesmente — como é minha abordagem aqui — "políticas"?). Provavelmente esse fato reflete uma divisão de trabalho e de especialidades que na época parecia óbvia,[13] e ainda hoje parece, dentro do projeto MEGA2, no qual os estudiosos de *O capital* ficam geralmente separados de outros especialistas.

Isso encontra talvez um vívido exemplo no título editorial dado à montagem de textos extraídos dos cadernos manuscritos, publicados como outra "obra" em 1932. Embora apareçam combinados, os *Manuscritos econômico-filosóficos* de 1844 reúnem duas categorias distintas.[14] Trata-se de uma visível montagem feita a partir das "notas para si mesmo"[15] de Marx, que exigiria explicações doutas em termos que o autor não usou e repudiaria vivamente: suas batalhas políticas da época se davam contra os filósofos, precisamente porque *eram* filósofos. Mesmo então, ele estava lidando com a economia política — não confundir com a "economia" moderna[16] — como crítico movido por preocupações políticas.

Mas que tipo de violência esse processo de seletividade editorial e enquadramento tendencioso pratica contra o "pensamento" de Marx? E o que acontece com a *persona* que ele definira para si mesmo quando lhe é atribuído um "pensamento" — forçosamente presente em todas as suas obras —, sobretudo quando a recuperação desse "pensamento" passa a determinar o suposto sentido de seus escritos, tomados como "um todo"? Riazánov expôs sua visão com especial clareza em 1914:

> [...] [uma] biografia científica de Marx e Engels é uma das tarefas mais importantes e envolventes da historiografia moderna [...] Ela apresenta o desenvolvimento da visão de mundo de ambos em todas as suas fases, a qual se tornou ao mesmo tempo a teoria predominante da social-democracia internacional.[17]

É claro que é possível encaixar e inserir a contextualização histórica e política nos vários temas, mas isso envolve realmente minimizar (ou mesmo retirar) as intenções políticas, as atividades cotidianas e até o contexto intelectual da época. Lemos o que Marx e/ou Engels disseram sobre aqueles de cujas ideias ou estratégias discordavam, mas muito raramente lemos as obras daqueles que ambos estavam criticando. Mas, ainda que se comece pelos comentários autobiográficos de Marx em 1859 e pelas reflexões de Engels nos anos 1880, as polêmicas dos anos 1840 já tinham sido descartadas muito tempo antes como coisas tediosas, e os leitores modernos, mesmo os que dispõem do necessário domínio linguístico e de acesso a pesquisas de biblioteca, pouco incentivo têm para levar minimamente a sério alguma dessas figuras "menores", nem mesmo para entender sobre o que Marx estava falando e por que procedeu da maneira que procedeu.[18] Na verdade, o que importava para ele fica muito obscurecido, e aliás deliberadamente, por aqueles que já decidiram lê-lo como filósofo ou como sociólogo ou

Nota sobre as obras completas e a formação do cânone 283

como economista. É algo muito parecido com a história contada pelos vencedores, que comete violência contra os vencidos. A história dos vencedores comete violência contra eles próprios, caso não nos seja apresentada uma versão plausível das razões que conferiam sentido e importância a suas lutas perante si mesmos.

Talvez seja paradoxal, mas, com a separação e distribuição dos vários textos em vários gêneros (e respectivas hierarquias), a produção das obras reunidas visa deliberadamente a uma apresentação uniforme, oferecendo assim considerável praticidade aos leitores que desejam um fácil acesso ao texto. O recurso a coletâneas fac-similares pode parecer uma maluquice em termos de produção editorial, mas, em termos de reprodução digital, temos uma ideia melhor da coisa. Um fac-símile em papel do "Manifesto do Partido Comunista" é algo instrutivo de se ver ou de fazer circular numa sala de aulas, ou entre o público de uma palestra; tem outro ar, emana outra sensação, e sua crueza evoca um mundo de lutas e ativismos. Mas a impressão tipográfica de má qualidade e as letras góticas desse folheto "descomposto" — mesmo para os que leem alemão — apresentam obstáculos à leitura.

Minha questão aqui é indagar o que acontece quando todas as obras de qualquer espécie não só são chamadas de "obras" que abrangem um "pensamento", mas são apresentadas *todas com a mesma aparência* na página impressa. Assim fica fácil ler Marx como "pensador" expondo itens de "pensamento" que muitas vezes exigem ser separados da prosa "secundária", especialmente nas polêmicas (pelas quais Marx tinha desenfreado apreço) e na correspondência (que, por definição, é repleta de elementos do cotidiano). Lidas assim, as ideias do "pensador"

284 *Marx*

devem ser entesouradas como tal se forem coerentes com o que já se sabe ser seu "pensamento", e investigadas se forem ou parecerem incoerentes com ele. Com índices remissivos — pelo menos por volume, como nas *Collected Works* em inglês —, fica facílimo citar "Marx" daqui ou dali, como se fosse sempre a mesma pessoa escrevendo para o mesmo público no mesmo veículo e no mesmo contexto, a despeito das breves contextualizações editoriais (neste caso, escondidas em notas de fim).

Pode-se também usar esse argumento ao contrário, como descobri quando me pediram para examinar o pensamento de Marx sobre as crises econômicas, solicitação não infrequente no clima político pós-2008. Enquanto muitos colegas, especialistas nos manuscritos "econômicos", recorriam sem vacilar àqueles volumes "econômicos", e, aliás, exclusivamente a eles, minha proposta foi a de reconstruir o "pensar" (mais do que o "pensamento") de Marx durante uma crise econômica real, a saber, a quebra financeira euro-americana de 1857-8.[19] Isso demandava a tarefa de coordenar, quase dia a dia, suas análises, escritos e publicações — inclusive de cartas e artigos de jornal — durante esse curto período. O objetivo era ver quais eram suas ideias e o que ele queria fazer com elas, em vez de extrair sua "teoria", mesmo naquele ponto supostamente inicial, como se fosse uma conceitualização única e sem contexto.

Se essa abordagem era válida ou não, e se daria realmente certo ou não, é algo que continua em aberto. O que quero dizer é que a divisão tendenciosa dos escritos de Marx em gêneros de orientação acadêmica traz consequências: se a pessoa aborda Marx como jornalista/ativista, trabalhando no cotidiano, a fim de aproximar seus textos e sua experiência concreta, fica bem mais difícil se orientar no corpo das *Collected Works* em inglês

Nota sobre as obras completas e a formação do cânone   285

ou do MEGA2 nos idiomas originais. Rastrear as "obras" dispersas em vários volumes, reexaminar nas resenhas se tal ou tal manuscrito é ou não "econômico" e coordenar tudo isso com a correspondência — que arrola as iniciativas e respostas de terceiros em separado das respectivas cartas de Marx-Engels — é, de fato, um trabalho muito árduo. Mas seria ainda mais árduo se esses itens não tivessem sido reunidos, transcritos, acompanhados de introduções e notas de rodapé, e analisados com um *apparatus criticus* em conformidade com a ciência bibliográfica.

O local mais importante onde se podem rastrear os desenvolvimentos que transformaram Marx em "Marx" não são as narrativas biográficas em si, mas as seleções, listagens e revisões bibliográficas produzidas ou reproduzidas pelos biógrafos. No caso de praticamente qualquer pensador, ou mesmo pintor ou compositor, a atribuição de maior ou menor status a uma obra, ou mesmo a uma "obra" manuscrita, inacabada ou em versão bruta, representa o recurso narrativo com que uma biografia avança seguindo uma linha cronológica geral. O exemplo mais claro dessa interação entre cronologia e bibliografia, à maneira de um andaime, é talvez *Karl Marx: Chronik seines Lebens in Einzeldaten* [*Karl Marx: Crônica de sua vida organizada por data*], livro admirável, porém não traduzido, de V. Adorátski, bem como trabalhos similares posteriores que utilizam o mesmo sistema. Embora a estrutura em forma de diário pareça recontar o cotidiano, qualquer que tenha sido a ocorrência num determinado dia a ser registrada de alguma maneira (normalmente em cartas), o que dá impulso é claramente a história das grandes obras, que o cronista já conhece numa determinada hierarquia, pois, do contrário, o cotidiano — assim se presume — seria de pouco interesse. Esses detalhes do cotidiano não construiriam a biografia como a de um "pensador", embora seja cada vez mais *de rigueur* salpicar algumas dessas pitadas "humanas", mesmo numa árida cronologia.[20]

Como vimos, a seleção e a hierarquia de obras com que Marx se apresentou a seus leitores, nas poucas vezes que fez isso, são muitíssimo diferentes da seleção e da hierarquia com que ele tem sido construído — e significativamente reconstruído várias vezes — nesses cerca de 130 anos desde sua morte.[21] A conclusão aqui não é que Marx estava certo e os outros estavam errados, ou que algum dos outros está "mais certo" que os demais. Em lugar disso, minha conclusão é que o processo de formação do cânone tem outra dimensão, que requer uma exploração crítica.

Pode-se observar a formação do cânone não só nas obras individuais republicadas — ou reconstruídas e publicadas de novo —, estratégia vigorosamente adotada por Engels após a morte de Marx,[22] prosseguindo desde então em ritmo acelerado. E a formação do cânone tampouco se consolida nas várias seletas e coleções de obras — completas, completadas ou selecionadas — que têm sido amplamente publicadas e mundialmente distribuídas desde os anos 1930. Pelo contrário, nos anos 1920 a formação do cânone deu uma guinada importante, alçando-se a um novo patamar, ao adotar o formato de obras completas ou de coleções importantes em vários volumes. É um processo específico que continua em andamento, mas aparenta estar acima e além de exame, como uma atividade arquivística obscura, de erudição-para-eruditos.

Agora há tiragens enormes de volumes enormes que levam a obra de Marx, tal como definida pelos bibliógrafos, a públicos de todo o mundo nas línguas originais, nem sempre o alemão,

Nota sobre as obras completas e a formação do cânone   287

e em várias traduções uniformes. Essas coleções incorporam juízos editoriais e hierarquias bibliográficas em forte contraste com o contexto cotidiano em que Marx escreveu o que escreveu a fim de fazer o que fazia. Com efeito, os próprios atributos físicos da produção desses livros — ou mesmo as tecnologias de leitura on-line atuais — militam contra uma fusão de horizontes interpretativos entre o ativismo político cotidiano de Marx e as percepções dos leitores contemporâneos. Em suma, com a produção de obras reunidas, Marx — a despeito da homenagem a ele como "homem e combatente"[23] — tornou-se mais um grande escritor ou pensador, e mesmo filósofo, nas estantes das bibliotecas e nas bibliografias de curso. Ali está Marx, junto a, mas talvez infelizmente equiparado a, congêneres como Aristóteles ou Leibniz, Kant ou Hegel, ou inúmeras outras produções no gênero acadêmico supremo — as obras completas, cartas e textos de toda espécie editados e reproduzidos segundo sólidos princípios, belamente impressos, homogeneamente encadernados e "prestimosamente" numerados, mesmo que alguns desses sistemas de catalogação e numeração sejam um desastre para bibliotecários e leitores.

Existem ganhos e perdas nessa aplicação dos princípios da ciência bibliográfica às obras de Marx, os quais assim estabelecem que a melhor maneira de entender sua vida — ainda que implicitamente — é da forma determinada pelas mais altas autoridades acadêmicas. Isso não quer dizer que seja ruim ter trinta e poucos ou cinquenta (ou quase 150) volumes de obras de Marx e de Engels na estante; quer dizer apenas que, além dos ganhos, é possível que haja perdas. É claro que ganhos e perdas se referem ao leitor e ao projeto em questão, e tenho certeza de que nem todos concordarão com meu olhar sobre a situação. O objetivo, porém, é sugerir que se faça um exame mais cuidadoso, em vez de simplesmente aceitar um produto, mesmo acadêmico, só pelas aparências. Não estou dizendo que obras reunidas nunca deveriam existir ou ser compiladas. Os autores lançam seus textos — e a vida que viveram — para os leitores e a posteridade em geral, e, portanto, não controlam o jogo de significados que se desenvolve entre leitores e acadêmicos que se esforçam, pelo menos às vezes, em despertar o interesse de um público mais amplo do que o grupo de especialistas. Tomar Marx como filósofo (sem dúvida era qualificado) funciona bem para os interessados em filosofia. O mesmo se aplica aos interessados no pensamento econômico heterodoxo (no qual ele também era qualificado) e da mesma forma à sociologia, em que ele é leitura obrigatória e, na verdade, tido como fundador. As obras reunidas se esforçam muito para torná-las atividades melhores e experiências mais enriquecedoras, até ganhando de vez em quando uma menção na televisão, em podcasts e nas mídias sociais.

Mas mesmo quando há — como em minha discussão acima — um esforço de recontextualizar essas obras como intrínseca e imediatamente políticas, isto é, tendo como alvo certos públicos específicos e mensagens talhadas de acordo, a hierarquia dentro do cânone reunido volta a prevalecer. Essa hierarquia distingue entre obras maiores e obras menores, comumente baseando-se no gênero. Assim, os artigos de jornal são incluídos, mas como mero jornalismo, e são pouco usados pelos estudiosos. Inversamente, é mais fácil que notas e manuscritos inéditos, inclusive aqueles que jamais se destinaram à publicação, ou simplesmente nem foram revistos e ficaram abandonados, sejam alçados ao status de cânone e ao exame acadêmico,

Nota sobre as obras completas e a formação do cânone   289

precisamente porque são — ou pensa-se serem — "obras" (e não mero jornalismo), vistas com frequência como soluções de enigmas (por exemplo, os termos exatos da "interpretação materialista da história") ou como origem de um Marx "novo" ou "desconhecido" (por exemplo, o "Marx humanista"). Em alguns casos, dá-se um processo de "promoção de gênero", em que um trabalho bem pequeno (por exemplo, um prefácio escrito às pressas para um fascículo pouco lido) adquire importância como livro,[24] ou um folheto é republicado num volume bem fininho e aí passa a ser tratado bibliograficamente como livro.[25]

As biografias são exercícios de visão retrospectiva, e as bibliografias são exercícios de formação do cânone. São tecnologias de produção do conhecimento e, portanto, de uma imediatez que atravessa os tempos. Mas, para obter essa imediatez (e o consequente "efeito de realidade"), essas tecnologias de alta complexidade tentam se apagar ao máximo, para não estragarem aquele panorama.[26] As manchas tecnológicas nessa espécie de vidro transparente costumam ser removidas para notas de rodapé e apêndices das obras acadêmicas, em que os leitores podem ter contato com as fontes primárias e secundárias. Nas obras populares, esses traços da construção acadêmica desaparecem por completo ou são banidos para notas no final do livro.[27] No entanto, a autobiografia e as biografias de Marx têm suas histórias e metodologias próprias, e cada uma delas tem seu próprio contexto e sua própria finalidade. Marx não pode ter a mesma "vida e pensamento" e a mesma lista de "grandes obras" arroladas por ordem de importância para todos durante o tempo todo em todos os lugares, quem quer que sejam essas pessoas e onde quer que estejam. Mesmo assim, a biografia intelectual definitiva continua à espreita como uma espécie de ideal platônico ou de tipo ideal weberiano, e é a ela que os marxologistas supostamente visam.[28]

Esse mesmo problema da teleologia e da projeção se aplica à aparência que julgamos que Marx tinha: suas primeiras imagens são do final da adolescência e até os vinte e poucos anos, mas pouca gente (a não ser os parentes mais próximos) reconheceria sem qualquer dica prévia que aquele jovem estudante de uniforme era Marx. Há um grande lapso temporal até o aparecimento nos registros históricos da primeira fotografia de verdade — tirada com quarenta e poucos anos, e com barba espessa —, mas ele só se torna instantaneamente identificável como o Marx que conhecemos (e amamos ou odiamos) quando já estava com cinquenta e tantos anos.[29] Aquele "ar" professoral e um tanto autoritário foi identificado com uma *persona* biográfica dez anos após a imagem, e o rosto daquele homem com barba grisalha se converteu em Marx-como-Marx de uma forma atemporal e — como se vê no Cemitério de Highgate, em Londres — implacavelmente petrificada.

A representação fotográfica formal é icônica por si só, mas apenas quando se constrói intertextualmente o tipo certo de notoriedade — próxima, neste caso, da hagiografia e da demonologia — para acompanhar a imagem. Mesmo quando não restou ou nunca houve qualquer imagem autenticada, preenchemos nossos panteões com imagens grandiosas que "querem" que as vejamos assim.[30] O espaço em que se encontram — seja dentro de um edifício, como monumento ao ar livre ou na capa de um livro — nos diz de imediato que são "grandes". O retrato na capa já nos diz que o livro é uma biografia e que, salvo raras exceções, não se trata de um zé-ninguém. Pou-

Nota sobre as obras completas e a formação do cânone 291

cos biógrafos nos relembram — a não ser de passagem — as imagens de "zé-ninguém" que estão mais próximas da pessoa que escreveu obras então desconhecidas ou pouco conhecidas, ou manuscritos que, desde então, têm sido construídos como "obras" ao longo dos anos.

Esses elementos essenciais de "grandeza" — a bibliografia meticulosa, a formação do cânone sob curadoria e as imagens iconizadas — tornam-se marcos fundamentais nas biografias intelectuais que têm construído de variadas formas a "vida e pensamento" de Marx. O presente livro sugere que poderíamos fazer uma pequena pausa, examinar outra perspectiva e colocar outra pergunta: o que ele estava fazendo com os escritos que chegaram até nós, quando pensava em "contribuir para uma mudança" política e, assim, criava seu próprio "Marx", cotidiano e não icônico?

Agradecimentos

Sou imensamente grato a diversos estudantes e colegas que, ao longo dos anos, de maneira gradual, mas muito importante, contribuíram para este livro, além de tornarem divertido escrevê-lo. Também agradeço de coração a dois diligentes revisores que deram uma enorme contribuição para sua versão final. E agradeço especialmente a George Owers, editor na Polity Press, que julgou que eu "podia ter algo a dizer".

O capítulo 1 é uma versão revista de um artigo publicado anteriormente ("Making Marx Marx", *Journal of Classical Sociology*, v. 17, n. 1, pp. 10-27, 2017) e utilizado aqui com autorização.

Cronologia

Data	Marx	Engels
1818	Nasce em 8 de maio, em Trier, na Prússia renana, hoje território alemão.	
1820		Nasce em 28 de novembro, em Barmen, na Bergisches Land prussiana, hoje Wuppertal, na Alemanha.
1836	Frequenta a Universidade de Bonn.	
1837		Deixa a escola para trabalhar na empresa da família.
1838	Frequenta a Universidade de Berlim.	
1841	Conclui o doutorado na Universidade de Iena.	Presta serviço militar em Berlim e assiste a preleções na universidade.
1842	Escreve artigos para o *Rheinische Zeitung* em Colônia.	
1843	Casa-se com Jenny von Westphalen; inicia estudos manuscritos (publicados postumamente como *Crítica da filosofia do direito de Hegel*).	

Cronologia   295

Data	Marx	Engels
1844	Muda-se para Paris, continua estudos manuscritos (postumamente publicados como *Manuscritos econômico-filosóficos*) e edita o *Deutsch-Französische Jarbücher* com Arnold Ruge, incluindo dois artigos próprios e dois de Engels.	Escreve *A situação da classe trabalhadora na Inglaterra*; visita Marx em Paris com "Esboço de uma crítica da economia política".
1845	Publica *A sagrada família* em coautoria com Engels, muda-se para Bruxelas e continua a rascunhar manuscritos com Engels (publicados postumamente em forma de livro sob o título *A ideologia alemã*).	Vai a Manchester com Marx.
1847	Publica *Miséria da filosofia* e "Discurso sobre o livre-comércio".	Rascunha textos para a Liga Comunista.
1848	Publica (anonimamente) "Manifesto do Partido Comunista"; volta a Paris a convite do governo revolucionário e então se muda para Colônia.	Trabalha com Marx no "Manifesto" e no *Neue Rheinische Zeitung*.
1849	Emigra para Londres.	
1850	Publica a *Politisch-Ökonomische Revue*.	Ingressa na empresa da família em Manchester.

Data	Marx	Engels
1851	Escreve *O 18 de brumário de Luís Bonaparte*, publicado em 1852; começa a escrever para enciclopédias e jornais americanos e de outros países.	Auxilia Marx no jornalismo e em obras de referência.
1857	Retorna ao substancial trabalho na "Crítica da economia política" (publicada postumamente como *Grundrisse*).	
1859	Publica o "fascículo" *Contribuição à crítica da economia política*.	Publica resenha do livro de Marx.
1864	Começa a trabalhar com a AIT.	
1867	Publica o primeiro volume de *O capital*.	Publica resenhas do livro de Marx.
1869		Deixa o emprego e se muda para Londres.
1871	Publica "A guerra civil na França".	
1872	Revisa o primeiro volume de *O capital* para publicação na França.	
1875	Escreve "Glosas marginais" (publicadas postumamente como *Crítica do programa de Gotha*).	
1883	Morre em 14 de março em Kentish Town, Londres.	Profere o "Discurso junto ao túmulo".
1895		Morre em 5 de agosto, em Primrose Hill, Londres.

Abreviaturas

AIT — Associação Internacional dos Trabalhadores, 1864-76.

CW — Karl Marx e Frederick Engels, *Collected Works*. Londres: Lawrence & Wishart, 1975-2004. 50 v.

EPW — Karl Marx, *Early Political Writings*. Org. e trad. de Joseph O'Malley, com Richard A. Davis. Cambridge: Cambridge University Press, 1994.

LPW — Karl Marx, *Later Political Writings*. Org. e trad. de Terrell Carver. Cambridge: Cambridge University Press, 1996.

Notas

Introdução: um outro Marx [pp. 9-32]

1. Ver a biografia datada, porém clássica, de B. Nicolaevsky e O. Maenchen-Helfen, *Karl Marx: Man and Fighter*; essa tradução para o inglês foi a primeira edição da obra, visto que o original alemão de 1933 não pôde ser publicado durante o regime nazista anticomunista.
2. K. Marx e F. Engels, *Manifesto of the Communist Party*, LPW, p. 1; CW, v. 6, p. 482.
3. Para uma biografia deliberadamente "humanizadora", ver F. Wheen, *Karl Marx*.
4. K. Marx, "Theses on Feuerbach", EPW, p. 116; CW, v. 5, p. 5; grifo do original.
5. Como em J. Sperber, *Karl Marx: A Nineteenth-Century Life*.
6. Marx comentou num posfácio (1872) a *O capital* que não estava "escrevendo receitas [...] para as lojas de comida do futuro". CW, v. 35, pp. 17.
7. Para uma abordagem analítica da questão Marx/Engels, ver T. Carver, *Marx and Engels: The Intellectual Relationship*; para outra versão, ver S. H. Rigby, *Engels and the Formation of Marxism: History, Dialectics and Revolution*.
8. Para o pano de fundo e uma discussão, ver T. Carver, *Engels: A Very Short Introduction*, cap. 5. A concepção de "materialismo" de Engels fundia — como continuam a fazer muitas exegeses e teorizações — a física da matéria em movimento (como forças independentes da ação humana) e a atividade social como atividade "econômica" (envolvendo coisas e forças materiais, mas surgindo claramente apenas de ações humanas); o "idealismo" no sentido filosófico é a concepção de que a realidade e o conhecimento da realidade dependem da mente ou são de alguma maneira imateriais.
9. K. Marx, "Preface", LPW, p. 161; CW, v. 29, p. 264.
10. Para um exemplo recente desse gênero, ver J. P. Holt, *The Social Thought of Karl Marx*.
11. Para mais detalhes, ver a lista de abreviaturas na p. 296.

Notas 299

12. Ver o Marx-Engels Archive: <www.marxists.org/archive/marx/index.htm>.

1. Transformando Marx em "Marx" [pp. 33-55]

1. Este capítulo reproduz o texto de meu artigo "Making Marx Marx", de 2017.
2. D. McLellan, *Karl Marx: His Life and Thought*; T. Carver, *Friedrich Engels: His Life and Thought*.
3. Conforme foi tratado na Introdução.
4. Esta seção também se baseia em materiais publicados em T. Carver, "McLellan's Marx: Interpreting Thought, Changing Life", pp. 32-45.
5. Para uma breve biografia intelectual bem recente, com imagens ilustrativas, ver P. Thomas, *Karl Marx*.
6. Para um vívido quadro da política local em Trier, ver J. Sperber, *Karl Marx*, cap. 1.
7. Ver capítulo 4, "Democracia e comunismo/socialismo".
8. Ver capítulo 5, "Capitalismo e revolução".
9. *CW*, v. 4, pp. 5-211; note-se que *CW*, v. 4, arrola essa obra como de autoria de "Karl Marx and Frederick Engels", ao passo que, na página de rosto do volume original, o nome de Engels consta em primeiro lugar.
10. Uma arrojada incursão na "questão social": ver capítulo 2, "Luta de classes e conciliação de classes".
11. Ver capítulo 4, "Democracia e comunismo/socialismo".
12. *CW*, v. 6, pp. 72-4.
13. *The Poverty of Philosophy*, in *CW*, v. 6, pp. 105-212.
14. Ver a esclarecedora discussão da relação intelectual entre o jovem Marx e os socialistas utópicos em D. Leopold, *The Young Karl Marx: German Philosophy, Modern Politics and Human Flourishing*, cap. 5.
15. *CW*, v. 6, p. 73; grifo do original.
16. *CW*, v. 6, pp. 73-4; ver, em W. C. Roberts, *Marx's Inferno: The Political Theory of Capital*, pp. 35-50, o argumento de que Proudhon e o proudhonismo eram os principais objetos de exame crítico e ataque de Marx, inclusive no trabalho político posterior na AIT e na obra crítica sobre economia política em *O capital* (a despeito das aparências); ver também os detalhados estudos contextuais em P. Thomas, *Karl Marx and the Anarchists*, pp. 175-248; e A. Gilbert, *Marx's Politics: Communists and Citizens*, pp. 82-94.

17. O precursor da economia moderna: ver capítulo 2, "Luta de classes e conciliação de classes".

18. *LPW*, pp. 158-62; *CW*, v. 29, pp. 261-5.

19. *CW*, v. 16, pp. 465-77.

20. Em oposição à nota biográfica anterior, de 1847, tratada acima.

21. Ver a discussão em W. C. Roberts, *Marx's Inferno*, pp. 41-2.

22. Ver capítulo 6, "Exploração e alienação".

23. Mas ver meu amplo uso desses materiais no capítulo 2, "Luta de classes e conciliação de classes".

24. *EPW*, pp. 57-70; *CW*, v. 3, pp. 175-87.

25. *EPW*, pp. 28-56; *CW*, v. 3, pp. 146-74.

26. *EPW*, pp. 71-96; *CW*, v. 3, pp. 229-346, em que é desenvolvida a "teoria da alienação", agora famosa.

27. *EPW*, pp. 119-81; *CW*, v. 5, pp. 19-539; sendo publicado apenas nos anos 1920 e 1930. Para um estudo histórico e analítico em dois volumes desse "livro" inventado, ver T. Carver e D. Blank, *A Political History of the Editions of Marx and Engels's "German Ideology Manuscripts"*; e T. Carver e D. Blank, *Marx and Engels's "German Ideology" Manuscripts: Presentation and Analysis of the "Feuerbach Chapter"*.

28. Ver J. Rojahn, "The Emergence of a Theory: The Importance of Marx's Notebooks Exemplified in Those from 1844", pp. 29-46.

29. *LPW*, pp. 1-30; *CW*, v. 6, pp. 477-519; e T. Carver e J. Farr (Orgs.), *The Cambridge Companion to The Communist Manifesto*. Esse texto é tratado adiante como peça central para Marx "se transformar em Marx" nos anos 1870.

30. *CW*, v. 6, pp. 450-65.

31. Mas aqui tratado no contexto do ativismo de Marx no capítulo 4, "Democracia e comunismo/socialismo".

32. *LPW*, p. 162; *CW*, v. 29, pp. 264-5.

33. K. Marx, *Grundrisse: Foundations of the Critique of Political Economy*. Ver M. Musto (Org.), *Karl Marx's Grundrisse: Foundations of the Critique of Political Economy after 150 Years*.

34. K. Marx, *Grundrisse*, pp. 81-111.

35. Minha tradução provavelmente dá essa impressão, mas, na época, a intenção não era essa; ver K. Marx, *Texts on Method*, pp. 46-87, e comentários detalhados às pp. 88-158.

36. *LPW*, p. 162; *CW*, v. 29, p. 265.

Notas   301

37. Essa seção se baseia em materiais publicados em T. Carver, "The *Manifesto* in Marx's and Engels's Lifetimes", pp. 68-72.
38. "The Civil War in France", *LPW*, pp. 163-207; *CW*, v. 22, pp. 307-55; o texto era um discurso aos proletários do mundo, feito em nome do Conselho Geral da AIT; para uma apresentação detalhada do renome de Marx, ver G. Stedman Jones, *Karl Marx: Greatness and Illusion*, pp. 507-9.
39. Não que eles não tivessem divergências políticas; ver H. Draper, *The Adventures of the Communist Manifesto*, pp. 36-8.
40. Ibid., pp. 48-52.
41. *CW*, v. 23, pp. 174-5.
42. H. Draper, *Adventures*, pp. 48-9.
43. *CW*, v. 35, pp. 7-761.
44. *CW*, v. 46, p. 356; *CW*, v. 49, p. 7.
45. A segunda (1872) e a terceira (1883) edições alemãs de *O capital* pouco acrescentaram em termos de conteúdo ou de apresentação, em comparação ao enorme afinco que Marx dedicou à versão francesa.
46. Para uma discussão dessa ideia, ver T. Carver, *Engels: A Very Short Introduction*, cap. 5.
47. *CW*, v. 24, pp. 463-81.
48. *CW*, v. 25, pp. 5-309.
49. *CW*, v. 24, pp. 281-325.
50. *CW*, v. 26, pp. 129-276.
51. *CW*, v. 26, pp. 353-98.
52. F. Mehring (Org.), "Aus dem literarischen Nachlass von Karl Marx, Friedrich Engels und Ferdinand Lassalle".

2. Luta de classes e conciliação de classes [pp. 56-103]

1. Ver as discussões históricas e conceituais em W. Atkinson, *Class*, pp. 4-9.
2. Os cartórios eleitorais costumam ser dos poucos lugares onde as pessoas não são identificadas e classificadas por gênero (como H ou M).
3. Ver "What Are the Panama Papers?". Disponível em: <www.theguardian.com/news/2016/apr/03/what-you-need-to-know-about-the-panama-papers>.
4. K. Pickett e R. G. Wilkinson, *The Spirit Level*.

302 *Marx*

5. Para uma discussão dessas questões, ver M. B. Steger e R. K. Roy, *Neoliberalism: A Very Short Introduction*; as Palestras Gifford de G. A. Cohen, publicadas no volume *If You're an Egalitarian, How Come You're so Rich?*, apresentam os principais pontos de debate.

6. Para uma visão geral e uma discussão, ver W. Doyle, *The French Revolution: A Very Short Introduction*.

7. Ver <http://occupywallst.org/forum/first-official-release-from-occupy-wall-street/>.

8. Para uma listagem on-line que arrola quase mil cidades em mais de oitenta países, inclusive mais de seiscentas nos Estados Unidos, ver <en.wikipedia.org/wiki/List_of_Occupy_movement_protest_locations>.

9. Para um breve estudo analítico, ver M. Kohn, *The Death and Life of the Urban Commonwealth*, cap. 7.

10. Ver capítulo 4, "Democracia e comunismo/socialismo".

11. E a conselho de seus aliados: o jornal teve suas atividades encerradas após uma reclamação do czar Nicolau I da Rússia, notoriamente absolutista e reacionário; G. Stedman Jones, *Karl Marx: Greatness and Illusion*, p. 120; o número de leitores podia ser reduzido, mas alguns deles tinham visível "alcance" internacional.

12. H. Lubasz, "Marx's Initial Problematic: The Problem of Poverty", pp. 24-42; boa parte da discussão a seguir se baseia nesse artigo.

13. *CW*, v. 1, p. 234; grifo do original.

14. Ibid., pp. 224-63.

15. Ibid., pp. 230-1; grifo do original; tradução levemente modificada.

16. Ibid., pp. 312-3.

17. Ibid., p. 333.

18. Ibid., pp. 332-58.

19. Ibid., p. 342.

20. Ibid., p. 337; grifo do original.

21. Ibid., p. 347.

22. Índice de Liberdade Econômica 2017; ver <www.heritage.org/index/pdf/2017/book/index_2017.pdf>.

23. Ver capítulo 4, "Democracia e comunismo/socialismo".

24. A "Declaração dos direitos da mulher e da cidadã" teve vida efêmera na França revolucionária; sua autora, Olympe de Gouges (1748-93), foi guilhotinada durante o Terror.

25. Constituição dos Estados Unidos da América, Décima Quarta Emenda.

Notas 303

26. D. Leopold, *Young Karl Marx*, p. 20, n. 8.

27. *CW*, v. 1, p. 262.

28. Ibid., p. 349; grifo do original; tradução levemente modificada.

29. *LPW*, pp. 158-9; cf. *CW*, v. 29, pp. 261-2, que, evidentemente, é um tanto mais livre; ver também capítulo 1, "Transformando Marx em 'Marx'".

30. Engels a Richard Fisher, 15 abr. 1895, em *CW*, v. 50, p. 497.

31. Marcos 14,7; Mateus 26,11; João 12,8.

32. Como foi observado no capítulo 1, "Transformando Marx em 'Marx'".

33. O próprio Marx usava esses termos de maneira variada, mas apenas raramente empregava "teoria" [*theorie*]; *LPW*, p. 1; *CW*, v. 6, p. 482.

34. Ver J. Martin, *Politics and Rhetoric: A Critical Introduction*.

35. Para uma discussão, ver J. Martin, "The Rhetoric of the Manifesto", pp. 50-66.

36. Como vimos no capítulo 1, "Transformando Marx em 'Marx'".

37. Ver capítulo 5, "Capitalismo e revolução".

38. Ver capítulo 1, "Transformando Marx em 'Marx'"; é claro que uma revisão teria de ser publicada de forma clandestina.

39. Para uma apresentação histórica e documental, ver M. Musto (Org.), *Workers Unite! The International 150 Years Later*.

40. Marx a Joseph Weydemeyer, 5 mar. 1852, em *CW*, v. 39, p. 62; ver também capítulo 4, "Democracia e comunismo/socialismo".

41. Como vimos no capítulo 1, "Transformando Marx em 'Marx'".

42. *CW*, v. 6, p. 482.

43. Ibid., p. 482.

44. Em minha retradução do *Manifesto*, substituí as expressões em alemão e francês por "classes mercantis" e "classes trabalhadoras" (mais compatíveis com o uso corrente nos anos 1990), mas o consultor editorial estipulou que a versão publicada manteria as locuções "tradicionais" (de 1888) "*Bourgeoisie*" e "*Proletariat*", não muito vernaculares no inglês; *LPW*, pp. 1-30, e *passim*.

45. *CW*, v. 37, pp. 870-1.

46. Para uma discussão do papel do trabalho e da força de trabalho como marcadores conceituais para a luta de classes na teorização de Marx sobre o "modo de produção capitalista", ver capítulo 5, "Capitalismo e revolução", e capítulo 6, "Exploração e alienação".

47. Para uma brevíssima visão geral que segue esse esboço, ver W. Atkinson, *Class*, pp. 19-24.

48. J. P. Holt, *Social Thought of Karl Marx*, apresenta essa visão no capítulo 4 ("Class"), pp. 89-119.

49. *LPW*, p. 1; *CW*, v. 6, p. 481.

50. A associação do "espectro" a conceitos de *"haunting"* (como na tradução inglesa de 1888) e *"hauntology"* (como no ensaio de Jacques Derrida [*"hantise"*, em francês]) é uma séria distorção do argumento de Marx, visto que *haunting* (assombração) implica um retorno dos mortos como espectro fantasmagórico, enquanto o objetivo retórico do *Manifesto* é contrapor à realidade viva do comunismo uma aparição falsa e assustadora; o sentido do texto não tem nada a ver com a morte, e a força retórica se dissipa se o comunismo está morto e simplesmente nos "assombra"; ver J. Derrida, *Specters of Marx*, e T. Carver, *The Postmodern Marx*, cap. 1, para uma discussão.

51. Semioticamente, usava-se o vermelho para indicar as forças antimonarquistas e, portanto, democratizantes da Revolução Francesa, em especial aquelas mais contrárias à conciliação com princípios hereditários e absolutistas, já que estes se opunham à sua defesa da soberania popular e do igualitarismo constitucional.

52. Para uma visão política e filosófica geral e uma discussão crítica, ver D. Losurdo, *Class Struggle*.

53. Leszek Kołakowski, em *Main Currents of Marxism*, associa sistematicamente o comunismo e a repressão autoritária da União Soviética a "falhas" no pensamento de Marx, e é um monumento em seu gênero.

54. O sensacionalismo de R. Payne em *Marx: A Biography* segue essa linha; ver capítulo 4, "Democracia e comunismo/socialismo".

55. Ver E. H. Carr, *Karl Marx: A Study in Fanaticism*.

56. Para uma apresentação muito vívida e detalhada das ligações e atividades políticas do casal Marx nesse período pré-revolucionário, ver M. Gabriel, *Love and Capital: Karl and Jenny Marx and the Birth of a Revolution*, pp. 51-120, em especial quando Jenny conta que Marx comprou armas de fogo.

57. G. Steadman Jones, *Karl Marx: Greatness and Illusion*, pp. 239-40.

58. *CW*, v. 4, p. 677.

59. *CW*, v. 38, p. 18.

60. Engels a Marx, 22 fev.-7 mar. 1845, *CW*, v. 38, pp. 22-3.

61. *CW*, v. 38, p. 24.

62. Ibid., p. 22.

63. G. Steadman Jones, *Karl Marx: Greatness and Illusion*, pp. 237-44.

Notas 305

64. Marx a Proudhon, 5 maio 1846, *CW*, v. 38, p. 39.
65. Como vimos no capítulo 1, "Transformando Marx em 'Marx'"; *CW*, v. 38, pp. 39-40.
66. *LPW*, pp. 8-12; *CW*, v. 6, p. 496, usa o termo *"inevitable"* ["inevitável"], filosoficamente tendencioso, para *unvermeidlich*.
67. *CW*, v. 38, p. 25, 573 n. 37.
68. Para uma minuciosa apresentação da relação de Marx com os utopistas, socialistas ou não, ver D. Leopold, *Young Karl Marx*, cap. 5; ver também capítulo 4, "Democracia e comunismo/socialismo".
69. Engels a Marx, 17 mar. 1845, *CW*, v. 38, p. 26.
70. Marx a Engels, 7 jan. 1858, *CW*, v. 40, p. 244.
71. *CW*, v. 40, pp. 609-10, n. 245.
72. Marx a Engels, 24 nov. 1857, *CW*, v. 40, p. 210.
73. Marx a Weydemeyer, 1 fev. 1859, *CW*, v. 40, p. 375.
74. M. Musto, *Workers Unite!*, pp. 1-6.
75. Como vimos no capítulo 1, "Transformando Marx em 'Marx'".
76. *CW*, v. 20, pp. 5-13.
77. M. Musto, *Workers Unite!*, pp. 77; *CW*, v. 20, pp. 10-1.
78. M. Musto, *Workers Unite!*, pp. 77-8; *CW*, v. 20, pp. 10-2.
79. Ver a discussão detalhada em D. Leopold, "Marx, Engels and Other Socialisms", pp. 32-49.
80. M. Musto, *Workers Unite!*, p. 78; *CW*, v. 20, pp. 11-2.
81. M. Musto, *Workers Unite!*, p. 78; *CW*, v. 20, pp. 11-2.
82. M. Musto, *Workers Unite!*, pp. 78-9; *CW*, v. 20, pp. 11-3.
83. M. Musto, *Workers Unite!*, p. 79; *LPW*, p. 30, *"Proletarians of all countries unite!"* [1. ed. 1848 em tradução; também *CW*, v. 20, p. 13]; *CW*, v. 6, p. 519, "WORKING MEN OF ALL COUNTRIES UNITE!" [ed. ing. de 1888].
84. Ver capítulo 4, "Democracia e comunismo/socialismo", para uma discussão da análise de Marx sobre o constitucionalismo democrático como intrinsecamente frágil.

3. História e progresso [pp. 104-47]

1. G. A. Cohen, *Karl Marx's Theory of History: A Defence*, representa o auge dessa presunção.
2. *EPW*, p. 118; *CW*, v. 5, p. 5; Tese 11 em K. Marx, "Theses on Feuerbach": "Os filósofos têm apenas *interpretado* o mundo de diferentes maneiras; a questão é *transformá*-lo" (grifo do original).

306   *Marx*

3. *CW*, v. 16, p. 469; as circunstâncias são apresentadas em T. Carver, *Engels*, cap. 5; às vezes, a "teoria" também é designada como "materialismo histórico".

4. *CW*, v. 16, p. 469.

5. *LPW*, p. 159; *CW*, v. 29, p. 262 ("princípio condutor").

6. *CW*, v. 16, p. 469.

7. E muito mais do que "economia" ou "comunismo".

8. Como tratado no capítulo 4, "Democracia e comunismo/socialismo".

9. Em especial o prefácio de 1859 a *Contribuição à crítica da economia política*; *LPW*, pp. 158-62; *CW*, v. 29, pp. 261-5.

10. *CW*, v. 16, pp. 465-77.

11. Para um estudo histórico, ver J. D. White, *The Intellectual Origins of Dialectical Materialism*.

12. Eram as seguintes leis: transformação da qualidade em quantidade, unidade dos contrários e negação da negação; todas seriam constitutivas de um materialismo universal da matéria em movimento; para uma discussão, ver T. Carver, *Engels*, caps. 5-6.

13. Para sinais de um contínuo reflorescimento intelectual, ver B. Ollman, *Dance of the Dialectic: Steps in Marx's Method*; para um contínuo reflorescimento político, ver J. B. Foster, *Marx's Ecology: Materialism and Nature*.

14. Ver capítulo 1, "Transformando Marx em 'Marx'".

15. *LPW*, p. 159; *CW*, v. 29, p. 262.

16. Implicando atividades que não são meramente "ideias", como supunham ou alegavam os idealistas, em vez de materialismos da matéria em movimento, com o foco no objeto, igualmente criticados por Marx em suas "Theses on Feuerbach"; *EPW*, p. 116; *CW*, v. 5, p. 3.

17. Aqui as generalizações de Marx não são designadas como *theorie*.

18. Para diversas linhas de análise e crítica, ver T. Carver e P. Thomas (Orgs.), *Rational Choice Marxism*.

19. Expressão corrente que não aparece em Hegel, nem em Marx ou Engels; ver a discussão em T. Carver, *Marx's Social Theory*, p. 46.

20. J. Elster, *Making Sense of Marx*, verso da página de título.

21. Ibid.

22. G. A. Cohen, *Karl Marx's Theory of History*, pp. 134, 152.

23. Para menção e discussão desses termos e dessas asserções, ver J. P. Holt, *Social Thought of Karl Marx*, cap. 5 ("Historical Materialism"), pp. 121-52.

Notas   307

24. G. A. Cohen, *History, Labour, and Freedom: Themes from Marx*, p. 132.

25. Thomas S. Kuhn, em *A estrutura das revoluções científicas*, empreendeu uma profunda crítica às filosofias da ciência anteriores e, na verdade, à existência de uma "filosofia" da ciência.

26. Para uma visão geral breve, mas muito útil, ver C. Belsey, *Poststructuralism: A Very Short Introduction*; ver T. Carver, *Postmodern Marx*, para uma leitura que adota a abordagem.

27. Como foi tratado no capítulo 1, "Transformando Marx em 'Marx'".

28. *CW*, v. 7, pp. 3-7; o panfleto "Reivindicações", extraído do *Manifesto comunista* (e assinado por Marx, Engels e quatro associados), foi impresso em Paris e circulou por todos os Estados germânicos durante 1848.

29. Sobre a exclusão de materiais "teóricos demais" da polêmica *ad hominem* de 1845-6, ver T. Carver e D. Blank, *Marx and Engels's "German Ideology" Manuscripts*, pp. 3-4, 29-31.

30. Ver capítulo 1, "Transformando Marx em 'Marx'".

31. *CW*, v. 4, pp. 295-583; reeditado posteriormente, em 1892, acrescentando-se ao título "em 1844", pois o conteúdo já se tornara histórico.

32. Para uma visão geral do "cotidiano", ver P. Sztompka, "The Focus on Everyday Life: A New Turn in Sociology", pp. 1-15.

33. O que não significa que essas concepções tenham desaparecido, visto o ressurgimento de movimentos e experiências anti-industriais, ecológicas e indígenas (ou com inspiração indígena) resultantes de preocupações com a poluição e a mudança climática; para uma discussão textual e contextual de um aparente vínculo, comumente citado, entre a sociedade comunista concebida por Marx e o amadorismo de pequena escala na produção, ver T. Carver, *Postmodern Marx*, cap. 5, em que uma atenção cerrada aos materiais manuscritos que resolve o paradoxo.

34. *CW*, v. 23, pp. 174-5: ver capítulo 1, "Transformando Marx em 'Marx'".

35. Ver *Manifesto*, secção IV; *LPW*, pp. 1, 20-9; *CW*, v. 6, pp. 482, 507-17: ver capítulo 2, "Luta de classes e conciliação de classes".

36. Para uma breve e instrutiva apresentação da globalização, ver M. B. Steger, *Globalization: A Very Short Introduction*.

37. *LPW*, p. 6; *CW*, v. 6, p. 489; para uma inédita visualização do texto, ver o excelente "Communist Manifestoon", disponível em <www.youtube.com/watch?v=NbTIJ9_bLP4>.

38. S. P. Huntington, *The Clash of Civilizations and the Remaking of the World Order*.

308 *Marx*

39. *LPW*, p. 18; *CW*, v. 6, p. 503; em interpretações correntes do "pensamento" de Marx (e dos marxismos), essa frase simples adquire o estatuto de elemento central de uma "teoria da ideologia" (a despeito do fato de que não se menciona "ideologia" no *Manifesto*).

40. A exposição de 2010 do Museu Britânico, bem como o livro *A History of the World in 100 Objects*, reflete esse tipo de visão, embora o foco da coleção não se concentre de forma alguma em objetos "cotidianos" no sentido de serem produzidos por e para vidas "cotidianas". Essa abordagem da transformação histórica em termos de artefatos é vividamente ilustrada no capítulo vii, "O processo de trabalho e o processo de valorização", e no famosíssimo capítulo xv, "Maquinaria e grande indústria", da obra-prima *O capital*, v. 1. *CW*, v. 35, pp. 187-208, 374-508.

41. Aqui há ligações com a história das mulheres e os estudos das mulheres (embora não apontadas explicitamente por Marx e Engels). É possível adotar esse foco na vida "cotidiana" e no "homem (e mulher) comum" de maneira totalmente independente daquilo que se costuma considerar tipicamente "marxista".

42. Como dito acima, essa atribuição de "determinismo" a Marx se baseia, em certa medida, na tradução para o inglês de um verbo alemão bastante fraco; cf. *LPW*, p. 160 ("especifica") *versus CW*, v. 29, p. 263 ("determina").

43. O *Discurso sobre a origem e os fundamentos da desigualdade entre os homens*, de Rousseau, publicado em 1755, é um precursor marcante e provável influência.

44. *LPW*, p. 2: *CW*, v. 6, p. 482.

45. Para uma apresentação dessa concepção, ver E. Laclau e C. Mouffe, *Hegemony and Socialist Strategy: Towards a Radical Democratic Politics*.

46. *LPW*, p. 11; *CW*, v. 6, p. 495.

47. Para uma introdução ao debate sobre "Marx e a natureza humana", ver S. Sayers, *Marxism and Human Nature*.

48. *CW*, v. 3, pp. 418-43.

49. Ver T. Carver, *Texts on Method*, p. 12.

50. *LPW*, p. 2; *CW*, v. 6, p. 485.

51. Inicialmente publicado em inglês como excerto da coleção manuscrita dos *Grundrisse* no original alemão, então ainda não traduzido: K. Marx, *Pre-Capitalist Economic Formations*.

Notas

52. Para uma introdução à historiografia marxista, ver L. Patriquin (Org.), *The Ellen Meiksins Wood Reader*; J. P. Holt trata a "teoria" dessa maneira em *Karl Marx*, cap. 5, "Historical Materialism".

53. E não as intervenções da "plebe" na "alta" política.

54. Como registrou o "capitão Prescott" em suas histórias das conquistas espanholas do México e do Peru; William H. Prescott, *The History of the Conquest of Mexico* e *A History of the Conquest of Peru*.

55. *LPW*, pp. 31-127; *CW*, v. 11, pp. 99-197.

56. Variadamente reunidos em *CW*, v. 19-21.

57. Ver a discussão das "Notas sobre Adolph Wagner" de Marx, suas últimas notas manuscritas, em T. Carver, *Texts on Method*, pp. 161-78.

58. As incursões posteriores de Engels no darwinismo representam um movimento semelhante, mas Marx reagiu com a mesma reserva, apesar das tentativas de Engels e de comentadores posteriores de apontar um tácito endosso.

59. *LPW*, p. 160; *CW*, v. 29, p. 263.

60. Para uma análise detalhada, ver T. Carver, *Marx's Social Theory*; para uma abordagem oposta, ver G. A. Cohen, *Karl Marx's Theory of History, passim*.

61. *CW*, v. 35, 190n.

62. *CW*, v. 10, pp. 397-482.

63. Que é o que o filósofo G. W. F. Hegel se propôs a fazer.

64. Para uma pesquisa e crítica rigorosa e conscienciosa seguindo nessa linha, ver D. Bell, *Reordering the World: Essays on Liberalism and Empire*.

65. Mas, dados os determinismos implícitos e explícitos que Engels atribuiu a Marx (de 1859 em diante), surge então nos textos de Marx uma série de "elementos de risco", que vão desde menções (bastante raras) às ciências físicas e biológicas a hegelianismos (negação da negação) e a problemas de tradução no inglês, citados acima.

66. *LPW*, p. 6; *CW*, v. 8, p. 489; tradução levemente modificada, substituindo "burguês/burguesia" por "comercial"; note se que essas passagens marcam os primeiros envolvimentos jornalísticos de Marx com fenômenos econômicos similares, passando de feudais a modernos: ver capítulo 2, "Luta de classes e conciliação de classes".

67. Ver K. Saito, *Karl Marx and Ecosocialism: Capital, Nature and the Unfinished Critique of Political Economy*.

68. Ver <visibleearth.nasa.gov/view.php?id=57723>.

310   *Marx*

4. Democracia e comunismo/socialismo [pp. 148-85]

1. *Política*, 1275a22.
2. Para uma breve discussão analítica e histórica da democracia, ver J. Hoffman e P. Graham, *Introduction to Political Theory*, cap. 5.
3. Constituição dos Estados Unidos da América, "Preâmbulo".
4. Ver os vários materiais publicados on-line sobre a democracia relacionados com "auditoria", "déficit" e "índice", que rastreiam as características que abrangem a democracia, reúnem dados e fornecem resultados avaliativos ordenados em níveis.
5. Marx a Weydemeyer, 5 mar. 1852, *CW*, v. 62, p. 65; ver também capítulo 1, "Transformando Marx em 'Marx'".
6. Ver capítulo 2, "Luta de classes e conciliação de classes".
7. J. Sperber, *Karl Marx*, cap. 1: ver capítulo 2, "Luta de classes e conciliação de classes".
8. *LPW*, p. 158; *CW*, v. 29, p. 261.
9. J. Sperber, *Karl Marx*, cap. 2.
10. *LPW*, p. 161; *CW*, v. 29, p. 264: ver capítulo 3, "História e progresso".
11. Para detalhes biográficos, ver T. Carver, *Friedrich Engels: His Life and Thought*, caps. 1-2.
12. *LPW*, pp. 158-9; *CW*, v. 29, pp. 261-2: ver capítulo 2, "Luta de classes e conciliação de classes".
13. G. Stedman Jones, *Karl Marx: Greatness and Illusion*, pp. 104-15.
14. T. Carver, *Friedrich Engels*, cap. 4.
15. Ressaltado, embora rapidamente, em G. Stedman Jones, *Karl Marx: Greatness and Illusion*, pp. 135-44.
16. T. Carver, *Engels*, cap. 4.
17. Para a análise contextual mais exaustiva desses escritos, ver D. Leopold, *Young Karl Marx*.
18. *EPW* (excertos), pp. 1-27; *CW*, v. 3, pp. 3-129.
19. *EPW*, pp. 57-70; *CW*, v. 3, pp. 175-87.
20. G. Stedman Jones, *Karl Marx: Greatness and Illusion*, pp. 135-50: ver capítulo 2, "Luta de classes e conciliação de classes".
21. *EPW*, p. 70; *CW*, v. 3, p. 187; grifo do original.
22. *CW*, v. 3, pp. 133-45.
23. Ibid., p. 133.
24. Ibid., pp. 137-41.
25. Ibid., p. 142.

Notas   311

26. Ver S. E. Bronner, *Critical Theory: A Very Short Introduction.*

27. Isto é, em termos simplificados, entre monarquias baseadas em ordens sociais medievais ou "estamentos do reino", mais do que no individualismo, em instituições representativas, em direitos de propriedade passíveis de compra e venda e outras instituições revolucionárias francesas.

28. *CW*, v. 3, pp. 143-4; grifo do original.

29. Ibid., pp. 142-4.

30. Ibid., p. 143; grifo do original.

31. Engels esteve envolvido como jornalista nesse cenário acadêmico politizado durante seu serviço militar em Berlim; ver T. Carver, *Friedrich Engels*, cap. 3.

32. *EPW*, p. 58; *CW*, v. 3, p. 176; grifo do original.

33. *EPW*, p. 60; *CW*, v. 3, p. 178; grifo do original.

34. *EPW*, p. 61; *CW*, v. 3, pp. 179-81; grifo do original.

35. *EPW*, pp. 66, 68; *CW*, v. 3, pp. 183, 185; grifo do original.

36. *EPW*, p. 69; *CW*, v. 3, pp. 186-7; grifo do original.

37. *EPW*, pp. 69-70; *CW*, v. 3, p. 187.

38. M. Gabriel, *Love and Capital*, pp. 93-113, que trata dessas atividades políticas de maneira razoavelmente detalhada.

39. *CW*, v. 29, p. 264; *CW*, v. 6, pp. 450-65.

40. *CW*, v. 6, pp. 282-90; também publicado no *Northern Star* de Manchester.

41. *CW*, v. 6, p. 282.

42. Ibid., pp. 283-5.

43. Ibid., pp. 279-81.

44. Ibid., p. 280.

45. Ibid., p. 281.

46. Ibid., p. 695, n. 246.

47. Ibid., p. 463.

48. Ibid., p. 462. A crítica ao Nafta (Tratado Norte-Americano de Livre Comércio) nos Estados Unidos segue esse argumento, assim como críticas similares a associações semelhantes de outros locais (por exemplo, a visão dos eurocéticos britânicos sobre a União Europeia).

49. Ibid., p. 452.

50. Ibid., p. 453; vários estudos críticos seguem esse argumento, como Eric Schlosser, *Fast Food Nation: The Dark Side of the All-American Meal*, e Barbara Ehrenreich, *Nickel and Dimed: On Getting By in America*, também presente na literatura como comentário crítico às condições de

trabalho *"high tech"* no livro de D. Eggers, *The Circle*; ver também comentários na imprensa sobre a "economia GIG" ("economia dos bicos").

51. *CW*, v. 6, p. 463.

52. Ibid., p. 464.

53. Ibid., p. 464. Aqui o sarcasmo de Marx tem um interessante teor pós-colonial: "Talvez os senhores acreditem que a produção de café e de açúcar é o destino natural das Índias Ocidentais"; "Dois séculos atrás, a natureza, que não se interessa pelo comércio, não havia plantado por lá nem canaviais nem cafezais".

54. Ibid., p. 464. A globalização se tornou quase sinônimo de "exportação de empregos" do Ocidente "global" para o Oriente, do Norte para o Sul; ver T. Boswell e D. Stevis, *Globalization and Labor: Democratizing Global Governance.*

55. *CW*, v. 6, p. 464; como mostram matérias na imprensa sobre indústrias digitais e financeiras *"high tech"*, em especial as "bolhas" de valorização de empresas nesses setores.

56. Ibid., pp. 464-5; ver as discussões em L. Panitch e S. Gindin, *The Making of Global Capitalism: The Political Economy of American Empire.*

57. *CW*, v. 6, p. 465.

58. *LPW*, pp. 19-20; *CW*, v. 6, pp. 504-6.

59. *LPW*, pp. 163-207; *CW*, v. 22, pp. 307-59.

60. M. Musto, *Workers Unite!*, pp. 30-6.

61. G. Stedman Jones, *Karl Marx: Greatness and Illusion*, pp. 507-9.

62. *LPW*, pp. 185-7; *CW*, v. 22, pp. 330-3.

63. Como a *Crítica do programa de Gotha*; este foi um documento unificador do movimento socialista formulado em 1875, sobre o qual Marx fez "glosas marginais", mais tarde (1891) publicadas por Engels como parte de um projeto para alinhar o partido socialista alemão, agora unificado, com um programa "marxista"; *LPW*, pp. 208-26; *CW*, v. 24, pp. 75-99; ver a detalhadíssima discussão contextual sobre "The Career of a Slogan" [A carreira de um slogan] em R. N. Hunt, *The Political Ideas of Marx and Engels*, pp. 284-336.

64. *LPW*, p. 20; *CW*, v. 6, pp. 505-6.

65. Ver capítulo 5, "Capitalismo e revolução", e capítulo 6, "Exploração e alienação".

66. *LPW*, pp. 93-111; *CW*, v. 11, pp. 164-80.

67. Ver a discussão em T. Carver, "Marx's *Eighteenth Brumaire of Louis Bonaparte:* Democracy, Dictatorship, and the Politics of Class Struggle", pp. 103-28.

Notas

5. Capitalismo e revolução [pp. 186-224]

1. E tampouco o comunismo desapareceu totalmente da paisagem; ver J. Dean, *The Communist Horizon*.
2. Ver capítulo 1, "Transformando Marx em 'Marx'".
3. A. Lopes e G. Roth, *Men's Feminism: August Bebel and the German Socialist Movement*, pp. 99, 107, n. 45.
4. Para uma visão geral, ver M. Edwards (Org.), *Oxford Handbook of Civil Society*.
5. Como vimos no capítulo 2, "Luta de classes e conciliação de classes".
6. *LPW*, pp. 158-9; *CW*, v. 29, pp. 261-2.
7. Ver capítulo 4, "Democracia e comunismo/socialismo".
8. Para um "guia de leitura", ver D. Rose, *Hegel's Philosophy of Right*; Marx também estava lendo notadamente obras clássicas do pensamento republicano, como Maquiavel e Rousseau, e estudos históricos sobre os Estados Unidos, a Polônia, a Suécia, Veneza e assim por diante; D. Leopold, *Young Karl Marx*, pp. 32-3, *passim*.
9. Ver capítulo 2, "Luta de classes e conciliação de classes".
10. *Política*, 1258a19-1258b8.
11. Ver capítulo 3, "História e progresso".
12. Ver *The Wealth of Nations*, pp. 150-7.
13. Para uma discussão pormenorizada, ver T. Carver, "Marx and Engels's 'Outlines of a Critique of Political Economy'", pp. 357-65.
14. Para um tratamento detalhado da relação entre os cadernos de Marx de 1844 e os "manuscritos" de 1844 publicados postumamente, ver J. Rojahn, "Emergence of a Theory".
15. *CW*, v. 3, pp. 375-6.
16. Ibid., p. 375.
17. Ibid., pp. 418, 443.
18. T. Carver, *Texts on Method*, pp. 9-37, revê detalhadamente esses planos.
19. *CW*, v. 35, p. 45.
20. J. Locke, "Second Treatise", p. 291.
21. Ver capítulo 4, "Democracia e comunismo/socialismo".
22. O termo *"Proletariat/ian"*, que o alemão tomou de empréstimo ao francês e depois ingressou na retórica política "marxista", coloca questões em inglês similares às que identifiquei nos termos *"bourgeois/ie"* (em vez de "classes mercantis"); por isso, a utilização de "classe trabalhadora" aqui e doravante.

23. Para uma explicação desse conceito, ver T. S. Kuhn, *The Structure of Scientific Revolutions*.

24. Para uma visão geral, ver, por exemplo, H. D. Kurz, *Economic Thought: A Brief History*; ver também capítulo 6, "Exploração e alienação".

25. Ver capítulo 2, "Luta de classes e conciliação de classes".

26. Para uma discussão desse ponto, ver M. B. Steger (Org.), *Rethinking Globalism*.

27. Ver a discussão de grande agudeza analítica em L. Panitch, "The Two Revolutionary Classes of the Manifesto", pp. 122-33.

28. O governo Trump é considerado o mais rico na história dos Estados Unidos, segundo o *New York Times*: <www.nytimes.com/interactive/2017/04/01/us/politics/how-much-people-in-the-trump-administration-are-worth-financial-disclosure.html?_r=0>.

29. Esse argumento foi amplamente desenvolvido por Friedrich von Hayek em sua extensa obra publicada; é também oposto à concepção de Marx, apresentada em detalhe no capítulo 2, "Luta de classes e conciliação de classes", de que a imbricação entre riqueza e mercantilismo nas instituições democráticas é intrinsecamente suspeita.

30. Há um grande número de críticas à economia neoclássica do "equilíbrio" seguindo mais ou menos essas linhas, inclusive a nova economia institucional, a economia heterodoxa e a "economia alternativa", entre outras.

31. *CW*, v. 35, por exemplo pp. 517-9, 586.

32. Para uma importante tentativa de situar *O capital* como intervenção política na política socialista da época, ver W. C. Roberts, *Marx's Inferno*.

33. A maioria dos textos e traduções atuais deriva postumamente da quarta edição alemã (1890), reeditada e anotada por Engels.

34. Marx a Engels, 24 nov. 1857; *CW*, v. 40, p. 208; o texto em versalete está no original em inglês (e em outras citações que seguem essa convenção).

35. *CW*, v. 40, pp. 208-9.

36. Ibid., p. 209.

37. O sentido filosófico de "acidente" em termos aristotélicos é o de um atributo não essencial de um objeto; o termo acompanha "causa final" e "substância", também na passagem.

38. *CW*, v. 15, p. 401; publicado em 15 dez. 1857.

Notas

39. Ver a discussão em T. Carver, *Texts on Method*, pp. 134-5.

40. *CW*, v. 35, esp. pp. 157-66.

41. *Vergegenständlich* = objetificado, *materialisiert* = materializado; *CW*, v. 35, esp. pp. 166-86.

42. "O tempo de trabalho socialmente necessário [para produzir uma mercadoria] é o exigido [...] em condições normais de produção, e com o grau médio de habilidade e intensidade predominante na época", assim evitando o evidente paradoxo de que tempos de trabalho lentos e eficientes criariam (de alguma maneira) artigos com valor maior do que os criados por um trabalho eficiente; *CW*, v. 35, p. 49.

43. *CW*, v. 35, por exemplo pp. 307-16; para uma apresentação e discussão atualizada, ver B. Fine e A. Saad-Filho, *Marx's "Capital"*.

44. *CW*, v. 35: esp. pp. 748-51; a resolução proposta por Marx — a revolução proletária — era obviamente performativa, isto é, uma realidade que precisava ser concretizada através da política baseada em classe.

45. Ver a discussão em L. Panitch e S. Gindin, *Making of Global Capitalism*, pp. 89-107.

46. *CW*, v. 29, pp. 263-4.

47. *LPW*, pp. 1-2; *CW*, v. 6, p. 482.

48. *CW*, v. 35, pp. 374-508.

49. Ver a discussão das posições de Marx sobre a Comuna de Paris no capítulo 4, "Democracia e comunismo/socialismo".

50. C. Brosses, *Du Culte des dieux fétiches*; ver a discussão em Carver, *Texts on Method*, p. 175n.

51. Ver a discussão em T. Carver, *Texts on Method*, pp. 11, 175, n. 9.

52. Marx reconhecia explicitamente que a distância entre a publicação de uma descoberta científica sobre a sociedade (que afirmou fazer em *O capital*, v. 1) e a mudança da prática social (desmistificada por aquela descoberta científica) é política; *CW*, v. 35, p. 86.

53. Essa concepção é apresentada em detalhes em T. Carver, *The Postmodern Marx*, cap. 1.

54. Ver capítulo 3, "História e progresso", para uma discussão sobre estratégias de leitura "abstracionistas" e preditivas no que tange a Marx.

55. *LPW*, p. 11; *CW*, v. 6, p. 495.

56. *EPW*, p. 70; *CW*, v. 3, p. 187; grifo do original.

57. *LPW*, p. 37; *CW*, v. 11, p. 109.

316　　Marx

58. *LPW*, p. 39: *CW*, v. 11, p. 111.
59. *LPW*, p. 40; *CW*, v. 11, p. 112; ver a discussão no capítulo 3, "História e progresso".
60. Como vimos no capítulo 4, "Democracia e comunismo/socialismo".
61. *LPW*, pp. 203-4; *CW*, v. 22, pp. 350-1.
62. *CW*, v. 7, p. 121.
63. Ibid., p. 128; grifo do original.
64. Ibid., pp. 144, 149; grifo do original.
65. *CW*, v. 10, pp. 45-145.

6. Exploração e alienação [pp. 225-70]

1. Ver capítulo 4, "Democracia e comunismo/socialismo", e capítulo 5, "Capitalismo e revolução".
2. Ver a discussão em W. C. Roberts, *Marx's Inferno*, pp. 142-4.
3. Para uma visão geral e leituras complementares, ver M. Cohen (Org.), *Marx, Justice and History: A "Philosophy and Public Affairs" Reader*; R. G. Peffer, *Marxism, Morality and Social Justice*; ver capítulo 2, "Luta de classes e conciliação de classes".
4. Note-se que a opção por "ambos" rejeita a ideia bastante batida, mas cada vez mais contestada, de que é possível fazer uma separação clara e analítica entre os fatos e os valores, ou entre afirmações objetivas e normativas.
5. Ver capítulo 1, "Transformando Marx em 'Marx'".
6. Ver capítulo 2, "Luta de classes e conciliação de classes".
7. Ver capítulo 3, "História e progresso".
8. Ver, por exemplo, a parte III do *Manifesto*; *LPW*, pp. 20-9; *CW*, v. 6, pp. 507-17; ver capítulo 2, "Luta de classes e conciliação de classes".
9. Ver capítulo 3, "História e progresso".
10. Ver *Manifesto*, parte IV, para o esquema geral desse processo; *LPW*, pp. 29-30; *CW*, v. 6, pp. 518-9.
11. *EPW*, p. 64; tradução levemente modificada; *CW*, v. 182.
12. Ver capítulo 1, "Transformando Marx em 'Marx'".
13. Como vimos no capítulo 4, "Democracia e comunismo/socialismo".
14. *CW*, v. 20, pp. 101-49, 466 n. 87.
15. Ver capítulo 4, "Democracia e comunismo/socialismo".
16. Como vimos no capítulo 5, "Capitalismo e revolução".

Notas

17. "O modo de produção da vida material condiciona o processo de vida social, política e intelectual em geral"; Marx, "Preface", *LPW*, p. 160; *CW*, v. 29, p. 263.

18. Como vimos no capítulo 2, "Luta de classes e conciliação de classes".

19. Para uma discussão, ver T. Carver, *Texts on Method*, pp. 89-97.

20. Ver capítulo 5, "Capitalismo e revolução".

21. Ver capítulo 2, "Luta de classes e conciliação de classes".

22. O leitor talvez também se sinta incentivado a imaginar a economia de "um indivíduo só", à maneira de Robinson Crusoé, ou seja, que os implementos usados para apanhar e transportar castores e peixes também são manufaturados pessoalmente por cada um dos dois envolvidos na troca.

23. *CW*, v. 29, p. 264; *CW*, v. 35, *passim*.

24. Ver capítulo 5, "Capitalismo e revolução".

25. *Política*, 1133a25.

26. *CW*, v. 6, pp. 425-6.

27. *CW*, v. 29, pp. 257-417.

28. *LPW*, pp. 13-19; *CW*, v. 6, pp. 497-504.

29. Ver capítulo 4, "Democracia e comunismo/socialismo".

30. Ver *LPW*, pp. 18-19; *CW*, v. 6, pp. 503-4; mais tarde, Engels repropôs a "ideologia" como conceito relacionado com o materialismo, entendido em relação com as ciências físicas e outras ciências naturais dos anos 1860; para uma discussão, ver Carver, *Engels*, cap. 7; ver capítulo 3, "História e progresso".

31. No capítulo 1, "Transformando Marx em 'Marx'".

32. A exposição a seguir deriva de *O capital*, v. 1; *CW*, v. 35, pp. 45-208, esp. pp. 187-208; ver também T. Carver, *Postmodern Marx*, caps. 3-4.

33. Marx cita as linhas de Benjamin Franklin sobre o assunto, apresentando-as como tipicamente inadequadas e ingênuas: "'Como o comércio em geral não é senão a troca de trabalho por trabalho, o valor de todas as coisas é [...] mais justamente medido pelo trabalho'"; *CW*, v. 35, p. 61.

34. No capítulo 5, "Capitalismo e revolução".

35. E decomposto como múltiplos regulares pela qualificação; note-se que esse movimento de Marx pressupõe a equalização do trabalho humano em termos abstratos como força de trabalho, uma mercadoria-no-mercado, em oposição à existência física e emocional concreta dos seres sociais humanos; *CW*, v. 35, pp. 51-6.

36. Ver a discussão em D. Harvey, *A Companion to Marx's Capital*.

37. *CW*, v. 35, p. 10.

38. Ibid., pp. 187-534.

39. W. C. Roberts, *Marx's Inferno*, pp. 132-3.

40. *EPW*, p. 70; *CW*, v. 3, p. 187.

41. G. Stedman Jones, *Karl Marx: Greatness and Illusion*, pp. 302-3.

42. Ver, por exemplo, a "libra de Bristol": <bristolpound.org>.

43. Como o famoso "problema da transformação" dos valores em preços em todo o sistema econômico capitalista.

44. Para uma discussão, ver D. Stevis e T. Boswell, *Globalization and Labor: Democratizing Global Governance*.

45. *LPW*, pp. 19-20; *CW*, v. 6, p. 505.

46. "Economic and Philosophical Manuscripts of 1844"; *CW*, v. 3, pp. 229-346.

47. Para uma discussão do processo pelo qual surgiram esses "manuscritos", ver J. Rojahn, "Emergence of a Theory".

48. *CW*, v. 24, pp. 463-81; para uma discussão, ver T. Carver, *Engels*, caps. 6-7.

49. Para uma discussão, ver T. Carver, "McLellan's Marx".

50. *CW*, v. 5, p. 48.

51. Como vimos no capítulo 1, "Transformando Marx em 'Marx'", e no capítulo 4, "Democracia e comunismo/socialismo"; *CW*, v. 6, pp. 105-212.

52. Em *A situação da classe trabalhadora na Inglaterra* (1845); *CW*, v. 4, pp. 295-583.

53. Para uma discussão, ver T. Carver, *Postmodern Marx*, cap. 10.

54. *CW*, v. 3, pp. 270-82; ver a extensa explicação da "alienação" e ulterior interpretação de Marx (partindo dessa perspectiva) em A. W. Wood, *Karl Marx*.

55. Esses conceitos são tratados em mais detalhes em J. P. Holt, *Social Thought of Karl Marx*, pp. 67-80.

56. Como vimos no capítulo 5, "Capitalismo e revolução"; para uma discussão, ver M. Postone, *Time, Labor, and Social Domination: A Reinterpretation of Marx's Critical Theory*, pp. 158-66.

57. *CW*, v. 35, pp. 81-93; ver a discussão pormenorizada em W. C. Roberts, *Marx's Inferno*, pp. 82-93.

58. Para uma ampla discussão, ver M. Musto, *Karl Marx's Grundrisse*, pp. 3-32, 149-61.

Notas

59. Para discussões, ver D. McLellan, *The Young Hegelians and Karl Marx* e *Marx Before Marxism*; ver também D. Leopold, *Young Karl Marx*, cap. 4.
60. *CW*, v. 35, pp. 187-8.
61. Para uma discussão atualizada e corrente seguindo essa linha, ver R. Wolff, *Democracy at Work: A Cure for Capitalism.*
62. Para uma ampla discussão, ver C. Rowland (Org.), *The Cambridge Companion to Liberation Theology.*
63. Ver a breve discussão em J. Wolff, *Why Read Marx Today?*, pp. 28-37.
64. Como exposto no capítulo 3, "História e progresso", e acima.
65. Para um clássico do gênero, ver N. Geras, *Marx and Human Nature: Refutation of a Legend.*
66. *CW*, v. 35, p. 186.
67. Ibid.

Posfácio [pp. 271-6]

1. "Letter to *Otechestvenniye Zapiski*", nov. 1877, *CW*, v. 24, p. 201.
2. Para uma discussão em tais bases, ver T. Carver, *Postmodern Marx*, cap. 10; e J. Tronto, "Hunting for Women, Haunted by Gender: The Rhetorical Limits of the Manifesto", pp. 134-52.
3. *LPW*, pp. 17, 29-30; *CW*, v. 6, pp. 502, 518-9.
4. Para uma discussão, ver E. Benner, *Really Existing Nationalisms: A Post-Communist View from Marx and Engels*; K. B. Anderson, *Marx at the Margins: On Nationalism, Ethnicity, and Non-Western Societies.*
5. Para um engajamento pós-colonial com Marx, ver R. Shilliam, "Decolonizing the Manifesto: Communism and the Slave Analogy", pp. 195-213.

Nota sobre as obras completas e a formação do cânone [pp. 277-91]

1. *CW*, v. 38, pp. 614-5, n. 347.
2. F. Mehring, *Karl Marx: The Story of His Life*, p. 209.
3. *CW*, v. 10, pp. 5-6.
4. Ver J. Rojahn, "Emergence of a Theory".
5. Ver capítulo 6, "Exploração e alienação".

320 *Marx*

6. O copyright sobre as obras de Marx cessaria em 1913; ver Y. Zhao, "The Historical Birth of the First Historical-Critical Edition of Marx--Engels-Gesamtausgabe (Part 1)", p. 325.

7. Y. Zhao, "The Historical Birth of the First Historical-Critical Edition of Marx-Engels-Gesamtausgabe (Part 3)", pp. 12-24.

8. Ibid., pp. 16-8.

9. Para descrição e listagem do projeto, ver <mega.bbaw.de>.

10. Y. Zhao, "Historical Birth of the First Historical-Critical Edition of Marx-Engels-Gesamtausgabe (Part 3)", p. 21.

11. Ver <https://mega.bbaw.de/de/struktur>.

12. T. Carver e D. Blank, *Political History*, caps. 2 e 3.

13. Para uma discussão detalhada sobre os "compartimentos" intelectuais e físicos com que operava o instituto de Riazánov, envolvendo distinções entre teoria e história, filosofia e economia, e várias outras divisões em categorias, ver Y. Zhao, "The Historical Birth of the First Historical-Critical Edition of Marx-Engels-Gesamtausgabe (Part 2)", pp. 491-4.

14. Grifo meu; *CW*, v. 3, pp. 229-346; ver J. Rojahn, "Emergence of a Theory", pp. 33-4.

15. Rojahn afirma, de fato, que algumas das citações, sínteses e "notas para si mesmo" entremeadas nos cadernos de Marx que foram ignoradas pelos diversos editores dos *Manuscritos econômico-filosóficos* de 1844 são, na verdade, mais interessantes e mais significativas para revelar o conteúdo e o desenvolvimento do pensamento de Marx do que as passagens dispersas da prosa mais corrida de Marx que coligiram em várias páginas avulsas e editaram na forma de "manuscritos"; "Emergence of a Theory", pp. 36, 45, *passim*.

16. Ver capítulo 5, "Capitalismo e revolução".

17. Citado em Y. Zhao, "Historical Birth of the First Historical-Critical Edition of Marx-Engels-Gesamtausgabe (Part 3)", p. 14.

18. Ver D. Leopold, *Young Karl Marx*, para uma importante exceção recente a essa tendência geral, bem como a tese de doutorado de David McLellan publicada em livro, *The Young Hegelians and Karl Marx*, embora seus dados de estudo estejam um pouco desatualizados.

19. Ver capítulo 2, "Luta de classes e conciliação de classes", e capítulo 5, "Capitalismo e revolução".

20. Francis Wheen (*Karl Marx*, p. 1) aparentemente reverte essa metodologia, tentando "redescobrir Karl Marx, o homem", em vez

Notas 321

de Karl Marx, o "grande pensador", mas em sua biografia ele simplesmente inverte o foco usual sobre o "pensamento", subtraindo do "cotidiano" concreto de Marx as reflexões presentes nas obras publicadas e não publicadas, deixando-nos com toques "humanos" um tanto aleatórios.

21. Para uma abordagem pioneira de Marx e da formação do cânone, ver P. Thomas, "Critical Reception: Marx Then and Now", pp. 23-54. Ver também Introdução e capítulo 1, "Transformando Marx em 'Marx'".

22. Para detalhes, ver T. Carver, *Engels*, cap. 5.

23. B. Nicolaievsky e O. Maenchen-Helfen, *Karl Marx: Man and Fighter*.

24. Por exemplo, o prefácio de 1859 de Marx; *LPW*, pp. 158-62; *CW*, v. 29, pp. 261-6.

25. Por exemplo, o *Manifesto* de Marx e Engels; *LPW*, pp. 1-30; *CW*, v. 6, pp. 477-519.

26. Aqui estou em dívida com a discussão de Cynthia Weber sobre a "reparação" e o "efeito de realidade" em "Popular Visual Language as Global Communication: The Remediation of United Airlines Flight 93", pp. 137-53.

27. Ver, por exemplo, F. Wheen, *Karl Marx*.

28. Encontram-se dois exemplos muito recentes do gênero em Sperber, *Karl Marx*, e G. Stedman Jones, *Karl Marx: Greatness and Illusion*.

29. Para uma galeria de imagens autenticadas, ver <www.marxists.org/archive/marx/photo/marx/index.htm>.

30. Para uma estimulante abordagem da visualidade e das imagens, ver W. J. T. Mitchell, *What Do Pictures Want?*.

Bibliografia

(As fontes da internet vêm arroladas em separado, após os livros, capítulos e artigos.)

ADORATSKIJ, V. *Karl Marx: Chronik seines Lebens in Einzeldaten*. Moscou: Instituto Marx-Engels-Lênin, 1934.

ANDERSON, Kevin B. *Marx at the Margins: On Nationalism, Ethnicity, and Non-Western Societies*. Nova ed. Chicago: University of Chicago Press, 2016. [Ed. bras.: *Marx nas margens: Nacionalismo, etnia e sociedades não ocidentais*. Trad. de Allan Hillani. São Paulo: Boitempo, 2019.]

ATKINSON, Will. *Class*. Cambridge: Polity, 2015.

BELL, Duncan. *Reordering the World: Essays on Liberalism and Empire*. Princeton: Princeton University Press, 2016.

BELSEY, Catherine. *Poststructuralism: A Very Short Introduction*. Oxford: Oxford University Press, 2002.

BENNER, Erica. *Really Existing Nationalisms: A Post-Communist View from Marx and Engels*. Oxford: Clarendon Press, 1995.

BOSWELL, Terry; STEVIS, Dimitris. *Globalization and Labor: Democratizing Global Governance*. Lanham, MD: Rowman & Littlefield, 2008.

BRONNER, Stephen Eric. *Critical Theory: A Very Short Introduction*. Oxford: Oxford University Press, 2011.

BROSSES, Charles de. *Du Culte des dieux fétiches*. Paris: 1760.

CARR, E. H. *Karl Marx: A Study in Fanaticism*. Londres: J. M. Dent, 1938.

CARVER, Terrell. "Making Marx Marx". *Journal of Classical Sociology*, v. 17, n. 1, pp. 10-27, 2017.

_____. "Marx and Engels's 'Outlines of a Critique of Political Economy'". *History of Political Thought*, v. 4, n. 2, pp. 357-65, 1983.

_____. "Marx's *Eighteenth Brumaire of Louis Bonaparte*: Democracy, Dictatorship, and the Politics of Class Struggle". In: BAEHR, Peter; RICHTER, Melvin (Orgs.). *Dictatorship in History and Theory: Bonapartism, Caesarism, and Totalitarianism*. Cambridge: Cambridge University Press, 2004. pp. 103-28.

CARVER, Terrell."McLellan's Marx: Interpreting Thought, Changing Life". In: BATES, David; MACKENZIE, Iain; SAYERS, Sean (Orgs.). *Marxism, Religion and Ideology: Themes from David McLellan*. Milton Park: Routledge, 2016. pp. 32-45.

_____. "The *Manifesto* in Marx's and Engels's Lifetimes". In: CARVER, Terrell; FARR, James (Orgs.). *The Cambridge Companion to The Communist Manifesto*. Cambridge: Cambridge University Press, 2015. pp. 68-72.

_____. *Engels: A Very Short Introduction*. Oxford: Oxford University Press, 2003.

_____. *Friedrich Engels: His Life and Thought*. Londres: Macmillan, 1989.

_____. *Marx and Engels: The Intellectual Relationship*. Brighton: Harvester, 1983.

_____. *Marx's Social Theory*. Oxford: Oxford University Press, 1983.

_____. *The Postmodern Marx*. Manchester: Manchester University Press, 1998.

CARVER, Terrell; BLANK, Daniel. *A Political History of the Editions of Marx and Engels's 'German Ideology Manuscripts'*. Nova York: Palgrave Macmillan, 2014.

_____. *Marx and Engels's 'German Ideology' Manuscripts: Presentation and Analysis of the 'Feuerbach Chapter'*. Londres: Palgrave Macmillan, 2014.

CARVER, Terrell; FARR, James (Orgs.). *The Cambridge Companion to The Communist Manifesto*. Cambridge: Cambridge University Press, 2015.

CARVER, Terrell; THOMAS, Paul (Orgs.). *Rational Choice Marxism*. Basingstoke: Palgrave, 1995.

COHEN, G. A. *History, Labour, and Freedom: Themes from Marx*. Oxford: Clarendon Press, 1988.

_____. *If You're an Egalitarian, How Come You're So Rich?* Cambridge, MA: Harvard University Press, 2009.

_____. *Karl Marx's Theory of History: A Defence*. Princeton: Princeton University Press, 1978. [Ed. bras.: *A teoria da história de Karl Marx: Uma defesa*. Trad. de Angela Lazagna. Campinas: Editora da Unicamp, 2013.]

COHEN, Marshall (Org.). *Marx, Justice and History: A 'Philosophy and Public Affairs' Reader*. Princeton: Princeton University Press, 2016.

DEAN, Jodi. *The Communist Horizon*. Londres: Verso, 2012.

DERRIDA, Jacques. *Specters of Marx*. Trad. [para o inglês] de Peggy Kamuf. Milton Park: Routledge, 2006 [1994]. [Ed. bras.: *Espectros de*

Marx. Trad. de Anamaria Skinner. Rio de Janeiro: Relume Dumará, 1994.]

DOYLE, William. *The French Revolution: A Very Short Introduction*. Oxford: Oxford University Press, 2001.

DRAPER, Hal. *The Adventures of the Communist Manifesto*. Berkeley, CA: Center for Socialist History, 1994.

EDWARDS, Michael (Org.). *The Oxford Handbook of Civil Society*. Oxford: Oxford University Press, 2013.

EGGERS, Dave. *The Circle*. San Francisco, CA: McSweeny's, 2013. [Ed. bras.: *O círculo*. Trad. de Rubens Figueiredo. São Paulo: Companhia das Letras, 2014.]

EHRENREICH, Barbara. *Nickel and Dimed: On Getting by in America*. Nova York: Henry Holt, 2001. [Ed. bras.: *Miséria à americana*. Trad. de Maria Beatriz de Medina. Rio de Janeiro: Record, 2004.]

ELSTER, Jon. *Making Sense of Marx*. Cambridge: Cambridge University Press, 1985.

FINE, Ben; SAAD-FILHO, Alfredo. *Marx's 'Capital'*. 6. ed. Londres: Pluto, 2016 [1975]. [Ed. port.: *O capital de Marx*. Trad. de João Vasco Maia Terra. Lisboa: Editorial Presença, 2018.]

FOSTER, John Bellamy. *Marx's Ecology: Materialism and Nature*. Nova York: Monthly Review Press, 2000. [Ed. bras.: *A ecologia de Marx: Materialismo e natureza*. Trad. de Maria Teresa Machado. Rio de Janeiro: Civilização Brasileira, 2005.]

GABRIEL, Mary. *Love and Capital: Karl and Jenny Marx and the Birth of a Revolution*. Nova York: Little, Brown, 2011. [Ed. bras.: *Amor e capital: A saga familiar de Karl Marx e a história de uma revolução*. Trad. de Alexandre Barbosa de Souza. Rio de Janeiro: Zahar, 2013.]

GERAS, Norman. *Marx and Human Nature: Refutation of a Legend*. Londres: Verso, 2016 [1983].

GILBERT, Alan. *Marx's Politics: Communists and Citizens*. Oxford: Martin Robertson, 1981.

HARVEY, David. *A Companion to Marx's Capital*. Londres: Verso, 2010. [Ed. bras.: *Para entender "O capital"*. Trad. de Rubens Enderle. São Paulo: Boitempo, 2013.]

HOFFMAN, John; GRAHAM, Paul. *Introduction to Political Theory*. 3. ed. Harlow: Pearson, 2015.

HOLT, Justin P. *The Social Thought of Karl Marx*. Los Angeles, CA: Sage, 2015.

Bibliografia 325

HUNT, Richard N. *The Political Ideas of Marx and Engels*, v. 1: *Marxism and Totalitarian Democracy, 1818-1850*. Londres: Macmillan, 1975.

HUNTINGTON, Samuel P. *The Clash of Civilizations and the Remaking of the World Order*. Nova York: Simon & Schuster, 1996. [Ed. bras.: *O choque de civilizações e a recomposição da ordem mundial*. Trad. de M. H. C. Côrtes. Rio de Janeiro: Objetiva, 1997.]

KOHN, Margaret. *The Death and Life of the Urban Commonwealth*. Oxford: Oxford University Press, 2016.

KOŁAKOWSKI, Leszek. *Main Currents of Marxism*. Trad. [para o inglês] de P. S. Falla. Oxford: Oxford University Press, 1978. 3 v.

KUHN, Thomas S. *The Structure of Scientific Revolutions*. 4. ed. Chicago: University of Chicago Press, 2012 [1962]. [Ed. bras.: *A estrutura das revoluções científicas*. Trad. de Beatriz Vianna Boeira e Nelson Boeira. São Paulo: Perspectiva, 1975.]

KURZ, Heinz D. *Economic Thought: A Brief History*. Nova York: Columbia University Press, 2016.

LACLAU, Ernesto; MOUFFE, Chantal. *Hegemony and Socialist Strategy: Towards a Radical Democratic Politics*. Milton Park: Routledge, 2014 [1985]. [Ed. bras.: *Hegemonia e estratégia socialista: Por uma política democrática radical*. Trad. de Joanildo A. Burity, Josias de Paula Jr. e Aécio Amaral. São Paulo: Intermeios, 2015.]

LEOPOLD, David. "Marx, Engels and Other Socialisms". In: CARVER, Terrell; FARR, James (Orgs.). *The Cambridge Companion to The Communist Manifesto*. Cambridge: Cambridge University Press, 2015. pp. 32-49.

_____. *The Young Karl Marx: German Philosophy, Modern Politics and Human Flourishing*. Cambridge: Cambridge University Press, 2007.

LOCKE, John. "Second Treatise". In: LASLETT, Peter (Org.). *Two Treatises of Civil Government*. Cambridge: Cambridge University Press, 1988. [*Dois tratados sobre o governo*. Trad. de Júlio Fischer. São Paulo: Martins Fontes, 1998.]

LOPES, Anne; ROTH, Gary. *Men's Feminism: August Bebel and the German Socialist Movement*. Amherst, NY: Humanity Books, 2000.

LOSURDO, Domenico. *Class Struggle*. Nova York: Palgrave, 2016 [2013]. [Ed. bras.: *A luta de classes: Uma história política e filosófica*. Trad. de Sílvia de Bernardins. São Paulo: Boitempo, 2015.]

LUBASZ, Heinz. "Marx's Initial Problematic: The Problem of Poverty", *Political Studies*, v. 24, n. 1, 1976, pp. 24-42.

MARTIN, James. "The Rhetoric of the Manifesto". In: CARVER, Terrell; FARR, James (Orgs.). *The Cambridge Companion to The Communist Manifesto*. Cambridge: Cambridge University Press, 2015. pp. 50-66.

_____. *Politics and Rhetoric: A Critical Introduction*. Milton Park: Routledge, 2014.

MARX, Karl. *Grundrisse: Foundations of the Critique of Political Economy*. Trad. [para o inglês] de Martin Nicolaus. Harmondsworth: Penguin, 1993 [1973]. [Ed. bras.: *Grundrisse: Manuscritos econômicos de 1857-1858*. Trad. de Mário Duayer. São Paulo: Boitempo, 2011.]

_____. *Pre-Capitalist Economic Formations*. Trad. [para o inglês] de Jack Cohen, org. de Eric Hobsbawm. Londres: Lawrence & Wishart, 1964. [Ed. bras.: *Formações econômicas pré-capitalistas*. Trad. de João Maia. Rio de Janeiro: Paz e Terra, 1977.]

_____. *Texts on Method*, org. e trad. [para o inglês] de Terrell Carver. Oxford: Blackwell, 1975.

MCLELLAN, David. *Karl Marx: His Life and Thought*. Londres: Macmillan, 1973. [Ed. bras.: *Karl Marx: Vida e pensamento*. Trad. de Jaime Clasen. Petrópolis: Vozes, 1990.]

_____. *Marx Before Marxism*. Londres: Macmillan, 1970.

_____. *The Young Hegelians and Karl Marx*. Londres: Macmillan, 1969.

MEHRING, Franz. *Karl Marx: The Story of His Life*. Trad. [para o inglês] de Edward Fitzgerald. Londres: George Allen & Unwin, 1951 [1936]. [Ed. bras.: *Karl Marx: A história de sua vida*. Trad. de Paula Maffei. São Paulo: Sundermann, 2014.]

_____ (Org.). "Aus dem literarischen Nachlass von Karl Marx, Friedrich Engels und Ferdinand Lassalle". In: *Gesammelte Schriften von Karl Marx und Friedrich Engels 1841-1850*, v. 2. Stuttgart: J. H. W. Dietz Nachfolger, 1902.

MITCHELL, W. J. T. *What Do Pictures Want?* Chicago: University of Chicago Press, 2005.

MUSTO, Marcello (Org.). *Karl Marx's Grundrisse: Foundations of the Critique of Political Economy after 150 Years*. Milton Park: Routledge, 2010.

_____ (Org.). *Workers Unite! The International 150 Years Later*. Londres: Bloomsbury, 2014.

NICOLAEVSKY, Boris; MAENCHEN-HELFEN, Otto. *Karl Marx: Man and Fighter*. Londres: Methuen, 1936.

OLLMAN, Bertell. *Dance of the Dialectic: Steps in Marx's Method*. Urbana--Champaign: University Illinois Press, 2003.

Bibliografia 327

PANITCH, Leo. "The Two Revolutionary Classes of the Manifesto". In: CARVER, Terrell; FARR, James (Orgs.). *The Cambridge Companion to The Communist Manifesto*. Cambridge: Cambridge University Press, 2015. pp. 122-33.

PANITCH, Leo; GINDIN, Sam. *The Making of Global Capitalism: The Political Economy of American Empire*. Londres: Verso, 2012.

PATRIQUIN, Larry (Org.). *The Ellen Meiksins Wood Reader*. Chicago: Haymarket, 2013.

PAYNE, Robert. *Marx: A Biography*. Londres: W. H. Allen, 1968.

PEFFER, Rodney G. *Marxism, Morality and Social Justice*. Princeton: Princeton University Press, 2014.

PICKETT, Kate; WILKINSON, Richard G. *The Spirit Level: Why Equality is Better for Everyone*. Londres: Allen Lane, 2009. [Ed. bras.: *O nível: Por que uma sociedade mais igualitária é melhor para todos*. Trad. de Marilene Tombini. Rio de Janeiro: Civilização Brasileira, 2015.]

POSTONE, Moishe. *Time, Labor, and Social Domination: A Reinterpretation of Marx's Critical Theory*. Cambridge: Cambridge University Press, 1993. [Ed. bras.: *Tempo, trabalho e dominação social: Uma reinterpretação da teoria crítica de Marx*. Trad. de Amilton Reis e Paulo Cézar Castanheira. São Paulo: Boitempo, 2014.]

PRESCOTT, William H. *A History of the Conquest of Peru*. Nova York: 1847. [Ed. bras.: *História da conquista do Peru*. Trad. de Enéas Marzano. Rio de Janeiro: Irmãos Pongetti, 1946.]

_____. *The History of the Conquest of Mexico*. Nova York: 1843.

RIGBY, S. H. *Engels and the Formation of Marxism: History, Dialectics and Revolution*. Manchester: Manchester University Press, 1992.

ROBERTS, William Clare. *Marx's Inferno: The Political Theory of Capital*. Princeton: Princeton University Press, 2017.

ROJAHN, Jürgen. "The Emergence of a Theory: The Importance of Marx's Notebooks Exemplified in Those from 1844". *Rethinking Marxism: A Journal of Economics, Culture and Society*, v. 14, n. 4, pp. 29-46, 2006.

ROSE, David. *Hegel's Philosophy of Right*. Londres: Continuum, 2011.

ROWLAND, Christopher (Org.). *The Cambridge Companion to Liberation Theology*, 2. ed. Cambridge: Cambridge University Press, 2007.

SAITO, Kohei. *Karl Marx and Ecosocialism: Capital, Nature and the Unfinished Critique of Political Economy*. Nova York: Monthly Review Press, 2017.

328 *Marx*

SAYERS, Sean. *Marxism and Human Nature*. Milton Park: Routledge, 2007 [1998].

SCHLOSSER, Eric. *Fast Food Nation: The Dark Side of the All-American Meal*. Boston: Houghton Mifflin, 2001. [Ed. bras.: *País Fast Food*. Trad. de Beth Vieira. São Paulo: Ática, 2001.]

SHILLIAM, Robbie. "Decolonizing the Manifesto: Communism and the Slave Analogy". In: CARVER, Terrell; FARR, James (Orgs.). *The Cambridge Companion to The Communist Manifesto*. Cambridge: Cambridge University Press, 2015. pp. 195-213.

SMITH, Adam. *The Wealth of Nations*. Harmondsworth: Penguin, 1970. [Ed. bras.: *A riqueza das nações*. Trad. de Luiz João Baraúna. São Paulo: Abril Cultural, 1983.]

SPERBER, Jonathan. *Karl Marx: A Nineteenth-Century Life*. Nova York: Liveright, 2013. [Ed. bras.: *Karl Marx: Uma vida do século XIX*. Trad. de Lúcia Helena de Seixas Brito. São Paulo: Amarylis, 2014.]

STEDMAN JONES, Gareth. *Karl Marx: Greatness and Illusion*. Cambridge, MA: Harvard University Press, 2016. [Ed. bras.: *Karl Marx: Grandeza e ilusão*. Trad. de Berilo Vargas. São Paulo: Companhia das Letras, 2017.]

STEGER, Manfred B. (Org.). *Rethinking Globalism*. Lanham, MD: Rowman & Littlefield, 2004.

_____. *Globalization: A Very Short Introduction*. 3. ed. Oxford: Oxford University Press, 2013. [Ed. port.: *A globalização*. Trad. de Ana Tanque e Helena Serrano. Vila Nova de Famalicão: Quasi, 2003.]

STEGER, Manfred B.; ROY, Ravi K. *Neoliberalism: A Very Short Introduction*. Oxford: Oxford University Press, 2010. [Ed. port.: *Introdução ao neoliberalismo*. Trad. de Pedro Elói Duarte. Coimbra: Conjuntura Actual, 2013.]

STEVIS, Dimitris; BOSWELL, Terry. *Globalization and Labor: Democratizing Global Governance*. Lanham, MD: Rowman & Littlefield, 2007.

SZTOMPKA, Piotr. "The Focus on Everyday Life: A New Turn in Sociology". *European Review*, v. 16, pp. 1-15, 2008.

THOMAS, Paul. "Critical Reception: Marx Then and Now". In: CARVER, Terrell (Org.). *The Cambridge Companion to Marx*. Cambridge: Cambridge University Press, 1991. pp. 23-54.

_____. *Karl Marx*. Londres: Reaktion, 2012.

_____. *Karl Marx and the Anarchists*. Londres: Routledge & Kegan Paul, 1980.

Bibliografia 329

TRONTO, Joan. "Hunting for Women, Haunted by Gender: The Rhetorical Limits of the Manifesto". In: CARVER, Terrell; FARR, James (Orgs.). *The Cambridge Companion to The Communist Manifesto*. Cambridge: Cambridge University Press, 2015. pp. 134-52.

WEBER, Cynthia. "Popular Visual Language as Global Communication: The Remediation of United Airlines Flight 93". *Review of International Studies*, v. 34, pp. 137-53, 2008.

WHEEN, Francis. *Karl Marx*. Londres: Fourth Estate, 1999. [Ed. bras.: *Karl Marx*. Trad. de Vera Ribeiro. Rio de Janeiro: Record, 2001.]

WHITE, James D. *The Intellectual Origins of Dialectical Materialism*. Basingstoke: Palgrave Macmillan, 1996.

WOLFF, Jonathan. *Why Read Marx Today?* Oxford: Oxford University Press, 2003. [Ed. port.: *Por que ler Marx hoje?* Trad. de Joana Frazão e Francisco Frazão. Lisboa: Cotovia, 2009.]

WOLFF, Richard. *Democracy at Work: A Cure for Capitalism*. Chicago: Haymarket, 2012.

WOOD, Allen W. *Karl Marx*. 2. ed. Milton Park: Routledge, 2012 [1981].

ZHAO, Yulan. "The Historical Birth of the First Historical-Critical Edition of Marx-Engels-Gesamtausgabe [Part 1]". *Critique: Journal of Socialist Theory*, v. 41, n. 3, pp. 317-37, 2013.

_____. "The Historical Birth of the First Historical-Critical Edition of Marx-Engels-Gesamtausgabe [Part 2]". *Critique: Journal of Socialist Theory*, v. 41, n. 4, pp. 491-4, 2013.

_____. "The Historical Birth of the First Historical-Critical Edition of Marx-Engels-Gesamtausgabe [Part 3]". *Critique: Journal of Socialist Theory*, v. 42, n. 1, pp. 12-24, 2014.

Fontes da internet

Bristol Pound: Our City, Our Money. Disponível em: <bristolpound.org>.

British Museum. "A History of the World in 100 Objects", 2010.

"Communist Manifestoon". Disponível em: <www.youtube.com/watch?v=NbTIJ9_bLP4>.

Constitution of the United States of America. Disponível em: <constitutionus.com>.

"How Much People in the Trump Administration are Worth". *New York Times*, 1º abr. 2017. Disponível em: <www.nytimes.com/inte-

ractive/2017/04/01/us/politics/how-much-people-in-the-trump-administration-are-worth-financial-disclosure.html?_r=0>.

Index of Economic Freedom 2017. Disponível em: <www.heritage.org/index/pdf/2017/book/index_2017.pdf>.

"List of Occupy movement protest locations". Disponível em: <en.wikipedia.org/wiki/List_of_Occupy_movement_protest_locations>.

Marx-Engels Archive. Disponível em: <www.marxists.org/archive/marx/index.htm>.

Marx-Engels Image Library. Karl Marx. Disponível em: <www.marxists.org/archive/marx/photo/marx/index.htm>.

NYC General Assembly #Occupy Wall Street, Declaration of the Occupation of New York City. Disponível em: <http://occupywallst.org/forum/first-official-release-from-occupy-wall-street/>.

Quotations "R". Disponível em: <https://www.theotherpages.org/quote/alpha-r2.html>.

ROUSSEAU, Jean-Jacques. "Discourse on the Origin of Inequality". Disponível em: <www.aub.edu.lb/fas/cvsp/Documents/DiscourseonInequality.pdf879500092.pdf>.

"What are the Panama Papers?". *The Guardian*, 5 abr. 2016. Disponível em: <www.theguardian.com/news/2016/apr/03/what-you-need-to-know-about-the-panama-papers>.

Índice remissivo

18 de brumário de Luís Bonaparte, O (Marx), 136-7, 181-4, 220, 312n67

abordagem artefatual, 127-8, 131, 135
abordagem pelo cotidiano, 134-5, 284-6, 291, 307n32, 308n40, 308n41, 320-1n20; *ver também* experiência vivida
Adorátski, V., 285
agricultura, 37, 79, 125, 145, 160, 177; *ver também* cultivo
AIT (Associação Internacional dos Trabalhadores): declínio, 54; organização, 178-9; palestras de Marx, 232-3; papel de Marx, 12, 80, 88, 98-9, 146-7, 176-7; Proudhon, 299n16
alienação, 318n54; *capital, O*, 263-5; desenvolvimento da teoria, 31, 256-7, 300n26; exploração e, 224; exteriorização, 262; filosofia do homem, 258; Hegel, 259; *Manifesto comunista*, 163-5; trabalho, 260-1
alta tecnologia, 311-2n50, 312n55
América Latina, 263
Anti-Dühring (Engels), 54
Aristóteles: acidente, 209, 314n37; governo republicano, 148; Marx e, 287; materialismo, 266; trabalho, 212, 240; troca, 244-5, 246; usura, 191, 200
arte de governar, 191, 194, 198, 235
Assembleia Geral da ONU, 56
Associação Democrática de Bruxelas, 173
ativismo político: ao longo da vida, 14-9, 24-5, 65, 275-6; Bruxelas, 89-90; classes trabalhadoras, 100-1;

conciliação, 96-8; crítica e, 164-5; democratização, 151; economia política e, 211, 214-5, 267; escritos, 143, 207-9; história e, 104-5, 110; interesses de classe, 83, 88; jornalismo, 43, 48, 279, 284-5; *O capital*, 176, 264; racionalista, 231; revolucionário, 224, 229
autobiografia, 34-5, 44-8, 75
autoridade, 57-60, 63, 69
autoritarismo, 29, 35, 102, 164-5, 167

Bakúnin, Mikhail, 90
bancos, 177, 208-9
base/superestrutura, 108-9, 111, 114, 273-4
Bauer, Bruno, 38-9, 118
Bebel, August, 50, 51
Bélgica, 41, 90, 169, 174-5; *ver também* Bruxelas
bem-estar social, 27, 177, 252-3, 257
bem público, 73, 152
Berlin, Isaiah, 86
Bernays, Ferdinand Coelistin, 38
bibliografia: formação do cânone, 277, 286, 288-9; ganhos/perdas, 287-8; jornalismo, 47-8, 65-6; seleções, 284-7
biografia: cronologia, 23-5, 293-5; inicial, 36; Mehring, 45; questão social, 155-6; retrospectiva, 289
Blank, Daniel, 300n27
Bonaparte, Luís, 136, 183, 184
Brosses, Charles de, 218, 315n50
Bruxelas, 39-40, 88-9
burguesia: capitalistas, 81; classes trabalhadoras e, 96; como termo,

303n44, 309n66, 313n22; Hegel, 187-9; industrialização, 145-6; interesses materiais, 192; luta de classes, 80; *Manifesto comunista*, 202, 242-3; proletariado e, 273, 313n22; reformas, 221-2; sociedade burguesa, 187-9, 197; *ver também* classes comerciais

Cabet, Étienne, 162

capital, 194, 211

capital, O (Marx), 12, 247-8, 298n6; alienação, 263-5; ativismo político, 176, 264; caráter fetichista da mercadoria, 260-1; edições e traduções, 52, 54, 207, 301n45; exploração, 31, 176, 248; filosofia natural, 252; igualdade, 232; inacessibilidade estilística, 53, 206-7, 209-10, 217; jornalismo e, 208; modo de produção capitalista, 196-7, 264-5, 303n46; Riazánov, 280; ser genérico, 262; sobre a economia política, 211, 214-5, 267; sobre as condições de trabalho, 239, 247-9

capitalismo, 133, 186-7; classes, 81-3, 251-2; criticado, 233-4; democracia liberal, 204; "efeito carona", 203; exploração, 31, 231-2, 247-9; globalização, 264-5; instituições, 204; jornalismo e, 208; livre-comércio, 173-4; lógica interna, 207-9, 215-6; modo de produção, 196-7, 265, 303n46; moeda, 205; revolução, 30

caráter fetichista da mercadoria, 261, 268

"caráter fetichista da mercadoria e seu segredo, O" (Marx), 217-8

caridade, 68, 152-4

Carta da ONU, 56

Carta de Direitos dos Estados Unidos, 74

cartismo, 95-7, 119, 157, 194, 224

Carver, Terrell, 298n7, 298n8, 300n27

censura, 37-9, 40, 66, 73-4, 111, 117, 156

choque de civilizações, O (Huntington), 307n38

classe: ativismo político, 78-9, 83-4; capitalismo, 81-3, 251-2; como conceito, 56, 76; conciliação, 27, 56, 85-95; construída economicamente, 177; exploração, 83, 93, 175, 227-8; identificação, 78, 83; performativa, 271-2; pós-feudal, 61; produção, 151

classes comerciais, 242, 303n44, 309n66, 313n22; *ver também* burguesia

classes trabalhadoras: ativismo político, 100-1; burguesia e, 96; chamado à ação, 82-3; como termo, 303n44, 313n22; democratização, 88-9, 233; industrialização, 78-9; organizações, 98-9; solidariedade, 100-1; tarifas comerciais, 171-2; *ver também* proletariado

Cohen, G. A., 115-6

coleta de lenha, 69, 75

coletâneas fac-similares, 283

Collected Essays (Marx), 279

Collected Works (Marx e Engels), 23, 277, 284-5

comercialismo: acumulação de riqueza, 191-2; ascensão, 203-5; condições de trabalho, 249; democracia, 168; elites, 168; industrialização, 130; libertação humana, 170; relações de mercado, 242

comércio: acumulação de riqueza, 191-2; conquistas, 124, 125; produção, 144-5; propriedade privada, 193; remoção de barreiras, 170; tarifas, 171-2

"Communist Manifestoon", 307n37

Comuna de Paris, 49, 51, 177, 179-80, 222, 238, 315n49

comunismo, 39, 304n50, 313n1; abolição da moeda, 169; espectro, 84-5, 304n50; Feuerbach, 91-2; internacional, 49; julgamentos políticos, 120; na prática, 178-9; progressivo, 84; propriedade privada, 163, 193; questão social, 120, 124, 260; religião, 229; socialismo e, 29-30, 94, 101, 120-2

conceito de assombração, 304n50; *ver também* comunismo, espectro

"concepção materialista da história, A" (Plekhânov), 111

conciliação, 27-8, 56, 85-98

concorrência, 174-5

condição humana, 129-30, 138-9

condições de trabalho, 239, 247-9, 257

"Congresso sobre o livre-comércio em Bruxelas" (Engels), 171-2

Constituição dos Estados Unidos, 86, 302n25

consumismo, 253

consumo, 28, 123, 125, 215

contrarrevoluções, 150

contrato de servidão, 238

Contribuição à crítica da economia política (Marx), 44-5, 242

cooperativas de trabalhadores, 262-3

correspondência, 20, 90-4, 97-8, 160-1, 283-4

crises financeiras, 95, 203, 208-9, 210, 284

cristianismo, 153, 227, 235-6, 262-4

Crítica da filosofia do direito de Hegel (Marx), 45, 159-64, 220, 278

Crítica do programa de Gotha (Marx), 312n63

críticas feministas, 258

cronologia, 293-5

Crusoé, Robinson, 192, 211, 317n22

cultivo, 236, 239; *ver também* agricultura

Darwin, Charles, 254, 309n58

Das Kapital ver capital, O

"Debates sobre a lei referente ao furto de madeira" (Marx), 69

"Declaração dos direitos da mulher e da cidadã" (Gouges), 302n24

"Declaração dos direitos do homem e do cidadão", 74

democracia, 94, 148-50, 168, 181-3, 310n4; *ver também* democracia liberal; social-democracia

democracia liberal, 184, 186, 204

democratização: ativismo político, 151; cartistas, 95-7; classes trabalhadoras, 88-9, 233; corrupção, 63-4; economia política, 165-6; monarquia, 168; pós-autoritarismo, 29-30, 57-8; questão social, 143, 165-6, 248-9; radicalismo, 77; revolução, 159, 180

Derrida, Jacques, 304n50

descolonização, 10, 125

desemprego, 203, 216

desenvolvimento da visão monista da história, O (Plekhânov), 110-1

desigualdade, 30-1, 57-60, 62-3, 203, 237-8, 239

determinismo, 28, 139-40, 143-4, 308n42

Deutsche-Brüsseler Zeitung, 40, 171, 174

Deutsch-Französische Jahrbücher, 37, 45, 159-60, 190

dialética, 111, 113, 271-3, 274

direito de voto, 169-70, 183

direitos, 36, 62-3, 69, 70-1, 74, 153, 178

direitos de propriedade, 60; *ver também* propriedade privada

direitos individuais, 62-3

direitos reprodutivos, 153

"Discurso inaugural da Associação Internacional dos Trabalhadores" (Marx), 100-2

"Discurso junto ao túmulo" (Engels), 54, 254, 295

"Discurso sobre o livre-comércio" (Marx), 46, 170, 173-4

ditadura do proletariado, 151, 180, 273

divisão do trabalho, 71, 123, 175

divisões de gênero, 283-4, 288-9

Do culto dos deuses fetiches (Brosses), 218, 315n50

Do socialismo utópico ao socialismo científico (Engels), 54

Early Political Writings (Marx), 23
economia, 155, 250-3, 281, 288; *ver também* economia moderna; economia política
"economia dos bicos", 311-2n50
economia moderna, 31, 42, 195-201, 204-5, 281
economia política: ativismo político e, 211, 214-5, 267; ciência, 191-2, 194-5, 214, 234-5; classes comerciais, 242; como arte de governar, 194-5, 198; contatos práticos, 189-95; crises financeiras, 210; democratização, 165-6; economia moderna, 31, 42, 195-201, 204-5, 281; Engels, 190, 192-3; francesa e inglesa, 190; moral, 238-9; radicalismo, 236
educação, 177
"efeito carona", 203
elites, 148-9, 164, 168, 225
emprego, 57, 166-7, 172, 269, 312n54; *ver também* desemprego
energia a vapor, 124-5, 129, 259
Engels, Friedrich, 17-9, 23, 53-4; cartismo e, 119, 194; como executor literário, 273, 286; como historicista, 230-1; como radical econômico, 88; conciliação, 90-1, 95-6; condições de trabalho, 257; interpretação materialista, 107-8, 117-8, 140, 142, 254-5, 298n8; jornalismo, 121-2, 311n31; Marx e, 17, 22, 44-5, 53-5, 76, 107-9, 110; no *Deutsche-Brüsseler Zeitung*, 170-2; obras: *A ideologia alemã*, 46, 281; *A origem da família, da propriedade privada e do Estado*, 54; *A sagrada família*, 38-9, 46; *A situação da classe trabalhadora na Inglaterra*, 119; *Anti-Dühring*, 54; *As guerras camponesas na Alemanha*, 142;

As lutas de classes na França, 224; *Collected Works*, 23, 277, 284-5; "Congresso sobre o livre-comércio em Bruxelas", 171; "Discurso junto ao túmulo", 54, 254, 295; *Do socialismo utópico ao socialismo científico*, 54; "Esboço de uma crítica da economia política", 133, 157, 208, 237; *Ludwig Feuerbach e o fim da filosofia clássica alemã*, 54; obras de Fourier, 94; origem familiar, 155; questão social, 155-7, 192; resenha de livro, 107-11; reuniões em Barmen e Elberfeld, 91; sobre a economia política, 190, 192-3; sobre a ideologia, 317n30; sobre o darwinismo, 309n58; sobre o materialismo dialético, 110-1; *ver também Manifesto comunista*
Engels: A Very Short Introduction (Carver), 298n8
Engels and the Formation of Marxism (Rigby), 298n7
Entäusserung (alienação), 262
Entfremdung (estranhamento), 262
"Esboço de uma crítica da economia política" (Engels), 133, 157, 208, 237
Estado, 72-3, 162-3, 190
Estados germânicos: burocracias, 188-9; censura, 37-8; classes médias, 166; exílio, 169, 257; intelectuais, 117; liberais radicais, 38-9; propriedade feudal/monarquia, 154, 235-6; propriedade privada, 238; questão social, 229; repressão, 37-8, 186; soberania popular, 118-9; tolerância, 49
estamentos do reino, 68, 78, 311n27
estratégias equalizadoras, 57, 59, 62, 244
estrutura de classes, 76-8, 190, 262-3, 273-4
etnonacionalismo, 168
eurocentrismo, acusação de, 145
Ewerbeck, August, 90

Índice remissivo

experiência vivida, 11, 15, 25, 33-4, 128, 284-5; *ver também* abordagem pelo cotidiano

exploração: alienação, 224; *capital, O*, 31, 176, 247-8; capitalismo, 31, 231-2, 247-9; classes, 83, 93, 175, 227-8; cosmopolita, 175; *Manifesto comunista*, 93; moral, 226-8; política de gênero, 227; política pública, 225; questão social, 228, 248-50; trabalho, 216-7, 226-8, 247-8

expropriação agrária, 177

fábricas, 177-8, 263, 265

fetichismo, 19, 217-8

feudalismo, 68-71, 145

Feuerbach, Ludwig, 91-2

filosofia, 37, 158-9, 163-4, 220, 288; *ver também* filosofia natural

Filosofia do direito (Hegel), 5-6, 158-9, 190

filosofia do homem, 258-9, 261, 265-7

filosofia natural, 199, 235, 243-4, 247, 252

força de trabalho, 303n46, 317n35

forças de mercado, 72-3, 203, 261

formação de alianças, 94, 99-100, 233, 254

formação do cânone, 32, 277, 286, 288-9, 291, 321n21

fotografias, 290-1

Fourier, Charles, 94

França: lutas de classes, 278; resistência de Paris, 38-9, 88-9, 220-2; Segunda República, 43, 182; *ver também* Revolução Francesa; Comuna de Paris

Franklin, Benjamin, 317n33

Frederico Guilherme iv, 161

Gesammelte Aufsätze von Karl Marx (Marx), 277-8

Gigot, Philippe, 92

globalização, 307n36; capitalismo, 264-5; críticos, 203; emprego, 312n54; luta de classes, 146; *Manifesto comunista*, 202-4; Marx e, 10; produção/consumo, 125

Gouges, Olympe de, 302n24

Grün, Karl, 41-2, 92

Grundrisse (Marx), 47, 261, 308n51

Guerra Civil Americana, 86, 100, 102

"guerra civil na França, A" (Marx), 51, 176-9, 181-2, 222, 301n38

Guerra Fria, 9, 16, 87

guerras camponesas na Alemanha, As (Engels), 142

guildas, 68, 170

Gülich, Gustav von, 172

Hallische Jahrbücher (Ruge), 159

Hayek, Friedrich von, 314n29

Hegel, G. W. F.: alienação, 259; dialética, 111, 271-3; estrutura de classes, 190; *Filosofia do direito*, 45-6, 158-9, 190; idealismo, 266-7; Marx e, 37, 158, 206-7, 287; Proudhon e, 42; sociedade burguesa, 188; superação, 259-60; transcendência, 259-60

Hegel's Philosophy of Right (Rose), 313n8

Heine, Heinrich, 38

Herwegh, Georg, 38

Hess, Moses, 38, 94

hierarquia de gênero, 274, 301n2

história: abordagens, 122-3, 128-9; ativismo político e, 104-5, 111; contingência, 28, 33-4, 134, 142-3; discussões, 116-8; interpretação materialista, 107-9, 133-4; *Manifesto comunista*, 105, 107, 109-10; política e, 191-2; retórica, 130-1; revisão, 116, 126; teoria, 105

história romana, 58, 61, 148, 149

historicismo, 138-41, 204-5, 230-1, 265-7

historicismo metodológico, 138-41

historiografia, 112, 131-3, 134-5, 282

Homo faber, 265, 267

336   *Marx*

Hugo, Victor, 136
Huntington, Samuel P., 307n38

idealismo, 207, 255, 266-7, 306n16
ideias anticapitalistas, 99, 260, 268
identidade nacional, 225
ideologia alemã, A (Marx e Engels),
    46, 281
ideologia, teoria da, 308n39
Igreja católica, 262-4
igualdade, 57-8, 68-9, 70, 232
igualitarismo, 59-60, 216, 225, 232,
    237, 304n51
Iluminismo, valores do, 12, 35, 112
Império austríaco, 43
industrialização: burguesia, 145-6;
    classes trabalhadoras, 78-9; comer-
    cialismo, 130; estruturas de classe,
    78-80; *Manifesto comunista*, 125;
    poluição, 217; proletariado, 166
injustiça, 58-9, 62-3
Instituto Marx-Engels, 279-80,
    320n13
insurreição, 97-8, 221-4
interesse privado/bem público, 73
interpretação materialista: Engels,
    107-8, 117-8, 140, 142, 254-5, 298n8;
    história, 107-9, 133-4; teoria, 109,
    273-4
Iugoslávia, 262-3

Jacoby, Johann, 38
Jones, Ernest, 95-7
jornalismo: ativismo político, 43, 48,
    279, 284-5; capitalismo e, 208-9;
    cartista, 194; Engels, 121-2, 311n31;
    ideias políticas, 37-8, 39, 66-7, 135-7,
    189-90, 249-50, 275-6; justiça e mo-
    ral, 232-9; liberal/radical, 159, 277-
    8; na hierarquia de textos, 19-20,
    45, 47-8, 66, 109, 208, 277-9, 288-9;
    perspectiva internacional, 275; *ver
    também* justiça procedimental
Jovens Hegelianos, 159, 206, 215,
    235, 256

justiça, 57, 226, 228, 232-4, 250; *ver
    também* igualdade
justiça procedimental, 60, 226

Kant, Immanuel, 287
*Karl Marx: Chronik seines Lebens in
    Einzeldaten* [*Karl Marx: Crônica
    de sua vida organizada por data*],
    (Adorátski), 285
Kautsky, Karl, 54
Kuhn, Thomas, 307n25, 314n23

Labriola, Antonio, 54
Later Political Writings (Marx), 23
legislação dos direitos civis, 86, 99
Lei da Reforma, 95, 170
Lei das Dez Horas, 101
Leibniz, Gottfried, 287
liberalismo, 29-30, 35-6, 85-7, 165
liberdade de expressão, 71, 154
liberdade de imprensa, 71, 75, 206,
    279
Liebknecht, Wilhelm, 50, 51
List, Friedrich, 165, 172
livre mercado, 60, 168, 269
livre-comércio, 168, 170-4, 194-5
Lubasz, Heinz, 67, 70
lucro: acumulação de riqueza, 248;
    capital, 194; produção, 30; questão
    social, 240, 243-4; tempo de tra-
    balho, 212; trabalho, 199-202, 212,
    240-2; valor e, 239-50
*Ludwig Feuerbach e o fim da filosofia
    clássica alemã* (Engels), 54
Ludwig, Karl *ver* Bernays, Ferdi-
    nand Coelistin
Luís Filipe, rei da França, 220-1
lutas de classes na França, As (Engels),
    224
luta de classes: ativismo/reflexão,
    76-9, 102; burguesia, 80; concilia-
    ção e, 27, 56, 76; democratização
    revolucionária, 180; direitos, 178;
    ditadura do proletariado, 151;
    França, 278; global, 146; história,

12, 80-1; *Manifesto comunista*, 124-5, 131, 216; natureza humana, 266; performativa, 218-9; produtividade industrial, 80; questão social, 27, 40, 82, 103, 271; soberania popular, 183-5

mais-valia, 201-2, 212-3, 235, 248, 273
Malthus, Thomas Robert, 129-30
manifestações de massa, 255
Manifesto comunista (Marx e Engels): abordagem historicizante, 230-1, 266; alienação, 163-5; atualização, 80-1; burguesia, 202, 242-3; "Discurso inaugural" e, 100-2; disparidade de poder, 252; edição fac-similar, 283; estrutura de classes, 78-9; exploração, 93; formação de alianças, 94, 253; globalização, 202-3; importação de ouro, 133; industrialização, 96, 125; luta de classes, 124-5, 131, 216; nacionalismo, 275; performatividade, 135; prefácio (1872), 50-2, 80, 84, 123-4; progresso, 144-7; proletariado, 93, 160, 181; reivindicações, 176-7; republicação, 53; revolução vindoura, 219-20; sobre a história, 105-10; tradução de termos, 303n44
"Manifesto do Partido Comunista" (Marx e Engels), 46, 50; *ver também Manifesto comunista*
manufatura, 124, 160, 174-5
Manuscritos econômico-filosóficos de 1844 (Marx): cadernos de notas e, 192-3, 307n33, 313n14, 320n15; montagem editorial, 46, 254, 258, 261-4, 281; público, 263, 267
marginalistas, 201, 243-4, 251
Marx, Karl, 10-3, 21-2, 31-2; AIT, 12, 80, 88, 98-9, 146-7, 176-7; ativismo político, 14-9, 24, 26; carta ao rei Leopoldo, 90; como filósofo/economista/sociólogo, 288;

como ícone, 48-50; como radical econômico, 88-9; como teórico da história, 107-12, 129-31; construções, 26-7, 33, 105-6; cronologia, 23, 293-5; Engels e, 17, 22, 44-5, 53-5, 76, 107-9, 110; Hegel e, 37, 158, 206-7, 287; humanista, 13-4, 254-6, 260, 263-4, 289; imagens, 290-1, 321n29, 321n30; imprensa britânica e, 179; materialismo, 107-9; "novo", 260, 263, 267, 289; obras, 13, 19, 37-8, 280-2; "A guerra civil na França", 51, 176-8, 181-2, 222, 301n38; *A ideologia alemã*, 46, 281; *A sagrada família*, 38-9, 46; *Collected Essays*, 279; *Collected Works*, 23, 284-5; *Contribuição à crítica da economia política*, 44-5, 242; *Crítica da filosofia do direito de Hegel*, 45, 159-64, 220, 278; *Crítica do programa de Gotha*, 312n63; "Debates sobre a lei referente ao furto de madeira", 69; "Discurso inaugural da Associação Internacional dos Trabalhadores", 100-2; "Discurso sobre o livre-comércio", 46, 170, 174; *Early Political Writings*, 23, 300n27; *Gesammelte Aufsätze von Karl Marx* (Marx), 277; *Grundrisse*, 47, 261, 308n51; *Later Political Writings*, 23; *Manuscritos econômico-filosóficos* de 1844, 46, 192-3, 254, 261, 263-4, 267, 281, 313n14, 320n15; *Miséria da filosofia*, 41, 46, 206; *O 18 de brumário de Luís Bonaparte*, 136-7; "O caráter fetichista da mercadoria e seu segredo", 217-8; "Resumo do artigo de Frederick Engels", 193; *Salário, preço e lucro*, 233; "Teses sobre Feuerbach", 305n2, 306n16; Occupy Wall Street e, 103; posição acadêmica, 9-13, 31-2; reputação, 14-5, 17, 28-9, 147; *ver também capital, O*; *Manifesto comunista*
Marx-Engels-Gesamtausgabe (MEGA), 279-81, 285

Marx and Engels: The Intellectual Relationship (Carver), 298n7
marxismo, 9, 22; analítico, 113-7; economia, 196-7, 201-2; exploração, 226-7; Marx e, 51-3; surgimento, 54-5
materialismo: Aristóteles, 266; burguesia, 192; dialético, 111, 113; economia, 155-6; filosofia natural, 244; histórico, 116, 306n3; humanismo, 254-5; idealismo e, 306n16; Marx, 107-9; matéria em movimento, 306n12; Plekhânov, 110-3; *Rheinische Zeitung*, 155, 189, 229
materialismo dialético, 111, 113
materialismo histórico, 116, 306n3
mecanização, 79, 194, 248
medos vermelhos, 25, 74, 84-7, 96, 221, 304n51
MEGA (*Marx-Engels-Gesamtausgabe*), 279-81, 285
Mehring, Franz, 45, 55, 279
mercado monetizado, 208-9
mercadorias: acumulação de riqueza, 185; capital, 211; fetichismo, 261-2, 268; tempo de trabalho, 315n42; trabalho, 213-4; trocas no mercado, 259
mercantilização, 132, 236
mídias sociais, 73, 288
Mill, John Stuart, 86, 206
Miséria da filosofia (Marx), 41, 46, 206
moeda, 58, 169, 205, 210-1, 245
monarquia, 148-9, 152, 168, 311n27
moral: cristianismo, 226-7; economia política, 238-9; exploração, 226-8; igualdade no mercado, 240; justiça, 232-9; questão social, 238; relações sociais, 265-6
Mosel, camponeses do, 72-3, 75-6
movimento cooperativista, 101
movimentos antidemocráticos, 150
movimentos antiescravistas, 275
movimentos antissoviéticos, 105, 263
movimentos sociais antiglobalização, 268

Movimentos sociais na França e na Bélgica (Grün), 93
mudança climática, 146, 216-7, 307n33
mudança histórica: abordagem artefatual, 308n40; base/superestrutura, 273-4; como processo político, 216; consciência, 112; determinismo, 115-6; épica, 203; natureza, 122, 126-7, 142
mulheres: exploração, 228; hierarquia de gênero, 274, 301n2, 319n2; história, 128, 308n41; participação, 177, 187

nacionalismo, 102, 149-50, 168, 172, 175, 275
Nafta (Tratado Norte-Americano de Livre Comércio), 311n48
Napoleão III, 136, 183
natureza humana, 132, 204-5, 265-7, 308n47
negociação salarial, 232, 253
Neue Rheinische Zeitung, 43, 47, 222-3, 278
New-York Daily Tribune, 47, 209
Nicolau I da Rússia, 302n11
nível, O: Por que uma sociedade mais igualitária é melhor para todos (Wilkinson e Pickett), 59-60
"Nós somos os 99%", 63
Notes to the People (cartista), 224

Occupy Wall Street, 62-4, 163, 268; ativismos, 104-7; conciliação, 97-8; Marx e, 68-9, 73-4, 103, 195-6; mercado/Estado, 71-3; mídias sociais, 74
operários britânicos, 102
origem da família, da propriedade privada e do Estado, A (Engels), 54
ouro, 133, 215
Panama Papers, 58-9, 301n3
paródia e sátira, 214-5, 218; *ver também* sarcasmo
Partido Comunista, 48, 100

pauperização, 72, 100, 167, 259-60; *ver também* pobreza

pensamento marxiano: capitalismo/democracia liberal, 186, 204; difusão, 64-6; estratégia política, 88-9; mudança histórica, 216-8; produção, 268-70; relações mercantilizadas, 217-8

período de Londres, 44, 49, 88, 179, 208-9, 290, 294-5

Pickett, Kate, 59-60

Pierre le Pesant, 190

pietismo, 155

Plekhânov, Géorgui, 54, 110-3

pobreza, 67-70, 189, 203, 227, 238, 252, 259; *ver também* pauperização

poder: desigual, 225; *Manifesto comunista*, 252; propriedade privada, 270; riqueza, 57-61, 124; teoria da dependência, 252-3; *ver também* autoridade

política: e filosofia, 163-4; e história, 191-2; e historicismo, 230-1; e jornalismo, 37-8, 39, 66-7, 135-7, 189-90, 249-50, 275-6

política de gênero, 227

políticas redistributivas, 57, 59-60, 62, 154, 181

Politisch-Ökonomische Revue, 278

Polônia, 102

poluição, 146, 216-7, 306n33

pós-colonialismo, 10, 275, 312n53, 319n5

prática social, 195, 315n52

primado das forças produtivas, tese, 115

princípio hereditário, 60-3

produção: amadorismo, 307n33; capitalismo, 196-7, 265, 303n46; classe, 151; comércio, 145; consumo e, 123, 125, 215; excedente, 127, 201; guildas, 170; lucro, 30; modos de, 114-5, 132-3, 141, 143, 197; pensamento marxiano, 268-70; propriedade, 108-9; relações

sociais, 236-7; trabalho, 175, 244; troca, 132-3, 235-7

produção de excedentes, 127, 201

produtividade industrial, 80, 124

progresso, 28, 141-7, 203

proletariado: burguesia e, 273, 313n22; como termo, 81, 159-60, 303n44, 313n22; ditadura, 151, 180, 273; filosofia e, 220; industrialização, 166; *Manifesto comunista*, 93, 160, 181; Paris, 220-1; performativo, 166; questão social, 159-60; unido, 102

propriedade, 108, 162-3, 193, 238; *ver também* propriedade privada

propriedade privada: coletivismo, 229; comércio, 193; comunismo, 162-3, 193; desigualdade, 30-1, 238-9; direitos, 63; Estado, 72-3, 162; poder, 270; produção, 108-9

proprietários, 181, 183, 195

protecionismo, 172-3, 175

Proudhon, Pierre-Joseph, 92-3; AIT, 299n16; ataques a, 206, 257, 299n16; carta, 92; economia filosófica, 112; Hegel, 42; Marx, 40-4, 118; *Sistema das contradições econômicas*, 40

Prússia, 68-70, 72-4, 164

questão social: biógrafos, 155-6; comunismo, 120, 124, 260; democratização, 143, 165-6, 248-9; direitos do homem e do cidadão, 153; economia/política, 150-7, 173, 187; Engels, 155-7, 19; Estados germânicos, 229; exploração, 228, 248-9, 250; formação de alianças, 99-100; interesse público, 152-3; justiça, 232-3; livre mercado, 269; livre-comércio, 173; lucro, 240, 243-4; luta de classes, 27, 40, 82, 103, 271; mecanização, 167-8; moral, 238; pobreza, 259; progresso, 143-4; proletariado, 159-60;

representação, 161-2; revolução, 176; *Rheinische Zeitung*, 67, 189-90; soberania popular, 118-9

raça/etnicidade, 275

radicalismo: atual, 16; democratização, 77; economia política, 236; econômico, 88; hostilidade governamental, 37; igualitarista, 67; mudança, 84; revolucionário, 250

Rawls, John, 86

relações de troca, 28, 236-7, 240-1

relações mercantilizadas, 166-7, 217-8, 238, 242

relações sociais, 236, 261-2, 266

religião, 27, 112, 122, 124, 138, 140, 153-5, 202, 218, 229-30; *ver também* cristianismo

renda, 199, 273

representação, 162-3, 168, 279

republicanismo, 35-6, 148-9, 155, 221-2

"Resumo do artigo de Frederick Engels" (Marx), 193-4

revisão da história, 116, 126

revolução: capitalismo, 30; democratização, 159, 180; progresso, 143; proletária, 115, 160, 219-20, 315n44; que falhou, 219-20, 224; questão social, 176; radical, 249-50; reforma e, 217; representação e, 166, 168; vindoura, 219-20

Revolução Americana, 62

Revolução Chinesa, 260

Revolução Francesa, 62, 74, 76, 154-5, 161, 169

revolução proletária, 115, 160, 219-20, 315n44

Revolução Russa, 260

Rheinische Zeitung: coletivo editorial, 41, 67, 88, 189-90; contribuições, 37, 155-6; fechamento, 158; financiadores, 170; interesses materiais, 155, 189, 229; protestos ao rei, 74-5; questão social, 189-90; sobre a pobreza, 68

Riazánov, D. B., 279-82, 320n13

Ricardo, David, 44, 214

Rigby, S. H., 298n7

riqueza, acumulação de: a partir da terra/trabalho, 199-200; autoridade, 57-60, 63; comercialismo, 191-2; comércio, 191-2; corporativa, 58; desigualdade, 203; lucros, 248; privada, 252; produção de mercadorias, 185

riqueza das nações, A (Smith), 158, 192

Rogers, Will, 204

Rojahn, Jürgen, 320n15

Rose, David, 313n8

Rousseau, Jean-Jacques, 122, 130, 308n43

Ruge, Arnold, 38, 159-61, 194

Rússia, 102

sagrada família, A (Marx e Engels), 38-9, 46

Salário, preço e lucro (Marx), 233

salário-mínimo, 174

sarcasmo, 222, 243, 312n53

sátira, 214-5, 218

Say, Jean-Baptiste, 190

sequencialismo, 104-6, 129

ser genérico, 262

servidão, abolição da, 61

sindicatos, 98

Sistema das contradições econômicas (Proudhon), 40, 42

situação da classe trabalhadora na Inglaterra, A (Engels), 119

Smith, Adam, 44, 158, 190, 192, 238

soberania popular, 35, 62, 67, 84, 95, 117-8, 149, 153-4, 182-5

social-democracia, 125, 153, 168, 176-7, 253, 282

socialismo: comunismo e, 29-30, 94, 101, 120-2; democracia, 94; internacional, 12; Marx como ícone, 48-50; trocas no mercado, 250-1; *ver também* socialismo utópico

socialismo utópico, 41, 94, 251, 299n14, 305n68

Índice remissivo

sociedade civil, 187-8, 197
sociedade sem classes, 151, 169
sociologia, 166, 259, 272, 282, 288
Steuart, James, 190
sufrágio: exigência de propriedades,
96; Lei da Reforma, 95-6; universal masculino, 69, 95-6, 99, 181
superação, Hegel, 259-60
superestrutura/base, 108-9, 111, 114,
273-4

tarifas sobre o comércio, 171-2
taxação, 59, 152, 177-8
tecnologia, 145-6, 289; *ver também*
alta tecnologia
tempo de trabalho, 212-3, 226, 246-7,
251, 315n42
teologia da libertação, 263
teoria da dependência, 252-3
tese desenvolvimentista, 115
"Teses sobre Feuerbach" (Marx),
305n2, 306n16
Tito, Josip Broz, 263
totalitarismo, 86-7
trabalho: alienação, 260-1; Aristóteles, 212, 240; assalariado/não
assalariado, 61; capital, 194; como
mercadoria, 212-3; emancipação,
182; exploração, 216, 226-8, 247-8;
filosofia natural, 247; inputs/
outputs, 246-7; lucro, 199-202, 212,
240-2; mais-valia, 212-3; mercantilização, 166-7, 238; obrigação
igualitária com o, 177; produção,
175, 244; relações de troca, 238,

240-1; salário mínimo, 174; setor
de serviços e, 265; valor, 212; *ver
também* trabalho assalariado
trabalho assalariado, 61, 68, 72, 79,
81, 195, 202, 251, 259
tradição libertária, 168
traduções, 286-7, 303n44, 313n22
transporte, centralização do, 177-8
Tratado Norte-Americano de Livre
comércio (Nafta), 311n48
Trier'sche Zeitung, 40
troca, 132, 235-6, 240-1, 244-5
trocas no mercado, 218, 240-2, 245-6,
251, 253, 259, 269-70
Trump, Donald, 64

usura, 191, 240
utilidade marginal, 204-5, 211

vales de troca, 251
valor: lucro e, 239-50; mais-valia,
201-2, 212-3, 235, 248, 273; na troca,
241, 244-6; preço, 318n43; trabalho,
212; valor de troca, 193, 199-200;
valor de uso, 193, 211
valor de troca, 193, 199-200
valor de uso, 193, 211
viticultores, 72, 75-6
Vormärz, 36, 44
Vorwärts!, 90

Weber, Cynthia, 321n26
Weerth, Georg, 171
Wheen, Francis, 320n20
Wilkinson, Richardson, 59-60

ESTA OBRA FOI COMPOSTA POR MARI TABOADA EM DANTE PRO E
IMPRESSA EM OFSETE PELA LIS GRÁFICA SOBRE PAPEL PÓLEN SOFT
DA SUZANO S.A. PARA A EDITORA SCHWARCZ EM DEZEMBRO DE 2021

A marca FSC® é a garantia de que a madeira utilizada na fabricação do papel deste livro provém de florestas que foram gerenciadas de maneira ambientalmente correta, socialmente justa e economicamente viável, além de outras fontes de origem controlada.

Linguagem do espírito

Jan Swafford

Linguagem do espírito

Uma introdução à música clássica

Tradução:
Paulo Geiger

Copyright © 2016 by Jan Swafford

*Grafia atualizada segundo o Acordo Ortográfico da Língua Portuguesa de 1990,
que entrou em vigor no Brasil em 2009.*

Título original: Language of the Spirit: An Introducton to Classical Music
Capa e imagem: Rafael Nobre
Preparação: Officina de Criação
Índice remissivo: Luciano Marchiori
Revisão: Clara Diament, Ana Maria Barbosa

Dados Internacionais de Catalogação na Publicação (CIP)
(Câmara Brasileira do Livro, SP, Brasil)

Swafford, Jan
　　Linguagem do espírito : Uma introdução à música clássica /
Jan Swafford ; tradução Paulo Geiger. — 1ª ed. — Rio de Janeiro :
Zahar, 2021.

　　Título original: Language of the Spirit : An Introduction to
Classical Music
　　ISBN 978-85-378-1909-8

　　1. Música – Apreciação 2. Música – História e crítica 3. Música
clássica 1. Título.

20-52616　　　　　　　　　　　　　　　　　　CDD-781.68

Índice para catálogo sistemático:
1. Música clássica 781.68

Cibele Maria Dias — Bibliotecária — CRB-8/9427

[2021]
Todos os direitos desta edição reservados à
EDITORA SCHWARCZ S.A.
Praça Floriano, 19, sala 3001 — Cinelândia
20031-050 — Rio de Janeiro — RJ
Telefone: (21) 3993-7510
www.companhiadasletras.com.br
www.blogdacompanhia.com.br
www.zahar.com.br
facebook.com/editorazahar
instagram.com/editorazahar
twitter.com/editorazahar

Sumário

Introdução 9

PARTE I **Os primeiros anos** 17

1. A música, do início à Idade Média (até 1400) 19

2. A Renascença (1400-1600) 31

PARTE II **Barroco** 37

3. O período barroco (1600-1750) 39

4. Claudio Monteverdi (1567-1643) 48

5. Johann Sebastian Bach (1685-1750) 52

6. George Friedrich Händel (1685-1759) 67

7. Mais música barroca 76

PARTE III **Classicismo** 79

8. Período clássico (*c*. 1750-1830) 81

9. Joseph Haydn (1732-1809) 91

10. Wolfgang Amadeus Mozart (1756-91) 104

11. Ludwig van Beethoven (1770-1827) 120

PARTE IV **Romantismo** 135

12. O período romântico (1830-1900) 137

13. Franz Schubert (1797-1828) 145

14. Hector Berlioz (1803-69) 159

15. Robert Schumann (1810-56) 166

16. Frédéric Chopin (1810-49) 173

17. Richard Wagner (1813-83) 178

18. Franz Liszt (1811-86) 189

19. Johannes Brahms (1833-97) 193

20. Piotr Ilitch Tchaikóvski (1840-93) 205

21. Antonín Dvořák (1841-1904) 210

22. Gustav Mahler (1860-1911) 215

23. Outros românticos 222

PARTE V **Modernismo e além** 227

24. Os séculos xx e xxi (de 1900 até hoje) 229

25. Claude Debussy (1862-1918) 249

26. Richard Strauss (1864-1949) 257

27. Maurice Ravel (1875-1937) 263

28. Igor Stravinsky (1882-1971) 270

29. Arnold Schoenberg (1874-1951) 282

30. Charles Ives (1874-1954) 293

31. Béla Bartók (1881-1945) 302

32. Dmitri Shostakovich (1906-75) 310

33. Benjamin Britten (1913-76)   317

34: Aaron Copland (1900-90)   322

35. György Ligeti (1923-2006)   327

36. Mais música moderna   332

Conclusões   345

Sugestões para leitura suplementar   352

Índice remissivo   353

Introdução

A PROPOSTA DESTE LIVRO é tratar de diversos temas de uma só vez. É uma introdução ao que chamamos de música clássica, suas principais figuras, sua influência e seus principais períodos. Pretende ser um incentivo aos que desejam compreender esse tipo de música e as pessoas que a compõem e executam, uma referência básica para fatos e tendências, um compêndio de pequenas biografias de compositores importantes e uma análise da presença de sentimentos universais na música: amor, esperança, exaltação, desespero. Mais ainda, todo um catálogo de qualidades que, como seres humanos, vivenciamos e esperamos que se reflitam em nossa arte. Afinal, uma das funções primordiais da arte é nos mostrar a nós mesmos de maneiras comoventes e memoráveis.

Ao contrário das biografias musicais que escrevi, esta não é uma obra de intenção erudita. Ela se fundamenta principalmente numa motivação específica, aquela que me atraiu para a música clássica desde o início e a razão pela qual ainda sou compositor e escritor: prazer e emoção. Quando adolescente, abracei esse tipo de música porque ela mexia comigo; mais do que qualquer outro tipo de música, mais do que a maioria das outras coisas em minha vida, ela me fazia *sentir*. E ainda faz.

Cheguei a meus doze anos, na década de 1950, ouvindo Elvis e outros cantores populares, como qualquer menino. Depois comecei a tocar trombone na banda da escola e acabei ficando bom nisso, o que fez da música uma atividade mais ou menos diária. Não demorou muito e eu já tentava compor, porque ouvir música me fazia sentir uma ânsia quase dolorosa na boca do estômago, que só amainava quando eu começava a criar. Nesse processo, perdi o interesse em ser como qualquer outra criança. Comecei a descobrir que muitas das músicas pop das quais eu pensava que gostava ficavam entediantes depois de ouvi-las algumas vezes, enquanto muitas peças clássicas pareciam abrir infindáveis perspectivas de sensações e de mistério. Assim, este livro é uma canção de amor à arte que eu amo e à qual dediquei minha vida. Depois disso, veio — e ainda permanece — o fascínio de como a música é feita, em tantas épocas e em tantos lugares. Esse fascínio também é fundamental na percepção de como os sons se organizam, tanto pela audição quanto pelas regras, como os instrumentos modulam a música, como as formas musicais a moldam, como emoções são expressas e assim por diante.

Das ocasionais incursões deste livro na técnica musical, espero que o leitor obtenha uma compreensão básica da mecânica da música, pois ela se traduz em arte. Esta obra, portanto, é uma breve história da música em forma de narrativa, uma introdução aos neófitos, uma referência para um repertório familiar. Vai funcionar melhor se você ouvir as músicas durante a leitura. Cada obra que menciono pode ser encontrada no Spotify, ou num serviço similar; as poucas que não estiverem ali podem ser ouvidas e vistas no YouTube (cuja qualidade de som costuma ser terrível, e os desempenhos, por vezes, irregulares). Alguém disse uma vez que escrever sobre música é como dançar sobre arquitetura. Penso que se trata de

Introdução 11

uma meia verdade, mas as palavras, aqui, farão mais sentido se forem relacionadas com os sons.

Há uma certa ironia permeando estas páginas porque olho para a música, assim como para a totalidade da vida humana e para o grande globo terrestre, com um tom de ironia. Como escritor, sou às vezes acusado de irreverência, o que admito, mas acrescento que minha reverência é maior, profunda e claramente perceptível. Acredito no gênio e acredito em grandeza, embora, assim como amor e compaixão e Deus, sejam qualidades elusivas e indefiníveis. Mas a música é feita por seres humanos e para eles, e uma certa dimensão da existência humana me parece, para falar de um jeito delicado, coisa de doido. Ninguém, inclusive grandes gênios, é imune a isso. Para mencionar alguns exemplos: Isaac Newton, o fundador da ciência moderna, passou grande parte da vida envolvido com alquimia. Franz Schubert, um dos maiores gênios que a música viu nascer, passou muito tempo escrevendo óperas, gênero em que ele não é nada bom. Beethoven, indiscutivelmente brilhante em qualquer aspecto da música, inclusive executando-a e vendendo-a, disse com exatidão sobre si mesmo: "Fora a música, tudo que faço é mal feito e estúpido".

Como se pode ver, este trabalho terá em certa medida um caráter pessoal, mas não vou ficar preso a minha própria e presumida sabedoria. Ensinei música durante 37 anos, para alunos de onze anos até estudantes de conservatório, e a intenção aqui é ensinar. Minhas biografias de músicos são produto de anos de pesquisa e pensamento. Este livro é o produto de décadas de ensino. Muito do que é apresentado aqui tem sido, durante séculos, de conhecimento comum, tanto em relação aos músicos quanto a seu público. Tenho certo respeito pelo conhecimento comum; ele nunca chega longe o bastante, mas costuma ser comum por uma boa razão. Da mesma forma, a maioria das peças dos compositores sugeridos aqui é familiar aos já iniciados. A *Quinta sinfonia* de Beethoven pode ser bastante conhecida em alguns aspectos, mas há motivos para ela ter sido tão apreciada durante tanto tempo. (Além do mais, como vou contar, em sua época a *Quinta sinfonia* foi considerada uma das peças mais estranhas já escritas.)

Alguns de vocês encontrarão aqui pecados de omissão ou de obrigação: "Como ele pôde deixar [ ] de fora?". Não há o que fazer quanto a isso. Direi que os compositores e as peças recomendadas têm a ver com meu imprevisível e próprio gosto. Não posso afirmar que adoro cada uma delas (já fui louco por algumas; não sou mais), mas respeito todas as peças mencionadas neste livro. Tampouco vocês serão fãs de todas. Quando eu era jovem, fazia questão de nunca desgostar de nada, mas esse feliz abraçar tudo — happy e hippie — já se foi há muito tempo. E se sou um pouquinho esnobe, isso não significa que você também tem de ser. Aconselho meus leitores a receber novos compositores e obras com uma abertura absoluta e esperar que seu próprio gosto se vá formando à medida que se aprofunda mais nesse terreno. Se alguma peça nova o surpreende, ou choca, ou deixa perplexo, sugiro que volte a ela. Certas obras vão se tornar suas favoritas; outras irão aprimorar sua percepção sobre o que é a música e o que ela significa; algumas vão aprimorar sua percepção daquilo que diz respeito a *você*.

Assim, enquanto aqui e ali eu talvez apresente uma obra, um compositor ou um ponto de vista excêntrico, a maior parte das músicas integra aquilo que nós, com um suspiro, chamamos de "repertório padrão", porque muitas dessas peças são

Introdução 13

amadas, e por bons motivos. É a palavra "padrão" que incomoda e irrita, porque não evoca a excitação que essas obras provocam e que era manifesta quando elas foram lançadas. Muito do que hoje é "padrão" ontem foi revolucionário. Ao mesmo tempo, há uma quantidade de obras e compositores menos conhecidos que são maravilhosos, e eu mergulho nesses também. Como exemplo, durante anos executei para amigos o coro final do oratório *Jefté*, de um compositor barroco relativamente obscuro, Giacomo Carissimi, e os vi de queixo caído — e às vezes com lágrimas nos olhos.

Recomendo não mais que algumas peças de cada compositor, um pacote inicial de obras familiares e algumas outras sugestões no final de cada ensaio. A ideia é que quando uma peça ou um compositor capturar sua atenção, você continue pesquisando mais por conta própria. Da Wikipédia e Amazon e YouTube e Spotify até sites que ainda não aconteceram, a internet é um recurso tremendo para fornecer informação e oferece muita coisa boa para ouvir. Se uma peça que cito aqui conquistar você, compare diferentes execuções dela e busque outras obras do mesmo compositor. Não vou, de modo geral, tratar de ópera, pois isso exigiria um livro inteiro. Mas há um capítulo sobre Richard Wagner e suas óperas porque ele influenciou a música em todos os sentidos. Também evitarei, dentro do possível, citar gravações; isso faria o livro ficar volumoso, e não há como saber quais delas estarão disponíveis daqui a alguns anos. Aqui e ali cito uma gravação por um ou outro motivo, ou porque não consegui resistir. E como regra geral, às vezes menciono gravações para que você fique ciente de como uma execução pode criar uma peça, ou destruí-la. Ser seletivo quanto a intérpretes é tão valioso quanto ser seletivo quanto a compositores e obras.

Por fim, acredito que a música seja uma linguagem emocional, além das palavras, e por isso não se pode capturar sua essência com elas (embora possa ser útil tentar). Gosto da conclusão da filósofa Suzanne Langer, que chamou a música instrumental de "símbolo não consumado".

A dimensão do que Langer entende como *símbolo* é grande demais para entrarmos nisso aqui, mas a ideia básica é que um símbolo é uma história, um quadro, uma pintura, uma imagem, um evento, a que reagimos de um modo emocional complexo e não diretamente informacional. Esta é a diferença entre *denotação* e *conotação*. Um sinal de pare num cruzamento denota que devemos parar. Ao mesmo tempo, pode representar todas as coisas ruins que vivem nos dizendo para fazer, que se introduzem em nosso caminho, que tumultuam nossas vidas. Para outra pessoa, um sinal de pare pode suscitar um sentimento confortante de ordem, de contrato social, de necessidade de cautela. Em cada caso existe uma reação diferente às conotações do sinal pare. Em outras palavras, são reações a um símbolo.

Langer percebeu que nossa reação à arte e a muito do que compõe a vida é uma textura de símbolos, mas que a música instrumental, à qual faltam palavras ou uma imagem clara, é uma espécie de página em branco à qual ainda assim reagimos *como se* fosse um símbolo tangível. A questão de *o que* é esse símbolo, em cada peça específica, depende em grande parte de nossas próprias respostas. Ou seja, "um símbolo não consumado".

Subscrevo essa ideia. A questão, no entanto, é que na prática a música é muito, muito mais complicada do que isso. Na maior parte da música vocal, por exemplo, as palavras nos falam do tema e implicam emoções, e a maioria dos compositores quer expressar o sentido emocional e até mesmo físico das

Introdução 15

palavras (embora às vezes possam compor uma linha melódica que flexibiliza ou mesmo contradiz o sentido das palavras). Numa canção de Schubert, quando a história fica triste, ele costuma mudar o tom de maior para menor; ao mesmo tempo, capta cada imagem do texto, desde uma roda que gira até uma árvore ao vento, e a descreve, visceralmente, com música.

A música, assim, é uma expressão da emoção, uma expressão que é às vezes mais, às vezes menos concreta. Parte dessa resposta é cultural, parte é inata. Afinal, mesmo organismos unicelulares reagem ao som. Suspeito que nossa reação à música começa em nível celular e ressoa ao longo de todo o percurso até nossas mentes e as funções mais elevadas do cérebro. E a parte mais importante de nossa resposta emocional é única a cada um de nós. Às vezes podemos concordar com *o quê* uma peça musical expressa, mas cada qual preenche os detalhes de modo diferente, e nunca vamos compreender completamente *como* a música nos comove. O que sentimos com ela é como o que sentimos num pôr do sol. O pôr do sol não contém em si mesmo emoção; é um fenômeno físico que não tem nada a ver conosco. Talvez os dinossauros o tivessem apreciado também. Seja como for, os sentimentos são nossos, alguns deles são universais, para todos os humanos, e alguns são individuais. Em última análise, a fonte dessas reações é matéria de magia e mistério, e assim a música ecoa a magia e o mistério do universo.

TUDO QUE FOI DITO AQUI é um modo de abastecer o tanque. Continuemos no que será uma jornada histórica ambiciosa, mas espero que também vibrante, partindo mais ou menos do começo.

PARTE I

Os primeiros anos

1. A música, do início à Idade Média (até 1400)

ONDE QUER QUE ENCONTREMOS PESSOAS, e sempre que as encontramos, também encontramos música. Parte da vida humana desde o início, a música deixou seus traços em instrumentos e na arte que datam do alvorecer de nossa espécie. Os instrumentos mais antigos encontrados, da época das cavernas, são flautas feitas de presas de mamute e ossos de aves, e datam de mais de 40 mil anos atrás. Têm quatro orifícios, o suficiente para produzir uma escala simples. Artefatos mais antigos feitos de ossos com orifícios perfurados, que podem ter sido usados como flautas, datam de 80 mil anos; foram confeccionados pelos neandertais.

Todas as artes tiveram uma conexão primeva com a magia e o mistério, e a música não é exceção. Os animais pintados nas paredes das cavernas fizeram delas santuários que estiveram em uso às vezes durante milhares de anos. Sempre que a música surgia da obscuridade do tempo, ela estava conectada a rituais, a cerimônias, ao que chamamos hoje de religião, mas para a antiga humanidade era apenas o ambiente no qual viviam. Instrumentos e canções e pintura e poesia e dança provavelmente evoluíram juntos. Todos estavam envolvidos com o mistério, com o desconhecido, com o sagrado.

Artefatos sumérios do terceiro milênio antes de Cristo incluem uma lira cujo corpo reproduz a imagem de um touro sagrado, em ouro e lápis-lazúli. As paredes das tumbas egípcias estão cheias de música porque as pinturas estão cheias de vida. Em pinturas e relevos vemos uma coleção de sofisticados instrumentos egípcios: harpa, lira, alaúde, flauta, oboé, trompete, instrumentos de percussão. Vemos pequenos grupos de serviçais tocando harpa e lira e flauta para sua senhora; homens sentados no chão, os braços erguidos em súplica, cantando acompanhados de uma harpa; jovens nuas dançando ao som de uma flauta dupla. Cantores acompanhavam os mortos em sua entrada no pós-vida, seus versos às vezes escritos na tumba:

Oh, Portador do Selo Real, Grande Intendente, Nebankh!
É seu o doce sopro do vento do norte!
Assim diz o cantor que mantém vivo seu nome,
O honrado cantor Tjeniaa, a quem ele amou.
Que canta todo dia a seu ka.

Não sabemos como soava a antiga música grega ou a romana mais do que sabemos da música egípcia, mas conhecemos seus instrumentos e as letras de suas músicas. Cantores e atores e dançarinos se divertem em torno de uma cerâmica grega. As epopeias, como *Ilíada* e *Odisseia*, eram cantadas, e com frequência acompanhadas pela lira. Toda cerimônia, do templo ao casamento e aos jogos olímpicos, tinha sua música, na escala padrão aprovada, com o uso dos instrumentos tradicionais. Os coros da tragédia grega dançavam e cantavam sua poesia (um milênio mais tarde, o teatro grego inspirou a criação da ópera). Sobrevive a história de um instrumentista do *aulos*, um oboé de duplo fole, que num anfiteatro executou uma descrição de batalha tão poderosa que ainda se falava disso duzentos anos depois.

A música, do início à Idade Média (até 1400)   21

Os gregos fundaram a teoria musical, tal como existe até hoje. O filósofo Pitágoras foi a primeira pessoa que, sabemos, determinou intervalos musicais com base em divisões matemáticas de uma corda acoplada a um instrumento: ao reduzir o comprimento da corda à metade e fazê-la vibrar, ele conseguiu um som uma oitava acima daquele obtido com a corda em todo o seu comprimento. Um terço do comprimento original fez a corda soar uma quinta acima, e assim por diante. No piano, ao tocar a nota dó e seguir apenas tocando as teclas brancas, uma a uma e da esquerda para a direita, tem-se a escala de dó maior. O mesmo procedimento, se iniciado na nota lá, leva à formação da escala de lá menor. As diferentes escalas, iniciadas em diferentes notas musicais, chamam-se *modos*. Os gregos deram, aos vários modos de escalas, nomes que ainda estão entre nós: o modo dórico, que segundo Platão inspirava a bravura nas batalhas; o modo frígio, estimulador da paz; o lídio, que provoca o langor e portanto deve ser evitado. Os modos, seus nomes e suas conotações sobreviveram na música sacra dos períodos medieval e da Renascença.

Mais tarde, no Ocidente, a Igreja cristã deu ímpeto e um pensamento sistemático ao desenvolvimento da música. O que chamamos de canto gregoriano — em homenagem ao papa Gregório, que segundo a lenda o codificou no século vi — é um repertório de música puramente vocal, sem acompanhamento, cantada em latim, que embelezou os serviços religiosos durante mais de dez séculos. Para ter uma amostra, procure uma versão cantada de "Veni sancte spiritus". (Se ouvir cordas ao fundo, procure outra versão — o canto gregoriano autêntico não tem acompanhamento instrumental.)

No início da história da música ocidental ocorreram dois desenvolvimentos memoráveis cujas reverberações continuam no presente. Um deles foi o desenvolvimento do primeiro sistema eficaz de notação musical. Em consequência disso, as notas puderam enfim ser escritas, reproduzidas com fidelidade e amplamente disseminadas. Civilizações mais antigas, inclusive a grega, esforçaram-se para criar notações, mas as notas eram insuficientes e, de todo modo, hoje elas são indecifráveis. Por volta do século XI, monges cristãos desenvolveram os fundamentos da escrita de notas e de ritmos; durante os séculos seguintes, essa escrita evoluiu até a que temos atualmente.

A notação foi mais do que um sistema prático de preservar e expandir o repertório musical. Ela mudou a própria natureza da arte. O registro por escrito da música ampliou o âmbito de difusão; pessoas distantes no espaço e no tempo foram capazes de recriá-la. Ao mesmo tempo, há dois aspectos negativos. As notas escritas imobilizam a música, em vez de permitir que se desenvolva nas interpretações individuais, e desestimula a improvisação. Em parte devido à notação, falta à execução de música clássica a profundidade de nuanças que é parte da tradição auditiva. Antes da notação, em toda a sua história, a música foi transmitida como tradição auditiva. Grande parte dela ainda é basicamente auditiva, inclusive sofisticadas tradições musicais como as indianas e balinesas. A maioria dos músicos de jazz sabe ler música, mas não costuma se dar a esse trabalho, e sua arte tem muito a ver com improvisação. Muitos músicos pop modernos, como Paul McCartney, não sabem ler música.

Quando eu era um jovem compositor, pensei em tentar anotar o modo como Miles Davis, essa lenda do jazz, tocava

A música, do início à Idade Média (até 1400)

uma única nota: ele era capaz de sustentá-la com um ataque de meio pisto, entortá-la no caminho e/ou flexionar a altura como uma *blue note* e terminar com um pequeno glissando para baixo. Logo me dei conta de que eu precisaria de três ou quatro níveis de notação para representar isso tudo, e alguém que lesse jamais teria a fluidez de Miles tocando de improviso.

A invenção de uma escrita musical sofisticada foi um evento único na história, que mudou fundamentalmente a equação. Quando o Ocidente adotou a notação musical, tornou possível outro desenvolvimento memorável na história dessa arte: a invenção do contraponto e da harmonia. Isso requer uma pequena explicação.

Quando começamos a nos interessar por música, nossa tendência é pensar numa peça musical como uma melodia com algum tipo de acompanhamento: um sujeito cantando e se acompanhando ao violão, uma soprano com uma orquestra, uma melodia num quarteto de cordas, esse tipo de coisa. Isso cobre de fato a maior parte da música que ouvimos, inclusive o essencial de toda a música popular. Mas na verdade há três modos como uma melodia pode se apresentar numa peça musical, e o nome deles é *textura*.

A textura mais simples, o tipo de música que dominou o mundo durante inúmeras épocas, e em muitos lugares ainda domina, é a *monofonia*, que significa uma única linha melódica sem um acompanhamento integrado a ela. Podem-se acrescentar batidas de tambor, ou um bordão, ou seja, um som contínuo que poderia ser de uma gaita de foles, ou algo assim — mas não harmonias; a melodia é essencialmente tudo que existe na monofonia. Esse tipo de música ocorre desde as antigas *Ilíada* e *Odisseia*, que eram cantadas, o canto gregoriano, os trovadores da Idade Média, grande parte da música folclórica desde tempos imemoriais e você cantando no chuveiro (a menos que leve um violão para debaixo d'água). Se a melodia é tudo, e o acompanhamento é ocasional e opcional, isso se chama monofonia.

Até o momento em que começa a surgir a música em que entra mais uma parte, ou elemento — no Ocidente isso aconteceu por volta do século IX —, as pessoas só conheciam a monofonia. Por isso, elas primeiro desenvolviam um tipo de música que basicamente é toda melodia. Isso aconteceu por etapas. Primeiro, em alguns mosteiros se começou a entoar um canto monofônico em dois níveis, isto é, a mesma melodia soava em linhas paralelas, com um intervalo de quarta ou quinta. Isso se chamava *organum*. Um exemplo de *organum* mais tardio e mais sofisticado é o lindo "Tropário de Winchester",* do século XI.

Nos séculos seguintes essas linhas melódicas acrescentadas foram ficando aos poucos mais independentes. Enquanto isso a arte da notação se tornava cada vez mais sofisticada, para acompanhar peças musicais tão longas e complicadas que era impossível lembrá-las de ouvido. Finalmente, a música chegou à *polifonia*, o que significa que duas ou mais melodias eram combinadas, sendo todas elas mais ou menos da mesma importância. O primeiro compositor de música polifônica conhecido foi um monge chamado Léonin, que trabalhava na catedral de Notre-Dame de Paris no século XII. Em seu "Viderunt omnes" você vai encontrar uma protopolifonia simples mas encantadora, com muitas linhas melódicas floreadas, escritas sobre um

---

* Tropário é uma coleção de tropos, isto é, fragmentos de música com intercalação de palavras. (N. T.)

A música, do início à Idade Média (até 1400) 25

bordão, formadas por notas estendidas do canto gregoriano. Nele se misturam trechos de cantochão e polifonia simples com duas partes. Parece que Léonin também fez importantes avanços na notação do ritmo.

No século seguinte, em Notre-Dame, o monge Pérotin escreveu uma elaborada polifonia em quatro partes. De várias maneiras Pérotin criou o padrão para muitas das músicas polifônicas dos séculos seguintes: você pega uma melodia existente, neste caso um cantochão, e compõe mais melodia em volta dele. No caso de Pérotin, as linhas de canto são novamente estendidas em longos bordões, acima dos quais ele teceu suas vozes. (Note que na polifonia cada parte é chamada de *voz*, seja cantada, seja tocada por um instrumento.)

Assim como as outras artes da Renascença, a polifonia floresceu em formas esplêndidas e muito sofisticadas. Foi a era de ouro da polifonia pura, a maior parte da qual foi composta para a Igreja (havia também muitas canções seculares e danças).

Bem, isso é a polifonia, invenção e especialidade do Ocidente. O que é, então, *contraponto*? Na verdade, uma coisa muito parecida. Os dois termos são às vezes usados de forma intercambiável, mas, de modo estrito, polifonia é o nome da textura musical, ao passo que o contraponto é a técnica de escrever a polifonia. Na prática, muitos músicos tendem a usar a palavra polifonia para se referir a esse tipo de música quando escrita durante a Idade Média e a Renascença, e contraponto para o período barroco e depois dele. É como usarei os dois termos neste livro.

Novamente, então: monofonia é uma melodia única; polifonia/contraponto é música feita com o entrelaçamento de linhas melódicas. O terceiro tipo de textura, *homofonia*, é uma única linha melódica com acompanhamento de acordes — estamos de volta ao sujeito com o violão, à melodia principal numa peça orquestral e assim por diante. Em outras palavras, a maior parte das músicas que ouvimos é homofônica: melodia e algum tipo de acompanhamento harmônico.

Assim que a polifonia se desenvolveu, compositores se deram conta de que não podiam simplesmente juntar melodias: elas precisavam soar bem quando juntas, se complementar em vez de se interpor umas no caminho das outras. Os músicos começaram a desenvolver regras sobre os tipos de som desejáveis — em outros termos, regras sobre harmonia. No início, no Ocidente, a harmonia era considerada um efeito incidental da polifonia. Isso aconteceu centenas de anos antes que se tivesse evoluído para o tipo de harmonia com a qual estamos familiarizados. A polifonia, no início, tinha um som exótico, visceral, com deliciosos conflitos harmônicos que mais tarde seriam banidos. Como exemplo, ouça "Sederunt principes", do monge Pérotin, que viveu no século XII. (Uma de minhas versões favoritas é de 1976, por David Munrow e o Early Music Consort de Londres.) Esse tipo de polifonia, peças longas com milhares de notas, teria sido impossível de executar ou mesmo conceber sem a notação. É música sacra alegre e dançante, como se exaltasse os ilimitados potenciais de um novo tipo de arte. A música tem explorado essas possibilidades desde então.

Também em parte graças à notação, a música do período medieval que se seguiu viu seu repertório se expandir, muitas vezes em caráter experimental, com os compositores explorando técnicas de organização e racionalização da nova polifonia. Um dos primeiros dispositivos — e duradouro — foi o *cânone*, uma melodia simples cantada ou tocada, e que a par-

A música, do início à Idade Média (até 1400) 27

tir de certo ponto sofre uma "bifurcação": sua linha melódica continua, enquanto essa mesma linha recomeça, agora como uma outra voz, ou seja, criando uma polifonia com ela mesma. Considere o cânone uma espécie de ciranda de adultos, como "Frère Jacques": uma voz canta uma melodia, logo outra voz entoa a mesma melodia, e a superposição das duas vozes, que são a mesma melodia com uma defasagem, cria harmonia. Um cânone faz a mesma coisa, mas sem girar e girar como uma ciranda. Eis aí um diagrama de um cânone a três vozes:

melodia ---
   melodia ---
     melodia ---

Esse é um cânone simples e direto, mas há muitas variações possíveis. As entradas em forma de eco da melodia podem começar com a mesma nota ou em outro grau da escala. Entre os tipos mais enigmáticos está o *cânone invertido*, em cuja entrada alternada a linha melódica está de cabeça para baixo em relação à anterior. E existe um estranho monstrinho chamado *cânone caranguejo*: na segunda entrada, a melodia progride na direção inversa. (É absurdamente difícil obter um bom resultado nele.) Há também o *cânone quebra-cabeça*, no qual você tem de imaginar onde começa a segunda entrada da melodia, e/ou qual o grau da escala em que deve começar, e assim por diante. Em todos os casos, o resultado precisa formar uma harmonia coerente. Há mais desses enigmas, mas fiquemos por aqui.

A Idade Média é conhecida como um período de grande melancolia e violência, e certamente houve muito disso. Se você fosse um servo trabalhando nos campos, sua vida poderia ser muito ruim, mas até mesmo os servos tinham suas gaitas de fole e dançavam nos dias de festa. Quem tinha dinheiro e posição social sabia se divertir, e isso inevitavelmente envolvia música. Era a época dos trovadores e dos menestréis, cantores ambulantes que percorriam as cidades e os castelos e eram presença obrigatória em eventos festivos. Conhecemos algumas das canções e das danças dos séculos medievais porque de vez em quando um monge se afeiçoava a uma delas o bastante para registrá-la por escrito.

Foi na poesia e na canção da Idade Média que se desenvolveu o conceito ocidental do amor, de uma união quase mística de dois amantes, que foi chamada de "amor cortês". A mais alta expressão do amor cortês está na poesia e na música. Desde então temos cantado esse tema.

Foi no contexto do amor cortês que surgiu o maior compositor da Idade Média: Guillaume de Machaut. Ele nasceu por volta de 1300 e morreu, muito famoso, em Reims, na França, em 1377. Era músico e compositor, poeta, sacerdote, cortesão, serviu como secretário e capelão do rei da Boêmia e tornou-se cônego da catedral de Reims. Machaut escreveu a primeira versão integrada polifônica da missa católica: a "Messe de Notre Dame" [Missa de Notre-Dame]. Minhas interpretações favoritas são cantadas num estilo claro e natural, que pretende ser uma demonstração de como devem ter soado os cânticos dos antigos monges. (A gravação do Taverner Consort tem esse caráter, e há uma bela versão em falsete pelo Ensemble Organum.)

A música, do início à Idade Média (até 1400)

Machaut é muito admirado por suas canções de amor seculares, tanto monofônicas (em uma só voz) quanto polifônicas. De suas canções monofônicas na tradição trovadoresca a mais famosa é a cadenciada "Douce dame jolie" (Doce e bela dama), um dos grandes sucessos de sua época. Fluente na paixão estilizada da poesia do amor cortês, Machaut fez também experiências vitais com a técnica, inclusive no complexo enigma da polifonia. Sua música polifônica, longe da harmonia insípida e mais regrada dos séculos seguintes, soa exótica a nossos ouvidos. O texto de seu célebre "Ma fin est mon commencement" inicia-se com "Meu fim é meu começo, e meu começo é meu fim" — e uma das partes é de fato um palíndromo, no qual uma voz segue até o meio do caminho para então inverter a direção de volta ao seu início. Dominar esse tipo de brincadeira é muito difícil, e mais ainda realizá-la de forma elegante e atraente, como faz Machaut. Em vez de recomendar determinadas peças como exemplo desse prolífico compositor, sugiro que você experimente ouvir gravações das obras dele, procurando as mais vívidas, coloridas, belas e sonoras interpretações que encontrar. Um bom ponto de partida poderia ser a encantadora coleção de canções e poemas de amor *Le remède de fortune* [A cura da má sorte].

Como resumir a música medieval? Como momento crucial na evolução da música clássica, a música medieval é muito mais do que um degrau para peças maiores e melhores. Sacra ou secular, essa música tem um timbre deliciosamente arcaico, e com frequência sua sonoridade parece um tanto oca — o equivalente musical à pintura medieval, com seus santos estilizados e madonas em cores primárias. As obras medievais usam quase sempre os *modos*, em vez de nossas escalas maiores e menores. Você vai achar a música da Renascença sonoramente mais rica e mais familiar em suas harmonias, mas se conseguir sintonizar o caráter típico da música medieval, sentirá que ela é tão envolvente quanto qualquer outra — e que a música para dança é robusta e irresistível.

2. A Renascença (1400-1600)

No século xv o período medieval deu lugar à Renascença, com seu reviver do estudo e do humanismo. A vida no Ocidente não se tornou exatamente menos perigosa, mas ficou mais colorida, talvez até mesmo mais divertida. Desenvolvimentos memoráveis da época incluíram a invenção da imprensa, que revolucionou a disseminação do conhecimento. Houve uma evolução comparável a essa nas artes. A pintura viu o surgimento da perspectiva e de um realismo sem precedentes. Na música, houve o florescimento de magníficas obras sacras polifônicas, sustentado pelo desenvolvimento contínuo da notação musical. A música popular brotava como sempre, e frequentemente os mesmos compositores escreviam tanto peças sacras quanto populares. Todos os compositores da Renascença escreveram música que chamamos de *modal*, o que significa que usavam os modos aos quais já nos referimos — escalas que estavam além da classificação como maiores ou menores adotada amplamente a partir do século xvii. Os modos tendem a fazer com que a música tenha uma tonalidade menos clara, às vezes flutuante.

As obras sacras corais da Renascença têm uma pureza distintiva e uma beleza etérea. Se você morresse e fosse para o céu, essa seria a sonoridade ouvida lá — e essa era a intenção dos compositores. A música secular, as danças e as canções de amor, por sua vez, tinham uma plenitude sonora que as diferenciava das peças medievais. Sua abrangência vai das canções sensuais de Josquin e outros às obras que variavam entre a turbulência e a ternura dos madrigalistas ingleses, que musicaram de maneira esplêndida alguns dos mais belos poemas dessa língua.

No topo do repertório musical da Renascença está a arte do gênio franco-flamengo Josquin des Prez, que epitomiza essas mudanças. Josquin absorveu a arte polifônica herdada do passado e acrescentou suas próprias inovações. Deslumbrante ao compor seja uma obra sacra polifônica tradicional, seja uma canção irreverente, Josquin se afastou da primorosa porém relativamente impessoal música de igreja da época, trazendo, para tudo que compunha, uma voz distintiva que o marca não apenas como um mestre, mas como uma personalidade impactante.

Josquin nasceu por volta de 1450, provavelmente em Condé-sur-l'Escaut, e morreu lá, em agosto de 1521, como o mais famoso compositor de sua época. A história o descobre quando tinha pouco mais de vinte anos e iniciava três décadas de perambulações de um emprego para outro nas cortes, ou de uma capela para outra, por toda a Europa, incluindo cinco anos na capela papal em Roma. Em seus últimos anos voltou para Condé e se tornou o preboste do colegiado da Igreja.

As poucas histórias sobre Josquin que sobrevivem o retratam como alguém que tinha noção de seu valor e aborrecia seus superiores por não fazer sempre o que lhe ordenavam. Uma carta na qual se recomenda outro compositor para uma capela do príncipe observa: "Verdade que Josquin é melhor compositor, mas ele compõe aquilo que quer, e não o que se

A Renascença (1400-1600)   33

quer que ele componha, e pede um salário de duzentos duca-
dos, enquanto Isaac aceita 120". (O príncipe tinha bom gosto;
Josquin conseguiu o emprego.) Em outro relato, ele caminha
em torno de seus coros enquanto estes ensaiam novas peças,
fazendo mudanças em tempo real.

Uma forma musical familiar naqueles dias era o *moteto*, obra
sacra para coro com duração moderada. Josquin produziu algumas das melhores peças do gênero. Para uma introdução
ideal à profundidade e à envergadura da arte do compositor,
comece com a requintada e suave *Ave Maria, gratia plena*, um
dos mais celebrados motetos de Josquin, e acrescente o elegíaco *Absalon, fili mi*. De sua obra secular, tente a pequena e
elegante *chanson* "El grillo", com as divertidas imitações do
tema. Em outro tipo de sentimento temos a adorável canção de
amor "Mille regretz": "Mil arrependimentos por ter desertado
você/ e deixado para trás seu amoroso rosto".

No lado mais austero e eclesiástico do espectro da Renascença há o franco-flamengo Johannes Ockeghem (1410-97), que
se supôs erroneamente ter sido professor de Josquin — embora
o tenha influenciado quando este era jovem. Ockeghem era
um mago da composição, adepto dos recursos polifônicos da
época, cânones especialmente elaborados. Sua *Missa prolationum* é toda formada por cânones dimensionados, uma técnica
difícil e esotérica na qual a resposta em forma de cânone é
mais acelerada do que a melodia original e a alcança, e assim
elas terminam juntas. A *Ave Maria* de Ockeghem demonstra
o caráter sombrio e intenso de sua obra, e a beleza de suas
melodias longamente sustentadas.

Dedique um tempo para ouvir o prolífico mestre Orlando di
Lasso, também conhecido como Orlandus Lassus (1530/32-94).

34   *Os primeiros anos*

Após vários empregos nos quais perambulou pela Europa, ele se estabeleceu na corte do duque Albrecth v da Baviera, em Munique. Lassus também aderiu às músicas sacra e secular. Para uma amostra de suas composições mais leves, tente algum de seus muitos irresistíveis madrigais. "Bonjour mon coeur" [Bom dia, meu coração] é um emocionante trecho de flerte verbal e musical. A letra de "Matona, mia cara" descreve uma tentativa de sedução feita por um soldado da ocupação germânica, numa serenata a uma dama italiana — *Matona* é sua versão de *Madonna*. O militar assegura à sua musa que, se ela descer a escada, ele está disposto a ficar *tutte notte*. Alguns intérpretes censuram o texto e evitam esse trecho. Entre as obras sacras está *Lagrime di San Pietro*, que ele concluiu algumas semanas antes de morrer. Tratando o antigo estilo polifônico com seu costumeiro vigor, Lassus cria uma coleção de versos com uma excêntrica obsessão religiosa: cada verso trata do mesmo momento, no qual o discípulo Pedro olha nos olhos do Cristo em ascensão e sente todo o peso da traição. (Podem-se ouvir todos os compositores citados aqui e algumas das peças indicadas na coletânea do Hilliard Ensemble *Franco--Flemish Masterworks*.)

Temos, por fim, o lendário Giovanni Perluigi da Palestrina (1525-94), cuja música sacra é destilada da polifonia da Renascença, a música mais pura e serena da época. Em sua burilada perfeição ela se tornou o principal modelo para o estudo da escrita polifônica, e assim permanece até hoje. A mais famosa das muitas missas compostas por Palestrina é a *Missa Pappae Marcelli* [Missa do papa Marcelo], não só por sua música, mas devido a um antigo mito de que a peça evitou que o Concílio de Trento lavrasse um edito banindo a música polifônica dos

A Renascença (1400-1600)

serviços. Não é verdade, mas, se existiu alguém que poderia ter salvado a polifonia se isso fosse necessário, esse alguém seria Palestrina.

Agora seguiremos para um território mais familiar: o trabalho grandioso e dramático do Barroco, cujas figuras principais são dois dos gigantes de todos os tempos: Bach e Händel.

PARTE II

Barroco

3. O período barroco (1600-1750)

A PALAVRA "BARROCO", que se refere originalmente a uma pérola malformada, passou a ser um termo depreciativo para a arquitetura ornamentada do século XVII, que saiu de moda já na geração seguinte. Entre outras coisas, o estilo das igrejas barrocas, com sua decoração obscura, seus tetos pintados parecendo se estender até um céu que fervilhava de anjos, era parte da iniciativa da Igreja católica para desafiar a revolução protestante com torrentes de grandeza, a fim de atordoar os sentidos dos fiéis. Como acontece com frequência, o tempo fez com que o termo "barroco" deixasse de ser depreciativo para se tornar um simples rótulo para um período.

Na música, o Barroco de que estamos falando começou na Itália por volta de 1600, quando um grupo de intelectuais conhecidos como Camerata Florentina decidiu recriar a antiga tragédia grega, vista por eles como narrativas totalmente cantadas. Seu conhecimento da história era precário, e assim, na prática, esses homens acabaram criando uma forma inteiramente nova de arte: a ópera, o drama cantado. Junto com esse novo gênero veio uma revolução na textura musical. No período inicial da ópera, a música era uma espécie de coadjuvante do texto e da história. Declarando que o estilo polifônico da Renascença não era capaz de expressar emoções contidas num drama, a Camerata criou um estilo no qual um texto era recitado numa espécie de fala entonada, tendo como fundo harmonias simples, o que foi chamado de *recitativo*.

O resultado, em relação à textura, foi um novo tipo de música, a *homofonia*, que, como já mencionado, consiste em uma melodia única com acompanhamento de acordes — em outras palavras, essa que tem sido a principal definição de canção ou de peça instrumental. Como consequência, a harmonia, que sempre fora uma espécie de subproduto da polifonia, assumiu um novo significado. Os compositores passaram a pensar nela como uma progressão de acordes.

Nos primórdios da ópera, era comum que só a parte vocal e a instrumental fossem escritas; com base na notação instrumental, registrada na linha inferior ("linha de baixo") à da vocal, com símbolos numéricos representando os acordes, os tecladistas improvisavam o acompanhamento. Esses "baixos figurados" eram parecidos com as modernas *cifras*, que apresentam apenas a linha melódica e os símbolos dos acordes.

Claudio Monteverdi, no século xvii, chamou o antigo estilo polifônico de "primeira prática" e a moderna homofonia de "segunda prática". Monteverdi não compôs as primeiras óperas, e sim as primeiras *grandes* óperas — *Orfeu* e *A coroação de Popeia*. Ele começou o processo de mudança, de ir além das óperas totalmente recitativas, nas quais o texto era rei e a música relativamente simples, para um tecido musical mais rico: árias melodiosas e expressivas, coros, acompanhamentos instrumentais coloridos. O recitativo continuou a ser usado na ópera até o século xix, mas cada vez mais os elementos musicais, e com eles o interesse musical, tendiam a deixá-lo de lado, até que no século xviii Mozart declarou que em suas óperas a música era mais importante que as palavras.

O *período barroco* (1600-1750)   41

Contudo, a polifonia, ou seja, o contraponto, nunca se extinguiu. A homofonia e o contraponto coexistiam, muitas vezes numa mesma peça musical. O compositor barroco Händel escreveu muita música melodiosa homofônica, mas foi também um mestre do contraponto. O gênio supremo do contraponto foi um contemporâneo de Händel: Johann Sebastian Bach, que morreu em 1750. A dedicação de Bach ao contraponto e suas aplicações na fuga e no cânone o marcaram, entre seus colegas, como um compositor voltado para o passado, embora ele também estivesse plenamente consciente do papel da ópera e de outras tendências contemporâneas.

BACH FOI O MAIOR ESCRITOR da história de um procedimento do contraponto chamado fuga, outro termo que requer explicação. *Fuga* é um gênero, ou procedimento contrapontual, muito usado no Barroco, tão eficaz e flexível musicalmente que durou até o século XX: o supermodernista Béla Bartók começa sua "Música para cordas, percussão e celesta" com uma maciça fuga. Uma fuga pode ter qualquer número de vozes/linhas melódicas, comumente de três a cinco. Ela se baseia num trecho de melodia chamado *sujeito*. A ideia é que o sujeito passe de voz em voz, cada uma delas o tomando como se fosse um assunto numa conversa.

Na prática, a coisa é mais complicada. Por um lado, em algumas fugas (não todas) existe um *contrassujeito*, outro trecho de melodia que acompanha o sujeito inteiro. Cada vez que uma nova voz assume o sujeito, a voz precedente continua com o contrassujeito. Eis um diagrama do começo de uma fuga a três vozes com contrassujeito:

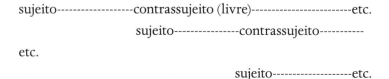

Como você pode constatar, cada voz, depois de apresentar o sujeito e o contrassujeito, continua por conta própria. As entradas do sujeito nem sempre começam todas no mesmo tom (a posição da nota na escala); as entradas mudam de tom à medida que a fuga se desenvolve.* Enquanto tudo isso tem a ver com as linhas melódicas, a coisa toda precisa contar também com uma harmonia que funcione; do contrário, soaria como um absurdo casual e arbitrário. Como dizem os músicos, é preciso estar sempre conciliando as exigências do *horizontal* (a melodia) com as do *vertical* (a harmonia).

Se para o pobre compositor tudo parece complexo e difícil de manejar, é porque é mesmo, e como! A fuga e o cânone estão entre as formas musicais mais difíceis, motivo pelo qual tantos compositores foram desafiados e ficaram fascinados por eles. E esta é apenas a forma mais simples que uma fuga pode tomar.

O diagrama acima mostra o que numa fuga é chamado de *exposição*, o trecho em que entra o sujeito. Toda fuga contém várias exposições, comumente espaçadas pelos *episódios*, que são seções de contraponto livre, sem a entrada do sujeito — mas que usam material derivado do sujeito. Assim, em sua forma mais ampla, a fuga se desenvolve em padrões de ex-

---

* Isso significa que um sujeito pode começar com a *tônica*, que é a primeira nota da escala usada, e outro sujeito, ou contrassujeito, com a *dominante*, que é a quinta nota da escala. (N. T.)

O período barroco (1600-1750) 43

posição-episódio-exposição-episódio..., avançando em vários tons tão longamente quanto você quiser. E o final pode ter um excitante efeito chamado *stretto* (palavra italiana que significa "estreito", ou "apertado"). Aqui as entradas do sujeito acontecem mais cedo, antes de outro ter sido finalizado, como se na ânsia de ser ouvido o sujeito estivesse pisando os calcanhares de seu gêmeo. Se um compositor quiser terminar com um *stretto*, terá de planejá-lo desde o início, quando criar o sujeito. (Um contraponto eficaz raramente é fruto do acaso.)

Pode haver também *fugas duplas*, *fugas triplas* etc., nas quais há mais de um sujeito no decorrer da peça. Tudo isso descreve uma fuga isolada. Mas quaisquer partes das músicas, como movimentos de sinfonia e quartetos de cordas, têm seções de fuga integradas. Essas seções não costumam contar com estruturas complexas envolvendo episódios, *strettos* e similares; podem ser uma *fughetta* (pequena fuga) ou um *fugato* (ao modo de fuga).

Com bastante esforço mental e um pouco de talento, todo compositor é capaz de aprender a escrever cânones e fugas. Milhares foram escritos ao longo dos séculos, muitos deles brilhantes e tecnicamente impecáveis. O problema é que a maioria é entediante, porque, além das assustadoras exigências técnicas, a peça não se presta se não conseguir ser expressiva: comovente, encantadora, divertida, esse tipo de coisa que esperamos encontrar na música.

É aí que surge a supremacia de J. S. Bach na música contrapontual. Ele parecia possuir uma espécie de mente digna de Einstein, capaz de lidar com as mais bizarras dificuldades da fuga e do cânone com grande facilidade: fugas inteiras que se ouvem primeiro numa certa disposição melódica e depois numa linha melódica invertida, de cabeça para baixo; cânones enigmáticos diabolicamente obscuros, e assim por diante. Bach disse a seus filhos, também compositores: "Nunca façam nada, nem mesmo uma pequena harmonização de um coral, que não diga alguma coisa". Em outras palavras, se não for expressivo. E, no caso de um texto, expressivo das imagens e dos sentimentos que evoca.

Pouquíssimos compositores tiveram o dom de criar complexos contrapontos cheios de calor humano como Bach. Bom exemplo disso é seu deslumbrante e jazzístico "Contrapunctus IX", uma fuga dupla com inversões do sujeito, parte da *A arte da fuga*. Essa coletânea, uma série de fugas de complexidade crescente, todas apresentando o mesmo sujeito, é uma das mais esotéricas peças já escritas, e ainda fala a suas audiências de modo comovente e visceral.

Outro importante padrão formal do período barroco foi o *concerto grosso* [grande concerto], que dispõe um pequeno grupo de instrumentos tendo como fundo um grupo maior. O grupo cheio é chamado de *tutti* (ou seja, "todos"), e o grupo solista, de *soli*. O formato de um *concerto grosso* é simples. Começa com um *tutti*, todos tocando uma melodia que se expande, na qual se baseia a peça toda; depois há uma seção para o *soli*, respondida pelo *tutti*, que é um trecho do tema de abertura, e continua assim — *tutti-soli-tutti-soli-tutti* — até o fim. A música muda de tom aqui e ali, criando variedade tonal, e no final todos se juntam numa grande reapresentação do tema inteiro, no tom inicial. Concertos barrocos para instrumentos solistas seguem o mesmo padrão. Händel e Bach escreveram alguns exemplos sublimes, como os *Concertos de Brandenburgo*, deste último.

O Barroco também viu surgir um novo interesse por música instrumental (sem os vocais) e em compor obras específicas para os instrumentos que a tocariam. Na Renascença, os instrumentos usados numa peça tendiam a ser um tanto arbitrários, pois as linhas vocais e instrumentais eram escritas de maneira muito semelhante. No Barroco surgiram escolas específicas para a execução do violino, dos teclados e de outros instrumentos. Pela primeira vez os compositores se preocupavam também em criar obras que tivessem uma linguagem, digamos, compatível com o violino, diferente da música para flauta, que por sua vez era distinta do idioma da música vocal e assim por diante. Como corolário natural, havia uma nova ênfase na virtuosidade instrumental e vocal. Ao mesmo tempo, entretanto, o Barroco conheceu muita música orquestral (na Renascença não havia nenhuma), mas ainda sem um padrão para a formação da orquestra. Escolhiam-se os instrumentos desejados para determinada peça e/ou os instrumentistas disponíveis — as obras naquela época eram quase sempre executadas mal secava a tinta da partitura.

Essa nova ênfase na música instrumental levou a um novo interesse na organização das peças, isto é, com a forma musical "abstrata". Os antigos procedimentos da fuga e do cânone ainda sobreviviam, mas as formas e os ritmos da música para dança passaram a fazer parte de obras importantes. Assim, juntaram-se às composições de Bach para solos de violino e violoncelo os gêneros de dança da época — alamanda, sarabanda, giga, chacona e congêneres —, com seus ritmos e disposições formais.

Foi a grandeza ornamental das grandes obras de Bach e de Händel que os associou à atmosfera das igrejas barrocas.

O contraponto barroco se distinguia da antiga polifonia da Renascença ao se preocupar mais com a harmonia e com uma progressão concisa dos acordes. A nossos ouvidos a harmonia barroca soa mais moderna do que a da Renascença; ela se utiliza das familiares escalas maiores e menores, e não dos modos, e em seu transcorrer muda de tom com mais frequência. Os compositores, em especial na Alemanha do século XVIII, adotaram uma "doutrina dos afetos" na qual um vocabulário de gestos na melodia, na harmonia e no ritmo era usado para representar emoções mais ou menos específicas. Cada movimento de uma obra era fundamentado em uma ideia musical básica e em um afeto expressivo. Um exemplo é o "Crucifixus", da *Missa em si menor* de Bach, com sua lamentosa linha descendente do baixo.

A MÚSICA DO PERÍODO BARROCO vai do grandioso e magistral ao íntimo, dependendo de sua força e de sua expressão. Como distinguir uma música barroca só de ouvi-la? Não tenho como fornecer um guia prático para isso além de dizer que, depois de ter ouvido um pouco de Händel e de Bach e de Vivaldi, você vai reconhecer como a música barroca soa, uma vez que esses compositores caracterizam o período. Você vai descobrir que após a Renascença a música fica maior, mais grandiosa, mais colorida no som e na harmonia, e mais expressiva. A Renascença procurou uma realização primorosa de algo com meios limitados; o Barroco buscou a prodigalidade, a abundância.

Em resumo, para entender o Barroco você precisará levar em conta a invenção da ópera e a série de eventos musicais que esse gênero desencadeou. A nova ênfase numa linha

O período barroco (1600-1750) 47

melódica única, com algum tipo de acompanhamento, fosse simples ou floreado, levou a todo tipo de desenvolvimento: solo cantado em suas várias formas de apresentação; música instrumental mais elaborada e mais expressiva; um tipo de contraponto mais controlado em relação à harmonia; e uma nova preocupação com a forma. Tinha nascido o que chamamos de "canção".

4. Claudio Monteverdi (1567-1643)

O GÊNIO ARTÍSTICO VEM em muitos sabores. Alguns florescem cedo, como Schubert e Mozart, alguns tarde, como Verdi e Dvořák. Outros, como Charles Ives, parecem surgir de lugar nenhum, ou, como Berlioz, são produto de sua época. Uma categoria especial é aquela à qual pertencem os gigantes que abrangem duas eras, com um pé no passado e outro no futuro. Um deles foi Claudio Monteverdi, o mestre do estilo de polifonia renascentista, herdeiro de Palestrina e Josquin, e, não menos do que isso, um inovador que proporcionou uma vitalidade sem precedentes às ideias revolucionárias de sua época.

Nascido em Mântua, em maio de 1567, Monteverdi publicou seus primeiros trabalhos quando ainda era adolescente. Aos 23 anos entrou a serviço da esplendorosa corte de Gonzaga, em Mântua, ascendendo em hierarquias e graus até se tornar o chefe de música da corte, com 35 anos de idade. Ao longo desse percurso, assimilou a música de compositores progressistas a sua volta, que iam além da antiga arte do contraponto rumo a um realismo intensificado e emocional.

Em 1603 e em 1605 ele publicou dois inovadores livros de madrigais (pequenas peças vocais, usualmente com duas ou cinco vozes, para execução em ambiente doméstico). Muitos deles eram impactantes em sua intensa expressividade, suas melodias angulares e harmonias dissonantes. Esse emocio-

Claudio Monteverdi (1567-1643) 49

nalismo radical provocou um amargo e famoso ataque de um teórico conservador chamado Artusi: "Esses compositores [...] não têm nada na cabeça a não ser fumaça, se estão tão impressionados com eles mesmos a ponto de pensar que podem corromper, abolir e arruinar como quiserem as boas e velhas regras que nos foram transmitidas de tempos antigos". Monteverdi, já irritadiço em seus melhores momentos, não deixou a crítica sem resposta. Em 1605 publicou uma defesa robusta de si mesmo e de seus colegas progressistas que imediatamente fez história e assegurou sua fama. Existem duas "práticas", ele disse; uma, a do antigo estilo sagrado polifônico de Palestrina e outros, no qual a música é mais importante do que o texto, e a outra, a prática da música contemporânea que aspira a uma nova integridade e expressividade ao apresentar seu texto. O próprio Monteverdi foi mestre em ambos os estilos e os utilizou durante a vida inteira. Ele não escreveu as primeiras óperas, mas sua *Orfeu*, de 1607, é a primeira obra-prima do gênero. Ele usou *pizzicatos* (espécies de "beliscões" nas cordas) para ilustrar espadas se chocando; mais tarde inventou o *tremolo*, executado numa corda com uma oscilação rápida do arco, para indicar tremor e emoção intensa.

Seus muitos madrigais mostram o caminho para suas óperas maduras e outras obras dramáticas. Como primeiro contato com ele, tente seu notável madrigal *Zefiro torna*, para duas vozes e instrumentos (não confundir com o madrigal a cinco vozes de mesmo nome). O texto fala de brisas no verão, amor e solidão. Monteverdi musicou o poema com linhas vocais em espiral sobre uma vigorosa linha repetitiva do baixo. Os cantores representam ventos, saudade, sexo, numa impetuosa e mutante colaboração e competição. (Atualmente existe uma ótima versão no YouTube, pelo conjunto L'arpeggiata.)

Após anos de insatisfação em Mântua, a morte de sua esposa, períodos de depressão e de produção intermitente, em 1613 Monteverdi assumiu o maior cargo musical na Itália: diretor musical da basílica de São Marcos, em Veneza. Foi lá, com quarenta e tantos anos, que o compositor começou a mais marcante e feliz fase de sua vida — pelo menos a mais feliz que um tipo depressivo como ele poderia lograr. Foi então que, mais ou menos como um portfólio de quando procurava emprego, Monteverdi escreveu as grandiosas *Vésperas da Virgem abençoada*, também conhecidas como *Vésperas de 1610*. Começa com uma fanfarra de tirar o fôlego, alternando com uma dança, anunciando-se não como uma obra de piedade introvertida, mas como um produto da Contrarreforma católica, impressionando os fiéis com esplendor e espetáculo. As *Vésperas* são uma obra que vai longe em matéria de emoções, mas seu fundamento está na alegria, e a principal fonte do estilo musical do compositor é o mundo dramático e humanístico de suas óperas. Ouçam o robusto, cadenciado "Laudate, pueri dominum", em que a música muda agilmente a cada momento para capturar o texto. Em "Duo serafim" as vozes tecem uma tapeçaria calma, mágica, hipnótica. Para mim, e suspeito que para muitos, existem quatro marcos de referência supremos entre as grandes obras corais: a *Missa em si menor* e a *Paixão segundo são Mateus* de Bach, o *Messias* de Händel e as *Vésperas* de Monteverdi.

Orfeu, de 1607, tem uma profundidade de paixão e drama sem precedentes na ópera de então. Monteverdi exibe todo seu talento em elaborar personagens, histórias e movimentação num grande palco. Entre as óperas, tente a *Coroação de Popeia*,

Claudio Monteverdi (1567-1643)   51

que deve parte de seu fascínio ao fato de que Monteverdi a compôs com 75 anos. Nela está tudo que ele era capaz de fazer: ternas canções de amor e animadas danças, humor, tragédia, o que você quiser, no estilo versátil característico do compositor. A história não é menos surpreendente: o monstruoso imperador Nero leva seu mentor Sêneca ao suicídio, afasta sua própria esposa, casa-se com a prostituta Popeia e a coroa imperatriz. A canção final pode ser de outro compositor, mas é uma das mais belas peças musicais do mundo. Na ópera, ela representa o triunfo do mal.

As muitas cartas de Monteverdi e sua extravagante personalidade fazem dele o primeiro compositor a chegar até nós como uma pessoa integral. Numa extenuada resposta a seu empregador, ele escreve: "Minhas forças [...] ainda estão muito debilitadas [...] estou tão fraco que nem remédios, nem dieta, nem a interrupção dos estudos conseguiram restaurá-las [...]. Vou suplicar, pois, a Vossa Sereníssima Alteza que, pelo amor de Deus, não me sobrecarregue nunca mais com tanta coisa ao mesmo tempo".

Em seus últimos anos, Monteverdi mantinha seu vigor juvenil e sua visão pessimista da existência, ao mesmo tempo que captava e celebrava cada aspecto da vida em sua música. Foi o mais célebre compositor da época. Cinquenta anos após sua morte, porém, sua obra foi em grande parte esquecida e muito dela acabou perdido. Seu *revival* só começou no final do século XIX. Parte da produção de Monteverdi, muito inovadora em sua época, hoje está datada, mas o melhor dela tem uma vitalidade que jamais envelhece.

Mais Monteverdi: a ópera *Orfeu*.

5. Johann Sebastian Bach (1685-1750)

NA VERDADE, não existe explicação para Johann Sebastian Bach. Ele próprio teria atribuído seu dom a Deus, mas isso só acrescenta mais mistério a tudo que Bach realizou. O compositor também poderia ter mencionado a ciência, porque numa de suas poucas declarações sobre música que sobreviveram ele a chamou de "uma arte e uma ciência". Bach considerava a música uma questão de regras e um fenômeno definível: num determinado sujeito de fuga, por exemplo, você pode fazer isto, mas não pode fazer aquilo. Entretanto, embora Bach soubesse muito sobre notas, como ninguém jamais soube — e foi certamente um grande professor, pois seus filhos se tornaram importantes compositores —, ainda assim não conseguiu formar um aluno que chegasse perto do que ele alcançou. O que equivale a dizer que, no fim das contas, o próprio Bach não sabia como conseguia fazer isso.

Se esse comentário soa um tanto fantasioso, é porque para mim e para muitos músicos Bach é uma figura a ser reverenciada. O fato de sabermos tão pouco sobre sua vida e sua personalidade só aumenta o mistério. Como esse homem era capaz de imaginar tantos elementos complexos e torná-los tão comoventes, tão encantadores, tão diretamente comunicativos?

Costuma-se dizer que Bach é uma prova da existência de talentos inatos. Ele veio de uma família tão prolífica em ta-

Johann Sebastian Bach (1685-1750)

lentos musicais que na Turíngia, sua terra natal, os músicos, fossem quais fossem seus verdadeiros nomes, tendiam a ser chamados de "Bach". Mas nenhum dos Bach antes dele é muito lembrado na história. É provável que tenha aprendido a tocar com professores, mas como compositor parece ter sido autodidata. Ele simplesmente lidava com as notas com o mesmo brilhantismo e a mesma compreensão instintiva com que Einstein lidava com os números. De temperamento conservador, não foi um inventor de gêneros e de formas. Em vez disso, absorveu os modelos a sua volta e levou quase toda a música do Barroco a praticamente uma única síntese.

J. S. BACH NASCEU NA CIDADE de Eisenach. Seu pai, músico, tocava instrumentos de cordas. A família estava cercada por todos os lados de Bachs em cargos e empregos ligados à música. Ele perdeu os pais ainda na infância e foi adotado pelo irmão mais velho, Johann Christoph, organista em Ohrdruf. Provavelmente foi com esse irmão que Johann Sebastian teve seu primeiro treinamento no teclado.

Aos dezoito anos, já então um brilhante instrumentista, conseguiu um emprego como organista de igreja em Arnstadt. Ficou lá quatro anos, mas não conquistou o afeto das autoridades locais. Entre outras coisas, tirou uma licença de um mês para ouvir o célebre organista e compositor Dietrich Buxtehude em Lübeck, uma caminhada de mais de trezentos quilômetros, e permaneceu lá durante quatro meses, ouvindo seu herói. Ao voltar, teve problemas. No trabalho, seus superiores reclamavam que os acompanhamentos para os hinos eram complicados demais e confundiam a congregação, e que ele não compunha em quantidade suficiente. Além disso, Bach teve uma briga de rua com um músico da orquestra, a quem chamou de "cabra fagotista". Mas, em geral, Bach parecia ser um homem afável, sociável, líder e colega benquisto, um bom pai, mas, quando se tratava de sua música, tornava-se irascível e orgulhoso, sobretudo quando sentia que seus empregadores não lhe davam valor.

Em 1707 conseguiu um emprego em Mühlhausen, para onde fugiu e onde casou com sua prima Maria Barbara, ficando os dois muito ocupados em fabricar bebês. (Dos vinte filhos que Bach teve, dez chegaram à idade adulta, um número normal para a época.) Foi nessa fase que ele compôs suas primeiras obras-primas, incluindo a mais famosa peça para órgão no mundo, de *O Fantasma da Ópera: Tocata e fuga em ré menor*. Essa peça, de fazer arrepiar os cabelos, é um bom exemplo do estilo de Bach na juventude: melodramática, dissonante, a tocata é um "fluxo de consciência", toda ela transbordante de paixão e bravura juvenil. Bach foi provavelmente o maior organista de todos os tempos, famoso por encontrar novas cores para o instrumento, e ouvi-lo fazer isso ao vivo deve ter sido uma experiência arrebatadora. Ele também foi fenomenal na improvisação, capaz de inventar no órgão, enquanto tocava, uma fuga de seis vozes.

Porém em Mühlhausen, mais uma vez, Bach e as autoridades não se entenderam; ele não gostou das condições de trabalho nem do pagamento. Em 1708 conseguiu um cargo na corte do duque de Weimar, onde ficou até 1717. Foi nesse período que começou a estudar e a fazer arranjos de obras de seu contemporâneo italiano Antonio Vivaldi, com quem aprendeu a ser claro e direto e a dar enfoque a sua predis-

Johann Sebastian Bach (1685-1750) 55

posição para o contraponto complexo. (Experimente ouvir o delicioso *Concerto para quatro cravos BWV 1065*, seu arranjo para um concerto de Vivaldi que ele transformou numa espécie de excursão aviária.) Mas esse trabalho também não acabou muito bem. Desgostoso por ter sido preterido como diretor musical da corte, Bach arranjou um "emprego dos sonhos" como diretor musical na corte de um príncipe em Köthen. Por ter "com demasiada obstinação forçado o processo de sua demissão", ele acabou sendo deixado na prisão por um mês antes de poder se mudar.

Os anos passados em Köthen podem ter sido os mais felizes na vida de Bach. O príncipe Leopoldo amava música e admirava seu diretor musical. Nessa época ele compôs uma enorme quantidade de música, a maior parte secular, inclusive algumas de suas obras mais célebres: os *Concertos de Brandenburgo*, as *Sonatas e partitas para violino solo e violoncelo solo* e o memorável *Cravo bem temperado, Livro 1*. Todas essas peças são esplêndidas, da primeira à última nota, uma espécie de compêndio não só do que os instrumentos são capazes de fazer, mas do que a música em si mesma é capaz de fazer.

EM RELAÇÃO AO *Cravo bem temperado*, precisamos fazer uma digressão. Como parte de sua atenção a cada dimensão da música, Bach era muito e sempre preocupado com a complicada questão da afinação dos instrumentos de teclado. Explicar a que me refiro com esse "complicado" vai levar algum tempo.

No que concerne à afinação, há dois conceitos principais que é preciso conhecer. Um deles é o de *intervalo*, que significa a distância tonal entre as notas. Os intervalos também têm relações matemáticas. Se você pegar uma corda de violão que soa como mi, pressionar com o dedo bem no meio dela e tocar, terá um mi uma oitava acima. A razão de uma oitava, então, é de 2:1. Se você pressionar a corda numa razão de 3:2, o som será uma quinta mais agudo que o da corda livre, a nota si. Os outros intervalos têm razões progressivas; 4:3 é uma quarta, e assim por diante.

Agora vem a grande piada que os deuses armaram para os músicos. Se você começar com um dó na parte grave (à esquerda) do teclado de um piano e for "subindo", fazendo soar uma série de doze quintas perfeitas, de razão 3:2, até a parte do instrumento que produz o som agudo, descobrirá que, onde esperava encontrar um dó agudo perfeito, ouvirá um dó que passou do ponto, está intoleravelmente desafinado. Em outras palavras, a matemática da natureza não faz somas. Uma série de intervalos perfeitos não termina num intervalo perfeito em relação a seu ponto de partida. É essa irreconciliabilidade surreal na altura do som que vem enlouquecendo todos os músicos ao longo dos séculos.

O que tudo isso quer dizer na prática é que ao afinar instrumentos de teclado e instrumentos com trastes é preciso dar um jeito nos intervalos, de modo a poder encaixar as notas necessárias em uma oitava. (Nada disso vale para instrumentos como o violino, ou no canto, em que se pode afinar cada nota no momento da apresentação.) Em outras palavras, como se diz, em instrumentos de teclado é preciso *temperar* intervalos puros, deslocando-os para cima ou para baixo na medida de um fio de cabelo, de algum modo sistemático. Senão, o resultado será um caos. Assim, esta é a segunda palavra que você precisa lembrar: *temperamento*, isto é, a adaptação da afinação

Johann Sebastian Bach (1685-1750) 57

à confusão matemática da natureza. E agora já estamos a meio caminho de compreender o *Cravo bem temperado* de Bach. Tem a ver com a arte e a ciência de afinar um instrumento de teclado.

Antes da época de Bach, haviam sido criados dezenas de sistemas de afinação de instrumentos de teclado, mas eles só viabilizavam catorze tonalidades. Os demais 24 tons possíveis, maiores e menores, simplesmente não eram usados em música para teclado porque ficavam desafinados num grau intolerável. E nenhuma escala no teclado, nem mesmo a velha e boa escala de dó maior, ficava perfeita. Se você quisesse as quintas bem afinadas, as terças desafinavam; se optasse por terças puras, teria de se contentar com quintas impuras. As afinações na Idade Média optaram por quintas puras. No final da Renascença, os sistemas de afinação privilegiaram as terças. Nesse caso, houve vários tipos de temperamento em *tom médio*.* No tom médio, a maior parte das pequenas diferenças de tonalidade era acumulada e jogada para duas notas, comumente o sol sustenido (que também é lá bemol) e mi bemol. O lá bemol, em particular, soava tão desafinado que foi chamado de "lobo". Ninguém compunha uma peça para teclado no tom de lá bemol, e era costume tentar evitar a nota completamente.

Entre os séculos XVI e XVIII, muita música foi escrita com essa afinação em tom médio, num âmbito de catorze tons acitáveis, entre maiores e menores. Mas a incapacidade de compor em todos os 24 tons possíveis revirava o estômago dos compositores. Cada vez mais crescia a demanda por um sistema de afinação que permitisse o uso de todos os tons.

---

* Tom médio é aquele que fica entre o tom maior e o tom menor. (N. T.)

58 *Barroco*

Uma dessas afinações já era conhecida pelos antigos: o *temperamento igual*. Nele, o veneno é igualmente distribuído por todo o sistema: a distância dos intervalos é matematicamente a mesma, de modo que cada intervalo está, na mesma medida dos outros, ligeiramente desafinado. Nada é perfeito; nada é terrível. Então está tudo arranjado, certo?

Claro que não. Os deuses nunca nos livram de problemas tão facilmente. Durante séculos o temperamento igual não pegou porque os músicos tendiam a não gostar dele. Em especial, os músicos não gostavam das terças maiores com temperamento igual, desafinadas por natureza. Preferiam as suaves terças do temperamento em tom médio, com todas as suas limitações. Além do mais, no tom médio cada tom tinha uma personalidade audível — desde, digamos, o quase puro e aprumado dó maior, apropriado para estados de espírito de equanimidade e celebração, até o sombrio dó menor, perfeito para um estado de dúvida e desespero. O temperamento igual deixa cada tom com exatamente a mesma personalidade, o que era considerado entediante. Os músicos, então, preferiam as antigas variedades do que é genericamente chamado de *temperamento desigual*.

No final do século XVII, os nerds da afinação vieram com uma ideia nova: vamos microdividir tudo ao longo do teclado, apertando aqui e ali em correções minúsculas, deixando, digamos, uma terça um pouquinho maior num certo ponto e um pouquinho menor em outro. Esses tipos de temperamentos flexíveis conseguiam fazer várias coisas ao mesmo tempo: 1) permitiam que todos os tons fossem usados; 2) preservavam o caráter individual dos tons, porque cada um deles mantinha sua distintiva sequência de intervalos; 3) domavam o grande e malvado lobo. Ei, exclamaram os adeptos desse sistema desigual mais

Johann Sebastian Bach (1685-1750) 59

sofisticado, isso funciona bem mesmo! Por isso chamaram esse sistema de *bem temperado*. Um desses adeptos foi J. S. Bach. Ele queria — assim disse, um tanto rispidamente — compor em qualquer droga de tom que estivesse a fim de usar, e ele mesmo afinou seu cravo para tornar isso possível. Quando um famoso afinador de órgão que usava a afinação em tom médio ia vê-lo, Bach tocava um acorde de lá bemol maior em seus órgãos, com seu lobo uivante, só para torturar o velho homem. Por fim, no entanto, a história entrou em cena: na terceira década do século XIX o temperamento igual tinha praticamente triunfado, pois lidava melhor com as harmonias cada vez mais complexas que Beethoven e seus herdeiros exploravam.

VOLTANDO AO *Cravo bem temperado* (nesse caso, "cravo" valendo para qualquer tipo de instrumento com teclado) mais como arte do que como ciência, Bach escreveu os prelúdios e fugas da peça em todos os 24 tons possíveis. Essa coleção não é apenas uma demonstração desse sistema aprimorado. Com ela, ao permitir que se componham peças insubstituíveis em qualquer tom, Bach ajudou a tornar mandatória a afinação bem temperada. Quem quer que quisesse executar uma peça do *Cravo bem temperado* era obrigado a usar a afinação bem temperada, porque muitas dessas peças soariam desafinadas em outra afinação. Contudo, não existe um registro exato de qual sistema bem temperado foi usado por Bach, embora provavelmente não deva ter sido o temperamento igual.

Como amostra do *Cravo bem temperado*, ouça o princípio. O pequeno "Prelúdio em dó maior", que dá início à coleção, é uma das peças mais famosas e apreciadas de Bach (há relatos de que era uma das favoritas dele também), mas o que parece ser uma simples ondulação dos acordes entre sons agudos e graves disfarça um complexo entrelaçamento de melodias que prefacia uma fuga delicadamente lírica. Depois o "Prelúdio em dó menor" explode numa espécie de fúria pseudodemoníaca, matraqueando vigorosamente do princípio ao fim, seguida de uma travessa e intricada fuga em dó menor. O "Prelúdio em dó sustenido maior" que se segue é uma das peças mais inspiradoras de felicidade no mundo. E assim vai. Mais adiante, ouça o maciço "Prelúdio em si bemol maior", uma ária tristonha de longo fôlego. Dessas diversas maneiras o *Cravo bem temperado* percorre e examina todo o espectro do sentimento humano e como a música pode expressá-lo. É um dos mananciais de toda a música ocidental que se seguiu a ele. Um dos primeiros músicos que cresceram executando o *Cravo bem temperado* foi Beethoven, e esta é uma das razões para ele ter se tornado quem foi. (As muitas gravações disponíveis são tanto para cravo quanto para piano, e nos dois casos são igualmente eficazes. Mas eu imploro a vocês que desconsiderem os sintetizadores, os kotos japoneses, didjeridus e outras versões que costumamos chamar de "Bach ordinário". Abro uma exceção para o fervilhante Bach executado no som vocal dos Swingle Singers, na década de 1960.)

Outra das obras lendárias de Bach para teclado são as *Variações Goldberg*, que consistem em trinta variações contrastantes de uma ária. Eram consideradas a maior obra no gênero mesmo antes do *revival* de Bach no século xix; quando publicadas, as *Variações Diabelli*, de Beethoven, foram comparadas com as *Goldberg*. A reputação moderna dessa obra veio praticamente da noite para o dia em 1955, numa gravação cristalina de Glenn Gould.

Johann Sebastiôn Bach (1685-1750) 61

No verão de 1720, Bach voltou de uma viagem que fez junto com o príncipe e descobriu que sua esposa, Maria Barbara, havia morrido. (Há quem especule que a trágica *Chaconne* para violino solo foi composta em sua memória.) No ano seguinte ele se casou com a jovem cantora Anna Magdalena Wilcke. Ela lhe deu mais treze filhos e, além disso, foi boa companheira e ajudante; alguns dos manuscritos tardios de Bach foram feitos por Anna. A afeição entre ambos se demonstra na coleção de pequenas e encantadoras peças que ele reuniu para ela, o *Pequeno livro de Anna Magdalena Bach*.

Na primavera de 1723, Bach estava num novo emprego, como diretor musical da igreja luterana de Leipzig. A cidade era um centro artístico que rivalizava com Paris, e a posição do compositor era de grande prestígio. Bach foi a terceira opção para o cargo, e o conseguiu após dois colegas mais famosos o terem recusado. Por isso, alguns de seus superiores tendiam a ver nele alguém de terceira categoria, o que causou certos agravos nas décadas seguintes. Bach nunca viajava para longe, nem publicava muito, por isso nunca gozou da ampla reputação de alguns compositores famosos, como Händel. Mais tarde ele se tornou a figura musical dominante em Leipzig, porém em outros lugares, exceto para algum entusiasta ocasional, não era muito mais que um nome. Em seus últimos anos, teve o prazer de ser recebido e exaltado por um de seus fãs, Frederico, o Grande, da Prússia, um ávido tocador de flauta. Depois disso Bach compôs a *Oferenda musical*, uma série de peças baseadas num tema que o rei lhe dera.

Baseado na igreja de são Tomás, Bach também precisava fornecer música para três outras igrejas, e para isso esperava-se que estivesse sempre compondo. Ao mesmo tempo, ele estava muito envolvido em compor música para a cidade. Nos primeiros anos, chegava a escrever uma cantata para igreja a cada semana, o que significava de 15 a 25 minutos de música composta, copiada, ensaiada e executada no decurso de sete dias. Um *oratório* é mais ou menos uma ópera não encenada, com recitativos e árias e coros, e uma *cantata* é como a miniatura de um oratório. De suas mais de duzentas cantatas que sobreviveram, inevitavelmente algumas são menos inspiradas, mas são incontáveis as consideradas gloriosas. Era um trabalho estafante, porém Bach o realizava com infatigável energia e uma ardente determinação de sempre fazer o melhor que pudesse. Muitos de seus manuscritos têm pequenos orifícios, onde ele espetava as correções que fazia; todas elas se perderam.

Uma boa introdução às cantatas sobreviventes é *Wachet auf, ruft uns die Stimme* [Desperte, a voz está chamando]. Como em todas as outras, esta tem como base uma única melodia coral luterana, e se desenvolve em torno dela; a cantata termina com esse hino. Do início ao fim, é Bach no que ele tem de mais alvissareiro e animador. Vale a pena consultar o que se diz dessa peça na Wikipédia, ou similar, para apreender o texto e o contexto: ela foi feita para um serviço que simbolicamente vê em Jesus um noivo da Igreja, e é toda apresentada com uma calidez matrimonial.

Como amostra da maneira como Bach expressava um texto, ouça uma de minhas árias favoritas, "Wie zittern und wanken", da cantata *Herr, gehe nicht ins Gericht* [Senhor, não façais julgamento]. O texto retrata pecadores tremendo ante o trono do julgamento de Deus, se repetindo, acusando-se uns aos outros por seus próprios pecados — uma obscura maçaroca

Johann Sebastian Bach (1685-1750)   63

luterana. Bach retrata cada uma das partes dessa cena: o acompanhamento das cordas é em *tremolo*, assim como eles tremem; o solo de oboé repete uma frase várias vezes, como fazem os pecadores; não há um baixo sustentando a linha melódica, e assim os pecadores não têm um fundamento. É uma das mais lindas e comoventes peças já escritas, na qual o tom não é de vingança, mas de misericórdia.

As obras de Bach recomendadas são as óbvias, as maiores, porque estão no topo de todo o repertório coral. Ele nunca compôs uma ópera, mas absorveu seus elementos, assim como tudo mais. Empregou o drama e a emoção operísticos na *Paixão segundo são Mateus*, originalmente de 1727, e revisada depois disso. Uma *paixão* é um oratório cujo tema é o sofrimento e a morte de Cristo. Aqui suas forças estão nos solos vocais, inclusive o do evangelista que conta a história, além de um coro duplo e orquestra, que são usados para efeitos de eco. O latejante coro de abertura é uma tapeçaria de lamentações que começa: "Venham, filhas, ajudem-me a me lamentar". Aqui e em toda a sua obra sacra Bach trata a familiar história bíblica como um drama humano universal. A *Paixão segundo são Mateus* emociona qualquer pessoa, de qualquer fé, porque evoca a experiência da perda: todos nós perdemos entes queridos, todos sofremos, todos morremos. A peça repousa sobre essa inescapável tragédia. A música é, alternadamente, triste e suavemente consoladora, os dois aspectos mantidos juntos pelos recitativos do evangelista, as palavras de Jesus (sempre envoltas num simbólico halo formado pelas cordas) e os corais luteranos que surgem entre os movimentos. Estamos ao lado da cruz, participamos do sofrimento de Cristo, nos afligimos com sua morte. Ouça o nº 75, a ária do baixo "Mache dich mein Herze rein", com seu pungente refrão "Eu mesmo sepultarei Jesus". (Evite versões nas quais esse movimento pesaroso é interpretado num vívido ritmo de dança, o que hoje é uma prática comum e infeliz.) Esse talvez seja o maior dos oratórios, e seu único rival é o *Messias*, de Händel.

Já no final de sua vida, em 1748-9, Bach juntou movimentos antigos, escritos para várias obras, e acrescentou material novo para criar a *Missa em si menor*. Ele provavelmente nunca a ouviu completa durante sua vida, porque é uma missa totalmente católica, com movimentos que a versão luterana não usa — e, com duração de cerca de duas horas, longa demais para um serviço católico. Por que Bach teria feito algo assim? Deve ter sido mais um tour de force que, assim como *A arte da fuga*, ele quis deixar para a posteridade. Para Bach, a missa era o mais importante dos gêneros musicais, a tela perfeita para demonstrar tudo que era capaz de fazer. Seu texto antigo contém o mais profundo desespero e a alegria mais desenfreada, o místico e o lírico: cada aspecto da vida e da religião. E a religião era o centro da vida de Bach. Apesar da multiplicidade de suas fontes, isso resultou numa peça que para muitos de nós é o ponto culminante não só da música sacra, mas de toda a música.

Talvez seja melhor começar não ouvindo a peça inteira, mas uma amostra de sua espantosa abrangência. Após uma introdução, a obra propriamente dita começa com uma fuga volumosa e solene sobre o texto de "Kyrie eleison". O nº 4, "Gloria in excelsis", é uma dançável explosão de alegria. É um bom teste para aferir a qualidade de uma gravação: se não for uma das coisas mais gloriosas que você já ouviu, tente outra. O nº 8, "Domine Deus", começa com uma encantadora melodia na flauta, cuja delicadeza se estende a todo o movimento. No

Johann Sebastian Bach (1685-1750) 65

centro está o angustiado "Crucifixus", que descreve a crucificação em estridentes dissonâncias e linha melódica em constante queda. No fim ela baixa à sepultura e ao silêncio. E de lá irrompe o "Et resurrexit", um êxtase de alegria que lampeja nos trompetes.

A morte de Bach, em julho de 1750, foi triste, mas ele chegou a ela como queria. Estava trabalhando na épica *A arte da fuga*, uma coletânea de peças baseadas num único tema, na qual pretendia demonstrar tudo que sabia sobre a fuga. Não conseguiu terminar o último número. Trabalhava num contrassujeito que na notação alemã reproduzia seu próprio nome, com as notas si bemol, lá, dó, si. Podem ter sido as últimas notas escritas por seu próprio punho. Em seu leito de morte, cego e sofrendo, ele ditou a um aluno a revisão de uma de suas grandes obras para órgão, que renomeou como *Vor deinen Thron tret'ich alhier* [Ante seu trono me postarei]. Era seu cartão de visita para Deus.

Fui educado sob a antiga tradição que dizia que Bach foi esquecido durante cem anos após sua morte. Na verdade, enquanto não se ouvia a maior parte de suas obras, o *Cravo bem temperado* e outras peças menores mantiveram vivo seu nome. Quando Beethoven chegou pela primeira vez a Viena, firmou sua reputação de virtuose, em parte, executando o *Cravo bem temperado*, famoso entre os conhecedores de música. Embora, infelizmente, pouco soubesse sobre a obra de Bach, Beethoven compreendia a importância do compositor: "Ele não devia se chamar Bach (que em alemão significa "riacho"), mas Oceano!". O renascer de Bach no século XIX começou de ver-

66   *Barroco*

dade com a histórica apresentação, por Felix Mendelssohn, da *Paixão segundo são Mateus* em 1829, a primeira vez em que ela foi ouvida desde a morte de Bach. A primeira edição da música levou o restante do século para ser completada.

Mais uma questão. Muitos vão concordar que os artistas supremos da tradição musical do Ocidente são Bach, Mozart e Beethoven. Esse grupo apresenta uma bela simetria porque é formado por três tipos diferentes de compositores: Bach, o conservador, em seu tempo tido como antiquado; Mozart, o artista *au courant*, totalmente atualizado com sua época; Beethoven, que desde cedo foi considerado um revolucionário (embora nunca se considerasse um). O que vale dizer que não existe um padrão para a genialidade e a inspiração, assim como não existe explicação para elas. Procuramos explicar tudo que nos é possível, mas a genialidade é um mistério profundo até mesmo para os gênios. Podemos apenas observar e admirar.

Mais Bach: *Magnificat em ré maior*; as suítes para violino solo e para violoncelo solo; *Concertos de Brandenburgo*; *Concerto para cravo nº 1 em ré menor*; cantata *Eine feste Burg ist Unser Gott*.

6. George Friedrich Händel (1685-1759)

GEORG FRIEDRICH HÄNDEL FOI o primeiro compositor na história da música ocidental que não precisou ser redescoberto, principalmente porque, quando morreu, seu oratório *Messias* já tinha atingido um status lendário que nunca mais perdeu. Até a época de Händel a música era escrita para seu próprio tempo, e a expectativa era de que ela desapareceria após a morte de seu criador. Mas, por causa de Händel, a geração seguinte de compositores começou a se dar conta de que sua música poderia se tornar parte de um repertório permanente. Em sua época, Händel estava de certa forma numa categoria de superastro internacional, compositor de ópera, empresário e virtuose itinerante. Corpulento, desmazelado, obstinado, ele compunha num frenesi maníaco, ao qual frequentemente seguia-se um colapso. Em seus últimos anos, cego e doente — mas ainda se apresentando —, era considerado pelo público um mito vivo.

Há uma velha história sobre Händel, talvez mítica, mas possível. No meio da noite, um de seus libretistas foi despertado por uma gritaria na rua, com sotaque alemão. Ele foi cambaleando até a janela e viu Händel numa carruagem, gritando: "Em seu texto, o que é *billows*?". Espantando o sono, o libretista explicou que *billow* é uma onda no oceano. "Ah!", gritou Händel. "*Ze vafe! Ze big vafe!*" [A onda! A grande onda!] E voltou para casa, a fim de trabalhar. Händel não seria capaz de compor sobre aquela palavra sem saber o que ela significava, literal e visceralmente. Pode ter certeza de que sua música para *billows* seria, em grande medida, parecida com uma onda.

Na história da ilustração musical, Händel paira soberano. Foi o mais extravagante de seu tempo — e ainda assim, como veremos no *Messias*, também deu suas pinceladas pictoriais de modo tão meticulosamente musical que muitas pessoas nunca as percebem. Por exemplo, na ária "Todo vale será exaltado", essas palavras são expressas numa melodia que ascende à exaltação. Depois vêm "a reta torta", uma linha melódica denteada que termina subitamente numa nota sustentada, e "o áspero fica liso", outra seção cheia de pontas que se atenua numa linha plana, flutuante.

Quando Händel musicava uma imagem interessante, não conseguia resistir. No oratório *Israel no Egito*, ele faz das pragas uma comédia. "Aí apareceu todo tipo de mosca", declama o coro — e as cordas irrompem num zumbido peculiar. Quando a soprano canta "Sua terra produziu saaaapos, saaaapos", um cantor coaxa de brincadeira, de modo musical mas bem ilustrativo. Enquanto isso, o acompanhamento da linha da soprano é feito aos pulos.

NASCIDO GEORG FRIEDRICH HÄNDEL, em Halle, Brandenburgo, ele era filho de um barbeiro e muito cedo demonstrou um notável talento para a música, que cultivou por algum tempo em segredo; seu pai não aprovava a carreira musical e preferia que o filho estudasse direito. Por fim o estudo de música foi permitido, e, embora o pai houvesse morrido quando

George Friedrich Händel (1685-1759) 69

Händel tinha onze anos, em 1702 ele ainda estava em vias de se matricular no curso de direito da Universidade de Halle. O ano seguinte, contudo, encontrou-o tocando violino e cravo numa orquestra de ópera em Hamburgo. Nessa cidade, em 1715, Händel produziu uma ópera, *Almira*, e sua carreira como compositor começou.

Naquela época, a Alemanha era considerada a sede da harmonia e do contraponto, e a Itália, a sede da canção e da ópera. Depois de Hamburgo, Händel passou quatro anos se apresentando e compondo na Itália, absorvendo a música do país e, nesse processo, enriquecendo sua própria obra com um atraente estilo melódico. Muito do que é essencial em Händel a partir de então tem a ver com um fluente talento para o contraponto combinado com uma grande calidez e clareza dos meios que usava.

Os anos que Händel passou na Itália atingiram seu clímax em 1710, quando sua ópera *Agripina* causou sensação em Veneza. Naquele ano o eleitor de Hanôver, mais tarde rei George I da Inglaterra, contratou-o como diretor musical de sua corte. No ano seguinte Händel obteve grande sucesso em Londres com outra ópera, *Rinaldo*. Quando seu empregador subiu ao trono britânico em 1714, Händel viu sua oportunidade chegar e a aproveitou. Era um homem que nunca olhava para trás. Georg Friedrich Händel tornou-se George Friedrich Händel, cavalheiro britânico (embora seu inglês continuasse a ser um tanto cômico).

Ele logo encontrou seu lugar na corte, em meio a uma aristocracia que amava a música. Em 1727 se tornou súdito britânico e foi nomeado compositor da Capela Real. Há várias histórias sobre seus chistes. Já se sabia que Händel tinha propensão a ser prodigiosamente poliglota nos xingamentos. Certa ocasião, ele teve de lidar com uma furiosa — e corpulenta — prima-dona; ergueu-a e a deixou pendurada, pelos calcanhares, fora da janela. Finalmente a puxou de volta e gritou em seu inglês com sotaque alemão: "I know you're a vitch, but dun't forget I'm ze devil himself" [Eu sei que você é uma bruxa, mas não esqueça que eu sou o próprio diabo!].

Se a carreira de Händel parece ter sido suave e cor-de-rosa, na prática não foi tranquila, quer pessoal, quer profissionalmente. Historiadores modernos, ao estudar sua personalidade, o diagnosticaram como bipolar. Compunha quando estava frenético, a mente disparando à frente do rabiscar da pena, mas passava por períodos de depressão.

Durante muitos anos foi primordialmente um compositor de óperas, e nesse aspecto resistia cada vez mais à tendência da moda na Inglaterra. Compunha *opera seria* italiana, histórias sobre clemência real e caridade, sendo a música uma alternância sobretudo de árias *da capo* (ABA, isto é, tema A, depois tema B e de novo tema A) e coros, durante cuja execução a representação do drama se interrompia e a história era contada em longos trechos de *recitativo secco*, acompanhado apenas pelo cravo. Havia uma grande ênfase no virtuosismo vocal — por isso era preciso zelar para que a prima-dona estivesse feliz — e alguns dos papéis principais cabiam aos castrati, homens que em sua juventude haviam sido submetidos à bárbara operação que lhes empresta o nome para preservar suas vozes finas e agudas. Tudo isso proporcionava um espetáculo dramaticamente estático, e era preciso que a música fosse excepcional para elevá-lo a algo que fosse além disso.

George Friedrich Händel (1685-1759)   71

Foi nesse gênero cada vez mais obsolescente que Händel se valeu de seu pródigo talento para descrever personagens, cenário e ação. Para uma pequena amostra de seu estilo operístico e oratorial, tente a fervilhante "Chegada da rainha de Sabá", do oratório *Salomão*. Devido aos recitativos secos, até as melhores gravações das óperas de Händel deixam algo a desejar; é em apresentações ao vivo que elas ganham mais vida. Estão cheias de materiais maravilhosos; várias delas, inclusive *Giulio Cesare*, de 1724, apareceram vez ou outra nos palcos. Porém até agora nenhuma entrou no repertório moderno, que essencialmente começa com Mozart.

Embora a música vocal seja central na arte de Händel, ele é também um esplêndido compositor de obras instrumentais. Suas duas grandes peças mais famosas mostram sua genialidade em melodias encantadoras, ritmos vigorosos e um variado colorido instrumental: *Música aquática* e *Música para fogos de artifício reais*. Ambas são suítes com movimentos curtos, para execução ao ar livre, e por isso Händel priorizou os instrumentos com sons mais potentes: metais, madeiras e percussão. *Música aquática* foi composta para uma celebração real no rio Tâmisa no verão de 1717: a barcaça de George I foi seguida por outra com cinquenta músicos e por uma gigantesca flotilha, sendo todos aclamados por uma multidão nas margens do rio. A música é triunfante como tudo que Händel produzia, rica de trompetes, trompas de caça e oboés. O rei ficou tão encantado com a obra que ela foi repetida três vezes.

A *Música para fogos de artifício reais* foi composta em 1749 para acompanhar uma exibição real de pirotecnia. Um ensaio nos Jardins de Vauxhall atraiu um público de 12 mil pessoas, o que demonstra a popularidade de que Händel desfrutava. A peça em si não é uma exibição pirotécnica e sim uma suíte com movimentos vivazes e dançáveis, executada pela primeira vez por uma banda de sessenta instrumentos de sopro e percussão. A estreia terminou em um magnífico fiasco: os fogos de artifício causaram um incêndio num pavilhão de madeira, dispersando a multidão, que correu em pânico. Mas tanto *Música aquática* quanto *Música para fogos de artifício reais* receberam arranjos, em várias versões, para orquestra completa, com cordas. Sugiro buscar interpretações das suítes completas com a partitura e os instrumentos originais. É muito divertido. Fique com a execução mais barulhenta que conseguir encontrar.

Händel baseou sua carreira na *opera seria* em italiano, mas no decorrer da década de 1720 esse estilo começou a perder popularidade na Inglaterra. O início do fim veio em 1728 com uma paródia desse gênero, de John Gay, chamada *A ópera do mendigo*. Esse pot-pourri de melodias teve grande sucesso e apressou o declínio da ópera italiana. (Uma adaptação da *Ópera do mendigo* no século xx foi a *Ópera dos três vinténs*, de Bertolt Brecht e Kurt Weill, cuja melodia mais famosa é "Mack a Faca".* Händel, obstinado, continuou a compor óperas para sua própria companhia até 1737, quando a empresa foi à falência e ele sofreu uma espécie de colapso.

Logo estava de volta, tentando, entre outras coisas, de novo a ópera. Mas a solução de seus problemas já estava em suas mãos: o gênero do *oratório*, com seu estilo de ópera sem encenação, geralmente sobre um tema sacro. Enquanto a popula-

---

* No original, "Die Moritat von Mackie Messer", traduzida para o inglês como "Mack the Knife". Foi gravada, entre outros, por Frank Sinatra, Ella Fitzgerald e Louis Armstrong. (N. T.)

George Friedrich Händel (1685-1759) 73

ridade da ópera diminuía, a do oratório crescia. Händel tinha escrito oratórios na década de 1730 e até antes, em 1718; como se fosse um aquecimento, estreara sua pastoral mascarada *Ácis e Galateia*. Procure ouvi-la; é Händel em todo o seu vigor e sua verve da juventude, um delicioso trecho de encanto arcadiano.

Em 1742 veio seu sexto e mais ambicioso oratório, que assegurou sua fortuna no presente e um lugar central na música ocidental para sempre: o *Messias*. A obra estreou num concerto superlotado em Dublin e logo se espraiou pela Inglaterra e pela Europa. Em sua primeira visita a Londres, na década de 1790, Haydn ficou profundamente emocionado com a peça; não por acaso, o *Messias* foi o principal motivo pelo qual Beethoven considerou que Händel foi o único compositor a superá-lo. (Beethoven conhecia pouco ou nada das obras corais de Bach.) Admirou a capacidade de Händel de obter grandes efeitos com meios simples. Como Beethoven bem sabia, simples não quer dizer fácil.

Hoje, como há 250 anos, o *Messias* é uma das mais famosas e apreciadas peças musicais do mundo. Händel compôs essa obra gigantesca em 24 dias. Os mais piedosos veem nisso um sinal de inspiração divina, mas na verdade ele quase sempre trabalhava rápido, com frenesi e êxtase, praticamente sem dormir, às vezes soluçando, valendo-se, no desenvolvimento da música, de empréstimos tomados de peças anteriores. O tremendo coro do "Aleluia", por exemplo, teve origem num hino a Baco, isto é, numa canção de libação de uma de suas óperas. O primoroso coro "For Unto Us a Child is Born" [Pois nos nasceu uma criança] era originalmente um dueto picante de sopranos que se dirigem a Cupido; depois do *Messias*, ele foi transcrito num concerto para oboé. Consta ainda que Händel teria dito que, ao retrabalhar a música para o "Aleluia", teve diante dos olhos uma visão da panóplia celestial.

No *Messias*, Händel esteve num plano de inspiração sublime que poucos compositores alcançam. Não há nenhuma passagem enfadonha e são muitos os momentos da mais notável beleza e exaltação. Como exemplo, "For Unto Us a Child is Born" é construído num jogo de vozes em progressão quase infantil até atingir exclamações de arrepiar: "Maravilhoso! O conselheiro! Deus todo-poderoso! O príncipe da paz!", com as cordas disparando em êxtase num crescendo. Jamais a música expressou de modo mais poderoso o significado e a emoção das palavras. O *Messias* vai desde a incomparável grandeza do "Aleluia" até a terna intimidade de "Comfort Ye My People" [Console meu povo]. Há uma velha história de que quando o rei George II ouviu o "Aleluia" pela primeira vez, ficou tão emocionado que se pôs de pé. Pode ser ou não verdade, mas de qualquer maneira há uma antiga tradição de se pôr de pé no "Aleluia", e há plateias que ainda o fazem. Esse coro merece todos esses séculos de reverência.

Em 1751, trabalhando no oratório *Jefté*, depois de elaborar a partitura de um coro, Händel escreveu no manuscrito: "Cheguei até aqui em 13 de fevereiro de 1751, incapaz de continuar devido a um enfraquecimento da visão de meu olho esquerdo". Terminou o oratório, mas ao final do ano seguinte estava cego, e seu trabalho como compositor, interrompido. Continuou a supervisionar concertos, inclusive uma apresentação de gala anual do *Messias*, e a tocar em concertos de órgão, nos quais improvisava a parte do solista. Ele morreu pouco depois de uma apresentação do *Messias* em abril de 1759, e foi sepultado com grande pompa na abadia de Westminster.

George Friedrich Händel (1685-1759)   75

A influência póstuma de Händel foi, e continua a ser, incalculável. Por mais de cem anos ele não teve competidores em música coral, pois Bach ainda estava sendo redescoberto. Colocou o oratório no pináculo da música coral. Com Haydn, Mozart e Beethoven esse estilo dominou a música coral do século XIX. O movimento de coros amadores naquele século, na Europa e nos Estados Unidos, baseou-se primordialmente em Händel; isso inclui a Sociedade Händel & Haydn de Boston, fundada em 1814. A figura de Händel se entrelaça com a noção do que significa ser britânico; já se disse que o império foi constituído ao som de um acompanhamento musical de Händel. O triunfo de sua música foi também o triunfo da arte da música; nunca um compositor esteve tão próximo do centro de uma cultura, e por causa dele os que vieram depois começaram a se ver como parte de uma corrente musical que percorre a história. Beethoven foi virtualmente o primeiro a aspirar à imortalidade. E Beethoven dizia que Händel era o maior de todos eles.

Mais Händel: *Hinos da coroação; Concerto grosso, Op. 6;* oratório *Sansão.*

7. Mais música barroca

Giacomo Carissimi (1605-74). No que tange a peças trágicas, há muitos exemplos na música religiosa barroca. Um dos mais poderosos que conheço vem do relativamente obscuro italiano Carissimi: o coro final de seu oratório *Jefté*, de cerca de 1650. A história é a do rei bíblico Jefté, que prometeu a Deus, caso vencesse uma batalha, que sacrificaria a primeira pessoa que visse depois disso. Esse tipo de promessa não costuma acabar bem. A pessoa vista pelo rei foi sua amada filha, e dessa vez Deus não a salvou. O trágico e belo coro final, "Plorate, filii Israel", é a lamentação dos amigos dela. A música é como um contínuo lamento de dor, construindo o clímax numa cadeia de comoventes harmonias. Há relatos de cantores do coro para os quais foi difícil interpretar a peça sem ficar um pouco sufocados.

Giovanni Gabrieli (1553/6-1612). Grande parte da música de Gabrieli tomou forma no interior da basílica de são Marcos, em Veneza, onde há balcões nos quais ele posicionava cantores e músicos para criar intricados efeitos antifônicos — no que chamaríamos hoje de som surround. Assim floresceu o que chamamos de estilo *policoral* veneziano, que teve vasta influência na geração seguinte de compositores, incluindo Monteverdi, Schütz e Bach. **Obras sugeridas:** *Canzon duode-*

cimi toni para metais; *In ecclesiis* para vozes variegadas, instrumentos e órgão.

Heinrich Schütz (1585-1672). Embora o estilo veneziano que ele estudou fosse grandioso e efusivo, o alemão protestante Schütz tinha um temperamento mais austero, e sua obra foi sucinta e intensamente espiritual. Seu estilo de harmonia tem um cunho arcaico que soa atraentemente fresco em nossos ouvidos. **Obras sugeridas:** *Saul, Saul, was verfolgst du mich?*; *Ist nicht Ephraim mein teurer Sohn; Danket dem Herren; Oratório de Natal.*

Antonio Vivaldi (1678-1741). O insanamente prolífico Vivaldi — só de concertos, compôs uns quinhentos — estava quase totalmente esquecido quando foi redescoberto por entusiastas do Barroco em meados do século xx. Em sua época, foi um gigante, tanto como compositor quanto como virtuoso violinista. Bach estudou Vivaldi cuidadosamente, e suspeito de que aprendeu com ele muita coisa sobre foco, direitura e energia rítmica. **Obras sugeridas:** *As quatro estações; Glória em ré maior.*

Domenico Scarlatti (1685-1757). Tendo escrito o melhor de sua obra para uma plateia de uma única pessoa, a rainha da Espanha, Scarlatti só apareceu para o mundo após sua morte, como uma espécie de figura de culto. Originais, incessantemente diversificadas, em matizes que vão do grandioso ao violento como pequenas tempestades num copo d'água, suas 555 sonatas para cravo exploram tudo de que o instrumento é capaz. Talvez tenha sido do próprio Scarlatti a melhor descrição de sua música: "Um engenhoso chiste com a arte". O escopo de suas miniaturas faz com que seja difícil destacar e recomendar determinadas peças. Assim, eu indicaria gravações de um cravista ou pianista célebre e um mergulho nelas. Entre os grandes intérpretes do compositor estava o pianista Vladimir Horowitz, cujo toque lapidar era ideal para interpretar Scarlatti.

PARTE III

Classicismo

8. Período clássico (*c.* 1750-1830)

O FINAL DO SÉCULO XVIII testemunhou um florescimento da arte e da ciência que os historiadores chamaram de "Iluminismo", "Esclarecimento" ou "Idade da Razão". Politicamente, seus frutos incluem as revoluções estadunidense e francesa. (Na música tem havido, durante gerações inteiras, confusão entre o período clássico específico e o termo geral "música clássica", que são duas coisas distintas.) O Iluminismo, ou Esclarecimento, expressa o que essa época pensava de si mesma: que a humanidade havia chegado a um ponto de inflexão histórico, com um conhecimento elevado e sociedades mais equitativas. O termo Idade da Razão implica que a razão era a força que implementaria essa revolução na ciência, no pensamento, no governo e na felicidade humana.

Por que a razão? Porque os séculos XVI e XVII tinham produzido a revolução científica, na qual o método científico revelara que as leis da natureza eram universais e podiam ser manipuladas em nosso benefício. A nova ciência produziu resultados assombrosos na física, na astronomia e na biologia, além de novidades na matemática, posteriormente a máquina a vapor, o domínio da eletricidade, telefones, computadores e viagens espaciais (e no outro lado dessa equação, a bomba atômica). Durante o Iluminismo, a ciência proveu uma percepção da realidade que prometia desvendar rapidamente todos os segredos da natureza. Alexander Pope escreveu sobre o gênio que galvanizou a revolução científica: *"NATURE and Nature's Laws lay hid in Night:/ God said, 'Let Newton be!' and all was light"*.*

O Iluminismo foi uma época de esperança sem precedentes. A humanidade parecia avançar a passos largos numa caminhada sem fim. A razão, aplicada a tudo, dos governos ao desenvolvimento social e ético dos seres humanos, poderia realizar qualquer coisa. Constatou-se depois que isso não era verdade, nem pela metade, e que nossa compreensão do universo ainda é incompleta. Mesmo assim esse período produziu coisas esplêndidas e duradouras, entre elas a ciência moderna e o triunfo (mais ou menos) da democracia representativa.

Para muitos pensadores, até mesmo a religião teria de se submeter à razão. Para muitos, Deus se afastara para além das estrelas, numa espécie de retiro infinito, deixando o mecanismo perfeito de Seu universo funcionar sozinho. Immanuel Kant, o principal filósofo do período, disse que a essência do Iluminismo era o ato de pensar por si mesmo. Declarou que toda religião que emitisse decretos sem abrir espaço para debatê-los deveria ser proscrita. Nenhuma lista cósmica com regras de Deus ou de reis seria aceitável. Daquele momento em diante, disse Kant, teríamos de conceber nós mesmos como deveríamos viver. Era uma ideia simples, mas suas consequências foram imensas.

Essa era a posição dos humanistas livre-pensadores que forjaram a Constituição dos Estados Unidos com base no princípio de que as pessoas nascem iguais, têm o direito e a capaci-

---

* "NATUREZA, e as leis da natureza que a noite esconde e abduz/ Deus disse: 'Haja Newton!' e tudo se fez luz". (N. T.)

Período clássico (c. 1750-1830)   83

dade de governar a si mesmas, e que o objetivo da vida não é servir a Deus, à Igreja ou ao senhor do solar, e sim cada pessoa encontrar sua própria maneira de viver. O papel do governo, escreveu Thomas Jefferson, é fomentar "a vida, a liberdade e a busca da felicidade". O pré-requisito insubstituível para encontrar a felicidade é a liberdade: estar liberto da tirania, de um poder herdado, de dogmas de todos os tipos.

Nas artes, isso levou a um novo tipo de abertura e populismo. A arquitetura trocou a extravagância do Barroco por uma simplicidade elegante (às vezes uma simplicidade exterior que escondia uma extravagância interior). A música acompanhou essa tendência. Como convém a uma era de otimismo que priorizava a razão, esperava-se que as formas musicais e as harmonias soassem claras e lúcidas. A música trágica retrocedeu em importância; as maiores óperas de Mozart foram comédias. A orquestra em certa medida se padronizou no conjunto hoje familiar de cordas, madeiras e metais; as formas musicais ficaram mais racionalizadas.

A Idade da Razão proclamou a natureza, não a religião, como a verdadeira escritura. Compositores clássicos buscaram o que chamaram de estilo *natural*, popular e de comunicação imediata, grande parte dele baseada em ritmos de dança e fraseado e estilo. Se a música barroca tendia a soar grandiosa e extravagante, o estilo clássico era contido, compacto e, de muitos modos, intencionalmente previsível. Haydn foi um grande mestre na fixação de normas em sua obra para depois, de forma surpreendente e espirituosa, despedaçá-las. Uma refinada sofisticação se ocultava por trás de uma superfície ingênua. Haydn e seus herdeiros aspiravam a compor uma música que fosse nova e original, mas que parecesse ter escrito a si mesma, soando familiar logo na primeira vez que se a ouvia. Assim como o universo inteiro era governado pelas mesmas leis, o estilo musical se tornou em certa medida internacional; havia sotaques regionais, mas todos procediam de acordo com premissas semelhantes, e a música da Europa ficou mais unificada do que jamais estivera. Para um iniciante muitas vezes é difícil discernir a diferença de estilo entre, digamos, Haydn, Mozart e Johann Christian Bach (este, filho de Johann Sebastian, que teve importante influência em Mozart).

A música do período clássico fluiu dos desenvolvimentos do Barroco, que tinha criado a ópera, desafiado a primazia do contraponto, focalizado mais a melodia com acompanhamento como textura musical básica e se envolvido cada vez mais na forma musical abstrata. O Barroco trouxe também a *sinfonia* italiana em três movimentos, que evoluiu para a sinfonia clássica como praticada a partir do século XVIII. Na época de Haydn, o acréscimo de um gênero de dança, o *minueto*, expandiu sinfonias e quartetos e similares de três para quatro movimentos. O contraponto continuou a existir, com seus cânones e fugas, mas na maioria das vezes relegado a um episódio dentro de peças maiores. Agora, o nome de um gênero — sinfonia, sonata para piano, quarteto de cordas — tinha um significado bem específico, e as formas dos movimentos individuais que constituíam esses gêneros eram, conquanto sempre flexíveis, relativamente racionalizadas e padronizadas.

QUARTETOS DE CORDAS — música escrita para quatro instrumentos — ganharam proeminência no século XVIII. Durante o Iluminismo, os quartetos eram o tipo mais popular de mú-

Período clássico (c. 1750-1830) 85

sica de câmara, e a maioria dos músicos amadores tocava instrumentos de corda. (O piano assumiu posição de liderança no século xix.) Os quartetos eram música para ser tocada em casa, por amadores — alguns deles bastante exímios —, em apresentações para amigos no salão ou numa sala de música, frequentemente como parte de programas variados, dos quais poderiam constar sonatas para piano, árias, sinfonias e concertos com uma pequena orquestra improvisada. Concertos particulares em casas de aristocratas e de pessoas abastadas eram o evento mais importante para a prática da música no século xviii e em boa parte do século xix. Somente uma vez na vida Beethoven viu uma de suas sonatas para piano executada em público, e esteve estreitamente envolvido com o primeiro quarteto profissional da Europa, o primeiro a realizar concertos públicos por assinatura. A música ainda florescia nas igrejas, mas no período clássico as peças seculares se tornaram, pela primeira vez, mais importantes do que as sacras. A publicação de partituras desabrochou, conquistando uma crescente classe de músicos amadores. Beethoven seria o primeiro compositor a ter suas obras publicadas, de maneira continuada, desde o início da carreira.

Configurações formais eram aplicadas a praticamente todo tipo de música, mas houve uma regularização básica do fraseado: semifrases de dois compassos cada uma formavam uma frase com quatro compassos; duas frases com quatro compassos cada uma formavam outra frase, com oito compassos; o nível seguinte era de dezesseis compassos e assim por diante. Esse era o fraseado de música para dança. Porém, como tudo o mais, os compositores brincavam com essa norma, a flexionavam e a manejavam de maneira criativa.

Em relação à organização musical, esse período produziu o modelo mais sofisticado da história: *a forma de sonata*. Joseph Haydn deu-lhe os retoques finais nos últimos anos do século XVIII. A partir de então, a forma de sonata foi o modelo essencial para o primeiro movimento, e às vezes para o último, de quase toda obra instrumental com muitos movimentos, e invadiu outras formas, como o concerto e o rondó.

Assim, vamos examinar a forma sonata. Chamo o modelo básico de "forma sonata escolar" porque é uma dessas teorias que na prática raramente correspondem às regras. A ideia genérica — um dos poucos elementos quase invariáveis — é a de um movimento em três seções, chamadas *exposição, desenvolvimento* e *recapitulação*. (Pode haver também uma *introdução*, comumente lenta, e uma *coda*, no final.) A exposição apresenta um tema principal no tom básico da obra, depois modula para um tom relacionado a este num segundo tema contrastante e em seguida se repete toda a exposição. A seção de desenvolvimento na forma sonata é essencialmente um tipo de improvisação, registrada na partitura, sobre os temas da exposição, muitas vezes num tom dramático e explorando a variação de tonalidades. Depois vem a recapitulação. A versão escolar da forma diz que a recapitulação traz de volta os temas da exposição em seus modos originais e resolve tudo na tonalidade básica.

Essas são regras teóricas, porém; reiterando, poucas peças na forma sonata as seguem com exatidão. Na verdade, o primeiro e o segundo temas são usualmente seções inteiras que envolvem outros subtemas e, com frequência, mais tonalida-

Período clássico (c. 1750-1830) 87

des. Mas na exposição sempre haverá a percepção de duas seções de temas, e sempre uma modulação fora do tom básico, o que cria uma tensão de longo alcance na harmonia que depois terá de ser resolvida. Repetindo, pode haver uma profusão de temas na exposição. Em qualquer dos casos, o primeiro tema estabelece o tom básico, os motivos principais, a linha geral de toda a peça. Comumente os temas da exposição são contrastantes: digamos, o tema de abertura carregado, e o segundo mais suave. Pode haver um novo tema, ou dois, no desenvolvimento, e este pode não incluir todos os temas da exposição. A recapitulação invariavelmente tem algumas modulações; permanecer o tempo todo no tom básico seria maçante.

A forma sonata foi desenvolvida sobretudo para racionalizar e manejar novas intensidades de *contraste* no material e uma maior variedade de tons. O movimento barroco se fundamentou em uma só ideia e um só modo de expressão; o estilo clássico estabeleceu uma variedade de ideias e modos de expressão dentro de um movimento, e a forma sonata evoluiu para manter esses contrastes sob controle. Conhecedores estavam familiarizados com o modelo formal, e assim os compositores podiam brincar com suas expectativas: digamos, uma falsa recapitulação em tom errado no desenvolvimento, ou uma recapitulação que se infiltrava ou começava no segundo tema. Às vezes a recapitulação continuava a desenvolver os temas. A maneira de tratar a forma numa determinada peça se tornou um elemento tão expressivo e distintivo quanto os demais aspectos: uma forma fragmentada poderia ser parte de uma peça que expressasse angústia, ou que fosse cômica, e assim por diante. Em outras palavras, a maneira de tratar a forma numa peça passou a ser tão expressiva quanto suas melodias e harmonias e ritmos.

88   *Classicismo*

Esse modelo invadiu outros gêneros. O antigo e simples desenho *tutti-solo-tutti-solo* etc. de concertos barrocos foi transformado em *concerto na forma sonata*. Aqui a repetição da exposição se torna uma *exposição dupla*, na qual primeiro a orquestra apresenta o material básico e depois entra o solista numa segunda exposição. O antigo modelo, chamado *rondó*, no formato ABACADA, vira *rondó-sonata,* algo como ABACABA, com A e B funcionando como duas seções com tema da forma sonata e C entrando como seção de desenvolvimento. Ao final, o poder e a flexibilidade da forma sonata foi uma das razões pelas quais a música instrumental veio a reinar como a maior das artes no século XIX, considerada "a arte à qual todas as outras artes aspiram". A música instrumental era expressão pura, sem palavras ou história — embora fosse capaz de sugeri-las, adquirindo assim algumas das qualidades do drama e da poesia e da ficção.

UMA LÓGICA TEMÁTICA MAIS CONSISTENTE também se tornou proeminente durante a parte final desse período. Um tema é basicamente um tipo de melodia, embora as melodias clássicas tendessem a ficar inconclusas para que fosse possível manipulá-las e estendê-las. Os compositores costumavam construir um tema com *motivos*; um motivo é uma coleção de duas a quatro notas — um ritmo simples, um pedacinho de uma escala, um grupeto ou um floreio* — que no início se apresenta como tema principal e do qual o compositor extrai motivos

---

* Floreios são notas musicais, sozinhas ou agrupadas, usadas para embelezar ou enriquecer uma melodia. (N. E.)

Período clássico (c. 1750-1830) 89

para compor outros temas. Um exemplo conhecido é a *Quinta sinfonia* de Beethoven, em que a série ritmada da abertura — *tan-tan-tan-tam* — vai se apresentar em miríades de formas em cada tema da peça até suas últimas páginas. Uma mudança de acorde ou mesmo um único acorde pode constituir um motivo. Beethoven usou constantemente motivos com uma nota só, como o dó sustenido fora do tom na primeira página da sua terceira sinfonia, a *Eroica*, o que tem implicações na estrutura tonal do restante da obra. Assim, o novo contraste e a profusão de temas do estilo clássico foram mantidos em parte por uma rigorosa lógica formal e pelas inter-relações temáticas que dão unidade à peça como um todo.

Observa-se que a forma sonata ecoa as artes literárias, como se reflete nos títulos das seções: uma exposição era como a tese de um ensaio, ou de um sermão; o desenvolvimento trabalhava os temas, como o corpo principal de um ensaio, ou como um drama, com seus conflitos entre as personagens. No século XVIII, os compositores tocavam e compunham como profissão; sua carreira se baseava em satisfazer o público, e escreviam em grande parte sob encomenda. A individualidade do artista era valorizada, mas só até certo ponto. A ideia de "se expressar" por meio da arte foi um sintoma do século seguinte. Compositores queriam expressar emoções universais, não apenas a sua. Eram a favor das formas tradicionais porque isso dava aos ouvintes um ponto de partida para seguir a música, mas também podiam fazer brincadeiras criativas com as normas e as expectativas em relação à forma.

Na era clássica, uma grande obra musical — entre outras, sinfonia, sonata, concerto, quarteto — era um gênero composto de gêneros menores, cada qual com sua própria história.

Os gêneros e tempos típicos envolvidos numa peça quase sempre seguiam-se assim: 1) primeiro movimento rápido em forma de sonata; 2) movimento lento em ABA; 3) *scherzo* acelerado ou minueto majestoso, que tem um perfil parecido com o da forma sonata, com uma seção central chamada *trio*; 4) *finale* rápido em forma de rondó-sonata. Outro modelo formal que comumente compõe um movimento é o de tema e variações, ou ABAB. Sonatas para piano e concertos costumam ter três movimentos, omitindo o *scherzo*/minueto. Às vezes, como nos *finales* de Beethoven para a *Eroica* e a *Nona Sinfonia*, o compositor cria uma forma única, ad hoc, mas isso é raro. A forma sonata também pode aparecer em peças independentes, como aberturas, números operísticos e assim por diante.

A geração romântica que se seguiu, no século XIX, rejeitou o que um poeta, referindo-se ao Iluminismo, chamou de "a luz fria da razão" para descrever a doutrina de individualidade, inovação, o sublime, o gênio divino. Porém, embora os românticos fossem menos rigorosos que os clássicos quanto à forma, ainda compunham fugas, usavam a forma sonata e os outros padrões clássicos — tão universais e úteis que perduram até hoje.

De muitas maneiras, as ilusões do Iluminismo — de que poderíamos criar uma ciência perfeita, uma sociedade perfeita, uma humanidade gloriosa — caíram aos pedaços, como tantos sonhos impossíveis. Mas eram sonhos magníficos, e conquistas daquela época, como o método científico, a forma sonata e a música imponente do período clássico, continuam em toda a sua plenitude.

9. Joseph Haydn (1732-1809)

JOSEPH HAYDN NÃO PARECIA um compositor dos mais inovadores e influentes. Muito de sua música soa a nossos ouvidos jovial e tranquila demais para ser algo impressionante. Pessoalmente, Haydn era um homem caseiro, afável, antiquado nas roupas e nas perucas. Seus empregados e alunos o chamavam de "Papa". Em sua vida adulta teve poucos inimigos além da esposa. Não tiveram filhos, ela não se interessava por música e cortava os manuscritos do marido a fim de fazer rolinhos para o cabelo.

Não se pode dizer com exatidão que Haydn tenha sido um revolucionário, pois se envolvia demais com a tradição e dava muita atenção às influências de sua época. Assim mesmo, ninguém afetou a história de sua arte mais profundamente do que ele. É lembrado, hoje, como Pai da Sinfonia e Pai do Quarteto de Cordas. Não inventou nenhum desses gêneros, mas demonstrou o que poderia vir a ser feito com eles. Entre os primeiros a se valer desse conhecimento estavam um jovem amigo de Haydn chamado Mozart e um aluno seu chamado Beethoven. A naturalidade de sua música, sua leveza e graça, uma previsibilidade aqui e uma turbulenta imprevisibilidade ali foram cuidadosamente elaboradas durante muitos anos. Se não foi um revolucionário, Haydn deixou para o futuro uma música que não só é maravilhosa como também um acervo de ideias inextinguível. Constatei, já faz muito tempo, que quando deparava com inovações atribuídas a Beethoven, frequentemente descobria que Haydn tinha chegado lá antes.

Franz Joseph Haydn nasceu em Rohrau, Áustria, na família de um fabricante de carroças. O menino logo revelou um considerável talento para a música. Quando tinha cinco anos, um primo músico se ofereceu para levá-lo consigo e lhe dar algum treinamento na arte; a partir de então Haydn raramente tornou a ver sua cidade natal. Ele se lembrava desse primo como alguém que lhe dava "mais surras do que comida". Aos oito anos, entrou para o coro de meninos da catedral de santo Estêvão, em Viena — mais tarde conhecido como Meninos Cantores de Viena. (Ele escapou por pouco de ter sido um castrato.) Seu irmão mais moço, Michael, que viria a ser um compositor importante de música sacra, também ingressou no coral. Joseph Haydn passou nove anos cantando e estudando a grande literatura coral, mas quando sua voz mudou, aos dezessete anos de idade, ele foi sumariamente expulso do coro.

Seguiram-se anos de intenso estudo autodidata e de excruciante pobreza. Haydn morava num sótão e praticava num cravo corroído por carunchos, utilizando toda partitura musical que conseguisse achar, e inclusive tocando na rua. Percorreu os vários degraus da profissão de músico, lentamente mas com grande tenacidade. Com vinte e poucos anos se tornou empregado do compositor italiano e professor Nicola Porpora, que o fazia acompanhar seus alunos de canto e lhe dava dicas de composição. Aos 26 anos, serviu por um breve período como diretor musical e compositor para um conde da Boêmia, para cuja orquestra escreveu sua primeira sinfonia.

Joseph Haydn (1732-1809)

Sua música, àquela altura, era agradável e convencional, como se esperava de compositores de corte. Seu passo seguinte foi enorme: em 1761, com 29 anos, tornou-se assistente de regente de orquestra e compositor para a deslumbrante, rica, altamente musical corte do príncipe húngaro Paul Antal Esterházy. Naquela época, um compositor não encontraria trabalho melhor, caso estivesse disposto a viver como um empregado uniformizado, compondo e se apresentando como lhe fosse ordenado. O príncipe tinha um palácio em Viena, onde passava o inverno, e um castelo em Eisenstadt, a quatro quilômetros de distância da cidade. Haydn precisava se apresentar de manhã para receber instruções do príncipe, e passar os dias ensaiando, regendo e compondo. Depois de alguns anos se tornou diretor musical da corte, o que fez dele o responsável pela orquestra do palácio, a música de câmara, as óperas, a regência, a composição, o ensino, a contratação e a demissão de funcionários.

Haydn viveu e trabalhou na corte de Esterházy durante trinta anos. Cumpria seus deveres incansavelmente, e bem, e fez os recursos instrumentais e operísticos de Esterházy ficarem entre os melhores das cortes europeias. No decurso dessas décadas se tornou um dos mais importantes e celebrados compositores do continente europeu. Como escreveria mais tarde, vivendo quase totalmente isolado do mundo, com um príncipe que apreciava sua música e comandando uma plêiade de músicos de primeira linha, pôde realizar experimentos, estudar e ser tão original quanto quisesse.

Ele trabalhava sem parar nos palácios de Esterházy, via príncipes chegando e saindo e crescia continuamente em sua arte e em sua fama. Separado da esposa, envolveu-se com uma soprano casada da corte, embora ela provavelmente estivesse interessada mais em seu dinheiro do que em seus encantos. Quando Mozart chegou a Viena, fez amizade com Haydn, que disse ao pai dele, Leopold Mozart, que o jovem era o melhor compositor que conhecera. Haydn era um homem generoso e um bom amigo, e teve a reciprocidade de Mozart, muito mais novo que ele. Os dois trocavam truques de composição e ideias musicais. Mozart disse que Haydn lhe ensinara a compor para quartetos de cordas, e dedicou um importante conjunto de seis quartetos ao amigo. Haydn compusera algumas óperas para o teatro da corte e durante anos se considerou principalmente um compositor de ópera. Essa ilusão chegou ao fim quando as óperas de Mozart apareceram em Viena. Na última vez em que alguém quis lhe encomendar uma ópera, Haydn respondeu: "Seria um grande risco para mim. Você deveria contratar Mozart".

Na década de 1790, o príncipe lhe concedeu a aposentadoria, embora Haydn continuasse a compor missas para a corte. Uma carta a um amigo demonstrou como ele se sentia aliviado por encerrar sua carreira: "A consciência de não ser mais um empregado compensa todas as minhas preocupações". Logo surgiu um empreendedor e lhe prometeu pilhas de ouro e rios de aplausos se ele fosse para a Inglaterra. Haydn concordou, e a profecia de fato se cumpriu: após duas visitas ele já seu viu idolatrado pelo público britânico e numa boa situação financeira. Se havia alguma dúvida de que Haydn era um dos maiores compositores vivos, ela deixou de existir. A única tristeza de suas estadias em Londres foi quando soube da morte de Mozart. Ficou desolado com a perda "desse homem indispensável".

Joseph Haydn (1732-1809)

Após seu triunfo londrino, ele continuou a trabalhar, porém com mais dificuldade. Suas últimas peças são principalmente vocais, missas para a corte de Esterházy e dois oratórios: *A criação* e *As estações*. Ambos foram inspirados em seu entusiasmo pelos oratórios de Händel, especialmente o *Messias*, que ele ouvira em Londres. Enquanto isso, inspirado no hino inglês *God Save the King*, Haydn compôs o primoroso *God Save Kaiser Franz* e teve a honra de vê-lo se tornar o hino não oficial da Áustria. É certamente o mais belo dos hinos, uma das melodias fundamentais de Haydn.

Depois disso ele começou a declinar. Confessou que compor *As estações* havia sido um esforço prolongado que "quebrou minhas costas". Seus últimos anos foram melancólicos: incapaz de compor e cada dia mais fragilizado, cheio de medos e esquecido. Diariamente sentava-se ao piano e tocava seu hino austríaco, o único esforço musical que ainda conseguia fazer. Sua última aparição em público aconteceu numa apresentação de gala de *A criação*, na Viena de 1808, onde foi muito elogiado. Seu ex-aluno Beethoven se ajoelhou para beijar-lhe as mãos. Mas Haydn não conseguiu aguentar a apresentação inteira. Morreu no ano seguinte, durante o ataque de Napoleão a Viena, pouco depois de uma bomba explodir em seu jardim, aterrorizando todos na casa.

Naquela época se exigia dos compositores que fossem prolíficos. No final da vida de Haydn, suas obras incluíam 108 sinfonias, 68 quartetos de cordas, 52 sonatas para piano, vinte óperas, catorze missas, seis oratórios e uma grande quantidade de músicas de câmara. Alguns desses gêneros ele transformou para sempre.

A maior parte dos concertos para vários instrumentos ficou no meio do caminho. Haydn não lhes dedicou muito tempo porque, embora tocasse teclado e violino, admitia não ser "nenhum feiticeiro". Os maiores concertos, de Bach a Beethoven e além, eram na maioria das vezes escritos por seus compositores, que os guardavam como patrimônio pessoal. Mas um concerto raro de Haydn está entre suas obras mais apreciadas: o *Concerto para trompete*, que ele compôs para um instrumento que teve uma vida breve, e que usava chaves, como um saxofone. O trompete e a trompa francesa naquela época não tinham válvulas, ou pistons, e por isso só podiam tocar notas numa abrangência restrita. Com suas chaves, esse novo trompete tocava notas em todas as frequências. Isso, é claro, entusiasmou Haydn. Nessa peça fica em evidência a calidez de sua música, e suas melodias são tão inevitáveis que parecem ter se escrito por si mesmas. Além disso, para esse instrumento exótico Haydn compôs música que ao mesmo tempo era perfeitamente adequada a ele e pouco tinha a ver com as tradições da composição para trompete, que tendiam a ser festivas e próprias de fanfarras. Aqui, pela primeira vez, no encantador movimento lento, o trompete realmente cantava.

No que tange às sonatas para teclado, não apenas Haydn, como também seus instrumentos, passaram por um longo desenvolvimento pessoal. Ele começou compondo para cravo, mas em seus últimos anos o piano tinha deixado à margem os instrumentos mais antigos. O próprio piano passava por uma rápida evolução. O som parecido com o do cravo, na década de 1790, foi substituído pelo som mais rico e mais robusto dos modelos maiores. Em todo caso, as sonatas para teclado na época de Haydn eram executadas em casa, nunca em público,

Joseph Haydn (1732-1809) 97

e sim para amigos e para a família. Recomendo duas, para começar. A *Sonata para piano nº 46 em lá bemol maior* é de um período mediano da carreira de Haydn, e, apesar de sua tonalidade maior, consegue ser pungente em toda a sua extensão. O movimento do meio começa de forma memorável, com um solilóquio numa linha única. O final é alegre, encantador, Haydn em sua melhor forma. (Sugiro ouvir essa peça e a seguinte executadas tanto num piano moderno quanto num instrumento da época chamado pianoforte.)

A *Sonata para piano nº 52 em mi bemol maior* anuncia sua excentricidade desde o primeiro compasso: um rico, harpejado acorde de mi bemol e uma rápida e intrigante modulação para lá bemol maior. À grande frase de abertura segue-se um doce e suave interlúdio, que nos conta que esse movimento, e em certa medida toda a sonata, será um diálogo entre personagens muito diferentes. No primeiro movimento ouvimos rápidas passagens do nobre para o endiabrado, do cálido para o entusiasmante. Ensinei essa peça durante muitos anos; meus alunos ficavam surpreendidos de ver quão variada em material e em tonalidades ela é, como é imprevisível — mesmo que lógica em sua forma —, como é ricamente pianística. (Haydn a compôs na Inglaterra, provavelmente para pianos ingleses, mais robustos.) Depois de um movimento lento lírico e comovente no distante tom de mi maior, o *finale* é uma corrida, irônico, muito divertido.

Quando o jovem Haydn começou a escrever quartetos de cordas, eles eram bem populares, mas ainda um gênero menor, comumente consistindo em um solo de primeiro violino com acompanhamento. Seus últimos quartetos, no entanto, mostram como o compositor os transformara no gênero mais importante da música de câmara, uma conversa entre quatro instrumentos de grande e mesma importância, geralmente visando a aficionados que os tocavam em casa. Haydn também conferiu aos quartetos a reputação de serem uma janela para o coração e a alma do autor, a melhor demonstração de sua arte. Por isso a história denominou Haydn como Pai do Quarteto de Cordas. Seus melhores quartetos não envelhecem nunca, são caleidoscópicos em sua variedade, espirituosamente encantadores e comoventes, uma dessas raras realizações criativas que podem ajudar a fazer com que a vida valha a pena.

Haydn publicou os seis quartetos do Op. 20 em 1772, quando tinha quarenta anos. Foram apelidados de quartetos "do Sol" por causa da gravura de um sol na capa. São tidos como os primeiros quartetos de cordas modernos, principalmente porque foi com eles que esse estilo se tornou uma conversa entre quatro membros mais ou menos iguais em importância, o violoncelo liberado de seu antigo papel de apenas executar uma linha de baixo contínuo. Com seu costumeiro senso de lógica, no *Quarteto de cordas, Op. 20 nº 2*, Haydn nos diz isso logo no início: começa com um solo de violoncelo. Essa configuração também mostra o impacto do tumultuado, apaixonado, até mesmo anárquico movimento Sturm und Drang* — um pre-

---

* Sturm und Drang (fúria e ímpeto) foi um movimento literário alemão do final do século XVIII (1760-80) que propunha o uso do sentimentalismo e das emoções crescentes nos textos, além de rebeldia diante das injustiças sociais. Deve seu nome a uma peça de 1776 de Friedrich von Klinger, um de seus fundadores. Denomina também uma corrente literária, que poderia ser traduzida como "Impetuosismo". (N. E.)

Joseph Haydn (1732-1809) 99

núncio do Romantismo do século seguinte. O tom é dó maior, naquela época visto como uma tonalidade nobre e descomplicada. Mas é um dó maior com o toque de Sturm und Drang, numa veia peculiar e pensativa que persegue um alto astral. Após um segundo movimento sombrio em tom menor, vem um típico e delicado minueto. Uma das maneiras pelas quais Haydn se elevou acima do leve preciosismo dos compositores que o cercavam foi restaurar o contraponto em sua música, como se vê na fuga em que consiste o *finale*.

Os quartetos Op. 33 de Haydn demonstram uma nova profundidade, uma amplidão de ideias e um humor delicioso. Ele escreveu que essas peças tinham sido compostas "de um modo totalmente novo e particular", significando que havia ressaltado ainda mais a igual importância das quatro vozes. Também apresentam um novo tipo de movimento, o *scherzo*, palavra que significa "gracejo", obtido por uma aceleração do minueto de três tempos para criar um movimento rápido e em geral exuberante.

O mais famoso quarteto Op. 33 é o nº 2, o *Quarteto em mi bemol maior*, apelidado *The Joke* [O gracejo]. A insolência do tema de abertura do primeiro movimento é irônica, mirando a si mesmo de maneira um tanto divertida, e o resto desse movimento está cheio de volteios e pequenas piadas. Foi devido a momentos como esse que houve quem chamasse todo o Op. 33 de "música sobre a música". (Outro exemplo é o *finale* do Op. 76 nº 5: começa como se fosse o fim da música e parece não poder continuar porque segue soando como o final.) O *scherzo* do segundo movimento, se ouvido com atenção, tem um forte tom de ironia. O terceiro movimento tem início com um suave dueto e continua nesse tom. O *finale* principia num tom de divertimento travesso, mas a origem do apelido do quarteto só se manifesta na coda: a peça termina; começamos a aplaudir; ela recomeça e de novo termina; aplaudimos, dessa vez um pouco ressabiados; a música tem início novamente, nos provoca com seus silêncios enquanto lá estamos, sentados e com as mãos suspensas no ar; e por fim termina mesmo, quase no meio de uma frase, de modo que ainda não temos certeza se chegou a hora de aplaudir. É hilariante, um entre muitos exemplos de como Haydn brincava com a plateia, como um exímio psicólogo, convencendo-nos de que sabemos o que ele faz enquanto se esgueira para nos desferir um chute. O exemplo mais famoso é a assustadora explosão da orquestra no meio do movimento lento da *Sinfonia da surpresa* (nº 94). Consta que Haydn teria dito que isso "despertaria as senhoras". Essa brincadeira, no entanto, foi cuidadosamente preparada numa série de pequenas pausas que parecem marcar o tema. A capacidade de oferecer a um só tempo a lógica e a surpresa foi uma das grandes conquistas dos compositores do período clássico.

O clímax dos quartetos de Haydn são os magníficos quatro do Op. 76, publicados em 1799. O *Op. 76 nº 2 em ré menor* é conhecido como *Quarteto das quintas*, referência aos intervalos de quinta prevalecentes no tema de abertura, dominantes num movimento que se alterna entre feroz e divertido. Esse motivo em quintas reaparece em todos os movimentos, inclusive na canônica, zombeteira e demoníaca "Ronda das bruxas" do *scherzo*.

HAYDN TAMBÉM É CHAMADO de Pai da Sinfonia. Quando encerrou a fase dos quartetos, começou a compor sinfonias no estilo da época, ou seja, peças leves e curtas para orquestras de

Joseph Haydn (1732-1809)

catorze a vinte instrumentistas. Ao compor a última, a nº 104, tinha transformado a sinfonia na rainha dos gêneros instrumentais, um nível de importância e de ambição pronto a ser adotado e levado adiante por Mozart e depois por Beethoven.

Com essa profusão de sinfonias, é difícil saber por onde começar. Tente a *Sinfonia nº 48 em dó maior*, composta por volta de 1769 e cognominada *Maria Theresia*, pois pode ter sido composta para uma visita da imperatriz da Áustria. Seu tom justifica o título: a música é uma definição de grandeza e majestade, mas nem por isso menos vivaz, desde o ressoar agudo das trompas do primeiro movimento. O segundo movimento consegue ser elegante e gracioso sem sentimentalismo; o mesmo se pode dizer do minueto, embora este avance para um território um tanto austero. Nesses dois movimentos intermediários as trompas se destacam novamente, assim como no contorcido e loquaz *finale*.

Na outra extremidade do espectro, tente a *Sinfonia nº 80 em ré menor*, de *c.* 1783. Não é uma das peças mais conhecidas de Haydn, mas é das mais estranhas. Seus biógrafos afirmam que àquela altura ele já estaria além do Sturm und Drang, mas para mim essa sinfonia diz outra coisa. Ela começa com uma figura furiosamente impetuosa, animada por acentuações explosivas. O movimento é marcado por súbitas oscilações de volume e mudanças de direção: a exposição, intensa e um tanto assustadora, termina com uma alegre dancinha, *um-pa-pá*, que aparece não se sabe de onde. O tema principal do segundo movimento é uma melodia suspirosa e muito bonita; depois vem o segundo tema num arroubo de paixão e de colorido orquestral. Algo da intensidade do primeiro movimento reaparece no minueto, que está longe de ter o costumeiro aspecto requintado e galante. O *finale* é um dos mais extravagantes de Haydn. Muito do caráter singular da obra tem a ver com o ritmo: o tema principal começa fora de tempo e é tão sincopado que por alguns momentos não temos ideia de qual é efetivamente a marcação de tempo. Em todo o restante desse movimento excêntrico somos sacudidos de um lado para outro entre as batidas reais e as fictícias de sua pulsação.

Os principais frutos das duas visitas de Haydn à Inglaterra foram doze sinfonias, um conjunto conhecido como *Londres*. A *Sinfonia nº 104 em ré maior* também é chamada, individualmente, de *Londres*. Aqui ele já deixara o Sturm und Drang para trás e, como ocorre no restante dessa coletânea, sua composição está num plano grandioso e imponente, em parte porque destinada a orquestras maiores. Mesmo assim, a sinfonia tem seu toque haydniano e de folclore. Começa com uma introdução grave, mas o afável *allegro* que se segue tem um caráter folclórico. O *finale* rústico é citação de uma canção folclórica croata.

As virtudes de Haydn não estão mais na moda: contenção, modéstia, sutileza, o tipo de arte que esconde sua qualidade. Ele foi um dos mais sofisticados pensadores musicais, mas não estava interessado em demonstrar isso. Um dos elogios que mais apreciava era o expresso pela palavra "natural". Se você não prestar muita atenção, Haydn poderá parecer leve e insosso. Verdade, nem ele nem seus contemporâneos pareciam muito inclinados à expressão trágica; o Iluminismo foi um período de tremenda esperança para a humanidade, a ciência e a arte. Sua música emana dessa esperança. Mais tarde, Haydn diria que se sua música pudesse nos fazer esquecer nossas preocupações por um momento, isso já valeria todo o seu esforço. É uma ambição modesta para um artista, mas é tão valiosa quanto qualquer outra que eu conheça. Se permitirmos, a música de Haydn ainda é capaz disso.

Mais Haydn: o restante dos *Quartetos, Op.* 76 e o restante das sinfonias *Londres* e *A criação*.

10. Wolfgang Amadeus Mozart (1756-91)

EXISTE UMA AURA EM TORNO do nome Wolfgang Amadeus Mozart. Ele possuía esse brilho já aos seis anos de idade, e o possui ainda hoje. Sempre que alguém menciona o conceito de criança prodígio, seu nome é o primeiro a ser lembrado. Quando se promoveu a ideia de que a música clássica desenvolve a inteligência das crianças, isso foi chamado de "efeito Mozart". Um cartum da revista *New Yorker* certa vez mostrou uma paisagem devastada, com sujeira por todo lado e a legenda: "A vida sem Mozart". A peça e o filme *Amadeus* o retratam como um idiota erudito, infantil e depravado — um canal incompreensível através do qual a música fluía diretamente de Deus.

Entretanto, uma aura oculta mais do que revela. Jorge Luis Borges escreveu: "A fama é uma forma de incompreensão, talvez a pior". A fama cria o mito, e desde o dia em que Mozart morreu os mitos proliferaram a ponto de se tornarem lenda: abandono, desespero financeiro, escrevendo o *Réquiem* para si mesmo, uma sepultura de indigente.

Eis aqui algumas realidades por trás da aura. Mozart é de nascença um gênio musical, mas seu talento para a imitação — ainda criança já era capaz de passar por uma cidade e fazer imitações dos compositores locais — foi seu pior inimigo nas artes. Ele foi educado pelo pai, pedagogo conhecido e compositor

Wolfgang Amadeus Mozart (1756-91) 105

medíocre, para ser uma mediocridade brilhante. Que se tenha tornado outra coisa foi uma questão de árduo trabalho ao longo do tempo. Aos vinte anos de idade, pouca coisa indicava o que ainda estava por vir: as incomparáveis melodias e a provocação social de *As bodas de Fígaro*, a assombrosa e flutuante beleza do noturno no *Concerto para piano em dó maior, K. 467*, o ímpeto demoníaco do *Concerto em ré menor* e a *Sinfonia em sol menor*. Em sua cintilante infância, nada disso podia ser previsto.

Mozart foi sepultado como a maioria dos vienenses de sua geração, e não na vala comum da lenda. Morreu num momento em que sua situação financeira melhorava, e vinha pagando suas dívidas. Os ingressos para suas óperas estavam esgotados em toda a Europa. E o mais importante, tinha se libertado da verdadeira prisão que era sua fama inicial. A maior parte de suas grandes obras foi escrita em seus cinco últimos anos de vida. Por fim, poucas vezes Mozart assinou seu nome do meio como o familiar Amadeus, ou seja, "amado por Deus". Costumava usar seu equivalente em alemão, Gottlieb, ou o francês Amadé.

As histórias de sua juventude são lendárias, e algumas dessas lendas são de fato verdadeiras. Seu pai, Leopold, foi violinista da corte em Salzburgo, onde Wolfgang nasceu. Quando tinha cinco anos, o menino começou a dedilhar no cravo algumas das melodias que sua irmã mais velha, Nannerl, um florescente prodígio do teclado, estudava. Leopold aproveitou a deixa e tentou ensinar as peças ao filho. Para seu espanto, descobriu que Wolfgang não só era capaz de ler notas e tocá-las sem ser ensinado como tocava peças inteiras para teclado e as memorizava em meia hora. Logo passou a escrever pequenas composições. O pai imaginou resplandecentes possibilidades de riqueza e fama quando mostrasse ao mundo "esse milagre de Deus". Leopold era um músico sofisticado, compositor prolífico, autor de um célebre método para estudar violino, amplamente instruído em inúmeros aspectos. Seria o único professor de Wolfgang.

Naquela época, grande parte dos artistas arrumava empregos em cortes e palácios e igrejas a serviço da aristocracia, que levava as coisas a seu bel-prazer. Quando Wolfgang tinha seis anos e Nannerl dez, ela mesma uma virtuose em pleno desabrochar, Leopold decidiu levar os dois às cortes e palácios para trocar o talento de ambos por dinheiro e glória. Iniciou-se uma década de perambulação por toda a Europa continental e pela Inglaterra; proliferaram histórias sobre cabeças coroadas idolatrando o menino e cientistas o examinando como um fenômeno da natureza.

Wolfgang e Nannerl viviam do negócio do entretenimento. Leopold controlava todos os aspectos da turnê, dando instruções a Wolfgang como se ensaiasse um número de circo: o menino tinha de dizer o nome de toda nota que ouvisse, tocar com um pano cobrindo o teclado, improvisar em qualquer estilo de música, inventar canções durante as apresentações. Em Londres, Munique, Roma e Viena os dois irmãos conheceram os mais famosos músicos e compositores da época. As turnês não só proporcionaram dinheiro e fama como também uma abrangente educação musical. Wolfgang compunha continuamente, com uma maturidade cada vez maior, tendo como principais modelos a música que encontrava em seu roteiro.

Quando retornaram a Salzburgo após a última turnê, no final de 1773, estavam desesperados para usar a fama de Wolfgang a fim de obter um emprego num lugar maior e melhor.

Wolfgang Amadeus Mozart (1756-91) 107

Infelizmente para seus planos, o novo governante de Salzburgo, o arcebispo Hieronymus Colloredo, queria que seus empregados ficassem em casa e o servissem. Resmungando, Wolfgang se dispôs ao trabalho, produzindo peças sacras por encomenda, mas passava muito de seu tempo compondo obras que os músicos locais apresentavam nos salões particulares, o principal lugar onde se executava música naquele tempo.

Nas cartas que escreveu na adolescência vemos surgir sua personalidade: travesso, orgulhoso, observador malicioso, sempre imaginativo, às vezes extremamente obsceno. Tudo isso é sintetizado em suas famosas cartas a sua prima Maria Anna. Os dois tinham se envolvido, em certa medida, numa espécie indefinida de brincadeira e vadiagem. As cartas mostram um estilo marcado por jogos de palavras, como se fossem música:

> Eu tenho de lhe perguntar, minha tolinha predileta, por que não? — se por acaso você escrever... mande lembranças minhas às duas senhoras Freysinger, por que não? — Estranho! Por que não? E diga que estou pedindo à mais jovem, srta. Josepha, que me perdoe, por que não? — Por que eu não deveria pedir que me perdoe? Estranho! Por que não deveria? Diga que ela tem de me perdoar por ainda não lhe ter enviado a sonata que prometi... Por que não? — O quê? — Por que não? — Por que eu não deveria enviá-la? — Por que não? Estranho!

Outras cartas a Maria Anna se comprazem com o tipo de humor escatológico comum naquela época — seu jeito de ser malicioso. "*Oui*, pelo amor de minha pele", Mozart dizia, "eu cago em teu nariz, e isso escorre pelo teu queixo." Em outra carta: "Beijo tuas mãos, teu rosto, teus joelhos, e teu... Isto é, o que você me deixar beijar". Na correspondência de quando se tornou mais velho, a grosseria desaparece, mas não a vivacidade.

Foi nos últimos anos em Salzburgo que Mozart começou a sair do convencional e a escrever as primeiras obras que o futuro chamaria de imortais. Uma das mais memoráveis dessa fase é a *Sinfonia concertante* para orquestra e solos de violino e viola, cuja primeira entrada ascendente é de arrebatar. Ele escreveria obras instrumentais mais elaboradas do que essa, mas nenhuma mais encantadora.

Aos 21 anos, com a mãe a reboque, Mozart começou a buscar um trabalho em alguma corte. Seu objetivo era Paris, onde tinha triunfado na infância. Mas parou, a caminho, em Mannheim, onde se apaixonou por uma talentosa soprano adolescente, Aloysia Weber. Em casa, em Salzburgo, Leopold soube do fato e ficou horrorizado. Finalmente, por insistência do pai, Wolfgang e a mãe foram para Paris, um desastre que durou seis meses. Ele não era mais um menino prodígio, mas um jovem que nunca tivera de traçar seu próprio caminho num terreno abarrotado de compositores. A música que escrevia era menor, não atraiu muita atenção, e, como para coroar essa miséria, sua mãe morreu. Derrotado, voltou para casa, com uma escala em Munique, onde encontrou Aloysia, cuja carreira de cantora ia muito bem sem a sua ajuda. E para culminar a indignidade daqueles meses desastrados, ele foi rejeitado. Numa festa, sentou-se ao piano e cantou: "Os que não me quiserem podem beijar meu traseiro". E escapuliu para Salzburgo.

Então veio o que, nos termos de Leopold, foi uma catástrofe, mas para Wolfgang significou a libertação: na primavera de

Wolfgang Amadeus Mozart (1756-91) 109

1781 ele foi convocado por seu governante, Colloredo, para ir a Viena no séquito do arcebispo. Lá sofreu mais uma dose de indignidades (entre outras coisas, teve de comer junto com os empregados), não escondeu a insatisfação e acabou literalmente expulso do serviço do arcebispo com um chute no traseiro. Agora estava livre para construir sua própria carreira em Viena. O imperador austríaco, José II, era progressista em sua política e sofisticado no gosto musical. A história relata a dureza com que tratava Mozart, mas na verdade ele reconhecia um gênio quando o encontrava. Manteve o compositor ocupado, embora nunca chegasse a lhe dar um emprego bem remunerado na corte; tinha-o essencialmente como freelancer.

Ali começaram os anos gloriosos de Mozart. Na capital musical da Europa ele se sobressaía a centenas de outros pianistas e compositores. Poucos anos depois, quando Leopold visitou Viena, ficou espantado com a inesgotável agenda de apresentações e de composição do filho, com sua renda, seu grande apartamento, seu guarda-roupa extravagante, sua cara mesa de bilhar. Joseph Haydn, muito mais velho porém amigo e mentor de Wolfgang, disse a Leopold que o jovem era o melhor compositor que conhecia.

Em Viena, duas coisas aconteceram de imediato: a corte encomendou a Mozart uma ópera-cômica, um gênero chamado *Singspiel*, com diálogos falados. Ele e seu libretista optaram por uma linha temática exótica, apostando na moda de música e histórias no estilo turco. Chamada *O rapto do serralho*, conta a história de uma mulher inglesa raptada pelo paxá Selim para integrar seu harém. Após os contratempos de praxe, a maioria deles envolvendo o cruel porém trapalhão servo Osmin, a dama é resgatada por seu amante, Belmonte. Numa carta a Leopold, Mozart demonstra sua atenção minuciosa à vida emocional e física de seus personagens, e não menos às qualidades de seus intérpretes:

> Ao trabalhar na ária [de Osmin], eu [...] permiti que brilhassem as belas notas graves de Fischer [...]. Quando a fúria de Osmin vai gradualmente aumentando, vem o *allegro assai*, numa cadência e num tom totalmente diferentes. Pois assim como um homem em tal ascendente fúria ultrapassa todos os limites da ordem, da moderação e da propriedade e se esquece completamente de si mesmo, assim deve a música esquecer-se dela mesma.

O brilho e o encanto que marcam *O rapto* começam com a abertura, ressoando nos bumbos e címbalos e no *piccolo* do estilo turco. No meio entra uma antecipação de uma das árias, um entre os muitos números arrebatadores da ópera. Melodiosa, elegante, engraçada, irresistível, a obra teve gigantesco sucesso em Viena e logo era apresentada em toda a Europa. Foi então que Mozart descobriu que a comédia era seu ponto forte no palco. Embora depois tivesse ido muito além disso, *O rapto* continuou sendo sua ópera mais popular, até o fim de sua vida.

Ele se casou com a irmã de Aloysia, também cantora, embora não profissional: Constanze Weber. Leopold consentiu de má vontade com esse casamento; ele e Nannerl nunca aceitaram Constanze como um bom partido. Mas Mozart a adorava, espiritual e fisicamente, como demonstram algumas cartas lascivas que lhe escreveu quando estava em turnê: logo "estarei dormindo com minha querida mulherzinha; — enfeite seu

Wolfgang Amadeus Mozart (1756-91)

doce e pequeno ninho porque meu patifezinho aqui realmente merece, tem se comportado muito bem mas agora está assanhado para possuir sua doce... [riscado]".

Nos anos seguintes ele se apresentou sem descanso, compôs sem parar, rodando por toda Viena, com empregados carregando seu piano para os recitais. (Na década de 1780, o piano evoluía rapidamente e desbancava o cravo.) A vida doméstica era agitada e animada; Mozart gostava de ter pessoas a sua volta, era capaz de compor em meio ao maior tumulto. Estava sempre irrequieto, tamborilando os dedos, batendo os pés no chão. Seus divertimentos prediletos eram todos físicos: em Salzburgo, competições com espingardas de ar comprimido e jogos de boliche; em Viena, montar a cavalo e jogar bilhar em casa. Constanze dizia que ele gostava de dança, talvez até mais do que de música. Mozart era pequeno e pálido, frequentemente enfermiço, de aparência comum, mas tinha uma energia incansável, o que também marca sua música, além de um vibrante senso de drama, de comédia e da psicologia humana, como demonstram suas óperas.

Desde a adolescência, Mozart foi um dos melhores tecladistas. Mas apesar de cada vez mais aplaudido, tocar, para ele, não passava de um meio para atingir um fim. Era, primeiro, compositor. Claro, muitas de suas composições nos primeiros anos em Viena tiveram como objetivo engrenar sua carreira como virtuose, acima de tudo a série de concertos para piano, composta para ele mesmo. A história do concerto, desde aquela época até a nossa, tem como fundamento essas obras-primas. Mais tarde, no século seguinte, Beethoven suspiraria numa carta: "O fato de o público não apreciar as melhores coisas da música, como os concertos de Mozart, é a razão pela qual pessoas como eu ficam famosas".

Aqui daremos apenas umas poucas dicas para tantas glórias. Ouça o famoso movimento lento do *Concerto nº 21 em dó maior, K. 467.* (O K. se refere ao número posteriormente atribuído a cada peça de Mozart numa lista feita por um cavalheiro chamado Köchel.) Esse noturno de sonho é único, não se parece com mais nada de Mozart ou de quem quer que seja, mas ainda assim é, absolutamente, Mozart: atmosferas de enlevo, simplicidade ilusória, um sentido de lânguidas emoções decantadas pela música, com um efeito misterioso, inominável. Quando se está nesse movimento, não se pode imaginar nada mais belo, mais evocativo de um amor sensual e profundo.

Temos aqui dois concertos que seguem direções bem diferentes. Desde a primeira página o *Concerto nº 17 em sol maior, K. 453* anuncia que será um dos mais deliciosos, com um estilo parecido com o da ópera-cômica — delicadamente melodioso, ritmado, com um toque de ironia. A essa altura Mozart desenvolvera seu talento de nos oferecer belas superfícies musicais que apontam para coisas mais profundas e mais além. Há um sopro de comoção à espreita bem no fundo do primeiro movimento, e isso floresce no ritmo lento, um desses adágios de Mozart capazes de provocar lágrimas logo nas primeiras notas. No último movimento, a ópera imaginária vira uma brincadeira dançante e deliciosa.

O *Concerto nº 20 em ré menor, K. 466* é o tipo de música que assustava os contemporâneos de Mozart: obscura, arrebatada, transbordante de ideias. Sua intensidade prenuncia a geração de compositores românticos ainda por vir, que abraçaram o

Wolfgang Amadeus Mozart (1756-91) 113

sombrio e o demoníaco (mais tarde Beethoven tocou e admirou esse concerto). A arrebatadora intensidade da abertura vai crescendo continuamente na exposição da orquestra, e o restante do movimento fica nesse plano, aliviado por momentos de lirismo. Após um segundo movimento melancólico e romântico, o demônio retorna num eruptivo e abrasador *finale* que enfim se resolve na alegria de um ré maior. Mozart estava sempre disposto a exprimir tristeza e fúria, mas na maior parte do tempo finais trágicos não faziam seu estilo.

Ele compôs muitas peças para uso cotidiano, o tipo de música executada por pequenos conjuntos amadores em palácios e salões, num cenário que poderia envolver uma plateia jantando, jogando cartas, conversando, flertando. A mais familiar dessas peças é a primorosa *Eine kleine Nachtmusik* [Uma pequena música noturna], com um Mozart relaxado no ponto mais alto desse formato, alternadamente vigoroso, suave, trocista.

Mesmo estando a ópera no cerne da criatividade do compositor, ele ainda era um mestre nos gêneros instrumentais, numa época posterior chamada de "música abstrata", que se expressava no puro poder das notas e da forma. Experimente ouvir o *Quarteto para cordas em dó maior, K. 465*, apelidado *O dissonante* devido a sua abertura bizarra, que estende a linguagem harmônica até o limite da ruptura. Surpreendentemente, essa nodosa abertura acaba servindo de introdução a uma vivaz e bela incursão num dó maior agudo, bem ao modo de Mozart — uma tonalidade que para ele costumava significar algo ensolarado, exultante. O movimento lento é um trecho de pungente sentimento, sob a máscara de uma dança elegante. Após um minueto folclórico, o *finale* retorna ao bom humor do primeiro movimento.

O sol menor de Mozart era completamente diferente, indo do sombrio ao angustiante. É o tom de uma das coroas de sua música de câmara, o *Quarteto para cordas nº 3 em sol menor, K. 516*. Desde o início, num surto de nervosa energia, a peça não propicia muito conforto. O minueto do segundo movimento é uma das peças mais eruptivas, quase perturbadora, que se possa imaginar para esse movimento de dança tradicionalmente elegante. O terceiro movimento, que se assemelha a um hino, prenuncia os profundamente tocantes movimentos lentos que Beethoven escreveria na geração seguinte. A longa introdução ao *finale* encerra uma das músicas mais trágicas que Mozart compôs. É seguida de um *allegro* em sol maior que parece uma solução à tristeza, mas só na superfície: uma nuvem paira sobre a alegria.

Quando Mozart começou a escrever sinfonias, em sua infância, o gênero era popular, mas de pouca importância, algo para dar vida a um programa, porém nada ambicioso. Ele e Haydn as elevaram ao topo dos gêneros musicais. Uma das mais belas composições do final do período intermediário é a *Sinfonia nº 38 em ré maior, K. 504*, chamada *Praga*, de 1786, em três movimentos. Em Mozart, o tom de ré maior era usualmente brilhante e vivaz, e ele escreveu essa sinfonia em Praga, para homenagear a cidade que o adorava. Após uma introdução solene, surge um jovial e belo *allegro*, com seus arrojados, dardejantes ritmos. Depois vem um de seus noturnos sonhadores e românticos. Um *finale* animado mostra que essa sinfonia trata principalmente de prazer e deleite.

Mozart compôs suas três últimas e mais ambiciosas sinfonias em quase inacreditáveis seis semanas, em 1788. Diz a lenda que foram compostas para ele mesmo e para a posteridade, e

Wolfgang Amadeus Mozart (1756-91) 115

que Mozart nunca chegou a ouvi-las. Essa é mais uma balela. Mozart sempre compôs por algum motivo, e nunca falou em posteridade. Provavelmente as incluiu em algum de seus últimos concertos em Viena e em outros lugares. Não há como afirmar que essas sinfonias expressam a depressão do compositor, numa época em que ele acumulava dívidas e se desesperava, mas isso tampouco pode ser descartado. A Áustria estava em guerra com os turcos, não havia muito dinheiro para a arte, ele já não era novidade em Viena e talvez estivesse apostando. Durante esse período escreveu algumas cartas patéticas para amigos, pedindo dinheiro emprestado. A profunda angústia que se expressa na *Sinfonia nº 40 em sol menor, K. 550* pode refletir seu estado de espírito na época. Depois de um início agitado, como se em meio a um pensamento, a peça se desenvolve num plano de inquietação. O tema principal do segundo movimento soa como um transe, o minueto num ritmado sol menor. O *finale* é o mais agitado de todos, seu vertiginoso tema principal parecendo um ameaçador mecanismo do destino.

PARA MUITOS DE NÓS, Mozart é o maior dos compositores de ópera. O fato de ter sido um dos maiores melodistas certamente contribui para isso. Ele também tinha um supremo entendimento do que é um palco, dos atores e cantores, da interação das partes dramáticas e musicais. A isso se soma sua compreensão das pessoas, seus amores e paixões, anseios e peculiaridades, e de como transformar tudo isso em notas: o atrevido e velhaco Fígaro, o louco por garotas Cherubino, Donna Anna procurando o assassino de seu pai. Em suas últimas óperas Mozart teve também um brilhante parceiro no poeta Lorenzo da Ponte, um libertino bem ao modo de seu amigo Casanova, mas também um dos mais sofisticados e finos libretistas.

As melhores óperas de Mozart são comédias, mas ele sabia como usar a comédia para tratar de temas mais profundos. Como em todas as outras, *As bodas de Fígaro* já revela seu tom e sua intenção na abertura: uma insidiosa, sussurrante verve que explode em risos, perfeita para uma história cheia de tramas e contratramas. No centro da história, o sexo. Fígaro, barbeiro do conde de Almaviva, está prestes a se casar com a deliciosa Susanna, mas parece que o conde planeja ressuscitar o antigo *droit de seigneur*, o direito do amo, segundo o qual o senhor da casa pode dormir com a noiva na noite do casamento. Isso garante um enredo animado. Há a inteligência sagaz de Susanna, que figura na coleção das maravilhosas mulheres do repertório de Mozart: forte, sexy, esperta e tão ladina quanto os homens com os quais tem de lidar. Quanto a Fígaro: "Se você quer dançar, pequeno conde", canta ele, "eu tocarei a música!".

Por trás da trama e do riso, contudo, existe algo bastante sério. A peça francesa original, de Beaumarchais, fora banida pelo imperador José II como politicamente radical demais. A linha de fundo da peça original, referindo-se ao conde: "Você teve o transtorno de haver nascido — nada mais! Quanto ao resto — um homem bem comum!". Era a época do alto Iluminismo, quando os privilégios e as regras dos antigos regimes passavam por um escrutínio sem precedentes. O libretista Da Ponte fez um acordo com José para que liberasse *As bodas*, prometendo que tiraria tudo que fosse político. Mesmo assim, continua a ser uma história de gente que está ao pé da escada social lutando contra as depredações impostas pela aristocra-

Wolfgang Amadeus Mozart (1756-91) 117

cia, usando as únicas armas de que dispõe: a astúcia. O conde acaba sendo exposto e humilhado, pedindo, pateticamente, perdão a sua esposa.

Perto do fim da vida de Mozart vem outra comédia, a incomparável *A flauta mágica*. Ainda mais do que as anteriores, essa é uma ópera popular, cheia de melodias que se podem assoviar — e outras muito mais profundas. O príncipe Tamino é encarregado pela Rainha da Noite de libertar a filha dela, Pamina, das garras do malvado feiticeiro Sarastro. Para essa missão Tamino tem, é claro, um ajudante — o afogueado passarinheiro Papageno, que acabará encontrando sua destinada Papagena. Tamino descobre que na verdade Sarastro é um grande e nobre homem, chefe de um grupo de irmãos espirituais, e que a Rainha é que é a vilã. (A figura de Sarastro é em parte inspirada no feiticeiro Próspero, de Shakespeare.) É claro que Tamino liberta Pamina, e após os ritos de iniciação ambos entram para a ordem de Sarastro.

Mozart era um maçom entusiasmado e *A flauta mágica* é uma transparente alegoria da maçonaria, o conjunto internacional de lojas que foi uma espécie de força subterrânea progressista durante o Iluminismo. Creio, no entanto, que o tema mais profundo de *A flauta mágica* é o favorito de Mozart, o amor: o amor terreno de Papageno e Papagena, o amor sublime de Tamino e Pamina, o amor divino de Sarastro por toda a humanidade. No fim, com o noivado de Tamino e Pamina, Sarastro saúda o casal e a vitória da luz sobre a escuridão. Para Mozart, o amor era essa luz, a mais elevada sabedoria que conhecemos.

EM OUTUBRO DE 1791 Mozart escreveu duas cartas a Constanze, que, doente, estava em tratamento num spa em Baden. Na primeira ele detalha como passa o seu dia: compondo, uma gloriosa cachimbada, a degustação de um peixe delicioso, à noite assistindo *A flauta mágica*, que se tornara um enorme sucesso. Na carta seguinte ele menciona ter ido novamente assistir à ópera, com seu suposto rival, o compositor Antonio Salieri, que não poupara elogios. Estava compondo o *Réquiem*, e gostava da experiência — nunca tinha composto um réquiem. Sabia, com certeza, que tinha sido encomendado por um nobre que gostava de apresentar essas peças, com uma piscadela, como se fossem dele. Esse *Réquiem* é o maior de todos no gênero, pleno de morte e de esperança, de tristeza dilacerante e de excepcional beleza.

Mas Mozart não chegou a terminá-lo. Um mês após essas cartas a Constanze — que evocam o triunfo da ópera e a alegria de viver —, o compositor estava em seu leito de morte. Faleceu em 5 de dezembro de 1791. Constanze encarregou um aluno dele de terminar a obra, cuja maior parte ainda era constituída de fragmentos. Mas o aluno realizou bem a missão que lhe fora confiada. Então surgiram as lendas e o mito: Mozart foi envenenado por Salieri; compôs o *Réquiem*, que é uma missa para os mortos, para ele mesmo; morreu desesperado e abandonado; foi sepultado numa vala comum. Nada disso é verdade.

Existem, contudo, muitos tipos de verdades. Shakespeare escreveu: "A poesia mais verdadeira é a que mais dissimula". Mozart foi um homem de teatro e tinha o temperamento de um ator, que dissimula como meio de vida, que salta agilmente de uma emoção para outra e com isso consegue nos emocionar até o âmago de nosso ser. Era um tremendo artífice, estudou e prosperou ao longo da vida, e pensava cuidadosamente naquilo que fazia. O resultado fluía de um homem feito de música. Às vezes ele falava inebriado, às vezes por trás de uma máscara, mas mesmo assim seu espírito, sua alma, sua alegria, sua tristeza, seu amor e sua paixão emergiam em forma de som: Mozart foi ao mesmo tempo Papageno e Sarastro e Pamina e Tamino. Quando percebemos isso, suas obras são capazes de iluminar nossas vidas de um modo que só ele é capaz de fazer. Essa é a verdadeira aura de Mozart.

Mais Mozart: *Sinfonia nº 41* e as sinfonias *Linz* e *Paris* (nᵒˢ 36 e 41, respectivamente); a ópera *Don Giovanni*; o restante dos seis *Quartetos Haydn*.

11. Ludwig van Beethoven (1770-1827)

VEJAMOS A *Quinta sinfonia* de Beethoven. Ela é, há muito tempo, a mais famosa do mundo, e isso significa que, de monumento cultural que era, foi mais além, tornando-se uma espécie de clichê cultural, como a *Mona Lisa*, cercada de um exército de celulares que a fotografam. Houve versões *disco* e em outros formatos populares da *Quinta*. Na Segunda Guerra Mundial, como as quatro notas iniciais soam como ponto-ponto-ponto-traço, representação no código Morse da letra V, elas se tornaram o mantra da vitória dos aliados. Com certeza, qualquer pessoa com sensibilidade musical pode ver que é uma obra eletrizante, desde o impetuoso, explosivo primeiro movimento até seu triunfante *finale*; e o segundo movimento é maravilhosamente belo (evocado na canção de sucesso adolescente "Tammy", da década de 1950, que na juventude ficou por muito tempo ressoando em meus ouvidos). A *Quinta sinfonia*, em seu poder de força da natureza, em seu arrojo, mas também em seu melodioso lirismo, é a essência de Beethoven.

Porém, em sua época, a *Quinta* surgiu como algo que ficava entre o incompreensível e o perigoso: estranha demais, sensacional demais. Um compositor francês relembrou que, após ouvi-la pela primeira vez, saiu da sala tão agitado e perturbado que ao pôr o chapéu não conseguiu encontrar a cabeça. O primeiro movimento fez com que a peça fosse, no início, mais

Ludwig van Beethoven (1770-1827) 121

comentada do que celebrada. Em sua época, era simplesmente absurda a ideia de que se pode pegar um pequeno segmento de ritmo e duas notas, sol e mi bemol, e modelar um movimento inteiro tendo isso como tema.

Mas Beethoven sempre foi intensamente concentrado e sistemático no modo como usava seu material. Em miríades de disfarces, o rufar rítmico da abertura vai marcar cada tema ao longo de toda a sinfonia, até as últimas páginas. Os quatro tons usados na abertura — sol, mi bemol, fá, ré — formam um tema cujo elemento mais importante é o *desenho* que essas quatro notas traçam no pentagrama: para baixo, para cima, para baixo. Esse aceno, que chamo de "formato em S da *Quinta sinfonia*", é ouvido ao longo de toda a obra, encarnado em vários intervalos, às vezes com essa mesma configuração, às vezes de cabeça para baixo.

Após os segundos iniciais, em que ouvimos esse rufar duas vezes, o que já sabemos sobre a *Quinta*? Já conhecemos seu tema rítmico básico, que irá acompanhá-la até o fim; conhecemos o formato em S que dominará em todos os temas; conhecemos a enérgica, dramática qualidade expressiva da peça; conhecemos seu mundo harmônico, basicamente simples; conhecemos seu vigoroso som orquestral. Nos segundos de abertura, Beethoven expressa todo o material essencial em relação a ritmo, melodia, harmonia, colorido e drama.

O truque para mergulhar em Beethoven é deixar de lado o clichê e o alarde para redescobrir a paixão, a humanidade, a estranheza, a incessante variedade em sua incansável busca de uma unidade orgânica. Esqueça o mito. Ouça a *música*. Você não encontrará "Beethoven", mas toda uma coleção de indivíduos inesquecíveis que continuamente revelam novos territórios de som e de emoção.

A HISTÓRIA DE BEETHOVEN COMEÇA em Bonn, Alemanha, onde ele foi batizado em 17 de dezembro de 1770. O pai, Johann van Beethoven, era tenor no coro da corte, professor de música respeitado na cidade e alcoólatra. Quando Johann percebeu que seu filho era maravilhosamente talentoso, tratou de enfiar música nele à força. Vizinhos recordavam-se do menininho de pé em cima de um banco para poder alcançar o teclado, chorando enquanto tocava, a figura do pai o assombrando.

Quando Ludwig tinha dez anos, ficou sob a tutela de seu último mentor, depois de ter exaurido os recursos do pai e de outros professores locais. Era Christian Neefe (pronuncia-se *Neife*), compositor, escritor e entusiasta de ideias progressistas. O aluno que Neefe assumiu era pequenino, carrancudo e desagradavelmente sujo. Ludwig tinha dois irmãos, nenhum amigo e pouquíssima escolaridade. Logo depois de as aulas começarem, num artigo de jornal, Neefe declarou que se aquele garotinho continuasse a avançar como estava avançando, poderia se tornar o próximo Mozart. O menino tomou essa espantosa profecia ao pé da letra e a partir de então nunca duvidou de sua capacidade. Ele já era equipado com uma férrea tenacidade, além de disciplina e orgulho. Uma vez, quando a filha de sua senhoria o repreendeu por estar sempre sujo, Ludwig replicou: "Um dia serei um grande homem e ninguém vai se incomodar com isso". Na adolescência já era um pianista notável e desabrochava como compositor. Começaram a surgir amigos e mentores para socializar com ele, mas só até certo ponto.

Se Beethoven tivesse nascido em outro lugar poderia até se tornar um grande compositor, mas não teria sido quem foi. Sua cidade natal era uma das mais progressistas entre as centenas de pequenos estados alemães, em plena onda da esperança

Ludwig van Beethoven (1770-1827) 123

de descobertas científicas e de desenvolvimento humano que chamamos de Iluminismo. Enquanto Beethoven crescia, na década de 1780, havia esperança de revolução no ar, uma sensação de que a humanidade estava num ponto de inflexão em direção a governos racionais e humanísticos, e todo indivíduo era livre para perseguir sua própria felicidade. Beethoven assimilou esses ideais, estimulado por seu professor Neefe, e pela atmosfera intelectual de Bonn, na corte, nos salões e nos cafés. Ele aprendeu que é direito de cada um buscar a felicidade, e que o dever de toda pessoa realizada é servir à humanidade. Portanto, seu talento se prestava ao mundo. Apesar de estar envolvido demais consigo mesmo para entender muito os outros, e que no fim da vida tenha sentido um desprezo profundo pela maioria das pessoas, Beethoven nunca se desviou desse princípio: sua arte deveria ser sua dádiva à humanidade.

Quando ele trocou Bonn por Viena, aos 22 anos de idade, já era um dos maiores pianistas do mundo e pretendia ser também um dos maiores compositores. A ida para Viena tinha como objetivo estudar composição com Joseph Haydn — que numa parada em Bonn, em seu percurso de volta da Inglaterra, ficara muito impressionado com a obra do jovem.

Em seus primeiros anos na capital europeia da música, Beethoven teve uma ascensão meteórica como virtuose, celebrado pelo ardor e pela imaginação sem precedentes de suas improvisações, capazes de deixar plateias inteiras arquejantes e em lágrimas. A improvisação era seu principal recurso criativo, as ideias fluindo direto de sua mente para os dedos; mas quando compunha trabalhava essas ideias com implacável paciência e perfeccionismo. Ele logo fez contato com alguns dos patronos musicais da cidade, que se mantiveram sempre leais apesar de sua arrogância, seus acessos de raiva e sua grosseria. Eram aristocratas amantes da música, que reconheciam o talento quando viam um. Embora muitas vezes intransigente, Beethoven era impiedosamente autocrítico e abjetamente apologético quando sentia que tinha sido injusto com alguém. O sofrimento humano sempre o comovia: era capaz de um dia atacar alguém e no dia seguinte, se soubesse que a pessoa estava em má situação, esvaziar os bolsos para ela.

As aulas com Haydn duraram menos de um ano. Embora Beethoven tratasse o velho mestre com respeito, houve muito atrito entre eles. Beethoven queria ter professores, mas ao mesmo tempo não gostava que lhe dissessem o que fazer. Haydn sabia exatamente que tipo de potencial tinha esse gênio em pleno desabrochar e foi paciente com ele. Porém, pelas costas, chamava-o de O Grande Mogul, o que equivale mais ou menos a "o maioral".

BEETHOVEN PLANEJOU SEUS primeiros *opus** com cuidado e atenção. Compôs no piano a maior parte de suas obras, inclusive sonatas e trios para o instrumento. Seus primeiros quartetos de cordas, os seis Op. 18, eram brilhantes e bem realizados, mas não especialmente ousados. Haydn havia inventado o quarteto moderno, e Beethoven ainda não estava pronto para desafiar o velho compositor em seu próprio terreno. Da mesma forma, a *Sinfonia nº 1*, de 1800, era envolvente, mas não ambiciosa, nem inovadora.

---

* *Opus*, palavra latina para "obra", é como se denomina o conjunto de obras de um compositor, agrupadas por uma característica comum, geralmente cronológica — isto é, as obras compostas em determinado período de sua vida. Abrevia-se Op. (N. T.)

Ludwig van Beethoven (1770-1827)

Nos últimos anos do século XVIII e nos primeiros do XIX, Beethoven já era um mestre da composição, mas também fez experimentos musicais, alguns dos quais têm sua marca registrada. Um dos primeiros a saltar como uma profecia do que o compositor viria a ser, uma obra que ficou instantaneamente famosa e ainda está entre as mais apreciadas, é a *Sonata para piano, Op. 13*. Ele a chamou de *Patética*, ou seja, uma obra cheia de páthos. Começa com um impactante acorde de dó menor; a introdução que se segue tem uma crueza emocional nunca ouvida na música — não parece ser uma representação da tristeza, mas a tristeza em si mesma.

Beethoven já então demonstrava ter o senso de que uma obra instrumental poderia, toda ela, implicar uma narrativa única, emocional e dramática, unificada pelos temas apresentados em seu início. Para ele, uma obra inteira, inclusive a instrumental, é uma história, um conjunto de ideias. Como ele mesmo disse: "Costumo ter sempre em vista o todo". Assim é a *Patética*. A primeira resposta à tristeza e à fúria do primeiro movimento é um segundo movimento de grande paz e consolo, uma espécie de hino solenemente belo. E depois vem a resposta do *finale*: um movimento desafiante, dramático, exultante, construído a partir de um tema do primeiro movimento.

Beethoven não era dado a incluir, frequente e deliberadamente, ecos autobiográficos em sua música, mas a intensidade da *Patética* pode ter algo a ver com o golpe devastador que sofreu mais ou menos na época em que a compôs: ele descobriu que estava ficando surdo. Levou anos até conseguir mencionar isso a alguém, mas finalmente confessou a um velho amigo de Bonn: "Esse demônio invejoso, minha saúde deplorável, pôs uma pedra em meu caminho; e ela consiste em que, nos últimos três anos, minha audição tem ficado cada vez mais fraca... Devo confessar que levo uma vida miserável".

Ao mesmo tempo, desde a adolescência Beethoven vinha sofrendo de problemas digestivos crônicos, que lhe causavam violentos surtos de vômito e diarreia. Em 1802 tudo desabou de uma só vez. Durante um veraneio a trabalho no vilarejo de Heiligenstadt, numa carta a seus irmãos que aparentemente não foi enviada, ele escreveu:

> Oh, vocês, que pensam ou dizem que sou malvado, teimoso ou misantropo, como estão enganados a meu respeito! Vocês não conhecem a causa secreta que faz com que me vejam dessa maneira. Desde a infância meu coração e minha alma estão plenos de um terno sentimento de afeição, e sempre estive inclinado a realizar grandes coisas. Porém, considerem que agora já faz seis anos que tenho uma vida irremediavelmente atribulada [...] e sou por fim obrigado a enfrentar a perspectiva de uma permanente enfermidade [...] para mim não pode haver relaxamento com meus camaradas, nem conversa refinada [...]. Tenho de viver quase sozinho, como num exílio.

A história conhece essa carta como o "Testamento de Heiligenstadt". Ele é, em parte, um bilhete de suicida, e em parte um desafio. Beethoven julgava que seria o "mais miserável dos homens", e, em muitos aspectos, a vida que teve confirmou essa profecia. O que a carta não diz é que sua carreira de virtuose estava condenada. Mas Beethoven não tinha apenas um enorme talento e muita disciplina. Também era dotado de toda coragem que uma pessoa pode ter. Compreendia que ia sofrer, mas declarou que suportaria a dor por respeito a sua

Ludwig van Beethoven (1770-1827)

obra: "Minha arte foi a única coisa que me impediu [de cometer suicídio]. Oh, para mim seria impossível deixar este mundo antes de ter produzido o que eu sentia ser capaz de produzir, e assim prolonguei essa existência desgraçada".

Biógrafos tendem a ver nessa crise o momento em que Beethoven se dispõe à luta e, num ato de pura vontade, concebe a *Terceira sinfonia*, que o lançou em sua gloriosa segunda fase de trabalho, também chamada, como a sinfonia, de *Heroica*. Mas não houve interrupção em sua música naquele verão em Heiligenstadt — ele trabalhava o tempo todo num ritmo febril. Já tinha concebido a *Terceira sinfonia* e a comporia de qualquer maneira. Pode-se então perguntar: será que a crise em Heiligenstadt mudou alguma coisa, afinal? Sim: Beethoven sempre se considerou compositor/pianista, mas agora isso tinha acabado. Ele compreendeu que logo se tornaria um compositor e nada além disso. Seu fim como intérprete significava a perda de mais da metade de sua renda — ganha-se mais dinheiro executando do que compondo música. A esse golpe terrível sua reação foi de um descomunal desafio. Tanto em qualidade quanto em quantidade, sua produtividade nos seis anos seguintes seria assombrosa.

Da primeira à última nota, a *Terceira sinfonia* foi composta para o homem mais poderoso do mundo naqueles anos: Napoleão Bonaparte. A obra ia se chamar *Bonaparte*. Seria o que denominamos *peça de programa* (peça instrumental que conta algum tipo de história extramusical), modelada em torno do conquistador que foi a personificação de sua época. Assim como muitos liberais, Beethoven via em Napoleão um libertador que promoveria governos constitucionais, leis melhores, o fim de antigas tiranias. Com essa obra Beethoven associava sua música, de uma vez por todas, aos ideais com os quais crescera em Bonn. No processo, tencionava extrapolar o papel de provedor de entretenimento musical e inserir sua obra no mundo, na história.

A *Terceira* começa com dois acordes maciços, introduzindo um movimento caleidoscópico que nunca esmorece em sua energia, em seu ímpeto arrebatador, sua sensação de constante evolução em direção a algo. Não tem nenhum estilo de música militar; é mais uma impetuosa evocação de uma batalha, ou de uma campanha. O clímax no meio desse desenvolvimento é um acorde impactante: o ponto crucial, o momento em que o herói começa a se tornar ele mesmo.

Se o primeiro movimento é uma campanha ou uma batalha simbólica, o tema da narrativa do segundo está claro: é uma marcha fúnebre, que se apoia num tema lamentoso e memorável. O argênteo *scherzo* que se segue, com seus sibilantes oboés e robustas trompas, sugere um retorno à vida e à alegria após uma perda. O *finale*, depois de uma incisiva introdução, torna-se música para dança, em forma de variações sobre um tema repetido em tom grave. No decurso do movimento a dança se transforma em música heroica, até que uma coda de júbilo arrebatador evoca o povo comemorando as conquistas não só da vitória do herói como da nova liberdade que ele proporcionou a todos.

Beethoven sabia que a *Terceira sinfonia* era a melhor coisa, a mais importante, que tinha feito. Não poderia prever que seria um dos grandes marcos da história da música. Ela mudou mundialmente a percepção daquilo que uma sinfonia poderia ser, e em certa medida o sentido de o que a música poderia ser: mais intensa, mais emocional, mais complexa, mais individual,

Ludwig van Beethoven (1770-1827) 129

com contrastes mais evidentes e com desafios sem precedentes ao ouvinte. Haydn e Mozart tinham feito da sinfonia a rainha dos gêneros instrumentais; a *Terceira* confirmava isso e levava o gênero ainda mais à frente em ambição. Ao mesmo tempo, é importante lembrar que o mundo tendia a descrever Beethoven como um revolucionário, mas ele mesmo nunca se considerou assim. Revolucionários querem derrubar o passado; Beethoven não teve essa intenção. Tudo que fez foi ancorado em modelos do passado, especialmente de seus principais ídolos: Mozart, Haydn, Händel e J. S. Bach. Poderíamos chamá-lo de *evolucionário radical*.

Mas a *Terceira* acabou não sendo conhecida pelo mundo com o nome de *Bonaparte*. Pouco após tê-la terminado, Beethoven soube que Napoleão tinha se feito coroar imperador da França, e logo percebeu o que isso significava: seu herói não ia acabar com as tiranias ou com as cabeças coroadas, e sim ser ele mesmo uma cabeça coroada; o tempo todo ele fizera tudo isso apenas para si mesmo. Num assomo de raiva, Beethoven arrancou a página do título. Finalmente publicou a *Terceira* com o título *Eroica*, "em memória de um grande homem". Esse homem era o herói que Beethoven uma vez acreditara que Napoleão poderia ser.

A *Eroica* é uma pedida de alto nível para o ouvinte — talvez a primeira sinfonia a exigir que seja ouvida repetidas vezes para que se tenha uma verdadeira noção dela. As sonatas para piano propiciam uma leitura mais rápida, mas não são menos impressionantes. Além da *Patética*, sugiro começar com a *Sonata ao luar* (nº 14, em dó sustenido menor, Op. 27), talvez a mais famosa de todas as obras para piano. Ela logo se tornou lendária, principalmente por causa de seu primeiro movimento sui generis, um tranquilo murmúrio que conjura uma atmosfera obsedante e poética — enquanto seu *finale* é de uma ferocidade irreprimida.

Poucos anos depois veio a *Sonata Waldstein* (nº 21 em dó maior, Op. 53), cujo nome indica que foi dedicada a um patrono de Beethoven em Bonn. Começa *in medias res*, ou seja, com a narrativa apresentada no meio do movimento, com uma energia ofegante, cinética, que pouco se alivia em toda a sua duração. Após um interlúdio melancólico e lento, o *finale* resolve as tensões acumuladas numa explosão de alegria. Aqui Beethoven revela seu singular talento para levar uma ideia a um ponto aparentemente de máxima intensidade, e então ir ainda além.

Como as 32 sonatas para piano, seus dezesseis quartetos de cordas traçam uma jornada épica expressiva, técnica e espiritualmente, do século XVIII às profecias sobre o futuro da música. O melhor lugar para começar são os três quartetos *Op. 59*, de 1806, chamados *Quartetos Razumovsky*, em homenagem ao aristocrata russo que os encomendou. Estes foram os primeiros quartetos totalmente amadurecidos de Beethoven e estabeleceram o caminho a ser seguido pelo gênero durante centenas de anos ainda por vir. Como era comum em se tratando do compositor, obras em sequência dentro do mesmo *opus* podem ser radicalmente divergentes: o *Op. 59 nº 1 em fá maior* é expansivo e grandioso, começando com seu prolongado, à guisa de folclórico, tema de abertura; o *nº 2 em mi menor* é mais introspectivo e esotérico, com um segundo movimento comovente e lamentoso; o *nº 3 em dó maior* tem o primeiro e o último movimentos exuberantes e um segundo movimento como uma melancólica canção popular de algum país desco-

Ludwig van Beethoven (1770-1827) 131

nhecido. (Nenhum desses quartetos, como a maior parte do segundo período, é de fato no estilo heroico de Beethoven.)

Em seus últimos anos, Beethoven, quase completamente surdo, miseravelmente doente e tomado pela tristeza, abandonou o estilo heroico e as narrativas transparentes e emocionais do período intermediário, adotando um mundo mais misterioso e mais poético, parte dele interior e intensamente espiritual, parte dele exterior, cômica, infantil. Na verdade, ele estendeu sua arte em todas as direções: mais longas e mais curtas, mais complexas e mais simples, mais violentas e mais transcendentes, com contrastes mais intensos e uma concentração mais minimalista em uma ideia. Essa música tardia descobre novas cores e novos tipos de continuidade, encontra lugares no coração nos quais a música nunca tocara antes. Muito dessa obra levou um século ou mais para ser compreendido e aceito. Os últimos quartetos de cordas são exemplos sublimes desse estilo tardio. Em vez de estabelecer uma única narrativa, cada obra parece envolver a totalidade da vida, da luz à escuridão, da tristeza à alegria. Por exemplo, experimente ouvir o *Quarteto para cordas em lá menor, Op. 132*. Começa como um místico quebra-cabeça, depois irrompe numa canção apaixonada que se vai fragmentando. Um *scherzo* encantador e absurdo tem como base duas ideias simultâneas que se repetem em novas configurações. Depois vem o sublime "canto sagrado de agradecimento de um con valescente à deidade". O tema é tirado diretamente da vida de Beethoven; a música é uma espécie de transe sagrado. Uma pequena marcha. Um *finale* baseado numa das mais belas, mais tocantes melodias que Beethoven ou qualquer outro compositor já escreveu.

Em sua maturidade Beethoven compôs sete concertos — cinco para piano, todos, com exceção do quinto, compostos para ele mesmo, um para violino e um para trio de piano e orquestra. O *Concerto para piano nº 4 em sol maior* começa com um taciturno solo no teclado, que prepara um diálogo frequentemente conflitante entre solista e orquestra. No primeiro movimento a orquestra nunca consegue captar o tema do solista; no segundo, as cordas respondem ao solilóquio introvertido do piano com demonstrações de raiva; no terceiro, essa divisão é apresentada como comédia, solo e orquestra gracejando até se unirem alegremente. A música é Beethoven em sua forma mais inspirada.

Voltando às sinfonias: na época em que Beethoven terminou a *Quinta sinfonia em dó menor*, em 1808, ele ainda tinha muitos adversários, mas era considerado equiparável a qualquer compositor do presente ou do passado. A *Eroica*, no início recebida com inevitável incompreensão, logo foi reconhecida como uma das maiores sinfonias. Para Beethoven, a vida poderia ter sido das mais agradáveis se não estivesse tão enfermo, tão surdo, tão constantemente frustrado no amor.

Finalmente, a *Nona sinfonia*. Você deve conhecer o tema de seu movimento final, pois é provável que metade do mundo o conheça — o que era exatamente a intenção de Beethoven. É uma obra gigantesca, que mal cabe numa sala de concertos, propícia para grandes comemorações e cerimônias. Em seu tumultuado primeiro movimento, ele retorna a seu estilo heroico, para no fim sepultá-lo. Num rascunho, a palavra com que define o movimento de abertura é *desespero*. Termina com uma marcha fúnebre. Um elegante *scherzo* zombeteiro e demoníaco, um movimento lento que contém as primorosas e

Ludwig van Beethoven (1770-1827)

inspiradas melodias de seu estilo tardio. E então o *finale*, a musicalização de estrofes da "Ode à alegria", de Friedrich Schiller, poema escrito na revolucionária década de 1780 e cheio da esperança e do fervor daqueles anos. Já tinha sido musicado muitas vezes; jovens revolucionários o cantavam nas ruas. Beethoven planejou musicar a "Ode" quando era adolescente. Para expressar o poema na *Nona*, ele criou uma pequena melodia, simples como uma canção "para cantar bebendo com os amigos", algo que qualquer um pudesse entoar, e por cima disso construiu um portentoso movimento de tema-e-variações que se estende de leste — no formato de uma marcha turca — a oeste, do particular ao público, do absurdo ao sublime, para transmitir esta mensagem: heróis não podem nos oferecer um mundo melhor, nem mesmo Deus; temos de fazê-lo nós mesmos, como irmãos e irmãs e maridos e esposas, com alegria, liberdade e fraternidade. Essa mensagem, proclamada numa época de repressão, quando em Viena você poderia ser preso por pronunciar a palavra *liberdade,* buscava manter vivas algumas verdades simples mas atemporais em importância. Seu tema da *alegria* foi composto no espírito dos novos hinos nacionais, mas é um hino para toda a humanidade.

Em seus últimos anos, Beethoven estava quase completamente surdo, havia rumores de que era louco, mortalmente doente, bebendo muito, devastado por uma longa batalha pela guarda do filho de seu falecido irmão (o sobrinho depois tentou se matar). No entanto ainda produzia de modo brilhante e tinha vários planos. Morreu em 1827, já então uma lenda, com esboços para a décima sinfonia em sua mesa de trabalho. Como gênio, supremo e sofredor, tonou-se o fundamento primordial do culto romântico do gênio como um semideus, sua arte se elevando do desconhecido para abranger tudo. Existem muitas lendas sobre Beethoven, mas na verdade nenhum artista, de qualquer tipo, capturou melhor os sentimentos humanos do que ele. Conheceu desde a mais desenfreada alegria até a mais profunda angústia, e teve a obstinada disciplina e o talento para captar tudo isso numa página de partitura — a íntegra de nossas vidas, em sua amplidão e em sua profundidade. Essa foi sua resplandecente dádiva ao mundo.

Mais Beethoven: as sinfonias nº 6 e nº 7; o *Concerto para violino em ré maior*; a sonata *Appassionata* (*Sonata para piano nº 23, em fá menor*); as aberturas *Coriolano* e *Egmont*; *Missa solemnis* (*Missa em ré*).

PARTE IV

Romantismo

12. O período romântico (1830-1900)

As datas para todos os períodos artísticos são aproximadas e variam de acordo com as fontes — além disso, cada arte tende a ter suas próprias datas. Na música, o período romântico começa por volta da década de 1830. A pintura e a literatura românticas, por sua vez, desenvolveram-se bem antes do Romantismo na música.

Um elemento filosófico central do Romantismo, em todas as artes, é a rejeição do que um poeta chamou de "a luz fria da razão", que fora o fundamento do Iluminismo no século XVIII. O Iluminismo exaltava a ciência, a razão, a moderação, o universal, um futuro esperançoso. O Romantismo exaltava a emoção, o excesso, o incomum, o inatingível, o individual, o vetusto passado. O Iluminismo prezava jardins formais e prédios elegantes; os românticos gostavam de montanhas, da natureza selvagem, de castelos em ruínas. Um quadro do clássico Romantismo alemão é *Dois homens contemplando a lua*, de Caspar David Friedrich, no qual a lua é representada por um brilho informe. É a primeira pintura que tem como foco central um vazio. O Iluminismo aspirava a acabar com o mito e a superstição; os românticos gostavam de narrativas folclóricas, do exótico, do inexplicável, do fantasmagórico e demoníaco — do *sublime*, definido como uma mistura de estarrecimento e eternidade e medo, como quando se contemplam as estrelas.

Num período notavelmente curto houve uma mudança drástica nas artes. No século XVIII a genialidade era considerada uma qualidade do artista. Os românticos fundaram um culto do gênio-herói, no qual se definia o gênio como uma qualidade sublime que se apossava dos artistas e os exaltava como uma espécie de semideus demoníaco, perturbado pelos espasmos da inspiração. O modelo do gênio romântico era Beethoven: rude, macambúzio, sofredor, sublime. Compositores da era clássica esperavam que seus ouvintes ficassem tocados, comovidos, encantados, deleitados. Compositores românticos esperavam que seus ouvintes ficassem deslumbrados, arrasados, devastados. O período clássico na música aspirava à lógica formal de um ensaio; os românticos buscavam uma poesia em forma de som. Pela primeira vez nas artes havia um foco intenso no artista como "expressão de si mesmo", único e individual. Richard Wagner disse que os artistas eram a coroa da sociedade, sumos sacerdotes na religião da arte, os verdadeiros líderes e redentores de um povo.

O quintessencial escritor alemão E. T. A. Hoffmann escreveu histórias sobre identidades fluidas, duplos, autômatos, loucura, sonho, pesadelo. Em sua juventude, Brahms se identificou intensamente com os contos de Hoffmann, inspiração fundamental também de Robert Schumann. Foi nesse período que Mary Shelley escreveu *Frankenstein*. Houve uma série histórica de poetas alemães visionários, entre eles Novalis e Hölderlin — alguns dos quais seguiram pelo caminho romântico do suicídio, que fora apresentado na seminal obra de Goethe *As tristezas do jovem Werther*, sobre um jovem que se mata por causa de um amor impossível. Na França, Eugène Delacroix, amigo do compositor Hector Berlioz, pintou haréns, estupros,

O período romântico (1830-1900)

massacres. O professor de Berlioz o aconselhou a buscar efeitos "babilônicos"; ele compôs peças para centenas de intérpretes e aspirava a chegar a milhares. Alguns anos após a morte de Beethoven, Robert Schumann compôs obras para piano formadas por miniaturas frouxamente conectadas baseadas em imagens: borboletas, carnaval, músicas cheias de alusões pessoais. Em seu texto crítico, no qual descrevia a maioria dos ouvintes de música como filisteus superficiais, Schumann foi precursor de uma crescente separação entre artista e público, a qual, no século seguinte, tomou as proporções de um abismo.

Associada a tudo isso havia uma nova doutrina de nação, baseada no mito romântico de que a música e a arte do povo surgem do solo, de que toda arte genuína vem do espírito de um povo. Daí a poderosa influência da canção folclórica nacional em compositores como Schubert e, mais tarde, Mahler. Esse foi o período das coleções de contos de fadas dos irmãos Grimm, da coletânea de poesia popular alemã (grande parte dela, na verdade, imitação de qualidade inferior) em *Des knaben Wunderhorn* [A cornucópia mágica do menino]. O nacionalismo artístico era um forte aliado do nacionalismo político, como o da luta de uma Alemanha fragmentada para se tornar um país unificado, e de lugares como a Hungria e a Boêmia para se libertarem do domínio estrangeiro. À medida que o século passava, o mito do *povo* se transformava sinistramente num mito de raça, e por fim nos horrores da ideologia racial que dilacerou o século seguinte. O nacionalismo era uma ideologia e uma estética que na realidade nunca fez sentido, e da qual muito era ilusão e fraude. Ao mesmo tempo, nas artes, o nacionalismo galvanizou grande quantidade de obras esplêndidas.

Por volta de meados do século XIX Franz Liszt inventou o termo *música de programa*, que se refere a peças instrumentais que contam alguma história externa à música. Liszt aplicou essa ideia a sua invenção do *poema sinfônico*, que é uma peça orquestral baseada em alguma ideia dramática, literária ou poética. Em *Dom Quixote*, de Richard Strauss, não faltam os moinhos de vento, as ovelhas balindo e assim por diante. Seus poemas em tons orquestrais são tão cheios de incidentes quanto uma ópera. No outro lado da equação, Brahms, embora em suas obras vocais se preocupasse em expressar seus textos emocionalmente, não queria ser surpreendido descrevendo uma imagem. Mas Schubert, em suas canções, representa cada imagem do texto. O acompanhamento do piano em sua "Gretchen na roda de fiar" é um zumbido constante, que só se interrompe quando a protagonista se lembra do beijo de seu amado.

A música de programa se tornou um gênero do alto Romantismo que se estendeu ao século seguinte, parte de um objetivo maior de unificar a música a outras formas de arte, como a literatura e as artes visuais. O oposto tradicional à música de programa é a música chamada "pura" ou "abstrata". Refere-se a obras de, digamos, Mozart ou Brahms, que não representam uma história declarada nem discernível e são expressas puramente em notas. O período foi marcado pela tensão entre essas duas escolas. Por um lado, os românticos viam a música instrumental como arte suprema, capaz de comover por meios misteriosos, falando vigorosamente sem palavras e sem história: pura expressão. Wagner e seus seguidores rejeitaram essa ideia, dizendo que a música precisa se aliar a palavras e ideias e imagens e história, numa grande união, uma obra de arte total.

O período romântico (1830-1900) 141

No final do século xix houve uma furiosa e estética Guerra dos Românticos, entre os seguidores de Brahms, que aderiram aos modelos clássicos, acima de tudo a forma sonata, e a escola de Wagner-Liszt, que declarava morta essa forma.

A guerra entre música "pura", "abstrata" e outros adjetivos virginais, e a música pictorial, visceral, capaz de estimulante vulgaridade, nunca foi decidida, e nunca será. Com o tempo, os combatentes da Guerra dos Românticos desistiram da luta. Hoje tanto as obras abstratas quanto as pictoriais de Liszt, Strauss, Brahms e Beethoven felizmente coexistem no repertório, e a música ficou melhor com isso. Pena que nem todas as guerras não terminem tão bem.

Para ajudar a transmitir essas emoções houve um novo foco na orquestração. No século xix a orquestra moderna, como a conhecemos, adquiriu seu formato pleno. Na Renascença, a atribuição de quais instrumentos tocariam quais partes era frequentemente ad hoc, isto é, atendia a cada situação específica. Por exemplo, quando se compunha um madrigal para cinco vozes e só havia três cantores disponíveis, um par de instrumentos poderia dar conta daquelas partes, e isso resolvia bem o caso. Para Bach, no Barroco, não havia uma orquestra padrão; usava-se o conjunto de instrumentos que se quisesse em uma determinada peça e/ou se incluía uma parte para algum virtuose que por acaso estivesse na cidade e/ou com o qual se pudesse contar. Então, como agora, as cordas constituíam a base da maioria dos conjuntos musicais, porque eram consideradas os instrumentos cujo som era mais parecido com o da voz — com a vantagem de que não ficavam cansados e não precisavam respirar antes de produzir um som.

No período clássico, em conformidade com os hábitos da época de racionalizar tudo, a orquestra ficou mais consistente, embora ainda estivesse em desenvolvimento. Uma orquestra do início do período poderia ter de cinco a sete violinos cobrindo duas partes, duas ou três violas, um ou dois violoncelos e um contrabaixo. Além disso havia a primordial seção clássica de sopros com dois oboés, duas trompas (naquela época sem pistons) e um ou dois fagotes. Para uma peça mais festiva, adicionavam-se trompetes e percussão. A partir daí houve um crescimento contínuo. Compositores acrescentaram uma flauta. Depois, duas; essa era a orquestra básica de Haydn. Mozart gostava do clarinete e empregava dois em suas obras tardias para orquestra. Àquela altura, estava formada a orquestra clássica madura: pares de flautas, oboés, clarinetes, fagotes e trompas; dois trompetes e tímpanos, quando desejado; e cordas. As cordas eram divididas em cinco partes: primeiros e segundos violinos, violas, violoncelos e contrabaixos. (Na maioria das vezes os violoncelos e os contrabaixos tocavam a mesma linha melódica, com uma oitava de diferença.) Três trombones apareceram na *Quinta sinfonia* de Beethoven e em muitas sinfonias depois disso. A orquestra romântica padrão incluía quatro trompas francesas. O número de instrumentos de cordas variava com o espaço e o orçamento disponíveis. Apesar da tendência moderna de os conjuntos com instrumentos originais — os históricos — terem uma seção de cordas pequena, o fato é que Haydn e Mozart achavam que quanto mais cordas, melhor. A *Nona* de Beethoven estreou com uma orquestra imensa, todos os sopros em número dobrado.

Com a orquestra assim formada, os românticos do século XIX, tendo à frente Hector Berlioz e Richard Wagner, passa-

O período romântico (1830-1900)

ram pela primeira vez a considerar o colorido orquestral um componente vital em si mesmo, e, seguindo essa ideia, expandiram e aumentaram suas orquestras de modo a explorar uma paleta musical mais rica e variada. Para isso ajudou o fato de que trompetes e tubas tivessem adquirido pistons, ou válvulas, e agora podiam tocar qualquer nota e qualquer tom. (O *Anel dos Nibelungos*, de Wagner, começa com um prelúdio incrível, interpretado por doze trompas com pistons.) Uma orquestra romântica completa podia ter vinte ou mais violinos, dez ou mais violas e violoncelos, sete ou mais contrabaixos. Os sopros podiam incluir instrumentos como o contrafagote, o clarinete alto em mi bemol ou o corne, ou trompa inglesa (que não é nem inglesa nem trompa — é um oboé alto). Esse é o formato essencial do conjunto até hoje, ao qual se acrescenta uma variedade de instrumentos de percussão, de acordo com a necessidade.

Isso quer dizer que Haydn, Mozart, Beethoven e outros compositores consideravam a orquestra, em primeiro lugar, um veículo para apresentar sua música com clareza, com os efeitos de colorido como questão secundária (embora todos eles tivessem ouvidos muito bem afinados na escrita de uma partitura). Os românticos, contudo, gostavam do colorido orquestral por ele mesmo. Indicativo disso é o fato de Berlioz ter escrito na época o primeiro compêndio de orquestração. Parte do gênio de Wagner consistia em seu talento para uma orquestração exuberante e poderosa. O foco romântico no colorido instrumental fluiu diretamente para o século xx e além dele, até que com Ligeti e outros a orquestra ressoa às vezes como música eletrônica — embora, no todo, sejam as mesmas velhas cordas, madeiras e metais que tocam.

O Romantismo foi uma panela fervendo de contradições, de êxtase e de loucura, exaltação e desespero, uma doutrina de instinto e sentimento acima da lógica e da forma. O que manteve tudo isso junto foi talvez, principalmente, a força e a concentração de grandes criadores, inclusive Berlioz, Chopin, Schubert e Schumann — todos tinham elementos clássicos em seu modo de fazer música. Brahms cresceu como um arrebatado jovem romântico, mas em sua maturidade foi uma mescla isolada e singular de clássico e romântico. No final do século XIX e no início do século seguinte, Mahler expandiu o ethos e as forças e a linguagem harmônica do Romantismo até um ponto de ruptura. A geração seguinte, reagindo a isso e pressagiando novas correntes sociais e políticas, precisaria encontrar novos caminhos. Mas no fim, com sua exaltação, entre outras coisas, do gênio e do criador messiânico, o Modernismo viria a ser, de muitas maneiras, uma extensão do Romantismo e seu culto ao gênio, em novos territórios de técnica e de expressão.

13. Franz Schubert (1797-1828)

A HISTÓRIA DEMONSTRA AMPLAMENTE que os deuses não têm parcialidade no que diz respeito às artes. Eu vou mais além e afirmo que a natureza é indiferente aos gênios e gosta do medíocre intermediário. Schubert é um caso a considerar nessas minhas teorias cósmicas. Morreu aos 31 anos e com uma notável coleção de obras em seu acervo. Muitas, entre as melhores delas, foram compostas em seus últimos anos de vida. Quando se deitou em seu leito de morte, sua fama só estava começando a decolar. Se conseguisse viver mais uma década, ele teria sido reconhecidamente o herdeiro do manto de Beethoven. Não há a menor dúvida de que tinha esse tipo de talento. Diferente de Mozart, em sua adolescência Schubert já estava compondo peças que ficaram para a história. Há quem diga que ele compôs o equivalente a uma vida inteira de música naquele curto espaço de tempo, então tudo bem. No que me diz respeito, isso deixa os deuses de fora da questão.

Franz Peter Schubert nasceu na família de um professor escolar. Os Schubert eram musicais; desde cedo Franz tocava viola no quarteto de cordas da família. Em 1808 foi aceito como menino soprano no coro da capela da corte imperial — atualmente, Meninos Cantores de Viena. Logo ficou claro que o jovem era algum tipo de fenômeno. Tocava violino na orquestra de estudantes e às vezes empunhava a batuta. Um de seus professores não tinha mais o que lhe ensinar e declarou: "Ele aprendeu tudo isso do próprio Deus!". Durante anos Schubert estudou com Antonio Salieri, que a história aponta, erroneamente, como suposto desafeto de Mozart.

Quando sua voz mudou, ele foi excluído do coro e ficou por conta própria. Suas limitações, então, apareceram: ele não procurava a companhia de pessoas, era ao mesmo tempo tímido e de modos grosseiros, um tanto enigmático. Deixar-se atrair por Schubert — cujos amigos maravilhosos fizeram muito por ele — era sobretudo deixar-se atrair por sua arte.

Como nada aconteceu que lhe apontasse um caminho, em 1814, relutante, foi trabalhar na escola de seu pai. Diz-se que, na medida em que isso era possível numa sala de aula, ele compunha e esperava que os alunos o deixassem em paz. Os que o incomodavam eram punidos. A essa altura Schubert tinha composto uma boa quantidade de obras, inclusive peças para orquestra, piano e música de câmara, e parte de uma opereta. Em 1813 ele terminou uma ópera completa, porém mais importante que esse grande esforço foi o que resultou de um esforço menor: um pequeno *lied* — termo alemão para canção — com letra tirada da peça *Fausto*, de Goethe: "Gretchen am Spinnrade" [Gretchen na roda de fiar].

Na peça, Gretchen é uma adolescente seduzida e abandonada por Fausto, e seu sofrimento é insuportável. "A minha paz se foi/ Meu coração está pesado/ Nunca mais vou encontrar a paz/ E nada mais/ Onde não o tenho/ É a minha sepultura." Na intensidade de sua saudade, está entre as mais poderosas letras de Goethe. Schubert a musicou em um dia, 19 de outubro de 1814. Dura pouco mais de três minutos. Ele tinha dezessete anos de idade. É quase inacreditável que um adolescente

Franz Schubert (1797-1828) 147

sem experiência romântica pudesse ecoar as profundezas da saudade e da paixão erótica que há nesse poema, mas a música demonstra que Schubert fez exatamente isso. Na junção perfeita de um grande poema com uma grande música, e na profundidade de sua paixão, "Gretchen" não apenas anunciou a chegada de um novo gênio, mas também marcou o início de uma mudança na história da música no século xix. Agora, algo bem pequeno, um fragmento, uma canção, poderia se desdobrar em grandes temas, grandes emoções.

Essa revolução de pouco mais de três minutos de duração nos diz muito sobre os instintos de Schubert. Uma vez firmados seu estilo e sua abordagem singulares surge seu talento para expressar cada aspecto de um poema. Em "Gretchen", a mão direita no piano é uma figura voluteante que exprime tanto o giro da roda de fiar quanto os volteios dos sentimentos da moça. Quando esses sentimentos mudam, a música os acompanha em vigorosas harmonias e mudanças de tonalidade — Schubert foi, durante toda a sua vida, um virtuose em mudanças rápidas e expressivas de tonalidade. A roda de fiar para quando a moça diz "Ah, seu beijo!", soando quase como um grito. A roda recomeça seu giro, as emoções na última parte da canção são ainda mais dilacerantes, a tensão se eleva até um clímax de tirar o fôlego em "Em seus beijos, eu poderia morrer!". A música desvanece junto com o giro da roda de fiar, que se tornou a imagem de uma mágoa convulsa. Outra marca de Schubert é a beleza da melodia, tanto na voz quanto na linha melódica serpenteante que o piano faz girar. Já na adolescência, ele era um dos mais exímios melodistas.

Depois de "Gretchen", seguiram-se mais de seiscentos *lieder*. Constituem o fundamento da tradição romântica do *lied*, em que a canção, como arte, tornou-se pela primeira vez um gênero importante. Enquanto Schubert, em transe, trabalhava, elas jorravam, lançadas na página, rabiscadas num guardanapo durante um jantar, completando às vezes vários *lieder* num só dia. Aos dezoito anos ele compôs outra eletrizante excursão num poema quase folclórico de Goethe, *Erlkönig* [Rei-Elfo]. Um pai galopa com seu filho pequeno numa noite tempestuosa quando a voz cativante do Rei-Elfo começa a cantar para o menino, seduzindo-o a ir brincar e desfrutar delícias sem fim. O pai não é capaz de ouvir o espírito. Schubert conta a história em quatro minutos de uma cantata com vozes em confronto: o febricitante e assustado menino, o desdenhoso e depois aterrorizado pai, a voz sedosa e insinuante do Rei-Elfo, mais um narrador, todas elas tendo como fundo as batidas dos cascos do cavalo. Schubert caracteriza cada voz atribuindo-lhe um estilo próprio, construindo ao mesmo tempo uma linha de tensão ascendente que atinge um ponto de ruptura antes do abrupto final: "Em seus braços, a criança estava morta". Publicada anos depois de composta, *Erlkönig* contribuiu expressivamente para estabelecer a fama de Schubert.

Em 1816 Schubert tirou uma licença do magistério e, morando na casa de um amigo — o que passou a ser mais ou menos seu estilo de vida a partir de então —, mergulhou na composição em tempo integral. Ficava sentado, compondo, o dia inteiro; quando terminava uma peça, ele mesmo dizia, simplesmente começava outra. Algumas eram ambiciosas, outras não; gostava de compor e de tocar música para dança. Passava noites com amigos, ou sozinho, numa taberna, fumando um

Franz Schubert (1797-1828)

cachimbo, olhando para o vazio e um pouco tonto, como um boxeador entre dois assaltos. Frequentemente, no fim da noite, ele estilhaçava algo, um prato ou um copo.

Quanto à vida romântica de Schubert, só temos rumores e lendas. Houve uma cantora pela qual ele se sentiu atraído quando adolescente, e uma condessa, quando era estudante. Há testemunhos de quem o conheceu dizendo que ele tinha um lado excessivamente sexual, mas sem dar detalhes. Em anos recentes têm surgido teorias de que era homossexual, mas são especulações sem evidência sólida. Seja como for, provavelmente ele visitava prostitutas, pois era o que a maioria dos homens solteiros em Viena fazia naquela época. Havia milhares de damas oferecendo seus serviços. Em algum momento, tragicamente, alguém lhe transmitiu sífilis.

A carreira de Schubert, tal como foi, ganhou forma de um modo singular, centrada mais em salas íntimas do que em grandes salões. Em torno dele se reunia um grupo de amigos boêmios. A maioria era do tipo criativo, como o pintor Moritz von Schwind, o poeta Johann Mayrhofer, os irmãos musicais Hüttenbrenner e o artista diletante Franz von Schober — este último um personagem extravagante, travesti e provavelmente homossexual.

Os amigos realizavam festas onde havia dança, vinho, comida e jogos. Schubert e seus *lieder* eram o centro dessas ocasiões, que por isso passaram a ser chamadas de "schubertíadas". Há desenhos e pinturas e histórias que celebram essas festas. Uma série de esboços conta a história de uma ruidosa viagem numa carroça aos bosques de Viena e o cômico desespero do grupo por causa de uma garrafa de vinho quebrada. Em outra ocasião Schubert começou a tocar ao piano sua virtuosística fantasia

"Wanderer", mas logo desistiu, gritando: "Oh, ao inferno com isso. Vamos comer!". As schubertíadas se disseminaram pelos salões abastados de Viena, algumas realizadas com a presença do compositor, mas todas com a apresentação de seus *lieder*. Em 1819, Schubert e seu campeão, o célebre cantor Johann Michael Vogl, organizaram uma turnê na Áustria superior, na qual as canções foram muito aplaudidas. Existe um desenho irônico de Schober que mostra Schubert, de óculos, agarrado a folhas de partitura, miniaturado pela figura alta e imponente de Vogl.

Schubert compôs inúmeras sonatas para piano, mas suas maiores contribuições à arte foram pequenas peças bem caracterizadas, em coleções soltas, que tiveram muita influência nas gerações futuras de compositores românticos que escreveram obras para piano. A coleção de quatro *Impromptus* [Improvisos], *Op. 90* começa com um movimento solene, seguido por outro, ofegante, uma adorável canção sem palavras e um rodopiante movimento final. Como exemplo das obras de câmara de seu período intermediário — tão poderosas quanto as peças para piano —, a escolha óbvia é o *Quinteto da truta* (*Quinteto para piano em lá*), peça deliciosa composta durante a turnê com Vogl em 1819. Como é típico em Schubert, esse quinteto, composto quando ele tinha 22 anos, só foi publicado após sua morte. Desde o primeiro movimento a peça é plena da alegria de viver e transbordante de melodias. Seu quarto movimento é um tema com variações baseado em sua canção "A truta".

Schubert e seus amigos fizeram esforços para publicar sua música, sem sucesso até 1821, quando houve uma impressão particular de "Erlkönig". Deu certo: em seguida veio "Gretchen", e a partir daí um gotejar constante de peças continuou a ser impresso.

Franz Schubert (1797-1828)

O principal esforço em 1822 foi no projeto de uma sinfonia, planejada como uma forma de agradecimento à Sociedade de Música Graz, que o tinha agraciado com um título honorário. Schubert completou a partitura de dois movimentos e a enviou a seu amigo compositor Anselm Hüttenbrenner. Depois disso, nada. Nunca completou a sinfonia, não houve apresentação, Hüttenbrenner não liberou a partitura; ela só foi descoberta quarenta anos mais tarde. Esse mistério nunca foi explicado, inclusive a questão de se Schubert se dera conta de quão potente e importante era o primeiro movimento. Desde então a peça (nº 8) tem sido chamada de *Sinfonia inacabada*. Começando com uma sinistra linha nos baixos, respondida por sussurros das cordas, ele descobre uma nova voz na música. O movimento continua com um gentil e suave segundo tema, que acaba esmagado por fatídicas declamações, num desenvolvimento cheio de angústia. O segundo movimento é um trecho delicadamente lírico. A história considera a *Inacabada* a primeira sinfonia romântica. A questão de se Schubert era mais clássico ou mais romântico tem sido longamente debatida. Ele de fato teve um temperamento romântico, desdenhoso da razão iluminista, e exaltando sentimentos e instintos individuais. Sua música reflete essa postura. Mas também permaneceu fiel à forma sonata e a outros padrões clássicos, apurando sua forma ao longo dos anos, recuando de sua tendência à prolixidade. Suas peças mais ambiciosas são cuidadosamente escritas e revisadas.

Foi no final de 1822 que Schubert contraiu sífilis. Os anos seguintes foram ruins; ele sofreu com erupções, cancros na boca, perda de cabelo, passou semanas prostrado num hospital. Em 1823 escreveu um poema devastador: "Veja, aniquilado jazo no pó,/ Queimado num fogo de agonia,/ Minha vida um caminho de martírio,/ Chegando ao eterno olvido".

Porém sua produtividade nunca vacilou. Em 1823 ele escreveu o que se tornou seu mais apreciado ciclo de canções, *Die Schöne Müllerin* [A bela filha do moleiro]. Anos antes, Beethoven havia sido o pioneiro na ideia de uma série de canções contando uma história. Schubert aproveitou a ideia e a expandiu, unindo a música folclórica alemã aos recursos do estilo clássico. Seus acompanhamentos exploram os novos, mais coloridos e mais robustos pianos que surgiam na época. A história da *Schöne Müllerin*, a partir dos poemas falsamente ingênuos de Wilhelm Müller, é simples, sobre amor, perda e morte. Um jovem moleiro está a caminho. "Vaguear é a alegria do moleiro! Deve ser um moleiro deplorável aquele que nunca quis vaguear!" Ele encontra um riacho, acompanha seu percurso até chegar a um moinho e fica perdidamente apaixonado pela filha do moleiro. Mas após um momento de esperança, ela prefere ficar com um belo caçador, e em sua angústia ele se joga na torrente.

O que Schubert fez desses vinte pequenos poemas, uma peça de sofisticada engenhosidade, é um dos milagres da música. Cada canção tem uma melodia que soa atemporal, inevitável, inesquecível. Não menores que isso são os acompanhamentos, impactantes em seu colorido, em sua imaginação pianística, descrevendo as emoções e a encenação de cada letra: o murmúrio do riacho, o precipitado açodamento que vem da impaciência, o transe do amor, o fluir das lágrimas. A canção final é um suave acalanto entoado pelo riacho para o moleiro que se afogou, e não conheço momentos mais estranhos e mais tocantes em nenhum outro contexto musical — e um dos pou-

Franz Schubert (1797-1828) 153

cos exemplos comparáveis é a última canção de outro ciclo de Schubert, o *Winterreise*.

No início de 1824, Schubert estava se sentindo massacrado pela doença, pela pobreza e por seu fracasso em conquistar um público mais amplo. Ele era um mestre da música — por que então sua reputação pública crescera tão devagar? A explicação tradicional é que "o gênio nunca é reconhecido em sua própria época". Isso raramente é verdade; muitos artistas que se revelaram gigantes na história foram gigantes em sua própria época. Parte do motivo para esse crescimento lento se deveu à personalidade de Schubert: acanhado, em certa medida desatento e, sobretudo, nem um pouco motivado por dinheiro ou fama.

William Faulkner disse que produziu seus primeiros romances porque se sentiu compelido a escrevê-los e quase não lhe ocorreu que alguém os leria. Com Schubert parece ter acontecido algo do gênero. Em geral, para se tornar famoso alguém precisa se sentir compelido a se tornar famoso. A Schubert faltava a férrea determinação requerida para chegar ao topo de um cenário musical viciosamente competitivo como o de Viena e se manter ali. Ele acompanhava suas canções ao piano, mas não era um virtuose a ponto de apresentar suas próprias obras ao público. Baixinho e gorducho (seu apelido era Rechonchudo), tinha uma aparência um tanto boba. Passava muito de seu tempo compondo óperas, o caminho mais fácil para se tornar conhecido. O problema era que parecia não levar muito jeito para o gênero. De suas nove óperas completas, apenas umas poucas foram produzidas. Não tiveram sucesso e desde então raramente foram ouvidas.

O nome de Schubert enfim adquiriu algum brilho em seus últimos anos de vida, mas esse provavelmente foi um efeito cumulativo de muitas apresentações particulares e do impacto de suas obras publicadas. Naquela época os compositores conquistavam sua reputação principalmente com músicas postas no papel, que eram compradas por uma crescente audiência da classe média. As canções e as miniaturas para piano de Schubert constituíam um material ideal para amadores cantarem e executarem em seus salões. Muito de sua obra era leve, num estilo que os alemães chamam de *gemütlich*, algo como "confortável" — o tipo de sentimento que se tem na companhia, aconchegante e regada a vinho, dos amigos.

Mais tarde, em 1824, a saúde e o humor de Schubert melhoraram, embora ele ainda tivesse pouca esperança de se recuperar. Houve alguns meses de trabalho contínuo e de bom estado de espírito, suas canções conquistavam plateias maiores em programas de concerto e nos salões de Viena. Naquela época, apresentações particulares de *lieder*, música para piano e música de câmara eram muito mais frequentes do que concertos públicos. (Como já observado, apenas uma das sonatas para piano de Beethoven foi apresentada em público durante sua vida.) Essa realidade contribuiu para a tradição, em parte mítica, de que Schubert foi negligenciado enquanto viveu. Mais exato seria dizer que ele foi uma figura de culto que começava a aparecer na ribalta quando morreu.

Em suas primeiras obras, Schubert se deixou influenciar por Mozart; contornava os assustadores cumes de Beethoven. Em suas obras posteriores, mais ambiciosas, ele abraçou o modelo

Franz Schubert (1797-1828) 155

de Beethoven e se tornou seu primeiro grande herdeiro. A obra de Schubert em seus últimos dois anos foi portentosa. Sua saúde sofreu um novo baque e ele provavelmente compreendeu quão pouco tempo lhe restava. Investiu tudo que tinha naquilo que fazia, sabendo que cada peça poderia ser a última.

Quatro obras-primas representam esse período. *Winterreise* [Viagem no inverno] é um ciclo de canções com 24 letras de Wilhelm Müller. Mas não têm a veia folclórica de *Schöne Müllerin*, nem são adaptações cênicas de Schubert. "Cheguei como um estranho, como estranho estou partindo", começa. Um poeta está fugindo de um amor perdido, indo embora nessa direção desesperada que Kafka chamou de "qualquer lugar, menos aqui". O inverno não existe somente fora do narrador, mas também em sua alma. Ele vê suas lágrimas congelarem nas faces, tem a lembrança passageira de uma farfalhante tília, grava o nome de sua amada no gelo de um riacho congelado, sonha com a primavera, é seguido por um corvo. A última canção, "O homem do realejo", é uma misteriosa evocação de quem estava no fim de suas forças. Ele se depara com um velho maltrapilho girando a manivela de seu instrumento, descalço na neve, cercado de cães que rosnam, seu prato de esmolas vazio e ninguém a ouvi-lo. A parte do piano consiste numa melodia estranha e sinuosa, sobreposta a um zumbido, tudo isso realizado com os meios mais simples possíveis. "Velho estranho", conclui o poeta, "devo ir com você?/ Você vai tocar seu órgão/ Para minhas canções?"

Schubert corrigiu as provas para a impressão de *Winterreise* em seu leito de morte. O velho tocador de realejo é a imagem da obliteração, e o narrador, na verdade, é o próprio Schubert —

morrendo e sentindo que tinha cantado para ninguém. Outro exemplo de seu estado de espírito é *Der Doppelgänger* [O sósia], uma das canções mais perturbadoras — assim como a letra de Heinrich Heine. Um homem se deixa levar até a casa de um antigo amor e, à distância, vê uma figura diante da morada, retorcendo as mãos de maneira angustiada. Chegando mais perto, ele constata, gelado de terror, que o homem é ele mesmo. "Você, camarada pálido!", ele grita. "Por que imita a dor do meu amor/ que aqui me atormentou/ por tantas noites/ há tanto tempo?" Começando com uma linha desoladora e sinistra no contrabaixo, o *lied* vai num *crescendo* de horror. Termina calmamente, porém com harmonias de fazer gelar a espinha.

As duas últimas grandes obras instrumentais de Schubert são, ambas, as maiores, e estão entre as melhores do gênero. São, as duas, jornadas emocionais de longo alcance, desde a mais profunda escuridão a uma obscura alegria. A *Sonata para piano em si bemol maior D. 960* começa com uma ampla, bela, tocante melodia que é subitamente interrompida por um rumor surdo nos baixos. Nesse aceno introdutório está a chave para a compreensão da música tardia do compositor. Agora, para ele, a beleza é atormentada e ensombrecida. Schubert parece um homem que gosta de festas mas não pode mais ir a elas, somente observá-las do lado de fora. A beleza da música se tornou um símbolo da própria vida, que está retrocedendo, indo embora. O segundo movimento da sonata soa como um transe na desolação, cantando sem parar através de sua dor. Após um delicado, quase fádico *scherzo*, o *finale* descreve uma alegria vacilante e incerta, nebulosa, até o final.

Franz Schubert (1797-1828)

Para mim, a *Sonata em si bemol* está entre as mais poderosas obras para piano, e no que concerne à música de câmara, digo o mesmo quanto ao incomparável *Quinteto para cordas em dó maior*. Ele começa como um gemido de dor, numa combinação de tons maior e menor. O velho e bom dó maior nunca pareceu tão apreensivo como nesse primeiro movimento. O movimento lento é uma suspirosa, primorosa canção de lamento. Depois a música sobe num salto para um estupendo *scherzo* de uma alegria dançante e ruidosa, que ganha muito de seu feito de tirar o fôlego no contraste com as sombras da música precedente. O *finale* é outro tipo de dança, numa tonalidade estranhamente severa e ambígua: uma dança que é como se fosse o fim de todas as danças.

Enfraquecido pela sífilis, Schubert acabou contraindo febre tifoide. Na companhia de seu irmão, em novembro de 1828, depois de semanas acamado, ele voltou o rosto para a parede e murmurou: "Aqui, aqui é o meu fim". "Schubert está morto", escreveu um amigo, "e com ele tudo que era mais luminoso e mais belo em nossa vida." Em março daquele ano ele finalmente recebera o aplauso do público num concerto superlotado de obras suas em Viena. Antes disso tivera a honra de carregar uma tocha no cortejo fúnebre de Beethoven, e foi sepultado perto dele. Em sua lápide está escrito: "Aqui a música enterrou um tesouro e esperanças ainda maiores". É verdade que o mundo ainda não conhecia muitas de suas grandes obras, e houve quem deplorasse essa inscrição. Eu não. É triste imaginar o que Schubert poderia ter conquistado se vivesse mais, e não podemos perdoar os deuses por sua indiferença.

Mais Schubert: *Sinfonia nº 9 em dó maior, A grande*; gravações de coletâneas de canções isoladas; *Sonatas para piano nº 20 em lá maior e nº 14 em lá menor; Quarteto de cordas em ré menor* (cujo segundo movimento inclui uma variação de sua canção "A morte e a donzela").

14. Hector Berlioz (1803-69)

A PRIMEIRA GRANDE OBRA de Berlioz, a *Sinfonia fantástica*, tem como história de fundo uma viagem nas drogas que termina num alucinante sabá de bruxas. *Haroldo na Itália*, talvez sua melhor peça, termina numa orgia de bandidos, algo que Berlioz presenciou pessoalmente. Seu professor o tinha estimulado a buscar efeitos "babilônicos" em sua música, palavras que chegaram aos ouvidos certos. Seu talento para o excesso emanava de suas próprias reações hiperbólicas à música. Para Berlioz, nada de pequenas e decorosas emoções: "Sinto um prazer delicioso no qual a faculdade do raciocínio não tem participação... a emoção, cada vez maior proporcionalmente à energia e à elevação da inspiração do compositor, logo produz uma estranha comoção em minha circulação... com contrações musculares espasmódicas, um tremor em todos os membros, uma dormência total nos pés e nas mãos... vertigem... um meio desmaio". Se isso sugere outras e mais íntimas experiências, é porque tem essa intenção.

O pano de fundo de Berlioz não era muito poético. Nasceu na família de um médico em La Côte-Saint-André, França. Seu pai era agnóstico, sua mãe, católica fanática. Na infância, ele gravitou em torno da música e, aos doze anos, autodidata, escrevia peças para músicos locais. Na adolescência aprendeu flauta e já era um virtuose na guitarra. Devido à indiferença de sua família pela música, nunca estudou realmente piano. Enviado pelo pai para cursar medicina em Paris em 1821, cumpriu seus deveres durante um ano, mas passava a maior parte de suas horas livres na Ópera. Logo largaria a medicina para ingressar no Conservatório, determinado a ser compositor — apesar da desaprovação do pai e dos protestos histéricos da mãe, para quem os artistas eram automaticamente amaldiçoados.

Na plateia de um teatro, em 1827, duas novas paixões se apossaram de Berlioz de uma vez só. Numa apresentação de *Romeu e Julieta*, Shakespeare o atingiu como um raio e virou uma obsessão de vida inteira. Não menos encantadora era a graciosa Julieta da produção, a irlandesa Harriet Smithson. Pela atriz ele sentiu imediata e irremediável paixão. Ela, porém, não respondeu a suas cartas alucinadas, que mais a assustaram do que atraíram.

Com seu *amour fou* não indo a parte alguma, em 1830, aos 27 anos de idade, Berlioz imaginou uma sinfonia programática baseada em seu amor não correspondido: um jovem artista, atormentado pela paixão, decide se matar com ópio. Mas em vez de morrer ele entra numa série de alucinações, cada uma delas representada em um movimento da sinfonia. Em todos os movimentos o apaixonado é representado por um tema recorrente, que Berlioz chamou de *idée fixe*. Esta é a origem de uma das mais famosas e sintomáticas obras da era romântica: a *Sinfonia fantástica*. O futuro desenvolvimento da música de programa romântica se baseia sobretudo em duas peças: A sinfonia *Pastoral*, de Beethoven (n? 6), e a *Fantástica*. Seus movimentos são de ampla abrangência: "Reveries", "Passions", uma introdução contemplativa porém perturbada, seguida de um

Hector Berlioz (1803-69)

turbulento *allegro* no qual é introduzido o tema do apaixonado. "Um baile", uma valsa voluptuosa com delicadas passagens de harpa, onde a *idée fixe* aparece no meio e no fim; "Cena no campo", notável trecho de pintura musical — ouvem-se flautas de pastores, trovões distantes, e depois volta a reinar a paixão.

Os dois últimos movimentos são com certeza a música mais frenética que se ouviu na época. Em "Marcha para o cadafalso" o artista imagina ter matado sua amada; está a caminho da guilhotina. Após uma excitação crescente nessa marcha, em seus últimos segundos no cadafalso, o condenado relembra sua amada por meio da *idée fixe*, e depois ouvimos o impacto da lâmina. A partir daí as coisas ficam cada vez mais alucinadas: é o "Sabá das bruxas", espécie de pesadelo após a execução, cheio de demônios uivantes e tudo o mais, no qual o tema do apaixonado se transforma numa estridente canção de bruxa. No entanto, ao menos para ouvintes modernos, esse *finale* provoca mais deliciadas gargalhadas do que arrepios — literalmente, uma diversão infernal.

EM 1830 BERLIOZ COMPÔS uma cantata boa o bastante para lhe valer o Prêmio do Conservatório de Roma, o que lhe propiciou dois anos de residência na cidade. Àquela altura, ele, sem ter ninguém que lhe partisse o coração, estava noivo de uma linda e estouvada pianista chamada Camile Mokc. Relutante, despediu-se de Camile e foi para a Itália.

Mas acontece que Berlioz detestou Roma, e sua criatividade pouco fez lá. Todavia, ele acumulou experiências para uma vida inteira. Caminhava pelos campos com sua guitarra e uma arma, praticando tiro e acompanhando bandidos em suas farras. A vida estava agradável até chegarem as más notícias: sua noiva o trocara por um fabricante de pianos. Num assomo de raiva, Berlioz decidiu que precisava assassinar Camile, sua mãe e seu novo namorado. De algum modo decidiu que a melhor maneira de entrar na casa dela era se disfarçando de mulher. Para isso, arranjou um vestido, uma peruca, um chapéu com um véu e duas pistolas de cano duplo — a quarta bala seria destinada a ele mesmo. Assim equipado, lançou-se em sua missão. Quando chegou a Nice, no entanto, se deu conta de quanto a ideia era ridícula. (Conhecemos essa história porque ele mesmo a contou em suas *Memoirs*.) Então compôs algumas aberturas e voltou para Roma. Depois de apenas um ano retornava a Paris, onde começou seu período mais fértil.

A partir desse ponto a carreira de Berlioz pode ser resumida em momentos ocasionais de glória e em anos de frustrações. Para começar, Harriet Smithson finalmente ouviu a *Sinfonia fantástica*, gostou dela, eles se juntaram, na realidade se casaram — e descobriram que não eram capazes de viver juntos. Na música, seu estilo e suas afinidades eram de fato mais alemães do que franceses, e seus compatriotas nunca o perdoaram por isso. Ele prestigiou Beethoven, pelo qual os franceses não tinham muito entusiasmo. Ansiava por escrever ópera, mas seus esforços, inclusive a gigantesca *Os troianos*, foram recebidos com indiferença em Paris e lhe causaram terríveis perdas financeiras. Ele se sustentava principalmente escrevendo críticas musicais para jornais, centenas de artigos ao longo dos anos, todos marcados por sua voz irônica e apaixonada. Apesar de tudo, Berlioz sabia ser bastante engraçado, como no início de suas *Memoirs*: "Fui criado na Igreja católica apostólica romana. Essa encantadora religião (muito atrativa,

Hector Berlioz (1803-69)

desde que desistiu de queimar pessoas) foi durante sete anos inteiros a alegria de minha vida... embora há muito, desde então, estejamos brigados".

Insatisfeito com o modo como os regentes desconfiguravam sua obra, ele tomara a batuta e se tornara um dos principais regentes de sua época. Por nunca ter sido muito popular em Paris, passou grande parte de sua vida ativa na estrada, inclusive em turnês lucrativas na Inglaterra e na Rússia. Preparou concertos que envolveram a participação de centenas de intérpretes, os quais presidia como se fosse um grande pássaro, com seu nariz aquilino e com o que o poeta Heinrich Heine chamou de "seu monstruoso cabelo antediluviano". (Heine escreveu também que a música de Berlioz "me faz sonhar com fabulosos impérios cheios de fabulosos pecados".)

ALÉM DA *Sinfonia fantástica*, talvez as melhores introduções a sua obra sejam suas duas aberturas mais conhecidas. *Le corsaire* trata de piratas, um tema altamente berliozano. Era estranho e original para sua época, como se pode ler numa primeira resenha: "Ela o atormenta como um sonho mau, e enche sua imaginação com imagens estranhas e terríveis". A *Abertura carnaval romano* é baseada em material tirado de sua ópera *Benvenuto Cellini*. As duas peças são tours de force orquestrais do homem que escreveu o primeiro tratado importante sobre instrumentação; o livro tem sido republicado desde então.

Haroldo na Itália — baseado no herói romântico de Lorde Byron, mas numa nova paisagem — fora encomendado por uma lenda viva, o virtuose de violino e de viola Nicolò Paganini. Mas quando a partitura ficou pronta, Paganini deu uma olhada e educadamente recusou estreá-la — estava esperando um concerto normal, e aquilo era na realidade uma sinfonia com solo de viola. Contudo, quando ouviu a peça em sua estreia, Paganini caiu de joelhos diante de Berlioz e declarou que ele era o herdeiro de Beethoven, e para não ficar só nisso acrescentou um belo cheque. *Haroldo* era uma obra de refinadas belezas, aventuras animadas, ternura e brilhante orquestração, tudo isso baseado nas antigas andanças do compositor pelos Abruzos. Até mesmo a "Orgia dos bandidos" no *finale* é mais brincante do que licenciosa.

A obra predileta do próprio Berlioz era o *Réquiem*, de 1837. Não é uma peça de devoção religiosa; ele se tornou agnóstico muito cedo. É mais uma obra humanística, que usa a missa católica para os mortos como base para explorar cada aspecto de seu temperamento criativo, de um lirismo delicado até suas imaginações mais babilônicas. Os recursos instrumentais incluíam doze trompas, oito tubas, vinte trompetes e cornetas, dezesseis trombones, dez timpanistas em dezesseis baterias e um coro enorme. A abertura, o movimento "Requiem aeternum", é tranquila e pungente, o coro entrando com figuras fragmentadas, como se fossem soluços. Em seguida, o segundo movimento, "Tuba mirum", evoca o Último Trompete como uma vingança: quatro coros de metais nos cantos da sala irrompem em proclamações de arrepiar os cabelos. Depois disso os coros de metais entram num modo mais ameno, mas sempre com grande efeito. O movimento "Lacrimosa", que em outros réquiens tende naturalmente a ser lacrimoso, baseia-se aqui numa série de irrupções orquestrais, como gigantescos soluços espasmódicos. Embora haja no *Réquiem* bastante música de pungência suave, é muito do estilo de Berlioz expressar

Hector Berlioz (1803-69)

o momento da morte, ao menos em parte, como se fosse de um suspense épico.

A última peça que recomendo é uma das menos conhecidas, porém das mais belas: o ciclo de canções para *mezzosoprano* e orquestra *Les nuits d'été* [Noites de verão]. Aqui não há nada grandiloquente ou bombástico, apenas uma história de amor e de perda em seis canções de primorosa graciosidade. Creio que a lucidez e a sentida expressividade dessas canções projetem uma luz esclarecedora em toda a obra de Berlioz, com seu amor pelo demoníaco, pelas orgias e os massacres. Ele cultuava Shakespeare, que também compreendia o espectro humano, que vai da ternura à violência, do amor ao ódio.

Enquanto isso, o efeito que Berlioz teve em seu século, inclusive como regente e colorista da orquestração, pode ser visto em Wagner, Liszt, Mussorgsky, Richard Strauss e Mahler. Berlioz talvez tenha sido um dissidente, mas não era excêntrico. Podia se projetar acima do topo e podia ser banal, mas sempre foi autêntico. É um dos grandes vultos originais da nossa tradição.

Mais Berlioz: *A danação de Fausto*; a ópera *Béatrice et Bénedict*.

15. Robert Schumann (1810-56)

ROBERT SCHUMANN CRESCEU com duas forças que dominaram sua vida: uma criatividade frenética que desde seus primeiros anos se manifestou em forma de poemas, peças teatrais, romances, música; e a ameaça da loucura que o perseguiu durante a vida toda até finalmente se apossar de sua mente. Ele é tido como uma das figuras definidoras da era romântica, período que deu voz a sua expressão criativa e a qual, por sua vez, ele marcou com sua própria personalidade como compositor e como crítico. Até mesmo a loucura foi parte do ambiente da época, e sua personalidade fragmentada se entretece indelevelmente em sua obra.

Schumann era filho de um livreiro e escritor de Zwickau, na Alemanha. Começou a tocar piano aos seis anos e a compor logo depois. Além da música, era um entusiasta da literatura e bebeu direto das fontes do Romantismo literário, acima de tudo das vibrantes ficções de Jean Paul, com seus sósias e falsos suicídios, e do fantasista E. T. A. Hoffman.

Após a morte do pai, entrou, por insistência da mãe, numa escola de direito, mas lá passava o tempo ao piano, compondo e farreando. Finalmente a mãe lhe deu permissão para deixar a escola e estudar piano com o célebre professor Friedrich Wieck, cuja aluna mais famosa era sua filha Clara, então com oito anos de idade, um prodígio no teclado. Schumann espe-

166

Robert Schumann (1810-56) 167

rava fazer carreira como virtuose do piano, mas esse sonho acabou quando sofreu uma lesão numa das mãos. Em vez disso, Wieck o levou a Clara.

Schumann se voltou para a composição como uma forma de vingança. Em pouco tempo produziu algumas das mais brilhantes obras para piano de sua época, uma delas inspirada em Jean Paul, *Papillons* [Borboletas], concluída em 1831. É surpreendente constatar que essa revolucionária coleção de tumultuadas miniaturas surgiu apenas quatro anos após a morte de Beethoven, apesar de ter uma voz absolutamente distinta.

Parte do estilo pianístico inovador de Schumann tem a ver com o próprio instrumento, que evoluíra muito além do cravo da juventude de Beethoven. Os pianos se tornaram robustos e ressoantes, oferecendo novos tipos de figurações sonoras e efeitos de pedal, que Schumann e Chopin exploraram de maneira notável.

Foi nesse período fervilhante que outra força veio balançar a vida de Schumann: quando Clara Wieck tinha dezesseis anos, já uma celebrada virtuose do piano, ela e Robert se apaixonaram desesperadamente. O pai da jovem, sentindo-se ultrajado por essa corte da parte de um compositor pobretão, conhecido como bêbado, mulherengo e instável, fez tudo que pôde para mantê-los separados. O casal recorreu a bilhetes secretos e códigos e ansiosos encontros de amor, que continuaram durante anos. A partir de então Clara foi uma parte íntima da música de Robert, assim como de sua vida.

Tudo na existência de Schumann entrou em sua arte. A maior parte das melhores entre suas primeiras obras tem títulos sugestivos, joguinhos secretos e símbolos pessoais impregnados em suas notas. *Carnaval*, que ele concluiu quatro anos antes de *Papillons*, é uma montagem mais extensa de movimentos curtos que evocam a costumeira bacanal que ocorria anualmente nas ruas. Os movimentos oscilam do grandioso a uma alegria frenética, todos singulares em como se utilizam do piano e em sua voz harmônica — Schumann é um desses compositores que se reconhece em segundos. Cada segmento tem um título, que vai desde "Pierrô" e "Arlequim", os palhaços do período carnavalesco que precede a Quaresma, até "Chiarina", nome secreto para Clara. O que mantém a unidade dos movimentos é uma cabala de quatro notas: ASCH (na notação alemã, as notas A [lá], E^b [mi bemol], C [dó] e B [si]). Nessa ordem, as letras formam a palavra Asch, lugar de nascimento de uma antiga namorada de Robert; estão contidas na palavra alemã *Fasching*, carnaval; e sch são as primeiras três letras do sobrenome do compositor. Mais tarde, ele fez de notas representadas pelas letras do nome de Clara um tema musical: C [dó], B [si], A [lá], $G^\#$ [sol sustenido] e A [lá]. Esse veio a se tornar o tema principal de sua *Quarta sinfonia*.

Outra obra que é puro Schumann se chama *Kreisleriana*, baseada no poeta-compositor meio louco Johannes Kreisler, inventado por E. T. A. Hoffman, cujas ficções muitas vezes versavam sobre sósias e trocas de identidade. A peça é uma espécie de retrato da loucura, começando com uma explosão de energia como a de dois pianos de uma só vez, mergulhando depois num tranquilo interlúdio lírico. O restante da peça explora esse temperamento bipolar. O século romantizava a loucura e o suicídio, e Schumann estava marcado por ambos, tanto na arte quanto na vida.

Dois dos movimentos do *Carnaval* são "Florestan" e "Eusébio", nomes que Schumann atribuiu a seus próprios e conflitantes alter egos, o audacioso e impulsivo Florestan e o tranquilo,

Robert Schumann (1810-56) 169

introspectivo Eusébio. Frequentemente, era sob o disfarce desses personagens que o compositor escrevia críticas numa revista musical cofundada por ele. Essas personas formavam a base de um imaginário "Davidsbund", um pequeno bando de Davis lutando contra o Golias do filisteísmo na música — compositores superficiais e virtuoses vazios e as plateias que os idolatravam. (Aqui começa a haver uma divisão entre compositores e plateias, que foi crescendo ao longo do século.) Em seus anos como crítico, Schumann publicou artigos sobre vários autores, incluindo Mendelssohn, Berlioz e Chopin (no artigo sobre Chopin, Florestan irrompe na sala gritando: "Tirem os chapéus, cavalheiros, é um gênio!").

Após uma longa e reciprocamente humilhante batalha jurídica contra Friedrich Wieck, Robert e Clara enfim se casaram em 1840, tornando-se uma das grandes parcerias criativas da época. Seu amor foi imensamente gratificante, mas não teve um percurso fácil: Clara engravidou muitas vezes (tiveram sete filhos que sobreviveram) e precisava não só cuidar dos filhos e de sua carreira como sustentar Robert em suas cada vez maiores aflições. Poucas pessoas conseguiriam dar conta de tudo isso, mas Clara era feita de aço.

SCHUMANN COMPUNHA FURIOSAMENTE, com muita rapidez e longos períodos de inação, às vezes repletos de colapsos mentais. Dizer que seu modo de trabalhar era maníaco não é figura de linguagem; hoje isso provavelmente seria diagnosticado como transtorno bipolar. Outro sintoma era a concentração fanática em um gênero só de cada vez. Em seu "ano da canção", 1840, ele compôs 138 canções de arte, em alemão chamadas *lieder*. Com essas canções, Schumann é, junto com Schubert, o fundador da tradição do *lied* alemão, que perdurou no século seguinte.

Muitas dessas canções se agrupam em ciclos que contam uma história ou giram em torno de um tema. Para se familiarizar com essas canções, comece talvez com duas do *Liederkreis* [Ciclo de canções], *Op. 39*. "Mondnacht" [Noite de lua], de Joseph von Eichendorff, é um dos poemas quintessenciais do Romantismo, visão de uma noite enluarada que termina com o poeta quase totalmente absorvido na paisagem, "como se minha alma estivesse voando para casa". A parte do piano de Schumann descreve a cena em linhas flutuantes e sinuosas. O papel sempre determinante que o piano tem em suas canções é visto de modo diferente em "Auf einer Burg" [No cume de uma colina], também de Eichendorff. Ela descreve um antigo cavaleiro de pedra num castelo em ruínas sobre o Reno, que contempla uma festa de casamento no rio; termina com um deslumbrante último verso: "E a bela noiva, que chora". Aqui, Schumann, com o mais simples dos recursos, descreve uma cena de refinada estranheza — o estranho e o misterioso como o território do Alto Romantismo.

Diechterliebe [Amor de poeta] é um dos mais apreciados ciclos de canções, baseado nos poemas melancólica e amargamente irônicos de Heinrich Heine: "Eu não reclamo!" é o refrão de uma letra que apresenta uma litania de reclamações. Com sua formação literária, Schumann tinha uma sensibilidade especial para as primorosas ambiguidades de Heine. A primeira canção, "No lindo mês de maio", é uma paisagem romântica interna e externa desde as primeiras linhas ondulantes do piano. Em "Ouço o som da flauta e do violino", a parte de piano de Schumann descreve um baile de casamento a que o cantor assiste de lado: é o casamento de sua amada com outra pessoa.

Schumann foi pressionado por Clara, após o casamento, a abandonar suas miniaturas e abordar os grandes gêneros tradicionais: sinfonia, ópera, quarteto de cordas. O compositor obedeceu, e os resultados são mistos. Ele foi um miniaturista brilhante, mas sua aptidão para modelar formatos de grande escala de maneira orgânica era limitada; ainda menor que isso era a imaginação inata que tinha para a orquestração. Mesmo assim, produziu algumas esplêndidas grandes obras, muito apreciadas.

Sua música de câmara mais conhecida é o *Quinteto para piano em mi bemol*, mais piano do que quinteto, o que, no caso de Schumann, é até bom. Seu sucesso tem muito a ver com a sequência de temas anelantes que se avolumam nas cordas, trazendo a assinatura de sua qualidade poética. O segundo movimento é uma obsedante marcha fúnebre. O *Concerto para piano em lá menor*, composto para Clara, também é pleno de belezas líricas. Reina, há muito tempo, como um dos concertos mais populares. A peça tem uma qualidade universal, ligando-se aos próprios anseios e tristezas de quem a ouve, como fazem as grandes músicas.

Schumann compôs quatro sinfonias, todas imperfeitas, nenhuma bem resolvida com a orquestra, mas ainda assim quase sempre tocantes e poderosas. Afinal, ele trouxe um novo tipo de intimidade ao gênero tradicionalmente épico da sinfonia. Ajudou também a estabelecer a ideia de obras instrumentais "cíclicas", ou seja, de ciclos nos quais os mesmos temas são desenvolvidos ao longo de uma peça.

Em 1853, em Düsseldorf, onde Schumann falhara num emprego como regente, um estudante de música com vinte anos de idade chamado Johannes Brahms bateu a sua porta. Depois que ele tocou para Schumann e Clara algumas peças e foi embora, Robert escreveu em seu diário: "Visita de Brahms (um gênio)". Pouco tempo mais tarde publicou um artigo chamado "Novos caminhos", que proclamava aquele jovem desconhecido como o futuro messias da música alemã. Com isso, colocou acima da cabeça de Brahms uma espada que lá ficaria o resto da vida. Mas mesmo não sendo do estilo de Brahms ser um messias, ele cumpriu a profecia.

Schumann não veria isso acontecer. Na época em que ele e Clara conheceram Brahms, Robert sofria com tendências suicidas, a mente assediada por coros angelicais e demoníacos, aterrorizado com a ideia de que pudesse ferir a esposa ou os filhos. Finalmente, em plenos festejos do carnaval, ele abriu caminho em meio a grotescas multidões de foliões mascarados e se atirou no rio Reno. Foi resgatado, mas, a seu próprio pedido, foi internado num asilo, onde morreu em 1856. Clara não teve permissão para vê-lo até o momento final, quando ele mal podia falar e só conseguiu tomar vinho lambendo-o dos dedos dela. Talvez tivesse sífilis, contraída muito tempo antes, ou algum outro transtorno mental.

O mundo absorveu lentamente a música de Robert Schumann, que em vida nunca foi tão celebrado quanto Clara. Mas na segunda metade do século ele já era consagrado não só como compositor insubstituível, mas como um dos supremos avatares do espírito romântico e um modelo do gênio-herói romântico, sua arte se elevando acima das angustiantes aflições em que o destino o lançou.

Mais Schumann: *Sinfonias 2 e 3*; coletâneas de *lieder* em diversas gravações.

16. Frédéric Chopin (1810-49)

Frédéric Chopin foi um prodígio, tanto como pianista quanto como compositor, desde a infância marcado para uma carreira brilhante. Esperava-se que quando chegasse à maioridade se apresentasse em concertos e compusesse nos gêneros familiares — concertos escritos para ele mesmo, música de câmara, sinfonias. Muito pouco disso se realizou. Chopin não gostava de apresentações em público, e, embora tivesse composto no início alguns concertos e outras obras instrumentais, em sua maturidade escreveu principalmente para piano, extraindo desse instrumento um colorido que ninguém jamais havia imaginado. Seu estilo de abordar o teclado ele descobriu por si mesmo, assim como suas ousadas harmonias, que para alguns soavam como caos. Compôs sobretudo peças curtas ou de duração mediana, mas que tiveram enorme influência no século do Romantismo, e além dele. Chopin sabia como fazer coisas pequenas tomarem vulto e parecerem grandes.

O compositor nasceu perto de Varsóvia, de mãe polonesa e pai francês. Começou a estudar piano aos seis anos, fez sua primeira apresentação pública aos oito e aos onze tocou para o tsar da Rússia. Quando ingressou no Conservatório de Varsóvia, aos dezesseis, já criava pequenas peças para piano, muitas delas baseadas em danças polonesas: *polonaises*, mazurcas e gêneros semelhantes, além de variações, rondós e outras formas tradicionais. Comporia esse mesmo tipo de peça o resto de sua vida, explorando cada uma delas com crescente originalidade e ambição — não tanto inventando novas formas e gêneros, mas expandindo-os de dentro para fora. Como fonte de inspiração, como intérprete e como compositor, ele se afastou de Beethoven e imergiu em Bach, Mozart e na ópera italiana. Enquanto isso, o piano se desenvolvia e amadurecia rapidamente, com os pedais e uma sonoridade mais rica, que tornava possíveis novos coloridos.

Em Varsóvia, em 1829 e 1830, tendo estreado formalmente como solista em Viena, Chopin compôs dois concertos para piano, para demonstrar seu modo peculiar de abordar o instrumento. Foram suas primeiras e únicas grandes peças orquestrais. Em 1831, depois que irrompeu a revolta polonesa contra a Rússia, foi para Paris, cheio de remorsos por ter deixado sua pátria. Nunca se recuperou da saudade e nunca mais viu sua Polônia natal. Em Paris, foi aceito num grupo de jovens e brilhantes compositores, que incluía Hector Berlioz e Franz Liszt. Robert Schumann o enalteceu por escrito: "Tirem os chapéus, cavalheiros, é um gênio!". Chopin e Liszt se aproximaram um do outro, e Liszt produziu um livro sobre música que, em grande parte, analisava como Chopin fazia uso de formas de dança para refletir a natureza de cada uma delas. Ao mesmo tempo, o relacionamento entre ambos era conflituoso, tomado de ciúmes em relação a mulheres, e ainda mais em relação à música: Liszt, o extrovertido, afeito ao espetáculo em grande escala; Chopin, o introvertido, avesso ao público e compondo principalmente peças pequenas, cuja execução tendia a ser de *mezzoforte* para baixo. Ele se apresentou em apenas trinta recitais públicos em sua vida.

Frédéric Chopin (1810-49)

Logo Chopin encontrou seu ambiente natural: os salões dos amantes da música ricos de Paris, entre os quais se tornou uma figura cultuada. Suas apresentações privadas e as aulas que dava lhe proporcionaram uma boa vida. Sua personalidade se encaixava bem no cenário: era melindroso, janota na maneira de se vestir, esnobe e, seguindo a moda de então, antissemita. Com os amigos, era encantador e leal.

Um começo para apreciar a música de Chopin é sua coleção de 24 *Prelúdios para piano, Op. 28*. Essas miniaturas, em todos os tons maiores e menores, demonstram a enorme variação na maneira como o compositor tratava o piano, desde um fino rendilhado até estrondosas cachoeiras. Foram inspiradas no *Cravo bem temperado* de Bach, que da mesma forma cobre todas as tonalidades, e na dedicação romântica a fragmentos e na ideia poética de prelúdios que não preludiavam coisa alguma. Robert Schumann os chamou de "esboços, começos de estudos ou, por assim dizer, ruínas, penas de asa de águia, tudo desordem e confusão bárbara". Para Schumann, eram termos altamente elogiosos. Ouça os dois primeiros prelúdios: o em dó maior, que é como uma explosão do piano, uma epopeia que dura meio minuto; depois a misteriosa, lamentosa canção que é o n° 2 em lá menor. A coleção termina com o quase frenético *Prelúdio em ré menor*.

Chopin compôs os prelúdios em Maiorca. Havia ido para lá com sua nova amante, a prolífica e notória escritora que chamava a si mesma de George Sand, vestia roupas masculinas e fumava charutos, mas era totalmente heterossexual. Para conquistá-lo, ela se livrou de um amante e fez Chopin terminar um relacionamento. Começando em 1838, a ligação entre eles foi apaixonada e tempestuosa, com grandes quantidades

176 Romantismo

de tudo. Sand deixou uma notável descrição de Chopin trabalhando, quebrando lápis e chorando e reescrevendo passagens
durante semanas. O inverno úmido e frio em Maiorca foi um
desastre para sua saúde frágil e sensibilidade. Numa noite de
tempestade Sand encontrou Chopin sentado ao piano, rígido,
paralisado de medo. Mais tarde, felizmente, os verões que passaram na ilha de Nohant foram idílicos e produtivos. Ele estava
saudável, próspero; sua música se difundia e era publicada de
maneira gratificante.

Suas obras se tornavam cada vez mais ambiciosas e ousadas, embora ainda nos mesmos gêneros e em peças que raramente duravam mais que dez minutos. Para fazer um percurso
por seu trato com os gêneros, comece com a mais famosa de
suas peças, a *Polonaise militar, Op. 40, nº 1*. É música para dança
numa escala majestosa, dominadora e aristocrática, calcada no
nacionalismo polonês, do qual Chopin jamais se afastou. Ele
escreveu muitos noturnos, ou seja, peças para ouvir à noite.
O tema principal do *Noturno em ré bemol maior, Op. 27, nº 2* é
uma amostra da influência melódica da ópera e do rapsódico,
sonhador, rendilhado no teclado. Chopin foi o primeiro a compor o que se tornou o gênero altamente romântico da balada,
obra instrumental que conta uma história implícita em lugar
das narrativas específicas das peças de programa. A *Balada em
sol menor, Op. 23* tem um tom sombrio que vagueia por uma
paisagem apaixonadamente emocional. Como tantas obras de
Chopin, é plena de elegância e de melodia primorosa.

O *Scherzo em si bemol menor, Op. 31* toma a antiga ideia de uma
peça célere, usualmente animada, e faz dela uma meditação
caleidoscópica sobre o conceito do *scherzo*, de uma brilhante
filigrana a momentos solenes e magistrais. Chopin leva essa

Frédéric Chopin (1810-49)

ideia adiante na *Polonaise fantasia em lá bemol maior, Op. 61*, que é como o sonho de uma *polonaise*. Aqui ele combina gêneros: o de sua velha e predileta dança polonesa, a *polonaise*, com a ideia da *fantasia*, uma peça que deixa de lado formas previsíveis em troca de uma sensação de imediatismo improvisatório, o tipo de liberdade que Chopin era capaz de evocar enquanto mantinha um controle meticuloso. Uma proclamação solene dá início a uma extensa jornada, terna e extática, em pouco mais de doze minutos.

Os últimos anos de Chopin foram de contínuo declínio, à medida que a tuberculose o matava aos poucos. George Sand passou a chamá-lo de "meu querido cadáver". O casal se separou em 1848. Exaurido e deprimido, sem dinheiro, não mais capaz de compor, ele apressou seu fim com uma viagem a Londres e à Escócia, embora tivesse sido um sucesso. Seu último concerto foi em benefício de refugiados poloneses. Chopin morreu em Paris, em 1849. Com muita propriedade, seu corpo foi sepultado na capital francesa, e seu coração, em Varsóvia. Mas Chopin já tinha assegurado um lugar na história de sua arte. Num século de ambições desmesuradas, representou a vitória da imaginação sobre a grandiloquência. Com uma música de escala e ambição modestas, ele se fez insubstituível para o futuro da música romântica e para o futuro do piano.

Mais Chopin: *Noturno em dó sustenido menor; Valsa em lá bemol maior, Op. 69, nº 1.*

17. Richard Wagner (1813-83)

RICHARD WAGNER FOI UM COLOSSO não apenas na música, mas também no drama, na literatura, nas artes visuais e na cultura do século XIX — e adquiriu esse nível de fama e influência em parte porque se dispôs a isso. Pode-se dizer que, para ele, ser esse tipo de figura era condição necessária para realizar a obra para a qual nasceu: compor dramas musicais gigantescos, como *O anel dos Nibelungos* — com dezessete horas de duração, ele exige no mínimo quatro noites para ser apresentado na íntegra. Como se vê, uma sonata para piano ou um quarteto de cordas não seriam suficientes nem para o talento, nem para o ego de Wagner. Para encontrar seu métier como artista, ele precisou inventar uma nova forma de arte. Como mito e monstro sagrado, Wagner assombra a tradição ocidental não só na música como em todas as artes.

O anel precisou de 26 anos para ficar pronto. Levar isso a bom termo e depois arregimentar forças para a montagem foi um projeto sem precedentes na história da música. Wagner, como um dos maiores inovadores de todos os tempos, teve tenacidade e coragem para fazer o mundo aceitar tudo que decidisse fazer. Os efeitos dessas realizações reverberaram na maior parte da música composta depois dele; a geração seguinte, incluindo Brahms e Verdi, acusa o impacto de seu gênio. Seu *Anel* se transformou em fonte de epopeias e de sátiras

Richard Wagner (1813-83) 179

de epopeias, influenciando desde histórias em quadrinhos com super-heróis até *O senhor dos anéis*, de J. R. R. Tolkien, e *Monty Python em busca do cálice sagrado.*

Uma vez que este livro não trata de ópera — o tema mereceria outro volume —, não entrarei na totalidade das óperas de Wagner. Vou me concentrar em sua música orquestral, toda ela formada de excertos de óperas. Junto com Franz Liszt, Wagner liderou o movimento A Música do Futuro. Por meio de uma verdadeira montanha de prosa polêmica, os dois apresentaram a ideia de deixar para trás as formas clássicas tradicionais e basear a música vocal e instrumental em histórias e em literatura. Liszt inventou o *poema sinfônico* orquestral, essencialmente uma peça para orquestra; esse novo gênero deu início à grande era da música romântica de programa. Além disso, Liszt e Wagner sustentaram a imagem do artista como uma espécie de sacerdote-herói, líder espiritual, transformador e renovador da sociedade. O novo artista não seria meramente um gênio, e sim um gênio "mundial-histórico".

Em outra vertente estava o grupo alinhado com Brahms e liderado pelo crítico vienense Eduard Hanslick. Durante anos esse crítico montou uma implacável resistência a Wagner, não só fulminando sua música como também o "culto de dalai--lama" em torno dele. Em outros lugares, livros inteiros eram escritos atacando Wagner. Deplorando a música de programa, os brahmsianos proclamavam sua fidelidade aos antigos e abstratos gêneros e formas, como forma sonata, tema e variação, sinfonia, quarteto de cordas, sonata para piano.

A dura luta entre as duas facções, que incluiu diatribes críticas dos dois lados e grupos tentando tumultuar recitais e concertos de ambas as partes, é lembrada como Guerra dos

Românticos — que durou até bem depois das mortes de Wagner, Liszt e Brahms. Wagner não só sobreviveu como prosperou nesse ambiente, em parte porque era mais durão e mais vil do que seus críticos. E as denúncias mais amargas, vindas do fundo do poço de suas injúrias, eram dirigidas contra os judeus. Se Wagner contribuiu ou não para os horrores do século seguinte, se pode ser considerado culpado por ter sido o compositor favorito de Hitler, é uma questão ainda e sempre debatida, sem levar a uma conclusão. Seja como for, isso não vai afetar a importância do compositor.

RICHARD WAGNER NASCEU EM Leipzig, numa família ligada ao teatro. Na juventude se apaixonou pela música, mas não tinha paciência para professores nem para escolas. Passou um curto período na Universidade de Leipzig, onde se especializou principalmente em vinho, mulheres e canções. Foi autodidata no piano (seria, a vida inteira, um pianista terrível) e estudou partituras para aprender como compor. Começou cedo a atuar como regente em teatros e se casou com Minna Planer, atriz de sucesso. Nos primeiros anos, era Minna quem levava a maior parte do dinheiro para casa, enquanto ele abria seu caminho frequentando teatros.

A primeira ópera de Wagner nunca foi produzida, e o fiasco da segunda, em sua única apresentação, foi suficiente para acabar com a companhia. Ele decidiu tentar a sorte em Paris; permaneceu lá, com Minna, durante três anos, praticamente passando fome. Mesmo assim, compôs em Paris o que seria seu adeus à ópera tradicional, *Rienzi*, e sua primeira obra verdadeiramente wagneriana, *O navio fantasma*, originalmente *Der*

Richard Wagner (1813-83)   181

fliegender Hollaender [O holandês voador], baseada numa antiga
lenda de mesmo nome. Ouça a abertura. É a primeira manifestação de uma nova e ousada voz na música, com momentos
orquestrais que causam arrepios na espinha e uma brilhante
pintura tonal. Após o retorno de Wagner à Alemanha, com 29
anos, *Rienzi* foi montada e aplaudida, e *O navio fantasma* teve
sucesso modesto.

Em 1842 Wagner foi nomeado regente da ópera da corte em
Dresden. Com a experiência de duas grandes estreias e com
esse posto, parecia a caminho de uma carreira confortável.
Mas sua política progressista, sua música radical, suas reformas operísticas, seu ego, seus excessos e sua rebeldia não lhe
dariam muita trégua nas décadas seguintes. Já então Wagner
tinha talento para incendiar tudo e todos a sua volta. Em 1848
grassavam por toda a Europa revoluções contra um statu quo
repressivo. Wagner, socialista ferrenho, assumiu um papel de
liderança num levante em Dresden, que entre outras coisas
levou ao incêndio de sua casa de ópera. Quando o levante
fracassou, ele fugiu pela fronteira com uma ordem de prisão
em seu encalço. Já no exílio, em 1850, sua ópera *Lohengrin*, a
história de um cavaleiro misterioso que não pode revelar seu
nome, obteve grande sucesso em Weimar, sob o comando de
Liszt. Wagner só ouviria a peça ao retornar a terras alemãs,
quinze anos depois.

Durante o exílio em Zurique e em outras cidades da Europa, ele escreveu tanto músicas como textos polêmicos, e não
estreou nenhuma obra nova. Nos tratados — uma prosa em
estilo túrgido e obscuro, sua marca registrada —, apresentou
sua concepção do que veio a ser chamado *drama musical*. Como
material temático, esse novo tipo de ópera usa leitmotiven

(temas condutores) que representam personagens e imagens. (Por exemplo, no *Anel*, Siegfried tem seu leitmotiv pessoal; sua trompa e sua espada têm temas próprios.) Além do efeito descritivo, esses *motifs* funcionavam como temas numa gigantesca sinfonia. Esse novo tipo de teatro seria a *Gesamtkuntswerk*, obra de arte total, unindo música, drama, poesia e artes visuais. A música era contínua e não dividida em números, como na ópera tradicional. A orquestra funcionava como o antigo coro grego, comentando e amplificando a história; os personagens se movimentavam e atuavam dentro do tecido orquestral. As histórias eram inspiradas em mitos, contos de fadas, lendas nacionais, poesia épica. O objetivo, em resumo, era arrebatar as plateias em todos os sentidos, e, no processo, renovar não apenas a ópera, mas a sociedade como um todo. O objetivo final do herói-artista era mudar o mundo.

Enquanto isso, em Viena, Johannes Brahms, que não se identificava com as ideias de Wagner nem com sua personalidade, mas respeitava profundamente sua música, não acreditava que a arte pudesse mudar a história. Wagner, por sua vez, desdenhava seu rival e tudo que ele representava. Chegou a declarar que Brahms era um "judeu tocador de czardas", referindo-se às *Danças húngaras* de Brahms, que considerava triviais. Brahms, é claro, não era judeu; Wagner disse isso apenas para dar um efeito à frase.

Em Zurique, durante o exílio, ele começou a ter um caso tórrido com Mathilde Wesendonck, poeta lamentável e esposa de um rico patrono seu. O *amor fou* que se seguiu inspirou uma nova e épica obra cênica, uma exploração do amor sem esperança encarnado na história medieval de *Tristão e Isolda*. Aqui, para representar a implacabilidade do desejo, Wagner às vezes interrompia a tonalidade, escrevendo trechos não resolvidos, sem uma tonalidade definida. Quando terminou o libreto, ele reuniu Minna, Mathilde e o marido para uma leitura, além de seu maestro e defensor, Hans von Büllow, e a esposa. Então, como resumiu Victor Borge, "ele leu em voz alta para sua esposa, sua amante, o marido de sua amante, sua futura amante e o marido de sua futura amante. Todos disseram ter gostado".

A partitura de *Tristão* não era apenas revolucionária, era aparentemente inexecutável; a primeira tentativa, em Viena, foi abandonada depois de setenta ensaios que duraram mais de dois anos. Aqui se pode ver uma das grandes virtudes de Wagner: havia uma coragem obstinada em suas convicções. Ele se recusou a simplificar a partitura ou a admitir que ela era inexecutável. E tinha razão: hoje ela é apresentada com regularidade.

O caso com Mathilde estava acabando, mas o tinha livrado de seu frágil casamento. Minna escreveu para Mathilde com amarga ironia: "Devo lhe dizer, com o coração sangrando, que você conseguiu separar meu marido de mim após quase 22 anos de casamento. Que esse nobre feito possa contribuir para sua paz de espírito, para sua felicidade".

Em 1861 a Alemanha enfim concedeu anistia a Wagner e ele pôde regressar. Morou em Viena, Áustria, durante um ano, onde ouviu *Lohengrin* pela primeira vez e começou uma ópera que se pretendia relativamente simples e popular, mas que se tornou a maciça comédia *Die Meistersinger von Nürnberg* [Os mestres cantores de Nuremberg]. Em Viena, quase falido, Wagner ainda gastava com extravagância, escrevendo a seu

184   *Romantismo*

estilista para encomendar sedas e cetins e pantufas e cortinas, todos muitos caros. (As cartas foram depois parar nas mãos de Brahms, que fez delas hilariantes leituras para seus amigos.) Wagner precisou fugir de Viena para não ser preso como inadimplente.

Chegou a Stuttgart sem um tostão, mas a salvação estava a seu alcance. A essa altura o culto a sua obra florescia, com fanáticos por toda a Europa. O maior de todos era um jovem que dispunha de recursos para satisfazer sua obsessão: o rei Ludwig II, também chamado O Rei Louco da Baviera. Ele subiu ao trono em 1864 e convidou seu herói para morar em Munique. Wagner manipulou o jovem como se fosse uma prenda sua, o que ele realmente era, e nunca esqueceu sua própria política socialista. Os anos seguintes foram de aclamadas apresentações em Munique, inclusive de *Tristão*, *Os mestres cantores* e as duas primeiras partes do *Anel*. Ludwig quase levou seus cofres reais à falência rolando as dívidas de Wagner. Ainda assim, gastava quantias enormes erigindo castelos fantásticos baseados nas óperas. Posteriormente, Wagner foi obrigado a deixar Munique, mas Ludwig continuou a lhe dar suporte. (Declarado insano e deposto, Ludwig morreu em 1886, em circunstâncias misteriosas.)

Wagner, por seu lado, mesmo sob o extravagante patrocínio do rei conseguia gastar acima de suas possibilidades. Ele também tentava usar sua posição para influenciar o governo. O número de seus inimigos aumentava. Para completar, ele roubou a esposa de seu mais leal regente, o já mencionado Hans von Büllow, um dos fundadores da tradição de maestros virtuoses que começou no século XIX. A dama era Cosima, filha de Franz Liszt. Por algum tempo Hans entrou no jogo, fingindo que o último filho de Cosima era dele, antes de passar

Richard Wagner (1813-83) 185

para o outro lado — tornando-se um paladino de Brahms. "Se fosse outra pessoa que não Wagner", declarou Hans, "eu lhe daria um tiro."

Sem dúvida, você já captou a ideia a essa altura: Wagner foi uma figura em escala monumental, um monomaníaco, um gigolô, um aproveitador, um vergonhoso antissemita — e um brilhante, revolucionário, avassalador artista que acreditava que o mundo lhe devia seu sustento. Talvez até devesse, mas seu infame ensaio de 1850 "O judaísmo na música", que estigmatizava os judeus como uma raça alienígena na Alemanha, contribuiu para o aumento do antissemitismo em território alemão. No artigo, Wagner conceituou um antissemitismo *cultural*: os judeus, afirmou, teriam de renunciar a sua religião e se tornar totalmente alemães, caso contrário... Pessoalmente, contudo, ele era um virulento antissemita racial. Cosima, no mínimo, era ainda pior. Talvez não haja outro caso, em lugar algum, de um artista de seu calibre com uma malevolência tão irracional entremeada em seu caráter.

Mas nada disso era tão simples assim. Muitos dos mais leais apoiadores de Wagner eram judeus ricos, que haviam prosperado no que foi realmente uma atmosfera liberal para eles, na Alemanha daquela época. Ao mesmo tempo, há uma boa probabilidade de Wagner ter sido filho ilegítimo, sendo seu verdadeiro pai um ator judeu chamado Geyer. Wagner suspeitava disso, e tinha um retrato de Geyer em sua casa. Cosima o provocava quanto a isso, comentando como as feições daquele homem eram semitas, e como Richard se parecia com ele. Wagner era uma pessoa repleta de gênio e loucura.

O restante da história do compositor é mais ou menos de triunfos: com o apoio de Ludwig II e de admiradores em todo o mundo, ele construiu seu próprio teatro, em Bayreuth, Alemanha, e começou a montar produções do ciclo completo do *Anel* e de outras óperas, sob aplausos delirantes. Bayreuth tem forte presença no mundo da música — ainda sob a direção da família Wagner, que herdou os traços do brilho e da loucura de seu antepassado. Richard morreu em consequência de um ataque cardíaco em fevereiro de 1883, no meio de uma discussão com Cosima por causa de uma cantora à qual ele vinha dando demasiada atenção. Suas últimas palavras foram das mais verdadeiras e expressivas de sua vida: "Sinto-me péssimo".* Durante o ensaio de um coral, Brahms soube que seu maior inimigo havia falecido. Pousou sua batuta e disse: "O ensaio acabou. Um mestre morreu". Quando Hans von Büllow ouviu a notícia, teve um ataque e caiu, arranhando e mordendo o tapete.

PARA UMA AMOSTRA da música de Wagner, sugiro alguns excertos orquestrais mais famosos. Se você não os conhece, ofereça um brinde a si mesmo: ponha a gravação da "Marcha fúnebre de Siegfried", de *Die Götterdämmerung, O crepúsculo dos deuses*, em volume bem alto. É a elegia de Wagner a seu grande herói operístico, imperfeito e assassinado. Vai num crescendo contínuo, entremeando vários leitmotiven até um clímax de uma vividez cinematográfica de arrepiar. Se essa peça não lhe causar calafrios e visões de uma solene procissão numa floresta escura, talvez Wagner não seja para você. Quase todo mundo

---

* Há versões variadas, de supostas testemunhas diferentes, sobre quais teriam sido as últimas palavras de Wagner: "[Chamem]... minha mulher, [chamem] um médico!", ou "Minha hora [chegou]", ou "Meu relógio..." (em alemão, *Meine uhr*). Segundo uma criada, Cosima não estava presente. (N. T.)

Richard Wagner (1813-83) 187

conhece os sons esvoaçantes da "Cavalgada das valquírias", que, depois de irromper num ataque de helicópteros no filme *Apocalypse Now,* virou um desses clichês culturais ao mesmo tempo lamentáveis e inevitáveis. (Lembre-se de 2001: *Uma odisseia no espaço* e de *Assim falou Zaratustra,* de Richard Strauss.) Na ópera *Die Walküre,* a "Cavalgada" descreve as valquírias galopando pelo céu para reunir as almas dos heróis caídos e levá-las a Valhalla.

Outros excertos demonstram notavelmente como era de longo alcance a imaginação instrumental de Wagner. "Murmúrios da floresta", de *Siegfried,* é uma peça sem precedentes e espantosa, como se feita de vento nas árvores e cantar de pássaros. Creio que o primoroso final da *Terceira sinfonia* de Brahms deve algo a ela. E apesar do ódio de Debussy por Wagner, suas inovações com a orquestra seriam inimagináveis sem aquele modelo. Para mais um vislumbre na música do *Anel,* há a aparentemente triunfante e ressonante "Entrada dos deuses em Valhalla". Na ópera, ela encerra uma brutal ironia: Wotan conduz os deuses pela ponte do arco-íris rumo a seu novo e reluzente palácio, sabendo que Valhalla foi construída com os produtos de um crime, ouro roubado das donzelas do Reno, e já ciente de que algum dia esse crime vai derrubar os deuses junto com o palácio. Na ópera, a música triunfal é interrompida pelas donzelas do Reno, lá embaixo, chorando o ouro roubado. Assistir a esses momentos no final de *Das Rheingold, O ouro do Reno,* em Viena, foi um dos momentos transcendentais, de arrepiar os cabelos, que vivenciei num teatro.

Duas outras peças notáveis. O "Prelúdio para o ato 1 de Lohengrin" começa com uma textura sublime nas cordas mais altas, que descreve a descida do Santo Graal do céu para a Terra. Por fim, tente o "Prelúdio e amor-morte de Tristão e Isolda", que é sobre o amor cheio de esperança e o desejo impossível, o que vale dizer, sobre sexo em seu aspecto mais supremo. Como observado antes, é música essencialmente atonal, aqui empregada para expressar um sentido de interminável anseio que só se pode consumar na morte. Se quiser ouvir uma ópera inteira, sugiro *Lohengrin*, por ser deslumbrante, e *Die Meistersinger*, porque é muito divertida. Brahms concordou — em um único ano ele foi assistir a *Meistersinger* mais de quarenta vezes. (*Tannhäuser*, que é anterior, tem boa música, mas acho o libreto... como dizer... um tanto tolo.)

Wagner viveu numa época em que a música era a rainha das artes, principalmente porque a música alemã teve um filão de grandes gênios, de Bach e Händel até o período romântico, e porque teve talvez o filão mais notável desde as artes visuais da Renascença. No século XIX a música esteve mais próxima do centro da cultura ocidental do que estivera antes, e Wagner se colocou no ponto central dessa arte. O fato de que tenha havido uma degradação na personalidade de Wagner, que se originou em sua cultura e contribuiu para a degradação dela, será sempre debatido e nunca será resolvido. Seja como for, Wagner não será esquecido, para o bem e para o mal. Ele cuidou que fosse assim.

Mais Wagner: óperas completas: comece com *Lohengrin* e *Die Meistersinger*, depois tente todo *O anel*.

18. Franz Liszt (1811-86)

O QUE FRANZ LISZT FAZIA na sala de concertos era semelhante ao que Wagner fazia no teatro. Os dois eram amigos e tiveram considerável influência na obra um do outro. (Houve uma ruptura entre eles por um momento, depois que Wagner começou a ter um caso com a filha casada de Liszt.)

Liszt nasceu em Raiding, Hungria. Começou a tocar piano aos cinco anos de idade e revelou um talento espetacular. Compôs sua primeira peça aos oito anos e estreou em público aos nove. Seguiu para Viena e estudou com Carl Czerny, aluno de Beethoven e autor de livros de exercícios para os dedos no teclado, até hoje usados. Depois foi para Paris, onde teve mais estudos e uma estreia sensacional. Mas em sua rota para uma carreira gloriosa, Liszt fraquejou por algum tempo; houve um amor fracassado, depressão, anseios de natureza religiosa, uma separação do piano com anos de duração. Felizmente, ele se recompôs a partir de 1830. Parte de sua ressurreição veio após ter ouvido o violinista demoníaco Nicolò Paganini, que proporcionou a Liszt uma visão de supremo virtuosismo. Ele se fez um Paganini do teclado, o maior pianista de seu tempo e talvez de todos os tempos. Mesmo Brahms, que não era bem tratado por Liszt e que detestava sua música, disse uma vez: "Se você não ouviu Liszt, não ouviu um piano. É ele, um longo espaço, e depois todos os outros".

O modo como Liszt construía peças com base num único tema curto influenciou a invenção de leitmotiven por Wagner. Um inovador no teclado, ele, junto com Chopin, redefiniu o instrumento de maneiras que ainda seriam exploradas um século mais tarde. Extravagante e extrovertido, era amigo de Chopin, introvertido como pessoa e contido como intérprete. Com suas músicas, Liszt deu brilho e colorido ao piano, ao passo que Chopin ofereceu ao instrumento sutileza e uma paleta mais tranquila, mas não menos original. A história da música para piano seria impensável sem a presença dos dois. Com uma série de arranjos para teclado, Liszt ajudou a difundir músicas orquestrais de Bach, Beethoven, Berlioz e Schumann que vinham sendo negligenciadas. Manteve sua lealdade a Wagner e à Música do Futuro enquanto generosamente ajudava muitos jovens talentos, incluindo Grieg e Debussy.

Além de sua supremacia como virtuose numa época que cultuava virtuoses, Liszt também era devastadoramente belo. Inventou o conceito do recital para piano solo. As fãs acorriam a seus recitais, reagindo de um modo que fica mais ou menos entre os gritos histéricos dos shows dos astros do rock no século xx e o frenesi predador dos tubarões.* Liszt alimentava esse frenesi com farsas encenadas no palco, ao estilo de James Brown: sofria falsos desmaios, era carregado para fora do palco e trazido de volta, e coisas do gênero. Como seu amigo Wagner, Liszt era uma mistura desvairada de qualidades, sua mestria inextricavelmente mesclada com seu charlatanismo.

---

* No original, *shark feeding frenzy*. O termo se refere a um fenômeno ecológico no qual bandos de predadores (como tubarões) deparam com certa quantidade de presas a seu alcance, o que resulta num verdadeiro frenesi competitivo de ataque e predação. (N. T.)

Franz Liszt (1811-86)

Mas ele personificava aquilo pelo qual a época ansiava: o artista como herói, homem-espetáculo, gênio semidivino e super-homem do virtuosismo. Era um incansável mulherengo, e suas conquistas incluíam mulheres famosas, como a notória dançarina e atriz Lola Montez. Misturada com sua licenciosidade sexual havia uma permanente ansiedade por religião, purificação e absolvição.

Em 1848 Liszt se estabeleceu em Weimar com sua amante de longa data, a princesa Carolyne von Sayn-Wittgenstein, fumadora de charutos. Ela foi a ghost-writer de muitos dos tratados e livros de Liszt, um deles sobre Chopin. Em meio a um grupo de alunos e aficionados, ele escreveu grande quantidade de músicas, inclusive poemas sinfônicos como a *Sinfonia Fausto*, baseada no drama de Goethe. Em Weimar, produziu o que talvez tenha sido sua maior obra, a *Sonata para piano em ré menor*, em um só movimento, e revisou seus maldosamente difíceis *Estudos transcendentais* para piano. Sua música mais conhecida era e continua a ser a das viscerais e rebuscadas obras para piano, como as quatro *Valsas Mefisto*, exercícios no romântico-demoníaco. Suas *Danças húngaras* estão há muito tempo entre as mais populares e favoritas. Como quer que se considere Liszt, seja como compositor, seja como homem, haverá ambiguidade. Sua música pode ser forte, inovadora e esplêndida em seu colorido, e outras vezes frouxa, pesadona e enfadonha. Brahms perdoou Wagner por sua personalidade e seu ódio, mas não conseguiu perdoar Liszt por seus lapsos em gosto musical.

Quando mais velho, gordo e verruguento, ele assumiu ordens religiosas menores e passou a se chamar abade Liszt. Durante esse período vieram oito anos em Roma, tentativas de santidade, um rompimento com a princesa, a volta a Weimar, a reconciliação com Wagner e uma abordagem mais experimental da música que teria grande influência em compositores posteriores, como Debussy e Bartók. Há uma curta *Bagatelle sem tonalidade*, de 1885, que é de fato surpreendente, já a caminho do estilo de Scriabin, isso lembrando que Schoenberg e sua escola estavam prestes a surgir. Pode-se dizer o mesmo sobre a atmosférica e hipnótica *Nuages gris* [Nuvens cinzentas]. Liszt morreu em julho de 1886 de um modo bem apropriado: em Bayreuth, aonde fora assistir a *O anel* de Wagner.

Mais Liszt: os *Années de pèlerinage* [Anos de peregrinação] completos; oratório *Christus*.

19. Johannes Brahms (1833-97)

NUMA ÉPOCA EM QUE a celebridade era considerada a conquista definitiva, a vida de Johannes Brahms é um estudo de como ela pode ser uma verdadeira carga. Ele se tornou famoso aos vinte anos, declarado herdeiro de Beethoven, sabendo que não tinha cumprido tal profecia. Passou o resto da vida tentando justificar a reputação que lhe fora atribuída. Por seus próprios critérios, nunca correspondeu às expectativas. Mas era um homem de talento imenso, de grande paciência e coragem e de um obstinado bom senso. Embora tivesse de lidar com os usuais obstáculos para fazer carreira como artista, além do ressentimento dos inimigos e as próprias dúvidas quanto a seu talento, no fim das contas ele teve em vida uma carreira muito boa. Não precisou morrer para ser mencionado como um dos três "grandes B" da música, junto com Bach e Beethoven.

Sua fama não foi acidental. Por um lado, compôs muitas peças leves, entre elas as irresistíveis *Danças húngaras* e a universal *Canção de ninar*, todas desaparecendo rapidamente das prateleiras. Embora nunca admitisse isso, ele sabia que era uma espécie de gênio, mas sabia também que a genialidade não bastava para tornar alguém famoso. Mantinha um ar de indiferença em relação a dinheiro e glória, ao mesmo tempo que gerenciava com habilidade sua carreira e fazia bastante capital. Seus esforços incluíam cultivar uma plêiade de amigos e protetores poderosos. Se tivesse conseguido ficar satisfeito com o que conquistou, o que não aconteceu, teria tido uma carreira muito prazerosa.

BRAHMS NASCEU EM HAMBURGO. O pai era músico profissional, e a mãe, costureira. Sua família tinha origem camponesa, como diz seu nome, que em português significa "João Vassoura". O pai queria que o menino estudasse violoncelo e trompa, para que um dia pudesse tocar na Filarmônica de Hamburgo. Porém, com estranha obstinação, o pequeno Johannes insistiu em tocar piano. Na época tinha dez anos e não demorou a ficar evidente que era um imenso talento. Logo insistiu em também compor. Seu professor aceitou, relutante, olhar algumas peças que o menino havia composto, e ficou assombrado: "Tive de reconhecer que havia nele, adormecido, um talento excepcional, grande e peculiarmente profundo". Quando Felix Mendelssohn morreu, o professor declarou: "Um grande mestre da arte da música se foi, mas outro, ainda maior, vai florescer para nós em Brahms". Johannes tinha então catorze anos. Inspiraria esse tipo de respeito pelo resto da vida.

Sua adolescência, contudo, não foi agradável. As finanças da família eram sempre precárias, e o pai declarou que se ele era capaz de tocar piano, precisava ganhar algum dinheiro. Johannes foi tocar em espeluncas na zona portuária que serviam refeições a marinheiros. Antiga instituição em Hamburgo, no distrito de St. Pauli, esses pubs preenchiam as funções de restaurante, bar, salão de danças e bordel. Para resumir, as garçonetes eram versáteis. (Se quiser ter uma ideia da aparência delas, veja o rótulo da

Johannes Brahms (1833-97) 195

cerveja St. Pauli Girl.) O garoto de treze anos era pago para tocar música para dança ao piano. Mas segundo ele mesmo contava, ao falar pelo resto da vida com angústia sobre isso, era também assediado pelas mulheres, para diversão dos marinheiros. Ao descrever o fato mais tarde, Brahms disse que aqueles bares tinham sido terríveis, mas que não abriria mão da experiência, pois ela o fortalecera. Talvez acreditasse nisso. Com o tempo, quando ficou claro para a família que o menino não estava bem nem física nem mentalmente, ele foi retirado dos pubs e enviado ao campo para se recuperar. Lá, Brahms começou a viver de maneira saudável.

Em 1853, uma pequena turnê de concertos deu início a uma carreira histórica. Brahms se pôs a caminho junto com o violinista húngaro Eduard Reményi; eles iam de cidade em cidade tocando sonatas para violino e piano e peças populares no estilo chamado "húngaro", ou "cigano". Essa música exótica, de ritmo exuberante, era o jazz daquela época, e Brahms se envolveu com ela. Ele compusera algumas peças para piano e algumas canções — obras brilhantes para sua idade. Como exemplo de suas primeiras obras, tente a canção "Liebestreu, Op. 3, nº 1". Com uma tonalidade sombria e agitada, de notável maturidade musical e psicológica para um compositor que mal completara vinte anos, Brahms musicou um texto de angústia amorosa que é uma profecia de sua vida de solteiro. Nela, a mãe canta para o filho: "Oh, afunde, oh, afunde sua mágoa, meu filho, no mar, na profundeza do mar! E o amor que você traz em seu coração, acabe com ele, acabe com ele, meu filho!".

Quando Brahms e o violinista chegaram a Weimar, foram visitar o mentor de Reményi, Franz Liszt. O compositor os recebeu bem, tocou brilhantemente, em leitura à primeira vista, o saboroso e pseudodemoníaco *Scherzo em mi bemol menor*, de Brahms. No entanto, quando Liszt continuou tocando sua própria sonata em ré menor, Brahms acabou cochilando. Logo começaria um conflito musical que ferveria durante décadas: Brahms de um lado, Liszt e seu colega Richard Wagner de outro.

Na mesma turnê, Brahms conheceu o violinista Joseph Joachim, um prodígio que incluíra o *Concerto para violino* de Beethoven em seu repertório quando tinha doze anos de idade. Daí tiveram início uma longa amizade e uma profícua colaboração. Brahms tinha o dom de, ao se sentar ao piano e tocar sua música, conquistar de imediato admiradores para toda a vida. Ser aos vinte anos incrivelmente bonito, robusto e atlético, com olhos azuis e longo cabelo louro, não dificultava. (Ele não deixou crescer a famosa barba antes dos quarenta anos.)

Joachim era amigo do compositor Robert Schumann e de sua esposa, Clara, que talvez só estivesse abaixo de Liszt entre os virtuoses do piano. O violinista insistiu com Brahms para que visitasse o casal em Düsseldorf. Em outubro de 1853, com um pacote em uma das mãos e um cajado de andarilho na outra, Brahms bateu à porta dos Schumann. Após ouvir algumas peças, Robert lhe deu um tapinha no ombro e disse vagamente: "Nós entendemos um ao outro". Naquela noite Schumann escreveu em seu diário: "Visita de Brahms (um gênio)". A partir daquele momento o casal adotou Johannes, acrescentando-o a sua ruidosa casa cheia de crianças. Alguns meses depois, Robert escreveu um artigo no qual declarava esse aluno de vinte anos como o herdeiro de Beethoven e o

Johannes Brahms (1833-97)

próximo salvador da música alemã — por implicação, salvando-a do que Schumann considerava depredações de Liszt e de Wagner, que haviam se afastado das formas clássicas para assumir uma música baseada em ideias e histórias.

Com a publicação do artigo, o mundo musical europeu irrompeu em fofoca e escândalo. Alguns estavam curiosos para ouvir esse novo fenômeno; outros — sobretudo os seguidores de Liszt e de Wagner — já desprezavam o intruso. Wagner, sarcasticamente, o apelidou de São João. Brahms, por um lado, ficou grato a Schumann, mas ao mesmo tempo horrorizado com a carga que lhe fora imposta. Mais tarde, ao lado de Joachim, tentando se entender com aquela indesejada notoriedade, recebeu a terrível notícia de que Robert tinha tentado o suicídio e fora confinado a um asilo.

A esposa de Schumann, Clara, ficou devastada, sozinha com sete filhos e grávida. Brahms correu para seu lado, fixou residência num dormitório no andar de baixo da casa, ajudou-a com as crianças e com as tarefas domésticas. Durante os meses seguintes, em que passavam os dias conversando e fazendo música, Brahms começou a se apaixonar por aquela excelente musicista, catorze anos mais velha que ele. Começou assim uma odisseia que durou dois anos de anseios e tristezas e culpas partilhadas pelos dois. Se o amor entre eles foi explícito ou silencioso, consumado ou não, não sabemos. Mas quando Robert morreu, em 1856, a ligação de ambos era conhecida por todos, e muitos, inclusive Clara, esperavam que Brahms lhe propusesse casamento. Em vez disso, ele voltou para Hamburgo e permaneceu solteiro. Mas Clara continuou a ser seu grande amor; o relacionamento dos dois perdurou até o fim de suas vidas.

Após o artigo infame de Schumman, Brahms perdeu o rumo por um bom tempo. Entre as poucas peças desse período está o *Trio para piano nº 1 em si maior*, de 1854. Começa com uma primorosa melodia no violoncelo, de um tipo que Brahms repetiria durante toda a sua carreira. A obra é mais conhecida numa versão muito revista que ele fez em 1889. Manteve, contudo, sua paixão juvenil.

O *Concerto para piano nº 1 em ré menor* custou a Brahms quatro exaustivos anos de trabalho até terminá-lo, em 1854. A peça tem início como uma sonata para dois pianos, que ele rascunhou logo após o colapso de Robert. O concerto começa num tom altamente dramático, com um fatídico ré grave nos baixos e trompas ameaçadoras, com impetuosos e arrepiantes trinados por cima. Essa abertura era a mais turbulenta do repertório pianístico até então, com uma urgência expressiva que Brahms raramente tornou a tentar. Decerto o ímpeto para essa obra veio dos anos tumultuados com os Schumann. Caso se aplique a essa abertura vertiginosa a imagem de um suicida se atirando na água, as coisas farão sentido. O enorme movimento continua com uma riqueza de temas contrastantes, com participação maciça do piano, dando pouco descanso para o solista. Após um movimento lento que Brahms disse a Clara ser "um delicado retrato" dela, o *finale* se volta para um estado de espírito elevado e uma arrebatadora melodia húngara/cigana. As plateias da época, no entanto, não estavam preparadas para concertos tão grandiosos, às vezes em tons trágicos. Quando Brahms o tocou, na segunda apresentação em Leipzig, saiu do palco sob vaias. Em seus últimos anos de vida, entretanto, teve a satisfação de ouvir essa obra de juventude aplaudida em toda parte.

Johannes Brahms (1833-97)

Após aqueles anos caóticos com Robert e Clara, Brahms não queria mais drama em sua vida. Livrou-se de suas ansiedades, encontrou sua voz e entrou numa vida movimentada, compondo, apresentando-se em concertos, frequentando bordéis e brigando com os amigos. De fato, uma carreira de compositor exemplar. Ele desistiu das ambições como pianista, embora continuasse a executar suas próprias músicas. Em 1863 se mudou para Viena, e não demorou muito para que tivesse o principal crítico da cidade, Eduard Hanslick — o fustigador de Wagner —, como amigo e protetor. Manteve-se afastado de uma politicagem escancarada; Hanslick foi o verdadeiro líder do grupo de Brahms nos embates de uma década com Liszt e Wagner e os seguidores da Música do Futuro. Em consequência de sua fidelidade à forma sonata e a outros modelos tradicionais, Brahms pertencia, declarou Liszt, à "escola póstuma" de compositores.

ENTRE AS OBRAS-PRIMAS mais conhecidas de sua fase inicial está *Ein Deutsches Requiem* [Um réquiem alemão], finalizado, após anos de trabalho, em 1868. Cético e agnóstico, Brahms escolheu ele mesmo o texto das Escrituras e evitou qualquer menção ao nome do fundador da religião cristã. É um réquiem sem cheiro de incenso nem reverência ao altar; é dirigido à humanidade. *Selig*, "abençoado", começa o coro. Ao fim de sua jornada, a música vem pousar novamente na palavra *Selig*. A delicadeza e a límpida beleza crepuscular da abertura dão o tom para a obra inteira. Foi um sucesso absoluto desde a estreia, e até hoje permanece no coração e na alma do repertório coral. Cantores por vezes descrevem sua atuação na obra como uma experiência que mudou suas vidas.

Brahms chegou à maturidade compondo sobretudo música de câmara. Como amostra, proponho duas peças que levam a direções bem diferentes: o *Quinteto para piano em fá menor* é uma obra de pungente e trágica intensidade, da abertura de implacável energia até o não *scherzo* de arrepiar e seu *finale*, que começa como uma paisagem sombria e termina em fúria. O alívio está no cadenciado noturno de movimento lento, onde o lirismo de Brahms — em grande parte inspirado em Schubert, mas dele mesmo na essência — é delicadamente exposto.

Como Brahms raramente compôs peças de programa e poucas vezes incluiu componentes pessoais em suas peças, seus seguidores tendem a considerá-lo um abstracionista, criador de uma obra livre de elementos autobiográficos. Ele foi de fato um homem de intensa contenção e privacidade, mas nunca fez tais reivindicações, e por vezes admitia a seus amigos que sua música fora extraída de sua vida. O primoroso *Sexteto para cordas em sol maior* é outra obra impregnada de um lindo lirismo, muito dela maravilhosamente cálido, música de amor, mas tecida numa veia de tocante lamento. O tema que constitui o clímax do primeiro movimento é composto de notas cujas letras formam a palavra Agathe, nome de uma mulher de quem Brahms esteve noivo, e com quem rompeu. "Aqui", ele disse sobre a peça, "eu me livrei de meu último amor."

Desde seus primeiros anos de fama, todos esperavam que Brahms compusesse uma sinfonia. Ele só poderia realizar a profecia de Schumann e oficialmente receber o manto de Beethoven caso se aventurasse nessa rainha das formas musicais. Foi em parte por causa disso que Brahms levou décadas para permitir que saísse uma sinfonia da sua casa. O que se tornou a *Sinfonia nº 1 em dó menor* começou com um rascunho

Johannes Brahms (1833-97) 201

do primeiro movimento enviado a Clara Schumann em 1862. Depois disso, catorze anos se passaram. "Jamais comporei uma sinfonia!", ele se angustiava. "Você não faz ideia de como alguém como eu se sente com um gigante como ele por trás!" O gigante, claro, era Beethoven.

Mas ao longo dos anos Brahms continuou martelando e burilando a peça. A *Primeira sinfonia* foi enfim terminada em 1876. Começa num tom de intenso drama: lamentoso, buscando melodias e se expandindo, tendo ao fundo as batidas de tímpanos que Brahms sempre associou ao destino. A introdução cede lugar a um *allegro* que nunca esmorece de sua agitada, dinâmica energia. Segue-se um movimento lento marcado por melodias tocantes, de cortar o coração. Depois vem um novo tipo de movimento sinfônico, um *intermezzo* iniciado com um tema alegre nos clarinetes, que se desenvolve longamente. Todos os movimentos levam ao *finale*, quando as tensões do primeiro movimento e o ensombrecido lirismo dos movimentos intermediários encontram sua solução. A música atinge um clímax de perder o fôlego, e então, como uma explosão de luz solar através das nuvens, ouvimos o chamado de uma trompa alpina. Isso nos leva ao tema principal, uma inesquecível melodia coral. E num momento de beleza em dó maior, de encher o coração, a *Primeira sinfonia* se torna consolo, realização e, finalmente, triunfo.

Após mais de quinze anos de luta para escrever a *Primeira*, as duas sinfonias seguintes exigiram de Brahms um verão cada uma. (Em geral ele compunha em estâncias de veraneio e passava os invernos revendo, copiando, se apresentando.) A

Terceira sinfonia em fá menor, de 1883, é a mais estreitamente costurada, com questões apresentadas em sua íngreme abertura que só serão resolvidas nas soberbas páginas finais. Começa com dois ressonantes acordes nas madeiras e nos metais, depois numa grande proclamação das cordas que iniciam em fá maior; no compasso seguinte os baixos sobem para lá bemol, deslocando violentamente a harmonia para o tom menor. Este é o drama central, musical e expressivo da *Terceira*: uma luta entre os tons maior e menor, entre a angústia e um belo porém frágil lirismo. O segundo movimento começa delicadamente nas madeiras. Após um encantador florescimento do tema, a segunda parte é um coral sombrio em estranhas, complexas harmonias. Numa agitação das cordas o primeiro tema retorna, mas não o coral. Seu momento acontecerá mais tarde. Depois vem o extraordinário terceiro movimento, com sua ascendente melodia nos violoncelos, numa textura trêmula das cordas. Esse movimento soa como uma essência destilada de paixão e anseios. Creio que você jamais esquecerá a primeira vez que o ouvir.

O último movimento da *Terceira* começa com uma linha murmurante nas cordas. Depois surge um tema mais compassado — é o misterioso tema coral do segundo movimento que encontra aqui seu clímax. Isso leva a um poderoso, quase desesperado, tema ascendente. Na coda do *finale* Brahms alcança algo notável: essa tumultuada sinfonia termina com uma longa e suave coda que retorna gradualmente, num mágico tremeluzir das cordas, para uma delicada linha descendente num puro fá maior, que é o tema de abertura da sinfonia, despojado da luta e da incerteza e da tristeza, enfim resolvido na forma de um adeus sussurrado.

Johannes Brahms (1833-97)

Aos quarenta anos Brahms se tornara a imagem do urso gorducho e barbado de quem a história se lembraria. Estava mergulhado em sua antiga vida de solteiro: reservada, melancólica e pessimista, mas ele ainda era bastante sociável, com um séquito que o idolatrava. Isso não se reflete com frequência em sua música, mas Brahms tinha um sutil e afinado senso de humor — comumente à custa de alguém, muitas vezes dele mesmo. Alguns exemplos. Num jantar, seu anfitrião tentou bajulá-lo, brandindo uma garrafa e dizendo: "Chamo este de o Brahms de meus vinhos!". Brahms respondeu: "Então vamos tomar uma garrafa de Bach". Em outra ocasião, ele estava ensaiando um quarteto de cordas quando o violinista perguntou: "O que está achando de nossos tempos?". "Estão bons. Especialmente o seu", foi a resposta. Quando alguém lhe perguntava o que tinha feito no verão, ele descrevia sua monumental *Quarta sinfonia* assim: "Oh, mais uma vez eu só juntei uma porção de valsas e polcas". Ele detestava elogios fajutos, e os que tentavam lhe atirar algum geralmente o recebiam de volta na cara. "Como é que você escreve adágios tão *divinos?*", arrulhou uma dama numa festa. "Meu editor os encomenda assim", Brahms rebateu.

Ele morreu em abril de 1897. Em seus últimos anos foi celebrado aonde quer que fosse, levando a crer que não deveria ter dúvidas quanto a seu lugar na história da arte. Sendo quem era, mesmo assim Brahms questionava isso. Sua preocupação maior era com sua amada cultura austro-alemã, que ele via despencando para a — a palavra é dele — catástrofe. Ao contrário de muitos, ele compreendia o que havia no centro disso tudo: "Antissemitismo é loucura!", gritava para os amigos. Não poderia saber então o que viria a ser essa catástrofe, mas suas obras tardias, inclusive a *Quarta sinfonia*, refletem essa sensação de que sua cultura se autodestruía rapidamente.

A história descreveria Brahms como o grande abstracionista, mas ele não se considerou assim. Estava intensamente conectado ao mundo; sua arte emerge da vida e a reflete. Apenas não era de seu feitio proclamar pautas históricas, como Wagner e seus seguidores fizeram. Brahms não acreditava que a arte pudesse mudar o mundo, não importava quanto o mundo precisasse ser mudado. Para ele a música era uma questão privada, do coração do compositor para o de cada ouvinte. Tinha sua própria versão da voz heroica de Beethoven, mas talvez seus maiores momentos sejam os de melodiosa suavidade. No modo como esses momentos tocam o coração, ele é insuperável.

Mais Brahms: *Sexteto para cordas em si bemol maior; Schickalslied; Concerto para piano nº 2; Sinfonias 2 e 4; Concerto para violino; Quinteto para clarinete em si menor.*

20. Piotr Ilitch Tchaikóvski (1840-93)

DESDE A ÉPOCA EM QUE VIVEU até o presente, Tchaikóvski tem sido o compositor predileto dos que gostam de uma música que abertamente os emocione e transporte. Seus erros de avaliação se devem em grande medida ao impacto de suas emoções, ao brilho de sua orquestração, a seu talento para melodias que prendem a atenção do ouvinte. Sou um dos muitos que começaram na música clássica com Tchaikóvski. Era mais fácil de digerir que minhas outras paixões iniciais, entre elas Brahms. Muito do que eu disse aqui, inclusive quanto aos equívocos no que concerne ao bom gosto musical, o próprio Tchaikóvski sabia muito bem. Como artista, execrava a si mesmo mais do que duvidava de si mesmo, e as frequentes e tóxicas resenhas de seus críticos não ajudavam muito. Mesmo assim, ele foi tremendamente produtivo, tinha um público imenso e no fim apresentou o que talvez seja sua melhor peça.

Piotr Ilitch Tchaikóvski nasceu na família de um gerente de fábrica em Votkinsk, Rússia. Ainda na primeira infância gravitava em torno da música, e começou a compor aos quatro anos; em idade escolar já era um pianista competente. Aos 22 se tornou um dos primeiros alunos do novo Conservatório de São Petersburgo, onde estudou composição com o célebre compositor e pianista Anton Rubinstein. Três anos depois ingressou no Conservatório de Moscou.

Lá atingiu sua primeira fase madura como compositor, produzindo peças como a *Sinfonia nº 1*. Seu primeiro grande sucesso foi o *Concerto para piano nº 1*, de 1875, embora desde o início tenha havido tantas pessoas que o detestaram quanto as que gostaram dele. Ouça-o; em poucos segundos você vai entender o mundo expressivo e superaquecido e as tórridas melodias que tiveram tanta influência na música popular do século seguinte. Como exemplo, na década de 1940 seu tema de abertura se tornou o sucesso "Tonight We Love".

A primeira das músicas para balé de Tchaikóvski, *O lago dos cisnes*, estreou em 1877. Talvez esse ano marque o ponto mais baixo da vida do autor, quando ele se permitiu ser induzido ao casamento por uma estudante de música que o idolatrava. Após algumas semanas ele fugiu, em colapso. A mulher passou os últimos anos de sua vida num asilo para loucos. Esse desastre, contudo, talvez tenha ajudado Tchaikóvski a aceitar, pela primeira vez, a própria homossexualidade — o que era crime capital na Rússia daquela época. Ter de lidar com essa orientação sexual e com o medo de que fosse descoberta foi terrivelmente desgastante. Mas depois do casamento ele escreveu a seu irmão: "Enfim comecei a compreender que nada é mais inútil do que não querer ser o que sou por natureza". Com isso Tchaikóvski conseguiu a paz interior que conservaria desde então.

Àquela altura, sua salvação artística já havia chegado na figura de uma rica viúva chamada Nadezhda von Meck. Ela adorava a música de Tchaikóvski e lhe ofereceu um generoso estipêndio para que ele pudesse dedicar todo o seu tempo à composição. Para manter seu relacionamento num plano ideal, combinaram que nunca se encontrariam. No entanto, estavam

Piotr Ilitch Tchaikóvski (1840-93)

207

sempre trocando cartas, que constituem um inestimável registro da vida criativa de Tchaikóvski. No final da década de 1870 ele já usufruía de uma onda crescente de fama e sua produção era volumosa: sinfonias, balés, óperas, poemas sinfônicos, aberturas. Mas as críticas negativas nunca cessavam. Muitos compositores russos achavam que ele não era nacionalista o bastante, envolvido demais com influências alemãs, francesas e italianas. Outros apenas não reagiam a seu tipo de emocionalismo. O principal crítico vienense (e entusiasta de Brahms) Eduard Hanslick concluiu suas arrasadoras impressões sobre o *Concerto para violino* declarando que a peça "fede no ouvido". Tchaikóvski era capaz de recitar essa resenha palavra por palavra.

PARA CONHECER TCHAIKÓVSKI, o caminho óbvio é uma peça que a maioria de vocês já deve conhecer: a *Ouverture 1812*, composta em 1880. Com seu repique de sinos, tiros de canhões de verdade e uma conclusão exultante, tornou-se um acompanhamento indispensável dos espetáculos de fogos de artifício no 4 de julho* norte-americano. A obra foi encomendada para comemorar a derrota de Napoleão em 1812, e segue a história da campanha o mais literalmente possível. É uma das partituras orquestrais mais ricas de Tchaikóvski, começando com uma sonora e encantadora execução do hino russo. O clímax

---

* Em 4 de julho os Estados Unidos comemoram seu Dia da Independência. Nessa data, em 1776, as treze colônias que formavam o país se separaram definitiva e formalmente do Império Britânico. É interessante observar que, na peça de Tchaikóvski, as referências musicais são aos hinos nacionais russo e francês. (N. E.)

é uma espécie de batalha de bandas, com as marchas francesa e russa se combatendo, até a pátria sair vitoriosa.

Entre os balés, outra preferência muito clara: o eterno favorito das festas natalinas, *O quebra-nozes*, de 1891. Tchaikóvski teve apenas um verdadeiro rival como compositor de balé, o também russo Stravinsky, tendo ambos criado uma música ideal para dança que também funciona bem na sala de concertos. Você pode começar com a suíte "Quebra-nozes", em vez do balé completo. A música tem um encanto incessante e um ritmo maravilhosamente ágil — algo que induz alguém a dançar. A mais famosa e mais original é a "Dança da fada açucarada", com sua tilintante celesta. Parece que existe nos russos uma genialidade inata para a orquestração, e, novamente, um dos poucos que superam Tchaikóvski quanto a isso é Stravinsky. O qual, aliás, gostava de Tchaikóvski.

Talvez a peça mais fundamental de Tchaikóvski para quem não gosta de Tchaikóvski seja a *Serenata para cordas em dó maior*. Grande apreciador de Mozart, aqui ele mostra uma música melodicamente convincente, como sua música costuma ser, mas nesse caso mais objetiva, menos artificiosa em sua expressão do que a maior parte de sua obra.

Das sinfonias, recomendo as duas últimas, ambas entre as mais apreciadas do repertório. A *Sinfonia nº 5* (1888) começa com um tema obscuro e sombrio que dá o tom a todo o movimento. A seção lenta é mais uma de suas melodias familiares e comoventes, muito usada em cenas de amor nos filmes do século seguinte. Em vez do usual *scherzo* há uma valsa elegante. Uma retomada do tema da abertura serve de introdução ao *finale* e leva a um grande e um tanto nervoso *allegro* que termina com uma nota de triunfo.

Piotr Ilitch Tchaikóvski (1840-93)

Em 1893 veio a *Sinfonia nº 6 (Patética)*. Apesar de uma recepção duvidosa na estreia, foi considerada por Tchaikóvski sua melhor peça, e o mundo em grande parte concordou. Começa com um tema lamentoso no registro grave dos fagotes, numa atmosfera de introspecção e sombras. É sua sinfonia mais pessoal, com todas as tristezas à mostra. O gracioso e valsante segundo movimento não é o que parece: por algum tempo tem um muito incomum compasso quinário, com cinco tempos. Após um ágil e bem-humorado *scherzo* vem um *finale* que é um sustentado e inesquecível canto de angústia. As tristezas e os momentos de atormentada esperança da *Sexta* não são reações a uma tragédia específica; são o que os românticos chamam de *Weltschmerz*, a dor do mundo, a tristeza inerente ao próprio ato de viver.

Houve muitas honrarias no final da vida de Tchaikóvski, inclusive uma triunfante turnê americana que começou com a inauguração do Carnegie Hall. Tchaikóvski quase não acreditou na fama que tinha nos Estados Unidos. Em 1893, a Universidade de Cambridge lhe concedeu o título de doutor honoris causa. Em outubro do mesmo ano ele cometeu a imprudência de beber água não fervida, algo que os russos sabiam bem que não deviam fazer. Nunca se chegou a uma conclusão se foi descuido ou suicídio. Ele contraiu cólera, doença miserável que matara sua mãe, e não demorou a morrer. Mesmo com tudo que se pode maldizer quanto a sua música, gerações de compositores depois dele, incluindo Mahler, Sibelius, Rachmaninoff e Shostakovich, não seriam o que foram não fosse ele.

Mais Tchaikóvski: *Sinfonia nº 4; Marcha eslava; Capricho italiano.*

21. Antonín Dvořák (1841-1904)

MAIS DO QUE NINGUÉM, foi Johannes Brahms quem deu força a Antonín Dvořák em sua tardia ascensão para a fama. O velho mestre, que compunha com considerável autoconsciência e labor, admirava a maneira como o jovem parecia tecer suas peças sem esforço. "Uma impressão muito bela e refrescante de um talento criativo real, rico e encantador que não se encontra facilmente", entusiasmou-se Brahms. Dvořák parecia ser feito de música, embora, na prática, sua maturidade tenha sido tardia e duramente adquirida. Brahms também apreciava o inconfundível tom boêmio da música de Dvořák, modelo do artista nacionalista do século XIX, uma obra emanando da rica tradição folclórica de sua terra natal, que ele introduziu em sua música de câmara e orquestral.

Antonín Leopold Dvořák nasceu em Nelahozeves, Boêmia (hoje parte da República Tcheca). Seu pai, um estalajadeiro, era tocador de cítara amador. Ainda criança, começou a aprender violino, e aos doze estudava música intensamente. Quando entrou no Instituto de Música de Igreja, em Praga, já compunha, e para se sustentar tocava em bandas não muito rentáveis. Sobre esse período, ele costumava dizer que estudou mais do que comeu. Na década de 1860, mal sobrevivendo, Dvořák acumulava pilhas de peças nunca executadas.

Antonín Dvořák (1841-1904)

Em 1875, aos 34 anos, ele ganhou num concurso uma bolsa do governo austríaco. Como resultado, conheceu Brahms, um dos juízes da competição. Brahms tomou o jovem sob suas asas e o apresentou a seu editor, para o qual Dvořák compôs as *Danças eslavas*, homenagem às *Danças húngaras* de Brahms. As peças fizeram sensação e o nome de Dvořák entrou no mapa. Ele absorveu também o estilo sinfônico de Brahms e o adaptou a sua própria personalidade e contexto. Logo começou uma série constante de apresentações por toda a Europa e além, num âmbito que ia desde Moscou, numa direção, aos Estados Unidos, na outra.

Em 1892 Dvořák aceitou um convite do Conservatório Nacional de Música, em Nova York. A intenção era mostrar aos compositores americanos como ser um nacionalista, a exemplo dele. Assumiu a tarefa com interesse, mas se especula que o que realmente o atraíra para os Estados Unidos fora a oportunidade de conhecer a Grand Central Station, a estação ferroviária central de Nova York. Dvořák era fanático por trens. Muitas vezes foi tomado como empregado dos terminais, pois ficava bastante tempo nas plataformas e sabia os horários de cor. Era um homem encantador, mas quanto de suas aparentes humildade e ingenuidade eram reais, e quanto eram pose, é algo debatido há muito tempo. Ele sofria de agorafobia, o medo neurótico de estar em espaços abertos, o que é surpreendente, considerando seu amor à natureza e suas extensas viagens.

Quando lhe apresentaram em Nova York as canções nativas americanas e afro-americanas, Dvořák proclamou que eram a verdadeira voz da nação — o que em alguns círculos provocou um coro de revolta racista. No Carnegie Hall, em 1893, aconteceu a estreia de sua obra mais famosa e uma das mais populares de todas as sinfonias, a *Sinfonia nº 9 em mi menor* (Do Novo Mundo). Ele declarou que fora inspirada na música nativa americana, inclusive o movimento lento, no estilo de um spiritual negro. Em que medida essa declaração é verdadeira tem sido tema de muitos debates, mas qualquer que seja sua mistura de elementos boêmios e americanos, a peça é individual e irresistível, e uma boa introdução ao temperamento e ao estilo de Dvořák. Em sua tonalidade, ela leva do nervoso ao pungente e, no *finale*, a um estimulante trecho de banalidade trombônica. A sinfonia também é uma demonstração do rico e brilhante tratamento que Dvořák dá à orquestra, algo que está na órbita de Brahms, mas que é sem dúvida dele mesmo.

Dvořák ficou apenas três anos nos Estados Unidos, mas deixou uma impressão fortíssima nos compositores americanos, que na época se esforçavam em busca de uma forma de expressão autêntica na sala de concertos. A *Segunda sinfonia* de Charles Ives, o primeiro no gênero com uma verdadeira voz americana, tem ecos de Dvořák ao longo de toda a obra. Nos Estados Unidos, Dvořák passou os verões numa comunidade boêmia em Spillville, Iowa, tocando órgão na igreja local e compondo. Uma peça que resultou desses períodos é o *Quarteto de cordas nº 12 em fá maior* (Americano). Começa com uma melodia deliciosamente loquaz na viola e mantém seu tom folclórico — vamos chamá-lo de ianque boêmio — até o fim. Há um movimento lento especialmente tocante e melodioso. Dvořák não foi só diversão e brincadeira; seu lado comovente é intenso e único.

Recomendo outras duas sinfonias. A *Sinfonia nº 8* está cheia de ecos da Boêmia dispostos numa grande tela, uma demonstração do gênio de Dvořák para a melodia cativante. A *Oitava* começa com um tema tocante e expansivo, mas a maior parte transmite alegria. A abertura reaparece modificada, como o tema principal do rompante *finale*. Lembro-me da primeira vez em que ouvi a *Oitava*, pela Sinfônica de Boston, quando estava na faculdade; quando, no *finale*, após uma exuberante melodia nos violoncelos irromperam os selvagens trinados da trompa, tive um momento de deliciosa descrença de que alguém pudesse ter pensado em algo assim.

A *Sinfonia nº 7* é totalmente diferente. Esta é a obra de Dvořák mais próxima de Brahms, na qual, penso, ele se dispôs a compor uma peça trágica, e obteve esplêndido sucesso. As regiões de profunda tristeza não fazem o estilo de Dvořák, mas na *Sétima* ele conseguiu compor música de contundente e fatídica paixão. O delicadamente pungente *scherzo* é uma de suas mais belas inspirações. Aqui ele tem o apelo imediato de Tchaikóvski, mas sem ser tão derramado. À sua maneira, foi um amante do estilo clássico, disciplinado na forma e dedicado a gêneros tradicionais, que preencheu com materiais deslumbrantemente novos.

Dvořák morreu em Praga em maio de 1904. Durante muito tempo, no século xx, críticos não o levaram a sério porque sua música parecia popular demais, bonitinha demais, divertida demais para ser realmente profunda. Verdade que a facilidade com que compunha por vezes o levou a caminhos frívolos, mas no fim ele dominou completamente cada gênero que abordou e na maioria deles compôs obras-primas. Dvořák acabou mostrando quem era no final do século xx, em parte porque, como Brahms, as plateias souberam valorizar o encanto e a comunicatividade que nele foram tão singulares.

Mais Dvořák: *Concerto para violoncelo;* Trio *Dumky, Quinteto para piano em lá maior.*

22. Gustav Mahler (1860-1911)

No que diz respeito a sua personalidade, Gustav Mahler foi um dos compositores mais atormentados, sentindo-se, do início ao fim, um estranho no mundo, e sua música se tornou sua própria imagem. Mas a tristeza é apenas um dos aspectos no rico tecido de sua arte, que vai do pueril ao desesperador, do mais sério ao sarcástico. Suas sinfonias sinalizam o final do Romantismo, levando a um nível de gigantismo, em sua força e em sua ambição, de difícil expressão numa sala de concertos. Na liberdade da harmonia e da forma, e em sua mistura de elementos populares e de exaltação, ele foi também um profeta do que seria a música do século xx.

Mahler nasceu num pequeno vilarejo da Boêmia, filho de um taverneiro austríaco judeu. Passou sua juventude em Iglau, uma cidade tcheca de língua alemã, onde, como austríaca e como judia, a família era considerada duplamente forasteira. Seu pai era distante e inquieto; a mãe, frágil e amorosa. Gustav herdou-lhe o coração debilitado, que aparentemente foi a causa de ela ter ficado manca quando adulta. Os filhos foram doze no total, com vários casos de doença. Metade deles morreu na infância; outros faleceram depois, em consequência de doenças e por suicídio. Desde cedo Gustav ficou obcecado por música, sobretudo música folclórica tcheca e marchas militares que ouvia na rua. Esses gêneros pareciam estar em ressonância com seus sentimentos e suas mágoas, e ele nunca deixou de associá-los a isso. Começou a compor quando tinha quatro anos. Seu talento era prodigioso; fez sua estreia no piano aos dez, e aos quinze entrou para o Conservatório de Viena.

Desde o início Mahler quis ser compositor, mas depois que seus primeiros esforços tiveram pouca repercussão ele adotou a regência e relegou a composição às férias de verão. Esse padrão de atividade durou toda a sua vida. Se sua reputação como compositor foi ambígua durante o tempo em que viveu, como regente seu sucesso foi espetacular. Em dezessete anos ele ascendeu de casas de ópera provincianas àquele que talvez fosse o pódio mais importante da Europa: aos 37 anos, provavelmente por influência de Brahms nos bastidores, tornou-se o diretor artístico da Ópera de Viena. Para conseguir o emprego, ele entendeu que deveria se converter ao cristianismo. Não fora educado na religião, e nos anos seguintes sua música ficou cheia de imagens cristãs, em parte devido a sua triturante obsessão com a morte e sua angustiada esperança de ressurreição. Mas a imprensa antissemita em Viena nunca deixou que o público esquecesse sua origem. Na Viena daqueles dias, quem nascesse judeu sempre seria judeu. No caso de Mahler, isso consolidou sua condição de forasteiro.

Em termos musicais, seu período na Ópera foi triunfante, histórico. Mas se, por um lado, suas apresentações lhe granjeavam admiradores, o modo ferrenho e implacável com que perseguia seus objetivos lhe rendeu inimigos. Suas apresentações mais celebradas foram regendo Wagner e Mozart. Em 1902 ele se casou com Alma Maria Schindler, considerada a mulher mais bonita de Viena. Mahler não era homem de se contentar com pouco: nos anos seguintes estava entre os mais

Gustav Mahler (1860-1911) 217

destacados regentes da época e extremamente produtivo em seu trabalho. Apesar da saúde instável, era um infatigável nadador e alpinista. Ele e Alma tiveram duas filhas, pelas quais Gustav era louco. Esse foi o período da 4ª à 8ª sinfonias.

Em 1907, tudo pareceu desmoronar para ele. Foi expulso da Ópera por seus críticos, uma das filhas morreu com três anos de idade e ele descobriu ter um mal cardíaco que não lhe permitiria sobreviver por muito tempo. Declarou haver profetizado essas três catástrofes em sua trágica *Sinfonia nº 6*, que incluía na partitura três maciços golpes desferidos fatidicamente por um martelo, o terceiro dos quais derrubava o herói da obra. Em desespero, correu de volta para a partitura e desferiu o último golpe. Seu casamento estava cada vez mais conturbado; em algum momento Alma arranjou um amante.

Aos 47 anos, depois de perder o que provavelmente era o melhor emprego da Europa, Mahler foi para os Estados Unidos. No início de 1908 começou a reger no Metropolitan Opera, depois assumindo o pódio da Filarmônica de Nova York. Mais uma vez suas apresentações foram elogiadas, mas seus inimigos proliferaram. Alma disse mais tarde que as maquinações na Filarmônica destruíram a posição de Mahler e apressaram sua morte. Exausto, ele retornou a Viena em 1911 e lá morreu em maio. Em seus últimos momentos parecia estar regendo; sussurrou a palavra "Mozart..." e se foi.

Ao mesmo tempo que era alvo de críticas devastadoras, Mahler fazia algum sucesso com suas músicas, mas nunca triunfou realmente em vida. Foi cerca de cinquenta anos após sua morte que o mundo o abraçou. Como ele disse profeticamente já perto do fim: "Meu tempo ainda vai chegar". Seu triunfo póstumo se deveu sobretudo aos esforços de grandes paladinos da música, em especial Leonard Bernstein. Para muitos de sua época, o trabalho de Mahler era simplesmente incompreensível. Seu temperamento vai do ingênuo e pueril até declarações contundentes. Suas harmonias parecem estar em busca de algo; às vezes uma peça termina num tom diferente daquele em que começou; às vezes a tonalidade quase desaparece. A junção que ele faz de pequenas marchas, surradas melodias populares, melodias folclóricas simples, marchas militares e trechos de uma grandeza beethoveniana confundia seus ouvintes, que haviam crescido com Beethoven e Brahms. "A sinfonia precisa ser como o mundo", dizia Mahler. "Deve abranger tudo."

Brahms foi seu amigo e o admirava muito como regente, mas as duas primeiras sinfonias assustaram o velho mestre, embora não ignorasse o extraordinário talento de Mahler com a orquestra. Para mim, há quatro mestres supremos na arte da orquestração: Stravinsky, Debussy, Ravel e Mahler. Todos trabalharam no século XX, quando o colorido orquestral ficou mais importante do que jamais fora.

Mahler compôs pouca coisa além de sinfonias e ciclos de canções. Para os que só agora vão conhecê-lo, sugiro começar com um de seus ciclos para orquestra: *Des Knaben Wunderhorn* [A cornucópia mágica do menino]. Se você conseguir, ouça a gravação clássica de George Szell com a London Simphony. Os textos são de uma coleção de poesia folclórica alemã publicada no início do século XIX, da qual se valeram gerações de compositores de canções alemães. Os temas estão em toda parte, desde a assustadora marcha fantasmagórica "Reveille" até a ingenuidade infantil de "Quem compôs esta pequena canção?",

Gustav Mahler (1860-1911)   219

passando pela doce tolice de "Santo Antônio de Pádua prega para o peixe". Cada número é uma joia deliciosa e individual. O amor de Mahler à música folclórica, a melodias ingênuas e sentimentais e à música militar aparece em todos os cenários. Em cada um deles — as interpretações variam em número e na ordem, mas há cerca de doze — você ouve a orquestração maravilhosamente colorida e variada do compositor. Ele costumava requerer uma grande orquestra, mas fazia combinações que mudavam constantemente a composição. *Wunderhorn* é uma degustação antecipada de suas sinfonias, porque nelas estão alguns dos temas de suas canções.

Para as sinfonias, seus mundos em forma de sons, comece naturalmente com os cinco movimentos da *Sinfonia nº 2*, de 1888-95, chamada *Ressurreição*, pois o tema é nada menos do que vida, morte e ressurreição — mais especificamente, as de Mahler. Há um gigantesco e portentoso primeiro movimento, um movimento lento baseado numa dança folclórica austríaca chamada *Ländler*, um *scherzo* delirantemente demoníaco baseado na canção de santo Antônio no *Wunderhorn* (para mim, esse *scherzo* primorosamente orquestrado e totalmente original é a glória da sinfonia). No quarto movimento, uma contralto canta um poema do *Wunderhorn*, "Urlicht" [Luz primal], sobre o anseio de voltar para Deus; grande parte no estilo de um hino sacro. O enorme *finale* traz um coro que canta uma letra de Klopstock sobre ressurreição, seguida de um poema do próprio Mahler cujo verso dominante é "Morrerei para estar vivo". O tom da abertura é mágico, radiante; quando Mahler quer conjurar o paraíso, ele faz isso melhor do que ninguém. A conclusão coral é monumentalmente grandiosa ou monumentalmente cafona, depende do gosto. Muitos irão concordar que Mahler cai às vezes na banalidade, na mesma escala épica de tudo o mais que fez.

A *Quarta sinfonia*, concluída em 1900, é única em seu formato, em escala pequena, bem-humorada e deliciosa, desde sua estridente introdução e seu primeiro tema de caráter folclórico. Após um estranho *scherzo* e um expansivo e lindo movimento lento, o *finale* apresenta uma soprano que canta outra canção do *Wunderhorn*, uma visão infantil do céu que envolve principalmente um monte de coisas para comer. Mahler logo faz disso algo irônico e tocante. A essa altura sua partitura soa como se de algum modo tivesse se acendido uma luz dentro da orquestra, dando-lhe um brilho singular.

Finalmente, sua penúltima sinfonia (mais ou menos) completa, *Das Lied von der Erde*, *A canção da terra*, tem seis movimentos. Cantada alternadamente por um tenor e uma contralto, os poemas são uma tradução para o alemão de versos chineses. Mahler a terminou em 1909, e não viveu para ouvi-la. Provavelmente nem esperava isso. A música é um adeus à vida, expressando tudo que vai do grotesco e angustiado ao nostálgico. Começa com a música que mais tarde vai descrever uma imagem bizarra do texto: um macaco agachado junto a uma lápide, uivando. Continua com uma canção de libação: "O vinho acena em taças douradas... primeiro vou-lhe cantar uma canção. A canção da tristeza vai soar risonha em sua alma". O movimento intermediário são encantadoras imagens pastel que evocam a alegria de viver: "Jovens raparigas colhendo flores,/ Colhendo flores de lótus à beira do rio./ Entre arbustos e folhas elas sentam,/ Juntando flores em seus regaços e chamando/ Uma à outra de modo provocativo". O *finale* evolui para uma dança da morte de arrepiar os cabelos. A coda, que

Gustav Mahler (1860-1911)

termina na palavra *evig* [para sempre], é comoventemente bela. É a obra de um homem que não mais acredita na imortalidade olhando para seu túmulo, mas cantando até o fim.

Se Mahler foi o último suspiro da era romântica, ao mesmo tempo foi em grande parte a profecia do século seguinte, em sua música e em sua tragédia. Leonard Bernstein disse: "Nosso século é o da morte, e Mahler é seu profeta espiritual". Ele a viu através das lentes de sua própria alegria e de seu próprio sofrimento, mas foi cantor de temas universais que nunca perderam sua ressonância.

Mais Mahler: as versões orquestrais dos ciclos de canções *Kindertotenlieder* [Canções sobre a morte de crianças] e *Rückert Lieder*; *Sinfonias* nᵒˢ 5, 6 e 7.

23. Outros românticos

AS FIGURAS QUE SE SEGUEM são tratadas mais resumidamente porque eu precisava parar em algum ponto, porém nenhum deles é um compositor menor, e todos compuseram música amplamente apreciada e que pode ser transformadora. Em meu caso, por exemplo, não poderia imaginar um mundo musical que não incluísse Bruckner, Mussorgsky e Sibelius.

Felix Mendelssohn (1809-47). Ele talvez tenha sido o mais espetacular de todos os prodígios musicais; ao final da adolescência já havia escrito algumas de suas músicas mais belas, mais importantes, mais originais (o que não poderia se dizer de Mozart). Em 1826, com dezessete anos, realizou um dos feitos mais notáveis na história dos prodígios musicais: sua abertura para *Sonho de uma noite de verão*, de Shakespeare, que continua a ser, no repertório, uma das obras mais originais e encantadoras de sua espécie. Composta quando Beethoven ainda vivia, ela anunciava o surgimento de uma nova e brilhante voz na música. **Obras sugeridas:** *Octeto para cordas*; *As hébridas*, também conhecida como *A gruta de Fingal*; *Sinfonia "italiana"* (nº 4); *Concerto para violino em mi menor*.

César Franck (1822-90). Frank foi uma criança prodígio. Ingressou no Conservatório de Liège aos oito anos de idade para

Outros românticos 223

estudar piano, e aos doze ganhou um prêmio no Conservatório de Paris. A maior parte das melhores obras de Franck como compositor é dos dez últimos anos de sua vida. É celebrado por seu perfeccionismo criativo, por seu lirismo e por sua tranquila originalidade, por trazer uma dose de toque alemão e de seriedade à música francesa. **Obras sugeridas:** *Sinfonia em ré menor*; *Sonata para violino e piano em lá.*

Giuseppe Verdi (1813-1901). Foi o maior dos mestres italianos da ópera. Como compositor, começou rústico e cru; durante os anos de sua enorme produção, ampliou sua visão e sua arte passo a passo, até o auge de suas obras-primas, quando estava na casa dos setenta anos: *Otello* e *Falstaff*, as mais belas versões operísticas de Shakespeare, ambas demonstrando como ele assimilara Wagner. **Obras sugeridas:** seu maciço e operístico *Réquiem*, de 1874.

Anton Bruckner (1824-96). Com seu contexto (e sua personalidade) de camponês devoto, ele foi um improvável criador de grandes sinfonias. Cresceu na escola da abadia de São Floriano e lá serviu como professor e organista quando começou a compor. Em 1866, aos 42 anos, terminou sua *Primeira sinfonia*, em Viena. A partir de então foi primordialmente um sinfonista, que passava anos aprimorando cada uma delas. De certo modo, levou a orquestração e o escopo de seu herói, Wagner, da ópera para a sala de concertos, embora tivesse sua própria e inequívoca voz: maciça, intensa, ressonante, apaixonadamente lírica, com imensos *scherzos* folclóricos. É a arte de um homem para o qual a música equivalia mais ou menos a Deus. **Obras sugeridas:** *Sinfonias* n°s 7 e 8.

Edvard Grieg (1843-1907). Grieg é uma prova de como o nacionalismo dos séculos XIX e XX, apesar de ter deixado o mundo com muitos problemas, foi bom para a música. Ele é um exemplo de como um lugar pode conferir sabor a um compositor, como se fosse um condimento picante. O país em questão era a Noruega, de cuja música de concerto Grieg foi basicamente o fundador. Depois de aprender piano com sua mãe, ele estudou em Leipzig. Quando retornou à Noruega descobriu a música folclórica nativa, nela baseou sua obra e atingiu a maturidade como um dos compositores mais engajados da arte musical. Entre seus maiores fãs estava Brahms. **Obras sugeridas:** *Peer Gynt*; *Do tempo de Holberg*; *Concerto para piano em lá menor*.

Nikolai Rimsky-Korsakov (1844-1908). Outro nacionalista autêntico, um dos Cinco da Rússia* do final do século XIX, entre os quais também se incluía Mussorgsky. Representa a destilação do que parece ser uma inata genialidade russa para uma orquestração brilhante. No entanto, no final das contas, talvez a melhor coisa que Rimsky fez para a música foi ensinar ao jovem Igor Stravinsky como criar magia com a orquestra. **Obras sugeridas:** *Capricho espanhol*; *Scheherazade*.

Modest Mussorgsky (1839-81). Nascido em uma família camponesa da Rússia, quando jovem era considerado um tanto janota, mulherengo, um pouco tolo. Por baixo de tudo isso havia um gênio assombrosamente original, que criou uma

---

* Do Grupo dos Cinco, compositores que procuraram resgatar as raízes da música folclórica russa e atualizá-la para as tendências de sua época (fim do século XIX e início do XX), faziam parte, além de Rimsky-Korsakov, Aleksandr Borodin, Cesar Cui, Mily Balakirev e Modest Mussorgsky. (N. E.)

Outros românticos 225

das maiores e mais eletrizantes óperas: *Boris Godunov*. **Obras sugeridas:** *Uma noite no monte Calvo*; *Quadros de uma exposição* (composta para piano, mas comece com o arranjo para orquestra de Ravel).

Aleksandr Scriabin (1872-1915). Scriabin é o menos nacionalista, em sua música, dessa série de três compositores russos. A principal inspiração de suas primeiras peças para piano foi Chopin — muitas são encantadoras e com um toque de euforia, itens de salão, mas com uma personalidade que as distingue. Duas forças se entrelaçam em suas obras mais maduras: a determinação de forjar uma nova linguagem harmônica e uma obsessão mística que emana de uma filosofia esotérica chamada teosofia — um movimento fascinante, embora um tanto maluco, que influenciou certo número de artistas no início do século xx. Em seus anos tardios, Scriabin concebeu uma obra hiperwagneriana com duração de vários dias, chamada *Mysterium*, uma união cósmica de todas as artes, a ser montada ao pé dos Himalaias, destinada a elevar seus devotos a "um êxtase supremo, final". Ao espetáculo se seguiria o fim da humanidade como a conhecemos, para ser substituída por seres transcendentes. Uau! Antes de começar a trabalhar de fato em *Mysterium*, Scriabin morreu, insolitamente, de uma espinha no lábio que infeccionou. Não surpreende que tenha sido, no início, uma figura de culto. Apesar de seu repertório ser hoje um tanto padrão, muitos de seus seguidores ainda demonstram um toque do velho fanatismo. **Obras sugeridas:** *Poema de êxtase*; *Sonata para piano nº 5*.

Sir Edward Elgar (1857-1934). Figura marcante do establishment na Inglaterra, tem em boa parte de sua obra o esperado

226   *Romantismo*

convencionalismo solene. Um exemplo familiar é a marcha *Pompa e circunstância nº 1*, executada na formatura escolar de milhões de pessoas. Em seu melhor, Elgar é um compositor de bela e suave expressividade, com uma distintiva mescla de refinamento e lirismo íntimo. **Obras sugeridas:** *Variações enigma*; *Concerto para violoncelo* (de preferência a clássica gravação com Jacqueline du Pré).

Jean Sibelius (1865-1957). Hesitei sobre se deveria incluí-lo, uma vez que ele morreu em 1957. Mas sua trajetória como compositor era a de um Romantismo tardio, musicalmente fundamentada em nomes como Brahms e Tchaikóvski (com um toque de Debussy), e, não menos, nas florestas e nos céus de sua Finlândia natal. Após abandonar o direito em favor da música, ele se concentrou no violino e começou a compor. Estudou em Viena e Berlim com alunos de Brahms, mas ao retornar à Finlândia se proclamou um inveterado nacionalista com seu poema sinfônico *Kullervo*. Após mais uma série de obras baseadas em temas épicos e folclóricos, a hiperbólica *Finlândia*, de 1899, consolidou seu lugar como o principal compositor de seu país. (Já gostei dessa peça, mas hoje a considero insuportável.) Ao longo dos anos, a reputação de Sibelius fluiu e refluiu, e sempre há quem não o suporte, mas sua estrela talvez nunca tenha tido a altura de sua obra. Sibelius cometeu pecados de avaliação e de técnica, porém possuía uma expressividade comovente como a de ninguém mais, e nisso é insubstituível. **Obras sugeridas:** *O cisne de Tuonela*; *Concerto para violino*; *Segunda sinfonia*; *Quinta sinfonia*.

PARTE V

Modernismo e além

24. Os séculos xx e xxi (de 1900 até hoje)

VAMOS COMEÇAR ESTA SEÇÃO fazendo um sobrevoo na música, desde cerca de 1900, o início do Modernismo, até a atualidade, mais ou menos o período Pós-moderno e/ou Pós-pós-moderno. É um território gigantesco e assustador. Minha esperança é poder dar algum contexto à obra multicolorida apresentada no mais democrático, mais inovador, mais esperançoso e mais sangrento, trágico e perigoso período da história humana.

O Modernismo musical começou na Europa aproximadamente na virada do século xix para o xx, surgindo da prolongada morte do Romantismo, que sucumbiu aos excessos das ambições e dos egos e da decadência de velhas formas e convenções. Àquela altura os sistemas tradicionais de escalas e harmonias tonais haviam sido tão deformados que precisavam ou ser repensados ou descartados de vez. Culturalmente, o termo que define esse período é *fin de siècle*, o fim do século e de toda uma era. Contudo, era mais do que apenas um fim; era um desmoronamento. Muito dessa desintegração vinha do social: as duas primeiras décadas do século xx presenciaram o crescimento do nacionalismo e do antissemitismo na Alemanha, processo que engendrou o nazismo; na Rússia, aconteceu a Revolução Socialista. Ambos os movimentos se encaminhariam inexoravelmente para a guerra e para o assassinato em massa numa escala sem precedentes.

Assim, o Modernismo em todas as artes se originou em parte de um momento de mal-estar social, decadência e desespero na Europa — em relação à criação, no entanto, um mal-estar altamente produtivo. Mas havia muito mais em jogo. Pode-se ter como data de referência para a chegada do Modernismo na música a do surgimento da obra de Debussy *L'après-midi d'un faune*, em 1894 (quando Brahms, aliás, ainda vivia). Como veremos, Debussy foi sem dúvida o compositor mais revolucionário de todos. Parte de sua inspiração veio do encontro com um gamelão, um conjunto musical javanês. Essa música peculiar, exótica, marcou Debussy, da mesma forma que o jovem Picasso ficou galvanizado pelas distorções estilizadas das máscaras africanas que o levaram a conceber o cubismo.

Além dos efeitos de novas experiências possibilitadas pelo advento de viagens e comunicações mais rápidas, havia uma inquietação entre os artistas. Eles se esforçavam para encontrar novas linguagens, novas liberdades e novas disciplinas, novas visões do humano. Na música, houve depois de Debussy uma febre por novas cores e harmonias instrumentais, em parte estimulada pela crescente variedade e sofisticação da orquestração moderna. No passado, a originalidade fora priorizada, mas a inovação nem tanto, ao menos pelas plateias. Agora, entre os artistas modernistas, a inovação se tornava a moeda corrente. Daí o velho manifesto modernista: "Faça bom ou faça ruim, mas faça *novo*".

O Modernismo, com suas ambições revolucionárias, foi na verdade uma continuação, expansão, intensificação de tendências que vinham crescendo na arte durante o século XIX. Parte disso era uma visão wagneriana do artista como gênio visioná-

Os séculos XX e XXI (*de 1900 até hoje*) 231

rio, um semideus. De muitas maneiras, o culto romântico do gênio também alimentou o Modernismo, além de uma divisão crescente entre artistas e plateia, que também começara no século XIX. Os artistas ligavam cada vez menos para o que o público achava deles. Para os compositores modernistas isso se devia ao fato de ser cada vez mais difícil viver de sua arte, uma vez que sua remuneração estava longe de ser generosa ou previsível. Quando se deram conta dessa realidade, os compositores se sentiram ainda menos comprometidos com sua audiência. No século XX, a maioria deles ganhava a vida dando aulas ou em trabalhos não ligados à música. Muitas obras do século XX, tanto boas quanto ruins, dependeram de corajosos intérpretes que por vezes precisaram executar suas peças mais alto que os protestos da plateia.

Duas estreias históricas em 1912-3 podem representar o surgimento total e definitivo do Modernismo, na pessoa de dois compositores que pareceram personificá-lo em caminhos opostos. O ano de 1912 marcou a estreia de *Pierrot lunaire*, de Arnold Schoenberg, uma coleção de inquietantes poemas *fin-de-siècle*, num estilo que amplificava sua estranheza. *Pierrot* é uma peça de câmara em pequena escala, mas seu efeito na história foi de uma verdadeira bomba. A outra bomba foi ainda maior: *Le sacre du printemps, A sagração da primavera*, de Stravinsky, obra de um deslumbrante, altamente sofisticado primitivismo.

Ao longo do século, os dois compositores pareceram corporificar os dois lados do Modernismo musical: Schoenberg, o mais austero, teórico, desafiador de audiências; Stravinsky, o mais voluptuoso e possivelmente mais do agrado do público. Nos primeiros anos do Modernismo, tumultos nas plateias se tornaram comuns nas estreias. Os maiores se deram na estreia de *Le sacre* e num concerto no mesmo ano em Viena, com estreias de Schoenberg e de Alban Berg. Em ambos houve gritos e cenas de pugilato na plateia; em Viena foi preciso chamar a polícia e os músicos da orquestra tocaram pálidos de medo. (Por que hoje isso não acontece mais? Muito provavelmente porque as pessoas em 1912 se importavam mais com a música do que as plateias de hoje. Naquela época, se uma plateia odiasse uma peça, ela ia querer agredir o autor.)

É difícil resumir o Modernismo que se desenvolveu no restante do século. Em suas explorações, os artistas iam em todas as direções ao mesmo tempo: primitivismo e futurismo e pós-impressionismo, serialistas e minimalistas e neoclássicos, extremos de complexidade e de simplicidade. Alinhados com esses movimentos havia redutos de resistência romântica tardia, como Rachmaninoff, americanistas como Aaron Copland, e outros mais ou menos inclassificáveis, como Charles Ives e Samuel Barber. Se isso parece um tanto caótico, é porque era, e continua a ser. Mas muitas vezes é um caos frutífero.

A guerra desempenhou um papel importante em tudo isso. Os abalos que se seguem a movimentos culturais, a guerras e a outros eventos históricos reverberam através de gerações, e esse processo afeta a música como afeta qualquer outro empreendimento humano. Um período de pós-guerra produz um estado mental, algo da ordem de um imenso estresse pós-traumático cultural. O que muitas vezes vem após um conflito armado é um recuo, uma necessidade de encontrar novas rimas e novas razões, pois as antigas provaram ser catastróficas. A Primeira Guerra Mundial foi seguida pela Era do Jazz, a quebra da Bolsa de Valores e a penosa Depressão da década de 1930. No pós-choque da Primeira Guerra Mundial, os compositores,

Os séculos XX e XXI (de 1900 até hoje) 233

entre os quais Schoenberg e Stravinsky, voltaram-se, cada um em seu caminho próprio, para uma direção mais formal, mais racionalizada, menos livremente intuitiva: Schoenberg, para o método dodecafônico, ou seja, baseado nos doze tons da escala cromática; Stravinsky, para o Neoclassicismo.

Após a Segunda Guerra Mundial, a resposta da música e das outras artes ao *Zeitgeist*, o "espírito da época" do pós-guerra, foi variada e contraditória. Como sempre, algumas das principais ideias vieram da Europa, sobretudo porque alguns dos mais influentes artistas europeus estavam trabalhando nos Estados Unidos. Antes e durante a Segunda Guerra Mundial, muitas das principais figuras da música e das outras artes haviam imigrado para lá. Schoenberg e Stravinsky tinham, cada um, legiões de discípulos americanos.

UM DOS MANANCIAIS DO MODERNISMO foi o *Impressionismo*. O movimento começou na França, onde, a partir da década de 1860, pintores passaram a levar suas telas para o ar livre e tentavam capturar a luz e as ondulações da água. A melancolia inerente aos estúdios da pintura acadêmica do século XIX foi substituída por telas em tom pastel brilhando com a luz do sol, que dissolvia contornos e formas rígidas. O estilo de Claude Monet, Pierre-Auguste Renoir e outros foi chamado de "impressionista" porque se propunha a captar uma impressão do momento, radicada no instante de sua percepção.

Quando Claude Debussy entrou em cena com uma música baseada tanto no colorido e no ritmo quanto na forma ou na melodia, foi logo apelidado de impressionista. Assim como os pintores, Debussy queria captar a impressão do mar, das nuvens, dos festivais em sensuais varreduras de cor. Também como eles, Debussy estava mais interessado na atmosfera do que em forma e lógica tradicionais. Como os pintores, ele fez uso da disciplina aprendida na academia para dispensar a maior parte do que lhe tinha ensinado. Quando surgiu o jovem Maurice Ravel com suas harmonias pastel e exuberantes texturas instrumentais, os críticos o equipararam a Debussy, como um coimpressionista. (Na verdade, Ravel, que estava amarrado aos antigos padrões formais, era tão neoclássico quanto é possível ser.) Na arte e na música o Impressionismo foi uma revolução rápida e amplamente abraçada. Influenciou compositores tão diversos quanto Charles Ives, George Gerschwin e Béla Bartók. Ao mesmo tempo, a harmonia impressionista se tornou um elemento indispensável no grande período da canção popular norte-americana no século xx, da década de 1920 à de 1950.

O *Expressionismo* foi um desdobramento mais conturbado dos fundamentos do Modernismo. Enquanto o Impressionismo foi francês em sua essência, o Expressionismo foi fundamentalmente austro-alemão. Nesses países a reação política, o militarismo e o antissemitismo eram mais beligerantes do que na França. Artistas abraçavam a nova ciência de Freud, a psicanálise, que criou uma imagem da mente humana como uma frágil casca de racionalidade sobre uma onda inconsciente de pulsões, violência, sexualidade e sofrimento. Tanto quanto quaisquer outros motivos, esse acréscimo de turbulência interna e externa engendrou uma revolução criativa distintamente alemã. Na pintura, o Expressionismo tomou forma como uma arte cujas figuras torturadas e cores coaguladas emanavam de um intencional primitivismo. Muito desse estilo derivou de Vincent van Gogh, Edvard Munch e James Ensor,

Os séculos XX e XXI (de 1900 até hoje)   235

pintores de pesadelo, terror e êxtase. Entre os expressionistas tardios se incluem Ernst Ludwig Kirchner, Emil Nolde e Egon Schiele, com seus desconcertantes autorretratos. O primeiro filme expressionista foi o lendário *O gabinete do dr. Caligari*, no qual as distorções de pesadelo das cenas ecoam a mente de um homem violentamente insano.

Sempre houve alguma objetividade no Impressionismo. Ele tratava de sentimento, mas o que mais buscava era captar a tangibilidade da natureza: as vitórias-régias de Monet, os ventos marítimos de Debussy. Para os expressionistas, isso se relacionava com as regiões profundas da mente, o irracional, a loucura e o sonho. Enquanto os impressionistas se compraziam no que era perfumado, vaporoso e sensual, os expressionistas buscavam o convulsivo, cru e dissonante. Beleza e lirismo não eram proibidos, mas deviam ser atormentados, suas formas e cores filtradas pela mente consciente e inconsciente do artista.

O profético escritor e crítico social Karl Kraus chamou a Viena do *fin de siècle* de "uma célula de isolamento na qual é permitido gritar" e, mais além, "o laboratório para a destruição do mundo". Para citar um exemplo, a virulentamente antissemita Viena serviu de inspiração para um cabo do Exército austríaco e pseudopintor chamado Adolf Hitler. Não é de surpreender, pois, que Viena tenha sido o manancial do Expressionismo musical, que se vê acima de tudo na obra de Arnold Schoenberg e de seus alunos Anton Webern e Alban Berg.

Schoenberg e seus discípulos se afastaram da tonalidade tradicional para uma constante dissonância e para o que veio a ser chamado de *atonalidade*. Suas melodias rejeitavam as suaves linhas do passado em favor de linhas denteadas e às vezes estridentes. Grande parte do período inicial de sua arte aborda os extremos da angústia e da tragédia. Entre as obras que definem essa tendência se inclui *Erwartung*, de Schoenberg, na qual uma mulher enlouquecida tropeça no corpo de seu amante, que ela pode ter assassinado. As chocantes *Seis peças para orquestra*, de Webern, compostas num turbilhão de sentimentos após a morte de sua mãe, é uma paisagem de dor. Berg, em sua ópera *Wozzeck*, criou com tocante honestidade e compaixão a história de um soldado dominado por forças internas e externas que estavam além de seu controle.

Após a convulsão da Primeira Guerra Mundial, tanto o Impressionismo quanto o Expressionismo perderam terreno, o primeiro em direção ao clichê irrelevante, o segundo, à exaustão. Schoenberg, Webern e Berg voltaram-se para o novo método dodecafônico de composição, que buscava uma nova ordem e uma visão mais espiritual. As reverberações do Impressionismo e do Expressionismo, porém, ainda estão entre nós, para o bem e para o mal. Ambos foram poderosos, férteis, modos fecundos do pensamento e da expressão que deram à arte novas linguagens.

Após a Primeira Guerra Mundial uma formidável corrente de pensamento fluiu, a partir da Europa, na dodecafonia de Schoenberg, posteriormente apelidada de *serial*, método no qual uma obra inteira se baseia num único arranjo das doze notas da escala cromática. Na obra de Schoenberg e de seus discípulos Anton Webern e Alban Berg, o método dodecafônico era uma racionalização teórica de sua anterior música *atonal livre*.

O que chamamos de música *tonal* existe desde o início da música, aproximadamente, e cada cultura infletiu nela suas

Os séculos XX e XXI (de 1900 até hoje) 237

características próprias. A música tonal se baseia em *escalas*. O que é uma escala? Se você viu *A noviça rebelde*, cante o final da canção sobre a escala, com as tradicionais sílabas: dó-ré-mi--fá-sol-lá-si-dó. Você tem aí uma *escala maior*, ou seja, em *modo maior*,* com sete notas, a mais comum na música ocidental nos últimos quinhentos anos ou mais. A *escala menor* abaixa o *mi*, o *lá* e às vezes o *si*. Nos últimos quinhentos anos quase toda a música ocidental tem se baseado em escalas maiores e menores, de várias tonalidades. Tendemos a achar os tons maiores mais "claros" e mais "alegres" que os menores, e os menores mais dados à tristeza e à comoção. Essas escalas traduzem essa expressividade, exceto quando não o fazem: há modos maiores com viés de menor, e menores com viés de maior.

Quando você canta a escala, percebe que a primeira e última notas, no caso aqui exemplificado *dó* e *dó*, soam como se fossem as principais da escala? Em todas as culturas uma dada escala tem uma nota-chave, considerada sua base. É em função do tom dessa nota que chamamos a música de *tonal*: ela se fundamenta na ideia de um tom básico para cada tonalidade, com as escalas a ele associadas. Esse tom básico é chamado de *tônica*, ou *centro tonal*. Cada tonalidade tem o nome de seu centro tonal: dó maior, ré menor, lá bemol maior etc.** As outras notas da escala seguem uma hierarquia de relacionamentos com a

---

* No modo maior, os intervalos entre os tons têm a sequência tom-tom--semitom-tom-tom-tom-semitom. O modo menor tem três variantes — natural, harmônica e melódica —, com sequências diferentes de intervalos. (N. T.)
** Nesses exemplos, as tônicas, ou tons básicos, ou centros tonais, são, respectivamente, o dó, o ré e o si bemol. Nos modos maiores, os intervalos têm a sequência do modo maior. (N. T.)

tônica. O quinto grau da escala, o *sol* (no caso da escala de dó) é o vice no comando, e é chamado de *dominante*. De fato, pode-se dizer que numa dada escala apenas a tônica é sua base verdadeira; as outras notas, na escala maior e na menor, anseiam por chegar a ela, cada uma a seu próprio modo.

Com base em cada nota da escala pode-se construir um *acorde*. O tipo de acorde mais comum na música tonal é o de três notas, chamado *tríade*, ou *tríada*. A nota mais grave numa tríade é a *fundamental*. Constrói-se uma tríade acrescentando uma nota dois intervalos acima da fundamental, e acima desta mais uma nota, a dois intervalos dela. Cada tríade de uma certa tonalidade leva o nome do grau da escala que constitui sua fundamental. A *tríade tônica* no tom de dó maior, por exemplo, é dó-mi sol; a *tríade dominante* desse mesmo tom é sol-si-ré.

Assim como as escalas, as tríades vêm em vários sabores, principalmente o *maior* e o *menor*. Ré-fá sustenido-lá é uma tríade de ré maior; ré-fá-lá é uma tríade de ré menor. Um *acorde* se define como um grupo de três ou mais notas executadas ao mesmo tempo. Há muitos tipos de acordes além das tríades maiores ou menores, alguns deles tradicionais, outros usados pela primeira vez no século xx. Se você pegar uma tríade e acrescentar uma nota uma terça acima da nota mais aguda, digamos, sol-si-ré-fá, você criou um *acorde de sétima*, porque o fá está em um intervalo de sétima a partir do sol fundamental.

Na tonalidade clássica ocidental, um acorde de sétima é definido como uma *dissonância*. Na música tonal, dissonância significa duas coisas. Primeiro, é acusticamente mais carregada, um som mais complicado do que uma consonância, por isso considerado menos tranquilo. Segundo, espera-se que uma dissonância se resolva em algo mais tranquilo ou acusticamente

Os séculos XX e XXI (de 1900 até hoje) 239

mais suave, mais agradável ao ouvido. Esse som mais suave é chamado de *consonância*. Assim, na música tonal tradicional, *espera-se que a dissonância procure se resolver numa consonância*, isto é, de uma tensão para uma resolução.

Há quem ache que a dissonância na música é uma coisa feia e que deveria ser abolida. Isso é uma bobagem. A dissonância é absolutamente necessária, na música e na vida. Toda a música ocidental é um fluir e refluir de dissonâncias e consonâncias, saindo da tranquilidade e voltando a ela, postergando cadências, desviando-se de resoluções esperadas e realizando jogos sutis e expressivos com a criação de tensões e de suas resoluções. Em sua música tardia, Beethoven prolongou cadências, agoniadamente longas, às vezes para criar tensão, às vezes uma sensação de suspensão e de sonho. A habilidosa manipulação da tensão e de seu alívio, da dissonância e da consonância, é o que distingue um mestre de um amador.

Enquanto Mozart e Haydn, no período clássico, queriam sobretudo manter tonalidade, harmonia e forma bem claras, Beethoven ficou cada vez mais interessado em relações de tonalidade mais distantes, períodos harmônicos mais prolongados, formas menos óbvias. No século do Romantismo os compositores exploravam uma deliberada ambiguidade harmônica, elevando os níveis da dissonância, com longas demoras até a resolução. O ciclo *Dichterliebe* [Amor de poeta] de Robert Schumann termina num primoroso e não resolvido acorde de sétima.

Durante o século XIX, compositores mexeram e remexeram no sistema tonal diatônico, acrescentaram dissonância nesse mix, mudanças de tom mais complexas e ágeis, explorações de ambiguidades tonais mais sustentadas que deixavam a

240   *Modernismo e além*

sensação de uma interrupção da tonalidade. Nos primeiros anos do século xx alguns compositores, sobretudo Arnold Schoenberg e seus alunos Webern e Berg, chegaram à conclusão de que o sistema tonal estava exaurido. Por razões tanto de expressão como de técnica, eles começaram a compor música com harmonia livre, o que significa que não havia acordes, nem hierarquia de consonância e dissonância, pouca ou nenhuma percepção de um centro tonal. Em outras palavras, os tons foram banidos. A tonalidade estava morta. Toda harmonia era permitida. Chegamos então à *atonalidade*, ou seja, música sem centros tonais. (Não que toda música com harmonia livre seja atonal — alguns compositores, inclusive Bartók, compuseram com bastante liberdade, mas mantiveram a percepção de um centro tonal.)

A melhor maneira de comparar música tonal com atonal é ouvindo alguns exemplos. Ouça o primeiro movimento de *Eine kleine Nachtmusik* [Um pequeno serão musical], de Mozart. Aqui a harmonia e a tonalidade são explícitas. Depois ouça a abertura do *Quarteto para cordas em fá maior, Op. 88*, de Brahms. Ambas as peças são tonais, mas Brahms estava mais interessado do que Mozart em colorido, em desvios, em modulações (mudança de tonalidade) e em harmonias. Em seguida, tente o prelúdio de *Tristão e Isolda*, de Wagner. Ele usa acordes que existiam na música tonal, mas principalmente os mais dissonantes, e os junta de modo tão livre que na peça há pouca ou nenhuma percepção de um centro tonal. Ouça agora uma das peças modernistas atonais pioneiras, a primeira das *Três peças para piano, Op. 11*, de Schoenberg (preferivelmente na gravação de Glenn Gould). A música parece um sonho, errante, imprevisível, mas com uma intensa personalidade própria. As har-

Os séculos XX e XXI (de 1900 até hoje) 241

monias são constantemente dissonantes segundo os padrões tradicionais, embora ainda apresentem o fluxo e refluxo de uma *relativa* consonância e dissonância. Numa peça atonal não existe uma escala perceptível, exceto a *escala cromática*, que inclui todas as notas dentro de uma oitava — se contadas nas teclas de um piano, somam doze.

Parte do que marca a música tonal é a grande medida de sua previsibilidade. Você sabe que a dissonância vai se resolver numa consonância, e, por mais longe que a música se estenda entre tonalidades, ela normalmente retorna à da tônica. É por isso que as peças levam no título a tonalidade da tônica, como em "Sinfonia em ré maior": não importa quanto a obra se estenda em outros tons, ela no fim retorna ao ré maior. (Às vezes uma peça começa num tom menor e termina num tom maior, mas a tônica continua a ser a mesma: digamos, começa em fá menor e termina em fá maior.) Na música atonal, no entanto, não há uma resolução tonal e não se pode prever nada. Tem-se que viver o momento. Para alguns, isso é uma limitação; para outros, a liberdade. Para mim é simplesmente uma característica, e eu a aprecio pelo que ela é. (A música atonal não *precisa* ser dissonante o tempo todo, embora frequentemente seja.) A atonalidade abriu, pela primeira vez, a mais completa paleta de harmonias possível.

Há mais uma questão a ser considerada quanto à música atonal. Em minha educação musical aprendi que a atonalidade e a tonalidade eram puramente uma questão técnica, produtos de uma contínua inovação na história e nos métodos, que pode ser estudada. Elas são essas coisas, porém a música é, igualmente, matéria *expressiva*. Para chegar aos territórios emocionais que buscavam, alguns obscuros e assustadores, compositores tiveram de criar peças atonais. Em meus tempos de estudante, descobri que muitos compositores americanos compunham de um modo que imitava na técnica e no estilo o expressionismo austro-alemão do início do século xx, o que considerei intrigante. Esses compositores ignoravam o fato de que estilo é algo conectado a um lugar, a uma cultura, a um *Zeitgeist*, e têm por origem personalidades artísticas particulares que se expressam com base em necessidades e preocupações e êxtases e loucuras específicas. Qualquer que seja a técnica de um compositor, é preciso associá-la a quem ele é, de quando e de onde ele provém.

Chegamos agora ao uso dos doze tons, o *dodecafonismo*. Schoenberg e seus seguidores fizeram experimentos em certa medida livres em relação à harmonia e a outros detalhes; cada peça tinha seus principais temas e materiais, mas não havia um procedimento que abrangesse tudo. Essa fase, a dos primeiros anos de suas obras mais maduras, é chamada de *atonalidade livre*. Nenhum centro tonal, nenhum método predominante, dissonância e consonância consideradas iguais em prioridade — isto é, a dissonância liberada da necessidade de buscar uma resolução. Um sem-número de peças incríveis foi composto em atonalidade livre: *Pierrot lunaire*, de Schoenberg, *Cinco peças para quarteto de cordas*, de Webern, a ópera *Wozzeck*, de Berg.

Depois da Primeira Guerra Mundial, Schoenberg decidiu seguir uma direção mais disciplinada — em outras palavras, um *método*. Acredito que houve alguns motivos para isso, alguns emocionais, alguns históricos, alguns técnicos. Após o caos emocional e a disrupção da guerra há sempre um anseio por algo mais calmo, mais razoável, mais sob controle. (E/ou mais divertido — considere a Era do Jazz da década de 1920.)

Os séculos XX e XXI (de 1900 até hoje) 243

Depois da guerra, Stravinsky se voltou para seu estilo neoclássico, mais concentrado e mais antiquado. Schoenberg veio com uma nova forma de compor, que ele chamou de *método dos doze tons* (dodecafônico). Assim como a música tonal tradicional, essa nova maneira de compor tinha regras e regulamentos. Como veremos no capítulo sobre Schoenberg, uma peça dodecafônica é toda baseada no que constitui uma única melodia cromática: um arranjo específico das doze notas da escala cromática, chamado *série*, que pode ser manejado com uma vasta variedade de formas. Em grande parte, a ideia de série veio do século XIX, do foco cada vez maior nas relações temáticas, como quando Liszt baseou uma peça inteira num único e pequeno tema, ou *motiv*.

Pense no dodecafonismo como a versão de Schoenberg do neoclassicismo de Stravinsky — depois de ter dado asas à música, um retorno à lei e à ordem. (Stravinsky dera-lhe asas em *Le sacre du printemps* [A sagração da primavera] com insuperável brilhantismo.) Após a Segunda Guerra Mundial houve uma volta ao tipo de intensificada concentração em séries, que tivera Webern como pioneiro; essa música pós-guerra, pós-Webern, veio a ser chamada de *serial*, pois se baseia em séries, mais inflexivelmente aplicadas do que nunca. Entre os apóstolos do "serialismo total" estão Pierre Boulez e Karlheinz Stockhausen, mas nenhum dos dois seguiu necessariamente suas regras no longo prazo.

SE A FACÇÃO NEOCLÁSSICA FOI, em certa medida, uma ressonância dos anseios do pós-guerra por paz e normalidade, o rigor intelectual do serialismo surgiu, em parte, de um impulso de racionalidade após os catastróficos disparates da Segunda Guerra Mundial. Na Europa, e logo nos Estados Unidos, compositores, inclusive Boulez, adotaram o serialismo pós-Webern como uma causa sagrada, proclamando a necessidade histórica de que fosse uma prática nova e comum. Enquanto isso o colega de Boulez, Stockhausen, que em sua juventude na Alemanha vira os restos mortais de seus concidadãos pendurados em árvores após bombardeios dos aliados, declarava que todo compositor deve perseguir uma revolução interminável.

Nos Estados Unidos, a ideia do serialismo se estabeleceu como um empreendimento associado a compositores na academia. Lá, por um tempo, houve uma dicotomia: os autores mais frequentemente atonalistas e serialistas em um campo, os mais popularescos neoclassicistas no outro. Então aconteceu algo inesperado. Após a morte de Schoenberg, em 1951, Stravinsky se afastou de seu trabalho de décadas em obras neoclássicas e aderiu ao serialismo, começando com seu balé *Agon*. As ondas de choque reverberaram em toda a música ocidental. Foi como se o comando-geral de um exército tivesse sido entregue ao inimigo. O histórico retorno de Stravinsky confirmava o triunfo do serialismo e da vanguarda na frente de batalha da nova música. Os revolucionários se apoderaram do negócio. Duas gerações de neoclassicistas se viram alijadas dos holofotes, e às vezes de seus empregos.

Mas ao mesmo tempo uma terceira tendência de pensamento na música parecia contradizer todos os outros campos. Em sua "Conferência sobre nada", de 1949, o compositor John Cage declarou: "Nada tenho a dizer/ e o estou dizendo/ e isso é poesia/ como dela preciso". No espírito zen de abertura para o mundo, Cage rejeitou toda a antiga agenda da música:

Os séculos XX e XXI (de 1900 até hoje) 245

lógica, emoção, significado, beleza, forma e assim por diante. Declarou que qualquer som, absolutamente qualquer som (e, melhor ainda, o silêncio) era música. Começou a compor usando métodos casuais, que envolviam lançar dados, ligar rádios, consultar o *I Ching*, antigo livro chinês de profecias. O movimento de Cage e seus discípulos foi chamado de *aleatório* (do latim *alea*, "dados"). Teve ampla influência; para alguns, a busca do não significado parecia uma saída para as desastrosas ideologias e agendas do passado.

O ethos aleatório parecia, em última análise, contrário à escola serial — decerto era em relação à música neoclássica. Na prática, contudo, isso suscitou uma reaproximação entre serialistas e aleatoristas. Afinal, eles criavam tipos de som semelhantes, trabalhavam fora do eixo da vida dos concertos musicais, eram chamados de avant-garde, vanguarda, e muitas vezes adotavam uma postura de indiferença em relação ao público burguês frequentador de concertos e à cultura popular.

Tudo isso tinha um ar de autenticidade e de inevitabilidade. Para muitos compositores do pós-guerra, na Europa e nos Estados Unidos, após a manifesta morte do velho sistema tonal, o serialismo parecia a única alternativa à anarquia musical, e a vanguarda, o melhor antídoto para o tédio e a estagnação culturais. Porém, quando a década de 1950 deu lugar à de 1960, um problema recorrente permaneceu: não havia gente bastante comprando ingressos para ouvir música de vanguarda ou serial. O público não era suficiente para encher os teatros. Àquela altura, boa parte da obra de Stravinsky era repertório padrão, a de Bartók quase o mesmo. Mas a despeito desses sucessos ocasionais, o lado mais revolucionário da equação musical não conseguia encontrar um caminho firme na corrente predominante da música. Veio então a guerra do Vietnã, e em sua esteira uma nova onda de revolução e de reação — uma reação política ainda em andamento no momento em que este livro é escrito.

Talvez de modo inevitável, entre jovens compositores americanos surgiu uma rebelião contra a rebelião da geração anterior. Em 1964, à medida que surgia a "contracultura" e barbas e protestos irrompiam por todos os Estados Unidos, Terry Riley compôs uma peça chilreante, hipnótica, semialeatória, chamada *In C*. Essa obra e seus simpatizantes constituíam a assim chamada escola *minimalista*, liderada por compositores como Steve Reich e Philip Glass. Esse movimento se afastou o mais possível do serialismo acadêmico, na direção de uma simplicidade total e da transparência nos meios de expressão. O persistente balbucio e o ritmo do minimalismo nasceram, entre outras fontes, da música pop. Seu sucesso teve o efeito de abrir um gigantesco território musical entre o espectro serialista, por um lado, e o minimalismo de cinco notas — com duração de uma hora — por outro. A maioria dos compositores dos últimos cinquenta anos trabalha em algum lugar dentro desse território. Ao mesmo tempo, a partir da década de 1960, os antes bem delineados reinos da música "popular", "clássica" e "de vanguarda", de arte "superior" e de arte "inferior", tornaram-se nebulosos e indefinidos. Eles têm se fundido desde então.

EM 1974, O GRANDE COMPOSITOR japonês Toru Takemitsu, em visita a Yale, disse-me: "Agora estamos livres". Ele quis dizer livres de ideologias tonais contra atonais, de consistência estilística, até mesmo do popular contra o clássico. Nessa

Os séculos XX e XXI (de 1900 até hoje) 247

mesma época outro compositor afirmou: "É difícil fazer uma revolução quando, duas revoluções atrás, já se dizia que valia tudo". O movimento *pós-moderno* de fim de século parecia se comprazer da impossibilidade de criar alguma coisa de fato nova. Em vez disso, os artistas pós-modernos se permitiam jogar ironicamente com o passado, misturando, igualando-se e se diferençando de artes que um dia haviam sido divididas em "superior" e "inferior".

O que os serialistas temiam na década de 1950 acabou acontecendo: a composição musical evoluiu para um tipo de anarquia dinâmica que consumia vorazmente todo movimento do passado. Parte do crédito por isso se deve à ubiquidade da mídia moderna, que preserva tudo. Fica mais difícil antever o futuro quando o passado está o tempo todo diante de nossos olhos e de nossos ouvidos. Há menos fluxo e refluxo natural na evolução artística quando cada movimento tende a ficar por aí indefinidamente.

Desenvolvimentos mais recentes de um novo tipo de música, como sempre ocorre, tomaram direções contrastantes. Por um lado, existe um tipo de turbulência pós-funk que tem sido chamada de "brutalismo estético". Por outro, há compositores nos Estados Unidos, agrupados em torno da Orquestra Sinfônica de Atlanta, que se intitulam "Escola de Atlanta". Esse grupo oferece a seus ouvintes um cálido abraço, apelidado de *"the new niceness"*, a nova gentileza, ou algo assim. Entre os compositores da Escola de Atlanta está Jennifer Higdon, cujo exuberante e neorromântico *Concerto para violino* ganhou o prêmio Pulitzer de 2010. Por outro lado, e totalmente diferente, uma escola de compositores *espectralistas* explora diferentes tipos de organização musical com base nas propriedades acústicas do som. Ouça o rosnante e assobiante *Partiels*, de Gérard Grisey, de 1975.

Este foi meu rápido estudo do Modernismo, Pós-modernismo e seja qual for o período em que estamos agora. Como resumi-lo? A melhor maneira que me ocorre é a seguinte. Por alguns anos dei aulas num conservatório no qual em certo momento havia 33 alunos e cinco professores de composição. Esses 38 compositores compunham de 38 maneiras diferentes. Nenhum deles, dos mais velhos aos mais jovens, compunha exclusivamente música serial, nenhum era da corrente predominante dos minimalistas, nenhum estava regularmente envolvido nos procedimentos aleatórios de Cage, nenhum soava muito como Schoenberg ou Stravinsky, alguns compunham tanto peças tonais quanto atonais, só uns poucos eram perceptivelmente neorromânticos ou pós-modernos ou próximos da vanguarda das décadas 1960-70. Mas cada uma dessas influências estava presente nas obras, de formas caleidoscópicas e imprevisíveis. É a isso que me refiro com o termo "anarquia dinâmica". Tem seus perigos, mas também seus potenciais.

Existem muitos compositores a citar nesta seção, mais do que em qualquer outro período. Talvez porque a história ainda não tenha acabado de selecioná-los. Ou pode ser que, por causa da mídia moderna — rádio, gravações, a disponibilidade de todo o repertório on-line —, cada vez menos compositores acabem desaparecendo de todo. Sendo eu mesmo um compositor pouco conhecido, cujo material aparece no YouTube e no Spotify e, esperançosamente, talvez permaneçam on-line para sempre, não vou reclamar quanto a isso.

25. Claude Debussy (1862-1918)

NA DÉCADA DE 1920, em Riceville, Tennessee, uma pequena cidade sulina de solo avermelhado junto dos trilhos da ferrovia, minha mãe tocava Debussy ao piano, uma década após a morte do compositor. Foi um dos últimos autores de música clássica cuja obra seria reconhecida e adorada universalmente, executada por jovens e velhos em salões por toda parte. Debussy, contudo, também foi um dos compositores mais radicais. Seu treinamento fora fundamentado no passado, mas em sua obra ele jogou muito do que tinha aprendido pela janela: as melodias, as harmonias, as formas, as atitudes.

Ao contrário de muitos dos modernistas que se lhe seguiram, Debussy não procurou chocar, e sim embevecer, não provocar, mas seduzir. "Amo música apaixonadamente", ele disse, "e por amá-la tento libertá-la de áridas tradições que a sufocam. É uma arte livre... uma arte ao ar livre, arte sem limites, como os elementos, o vento, o céu, o mar!" Era inimigo ferrenho da abstração: "Não é preciso que a música faça as pessoas *pensarem*! [...] Seria suficiente que [...] elas sentissem por um momento que tinham sonhado com um país imaginário".

Claude-Achille Debussy nasceu em Saint-Germain-en-Laye, França. O pai era comerciante de porcelana, e a mãe, costureira. Começou a estudar piano com sete anos, e aos dez havia progredido tanto que foi aceito no Conservatório de Paris. Es-

250   *Modernismo e além*

tudou naquela escola notoriamente conservadora até os onze anos, embora se mostrasse um aluno recalcitrante e de espírito livre. Há um número abundante de histórias de como Debussy chocava seus professores transgredindo sem parar as regras musicais. Ele se safava porque quase todos reconheciam seu brilhantismo. Fora da escola sua vida já era aventurosa. Em três verões, a partir de 1880, ele viajou pela Europa como pianista para Nadezhda von Meck, a famosa patrocinadora de Tchaikóvski. Aos dezoito anos começou a ter um caso, em Paris, com Blanche Vasnier, uma cantora casada. O romance durou oito anos.

Em 1884, Debussy escreveu uma cantata, comportada o bastante para ganhar o prêmio do Conservatório de Roma, o que exigia três anos de residência na capital italiana. Descobriu que desprezava a cidade, seus colegas estudantes, as acomodações e a comida. Compôs devidamente as peças requeridas para justificar sua residência, que os professores execraram por "cortejar o incomum". "Estou enamorado demais de minha liberdade, muito afeito a minhas próprias ideias!", ele escreveu numa carta. Após dois anos, fugiu para Paris e para Blanche. Naquela época houve outras mulheres também; quando jovem, Debussy era um boêmio da variedade mais libertina. Uma amante ameaçou suicidar-se caso fosse abandonada; outra, com quem se casou em 1899, realmente deu um tiro em si mesma quando ele a trocou por uma nova mulher, mas sobreviveu. O próprio Debussy era dado a pensamentos suicidas.

Em 1890 ele compôs o que viria a ser sua peça mais famosa, embora só a tenha publicado (muito revista) em 1905: *Clair de lune* [Luz do luar], para piano. A peça é arquetipicamente Debussy: lânguida, onírica, cheia de perfumes sutis, na harmo-

Claude Debussy (1862-1918) 251

nia, na melodia e no tratamento do piano. Uma obra da mais marcante originalidade.

Vivendo no distrito de alta boemia que era Montmartre, em Paris, Debussy estava em pleno cenário artístico do final do século, o *fin de siècle* francês, período no qual o Romantismo já ultrapassara a maturidade e a cultura ocidental tropeçava em direção às catástrofes do século seguinte. Ainda assim, o *fin de siècle* foi um período fértil para as artes em toda a Europa. Debussy andava na companhia dos Simbolistas, grupo de escritores entre cujos fundadores e heróis incluíam-se Edgar Allan Poe e os poetas Baudelaire, Verlaine e Mallarmé. Um membro desse grupo fez um resumo, adequadamente obscuro, de seus objetivos: fora com "significados óbvios, declamações, falso sentimentalismo e descrições factuais [...] cenas da natureza, atividades humanas e todos os outros fenômenos do mundo real não serão descritos por si mesmos; aqui, eles são superfícies perceptíveis criadas para representar suas afinidades esotéricas com os ideais primordiais". (Ahn... quais são mesmo?)

Com base num famoso poema nebuloso e erótico de seu amigo Mallarmé, Debussy compôs em 1891-4 o que se tornou imediatamente sua mais famosa obra orquestral, sua primeira obra-prima, inaugural do Modernismo musical: *Prélude à l'après-midi d'un faune* [Prelúdio para a tarde de um fauno]. No poema de Mallarmé, o fauno de um mito antigo está deitado, sonhando que faz amor com uma ninfa. Debussy coloca sua versão em um novo mundo tonal: uma melodia suspirante nos registros mais graves da flauta, cuja sedosa sexualidade nunca tinha sido explorada. A peça se desenrola como um sonho acordado, com harmonias que pairam não resolvidas, melodias

252 · *Modernismo e além*

como a respiração do vento, ritmos que se espalham soltos num compasso, cordas e harpas soando como véus diáfanos, numa forma tão livre e inevitável como a de uma rocha esculpida por água corrente.

Esse estilo singular, totalmente novo, do *Faune* soa tão familiar, natural e inevitável que é fácil deixar de perceber a complexa e difícil antítese que a peça foi. Para o *Faune*, Debussy se imbuiu de um enorme âmbito de influências. No Conservatório, ele se infundiu sobretudo do passado alemão. Por algum tempo se envolveu com Wagner, estudando suas partituras e fazendo uma peregrinação a Bayreuth. Além disso, havia a longa história da música francesa, desde as pequenas "peças de caráter" para cravo de François Couperin até as harmonias sutis do contemporâneo mais velho de Debussy, Gabriel Fauré. Os mestres russos da época participavam dessas influências também: Rimsky-Korsakov, Mussorgsky, Tchaikóvski.

Debussy encontrou influências ainda mais exóticas em Paris: as sentenciosas e harmonicamente inovadoras peças de Erik Satie, um dos grandes excêntricos da época, tanto em sua música antirromântica quanto em sua pessoa. Entre seus títulos estão *Peças para fazer você fugir* e *Três prelúdios verdadeiramente flácidos (para um cão)*. Houve também aquele encantado exotismo do gamelão javanês que Debussy descobriu na Exposição Universal de Paris em 1889, uma música lânguida e exótica que parecia varrer para longe tudo que lhe fora ensinado. Talvez essa música, ressoando em gongos, tenha completado a ruptura do compositor com o passado, com as formas clássicas e as regras e os regulamentos que as serviam. É então que ele abandona Beethoven, que Wagner se torna para ele "aquele

Claude Debussy (1862-1918) 253

velho envenenador [...] um belo pôr do sol que foi confundido com uma aurora". Com uma criativa alquimia de singular genialidade, Debussy forjou essa mistura de influências numa personalidade musical que parece ter surgido de lugar nenhum, já totalmente formada.

Devido a sua tendência de compor peças que retratavam vento e água e pessoas e acontecimentos, os críticos o rotularam de impressionista, em analogia com os pintores franceses seus contemporâneos que trabalhavam ao ar livre e tentavam capturar os elementos em suas telas. Debussy detestava esse rótulo, mas ele pegou, e logo o jovem Ravel juntou-se a ele como outro pai fundador do Impressionismo musical.

Apesar do desagrado de Debussy, "impressionista" é um rótulo tão bom quanto qualquer outro atribuível a ele, como demonstra sua grande obra orquestral seguinte, *La mer* [O mar], de 1903-5. Consiste em uma sinfonia em três movimentos, mas está muito distante da ideia comum — ou seja, alemã — daquilo que constitui uma sinfonia. É uma série de imagens do mar em movimento. "Da aurora ao meio-dia no mar" apresenta gradualmente uma ampla expansão, depois navega numa jornada. Parte do efeito da peça vem do uso sem precedentes que Debussy faz das cordas. Elas desenham cores e texturas mutantes, criando uma atmosfera acima da qual o vento e os metais cantam melodias rapsódicas. "O jogo das ondas" é um movimento mais animado de sonoridades que se movimentam e brilham, "Diálogo entre o vento e o mar" começa com uma rajada de vento que aos poucos se transforma para chegar a um final cada vez mais arrebatado.

A aptidão de Debussy para pintar o mundo usando a música era incomparável. Porém, assim como os simbolistas, ele não estava interessado num mero retrato — visava a algo mais espiritual e poético. Não o preocupou o fato de na verdade nunca ter navegado; o mar de sua imaginação era mais importante. Enquanto isso, apesar de ter passado exatamente um dia apenas na Espanha, ele compôs uma obra notável inspirada nesse país, *Iberia*, em três movimentos, para orquestra. (Da mesma forma, seu contemporâneo Edgar Degas pintou durante anos aulas de dança sem nunca ter estado em uma.) O primeiro dos movimentos de *Iberia*, os três baseados em dança, começa com uma explosão de castanholas; o movimento final transforma a seção de cordas numa espécie de superguitarra.

Em sua música para piano Debussy recriou o instrumento do mesmo modo, e no mesmo espírito, com que fizera Chopin: novas figuras, novas cores, novos tipos de cantares num instrumento que, inerentemente, resiste ao canto. Para começar, ouça os *Prelúdios, Livro 1*. Cada uma das miniaturas tem um título: "Dançarinos de Delphi"; "Danças de Puck" e os "Menestréis", de coloração americana. Talvez a peça central seja "A catedral submersa", baseada no antigo mito de uma catedral no fundo do oceano que surge todos os dias na superfície com sinos repicando, órgãos tocando, sacerdotes cantando. Nesse ambiente, a peça vai crescendo gradualmente rumo a um imenso clímax, seu grande efeito baseado numa nova técnica: o pedal do meio no piano, que sustenta a reverberação das notas graves enquanto acordes ressoam acima delas, criando ressonâncias que ninguém havia explorado.

Por fim, tente a ópera *Pelléas et Mélisande*, baseada numa peça simbolista em cenário medieval, de Maurice Maeterlinck. O príncipe Golaud depara com a chorosa Mélisande

Claude Debussy (1862-1918) 255

numa floresta, pois sua coroa caiu numa fonte de água. Nunca descobrimos quem ela é, ou de onde veio. Ela volta a seu castelo com ele; os dois se casam. Mélisande passa muito de seu tempo com seu jovem e ingênuo meio-irmão Pelléas, o que desperta a suspeita de Golaud. Finalmente, num acesso de ciúme, ele mata os dois. Debussy formatou essa história vaporosa em quadros impregnados de mito e de sonho. Na estreia, tudo foi apresentado por trás de uma cortina transparente. Ele uma vez disse que há canto demais em uma ópera; assim, inventou um tipo singular de declamação musical para os cantores, que só ocasionalmente se desenvolvem em canto lírico. Um crítico chamou *Pelléas* de "haxixe musical"; a ópera se tornou uma sensação cult entre os jovens estetas de Paris. *Pelléas* é uma obra tão de outro mundo, tão avessa às ladainhas dramáticas e sentimentais usuais da ópera, tão goticamente tipo Anne Rice-encontra-David Lynch, que a produção ideal deveria ser montada por um elenco de masoquistas para uma plateia de vampiros.

Os últimos anos de Debussy foram miseráveis. No decorrer de um longo declínio em consequência de um câncer, ele continuou compondo o melhor que podia. Morreu em Paris em março de 1918, seu falecimento quase despercebido em meio à onda de mortes causada pela guerra.

Entre os grandes compositores clássicos, Debussy pode ter sido o que menos se submeteu a regras e fórmulas. O resultado foi uma nova forma de arte, de atmosfera e evocação e mistério. Ao mesmo tempo, estava entre os mais meticulosos dos artesãos, com a paciência, o talento e o gênio necessários para realizar novos tipos de ambição criativa, que ele perseguiu com fervor moral. "Quero cantar minhas visões interiores com a candura ingênua de uma criança", disse. "Isso haverá de ofender os partisans da enganação e do artifício. Prevejo isso, e me regozijo com isso."

Mais Debussy: noturnos para orquestra; *Estampes*, para piano; as sonatas para violino e violoncelo.

26. Richard Strauss (1864-1949)

RICHARD STRAUSS NASCEU EM uma família abastada e musicalmente preeminente. Muito jovem já se revelou um prodígio,
teve um sucesso rápido e espetacular, e durante décadas usu-
fruiu de uma carreira agradável e lucrativa como compositor
e regente. Suas primeiras obras têm um tom romântico tardio,
mas carregaram essa configuração estilística até a beira de sua
dissolução. Ele então retrocedeu, em vez de seguir adiante.
Começou sua carreira de revolucionário arremessador de bombas e terminou sua longa vida ultrapassado e politicamente
comprometido. Talvez Strauss não se incomodasse muito com
isso. Não estava preocupado em dar expressão a sua alma ou a
suas concepções; queria usufruir de seus talentos, ter uma boa
renda e aproveitar o sucesso. Sua obra permanece porque, em
sua compulsão por conquistar plateias, ele compôs algumas
das músicas mais vivazes, convincentes, às vezes provocadoras,
de seu tempo. Talvez se divertisse com o fato de que a titâniça
abertura de seu *Also sprach Zarathustra* [Assim falou Zaratustra]
tenha se tornado um ícone cultural; apreciaria ainda mais os
direitos autorais que receberia por isso.

Richard Georg Strauss nasceu em Munique. Seu pai era o
principal trompista na orquestra da corte, e sua mãe, herdeira
da Schorr, uma cervejaria ainda hoje famosa. Os gostos do pai
eram conservadores — particularmente, abominava Wagner.

258   *Modernismo e além*

Em sua obra inicial seguiu a moda e adotou um estilo confortavelmente neobrahmsiano. Aos dezoito anos tinha composto cerca de 140 peças, algumas delas para orquestra. Aos vinte era assistente de regência da famosa Orquestra de Meiningen. Atuaria extensamente como maestro pelo resto da vida.

Porém, pelas costas do pai, Strauss desenvolveu uma grande paixão por Wagner, o que mudou o curso de sua vida e de sua obra. A conselho de um velho amigo, ele abandonou as formas clássicas e adotou o gênero lisztiano do poema tonal, também chamado poema sinfônico. Isso levou ao *Don Juan*, de 1889, e a uma fama em âmbito mundial — ou melhor, por um momento, uma fama mesclada com infâmia. A peça já é puro Strauss: parece explodir da orquestra, agarrando a plateia pela garganta. Realmente, nunca permite que se recobre o fôlego.

Strauss tinha talento natural para a orquestração, compondo para a orquestra em cores e texturas cambiantes. Tratados com mais meticulosidade do que haviam sido antes dele, os poemas sinfônicos são virtualmente óperas para orquestra, e as histórias, retratadas com enorme imaginação musical/visual. Os progressistas da música o adotaram como herói; Brahms o chamava de "chefe dos insurretos". Os conservadores o vergastavam por sua harmonia divagante, pós-wagneriana, sua inexorável e nervosa energia, sua negação da acalentada ideia de que a música instrumental era "pura" e "abstrata". Mas Strauss era um artesão fino. Sua música tem um sentido interior e domina facilmente as histórias. Afinal, afora Wagner, seu outro herói musical foi Mozart.

Logo ele estreou sua primeira ópera, *Guntram*, também em uma veia pós-wagneriana, e se casou com a soprano prin-

Richard Strauss (1864-1949)

cipal, Pauline de Ahna. A hiperdiva, muito excêntrica, dirigiu a vida de Strauss a partir de então, o que ele parece ter apreciado nos 55 anos de união. Pauline lhe concedia uma pequena mesada; Richard então passou a jogar cartas com os músicos de sua orquestra, e regularmente os rapava. O maestro Hans Knappertsbuch comentou: "Eu o conhecia muito bem. Joguei cartas com ele toda semana durante quarenta anos, e ele era um porco".

Em 1898 veio o segundo poema sinfônico de grande sucesso, *Don Quixote*. Aqui, sua pintura tonal seguiu uma direção ainda mais artificiosa: o ataque aos moinhos de vento, ovelhas balindo e cavalos voadores. Subjacente a tudo, o lado clássico oculto de Strauss: a música é apresentada no velho gênero de tema e variações. Aqui, e em outros de seus poemas sinfônicos, podemos encontrar algumas das maiores diversões do repertório, uma qualidade da qual a sala de concertos é às vezes carente.

Depois Strauss virou as costas para a ópera, com uma vingança. Pegou a peça delirantemente decadente de Oscar Wilde, *Salomé*, e esbanjou seu talento para a pintura tonal em seus elementos mais notórios: Salomé beijando a cabeça decapitada de João Batista, e, é claro, a famosa "Dança dos sete véus". *Salomé* foi amplamente condenada como blasfema e imoral, banida de Viena e fez sensação, como esperado e planejado. Com seus generosos rendimentos, Strauss construiu uma vila de sonho em Garmish, onde ele e a esposa moraram durante toda a vida.

Na década de 1930, Strauss, como todos os artistas seus contemporâneos, enfrentou o advento do totalitarismo e da conflagração em âmbito mundial. Cada um lidou com o cataclismo a sua própria maneira. Com os nazistas, no início,

Strauss adotou o caminho da cooperação. Na intimidade ele os chamava de bando de selvagens, mas como principal compositor alemão da época (ao menos para um regime que se referia à música moderna como "degenerada") lhe foi oferecida uma posição como diretor da Câmara Estatal de Música, e ele aceitou. Permaneceu no posto durante dois anos, mas seu atrito com o Partido Nazista, inclusive sua defesa do libretista judeu Stefan Zweig, levou a sua demissão. A partir de então ele tentou sumir e trabalhar nas sombras o resto da guerra. Fosse ou não culpado, os tribunais do pós-guerra não fizeram acusações contra ele, como fizeram contra outros artistas.

Em 1909 veio *Elektra*, primeira parceria com o grande libretista Hugo von Hofmannsthal. Essa história, baseada na antiga epopeia grega de Agamêmnon, a Guerra de Troia, e sua sequela sangrenta, atingiu um nível de ferocidade e de tal histérica atonalidade que deixava as plateias sem respiração.

Nas décadas seguintes Strauss e Hofmannsthal fizeram mais cinco parcerias, acima de todas o primoroso *Der Rosenkavalier*, *O cavaleiro da rosa. Elektra* não marcou o fim das grandes obras de Strauss, mas foi a última vez em que o consideraram um atirador de bombas. Schoenberg e Stravinsky já estavam em pleno voo. O estilo de Strauss era um alívio no sentido de algo mais ligado ao passado, mas mesmo assim rico e individual.

Como este é um livro sobretudo sobre música instrumental, recomendo outro poema sinfônico. *Also sprach Zarathustra*, *Assim falou Zaratustra*, é uma evocação do místico tratado do filósofo Nietzsche de mesmo nome. A maior parte da obra

Richard Strauss (1864-1949) 261

não é mística; na verdade, é exuberante e melifluamente romântico-vienense. Ela gozava de pouca popularidade quando o cineasta Stanley Kubrick usou seu segmento inicial, "A aurora do homem", como trilha sonora da colossal abertura de *2001: Uma odisseia no espaço. Zaratustra*, ou pelo menos essa abertura, tornou-se um símbolo cultural de ampla abrangência, vendendo carros na TV e o que mais fosse. Quando o time de beisebol Boston Red Sox desfraldou sua bandeira, pela primeira vez vitorioso da Série Mundial em oitenta e tantos anos, isso foi feito ao som de "A aurora do homem".

A certa altura o próprio Strauss declarou: "Posso não ser um compositor de primeira linha, mas sou um compositor de segunda linha da primeira classe!". Numa época em que as vozes musicais mais excitantes eram como as de Stravinsky, Schoenberg e Bartók, Strauss nunca saiu de seu confortável estilo romântico tardio. Suas *Metamorphosen* de 1945-6 para 23 cordas solistas demonstram que aos oitenta anos ele ainda era capaz de empregar esse estilo numa obra de grande beleza, vitalidade e nostalgia. A peça não representa declaradamente uma ideia, mas muitos sentem que é um memorial para aquilo que os nazistas destruíram na cultura alemã. Após a guerra, Strauss escreveu em seu diário: "O período mais terrível da história humana chegou ao fim, o reinado de doze anos de bestialidade, ignorância e anticultura sob os maiores criminosos, durante o qual os dois mil anos de evolução cultural da Alemanha encontraram sua perdição".

Em 1948 veio sua despedida da música e da vida, as *Quatro últimas canções* para soprano e orquestra. Essas quatro meditações sobre a morte são de uma beleza tranquila, sem exageros ou sentimentalismo. Aqui, o modo com que Strauss maneja a orquestra é dos mais sutis e belos. Em setembro de 1949 ele morreu em Garmish, relíquia de uma época anterior à qual Strauss fez concessões, mas sem se curvar.

Mais Strauss: *As alegres travessuras de Till Eulenspiegel; Salomé; Elektra; Der Rosenkavalier.*

27. Maurice Ravel (1875-1937)

PARA A MAIORIA DE NÓS, amantes da música clássica, uma das memórias mais maravilhosas é a da primeira vez que ouvimos Maurice Ravel. É como a música que sempre existiu em alguma Terra do Nunca em tons pastel. Quando, ainda adolescente, ouvi pela primeira vez *Pavana para uma princesa morta*, eu me senti desfalecer, o que raramente experimentei em relação a alguma música. E isso veio de um homem dado a guardar sua vida e suas emoções consigo mesmo, não muito interessado, tampouco, em pô-las em sua música.

Ravel foi um melodista esplêndido e, entre todos os compositores, tinha um dos ouvidos mais refinados para a harmonia e o colorido instrumental. Não importava quão tradicional fosse seu material, não importavam quais fossem as influências, Ravel sempre soou como ele mesmo. Como artífice, foi tão minucioso que em sua época chegou a ser acusado de usar só a técnica e esquecer do sentimento. Ele, porém, afirmava acreditar que técnica e emoção trabalham juntas. (Quando alguém lhe sugeria escrever um livro sobre orquestração, Ravel respondia que só desejaria escrever um livro sobre seus erros.)

Maurice nasceu num vilarejo chamado Saint-Jean-de-Luz, de pai suíço e mãe basca. Durante sua carreira, corria a ideia de que herdara a precisão do pai e a sensibilidade da mãe, inclusive um permanente interesse em tudo que era espanhol.

Seus pais eram muito cultos e incentivaram o talento do filho para a música. Ele foi aceito no Conservatório de Paris com catorze anos de idade e ficou lá até os dezesseis, apesar de ser um estudante indiferente, que parece ter incomodado muitos de seus professores. Ravel não foi ativamente um rebelde, mas seguiu seu próprio caminho sem se importar muito com o que os outros pensavam.

Quando deixou o Conservatório para sempre, em 1905, já havia composto duas de suas melhores obras e sido o personagem de um grande escândalo musical. Naquele ano o júri do Conservatório se recusou pela terceira vez a lhe conceder seu principal galardão, o prêmio de Roma. Isso chamou a atenção, pois Ravel já era um compositor admirado na França, equiparado ao bem estabelecido e conceituado Debussy. Posteriormente os dois seriam considerados fundadores da escola impressionista. O alvoroço em torno do prêmio de Roma sacudiu os cafés de Paris, e a reação foi tão intensa que o diretor do Conservatório acabou demitido.

A primeira grande obra de Ravel é a *Pavana para uma princesa morta*, uma miniatura cujas primorosas e suspirantes melodias e distintivas harmonias anunciam a presença de uma voz genuinamente nova. Como em várias de suas peças, Ravel a compôs primeiro para piano, e depois a orquestrou. Em 1903, concluiu o assombroso *Quarteto para cordas*, obra arrebatadora do início ao fim, que desde o primeiro momento parece tomar o gênero aperfeiçoado por Haydn e fazer com ele algo que parecia inventado naquele momento — os mesmos quatro velhos instrumentos soando como um mundo de cor totalmente nova. O quarteto demonstra também a adesão de Ravel a velhas formas e gêneros e ao mundo tonal que os acompanha —

Maurice Ravel (1875-1937) 265

mas a essas antigas tonalidades e harmonias ele acrescenta tintas e colorações distintamente dele mesmo.

Em 1899, ano da *Pavana*, ele e Debussy tiveram as mesmas experiências transformadoras na Exposição Universal de Paris, onde ouviram o colorido esplendoroso das novas obras orquestrais russas sob a regência de Rimsky-Korsakov e os sons exóticos do gamelão javanês. Esta última música, diferente e lânguida, com o ressoar dos gongos, não tinha nada a ver com as formas, melodias e harmonias que eles haviam aprendido no Conservatório. Isso deu aos dois uma nova visão das possibilidades da música, um novo sentido de liberdade e de ousadia.

Embora Ravel fosse frequentemente acusado de construir seu estilo sobre o de Debussy, a verdade é que ele o apreendeu de uma variedade de fontes durante sua carreira, entre elas Debussy. Outra inspiração para ambos foi o endiabrado Erik Satie, que compunha harmonias de ouvido e não a partir de regras. Todos eles, cada qual a seu modo, afastaram-se das grandiosidades explícitas do Romantismo tardio. Debussy e Ravel se deram bem por algum tempo, mas quando se formaram facções opostas em torno deles, acharam melhor manter distância um do outro. Qualquer que fosse a política naquela época, sua mútua influência sobre a música que veio depois deles tem sido incalculável. Para mencionar um exemplo: a canção americana clássica de Gershwin em diante seria inimaginável sem a harmonia impressionista.

Na vida pessoal, Ravel tinha um comportamento implacavelmente recluso, meticuloso, janota no modo de vestir, completamente mergulhado em seu trabalho. Por causa de sua figura delgada e feições bem talhadas, um observador disse que parecia um jóquei bem-vestido. Sua sexualidade tem sido tema de longos e inconclusos debates. Ele compunha devagar, buscando uma perfeição que sabia jamais poder alcançar. "Fiz meu trabalho lentamente, gota a gota", ele disse. "Eu o arranquei de mim aos pedaços."

Ao mesmo tempo, tinha amizades sólidas, as mais antigas formadas num grupo de jovens estetas apelidados de Apaches [arruaceiros], um grupo de párias estranhos e um pouco assustadores, entusiastas do novo e do extravagante nas ideias e nas artes. Uma das divindades que presidiram os Apaches foi Edgar Allan Poe, cuja imaginação bizarra, fantástica, e concisa habilidade artesanal Ravel citou como sua grande influência (assim fez também Debussy).

Ravel também foi um homem incrivelmente generoso e sempre aberto ao novo. O jovem Igor Stravinsky esteve durante algum tempo entre os Apaches. Quando a estreia de *Le sacre du printemps* provocou aquele lendário tumulto na sala de concertos, entre a confusão dos gritos e pugilatos estava Ravel, gritando: "Gênio! Gênio!". Stravinsky disse que Ravel foi o único a compreender o *Sacre* desde o primeiro momento: seu outro amigo Debussy, ao contrário, ficou assustado. Quando George Gershwin pediu para estudar com ele, Ravel achou que poderia influenciar demais o jovem e brilhante americano, e consta que tenha lhe dito: "Por que você quer ser um Ravel de segunda classe quando já é um Gershwin de primeira classe?".

As obras da maturidade de Ravel adquiriram uma espécie de status icônico, em parte porque são muito poucas, em comparação com as de outros compositores importantes. Como amostra de obras para piano maduras, comece com *Gaspard*

Maurice Ravel (1875-1937)

de la nuit, de 1908, famosa tanto por sua atmosfera de encanto quanto por sua incrível dificuldade de execução. É uma obra ao mesmo tempo reverenciada e temida por pianistas em toda parte. O elusivo bruxuleio do início mal soa como piano, indo mais além de Debussy na exploração de novas sonoridades. Os movimentos da peça baseiam-se em três misteriosos poemas *fin-de-siècle*. Ravel disse: "Minha ambição é dizer com notas o que um poeta expressa com palavras". Assim, para descrever a peça, eis os primeiros versos de cada poema: "Escutem! Escutem! Sou eu, é Ondine quem asperge gotas d'água nas ressoantes vidraças de sua janela iluminada pelos sombrios raios da lua"; "Ah! Isso que ouço, seria o vento do norte que grita na noite ou o enforcado que deixa escapar um suspiro na forquilha da forca?"; "Oh! Quantas vezes o tenho escutado e visto, Scarbo, quando à meia-noite a lua reluz no céu como um escudo prateado numa bandeira azul-celeste salpicada de abelhas douradas".

Poucos questionaram o status de Ravel como supremo colorista orquestral. A mais famosa de suas peças para orquestra é *Daphnis et Cloé*, de 1912, baseada no antigo conto grego dos amantes predestinados. Foi composta para Serguei Diaghilev e seus Balés Russos, então a excelente, mais inovadora e influente trupe de dança do século — talvez a última vez em que a arte de vanguarda foi grande, sexy e lucrativa. A música para *Daphnis* é no mais voluptuoso estilo de Ravel. Sua abertura, que descreve o nascer do sol, soa como algo que está além da orquestra, ou como uma orquestra em algum planeta de uma eterna primavera. Como balé, é um fiasco, mas as duas suítes de concerto que Ravel extraiu dele, especialmente a número 2, logo se tornaram favoritas das plateias, e têm sido assim desde então.

268 *Modernismo e além*

E há também o inevitável *Bolero*, baseado na tradicional dança espanhola, que consiste, inteiramente, em dois temas que se alternam sobre um inexorável ritmo na percussão. Começa tranquilo e vai aumentando durante dezessete minutos até uma feérica conclusão. Ravel foi modesto quanto a essa peça, chamando-a de "orquestração sem música", e nunca se sentiu à vontade com o fato de ela ter sido um sucesso tão gigantesco. Ele uma vez disse, com amarga ironia: "Compus apenas uma obra-prima — o *Bolero*. Infelizmente, nela não existe música".

La valse, também composta originalmente como balé, é uma visão da valsa vienense que parece ouvida através de suaves vapores, num sonho. Evolui até um clímax de violência chocante que despedaça a valsa. Há quem tome isso como símbolo do que estava acontecendo na Europa quando a guerra se aproximava. Ravel fez o possível para descartar essa ideia, insistindo que era apenas "uma progressão ascendente de sonoridade".

Em seus últimos anos de vida, ele se mudou para uma cidade pequena e viveu um tanto recluso, a saúde prejudicada por ter servido na Primeira Guerra Mundial como motorista de caminhão. Houve ainda uma turnê triunfante nos Estados Unidos na década de 1920, onde pôde curtir seu amor pelo jazz americano na própria fonte. Ele dizia que o jazz era o mais importante desenvolvimento musical do século. A sonoridade pode ser ouvida em sua música mais tardia, inclusive no movimento "Blues" de sua *Segunda sonata para violino*.

A música instrumental tardia de Ravel parte das exuberantes texturas de seu período intermediário para atingir sonoridades novas e mais destiladas, o que emana em parte de seu respeito por Stravinsky e por Schoenberg. Um exemplo disso

Maurice Ravel (1875-1937)

é *Le tombeau de Couperin*, tributo ao mestre francês do cravo barroco, composto para piano e orquestrado em 1919. O material é melífluo e sensual, como sempre foi no caso dele, mas a orquestra agora é lúcida e refinada como prata polida.

Infelizmente, Ravel ficou limitado em seus anos derradeiros por uma misteriosa doença no cérebro. Ele ainda ouvia música, mas estava incapacitado para escrevê-la e tinha lapsos de silêncio total, embora até o fim continuasse a receber a visita de amigos. Ele deve ter sabido que sua música se elevara além dos antigos escândalos e conflitos sectários para se fixar nos ouvidos do mundo como uma dessas coisas que nos fazem lembrar quão primorosa a arte às vezes pode ser.

Mais Ravel: *Rapsódia espanhola*; Introdução e allegro; a ópera *L'enfant et les sortilèges*; sua orquestração de *Quadros de uma exposição*, de Mussorgsky.

28. Igor Stravinsky (1882-1971)

POR ALGUMA RAZÃO, a história das épocas criativas frequentemente se constrói em torno de um duo central de artistas que não são apenas gigantes, mas às vezes corporificam os contrastes de seu tempo: Bach e Händel na música barroca, Mozart e Haydn no período clássico, Picasso e Matisse na pintura moderna. Na música moderna, foram Stravinsky e Schoenberg. Na maior parte de sua carreira, Stravinsky foi o mais popular entre os dois, sua obra logo passando a integrar a corrente predominante do repertório (embora tivesse seu quinhão de pedradas e de flechas). Schoenberg foi o assustador e o controverso, e ainda suscita amargos debates.

Em todas as suas manifestações, quer seu estilo fosse, na superfície, voluptuoso ou austero, Stravinsky foi um artista dotado de grande foco e muita clareza. Faça a seguinte experiência: ouça em sequência um ou dois minutos de cada uma destas peças: *Pastorale, O pássaro de fogo, Petrushka, A sagração da primavera, Les noces, A história do soldado, Sinfonias para instrumentos de sopro, Pulcinella, Sinfonia dos salmos, Agon*. Como você há de notar, a abrangência estilística é tão vasta que quase chega a ser chocante. O que têm em comum, no entanto, é que todas elas definem imediatamente seus universos sonoros, desde os sons pastel russos da primeva *Pastorale*, a agitada cena de carnaval de *Petrushka*, o agudo som do fagote em *A sagração*, os exóticos lamento e canto em *Les noces*, até as fanfarras de trompetes e o tagarelar dos baixos em *Agon*. A carreira de Stravinsky forma um registro de transformações caleidoscópicas embasadas em um único temperamento criativo.

Igor Fiódorovich Stravinsky nasceu em Oranienbaum, perto de São Petersburgo, filho de um famoso baixo, cantor de ópera. Na juventude estudou piano, mas no início não demonstrou um pendor especial para a música. Graduou-se em leis e em filosofia em São Petersburgo, sendo o piano uma atividade secundária. Na época estudou com o mestre de orquestração russo Nikolai Rimsky-Korsakov, que desenvolveu em Stravinsky uma das mais originais imaginações na história para o colorido instrumental. Orquestração brilhante é uma especialidade russa; a essa tradição Stravinsky acrescentaria o que aprendeu com Debussy e Ravel, dois soberbos coloristas. O tipo de personalidade que se formava em Stravinsky quando era estudante é visto em sua docemente ondulante pequena *Pastorale* de 1907 (originalmente para piano, depois para pequeno conjunto).

Talento à parte, foi na verdade um golpe de sorte que deslanchou a carreira de Stravinsky. Em 1909, o empresário de balé Serguei Diaghilev ouviu por acaso seu *Scherzo fantastique* para orquestra, num concerto em São Petersburgo. Impressionado, Diaghilev o contratou para fazer alguns arranjos, e depois, em 1910, lhe encomendou um balé completo. Stravinsky tinha 28 anos; o balé foi *O pássaro de fogo*. Pouco antes da estreia em Paris, Diaghilev estava conversando com alguém e apontou para Stravinsky no outro lado do aposento, dizendo algo mais ou menos assim: "Dê uma olhada naquele jovem. Daqui a uma semana ele vai ser famoso". E tinha razão. O balé foi uma sensação, assim como a música. Essa associação dos revolucionários Balés Russos, com seus deslumbrantes figurinos e seus cenógrafos, e um dinâmico jovem compositor teria consequências históricas.

A história do pássaro de fogo e de um feiticeiro foi tirada de contos folclóricos russos. Começa com os baixos sussurrando um tema enigmático, um murmúrio de trombones, uma textura escorregadia nas harmonias das cordas. Já é uma sonoridade diferente de qualquer outra. A música de Stravinsky pinta a história em tonalidades policrômicas, em gorjeios e em explosões. Na dança do mago Koschey há uma intensidade rítmica de arrepiar os cabelos, que ainda se intensificaria na música posterior de Stravinsky. Até hoje *O pássaro de fogo* continua a ser sua obra mais popular. Quando, já idoso, alguém lhe ofereceu o que corresponderia hoje a mais de meio milhão de dólares para compor outra peça como aquela, Stravinsky recusou: "Compor algo assim me custaria mais do que isso".

Naquela época ele estava animadíssimo. Em 1911 veio outra obra para os Balés Russos, *Petrushka*. A história era, na maior parte, de Stravinsky: Petrushka, a figura de um boneco tradicional nos carnavais da Rússia, ganha vida pela ação de um mago maligno e sofre em suas mãos. Na estreia, foi uma sensação ainda maior que *O pássaro de fogo*. O papel-título foi do lendário Vaslav Nijinsky. A música é uma tela fantástica e variada, começando com um agitado carnaval em que se incluem uma bailarina, um urso dançante, uma sanfona com uma nota quebrada, extensos e deliciosos solos de flauta e trompete, trechos de irresistível deleite sonoro da orquestra. Parte da consistência da peça — algo que, em outros casos, poderia parecer desconexo — reside em que tudo isso se baseia em uma única

Igor Stravinsky (1882-1971)

combinação de acordes, dó maior e fá sustenido maior, o que poderia ser apelidado de "acorde *Petrushka*". Stravinsky era dotado de um ouvido notável e investigativo, e passaria muito de sua vida mexendo com harmonia tradicional de maneiras constantemente novas. (Certo número de pessoas, inclusive eu aos vinte anos de idade, passa por uma fase *Petrushka*, durante a qual ouve essa música o tempo todo.)

Stravinsky começou em grande estilo com *O pássaro de fogo*, foi além com *Petrushka*, e em 1913 foi ainda mais longe com um dos mais assombrosos feitos de imaginação musical na história, *A sagração da primavera*. Mais uma vez a base da história do balé foi de Stravinsky. Num vilarejo primevo da Rússia, assistimos a vários rituais e danças da primavera. No fim, é escolhida uma virgem para ser sacrificada: ela tem de dançar até morrer. A história era perfeita para um balé, perfeita para os bailarinos e para os designers dos Balés Russos, perfeita para sua época, perfeita para Diaghilev, que queria sua companhia sempre na primeira linha da inovação. *A sagração* é uma dessas obras de época que representam uma injeção de ânimo para a arte da música, o tipo de coisa que Beethoven tinha conseguido com a *Eroica*.

Àquela altura, Paris era o centro de um fervor revolucionário nas artes, algumas das quais envolviam um sofisticado primitivismo. Picasso desenvolveu o cubismo, em parte, depois de seu encontro com máscaras africanas. Stravinsky usou a mesma maneira de pensar em *A sagração*. Desde o misterioso lamento do fagote com que começa, a peça é uma revolução na sonoridade e em sua própria concepção, mas uma revolução baseada no retorno ao primitivo. Madeiras se entrelaçam como videiras, cordas soam como batidas de percussão, trom-

274 *Modernismo e além*

pas uivam como alces no cio. E animando tudo isso, o ritmo de Stravinsky, implacável e extático, numa pulsação inexorável frequentemente articulada em métricas cambiantes. Para os ensaios, Stravinsky produziu uma versão para piano a quatro mãos, que às vezes é usada nas apresentações; ao ouvi-la, constata-se quão crua e elementar a música realmente é antes de se revestir da fantástica vestimenta orquestral. É uma dessas poucas obras revolucionárias, em qualquer meio de expressão, que nunca perdem a capacidade de surpreender. A coreografia foi de Nijinsky, igualmente determinado a revolucionar sua arte. Existe uma reconstrução da maior parte da dança com cenário e figurino originais, e recomendo muito que você procure assistir a esse vídeo. A coreografia de Nijinsky é um antibalé, os movimentos dos bailarinos aos trancos, deselegantes, espasmódicos, mas de uma estranha beleza. Quando ouvir as gravações, dê à peça atenção total, e aumente o volume.

Stravinsky compôs *A sagração* numa espécie de êxtase, e escreveu a um amigo: "Parece-me que penetrei no ritmo secreto da primavera". Quando ele e Debussy liam ao piano a versão para quatro mãos, um observador relembrou: "Ficamos estupefatos, tomados por esse furacão que vinha das profundezas das eras, e que agarrava a vida pela raiz".

A primeira apresentação da obra foi lendária: deslanchou o mais desvairado tumulto na plateia, jamais visto num teatro. Todos os famosos de Paris estavam lá, esperando algo prodigioso, e foi o que receberam. Desde as estranhas notas da abertura já começou o murmúrio, que escalou para se transformar em gritos quando o balé começou. Logo a plateia estava envolvida numa confusão total, com socos e murros entre os prós e os contras — Maurice Ravel no meio da briga gritando

Igor Stravinsky (1882-1971)

"Gênio! Gênio!". Difícil dizer se a sensação de ultraje foi provocada pela música ou pela dança, e não demorou muito para que o tumulto se sobrepusesse à música. Nos bastidores, com Stravinsky segurando as abas de sua casaca, Nijinsky, em cima de uma cadeira, gritava números para manter seus bailarinos no ritmo, já que eles não conseguiam ouvir a orquestra. No jantar, depois, Diaghilev exultava: "Era exatamente o que eu queria!". Stravinsky, suspeito eu, estava horrorizado. Era como se o mundo tivesse esmagado seu êxtase.

Com essa obra, Stravinsky completou outra revolução iniciada por Debussy e Ravel: pôr de lado formas tradicionais e desenvolvimento temático em benefício de colorido tonal como elemento central, definindo seu caráter e sua forma. Para expressar isso de outro modo, Stravinsky reverteu a tradicional relação entre conteúdo e forma. No passado, a forma era central, o conteúdo era a ela subordinado. O aspecto principal de uma obra era o todo. Em Stravinsky, e em muito da música que se seguiu a ele, o poder das ideias é a questão central; a forma é a perdedora, está lá para servir ao conteúdo.

Aos 38 anos, Stravinsky tinha produzido três obras que, juntas, mudaram a cara da música e o colocaram na vanguarda da inovação musical, o equivalente a Picasso na pintura, Rodin na escultura e mais tarde James Joyce na literatura. (Na Alemanha, seu correvolucionário Arnold Schoenberg estava em plena maturidade, provocando seus próprios tumultos.) O rosto de Stravinsky ficou famoso, suas estranhas angulações formando uma espécie de ícone modernista. Houve tentativas de outros compositores de imitar *A sagração da primavera*, mas na verdade ninguém mais possuía cacife para isso. Tampouco Stravinsky tinha intenção de se repetir. Em certa medida, ele provavelmente considerou a obra mais um fim do que um começo; o único lugar aonde ir agora seria se retrair para algo menor. Talvez a imaginação ardente de seus primeiros anos tivesse se aquietado. Sempre me pergunto se a raivosa reação da plateia à *Sagração* não infligiu no espírito de Stravinsky uma ferida que nunca se curou por completo. Seja como for, ele não se exporia dessa maneira novamente.

Mas se esse foi mesmo o caso, não houve nada de racional em sua reação. Uma das obras mais radicais na história, *A sagração* foi ferozmente atacada, mas ainda assim conquistou o mundo muito rápido. Depois de uma apresentação em forma de concerto, um ano após a estreia, Stravinsky foi carregado pelas ruas de Paris nos ombros de uma multidão que o aclamava. E, é claro, cerca de 25 anos depois, a peça embelezava a animação de Walt Disney *Fantasia*, acompanhando uma confusão armada por dinossauros. (Stravinsky dizia que nunca tinha aprovado o uso da peça para o desenho, mas aprovou; a carta existe.)

Stravinsky teria mais uma obra sísmica pela frente. Depois de *A sagração* ele começou outra peça primitivista, porém mais despida, para coro e instrumentos. Escrita em russo, porém mais conhecida por seu título em francês, *Les noces* [As núpcias], é o retrato de um casamento numa aldeia russa em algum momento indefinido do passado. Ele fez um rascunho em 1917 e depois passou por um longo período de incerteza quanto à composição instrumental. Tentou uma orquestra completa, descartou isso, depois tentou com pianos. Finalmente, em 1924, *Les noces* chegou a seu formato enxuto, para

Igor Stravinsky (1882-1971)

coro, solistas, quatro pianos e percussão. Estreada como balé, também é uma peça de concerto. Stravinsky criara, para cada um de seus três primeiros balés, um estilo singular, e agora fazia isso de novo: coros que irrompiam bruscamente em canto, solos vocais encantatórios. Seu efeito total é pré-minimalista e hipnotizante, inclusive no texto: "Penteando suas tranças, suas brilhantes tranças douradas, penteando suas tranças..." e assim por diante. Fiquei fascinado por essa peça desde o ensino médio, mas na verdade não a entendi até a assistir ao vivo. Em carne e osso, é de tirar o fôlego, como ser surpreendido em algum ritual primitivo. (Quando todos na festa de casamento ficam bêbados, também é muito engraçado.) O final, quando o noivo elogia amorosamente a noiva, é emocionante.

Stravinsky continuaria a se reinventar, embora nunca mais no nível assombroso dessas quatro obras. Quando veio a Primeira Guerra Mundial, ele começou a reduzir suas ambições. O primeiro fruto desse último período foi a pequena *L'histoire du soldat*, de 1918, uma parábola sobre um soldado, um violino e o diabo. Os intérpretes são um septeto de instrumentos, inclusive percussão, e três personagens — Soldado, Diabo, Narrador. A música é extravagante, irônica, seca, e ao mesmo tempo plena de um ritmo incansável e de uma cativante melodia. Mais celebrado por seu ritmo e sua harmonia, Stravinsky era um fino melodista quando se deixava levar por isso.

Após a guerra, ele mudou mais uma vez, ficando preso à nova estética por décadas. Abandonou o contexto russo de suas primeiras obras e tratou de buscar algo mais distante, no passado. A primeira obra que assinala o que veio a ser chamado de seu período *neoclássico* foi *Pulcinella*, uma inebriante reimaginação de peças do compositor barroco Pergolesi. Encomendada por Diaghilev, estreou em 1920 com cenários de Picasso. Nessa moldura do século XVIII, Stravinsky esbanjou sua mais incandescente orquestração, também com a assinatura de harmonia e ritmo característicos. Ouça primeiro a suíte da *Pulcinella*; depois, se gostar, vá para o balé completo.

Stravinsky continuou com seu novo estilo em obras despojadas e às vezes quase reprimidas. "Minha música não está livre da secura", ele disse, "mas este é o preço da precisão." No mundo musical mais amplo, o neoclassicismo de Stravinsky se tornou a principal influência da época, especialmente em compositores franceses, mas também em americanos, entre eles George Gershwin e Aaron Copland. O Neoclassicismo foi abraçado por ser uma alternativa mais popular do que a dos "difíceis" modernistas que se alinhavam com Arnold Schoenberg. Mas nos primeiros anos de sua música neoclássica, Stravinsky recebeu algumas das piores e mais insultuosas resenhas de sua vida, de críticos que o acusavam de ter traído a revolução que ele mesmo fizera com *A sagração da primavera*. Um crítico chamou *L'histoire* e *Pulcinella* de "coisas pobres, semimortas de fome". Jovens vanguardistas franceses as vaiavam nos concertos. Seja como for, teve início um conflito duradouro na música do século XX, que consistia em duas visões do futuro: a dos neoclassicistas, sob Stravinsky, e a dos compositores atonais, seguindo Schoenberg.

STRAVINSKY, SUA PRIMEIRA ESPOSA e seus filhos passaram a Primeira Guerra Mundial na Suíça. Depois da guerra ele viveu na França durante cerca de vinte anos, compondo e se apresentando como pianista e regente. Diaghilev morreu em

Igor Stravinsky (1882-1971)

1928, e sua companhia de balé desapareceu. Stravinsky abraçou o cristianismo, e por encomenda da Orquestra Sinfônica de Boston produziu, em 1930, o que eu considero a melhor obra religiosa do século xx, a *Sinfonia de salmos*. Do esmagador acorde em mi menor do início até a resposta em cascata das madeiras e a fuga do segundo movimento, a peça mantém firme seu austero, e um tanto remoto, estilo neoclássico. Mas com um lindo aleluia no "Laudate dominum", ela se aquece em primorosas harmonias, até o sustentado transe do final, intensamente espiritual e inesquecível.

A essa altura Stravinsky pregava uma doutrina segundo a qual a música era incapaz de expressar emoções definíveis, mas sua obra e suas reações a músicas alheias (ele era generoso com outros compositores) não combinavam com essa filosofia. A certa altura ele ficou fascinado com a obra de Charles Ives *Decoration Day* [Dia da condecoração]; declarou que era uma obra-prima e que não conhecia um final mais triste. Parece muito, considerando a incapacidade da música de expressar coisas.

Em 1940, com sua primeira esposa já falecida e a guerra assolando novamente a Europa, Stravinsky casou-se com sua amante, a pintora Vera de Bosset, e ambos foram viver em Hollywood. A Hollywood da Segunda Guerra Mundial era um estranho cenário onde se misturavam astros de cinema e grandes artistas europeus expatriados, entre eles Arnold Schoenberg. Ele e Stravinsky tinham sido amigos, mas àquela altura eram líderes de dois campos reciprocamente hostis, e haviam se retraído a uma distância de tiro de tocaia. Schoenberg e Stravinsky flertaram, ambos, com a ideia de compor música para filmes, mas isso nunca aconteceu.

Em meados da década de 1950, após finalizar seu maior esforço no Neoclassicismo, uma ópera no estilo de Mozart chamada *The Rake's Progress* [O progresso do libertino], Stravinsky teve uma crise de criatividade. Entre 1953 e 1957 ele trabalhou no balé *Agon*, e no meio da composição sentiu que sua veia neoclássica se extinguira. Não sabia para onde ir. Resolveu a crise da maneira mais inesperada. *Agon* começa abruptamente com fanfarras de trompete neoclássicas, mas logo outra voz se interpõe: Stravinsky passou a usar a linha dodecafônica schoenberguiana.

Seu grande rival tinha morrido em 1951. Agora, com Stravinsky adotando o método de Schoenberg, o mundo da música se rebobinava. Em relação a popularidade, encomendas e posições acadêmicas, a cena da composição fora dominada durante décadas por neoclassicistas como Aaron Copland, também da escola "americana". A defecção de Stravinsky desfez o statu quo e levou ao triunfo do serialismo na academia. Quanto a *Agon*, é uma peça vibrante, plena de novos coloridos orquestrais, demonstrando como foi pessoal a adaptação de Stravinsky à técnica de seu rival. Ele passou a compor música serial o resto da vida.

Nas décadas de 1950 e 1960 o mundo veio a conhecer Stravinsky por entrevistas e documentários, um velho homem cheio de verve e fascinante, um contador de histórias, um apaixonado devoto da música, do amor e de espíritos fortes. Num filme, durante uma longa viagem marítima, ele ergue seu cálice e declara: *"I am nevair seasick! I am sea-droonk"*.* Stra-

---

* Num inglês com muito sotaque: "Eu nunca enjoo no mar! Eu fico bêbado no mar!".

Igor Stravinsky (1882-1971)

vinsky morreu em Nova York em abril de 1971. Como lugar de seu descanso eterno, quis retornar aos triunfos e excitações da juventude: a seu pedido foi sepultado em Veneza, ao lado de Diaghilev. Ainda guardo um jornal com a manchete que anuncia sua morte. Como muitos músicos, senti pessoalmente a perda. Todos nós nos perguntamos quando alguém assumiria seu lugar. Até hoje, creio, ninguém realmente o fez.

29. Arnold Schoenberg (1874-1951)

UM DIA, UM ESTRANHO PERGUNTOU a Arnold Schoenberg se ele era *aquele* Schoenberg. "Alguém tem que ser", respondeu o compositor, enfastiado. "Ninguém mais se ofereceu; portanto, respondi ao chamado." Schoenberg compartilhava com muitos de seus contemporâneos uma concepção germânica da história: sustentavam que ela caminha apenas para a frente, e que algumas pessoas estão destinadas a ser seus agentes. Era assim que Schoenberg se via como artista, e como seus seguidores o viram, e a seus métodos, durante anos.

De certa forma, começar um texto sobre Schoenberg nesses termos não lhe faz justiça, pois ele não considerava sua música primariamente histórica ou messiânica, e sim, acima de tudo, expressiva. A certa altura ele escreveu que queria ser "um tipo de Tchaikóvski, porém melhor". Compositores tendem a descobrir Schoenberg em relação a técnica e método; plateias são aconselhadas a ouvir suas peças como intensamente expressivas, sejam elas sobre amor ou perda, sejam sobre sofrimento ou alegria. Como ele mesmo disse: "Minhas obras não são composições *dodecafônicas*, elas são *composições* dodecafônicas". Não é culpa sua que muitos de seus discípulos não tenham seguido seu modelo ao longo dos anos. Suas obras atonais abriram gradualmente seu caminho no âmbito da música convencional; anos atrás eu vi, em Boston, o *Concerto para piano*, in-

Arnold Schoenberg (1874-1951) 283

terpretado por Mitsuko Uchida, ser aplaudido de pé. Contudo, Schoenberg e seus maiores discípulos, Berg e Webern, estão demorando mais para entrar na música convencional do que seus compatriotas Stravinsky e Bartók.

Arnold Franz Walter Schoenberg nasceu em Viena, filho de um comerciante de calçados. A família batalhava pela vida, mas era musical como muitas famílias austríacas — dois dos irmãos de Arnold se tornaram cantores profissionais. Ele começou compondo pequenas peças aos nove anos e estudou violoncelo. Durante algum tempo tocou músicas judaicas numa banda de rua em Viena que incluía Fritz Kreisler, futuro violinista famoso. Nunca estudou num conservatório porque não tinha recursos para isso. Quando trabalhava num banco durante o dia, em 1895, teve algumas aulas com o regente e compositor progressista Alexander von Zemlinsky, protegido de Brahms.

Uma peça inicial de Schoenberg, o *Quarteto para cordas, em ré menor*, em estilo romântico tardio, foi recebido calorosamente em Viena e teve a aprovação de Brahms. Sua primeira obra-prima, uma das mais marcantes de sua época, veio em 1899: *Verklärte Nacht* [Noite transfigurada], para sexteto de cordas. É baseada nos versos do poeta vienense Richard Dehmel: durante um passeio noturno, uma mulher confessa a seu amante que está esperando o filho de outro homem, e no final arrebatador ele a perdoa. Na época, a música foi demais para os vienenses, mas essa obra onírica, em seu crescendo sombrio, extático, tem sido há muito tempo a mais popular de Schoenberg, uma das peças apreciadas mesmo por pessoas que não gostam do compositor. Para sentir arrepiar a espinha, sugiro o arranjo do compositor para orquestra de cordas.

Durante algum tempo Schoenberg ganhou a vida compondo e fazendo arranjos de canções populares para um cabaré. Finalmente, com a ajuda de Richard Strauss, obteve a primeira de suas várias posições como professor. Logo estava contando com outro mentor e defensor, Gustav Mahler. Em 1904, publicou anúncio num jornal oferecendo aulas de composição: entre os que responderam estavam Alban Berg e Anton Webern. Juntos, seriam a ponta de lança do que foi chamado de Segunda Escola Vienense de compositores (a Primeira Escola foi formada por Haydn, Mozart e Beethoven). No período em que ainda adotava o estilo romântico tardio pós-wagneriano, Schoenberg produziu duas obras imensas, o poema sinfônico *Pelleas und Melisande* e a cantata *Gurrelieder*. Esta última, iniciada em 1900, teve sucesso estrondoso na estreia, em 1913, mas então ele já estava muito além da obra e se recusou a tomar conhecimento do aplauso.

No último movimento de seu *Segundo quarteto de cordas nº 2*, de 1907-8, Schoenberg, que tinha levado a harmonia cromática do Romantismo tardio ao limite, encontrou seu caminho na atonalidade. Com propriedade, a música rompe com a tonalidade — por um motivo totalmente expressivo — no verso "Sinto o vento de outros planetas". A isso seguiu-se uma tranquila porém profunda revolução em *Três peças para piano, Op. 11*, iniciada em 1909, doze anos após a morte de Brahms. Em sua época, era mesmo música de outro planeta, mas se você entrar na onda verá que são peças intimamente expressivas.

Em Viena e em toda a Europa essa foi a fase ensombrecida e inebriante do *fin de siècle*, quando o Romantismo já tinha passado do ponto. Na Áustria alemã, o antissemitismo e seus aliados políticos de sangue e de ferro subiam cada vez mais

Arnold Schoenberg (1874-1951) 285

alto. Como dissemos antes, essa época de profundo mal-estar cultural obrigou os artistas a entrar em novos e hiperbólicos terrenos: a música de Schoenberg, as pinturas de Egon Schiele, Ernst Ludwig Kirchner e Max Beckmann. Acrescente-se a isso a visão revolucionária do inconsciente humano trazida por Sigmund Freud, que descreveu os porões de nossa mente como um obscuro submundo de primitiva irracionalidade, violência e sexualidade, acima do qual a racionalidade e a civilização fragilmente flutuam. Sobretudo em terras alemãs, todas essas forças atuaram sobre os artistas de modo poderoso e produtivo, embora nem sempre em direções agradáveis.

Tudo isso está encarnado em duas obras arrasadoras de Schoenberg, de 1909 e 1912: *Cinco peças para orquestra* e *Pierrot lunaire*, que estão entre as maiores de seu período atonal livre de alto expressionismo. Como *Le sacre*, de Stravinsky, elas nunca perderam seu impacto. A primeira das cinco peças, "Premonições", vai crescendo de uma energia explosiva até algo de dimensão monstruosa, e termina num fatídico tiquetaquear de relógio. Era totalmente apropriada para a época, quando Viena deslizava para os horrores que se seguiriam. O movimento também pode ser entendido como uma jornada às regiões mais enervantes do inconsciente freudiano. Temos aqui a orquestra expressionista schoenberguiana no que ela tem de mais vívido, com estridentes trompetes e desabridos trombones. O segundo movimento, "O passado", é de um contraste absoluto em sua suavidade velada, embora haja um toque de ansiedade. De várias maneiras o movimento mais marcante é "Manhã de verão em um lago", no qual os mais refinados coloridos orquestrais fluem através de suaves harmonias que vão mudando lentamente. Eis aí a primeira ilustração orquestral daquilo que Schoenberg chamou de *Klangfarbenmelodie* [melodia de colorido tonal], na qual o puro colorido do som está em primeiro plano. O terceiro movimento também é nervoso. A peça termina num "Recitativo obligatto" no qual uma melodia lamentosa é cercada por ondas caleidoscópicas de colorido orquestral. É difícil imaginar como essa música foi recebida por ouvintes que haviam crescido com Brahms e Beethoven, ainda mais em Viena, onde muitos amantes da música podiam ter conhecido Brahms pessoalmente. Mas desde cedo Schoenberg teve seus grandes intérpretes, inclusive Arnold Rosé, primeiro violino da Filarmônica de Viena, que em sua juventude fora grande defensor de Brahms e, em seus últimos anos, de Schoenberg.

Pierrot lunaire, para soprano e cinco instrumentistas, foi concebido na antiga forma de *melodrama*, essencialmente poesia recitada com fundo musical. Schoenberg decidiu aproximar mais os poemas de Albert Giraud da música, estipulando os ritmos da narração e em certa medida as oscilações das alturas do tom. Aqui ele inventou o *Sprechstimme* [voz falante], que na prática soa como uma espécie de estranheza inata. Os poemas de Giraud são uma definição do *fin de siècle* — aluados, misteriosos, incipientemente violentos, todos referentes às figuras clássicas da commedia dell'arte: Pierrô, Colombina, Cassandro e outros. Aquela, afinal, era a época de Oscar Wilde e de Aubrey Beardsley e sua atmosfera de críptica e elegante decadência.

"O vinho que o homem bebe com os olhos/ Derrama-se nas ondas da noite", começa. Em "Lua enferma", o luar se torna sinistro: "Você noturna, mortalmente doente Lua,/ Lá no travesseiro negro do céu./ Seu aspecto, inchado de febre,/ Encanta-me como uma melodia estranha". Preciso citar "Truque baixo" na íntegra:

Dentro do crânio polido de Cassandro,
Enquanto seus gritos cortam o ar,
Pierrô, o hipócrita, delicadamente
O perfura com um trépano!

Depois ele soca com seus polegares
Seu autêntico tabaco turco
Para dentro do crânio polido de Cassandro
Enquanto seus gritos cortam o ar.

Depois ele enfia uma perfumada haste de cachimbo
Naquele brilhante e calvo lugar
E complacente ele fuma às baforadas
Seu autêntico fumo turco
Do crânio polido de Cassandro.

Cito o texto porque a música é a vibrante encarnação de seu inquietante contexto. Esses poemas foram chamados de blasfemos, ao que Schoenberg respondeu: "Se fossem musicados, ninguém daria a mínima para as palavras. Em vez disso, sairiam assobiando as melodias". Ninguém sabe o que ele quis dizer com isso. Mais tarde, insistiu em que era efetivamente um tradicionalista, sem intenções revolucionárias. Talvez houvesse algo de sincero nisso, porém é mais provável que fosse um ardil, ou talvez um recuo magoado após tantos anos so frendo ataques. No meu entender não há dúvida de que nesses anos tanto Schoenberg quanto Stravinsky tiveram ambições revolucionárias, embora ambos tenham negado.

288   *Modernismo e além*

Os ATAQUES DA CRÍTICA QUE Schoenberg suportou durante toda a vida foram implacáveis. Por algum tempo, em Viena, ele e seus discípulos formaram a Sociedade para Apresentações Privadas, aonde só se podia comparecer por convite, e críticos não eram admitidos. Foi a primeira vez na história em que uma série de concertos foi organizada de modo a manter pessoas de fora. Enquanto isso, as finanças de Schoenberg permaneciam precárias; ele foi para Berlim em busca de trabalho, depois voltou para Viena e teve um curto período de serviço militar durante a Primeira Guerra Mundial. Após a guerra, já tendo alçado voo em seus anos de livre atonalidade, ele desenvolveu uma nova disciplina, o método dodecafônico — que já mencionamos. A essência do método dos doze tons é a seguinte: tudo, numa peça, tanto no sentido "horizontal" (a melodia) quanto no "vertical" (a harmonia), se baseia num único tema, que sempre é de um tipo específico — um arranjo das doze notas da escala cromática num padrão denominado *série*. Para eliminar a tonalidade, há uma regra (frequentemente violada na prática) de que nenhuma nota da série pode ser repetida antes que a série inteira tenha sido ouvida. Há quatro formatos básicos de série: a original; a *retrógrada*, que é a série de trás para a frente; a *inversão*, que é a série de cabeça para baixo; e a *inversão retrógrada*, de cabeça para baixo e de trás para a frente. Todos esses formatos eram modos tradicionais de tratar o tema, conhecidos pelos compositores desde a Renascença, agora aplicados a um material bem diferente. Eles podem ser transportados à vontade, isto é, mantendo-se o mesmo padrão sequencial dos intervalos, mas começando com qualquer nota. Schoenberg já havia decretado uma "liberação da dissonância", o que queria dizer que dissonância e consonância eram

Arnold Schoenberg (1874-1951)

considerada igualmente válidas, e portanto não se fazia mais necessário resolver a dissonância com uma consonância. Na prática, ele e seus discípulos tendiam a compor com harmonias constantemente dissonantes.

Schoenberg esperava que sua invenção conquistasse o mundo musical do Ocidente e se tornasse uma prática comum. De certo modo, por algum tempo, isso aconteceu. Ele e seus discípulos escreveram trabalhos teóricos sobre o método, na tentativa de conquistar outros compositores. Como resultado, o dodecafonismo adquiriu um aspecto de frio intelectualismo entre os que não gostavam dele, e muitos dos que aderiram ao sistema se conformaram com esse estereótipo. A realidade é que, qualquer que fosse a técnica, Schoenberg costumava compor com a rapidez de um relâmpago, dependendo da inspiração. Dizia que só depois de terminar é que voltava atrás para ter uma ideia do que tinha realizado tecnicamente. Como exemplo, ele chegou a compor vários números do *Pierrot* num único dia.

No que concerne à tensão antiatonal, que foi virulenta durante décadas e ainda não desapareceu, uma questão deve ser esclarecida. Primeiro, ninguém é obrigado a gostar de nada, e a apreciação da música atonal não é a prova dos nove para o bom gosto musical ou para a atitude de alguém em relação ao Modernismo. Além disso, creio que a maioria dos frequentadores de concertos compreende que a música tem direito a modos sombrios, trágicos, na área vocal — num oratório sobre a morte de Cristo, por exemplo, ou numa ópera trágica. Mas parece haver uma suposição de que na música puramente instrumental a expressão deveria se restringir a coisas agradáveis, alegres, de alto astral, nobres, talvez cômicas aqui e ali —

todas essas qualidades beethovenianas. Não. A música é uma arte séria como a literatura, o teatro e a poesia, e, assim como essas artes, ela reivindica toda a gama de sons que expressem a experiência e a emoção humanas, das mais suaves às mais obscuras. *Rei Lear*, de Shakespeare, não é nada engraçado, e sim avassaladoramente desesperador, como são as *Seis peças para orquestra*, de Webern.

Na fase expressionista, Schoenberg, Webern e Berg compuseram retratos de suas próprias vidas interiores e da sociedade que os cercava, cada vez mais violenta e alarmante. O fato de os três terem sido estudados e considerados principalmente em relação à técnica e à inovação é, em parte, responsabilidade deles, porque escreveram sobre sua técnica de maneira racional, sem paixão. Mas os membros da Segunda Escola Vienense deveriam ser vistos, tal qual todos os outros compositores, como oriundos de um lugar e de uma época, e em especial quanto à emoção. Tenho certeza de que os três concordariam comigo. Para expressar isso de outra maneira: fazer da música atonal uma questão puramente técnica e intelectual, retirando suas implicações psicológicas e culturais, é o mesmo que eviscerar a música.

Quando os nazistas chegaram ao poder, Schoenberg fugiu, assim como muitos de seus colegas alemães nascidos judeus que conseguiram fazer isso. Em Paris, desafiador, ele se reconverteu ao judaísmo. Foi parar nos Estados Unidos, ensinando durante anos na Universidade da Califórnia em Los Angeles. Poderia parecer o lugar menos adequado do mundo para Schoenberg, porém, como muitos artistas emigrados, ele foi cooptado por Hollywood. Tornou-se amigo de George Gershwin

Arnold Schoenberg (1874-1951)

e ambos nutriam admiração um pelo outro. O pianista Oscar Levant estudou com ele, que jogava tênis com Harpo Marx e virou um fanático jogador de pingue-pongue. Flertou com a ideia de compor música para cinema e de poder desfrutar do dinheiro, mas quando pediu um salário extravagante e o controle artístico do filme, o caso foi encerrado.

Schoenberg passou grande parte de seu tempo nos Estados Unidos trabalhando em sua gigantesca ópera *Moisés e Aarão*, a declaração de uma fé intensamente sentida, tanto religiosa quanto artística. Mas não chegou a terminá-la. Das peças de sua fase estadunidense recomendo apenas uma, o *Concerto para violino*, de 1936, um dos grandes do século em seu gênero. Àquela altura Schoenberg estabelecera seu método dodeca-fônico e deixara para trás a maior parte da agitada atmosfera do Expressionismo — embora algum eco dele ainda perma-necesse. O concerto começa com um lirismo perturbado, e depois se transforma em algo mais agourento e nefasto. Em relação a esse concerto, farei algo que raramente alguém faz com a música instrumental de Schoenberg: relacioná-la com o mundo real. Creio que a obra é uma de suas várias reações à catástrofe na Europa. Nele ouvimos duas forças conflitantes: a primeira, como no início, uma expressão de sentimento in-dividual, emoção passional com uma tintura de inquietude; a outra voz é metálica, em ritmo de marcha, ameaçadora é a guerra. Em outras palavras, em suas implicações o *Concerto para violino* de Schoenberg é uma dialética entre o sentimento individual e o mecanismo monstruoso, impessoal, da guerra. No final, a guerra se sobrepõe ao individual, assim como fez no mundo real durante os anos seguintes.

Assim é Schoenberg. Seja qual for a relação de sua música com o público, que evoluiu com os anos — e creio que vai, ou deveria, terminar como parte do repertório familiar —, ela teve uma incalculável influência sobre futuros compositores.

Mais Schoenberg: *Sinfonia de câmara nº 1; Concerto para piano; Erwartung.*

30. Charles Ives (1874-1954)

CHARLES IVES É O INSUBSTITUÍVEL rebelde da música americana. Compôs de tudo, de canções vitorianas sentimentais até o mais desvairado pandemônio, mas foi um rebelde mais por default do que por intenção. O vacilante espectro de estilos e técnicas que ele manejou em sua música, em si mesma um espelho da prodigiosa diversidade de seu país, não evoluiu de modo rápido ou caprichoso. Ives era um organista prodígio, ainda adolescente, quando começou a compor em formatos e gêneros familiares: canções de salão, marchas de banda, peças bem-comportadas para instrumentistas e cantores locais. Ao mesmo tempo, seu pai, o regente de banda George Ives, legara ao filho um espírito inquisitivo e ousado em relação aos materiais musicais. Toda combinação de notas é aceitável, dizia George, se você souber o que fazer com elas. Certamente era a primeira vez que se dava a um compositor em formação esse tipo de liberdade, e Ives soube o que fazer com ela. Assim, enquanto o jovem Ives compunha música convencional para uso imediato, em casa experimentava música em dois registros ao mesmo tempo, harmonias livres, acordes convencionais empilhados uns sobre os outros e outras técnicas sem precedentes.

Charles Edward Ives nasceu na cidade chapeleira de Danbury, Connecticut. Na juventude estudou intensamente piano e órgão, e aos catorze anos conseguiu seu primeiro emprego profissional como organista. Em 1898 se graduou em Yale, onde estudou com o principal professor de composição norte-americano da época, com treinamento na Alemanha, Horatio Parker. Parker descartou os experimentos musicais de Ives, mas ensinou a seu aluno muita coisa sobre a configuração de grandes obras. Ao mesmo tempo, na faculdade, Ives tocava ragtime ao piano em festas e em teatros locais, e divertia os colegas reproduzindo no teclado o que chamava de "paródias" de jogos de futebol americano (foi durante toda a vida um aficionado do esporte), ritos de iniciação de fraternidade e coisas afins. A partir da faculdade, a maior parte de sua obra foi música de programa descrevendo uma história ou um acontecimento. Vivaz, engraçado, imprevisível, "Dasher" [Batedeira] Ives era um homem popular no campus de Yale.

Após a faculdade, encarando a realidade de que a música que queria compor não iria sustentá-lo, Ives arranjou um emprego no ramo dos seguros de vida, em Manhattan. Acabou demonstrando que era bom nisso. Nas décadas seguintes chegou ao topo de sua profissão, sócio fundador da maior corretora de seguros do país. Ao mesmo tempo, compunha durante noites passadas em claro, em fins de semana e nas férias. Parecia ser, em certa medida, maníaco-depressivo, mais o primeiro do que o segundo.

Ives absorvia tudo que ouvia, e reagia intensamente a isso. Para ele, a música era o avatar do eterno espírito humano que subjaz a ela. Todo tipo de música o excitava se era séria e autêntica, fosse uma fuga de Bach, uma sinfonia de Brahms, um hino gospel, um ragtime de bar, uma banda tocando marchas pela cidade. Muitas de suas peças envolviam citações de melodias americanas familiares — hinos, marchas, canções

Charles Ives (1874-1954) 295

patrióticas: músicas do povo. Tinha uma simpatia particular pelo entusiasmo e as idiossincrasias de músicos amadores, que tocavam mais por amor do que por dinheiro, e traduzia em sua música até mesmo os erros que eles cometiam. "Coisa de banda", comentou com um de seus sofredores copistas. "Eles nem sempre tocam direito e juntos, e são bons das duas maneiras." Quando amadureceu como compositor, sempre encontrava novos modos de entretecer as miríades de vozes convencionais e radicais que tinha sob seu comando — um âmbito de estilos e de técnicas maior do que o de qualquer compositor que os manejara antes. "Estilo", ele escreveu, "é algo concebido de uma maneira muito estreita."

Na prática, o jovem Ives tinha um lado tradicional arraigado em seu treinamento formal, no qual baseou suas primeiras grandes obras, como a *Primeira sinfonia*, em estilo europeu, e um lado exploratório que durante anos se expressou em pequenas peças experimentais. Eis um exemplo de cada um. Começando em sua adolescência, ele rascunhou uma série de musicalizações experimentais de salmos para coro, sendo cada qual um estudo de determinada técnica. Primeiro veio o precoce *Salmo 67*. É, nominalmente, em duas tonalidades, sol menor na parte dos homens e dó maior na parte das mulheres, mas na prática é um ensaio profético daquilo que futuramente seria chamado de *policorde*, a justaposição de harmonias comuns. O efeito é uma onda estranha, exuberante, sui generis de som.

A *Sinfonia nº 2*, terminada por volta de 1902, é, na forma e na harmonia, relativamente bem-comportada. Começa com uma fuga em tom sombrio e se desenvolve em movimentos com formatos mais ou menos padrão. Mas há dois aspectos bastante especiais. Primeiro, de vez em quando irrompe numa citação literal de música europeia, sobretudo um pouco de Brahms, Bach e Tchaikóvski, como se uma janela para o passado tivesse sido aberta por um breve tempo. Ives empregou citações musicais durante toda a sua carreira, mas poucas vezes tão diretamente quanto na *Segunda*. Aqui as citações existem como um símbolo de sua intenção de juntar a tradição sinfônica europeia à voz do povo americano. Esse é o outro aspecto da *Segunda*: foi a primeira grande obra de concerto com uma voz distintivamente americana. Essa é uma das realizações históricas de Ives que passou despercebida por longo tempo. A *Segunda* precisaria esperar quase cinquenta anos para sua estreia, com Leonard Bernstein e a Filarmônica de Nova York. É uma peça encantadora e exuberante, plena de ecos de Stephen Foster, com um final que parece uma grande melodia violinística.

Enquanto avançava no setor de seguros de vida, na virada do século, Ives também ocupava postos importantes como organista e regente de coro de igreja, compondo peças em estilo vitoriano apropriadas para o serviço religioso. Em 1902 ele já estava farto das convenções musicais e se sentiu impelido a explorar ideias de mais longo alcance. Deixou seu último posto na igreja e se tornou, por duas décadas, um compositor particular. Nesse período, praticamente todo músico profissional que conheceu suas peças mais avançadas lhe disse que aquilo era loucura. Foi preciso uma coragem fenomenal para levá-las adiante numa situação dessas. Só quando a música modernista europeia chegou às areias dos Estados Unidos, na década de 1920, os ouvintes começaram a dispor de algum contexto para as sonoridades da obra de Ives. Ele tinha manejado as técnicas modernistas de agrupamentos tonais, levando-as para a ato-

Charles Ives (1874-1954)

nalidade, muito antes de qualquer compositor, e sem conhecer o Modernismo ou ter qualquer conexão com o movimento. A categoria histórica mais compatível com Ives é a "ivesiana".

Um dos primeiros frutos dessa nova liberdade foi *The Unanswered Question* [A pergunta não respondida], rascunhada em 1906 e disposta em seu formato final décadas depois. Aqui Ives aplicou pela primeira vez a técnica de colagem. A peça tem três camadas, vagamente coordenadas. Um recorrente fundo de cordas representa o "Silêncio dos druidas". Por cima disso um trompete entoa repetidamente a "Perene questão da existência". Com fúria crescente, um grupo de madeiras tenta responder à pergunta do trompete. Por fim, o trompete faz a pergunta pela última vez, que é respondida por um eloquente silêncio. Para Ives, uma pergunta era melhor que uma resposta. Uma pergunta, ele dizia, leva você mais longe e mais alto do que parar na certeza e construir barricadas.

Foi depois de seu casamento, em 1908, com Harmony Twichell, filha de um preeminente ministro de Hartford, que Ives chegou à maturidade, quando começou a aplicar suas ideias mais avançadas em grandes e ambiciosas obras. "Uma coisa da qual tenho certeza", ele escreveu, "é que, se fiz algo de bom na música, isso aconteceu, primeiro, devido a meu pai, e segundo, devido a minha esposa." Para Harmony, Charles e sua música eram a mesma coisa, e ela amava os dois. Pessoas de intensa religiosidade (Harmony de modo mais convencional do que o marido), ambos desenvolveram um tipo de teologia em torno da obra de Ives: seu amor era uma partícula do amor divino, e a música, o meio de espalhar esse amor pelo mundo.

Isso equivale a dizer que Ives foi fundamentalmente um compositor religioso, por mais amalucado que pudesse ser às vezes. Também acreditava que não havia riso bastante na sala de concertos, situação que pretendia corrigir. Um exemplo são suas hilárias *Four Ragtime Dances*, de cerca de 1902, em que o estilo popular é vandalizado e escandalizado de um modo quase cubista, toda a obra baseada, dissimuladamente, em hinos gospel (experimente ouvir primeiro a *Ragtime n*º 4). A intenção de Ives com essas peças não foi conspurcar o sagrado com dança, e sim declarar que cada um, a seu modo, era santo. Àquela altura o ragtime afro-americano tinha se tornado parte vital de sua voz.

Eis aqui três composições da maturidade de Ives que demonstram sua abrangência, seu vigor, sua técnica revolucionária, e não menos do que isso seu embasamento na tradição, sua verve, sua espiritualidade (às vezes todas essas coisas na mesma página tumultuada de sua música). *Three Places in New England* é uma das obras que ele chamou de "set", ou seja, uma coleção de peças semi-independentes ligadas por uma ideia programática. O primeiro movimento, onírico, "The St. Gaudens on Boston Common", é sua resposta à famosa escultura que representa o primeiro regimento negro da Guerra Civil. O movimento é a junção de uma marcha lenta com uma espécie de protoblues. Em seguida, "Putnam's Camp" é uma evocação desabridamente cômica daquela época revolucionária dos acampamentos perto de Danbury; nela, Ives conjura com afeto a imagem das bandas amadoras saindo do ritmo e tocando notas erradas com *gusto*. A última, "The Housatonic as Stockbridge", foi baseada numa viagem que ele e Harmony fizeram à cidade no outono, pouco após seu casamento. Ca-

Charles Ives (1874-1954)

minhando ao longo do rio, ouviram um hino vindo de uma igreja distante. Num trecho mágico de pintura tonal, a "Housatonic" de Ives conjura o rio a fluir e as cores outonais; acima disso, paira uma encantadora melodia que lembra um hino. O movimento atinge um vertiginoso e extático clímax que é uma arrebatadora visão do amor humano e divino.

A sinfonia *Holidays* é um conjunto maior: seu tema são quatro feriados americanos que evocam também as quatro estações do ano. O primeiro é "George Washington's Birthday", começando com uma evocação de um inverno triste, em complexas texturas murmuradas pelas cordas, e a segunda parte é uma animada dança de celeiro, para esquentar as coisas. "Decoration Day" (hoje "Veterans Day") começa com uma imagem do amanhecer, em suaves harmonias nas cordas, depois passa a uma pungente marcha lenta que faz lembrar pessoas na cidade caminhando em procissão solene rumo ao cemitério; ali, em meio a uma névoa descrita pelas cordas, ouve-se um "sapatear" sobre os túmulos dos mortos na Guerra Civil. Segue-se uma ruidosa marcha de volta para a cidade — mas quando Ives compõe marchas, elas são mais do que marchas; são todo um desfile, com aclamações e muitas bandas a passar. "The Fourth of July" é o mais tumultuado dos *Holidays*. Ives rememora o Quatro de Julho em sua cidade natal como um espetáculo de bandas, sinos de carros de bombeiros, músicos de banda e espectadores bêbados, e o grande *finale* de fogos de artifício. Tudo isso em música, terminando com uma explosão de toda a orquestra. A ricamente sonora "Thanksgiving" final se baseia em peças para órgão escritas aos vinte anos, sua época como organista de igreja, quando ele já empregava uma sofisticada politonalidade. Numa música cheia de melodias folclóricas e cores outonais, o movimento evolui para uma exaltada conclusão coral.

Se você absorveu tudo isso, talvez esteja preparado para ouvir a maior, mais desafiadora e mais profunda obra de Ives: a *Quarta sinfonia*, finalizada por volta de 1924. É uma das mais ambiciosas, inovadoras, ruidosas, concretas, e ao mesmo tempo espirituais, obras do século. No primeiro movimento, com sua escarpada e tateante abertura, seguida de um hino fluente, o coro introduz um "Viajante", o que quer dizer um peregrino, e a transcendente "estrela radiante de glória" que ele busca. A jornada que se segue é vida de cima a baixo, do cômico ao profético. Ives chamou o grande pandemônio do segundo movimento de "Comedy". É sua versão do antigo *scherzo* sinfônico, em parte um retrato da vida urbana moderna. Para Ives, significava a Manhattan da virada do século; chamava a cidade de "Hell Hole" [Buraco do inferno], mas também tinha uma irreversível ternura por sua fervilhante vitalidade.

Tradicional fuga em dó maior, o vasto terceiro movimento tem como cenário uma igreja na Nova Inglaterra, mas essa parada formal e doutrinal na peregrinação da sinfonia não é sua conclusão. Quando esta chega, o *finale* místico é um tecido luminoso de sussurros, vozes finalmente jubilosas, e a coda se resolve no hino que foi cantado sob a superfície da sinfonia o tempo todo: "Mais perto, meu Deus, de Ti". É aqui que ele quis trazer seus ouvintes. A *Quarta sinfonia* é a exploração de mais longo alcance de Ives, de como via a vida e a música, numa obra de religião universal. No fim, a música parece desvanecer nas estrelas, ainda em busca de algo.

"O tecido da existência se tece integralmente", escreveu ele. "Você não pode fazer arte em um canto e esperar que tenha vi-

Charles Ives (1874-1954) 301

talidade, realidade e substância." Podemos perceber essa visão maior e esse método, mais do que em qualquer outro lugar, no movimento "Comedy" da *Quarta*. Entre as massas de som que rolam e se chocam no ar, os que têm ouvido afiado poderão discernir algo notável: todas essas vozes ébrias e tumultuadas que zumbem e gritam estão, de algum modo, se movimentando juntas. Era aí que Ives queria chegar. Cada um de nós em seu próprio caminho, com miríades de tropeços e reviravoltas, acompanha os propósitos transcendentes do divino, e todos nós seguimos na mesma direção.

Ives sofreu em 1918 um enfarte que o debilitou. Na década seguinte sua composição declinou até parar. Em seus últimos 25 anos foi essencialmente um inválido, afligido por uma grave diabetes. Ainda tocava piano, remexia em suas partituras, zelava o melhor que podia por sua reputação em expansão e usava sua fortuna não só em benefício de sua própria música mas também em apoio da nova música no país inteiro. Já em idade avançada, continuou a ser tão gloriosamente excêntrico como sempre. Do início ao fim Ives foi uma espécie de evento contínuo de um homem só. Morreu em maio de 1954, quando sua música ainda estava sendo descoberta, a *Quarta sinfonia* distante muitos anos de sua triunfal primeira execução por Leopold Stokowski e a Orquestra Sinfônica Americana.

Mais Ives: *Quarteto de cordas nº 1; Coleção para orquestra nº 2;* coleções de canções, inclusive "General William Booth Enters into Heaven".

31. Béla Bartók (1881-1945)

NA PANÓPLIA DA MÚSICA clássica ocidental há uma ênfase permanente na Europa, da Europa central para o oeste; a maior parte do repertório que nos é familiar provém da Áustria alemã, Itália, França e Inglaterra. Esse fato realça em parte a importância de Béla Bartók: com a voz singular que se eleva da alma musical de sua Hungria natal, ele é um valioso tempero entre os maiores compositores do século xx. Foi um homem de convicções profundas, que manteve ferrenhamente, e por vezes há uma espécie de impetuosidade primitiva em sua música. Por baixo disso, um núcleo profundamente humano. A história o tem como um dos últimos grandes compositores nacionalistas, mas na verdade Bartók repudiava o nacionalismo, tendo presenciado em primeira mão como esse espírito dilacerava a Europa e seu país. Impregnou seu estilo com música que recolheu nos campos, mas sempre teve a intenção de ser um compositor universal.

Bartók nasceu em Nagyszentmiklós, cidade provinciana da Hungria, e estudou piano com a mãe. Quando criança, era terrivelmente tímido e durante anos padeceu de doenças de pele. Começou cedo a compor e a se apresentar, e acabou na Academia Real de Música em Budapeste, onde se formou como pianista excepcional. Sua composição teve um desenvolvimento mais lento. Em 1903 produziu o poema sinfônico

Béla Bartók (1881-1945)   303

Kossuth, exaltando o líder no nacionalismo húngaro num estilo romântico tardio que muito devia a Liszt e a Richard Strauss. Provavelmente por causa de seu tema patriótico, tanto quanto pela música, a peça teve considerável sucesso.

A verdadeira inspiração de Bartók começou quando ele e seu amigo compositor Zoltán Kodály empreenderam uma expedição no interior para estudar e reunir a música dos camponeses húngaros. Tinham se dado conta de que a duradoura tradição europeia da música "húngara", ou "cigana", era um estilo popular que pouco tinha a ver com a autêntica música folclórica, mais solta e livre no ritmo e na tonalidade do que a que as pessoas ouviam na cidade. Os dois saíram em repetidas excursões que se estenderam por anos, determinados a absorver o espírito popular e adaptá-lo em suas obras. Cada um a sua maneira, os dois, com essa determinação, alcançaram a maturidade como compositores.

Em 1907 Bartók tornou-se professor na Academia Real em Budapeste e lá ficou durante 27 anos. Ensinou apenas piano — não acreditava que fosse possível ensinar composição e se recusava a fazer isso. Mais tarde essa convicção causaria problemas a ele e a sua família. Na academia, Bartók era muito respeitado como professor e intérprete. Passava seus verões recolhendo música popular no campo, e começou a publicar o que se tornou um significativo corpo de etnomusicologia. Bonito e com um rosto exótico, com olhos flamejantes, Bartók era pequeno e nunca estava de fato bem de saúde, mas ainda assim era um andarilho e pesquisador de campo incansável. Tinha um espírito de aço. De índole era austero, taciturno, um livro fechado. Há uma história de que quando começou a ensinar e ainda vivia com sua mãe, levou para casa uma jovem aluna para uma aula de piano. A aula não terminava, até que finalmente a mãe perguntou o que estava acontecendo. "Estamos casados", respondeu Bartók, conciso.

Seu *Quarteto para cordas n° 1*, de 1908, é uma peça esplêndida, início de uma coleção de seis, que chegaram a ser chamados de melhores quartetos do século, mas tinha poucos traços da influência popular que daria forma a sua obra mais tardia. Sua assombrada e assombrosa ópera de 1911, *O castelo do Barba-Azul*, tem mais cores folclóricas. É a antiga história de um duque cujas mulheres parecem desaparecer no esquecimento. Depois Bartók descobriu Stravinsky, o qual, ele disse, "ensinou-me a ousar". Em 1919 concluiu a exuberante e primorosamente decadente pantomima *O mandarim maravilhoso*, ainda não em estilo maduro mas que mostra como ele assimilou Stravinsky, em geral, e *A sagração da primavera*, em particular. Absorveu também a influência de Schoenberg e dos impressionistas Debussy e Ravel. Dessas fontes aparentemente contraditórias Bartók sintetizou uma voz a um tempo eclética e intensamente pessoal. Suas melodias, mesmo quando totalmente cromáticas, ainda soam húngaras, e ele desenvolveu uma abordagem que tem sido chamada de "tonalidade cromática"; mesmo quando a melodia e a harmonia são livres, existe uma sensação subjacente de uma afinação básica. Como ele disse certa vez sobre uma passagem: "Eu quis mostrar a Schoenberg que é possível usar os doze tons e continuar sendo tonal".

A voz harmônica de Bartók foi uma das mais amplas entre todos os compositores, compreendendo tudo, desde feroz dissonância até acordes tradicionais, estes sempre usados em justaposições originais. Acrescentada a isso havia uma tremenda energia rítmica, frequentemente expressa em ritmos e métri-

Béla Bartók (1881-1945) 305

cas que ele aprendera na música folclórica húngara e romena. Tinha um interesse sem precedentes em achar novos sons em instrumentos antigos: glissandos nos tímpanos, o violino tocado com a parte de madeira do arco, o *"pizzicato* de Bartók" em que se pinça a corda para fora da testeira. Sua influência, sobretudo na exploração de novos sons, foi tremenda, embora poucos tenham usado suas técnicas de composição. Creio que há uma razão simples para isso: enquanto Schoenberg e sua escola escreveram extensamente sobre seu método dodecafônico, criando assim um movimento, Bartók pouco disse ou escreveu algo sobre suas técnicas. Acreditava que compositores precisavam encontrar seus próprios métodos. As fontes do estilo de alguém não tinham importância, desde que fossem autênticas e vitais.

Para ver todas essas forças em ação, ouça o *Quarteto para cordas nº 4.* É uma peça que parece emergir de algum ritual primal, em que o antigo é o novo. Você não vai esquecer seus estimulantes, pungentes ritmos e seus fantásticos blocos de som — parece impossível que sejam os mesmos quatro instrumentos de corda para os quais Haydn um dia compôs. Muito dessa música é pura, desabrida excitação, exceto o movimento lento, no estilo de "música noturna" de Bartók, que parece feito de brisas em movimento e dos sons de pássaros e insetos. (Bartók amava a natureza e isso se refletia em sua música.) Uma vez ouvi esse quarteto numa igreja antiga numa cidade de New Hampshire. Era um concerto de música de câmara, e muitas pessoas da plateia, se lhes perguntassem, provavelmente diriam que não gostavam de música moderna e dissonante. A interpretação foi esfuziante, as dissonâncias uivaram, e no fim a plateia se pôs de pé para bradar sua aprovação.

306   *Modernismo e além*

Nas duas décadas que se seguiram à Primeira Guerra Mundial, Bartók progrediu como compositor e compôs a maior parte de suas maiores obras, que conquistaram cada vez mais atenção e aplauso. Como pianista, era requisitado em toda a Europa. Na década de 1920 fez uma extensa turnê pelos Estados Unidos, tocando o repertório tradicional e obras suas. Seu estilo singular, suas dissonâncias, sua tendência de tratar o piano como um instrumento de percussão renderam seu quinhão de reprovação da crítica. Quando um crítico o qualificou de "bárbaro", Bartók retaliou compondo uma peça de piano cheia de batidas, que chamou de *Allegro barbaro*.

De seu grande período recomendo quatro peças, que vão em direções bem diferentes. *Cantata profana*, de 1930, sua única grande obra coral, não é muito conhecida, suspeito, porque é um tanto assustadora para os cantores. Executada com sensibilidade, e bem, é uma de suas peças mais poderosas. (Devo acrescentar que não estou satisfeito com nenhuma das gravações atuais. Das que estão disponíveis, meu palpite é a de Pierre Boulez com a Orquestra Sinfônica de Chicago — na qual o maestro faz seu usualmente lúcido, mas frio, trabalho.) A história é um conto folclórico: os nove filhos de um pai saem para caçar, e ao perseguir um veado eles são transformados magicamente em veados. O pai, procurando os filhos, os vê e está prestes a atirar quando o mais velho grita, explicando quem são eles. O pai pede aos filhos que voltem para casa, mas o mais velho diz não, não podemos mais viver como homens, temos de viver na floresta e beber as águas frias dos riachos. O diálogo entre pai e filhos e o ascendente coro final estão entre as páginas mais comoventes de Bartók. É uma música de florestas e regatos, e com isso uma demonstração de quão

Béla Bartók (1881-1945) 307

maravilhoso melodista era Bartók. Não importavam quantos de seus temas eram baseados em música folclórica, ele nunca as citava e sempre compunha as próprias peças.

O *Divertimento para orquestra de cordas*, de 1939, é uma de suas obras de apelo quase imediato, começando com uma deliciosa dança popular e terminando numa folia de tirar o fôlego. No meio está, suspeito eu, uma resposta à aproximação da guerra e do caos na Europa; um gemido, um lamento em implacável elevação, como uma espécie de uivo de alma penada. Outra excursão irresistível é o *Concerto para piano nº 2*, de 1930-1, de sonoridade totalmente nova, temperamento extrovertido e jubiloso.

Em 1936 surgiu a maior obra de Bartók e uma das maiores do século: *Música para cordas, percussão e celesta*. Começa com um enigmático tema cromático que soa como um murmúrio distante do vento; torna-se uma fuga com um prolongado desdobramento de efeito absolutamente original, cativante. Após um de seus mais impactantes movimentos de "música noturna", o *finale* é um vertiginoso redemoinho, e seu clímax, uma transformação do tema de abertura num hino humanístico de tocar o coração. Aqui, como em outros lugares, Bartók emprega às vezes formas tradicionais, como a fuga, mas também encontra seus próprios padrões, num tratamento simétrico das notas em torno de um som central. Ele cria simetrias em grande escala com movimentos análogos em torno de um movimento central, e proporções simétricas que às vezes se relacionam com um padrão numérico chamado série de Fibonacci, que consiste em somar dois números consecutivos e crescentes da série para obter o seguinte: $1 + 1 = 2$; $1 + 2 = 3$; $2 + 3 = 5$; $3 + 5 = 8$ e assim por diante. A série de Fibonacci tem uma dimensão mística, não só porque se relaciona com a proporção áurea da Grécia antiga (que determinou as medidas do Partenon), como também é encontrada em fenômenos naturais, desde plantas até conchas de náutilos e nebulosas em espiral.

AMEAÇADO PELA TENDÊNCIA à tirania e à guerra na Hungria e em toda a Europa, em 1940 Bartók e sua nova e jovem esposa, Ditta, outra ex-aluna de piano, fugiram para Nova York. Bartók tinha admiradores poderosos nos Estados Unidos e lhe foram oferecidos vários empregos como professor de composição. Prevaleceu sua inabalável decisão: não aceitaria um cargo que tivesse a ver com composição. Como resultado, ele e sua família viviam à beira do colapso financeiro. Amigos lhe arranjaram um emprego na Universidade Columbia para continuar sua pesquisa de folclore, mas isso mal dava para o sustento. De vez em quando se apresentava em recitais ou concertos de piano. Sua composição se reduziu a nada. Ficou deprimido, atormentado pelo trânsito e pelas rádios da cidade, padecendo de uma enfermidade misteriosa.

Em 1943 estava seriamente doente e internado num sanatório. Então sua sorte mudou. Entrou em seu quarto o lendário regente da Orquestra Sinfônica de Boston, Serge Koussevitzky, levando uma encomenda. Não, disse Bartók, estou doente, não consigo compor. O maestro se recusou a ouvir, deixou um cheque em cima da mesa e foi embora. De algum modo Bartók encontrou as forças e a inspiração para uma nova obra, que se tornou o *Concerto para orquestra*. É, manifestamente, uma obra na voz de Bartók e ao mesmo tempo uma conquistadora de plateias, desde os misteriosos sussurros da abertura, passando por

Béla Bartók (1881-1945) 309

trechos de paixão e de humor (inclusive uma maldosa sátira da *Sétima sinfonia* de Shostakovich) até o tonitruante festival húngaro em seu encerramento. Em uma década após sua estreia com a Orquestra Sinfônica de Boston, essa se tornou uma das obras mais populares do século.

O concerto também dá início a um notável surto de trabalho no que Bartók sabia serem seus últimos meses de vida. Sua doença se revelou uma leucemia, e a progressão foi implacável. O fim veio em setembro de 1945, quando ele tentava freneticamente finalizar seu terceiro *Concerto para piano*, que pretendia deixar para a interpretação de sua esposa. Quando a ambulância chegou ele havia terminado tudo, exceto os últimos dezessete compassos. Implorou que o deixassem terminar, mas foi arrastado dali. Antes de seu último suspiro, disse ao médico: "Só lamento estar indo embora com a bagagem cheia". Havia ainda muita coisa que ele queria fazer.

Foi um homem singular, com uma voz única em sua arte. Muitas das pessoas que conheceram Bartók o consideravam uma espécie de santo. Deixou pouca coisa além de sua música notável, plena de natureza e impetuosidade e ferocidade e alegria. É um modelo desses artistas que veem a vida, no que ela tem de trágico e de exultante, de um modo absolutamente individual. Continuará a ser inimitável e insubstituível.

Mais Bartók: *Concerto nº 2 para violino e orquestra; Concerto para piano nº 3; Sonata para dois pianos e percussão; Quarteto de cordas nº 5.*

32. Dmitri Shostakovich (1906-75)

Na Rússia da década de 1930, depois de Ióssif Stálin deixar claro que os artistas de tendências vanguardistas descobririam que suas vidas estavam em risco, Dmitri Shostakovich tornou-se, para o mundo, a imagem dos compositores soviéticos. Mas esse prestigioso papel fez com que sua posição ficasse mais, e não menos, precária. Ele fora um jovem do tipo audacioso, um provocador, mas em 1936, depois que um ultrajado Stálin se retirou no meio da apresentação de sua tumultuada ópera *Lady Macbeth de Mtsensk*, um artigo num jornal declarou que se ele se mantivesse nesse caminho "as coisas poderiam terminar muito mal". Isso não queria dizer que perderia o emprego ou encomendas — significava uma bala na nuca. Começou então para Shostakovich um jogo de gato e rato com o regime comunista, ao qual ele sobreviveu por mais de quarenta anos. No processo, submetendo-se aqui e arriscando o pescoço ali, ele deixou ao mundo um indelével registro de tirania e de sofrimento.

Dmitri Dmitrievich Shostakovich nasceu em São Petersburgo em 1906. Na esteira da Revolução Russa de 1917 ele brilhou como compositor e como pianista no Conservatório de São Petersburgo. Atraiu a atenção internacional com sua *Sinfonia nº 1* e logo estava publicando obras endiabradas, conhecidas por sua abordagem à harmonia tradicional (usando

Dmitri Shostakovich (1906-75)

a "nota errada") e sua atmosfera de sátira, paródia, às vezes grotesca. Enquanto isso, na passagem da década de 1920 para a de 1930, ele produziu em massa grande quantidade de obras de rotina, encomendadas para o cinema ou o teatro. Àquela altura parecia ter pouco interesse em ser sério ou profundo. Veio então o artigo no jornal, "Bagunça em vez de música", atacando *Lady Macbeth*. A ópera, assim como a inacabada *Quarta sinfonia*, foi banida. Com isso, a situação de sua vida e de sua obra, quisesse ele ou não, ficou realmente grave. (Stálin, como se vê, estava muito envolvido com as artes e convencido de sua importância para a sociedade. Foi por isso que assassinou tantos artistas que considerava influências nocivas, e/ou por simplesmente não gostar de sua obra. Em geral, quando políticos começam a se interessar pelas artes, é melhor que os artistas comecem a correr.)

O que Shostakovich fez em resposta a isso foi inacreditável. Compôs uma sinfonia, declarando-a, de modo submisso, "uma resposta de um artista soviético a uma crítica justa". Qualquer outra pessoa teria composto uma obra lindamente patriótica, talvez exaltando o paraíso de Stálin. Em vez disso, em 1937, a *Sinfonia nº 5* foi a mais ambiciosa e a mais bem-acabada de Shostakovich até então. Ela correu o mundo e continua sendo uma das mais populares do século. A austera proclamação da abertura anuncia um mundo épico no tom, se não na duração. O primeiro movimento é trágico, construindo-se a partir de um lirismo tranquilo até atingir clímax devastadores. Aqui entram em ação a ambiguidade da música instrumental e o jogo que todo artista num regime totalitário, seja qual for seu nível de integridade, precisa jogar. Seriam esses clímax uma expressão de austero heroísmo, como Stálin gostaria que fossem, ou arrebatamento cheio de angústia e raiva? O *scherzo* do segundo movimento vai de uma severa marcha a debochados interlúdios. Para o terceiro movimento Shostakovich compôs uma melodia expansiva, bela, primorosamente triste, conduzida pelas cordas. O que dizer então do estridente *finale*? Que é uma marcha, às vezes, de desconcertante banalidade? Que é um hino à inabalável força do trabalhador e do soldado soviéticos? Ou remete ao massacre e à hipocrisia da Rússia de Stálin? Gato e rato. Seja como for, a sinfonia surtiu seu efeito. A estreia foi recebida com o público aplaudindo de pé durante mais de meia hora. As resenhas nos jornais, cuja orientação vinha de cima, foram brilhantes.

QUANDO OCORREU A INVASÃO NAZISTA em 1941, Shostakovich estava ensinando no Conservatório de Leningrado. Veio a mensagem de Stálin: todo cidadão soviético precisava cumprir seu dever na guerra; camponeses tinham de cultivar alimento, soldados iriam lutar, artistas, criar e inspirar. Shostakovich foi bombeiro voluntário no cerco a Leningrado, durante o qual testemunhou as coisas mais terríveis que a humanidade é capaz de infligir e a elas sobreviver. Com base nessa experiência, ele compôs a *Sétima sinfonia* (*Leningrado*), que se tornou um símbolo em âmbito mundial da resistência soviética aos nazistas. Por mais inspiradora que seja como símbolo, musicalmente é uma de suas menores obras. (Bartók, após ouvir *Leningrado* pelo rádio, nos Estados Unidos, satirizou-a impiedosamente no *Concerto para orquestra*.)

De certa forma, a guerra permitiu aos artistas soviéticos ampliar suas paletas, pois se esperava deles uma reação à tra-

Dmitri Shostakovich (1906-75) 313

gédia e à violência. Uma das grandes obras de Shostakovich nos anos de guerra é seu *Trio para piano nº 2*, de 1944. Shostakovich — que, ao contrário de grande parte dos russos, não era antissemita — ouviu uma história segundo a qual soldados das ss tinham dançado sobre as sepulturas de suas vítimas judias. Essa imagem parece ter sido a centelha para a assombrosa dança da morte no *finale* do *Trio*, cujo tema principal é uma melodia judaica. Desde o primeiro movimento a música é áspera, às vezes brutal, implacavelmente rítmica e absolutamente convincente. É um dos mais memoráveis artefatos criativos da Segunda Guerra Mundial.

Quase a mesma coisa se pode dizer do *Concerto para violino nº 1*, de 1947-8, embora seu contexto emocional não seja tão unívoco. Seu primeiro movimento consiste num vasto e grande "Noturno", de tom melancólico mas com uma boa dose de calor e lirismo. No segundo movimento temos um dos *scherzos* de Shostakovich que ficam entre o sarcástico e o demoníaco. O terceiro movimento assume seu formato em torno do antigo gênero da *passacaglia*, tecendo melodias deslumbrantes sobre uma linha repetida no baixo. O final, "Burleska", é nervoso e agitado, beirando às vezes a histeria. Tente encontrar um vídeo do grande David Oistrakh, para quem o concerto foi composto, executando com incrível desenvoltura a enorme, frenética cadência final que parece ir crescendo até voarem faíscas do violino.

Foi em 1948, quando trabalhava no concerto para violino, que Shostakovich recebeu o segundo grande golpe de sua vida. Quando a guerra fria começou, Stálin decidiu pôr na linha os compositores soviéticos. De repente, do nada, num congresso do Partido Comunista, uma lista de compositores,

314 *Modernismo e além*

encabeçada por Prokofiev e Shostakovich, foi sumariamente condenada por "distorções formalísticas e tendências anti-democráticas estranhas ao povo soviético". Para resumir, eles tinham composto música considerada irrelevante para operários, fora da órbita do "realismo socialista", ou seja, da propaganda do regime.

Àquela altura não havia quem não conhecesse artistas, em todas as modalidades, que haviam desaparecido. Agora, como era intenção de Stálin, o terror se completava para todos eles. Shostakovich enfiou o concerto para violino na gaveta. Obrigaram-no a ler um pedido de desculpas num ato de humilhação pública. Mais tarde, ele disse a amigos, a voz se elevando a um grito: "Li como se fosse um patife miserável, um fantoche, uma boneca recortada em papel e pendurada num fio!". Naquele momento, a maior parte de sua obra estava banida, e ele foi demitido do Conservatório. Nessa época a vida de Shostakovich parecia gravada na expressão de seu rosto: fixa, devastada, inexpressiva. Pouco depois disso, Stálin o enviou em turnê aos Estados Unidos. Shostakovich sabia, e Stálin sabia que ele sabia, que artistas que voltavam dessas turnês eram frequentemente fuzilados. Talvez fosse uma pilhéria de Stálin, dar primeiro umas férias ao condenado.

Mas Shostakovich não foi fuzilado. Voltou para a Rússia e para o trabalho. Aos poucos os banimentos foram suspensos, sua música foi novamente ouvida e ele voltou a ensinar. Após a morte de Stálin, em 1953, as pressões oficiais foram bastante aliviadas, mas não de todo.

Ainda assim, Shostakovich conseguiu levar uma vida plena. Era sociável, generoso com seus alunos, um ardente torcedor de futebol que fazia longas viagens para assistir a jogos. Con-

Dmitri Shostakovich (1906-75)   315

tinuava a compor muito rápido, para o bem e para o mal; essa facilidade às vezes ultrapassava seu senso crítico. Na música, como na vida, ele acreditava em deixar fluir. Quando um aluno vinha até ele dizendo estar preocupado com um segundo movimento, Shostakovich lhe dizia: "Você não precisa se *preocupar* com o segundo movimento, você deve *compor* o segundo movimento". Quando as autoridades disseram a sua aluna Sofia Gubaidulina que ela vinha tomando um "caminho errado", Shostakovich aconselhou: "Acho que você deve insistir em seu caminho errado".

Durante a era soviética, a música de câmara era mais segura para os compositores, talvez por ser entendida como uma expressão mais particular do que suas grandes obras. Em anos recentes, os quinze quartetos para cordas de Shostakovich foram considerados obras-primas do século XX, superados apenas por Bartók. Se alguma vez Shostakovich chegou a expressar o que queria, e como queria, foi ali. Os quartetos foram sua rebelião particular.

A gênese do *Quarteto para cordas nº 8* foi outra humilhação. Em 1960 Shostakovich foi pressionado a se filiar ao Partido Comunista, coisa à qual tinha resistido durante anos. Seu filho se lembra dele chorando em desespero, dizendo que estava sendo chantageado. Shostakovich resolveu compor o *Quarteto nº 8* e depois se matar. Ele o fez em três dias. Seu tema principal é formado por notas tiradas de seu próprio nome: D-S-C-H, que na notação alemã representam as notas ré, mi bemol, dó, si. (Shostakovich usou esse tema também em outras peças.) São as primeiras notas do quarteto, e nunca ficam muito distantes em todo o resto da música. Constituem uma presença melancólica, ouvida repetidas vezes numa obra atormentada porém cativante. O segundo movimento é tão exaltado quanto um quarteto pode ser. Aqui, como em outros lugares, Shostakovich parece trabalhar de forma indireta, insinuando coisas terríveis demais para serem ditas, em transes de tristeza ou explosões de raiva e de escárnio. Seja como for, depois de compor a peça ele não se matou, e o *Oitavo* se tornou seu quarteto mais popular. É no *Quarteto para cordas nº 13* que ele talvez se aproxime mais do que testemunhou e sentiu. Trata-se de uma música de sombria franqueza e impronunciável tristeza. É como deparar com uma pilha de ossos secos numa floresta.

Creio que entre os dois principais compositores russos do século xx, Prokofiev é o melhor — em técnica, critério e abrangência, ele supera Shostakovich. Acho, porém, que Shostakovich é o mais importante dos dois. Mais do que seu colega, ele foi testemunha ocular do cataclismo de meados do século, sentiu-o e o viveu. Dos artistas que atuaram durante e depois da época de Stálin e de Hitler e que a ecoaram em sua obra, ele foi o de mais visão e de mais talento. Isso torna Shostakovich uma testemunha insubstituível de seu tempo. Precisamos relembrar, sentir em nossos corações e mentes o que a tirania pode destruir, e quanto de humanidade pode ser salvo em nós mesmos.

Mais Shostakovich: *Sinfonia nº 9; Sinfonia nº 13 (Babi Yar); Concerto para piano nº 1; Quarteto para cordas nº 10; Quinteto em sol menor para piano e cordas.*

33. Benjamin Britten (1913-76)

MESMO TENDO ASCENDIDO A uma posição de liderança entre os compositores britânicos na década de 1940, Benjamin Britten continuou a ser um enigma, seguindo seu próprio caminho. Como a maioria dos autores de seu país, ele foi um eclético inveterado, mas suas influências se fizeram sentir de diversas maneiras. Numa época em que os principais compositores internacionais eram revolucionários, ou tentavam ser, na medida de um Schoenberg ou um Stravinsky, Britten continuou a usar o sistema tonal; foi um melodista no sentido tradicional do termo.

Boa parte de sua obra é música sacra acentuadamente anglicana. Mas ele aprendia com todo mundo, inclusive com os compositores acima citados. Sua ópera *A volta do parafuso* tem como base um tema dodecatônico, mas não soa como Schoenberg. Ele absorvia música folclórica, embora raramente com efeito popularesco. Compôs obras inspiradas no teatro japonês e no gamelão balinês. Ao mesmo tempo, pessoalmente, mantinha fria distância de seu público e um profissionalismo mal-humorado, com poucas declarações sobre sua obra ou sobre música em geral. Sua homossexualidade, suas obsessões, suas inseguranças ficaram mais ou menos ocultas, fora de vista.

Nasceu Edward Benjamin Britten, barão Britten de Aldeburgh. Compôs desde a infância, e aos doze anos começou a

318   *Modernismo e além*

estudar com o conhecido compositor Frank Bridge. Após um período no Royal College of Music, na década de 1930 trabalhou bastante no teatro, no cinema e no rádio, e se aproximou do poeta W. H. Auden, que o ajudou a assumir sua sexualidade. Quando irrompeu a guerra ele foi para os Estados Unidos, onde compôs sua primeira ópera, *Paul Bunyan*, sobre um libreto de Auden. Já estava vivendo com seu companheiro de toda a vida, o tenor Peter Pears.

Depois de muita busca espiritual, Britten voltou para a Inglaterra em 1942, no meio da guerra. Mas já tinha deixado considerável impressão nos Estados Unidos, o que levou a uma encomenda, feita pela Fundação Koussevitzky, do que viria a ser a ópera *Peter Grimes*. Estreada em 1945, essa história sombria mas eletrizante de um pescador e do malfadado menino que era seu aprendiz foi um sucesso internacional e colocou Britten na primeira linha entre os compositores. *Peter* continua no posto de uma das maiores óperas do século xx. O papel principal, como todos os papéis para protagonistas tenores de Britten, foi escrito expressa e amorosamente para Peter Pears.

Para um contato inicial com a música de Britten proponho duas peças. A primeira é a obra de 1937 que foi, mais ou menos, a que o anunciou como uma formidável nova presença na música: *Variações sobre um tema de Frank Bridge*. Impetuosa, espirituosa, melodiosa, envolvente do início ao fim, "conservadora" (completa, concluindo com uma fuga) porém inovadora e distinta em sua voz, representa um afetuoso memorial dedicado a seu professor. A outra peça é sua coleção *Quatro interlúdios marinhos de Peter Grimes*. Aqui Britten demonstra sua força e sua originalidade em cores orquestrais e pintura tonal: a lumi-

Benjamin Britten (1913-76)

nosa melancolia de "Dawn" [Alvorecer], o ruidoso domingo de "Morning" [Manhã], o comovente "Moonlight" [Luar], o furioso "Storm" [Tempestade]. Muitos compositores pintaram todas essas cenas, mas nenhum como ele. (Para mais um exemplo de sua música orquestral experimente *Young Person's Guide to the Orchestra* [Guia da orquestra para jovens], baseado numa antiga melodia de Henry Purcell, uma peça didática que apresenta os instrumentos da orquestra, que ele tornou mais prazerosa do que a razão admite que sejam. Britten amava as crianças e compôs muita música para elas, tendo-as como intérpretes.)

No navio, ao regressar para a Inglaterra, em 1942, Britten produziu uma de suas obras mais apreciadas, *A Ceremony of Carols* [Uma cerimônia com canções de Natal], onze peças para coro de vozes infantis e harpa, baseadas em poemas ingleses medievais (em sua pronúncia original). Começa e termina evocando uma cerimônia na igreja, na forma de canto gregoriano de Natal. Entre elas figuram algumas das mais inovadoras e atraentes músicas corais do século. Ele modela um estilo com certo sabor arcaico que reflete o espírito dos poemas antigos. Citando uma das peças mais encantadoras, "There is no rose of such vertu/ as is the rose that bare Jesu... By that rose we may well see/ There be one God in persons three".* Essas peças se tornaram um dos ornamentos familiares das festas de fim de ano. Que sejam sempre.

Por fim, recomendo o que para mim é sua maior ópera, *A volta do parafuso*, baseada na misteriosa e perturbadora his-

---

*Não existe rosa de tal virtude/ como é a rosa que a Jesus desnude... Por essa rosa sentes e vês/ Que há um só Deus em pessoas três. (N. T.)

tória de fantasmas de Henry James. Aqui, Britten trabalhou não só com uma narrativa poderosa de um grande escritor, mas também dentro do âmbito de suas obsessões. Britten era gay, vivia com um companheiro de longa data e nunca falou sobre isso. Ele nutria sentimentos por meninos jovens com quem brigava, mas ocultava isso. Compôs várias óperas sobre sofrimento, morte ou atração sexual envolvendo crianças, e ninguém, em sua época, levou isso em consideração. O original de *A volta do parafuso*, de James, contém uma ameaça sexual, que é o centro da ópera: uma nova governanta de duas crianças descobre que elas parecem estar assombradas e seduzidas pelos fantasmas de seu criado e de sua governanta mortos. Quando bem produzida, *A volta do parafuso* é uma das mais inquietantes e cativantes obras que o teatro tem a oferecer: a insinuante e enervante melodia com a qual Peter Quint chama as crianças; o recorrente refrão, tirado de Keats: "A cerimônia da inocência se afogou". Na ópera, sedução e repulsa se mesclam de modo singular. Com toda a certeza, você deve primeiro assistir a um vídeo da ópera (existe um filme excelente). Você não vai esquecê-lo. É uma demonstração, tão boa como qualquer outra, de que a música não é apenas uma diversão, mas um espelho da humanidade, na luz e na sombra, tão profunda quanto a literatura, ou o drama, ou a poesia.

Britten morreu em dezembro de 1976 em Aldeburgh, onde nasceu e onde criou um importante festival de música. Faleceu pouco depois de compor sua última ópera, *Morte em Veneza*, da história de Thomas Mann sobre a obsessão fatal de um velho artista por um menino. Desde então sua vida tem sido narrada em biografias, na publicação de suas cartas de amor para Pears, em histórias sobre suas inseguranças pessoais e artísticas, das quais nunca se livrou. Acho que esse fluxo de biografias, que persiste, só irá encarnar o que foi o tempo todo implícito em sua música: ansiedade, sofrimento, incerteza e uma imensa empatia humana.

Mais Britten: *Uma sinfonia simples; Réquiem de guerra; A fornalha de fogo ardente; Serenata para tenor, trompa e cordas.*

34. Aaron Copland (1900-90)

AARON COPLAND É UMA dessas figuras que conferem um tom de credibilidade ao mito norte-americano do cadinho de culturas. Menino do Brooklyn, de origem lituano-judaica (seu sobrenome original é Kaplan), cresceu morando em cima da loja de departamentos da família. Estudou em Paris e voltou para os Estados Unidos como músico vanguardista. Apenas mais tarde se tornou o populista americano por excelência nos palcos, suas composições arraigadas na música country popular, porém apresentadas com um tremendo talento orquestral, aprendido do estilo parisiense do russo Stravinsky. Como se diz, só mesmo nos Estados Unidos.

Crescendo no tempo e lugar em que cresceu, disse Copland, não conseguia imaginar aonde chegaria como compositor. Quando criança, teve aulas de piano com sua irmã. Aos quinze anos, depois de encontros aleatórios com diversas formas de música, decidiu que queria compor. Teve algumas aulas em Nova York e aos 21 anos foi aceito na nova Escola Fontainebleau de Música, perto de Paris. Lá se tornou o primeiro aluno da brilhante Nadia Boulanger, que o introduziu no neoclassicismo stravinskiano e o apresentou ao regente Serge Koussevitzky, que, mais tarde, com a Sinfônica de Boston, foi um poderoso defensor de Copland e de outros compositores norte-ameri-

Aaron Copland (1900-90) 323

canos. (Boulanger continuou a ensinar gerações inteiras de americanos, entre eles Samuel Barber.)

Copland voltou para os Estados Unidos em 1924 com a encomenda de um concerto para órgão, que Boulanger estreou no Carnegie Hall. Então, e por algum tempo depois disso, os críticos consideraram Copland um radical; sua composição era intensamente experimental, às vezes música política. Em busca de algum tipo de voz exclusivamente americana, entre suas obras mais austeras ele produziu também a jazzística, sardônica, *Música para teatro*.

Naquela época Copland estava muito envolvido em política de esquerda, e em 1935 venceu uma competição de canção socialista com seu "Into the Streets May First" [Primeiro de maio nas ruas]. Àquela altura, em plena Depressão, sua tendência política o afastava da corrente predominante do Modernismo. Numa declaração famosa, ele disse: "Durante aqueles anos comecei a sentir uma crescente insatisfação com as relações entre o público amante da música e o compositor vivo... Senti que valia a pena o esforço de ver se eu poderia dizer o que tinha a dizer nos termos mais simples possíveis". Essa foi a época do quadro de Grant Wood *Gótico americano* e de outras obras que vieram a ser chamadas de *Americana*. Copland se tornou a figura padrão desse movimento na música.

O novo estilo começou com uma deslumbrante obra orquestral baseada em canções populares mexicanas, *El salón México*, de 1936. Aqui, como se viesse de lugar nenhum, surgiu o som de Copland: cores orquestrais vívidas baseadas no estilo neoclássico de Stravinsky, mas com voz individual; ritmos atléticos, intrincadamente sincopados, com base no jazz mas de efeito singular; uma absorção, sem esforço aparente, de material folclórico estranho ao contexto do compositor, mas que ele tornou seu. O que ele fez não deveria ter funcionado, porém de algum modo funcionou.

Seguiram-se três balés lendários, cada um deles com temática americana. *Billy the Kid* veio em 1938. A história se baseia num fora da lei mítico, e a música de Copland evoca o clima lendário do Velho Oeste, integrando canções familiares de caubóis, como "Goodbye Old Paint" e "Git Along Little Dogies". Experimente ouvir a suíte de Copland extraída do balé. A abertura conjura um grande drama com vastos espaços abertos. A "Mexican Dance" remonta às síncopes jazzísticas de *El salón México*. Após vívidos trechos de pintura tonal em "Card Game", "Gun Battle" e "Billy's Death", a conclusão retorna, memoravelmente, ao tom mítico. Temos aqui a história norte-americana numa tela tonal épica que soa atemporal, mas que Copland inventou para si mesmo. (Após uma pré-estreia do balé, um velho vaqueiro apareceu nos bastidores para dizer que tudo tinha sido ótimo, exceto que ele conhecera Billy, e o homem atirava com a mão esquerda.)

Em seguida veio *Rodeo*, em 1942. Experimente ouvir quatro excertos familiares desse balé: "Buckaroo Holiday", "Corral Nocturne", "Saturday Night Waltz" e "Hoedown". Esse tipo de música era uma fórmula de clichê e de sentimentalismo, mas a irresistível vivacidade e o frescor no tratamento de Copland fizeram dele um clássico. Você não vai esquecer a graça doce e pungente da valsa, o êxtase da melodia do violino em "Hoedown". Assim como em Stravinsky e em Mahler, o iridescente manejo da orquestra por Copland é parte indispensável da expressão e da emoção.

Aaron Copland (1900-90)

Em 1944 surgiu sua obra-prima, um balé encomendado por Martha Graham: *Appalachian Spring*. É uma história sem ornamentos: um jovem casal se casa e estabelece um lar na Pensilvânia do século xix. Copland sempre manifestou tendência para um páthos tocante, e aqui ela se mostra de maneira comovente. A suíte orquestral extraída da obra é mais conhecida, mas, assim como muitos músicos, prefiro a versão de câmara original, como foi composta para o balé, em que o calor e a intimidade da partitura combinam com a intimidade e a espiritualidade da música: uma tranquila afirmação de uma vida simples e de virtudes simples. O extenso solo do clarinete na abertura é inesquecível; como Mahler, Copland era capaz de compor esse tipo de música como se nunca tivesse havido um solo de clarinete. Na pesquisa de material para a parte seguinte do balé, ele examinou uma coleção de canções de Shaker, com resultados históricos: suas variações sobre "Simple Gifts" fizeram o tom obscuro dessa coleção ficar famoso. Sugiro experimentar primeiro a versão original de câmara, depois ir ao arranjo para orquestra completa, em que ele põe a música num tom mais suave.

Nos anos do pós-guerra, Copland se tornou um ícone. Começou como um radical de ascendência russa na música e na política e acabou virando o Dumbledore da música americana. Envolveu-se em grande medida na busca de público para a música clássica por meio de programas de rádio e livros sobre como apreciá-la, inclusive *What to Listen for in Music* [O que ouvir na música]. Ele fez proselitismo se apresentando como pianista e regente, entre outras coisas, em estreias históricas de obras de Charles Ives. Compôs peças memoráveis para filmes, como *The Heiress* [Tarde demais] e *The Red Pony* [O Vale da Ternura]. Ele e Leonard Bernstein se tornaram o núcleo de um grupo de brilhantes compositores e músicos gays, embora na época eles precisassem manter oculta sua orientação sexual. Copland minimizava seu radicalismo da década de 1930, embora seu retumbante, martelante *Fanfare for the Common Man* [Fanfarra para o homem comum], tirado de sua *Terceira sinfonia*, ecoasse essas convicções políticas.

Após anos de declínio, Copland morreu em Tarrytown, Nova York, em dezembro de 1990. O fato de sua música mais celebrada soar tão natural e inevitável é um atestado de sua arte: ele compunha devagar, com grande esforço, como se tentando forjar do variegado acervo de sua experiência uma voz singular e imensamente envolvente.

Mais Copland: *Terceira sinfonia*; *Retrato de Lincoln*; suíte *The Red Pony*.

35. György Ligeti (1923-2006)

NA DÉCADA DE 1970, consegui uma gravação de *Adventures* e *New Adventures*, de György Ligeti, para um pequeno conjunto de instrumentos e "cantores". Ouvi muitas vezes, mas precisei esperar dez anos e ouvir essas peças ao vivo para me dar conta de quanto são engraçadas: "óperas" de câmara absurdas expressas por gritos, resfolegos, guinchos, suspiros, berros, mugidos — tudo menos palavras de verdade. Antes disso nunca me ocorrera que o inovador e o cômico pudessem coabitar. Não ensinam isso na escola de música. Experimente ouvir para saber o que estou falando.

A obra de Ligeti às vezes é de um engraçado quase alarmante, outras vezes vivaz, hipnotizante, misteriosa, tocante, irônica, todas essas coisas boas que a música costuma ser. É característica de seu individualismo e compatível com um passado que ele, como nominalmente um compositor "experimental", poderia resgatar. Foi genial de sua parte tomar ideias e técnicas da escola experimental alemã do final do século e torná-las musicais, o que vale dizer que ele humanizou o vanguardismo.

Ligeti nasceu na Transilvânia, Romênia, de uma instruída família húngaro-judaica que acabou nos campos de concentração da Segunda Guerra Mundial. Seu pai e seu irmão morreram lá. György conseguiu fugir do campo de trabalho escravo e

328   *Modernismo e além*

caminhou até sua casa, para descobrir que ela não existia mais. Após a guerra, estudou música e se estabeleceu em Budapeste numa carreira de professor e compositor.

Depois de sobrever aos nazistas, ele teve de enfrentar os soviéticos. Na Hungria comunista, compor acordes estranhos poderia provocar consequências desagradáveis. Com a repressão russa de 1956, György deixou precipitadamente a Hungria e foi parar, arruinado e sozinho, em Colônia, Alemanha. Conseguiu um posto de trabalho nos estúdios da rádio Colônia, onde se fazia música eletrônica pioneira com meios notadamente primitivos. Naquela época as músicas eram editadas cortando fitas de gravação com tesoura, e sons eram produzidos com antigos equipamentos de engenharia. Os ícones da vanguarda Karlheinz Stockhausen e Pierre Boulez se tornaram seus mentores e amigos.

Mas o caminho de Ligeti divergiu do de seus mentores em aspectos importantes. Nas décadas de 1960 e 1970 Stockhausen era o vanguardista europeu mais em evidência, e decretara que toda peça devia constituir algum tipo de revolução. Ligeti precisava de modelos, mas não dava importância a gurus e figuras de autoridade. Encontrou sua voz no coração do cenário experimental europeu, onde a ultrarracionalidade era a resposta à irracionalidade da guerra e tudo precisava ser justificado por uma teoria, mas nunca se encaixou nesse molde.

Em resposta aos horrores de meados do século, que vivera em primeira mão, Ligeti foi mais na direção do sentimento do que do intelecto. Como seus colegas, se posicionou a favor da inovação, mas novas formas e novos sons eram para ele um meio, não um fim. Sua paixão por música era mais que não dogmática; era antidogmática, o que incluía as tra-

György Ligeti (1923-2006) 329

dições caribenhas, centro-africanas, da Ásia oriental e o minimalismo norte-americano de Steve Reich e Terry Riley. É verdade que esse tipo de amplo alcance e ecletismo não era necessariamente confortável. "Estou numa prisão", disse ele uma vez. "Uma parede é o vanguardismo, outra é o passado. Eu quero escapar." Declarou que sua música tardia não era tonal nem atonal. Em outras palavras, que ambos os campos fossem para o inferno.

Uma forma de escapar seria adotar uma estranheza absoluta. Em seu modo cômico, Ligeti foi inquestionavelmente o compositor mais engraçado de todos os tempos, embora seu humor tivesse uma vertente inquietante. Sua ópera *Le grand macabre* é um exercício de loucura apocalíptica, sobre o tema do fim do mundo como uma fraude do sobrenatural. Ele a descreveu como "uma espécie de mercado das pulgas metade real, metade irreal [...] um mundo onde tudo está desmoronando". Tendo crescido onde e quando cresceu, Ligeti sabia que uma implosão podia ser engraçada, mas, no fim das contas, não era uma piada. Não recomendo a ópera inteira para neófitos, mas no YouTube (ou similar) procure o excerto da ópera chamado *Mysteries of the Macabre*, especialmente a versão da maravilhosa soprano Barbara Hannigan, sob a regência de Simon Rattle. Isso será, garanto, uma das coisas mais danadas que você já ouviu — ou viu.

A música religiosa de Ligeti tem uma aura extraterrena que a fez se encaixar com naturalidade no filme de Stanley Kubrick *2001: Uma odisseia no espaço*. Para mim, sua música continua sendo o elemento mais sublime desse filme transcendente. Se o *Réquiem* e *Lux aeterna*, usados no filme, se parecem com alguma coisa, não é com homens-macacos nem com monólitos na Lua — são os ululos de animais míticos, o suspiro de estrelas solitárias em nebulosas esquecidas, as canções rituais de fantasmas. É a mais autêntica música sacra cósmica que conheço.

Outra obra singular e extraordinária é seu *Concerto para violino*. O segundo movimento, em tom de hino, chega ao clímax com um coro de ocarinas (aquelas flautas em formato de batata) que consegue soar ao mesmo tempo simplório e assustador, como querubins num pesadelo. Aqui Ligeti abre uma veia de embriagadora estranheza à qual a música talvez não tivesse chegado antes. Seus experimentos nunca foram triviais; ele buscava expressar algo que estava além da análise, no reino do coração.

Seus supervirtuosísticos *Études* para piano são comentados com reverência e temor nos círculos do instrumento. Ouça o pianista favorito de Ligeti, Pierre-Laurent Aimard, tocar o jazzístico e ridiculamente difícil *Fanfares*.

Ouvi palestras de Karlheinz Stockhausen em Boston, nas décadas de 1960 e 1970, e na de 1990 assisti às de Ligeti como compositor visitante no Conservatório da Nova Inglaterra. Stockhausen era a imagem do modernista alemão, proclamando ditos ordenadamente arranjados sobre os imperativos da história. Ligeti apenas encantava todos no conservatório. Não tinha teorias a oferecer. Era despretensioso, espirituoso em seu inglês arrevesado, e, em contraste com as feições angulosas e os olhos ardentes de Stockhausen, tinha o maravilhoso rosto de um velho spaniel.

Ele contou que precisou pegar carona para ir aos concertos quando suas peças foram apresentadas pela primeira vez em festivais europeus da nova música. "Eu não tinha dinheiro nem

György Ligeti (1923-2006)

para oferecer uma xícara de café a uma garota." Então um dia alguém lhe disse: "Você sabia que tem um filme com uma música sua?". Stanley Kubrick simplesmente tinha se apropriado da obra de Ligeti em 2001. Ele processou o cineasta e, no fim, recebeu 3 mil dólares. "Você gostou do filme?", perguntou alguém. "Sim, eu realmente gostei", respondeu Ligeti. E, é claro, 2001 fez por ele o que o fato de estar na capa do álbum dos Beatles *Sgt. Pepper's Lonely Hearts Club Band* fez por Stockhausen: ajudou a torná-lo famoso além dos círculos esotéricos do vanguardismo europeu. Sua música tem figurado em alguns filmes desde então.

Ligeti morreu em Viena em junho de 2006. Na minha opinião, é um dos mais interessantes, expressivos e importantes artistas tonais que surgiram desde a morte de Stravinsky. Stockhausen foi um grande inventor no som, mas Ligeti foi um grande compositor numa longa tradição. Não vejo substitutos no horizonte.

Mais Ligeti: *Nonsense Madrigals*; *Atmospheres*; *Lontano*.

36. Mais música moderna

COMEÇAREI OBSERVANDO QUE teremos aqui mais compositores do que na lista dos românticos porque a história só começou a fazer o trabalho de decidir quem progride e quem declina nos últimos 115 anos. No momento em que escrevo isto, esses compositores estão presentes na vida musical contemporânea. A diferença em relação ao século anterior é que agora toda a música, na verdade toda a arte, pode contar com uma espécie de imortalidade na mídia, sobretudo na mídia on-line que se desenvolveu no último quarto de século. Como isso vai afetar o futuro das artes, para o bem ou para mal, ainda veremos.

Serguei Prokofiev (1891-1953). Quando a Revolução Russa eclodiu, em 1917, Prokofiev tinha completado duas óperas e dois concertos para piano. Era um ardente apoiador do novo regime soviético, e compôs um número notável de peças naquele ano. Em 1918 deixou a Rússia para uma turnê de concertos que pretendia breve, mas por vários motivos não tornou a ver a pátria durante aproximadamente dez anos. Acabou ficando nos Estados Unidos durante algum tempo, e seu explosivo recital de estreia em Nova York lhe granjeou o título de "pianista bolchevique". Voltou à União Soviética para sempre em 1932, encontrando uma situação muito diferente nas artes. Stálin havia reprimido o Modernismo e

Mais música moderna

levado o brilhante período de arte pós-revolucionária a um fim abrupto e brutal. Mas ainda durante vários anos Prokofiev progrediu sob o olhar vigilante do chefe comunista e de seus fantoches. Ingressou na União dos Compositores e escreveu uma cantata para o sexagésimo aniversário do ditador. Pôs de lado a dissonância e a inovação, mas o resultado foi um novo foco em seu trabalho e um envolvimento ainda mais profundo com suas fontes musicais russas. Em 1948, com a guerra fria em pleno andamento, Stálin, como já vimos, decretou que os artistas deveriam ser enquadrados de uma vez por todas. Apesar de sua fama em âmbito mundial, Shostakovich e Prokofiev não foram poupados. Subjugados, os dois emitiram patéticas autocondenações. Isso quase matou Shostakovich e foi ainda pior para Prokofiev, já exaurido e doente. Fosse qual fosse a razão, a partir daquele momento Prokofiev ficou menos capacitado do que seu compatriota Shostakovich a continuar seu trabalho na União Soviética. Um pensador russo assim comparou os Estados Unidos com a União Soviética certa vez: nos Estados Unidos tudo é possível e nada é importante; na Rússia muito menos é possível e tudo é importante. Porém Prokofiev e Shostakovich sobreviveram, cada um a seu modo, e também a seu modo realizaram um trabalho de importância vital nas piores circunstâncias. Prokofiev tinha um lado vigoroso e atlético em seus *allegros* (ouça o último movimento, de arrepiar os cabelos, da *Sonata para piano nº 7*), um grande talento para a melodia lírica, e produziu quadros épicos em suas grandes obras. **Sugestões:** *Sinfonia clássica* (nº 1); *Concerto para piano nº 3*; *Lieutenant Kijé*; *Pedro e o lobo*; *Sinfonia nº 5*; *Sonata para piano nº 7*.

Modernismo e além

Alban Berg (1885-1935). Aluno de Schoenberg e membro da Segunda Escola Vienense, Berg foi um trabalhador lento e meticuloso; nenhum compositor de sua estatura tem tão poucas obras em seu catálogo, mas todas são importantes. Ele passou oito anos trabalhando de maneira intermitente em sua maior obra, a ópera *Wozzeck*. Nessa história de um atormentado e malfadado soldado e sua amante, a expressão é totalmente individual, o tom vai de uma profunda ternura a uma ironia desvairada e a um sentimento de caos incipiente. Continua a ser a ópera mais admirada do século xx. Em 1935 Berg era considerado um dos principais compositores austríacos, mas ele e Anton Webern foram denunciados pelos nazistas como "artistas degenerados", e Berg perdeu a maior parte de seus rendimentos. Ele nunca foi de todo saudável; após concluir seu lindo e elegíaco *Concerto para violino*, morreu em consequência de uma infecção causada por uma picada de inseto antes de conseguir terminar sua ópera *Lulu*. **Sugestão:** três fragmentos de *Wozzeck*.

Anton Webern (1883-1945). Mais um aluno de Schoenberg e membro da Segunda Escola Vienense, Webern, na maturidade, compôs sob crescentes críticas e obscuridade, mas pouco depois de morrer suas obras transformaram a música do pós-guerra. Como Berg, Webern começou compondo peças em atonalidade livre e depois, na década de 1920, acompanhou Schoenberg na música dodecafônica. Para meus ouvidos, sua obra inicial atonal livre é a mais comunicativa — do endiabrado ao trágico mais profundo, de sonoridade totalmente nova. Em suas obras dodecafônicas tardias, Webern se tornou o mais austero de todos, o mais meticuloso no uso da técnica.

Mais música moderna 335

Suas peças ficaram mais curtas, mais aforísticas, e perderam a intensidade expressionista da fase atonal livre. O estabelecimento do regime nazista foi um desastre para sua criatividade, assim como para muitas criatividades progressistas, agrupadas sob o título de "artistas degenerados". Suas apresentações foram banidas, e Webern precisou fazer arranjos de peças para se sustentar. Sua regência e sua composição foram interrompidas; foi praticamente esquecido como compositor. Morreu logo após a guerra, atingido por um tiro acidental de um soldado americano. Dez anos depois, ele e sua implacável aplicação do método dos doze tons foram a inspiração para uma escola internacional de compositores "pós-Webern". Um deles era Igor Stravinsky, que assim se referiu a ele: "Fadado a um fracasso total num mundo surdo de ignorância e indiferença, ele continuou inexoravelmente a lapidar seus diamantes, seus deslumbrantes diamantes". **Sugestões:** *Cinco peças para quarteto de cordas*; *Seis peças para orquestra*; *Concerto para nove instrumentos*.

Leoš Janáček (1854-1928). Janáček é uma inspiração para compositores que ainda lutam em toda parte, tendo trabalhado em semiobscuridade durante a maior parte da vida e só acertado o passo depois dos sessenta anos de idade — com a ajuda de seu desejo por uma jovem mulher, casada e inacessível, que mesmo assim o inspirou. Em 1916 sua ópera nacionalista *Jenůfa* foi apresentada em Praga sob grande aclamação. A partir de então, Janáček foi o principal compositor tcheco e não muito tempo depois, aos sessenta anos, uma figura internacional. Sua obra está repleta não só da rica tradição da música folclórica da Morávia como também da linguagem dessa cultura. **Sugestões:** *Sinfonietta*; *Missa glagolítica*; a ópera *A astuciosa raposinha*.

336 *Modernismo e além*

Ralph Vaughan Williams (1872-1958). Vaughan Williams passou pelo Royal College of Music, tendo estudado com o alemão Max Bruch e com o francês Maurice Ravel. Mas em vez de adotar a veia um tanto brahmsiana, romântica tardia de Elgar, ele foi buscar inspiração na música folclórica britânica e manteve esse fundamento, além da música litúrgica britânica e similar, pelo resto de sua longa e produtiva carreira. **Sugestões:** *Fantasia sobre um tema de Thomas Tallis; Sinfonia n$^{\underline{o}}$ 4.*

Serguei Rachmaninoff (1873-1943). Depois que seu pai ficou pobre e abandonou a família, Rachmaninoff viveu uma infância turbulenta na Rússia, para se tornar, ao final da adolescência, um dos melhores pianistas do mundo. Virou uma sensação após seu melodramático *Prelúdio em dó sustenido menor* para piano, composto em 1892, ganhar fama mundial. (Rachmaninoff, que nunca se livrou da notoriedade dessa peça, acabou por detestá-la.) A estreia em Moscou, em 1901, do que seria sua obra mais celebrada, o *Concerto para piano n$^{\underline{o}}$ 2 em dó menor*, consolidou sua importância nos palcos mundiais. Em Julliard ele foi chamado de Rocky 2, um dos cumes que quem aspira a ser chamado de virtuose precisa alcançar. Seu colega Stravinsky o apreciava como pianista, mas não devotava muita admiração por sua música, e descreveu Rachmaninoff como "uma carranca de mais de 1,80 metro de altura". **Sugestão:** *A ilha dos mortos.*

Paul Hindemith (1895-1963). Durante algum tempo Hindemith foi considerado um dos principais compositores de seu tempo, junto com Schoenberg, Stravinsky e Bartók. Rejeitou a atonalidade e para muitos encarnou a necessária resposta a

Mais música moderna 337

Schoenberg. Durante a década de 1920 foi considerado um dos revolucionários, sua obra marcada por grande energia e espírito. Destaca-se a surrealista ópera de câmara *Hin and Zurück* [Para lá e de volta], que segue até a metade e depois, tanto na música quanto na ação, faz o caminho inverso até chegar ao ponto inicial, como um filme passado ao contrário. Na década de 1930 os nazistas o enfiaram num campo "cultural bolchevista" e baniram sua obra maior, a ópera *Mathis der Maler* [Mathis, o pintor]. Nos anos seguintes Hindemith se acomodou no papel de artífice que produz pilhas de obras meticulosamente trabalhadas. **Sugestões:** a versão sinfônica de *Mathis, o pintor*; *Metamorfoses sinfônicas de temas de Carl Maria von Weber.*

Edgar Varèse (1883-1965). Varèse possui a distinção de ter sido a inspiração primordial para a vanguarda musical de meados do século xx e, da mesma forma, para os pré-roqueiros, inclusive Frank Zappa. Desde o início e até hoje ele tem sido, no som e na reputação, o protótipo do modernista. Ouvi uma vez uma execução vertiginosa de sua *Amériques* pela Sinfônica de Boston que me fez voltar para ouvir novamente, mesmo não tendo, na verdade, gostado da peça — o que apreciei foi sua raivosa, agressiva ferocidade, que irrompe durante vinte minutos. **Sugestões:** *Ionização*; *Amériques*; *Poema eletrônico.*

George Gershwin (1898-1937). Gershwin criou algumas das canções mais amadas da música popular americana e outras tantas para a sala de concertos, num tipo de carreira abrangente que só poderia acontecer nos Estados Unidos. Com insaciável curiosidade e ambição ele absorveu toda a música que havia a sua volta, popular e clássica, negra e branca, e

338   *Modernismo e além*

as recriou usando sua própria voz. No meio da adolescência, Gershwin abandonou a escola e foi trabalhar como divulgador de canções no Tin Pan Alley, passando seus dias ao piano tocando melodias para compradores de partituras. Aos vinte anos, conta-se, durante uma viagem de ônibus de dez minutos, em Manhattan, ele compôs "Swanee", que vendeu milhões de cópias e continua um clássico na música popular americana. Depois disso não lhe faltaram mais nem dinheiro nem fama, mas suas ambições criativas iam muito além de simples melodias. Quase todas as pessoas que se encontravam com Gershwin, desde o fã na rua até os mais sofisticados músicos de sua época, ficavam assombradas com seu talento. Repetindo o que disse Ravel quando Gershwin pediu que lhe desse algumas aulas: "Por que você quer ser um Ravel de segunda classe quando já é um Gershwin de primeira classe?". *Porgy and Bess*, sua obra-prima, é uma combinação inconsútil de ópera tradicional com espetáculo da Broadway, numa história de grande força trágica. **Sugestões:** *Rhapsody in Blue*; *Concerto em fá*; *Um americano em Paris*; *Porgy and Bess*.

Erik Satie (1866-1925). Satie não é, segundo qualquer critério, um grande compositor, mas à sua maneira engraçada e excêntrica ele se fez importante, inspirando uma série de artistas mais ambiciosos. Compôs seu balé *Parade* para veteranos dos Balés Russos (a partitura inclui máquinas de escrever, garrafas de leite e uma sirene; os cenários foram de Picasso). Foi amigo de Debussy e Ravel e uma inspiração para eles e os surrealistas, a quem influenciou com os extravagantes nomes de suas peças, entre as quais *Vexames* e *Prelúdios verdadeiramente flácidos (para um cão)*. Satie foi uma censura ambulante a toda pretensão. **Sugestão:** *Gymnopédies* para piano.

Mais música moderna 339

Francis Poulenc (1899-1963). As notáveis composições de Poulenc faziam frequentes referências à música popular francesa. Sua ópera *Les mamelles de Tirésias* [Os seios de Tirésias] se baseava numa farsa do poeta surrealista Apollinaire. Antes de se voltar para obras sacras, numa fase mais tardia de sua vida, ele compôs peças, em sua maior parte, infalivelmente encantadoras e picantes, o epítome do refinamento parisiense. **Sugestões:** *Sexteto para piano e quinteto de sopro; Gloria.*

Darius Milhaud (1892-1974). Milhaud esteve envolvido, de maneira criativa, tanto com a cultura francesa quanto com a americana. O resultado mais famoso foi a primeira obra de concerto ou balé em forma de jazz (antecedeu *Rhapsody in Blue*, de Gershwin), que em sua estreia foi apresentada com roupas em forma de quadrado, como um "balé cubista". **Sugestão:** o já citado balé *La création du monde.*

Samuel Barber (1920-81). A música de Barber costuma ser tão bem recebida que é até possível esquecer o inconformista que ele foi. Não se trata nem de um pós-romântico nem de um compositor americano, nem vanguardista nem reacionário, mas de alguma maneira conseguiu extrair de toda a cultura musical de sua época uma síntese distintamente pessoal. Seu sombrio e belo *Adágio para cordas* se tornou um ubíquo acompanhamento de tragédias descritas na mídia. **Sugestões.** *Knoxville; Summer of 1915; Sonata para piano; Concerto para piano.*

John Cage (1912-92). Cage é o brincalhão da música moderna, o que não quer dizer que não tenha sido um compositor sério. Ao contrário: para ele, todo o espectro que vai do sério ao provo-

340 *Modernismo e além*

cador e ao desvairado era parte do mesmo contínuo cósmico. Estudou com Arnold Schoenberg e compôs peças dodecafônicas, mas logo se cansou do formalismo e da sobriedade tanto dos reacionários quanto da vanguarda. Começou a buscar novas sonoridades, divorciando-se de questões como significado e intenção. Logo estava planejando suas obras usando métodos aleatórios, como lançar uma moeda e consultar o *I Ching*. O que surgiu desse método aleatório (*alea* significa "dados" em latim) foram peças como *Imaginary Landscape* [Paisagem imaginária] *nº* 4, de 1951, executada, de acordo com elaboradas instruções, por doze aparelhos de rádio sintonizados em estações diferentes, de modo que o que se ouve é o que estiver sendo transmitido naquele momento. Seu lendário *4'32"* envolve um pianista sentado ao piano durante exatamente quatro minutos e 32 segundos sem tocar absolutamente nada. A "música" é qualquer som que a plateia produza nesse tempo, ou não. A estética de Cage teve vasta influência, especialmente útil para compositores sem talento, entre os quais ele se incluía. Contudo, sempre conseguiu expressar isso com mais brilho malicioso do que qualquer um. **Sugestão:** sonatas e interlúdios (1946-8) para "piano preparado". Ou seja, um piano cujas cordas tenham sido cobertas de parafusos, borracha, plástico, porcas e várias outras coisas para produzir os mais improváveis sons. Elas estão entre as primeiras peças de Cage, planejadas e cuidadosamente anotadas. São muito divertidas.

Olivier Messiaen (1908-92). Messiaen estudou a música oriental, cujos ritmos e tonalidades se tornaram parte de sua obra — junto com os cantos dos pássaros, que o fascinaram durante toda a vida. Outros dois elementos marcariam a música madura de Messiaen: seu ardente catolicismo e sua sinestesia nata, uma peculiaridade das conexões cerebrais que faz com que se percebam dois sentidos como um conjunto. Ele ouvia música em cores extravagantes, tornando-se um compositor de repertório inimitável e multicor. **Sugestões:** *Quarteto para o fim dos tempos*; *Visions de l'Amen*; *Chronochromie*, grande obra orquestral composta quase totalmente de cantos de pássaros.

Pierre Boulez (1925-2016). Boulez emergiu do Conservatório de Paris como um desses radicais que cospem fogo pela boca, pregando um "serialismo total" e emitindo manifestos: "Todo músico que não experimentou [...] a necessidade [do serialismo] é INÚTIL. Pois toda a sua obra é irrelevante para as necessidades da época"; "Schoenberg está morto" — porque, na opinião nem um pouco modesta de Boulez, o inventor da atonalidade não foi longe o bastante. Para Boulez e seus compatriotas, o serialismo era um caminho intelectual para curar a loucura da guerra. Ao mesmo tempo, ele e sua geração de vanguardistas foram muito influenciados pelos procedimentos aleatórios de John Cage. **Sugestão:** *Dérives 2*, em que ele deixa para trás parte de sua antiga ideologia para escrever música de grande energia propulsora.

Karlheinz Stockhausen (1928-2007). Stockhausen cresceu entre bombardeios durante a guerra, e associou a ubíqua música militar nazista com a marcha da Alemanha para o desastre. Sua própria obra se distanciaria o máximo possível do ritmo normal, da melodia e da harmonia tradicionais. Ele passou muitos anos fazendo proselitismo para a vanguarda, escrevendo grande quantidade de prosa técnica e polêmica, com-

342   *Modernismo e além*

pondo música eletrônica e acústica e às vezes unindo as duas. Um tanto fanático, declarou que toda peça deve ser uma revolução por si mesma. Na década de 1960 ficou famoso como um dos rostos na capa do álbum *Sgt. Pepper's,* dos Beatles, e como parte da inspiração dos quatro rapazes de Liverpool. **Sugestões:** *Gesang der Jünglinge; Stimmung; Hymnen.* Importante: procure textos sobre essas peças na Wikipédia.

Alfred Schnittke (1934-98). A obra pós-moderna de Schnittke, frequentemente poliestilística, influenciada, entre outros, por Ives, tem estado em voga por muitos anos e continua a ser formidável. Para degustação, tente o *Concerto grosso nº 1,* que toma esse velho gênero e estilo barrocos como fundamento sobre o qual é construída uma das obras mais loucas que conheço, cheia de ternura e de ferocidade, de provocante tonalidade e atonalidade e de um furioso caos, tudo competindo num cativante pesadelo para os ouvidos. **Sugestão:** *Concerto para viola.*

Giacinto Scelsi (1905-88). Scelsi passou a maior parte de sua vida compondo na obscuridade, conhecido apenas por alguns discípulos. Para seu trabalho mais tardio ele improvisava gravando em fita, e seus colaboradores escreviam as partituras a partir desse material, sob sua supervisão. Perto do final da vida, foi aclamado em apresentações e ganhou intérpretes fiéis, inclusive o Quarteto Arditti. **Sugestões:** *Uaxuctum; A lenda da cidade dos maias que eles mesmos destruíram por motivos religiosos.*

Terry Riley (1935-). Um dos fundadores do minimalismo musical, Riley seguiu o percurso acadêmico, tendo feito mestrado na Universidade da Califórnia antes de gravitar em estudos da

Mais música moderna

música indiana. Envolveu-se também com a contracultura da década de 1960 e com sua música. Tudo isso contribuiu para sua obra, junto com um interesse permanente no jazz de meados do século. O minimalismo se afastou para tão longe quanto se pode imaginar dos arcanos do serialismo acadêmico, integrando elementos da música mundial e do pop americano. Sua forma e seus processos ficam totalmente na superfície, algo que um menino de quatro anos é capaz de entender. Não faz muito tempo assisti a uma interpretação de seu lendário *In C* [Em dó] num museu, olhando, do alto de um balcão, dançarinos e músicos sorridentes abrindo caminho através de galerias de tetos abertos até enfim se reunir para a conclusão. Foi um dos momentos mais encantadores que passei num museu, e nenhuma outra peça teria causado esse efeito. **Sugestão:** *A Rainbow in Curved Air* [Um arco-íris num ar curvo].

Steve Reich (1936-). Reich é outro minimalista seminal. De uma especialização universitária em filosofia na Universidade Cornell ele partiu para estudar música em Julliard e em Mills College. A partir de 1966, passou a dirigir seu próprio conjunto. Um bom começo com Reich é a peça gravada em fita *Come Out*, na qual uma frase falada por um menino negro na rua é reciclada repetidamente por múltiplos gravadores de fita que aos poucos saem de sincronia até que a frase se transforma numa fascinante paisagem sonora. A obra-prima de Reich, creio que a obra-prima de todo o minimalismo, é *Music for 18 Musicians* [Música para dezoito músicos], de 1976. A peça é marcada por um pulso inexorável, balbuciando números repetidamente e assim por diante; porém, diferente da maioria das peças minimalistas, ela é expressiva de verdade, para mim um longo

344   *Modernismo e além*

trecho de invenção rítmica que se renova constantemente com um fluir generalizado de melancolia incubada. Se tiver oportunidade de assistir ao vivo, não perca. A música vira uma espécie de teatro, os músicos indo de um instrumento a outro, mulheres cantando solos em microfones, percussionistas alternando notas em rápida sucessão em ambos os lados de uma marimba. É uma iguaria musical e visual ao mesmo tempo.

Philip Glass (1937-). Glass estudou filosofia na faculdade, foi para Julliard e estudou música indiana. Autopromotor incansável, formou um grupo que executava sua obra implacavelmente repetitiva em teclados elétricos e em instrumentos de sopro — mínimalista, monótona e barulhenta. No final da década de 1960 o grupo adquiriu o status de cult em Nova York. **Sugestão:** a ópera *Einstein na praia*.

John Adams (1947-). Classifico Adams como um pós-minimalista porque, embora faça uso frequente das contínuas repetições e da lenta evolução do estilo, ele situa isso numa ampla paleta estilística cujas influências vão da música romântica a Charles Ives e à música pop. **Sugestões:** *Nixon na China*; *Shaker Loops*.

Conclusões

Quero falar, mesmo de maneira breve, do fenômeno contemporâneo conhecido como *movimento de música antiga*. No decorrer da história da música ocidental houve uma evolução natural dos tipos de instrumentos — como a mudança da família "gamba" de cordas para a família do violino — e melhorias técnicas nos instrumentos existentes, como o acréscimo, no século xix, das chaves nas madeiras e das válvulas nos metais. Há algumas exceções a essa regra evolucionária: por exemplo, o consenso de que os instrumentos de corda feitos pela família Stradivari e alguns outros nos séculos xvii e xviii são insuperáveis. (A maior parte de seus instrumentos, no entanto, passou, no século xix, por uma adaptação; houve um aumento no comprimento do braço, ou espelho, para atender às necessidades da época.)

Assim como na evolução do cravo para o piano, com um domínio maior de volume de toques, a tendência de considerar as várias evoluções uma questão de progresso acabou santificada. Ao mesmo tempo, evoluíram também os estilos de execução, e, na ausência do recurso da gravação, cada época histórica e cada região desenvolveram seus hábitos próprios no modo de tocar. Assim, as grandes peças de Bach redescobertas em meados do século xix eram executadas com instrumentos e no estilo dessa época, o que significava que

346   *Linguagem do espírito*

à música original acrescentavam-se efeitos de volume, articulação e fraseado.

No século XX os músicos começaram a dar mais atenção a instrumentos antigos, o que por sua vez levou a um interesse em como esses instrumentos eram tocados. Grupos clássicos apareceram por toda parte, apresentando flautas doces, charamelas, alaúdes e congêneres.

Quando o movimento de música antiga atingiu a maturidade, na década de 1970, sua proposta era tocar as peças nos instrumentos para os quais elas haviam sido compostas, no estilo em que eram executadas na época, "segundo nosso melhor discernimento possível". Havia certa medida de autoindulgência nessa pretensão: *nós* somos mais autênticos do que *você* é. Enquanto uma nova geração de músicos se ocupava em dominar violinos barrocos, flautas doces, violas de gamba, alaúdes e trompas sem válvulas, os eruditos estudavam cada tratado sobre interpretação disponível, sobretudo os do século XVIII, em busca de pistas sobre o estilo de interpretação daquela época.

Lembro que em 1977 assisti pela primeira vez a uma gravação com uma orquestra composta de instrumentos originais, que executava a *Sinfonia em sol menor* de Mozart. Fiquei assombrado. A melodia de abertura, em oitavas, que numa grande orquestra moderna sempre soava arrastada, ali soava leve e lúcida. Eu podia ouvir claramente cada naipe da orquestra até o segundo fagote. Foi revigorante, como se a música tivesse renascido. Faça uma experiência: ouça uma versão de *Música para fogos de artifício reais*, de Händel, na versão usual para orquestra moderna. Depois ouça a versão original tocada por um conjunto de música antiga, digamos,

Conclusões 347

a Schola Cantorum Basiliensis. Você vai achar a original mais animada e divertida.

No decorrer dos anos o movimento de música antiga se disseminou com firmeza, até que na década de 1990 os instrumentos originais já reivindicavam para si a música barroca e faziam incursões na música clássica. Passamos a apreciar o suspiro das cordas tocadas sem vibrato e com arcos convexos em lugar dos arcos côncavos modernos, o som de cordas feitas de tripa e não de metal, o brilho aveludado das violas de gamba, e, é claro, o tinido do cravo. O *revival* instrumental da Renascença e dos instrumentos medievais abriu as portas para um grande e maravilhoso repertório que só rara e experimentalmente fora ouvido antes. Ao mesmo tempo, o estilo de interpretação que cresceu com o movimento deu ensejo a grupos menores, texturas mais despojadas, tempos mais rápidos. Houve uma tendência geral a retroceder na expressão emocional, com base na teoria de que era romântica demais, não barroca o bastante.

No entanto, o triunfo do movimento de música antiga também apresentou limitações e ilusões. Não importa quantos tratados estudemos, na realidade não temos como saber de que forma Bach ou qualquer outro compositor, antes dos tempos modernos, soava quando suas obras eram executadas. Muitos aspectos cruciais não podem ser de todo conhecidos, e aí entram a musicalidade e a imaginação dos intérpretes. Posteriormente o movimento de música antiga reconheceu essa realidade, recuando de suas exigências de "autenticidade" para uma mais modesta "interpretação historicamente informada" (na sigla em inglês, HIP, de *Historically Informed Performance*). Nesse formato, o despojado e animado estilo HIP de interpretação se espalhou pelas principais salas de concerto e pelos instrumentos modernos.

348 *Linguagem do espírito*

Não conheço ninguém que hoje questione o valor disso. É claro e manifesto que vale a pena ouvir os sons tais como o compositor os concebeu, com alguma semelhança com o estilo com o qual foi interpretado na época. Além da pesquisa, os instrumentos originais podem revelar muito. Beethoven reclamou intensamente da limitação dos pianos com os quais tinha de trabalhar. Mesmo assim, compôs música para esses pianos, como você vai descobrir se ouvir sua música em instrumentos da época. O primeiro movimento da *Sonata ao luar* foi destinado a ser tocado com o pedal direito, de sustentação, pressionado para baixo o tempo todo. Como a ressonância do instrumento moderno é muito mais prolongada do que a do piano de Beethoven, isso não pode ser feito hoje — o efeito sonoro seria o de um engarrafamento tonal. É preciso encontrar um modo de disfarçar isso. Ao ouvir a *Sonata appassionata* de Beethoven tocada num piano da época, você se dará conta de que ela explora contrastes de registros que não existem nos pianos modernos. Os pianos antigos têm registros baixos ressonantes, registros médios suaves, brilhantes registros altos e um som mais "amadeirado" que os instrumentos modernos, pois seu cepo era de madeira, e não de aço. Num piano da época, o desvairado final da *Appassionata* soa como se a música despedaçasse o instrumento, um elemento importante em seu efeito emocional.

Essas questões continuam a ser bastante complicadas. Quanto mais se identificam as complicações, mais se descarta a ideia da autenticidade. Para dar um exemplo, sim, Mozart trabalhou com orquestras com dez ou doze instrumentos de cordas, mas dizia que, por ele, sua orquestra teria cinquenta violinos. A ideia de que sons mais enxutos e tempos mais rá-

Conclusões 349

pidos são sempre melhores levou a interpretações nas quais não havia tempos lentos; tudo se agitava como se fosse uma dança. Para mim, isso não é "autêntico"; é inexpressivo e não musical. Enquanto isso, o *cenário* para a música é muito diferente hoje do que era no passado. Atualmente quase sempre a música é apresentada em salas de concerto. Na época de Mozart, música de câmara era apresentada em salas de música privadas, e sonatas para piano, em ambientes privados. Ninguém propôs reviver isso — nem o fato de que grande parte da música era apresentada, no passado, com pouco ou nenhum ensaio. A maior parte das interpretações anteriores ao século xix provavelmente soaria em nossos ouvidos como, numa palavra, péssimas.

O que estou querendo dizer é que o estilo de execução da música antiga não é tão autêntico assim por ser um estilo de execução moderno para uma música antiga. Para mim, os inexoráveis tempos rápidos que se ouvem frequentemente hoje podem revirar as tripas da música. Seja como for, estilos mudam. A abordagem contínua, metronômica do tempo, que surgiu no início do século xx — substituindo os tempos flexíveis da execução romântica —, é ainda a norma vigente. Em algum momento, por exemplo, alguém poderá ouvir atentamente como Mahler executava sua própria obra — existem gravações com ele ao piano — e absorver seu estilo de tempos flexíveis numa nova abordagem da música do final do século xix.

Como professor, que nota eu daria ao movimento de música antiga e sua influência? Em relação a fazer reviver os instrumentos originais eu diria A, se não A+. Quanto a seu efeito na execução do repertório barroco e clássico, eu diria B+, se estivesse num momento de generosidade. É inquestionável o fato de que esse movimento enriqueceu a música. Mas fins são mais importantes do que meios. "O melhor que a história tem a dar", sugeriu Johann Wolfgang von Goethe, "é o entusiasmo que ela desperta."

De toda maneira, o movimento de música antiga é parte indelével da evolução contínua da música clássica ocidental, que precisou evoluir para manter sua vitalidade, sua importância e relevância. É nossa a mais ampla, mais caleidoscópica tradição musical do mundo, com mais de um milênio de constante exploração e renovação. Nela, cada pessoa pode encontrar lugares e paixões. É necessário que a jornada continue, para que se encontrem novos lugares e novas paixões.

Esta foi, pois, nossa excursão pela música ocidental desde um passado distante até poucos anos atrás. Como eu, na qualidade de compositor e escritor, somaria tudo isso? A música é para curtir, amar, fascinar, emocionar, instruir, divertir, amedrontar e exaltar. Creio que a missão de um compositor é nos oferecer essas experiências. Se e quando os ouvintes da música clássica estiverem dispostos a se deixar emocionar por miríades de vozes e de linguagens, quando as plateias ficarem tão comovidas ao ouvir algo *novo* quanto ficavam na época de Mozart — então a música vai prosperar. As obras compostas hoje são parte de um experimento continuado nessa direção.

Para concluir, quero mencionar mais uma vez a estupenda abrangência dessa arte. Uma das grandes virtudes da música ocidental não reside apenas na imensa jornada técnica da monofonia para a polifonia para a homofonia, da evolução da tona-

Conclusões 351

lidade para a evolução da atonalidade, das tríades para aglomerados sonoros,* da simplicidade para a complexidade, de uma pequena paleta de cores para uma paleta enorme, do austero ao apaixonado, do calculado ao desvairado. A música demonstrou também capacidade de absorver ideias e vozes de todo o mundo, e da música popular e do jazz, enquanto continuava a ser ela mesma. Para mim, a incomparável amplidão de referências e estilos durante o último milênio pode ser o aspecto mais notável da música clássica ocidental. É claro que ainda não chegamos ao fim dessa evolução, e nunca chegaremos.

O que prevejo para o futuro? Abstenho-me de especular. Um estudo recente descobriu que quando se trata de prognósticos, não há diferença entre profecias quanto ao futuro e resultados randômicos. O que quer que aconteça, não será porque alguém previu, a menos que por acidente. O que se pode dizer é que o espírito humano é interminavelmente criativo, e que os músicos, como todos os artistas, continuarão a fazer o que fazem. No processo, continuarão a revelar coisas belas, sublimes, encantadoras, provocantes, amedrontadoras, fascinantes, exaltadas, cômicas, toscas, maravilhosas. Apresentada em forma de sons, cordas, metais, pedra, madeira, tela, filme, pintura e o que mais for, no fim toda arte é feita do mesmo inexaurível material: o espírito humano.

---

* No original, *tone cluster* — conjunto de notas consecutivas (ré, mi, fá, por exemplo) executadas simultaneamente. (N. T.)

Sugestões para leitura suplementar

Sugiro que se busquem on-line os livros a seguir. Alguns são de interesse geral, outros (especialmente o clássico *The Classical Style*, de Rosen) exigem algum conhecimento técnico.

BERLIOZ, Hector; CAIRNS, David. *The Memoirs of Hector Berlioz.*

BOSTRIDGE, Ian. *Schubert's Winter Journey: Anatomy of an Obsession.*

FRISCH, Walter. *Music in the Nineteenth Century.*

GARDINER, John Eliot. *Bach: Music in the Castle of Heaven.*

GEIRINGER, Karl; GEIRINGER, Irene. *Haydn: A Creative Life in Music.*

HAMM, Charle. *Music in the New World.*

HANNING, Barbara Russano. *Concise History of Western Music* (5. ed.).

HOGWOOD, Christopher. *Händel* (ed. rev.).

LEDERER, Victor. *Debussy: The Quiet Revolutionary.*

MELOGRANI, Piero; COCHRANE, Lidia G. *Wolfgang Amadeus Mozart: A Biography.*

ORENSTEIN, Arbie. *A Ravel Reader: Correspondence, Articles, Interviews.*

ROSEN, Charles. *The Classical Style: Haydn, Mozart, Beethoven.*

SCHUMANN, Robert. *Schumann on Music: A Selection from the Writings.*

SHAW, George Bernard. *Shaw on Music.*

SIMMS, Bryan R. *Music of the Twentieth Century: Style and Structure.*

STRAVINSKY, Vera; CRAFT, Robert. *Stravinsky in Pictures and Documents.*

SWAFFORD, Jan. *Beethoven: Anguish and Triumph.*

_____. *Charles Ives: A Life with Music.*

_____. *Johannes Brahms: A Biography.*

WAGNER, Cosima. *Cosima Wagner's Diaries: An Abridgement.*

WALKER, Alan. *The Chopin Companion.*

WATSON, Derk. *Richard Wagner: A Biography.*

Índice remissivo

2001: Uma odisseia no espaço (filme), 187, 261, 329, 331

abstrata, música, 45, 84, 113; Brahms sobre, 140-1; rejeição de Debussy à, 255; rejeição de Strauss à, 258
Academia Real de Música (Budapeste), 302
acorde(s): "acorde *Petrushka*", 273; de sétima, 238-9; policordes, 295
Adams, John: *Nixon na China*, 344; *Shaker Loops*, 344
afinação, sistemas de, 55-9
afro-americana, música, 211, 298
Aimard, Pierre-Laurent, 330
alamanda (gênero de dança), 45
alaúde, 20, 346
Albrecth v da Baviera, duque, 34
aleatório, método, 245, 248, 340-1
Amadeus (filme e peça), 104
americanas nativas, músicas, 211-2
anarquia dinâmica, 247
antifônicos, efeitos, 76
antissemitismo, 175, 185, 216, 229, 234-5, 284, 313; de Chopin, 175; de Wagner, 185; Mahler e seu temor ao, 215-6; rejeição de Brahms ao, 203; rejeição de Shostakovich ao, 313
Apaches (jovens arruaceiros), 266
Apocalypse Now (filme), 187
Apollinaire, Guillaume, 339
Arditti, Quarteto, 342
árias *da capo*, 70
Artusi, 49
Atlanta, Escola de, 247
atonalidade, 188, 235-6, 240-2, 246, 248, 260, 278, 282, 284-5, 288-90, 329, 334-6, 341-2, 351; livre, 242, 334
Auden, W. H., 318

"babilônicos", efeitos, 139, 159
Bach, Anna Magdalena, 61
Bach, Johann Christian (filho de J. S. Bach), 84
Bach, Johann Christoph (irmão de J. S. Bach), 53
Bach, Johann Sebastian, 35, 41, 43-6, 50, 52-66, 73, 75-7, 96, 141, 174, 188, 193, 203, 270, 294, 296; Beethoven e, 73, 129; Chopin e, 175; como organista, 54; Liszt e, 190; movimento de música antiga e, 345, 347; *revival* da obra de, 60; Vivaldi e, 54-5; — obras: *A arte da fuga*, 64, 65; *A paixão segundo são Mateus*, 50, 63, 64, 66; *Chaconne*, 61; *Concerto para cravo nº 1 em ré menor*, 66; *Concerto para quatro cravos BWV 1065*, 55; *Concertos de Brandenburgo*, 44, 55, 66; "Contrapunctus ix" (*A arte da fuga*), 44; *Cravo bem temperado*, 55, 57, 59-60, 65, 175; "Crucifixus" (*Missa em si menor*), 46, 65; "Dominc Deus" (*Missa em ré menor*), 64; *Eine feste Burg ist Unser Gott*, 66; "Et resurrexit" (*Missa em ré menor*), 65; "Gloria in Excelsis" (*Missa em ré menor*), 64; *Herr, gehe nicht ins Gericht*, 62; "Mache dich mein Herze rein", 63-4; *Magnificat em Ré maior*, 66; *Missa em si menor*, 46, 50, 64-5; *Oferenda musical*, 61; *Pequeno livro de Anna Magdalena Bach*, 61; "Prelúdio em dó maior" (*Cravo bem temperado*), 59, 60; "Prelúdio em dó menor" (*Cravo bem temperado*), 60; "Prelúdio em dó sustenido menor" (*Cravo bem temperado*), 60; "Prelúdio em si bemol maior"

353

(Cravo bem temperado), 60; Sonatas e partitas para violino solo e violoncelo solo, 55; suítes para violino solo e violoncelo solo, 66; Tocata e fuga em ré menor, 54; Variações Goldberg, 60; Vor deinen Thron tret'ich allhier, 65; Wachet auf, ruft uns die Stimme, 62; "Wie zittern und wanken", 62

Bach, Maria Barbara, 54, 61

"Bagunça em vez de música" (artigo em jornal), 311

"baixos figurados", 40

balada(s), 176

balé, partituras para: Copland e, 278, 324-5; Stravinsky e, 244, 271-4, 277-80; Tchaikóvski e, 206

Balés Russos, 267, 272-3, 338

balinesa, música, 22

Barber, Samuel, 232-3, 339; Adágio para cordas, 339; Concerto para piano, 339; Knoxville: Summer of 1915, 339; Sonata para piano, 339

Barroco, 13, 25, 35, 37, 39-47, 50, 53-4, 56, 58, 60, 62, 64, 66, 68, 70, 72, 74, 77-8, 83, 84, 87, 141, 269, 277, 349; concerto grosso, 44, 75, 342; movimento de música antiga e, 346; música instrumental do, 45, 47; ópera do, 39-41, 46; origem do termo, 39; período clássico comparado com o, 83-4, 87-8; Renascença comparada com o, 39-40; ver também compositores individualmente

Bartók, Béla, 41, 192, 234, 240, 245, 261, 283, 302-9, 312, 315, 336; Debussy e, 304; Liszt e, 303; "pizzicato de Bartók", 305; Ravel e, 304; Schoenberg e, 283, 304-5; Shostakovich e, 309, 312; Strauss e, 261, 303; Stravinsky e, 304; — obras: Allegro barbaro, 306; Cantata profana, 306; Concerto nº 2 para violino e orquestra, 309; Concerto para orquestra, 308; Concerto para piano nº 2, 307; Concerto para piano nº 3, 309; Divertimento para orquestra de cordas, 307; Kossuth, 303; Música

para cordas, percussão e celesta, 41, 307; O castelo do Barba-Azul, 304; O mandarim maravilhoso, 304; Quarteto para cordas nº 1, 304; Quarteto para cordas nº 4, 305; Quarteto para cordas nº 5, 309; Sonata para dois pianos e percussão, 309

Bartók, Ditta, 308

Basílica de São Marcos (Veneza), 50, 76

Baudelaire, Charles, 251

Beardsley, Aubrey, 286

Beatles: Sgt. Pepper's Lonely Hearts Club Band (álbum), 331, 342

Beaumarchais, 116

Beckmann, Max, 285

Beethoven, Johann van, 122

Beethoven, Ludwig van, 11-2, 59-60, 65-6, 73, 75, 85, 89-92, 95-6, 101, 111, 113-4, 120-34, 138-9, 141-3, 152, 154-5, 157, 160, 162, 164, 167, 174, 189-90, 193, 196, 200-1, 204, 218, 222, 239, 252, 273, 284, 286, 348; Bach e, 73, 129; Berlioz e, 160, 162, 164; Brahms e, 193; Chopin e, 174; Händel e, 129; Haydn e, 123-4, 129; Liszt e, 189, 190; movimento de música antiga e, 348; Mozart e, 122, 129; Schubert e, 145, 152, 154, 155, 157; — obras: Appassionata (Sonata para piano nº 23 em fá menor), 134, 348; Coriolano (abertura), 134; Egmont (abertura), 134; Eroica (Sinfonia nº 3), 89-90, 127-9, 132, 273; Missa solemnis, 134; Nona Sinfonia, 90, 132; Patética (Sonata para piano, Op. 13), 125, 129; Quinta sinfonia, 12, 89, 120-1, 132, 142; Sinfonia pastoral (Sinfonia nº 6), 134, 160; Sonata ao luar (Sonata para piano nº 14), 129, 348; "Testamento de Heiligenstadt" (carta), 126; Variações Diabelli, 60

bem-temperado (sistema de afinação), 59

Berg, Alban, 232, 235-6, 240, 242, 283-4, 290, 334; — obras: Lulu (ópera), 334; "Três fragmentos" (Wozzeck), 334; Wozzeck (ópera), 236, 242, 334

Índice remissivo

Berlioz, Harriet *ver* Smithson, Harriet

Berlioz, Hector, 48, 138-9, 142-4, 159-65, 169, 190; Chopin e, 174; Liszt e, 165; Schumann e, 169; Wagner e, 165; — obras: *A danação de Fausto*, 165; *Béatrice et Bénédict*, 165; *Benvenuto Cellini* (ópera), 163; *Haroldo na Itália* (ópera), 159, 163; "Lacrimosa" (*Réquiem*), 164; *Les nuits d'été*, 165; "Marcha para o cadafalso" (*Sinfonia fantástica*), 161; *Memoirs*, 162; "Orgia de bandidos" (*Haroldo na Itália*), 159; *Os troianos* (ópera), 162; "Passions" (*Sinfonia fantástica*), 160; *Réquiem*, 164; "Requiem aeternum" (abertura do *Réquiem*), 164; "Reveries" (*Sinfonia fantástica*), 160; "Sabá das bruxas" (*Sinfonia fantástica*), 159; *Sinfonia fantástica*, 159-60, 162-3; "Tuba mirum" (*Réquiem*), 164; "Um baile" (*Sinfonia fantástica*), 161

Bernstein, Leonard, 218, 221, 296, 326

Bonaparte, Napoleão, 95, 127, 129, 207

Borge, Victor, 183

Borges, Jorge Luis, 104

Boston, Orquestra Sinfônica de, 213, 279, 308-9, 322, 337

Boulanger, Nadia, 322-3

Boulez, Pierre, 243-4, 306, 328, 341; *Dérives 2*, 341

Brahms, Johannes, 138, 140-1, 144, 171-2, 178-80, 182, 184-9, 191, 193, 194-204, 205, 207, 210-4, 216, 218, 224, 226, 230, 240, 283-4, 286, 294, 296; Beethoven e, 193; Dvořák e, 210-4; Grieg e, 224; Liszt e, 191, 196-7, 199; Mahler e, 216, 218, Schoenberg e, 283; Schubert e, 200; Schumann e, 171; Sibelius e, 226; Strauss e, 258; Wagner e, 140-1, 178-80, 182, 184-8, 191; — obras: *Canção de ninar*, 193; *Concerto para piano nº 1 em ré menor*, 198; *Concerto para piano nº 2*, 204; *Concerto para violino*, 204; *Danças húngaras*, 182, 193, 211; *Ein Deutsches*

Requiem [*Um réquiem alemão*], 199; "Liebestreu, Op. 3, nº 1", 195; *Quinteto para clarinete em si menor*, 204; *Quinteto para cordas em fá maior, Op. 88*, 240; *Quinteto para piano em fá menor*, 200; *Scherzo em mi bemol menor*, 196; *Schickalsolied*, 204; *Sexteto para cordas em si bemol maior*, 204; *Sexteto para cordas em sol maior*, 200; *Sinfonia nº 1 em dó menor*, 200-1; *Sinfonia nº 3 em fá menor*, 202; *Sinfonia nº 2*, 204; *Sinfonia nº 4*, 203, 204; *Trio para piano nº 1 em si maior*, 198

Brecht, Bertolt: "Mack, a faca", 72; *Ópera dos três vinténs*, 72

Bridge, Frank, 318

Britten, Benjamin, 317-21; *A Ceremony of Carols*, 319; *A fornalha de fogo ardente*, 321; *A volta do parafuso*, 317, 319-20; "Dawn" (*Peter Grimes*), 319; "Moonlight" (*Peter Grimes*), 319; "Morning" (*Peter Grimes*), 319; *Morte em Veneza*, 320; *Paul Bunyan*, 318; *Peter Grimes*, 318; *Quatro interlúdios marinhos de Peter Grimes*, 318; *Réquiem de guerra*, 321; *Serenata para tenor, trompa e cordas*, 321; "Storm" (*Peter Grimes*), 319; *Uma sinfonia simples*, 321; *Variações sobre um tema de Frank Bridge*, 318; *Young Person's Guide to the Orchestra*, 319

Broadway, 338

Bruch, Max, 336

Bruckner, Anton, 222-3; *Sinfonia nº 1*, 223; *Sinfonia nº 7*, 223; *Sinfonia nº 8*, 223; Wagner e, 223

"brutalismo estético", 247

Büllow, Cosima von, 184-6

Büllow, Hans von, 183-4, 186

Buxtehude, Dietrich, 53

Byron, Lorde, 163

Cage, John, 244-5, 248, 339-41; *4'32"*, 340; "Conferência sobre nada", 244; *Paisagem imaginária nº 4*, 340; Schoenberg, 340; sonatas e interlúdios para "piano preparado", 340

356   *Linguagem do espírito*

Câmara Estatal de Música (Alemanha), 260

Camerata Florentina, 39

canções, ciclos de, 218, 221

cânone(s), 26-7, 33, 41-5, 84

cantata(s), 62, 66, 148, 161, 250, 284, 333

canto gregoriano, 21, 23, 25, 319

cantochão, 25

Capela Real (Inglaterra), 69

Carissimi, Giacomo, 76; *Jefté* (oratório), 13, 76

Carnegie Hall (Nova York), 209, 212, 323

Casanova, Giacomo, 116

castrati, 70

Catedral de santo Estêvão (Viena), 92

centro tonal, 237, 240, 242

chacona (gênero de dança), 45

Chicago, Orquestra Sinfônica de, 306

Chopin, Frédéric, 144, 167, 169, 173-7, 190-1, 225, 254; Beethoven e, 174; Berlioz e, 174; Liszt e, 174, 190-1; Mozart e, 174; Schumann e, 167, 174; — obras: *Balada em sol menor, Op. 23*, 176; *Noturno em dó sustenido menor*, 177; *Noturno em ré bemol maior, Op. 27 nº 2*, 176; *Polonaise fantasia em lá bemol maior, Op. 61*, 177; *Polonaise militar, Op. 40 nº 1*, 176; *Prelúdio em dó maior*, 175; *Prelúdio em lá menor*, 175; *Prelúdio em ré menor*, 175; *Prelúdios para piano, Op. 28*, 175; *Scherzo em si bemol menor, Op. 31*, 176; *Valsa em lá bemol maior, Op. 69 nº 1*, 177

"cíclicas", obras instrumentais, 171

ciência/método científico, 81, 90

cigana/húngara, música, 195, 198, 303

citações musicais, 102, 294, 296

clarinete, 142, 143, 201, 204, 325

Classicismo, 81-90, 100, 138, 142, 239, 270; espírito filosófico do, 81; forma sonata no, 86-90, 141, 151, 179, 199; movimento de música antiga e, 347, 349; período barroco comparado com, 83-4, 87-8; período romântico comparado com, 90,

138; quarteto de cordas no, 91, 98; *ver também compositores individualmente*; Neoclassicismo

coda, 86, 100, 128, 202, 220, 300

colagem, técnica de, 297

Colloredo, Hieronymus von, 107, 109

commedia dell'arte, 286

concerto(s): barrocos, 88; Beethoven e, 113, 132; Chopin e, 173-4, 177; concerto grosso, 44, 75, 342; em forma sonata, 88; Haydn e, 96; Mozart e, 112-3, 115

Conservatório da Nova Inglaterra, 330

Conservatório de Leningrado, 312

Conservatório de Liège, 222

Conservatório de Moscou, 205-6

Conservatório de Paris, 249, 264, 341

Conservatório de São Petersburgo, 205, 310

Conservatório de Varsóvia, 173

Conservatório de Viena, 216

Conservatório Nacional de Música (Nova York), 211

consonância, 238-42, 288-9

contrabaixo, 142-3

contrabaixos, 142, 156

"contracultura", 246

contraponto, 25, 41-3, 46-8, 55, 69, 84, 99; Bach e, 41, 43; definição, 25; Händel e, 41; invenção do, 23; *ver também* fuga(s); polifonia

Contrarreforma católica, 50

Copland, Aaron, 232, 278, 280, 322-6; Mahler e, 324-5; Stravinsky e, 278, 280, 322-4; — obras: *Appalachian Spring*, 325; *Billy the Kid*, 324; *El salón México*, 323, 324; *Fanfare for the Common Man*, 326; "Into the Streets May First" (canção socialista), 323; *Música para teatro*, 323; *Retrato de Lincoln*, 326; *Rodeo*, 324; *Sinfonia nº 3*, 326; *The Red Pony*, 325-6; variações sobre "Simple Gifts", 325; *What to listen for in Music*, 325

corne inglês, 143

Índice remissivo

coro grego, 182

coros amadores, movimento de, 75

Couperin, François, 252, 269

cravo, 55, 59-60, 66, 69-70, 77, 92, 96, 105, 111, 167, 252, 269, 345, 347

cristianismo, 21-2, 199, 216, 279

cromática, escala, 233, 236, 241, 243, 288

cromática, tonalidade, 304

cubismo, 230, 273, 298, 339

Czerny, Carl, 189

da capo, árias, 70

Da Ponte, Lorenzo, 116

Davis, Miles, 22

Debussy, Claude-Achille, 187, 190, 192, 218, 226, 230, 233-5, 249-56, 264-7, 271, 274-5, 338; Bartók e, 304; Liszt e, 190, 192; radicalismo artístico de, 249; Ravel e, 253, 264-7; Satie e, 252; Stravinsky e, 271, 274-5; Wagner e, 187; — obras: "A catedral submersa" (*Prelúdios*), 254; *Clair de lune*, 250; "Dançarinos de Delphi" (*Prelúdios*), 254; "Danças de Puck" (*Prelúdios*), 254; *Estampes*, 256; *Iberia*, 254; *La mer*, 253; "Menestréis" (*Prelúdios*), 254; noturnos para orquestra, 256; *Peças para fazer você fugir*, 252; *Pelléas et Mélisande*, 254; *Prélude à l'après-midi d'un faune*, 251; *Prelúdios*, Livro I, 254; sonatas para violino e violoncelo, 256

Degas, Edgar, 254

Dehmel, Richard, 283

Delacroix, Eugène, 138

Diaghilev, Serguei, 267, 271, 273, 275, 278, 281

Disney, Walt, 276

dissonância, 65, 235, 238-42, 288-9, 304-6, 333

dodecafonismo, 242-3, 289; método dodecafônico, 233, 236, 288, 291, 305; *ver também* serialismo

dominante, tríade, 238

dórico (modo grego), 21

drama musical, 181

Du Pré, Jacqueline, 226

Dvořák, Antonín, 48, 210-4; Brahms e, 210-4; *Concerto para violoncelo*, 214; *Danças eslavas*, 211; *Quarteto para cordas nº 12 em fá maior (Americano)*, 212; *Quinteto para piano em lá maior*, 214; *Sinfonia nº 7*, 213; *Sinfonia nº 8*, 213; *Sinfonia nº 9 em mi menor (Novo Mundo)*, 212; *Trio Dumky*, 214

Early Music Consort de Londres, 26

"efeito Mozart", 104

Egito Antigo, 19-20

Eichendorff, Joseph von: "Mondnacht", 170

Elgar, Sir Edward, 225-6, 336; *Concerto para violoncelo*, 226; *Marcha nº 1 (Pompa e circunstância)*, 226; *Variações Enigma*, 226

Ensemble Organum, 28

Ensor, James, 234

episódios de fugas, 42-3

escala(s): cromática, 233, 236, 241, 243, 288; em tom maior, 241

Esclarecimento *ver* Iluminismo

"Escola de Atlanta", 247

escola experimental alemã, 327

Escola Fontainebleau de Música, 322

espectralistas, compositores, 247

Esterházy, Paul Antal, 93, 95

exposição dupla, 88

Exposição Universal de Paris (1889), 252, 265

Expressionismo, 234-6, 285, 290-1, 335

Fantasia (animação de Disney), 276

Fantasma da Ópera, O (musical de Webber e Stilgoe), 54

Faulkner, William, 153

Fauré, Gabriel, 252

Fibonacci, série de, 307-8

Filarmônica de Nova York, 217, 296

Filarmônica de Viena, 286

fin de siècle, 229, 235, 251, 284, 286

flautas, 19-20, 45, 61, 64, 117, 142, 159, 161, 170, 251, 272, 330, 346 forma sonata *ver* sonata

Foster, Stephen, 296

Franck, César, 222, 223; *Sinfonia em ré menor*, 223; *Sonata para violino e piano em lá*, 223

Frederico, o Grande, da Prússia, 61

"Frère Jacques" (canção), 27

Freud, Sigmund, 234, 285

Friedrich, Caspar David: *Dois homens contemplando a lua* (quadro), 137

frígio (modo grego), 21

fuga(s), 41-3, 45, 52, 54, 59-60, 64-5, 84, 90, 99, 279, 294-5, 300, 307, 318; duplas, 43-4; episódios de, 42-3; triplas, 43

fugato(s), 43

fughetta(s), 43

Fundação Koussevitzky, 318

futurismo, 232

Gabinete do dr. Caligari, O (filme), 235

Gabrieli, Giovanni, 76-7; *Canzon duodecimi toni*, 76-7; *In ecclesiis*, 77

gamelão, 230, 252, 265, 317

Gay, John: *A ópera do mendigo*, 72

George II, rei da Inglaterra, 74

Gershwin, George, 265-6, 278, 290, 337-9; *Concerto em fá*, 338; *Porgy and Bess*, 338; Ravel e, 265, 266; *Rhapsody in blue*, 338-9; "Swanee", 338; *Um americano em Paris*, 338

Gesamtkunstwerk ("obra de arte total"), 182

giga (gênero de dança), 45

Giraud, Albert, 286

Glass, Philip, 246, 344; *Einstein na praia* (ópera), 344

Goethe, Johann Wolfgang, 138, 146, 148, 191, 350

Goethe, Johann Wolfgang von: *As tristezas do jovem Werther*, 138; *Fausto*, 146

Gould, Glenn, 60, 240

Graham, Martha, 325

Grécia Antiga, 22, 308; coro grego, 182; modos gregos, 21; tragédias gregas, 20, 39

Gregório, papa, 21; *ver também* canto gregoriano

Grieg, Edvard, 190, 224; *Concerto para piano em lá menor*, 224; *Do tempo de Holberg*, 224; *Peer Gynt*, 224

Grimm, irmãos, 139

Grisey, Gérard: *Partiels*, 248

Gubaidulina, Sofia, 315

Guerra dos românticos, 141

guerra fria, 313, 333

Händel, George Friedrich, 35, 41, 44-6, 50, 61, 64, 67-75, 95, 129, 188, 270; Beethoven e, 129; Haydn e, 73, 95; movimento de música antiga e, 346-7; — obras: *Ácis e Galateia*, 73; *Agripina*, 69; "Aleluia" (coro de *Messias*), 73-4; *Almira*, 69; "Chegada da rainha de Sabá" (*Salomão*), 71; *Concerto grosso, Op. 6*, 75; *Giulio Cesare*, 71; *Hinos da coroação*, 75; *Israel no Egito*, 68; *Jefté*, 74; *Messias* (oratório), 50, 64, 67-8, 73-4, 95; *Música aquática*, 71-2; *Música para fogos de artifício reais*, 71-2, 346-7; *Rinaldo*, 69; *Salomão* (oratório), 71; *Sansão* (oratório), 75

Hannigan, Barbara, 329

Hanslick, Eduard, 179, 199, 207

harmonia: Barroco e, 42, 46-7; Classicismo e, 239; cromática, 284; invenção da, 23, 26-7; livre, 240; Modernismo e, 229-30, 234, 240-2, 249, 252, 258, 263-5; Shostakovich e, 310-1; Stravinsky e, 272-3, 277-8; tradicional, 273, 310

harpa, 20, 161, 252, 319

Haydn, Franz Joseph, 75, 83-4, 86, 91-103, 109, 114, 123-4, 129, 142-3, 239, 264, 270, 284, 305; Beethoven e, 123-4, 129; como Pai da Sinfonia e Pai do Quarteto de Cordas, 91, 98, 100, 264; Händel e, 73, 95; Mozart e, 91, 94, 101, 109, 114; — obras: *A criação* (oratório), 95, 103; *As estações* (oratório), 95; *Concerto para trompete*, 96; *God Save Kaiser Franz*, 95; *Quarteto*

Índice remissivo

das quintas (*Quarteto para cordas em ré menor, Op. 76 nº 2*), 100; *Quarteto para cordas, Op. 20 nº 2*, 98; *Quarteto para cordas, Op. 33 nº 2 em mi bemol maior* (*The Joke*), 99; *Quartetos para cordas, Op. 20* (*Quartetos do Sol*), 98; *Quartetos para cordas, Op. 76*, 100, 103; "Ronda das bruxas" (*Sinfonia nº 3*), 100; *Sinfonia nº 104 em ré maior*, 102; *Sinfonia nº 48 em dó maior* (*Sinfonia Maria Theresia*), 101; *Sinfonia nº 80 em ré menor*, 101; *Sinfonia nº 94* (*Sinfonia da Surpresa*), 100; *Sinfonias Londres*, 103; *Sonata para piano nº 46 em lá bemol maior*, 97; *Sonata para piano nº 52 em mi bemol maior*, 97
Haydn, Michael, 92
Heine, Heinrich, 156, 163, 170
Higdon, Jennifer: *Concerto para violino*, 247
Hilliard Ensemble: *Franco-Flemish Masterworks*, 34
Hindemith, Paul, 336, 337; *Hin and Zurück*, 337; *Mathis der Maler*, 337; *Metamorfoses sinfônicas de temas de Carl Maria von Weber*, 337
HIP (Historically Informed Performance), 347
Hitler, Adolf, 180, 235, 316
Hoffmann, E. T. A., 138, 166, 168
Hofmannsthal, Hugo von, 260
Hölderlin, Friedrich, 138
Hollywood, 279, 290
Homero: *Ilíada*, 20, 23; *Odisseia*, 20, 23
homofonia, 25-6, 40, 41, 350
Horowitz, Vladimir, 78
húngara/cigana, música, 195, 198, 303
Hüttenbrenner, Anselm, 151
Hüttenbrenner, irmãos, 149

I Ching, 245, 340
"Idade da Razão" *ver* Iluminismo
Idade Média, 19, 21, 23-5, 27-9; movimento de música antiga e, 347; música medieval, 29-30
idée fixe (tema recorrente), 160-1

Igreja Católica, 25, 28, 39, 50, 64, 159, 162, 164, 341
Igreja de são Tomás (Leipzig, Alemanha), 61
Iluminismo, 81-2, 84, 90, 102, 116-7, 123, 137; ideias centrais do, 81; rejeitado pelo Romantismo, 137
Impressionismo, 233-5, 253, 264-5, 304
indiana, música, 22, 343-4
"inferior" e "superior", arte, 246-7
Instituto de Música de Igreja (Praga), 210
internet, 10, 13, 248
"interpretação historicamente informada" (HIP, Historically Informed Performance), 347
intervalos musicais, 21
inversão retrógrada, série em, 288
Ives, Charles, 48, 212, 232, 234, 279, 293-301, 344; como organista, 299; Copland e, 325; — obras: *Coleção para orquestra nº 2*, 301; "Comedy"(*Quarta sinfonia*), 300-1; "Decoration Day" (*Holidays*), 279, 299; *Four Ragtime Dances*, 298; "General William Booth Enters into Heaven", 301; "George Washington's Birthday" (*Holidays*), 299; *Holidays* (sinfonia), 299; "Perene questão da existência" (*The Unanswered Question*), 297; "Putnam's Camp" (*Three Places in New England*), 298; *Quarteto de cordas nº 1*, 301; *Ragtime nº 4*, 298; Salmos musicalizados, 295; "Silêncio dos druidas" (*The Unanswered Question*), 297; *Sinfonia nº 1*, 295; *Sinfonia nº 2*, 295; *Sinfonia nº 4*, 300-1; "Thanksgiving" (*Holidays*), 299; "The Fourth of July"(*Holidays*), 299; "The Housatonic as Stockbridge" (*Three Places in New England*), 298-9; "The St. Gaudens on Boston Common" (*Three Places in New England*), 298; *The Unanswered Question*, 297; *Three Places in New England*, 298, 299; Stravinsky e, 279

360

Ives, George, 293

Ives, Harmony, 297-8

James, Henry, 320

Janáček, Leoš, 335; *A astuciosa raposinha*, 335; *Jenůfa*, 335; *Missa glagolítica*, 335; *Sinfonietta*, 335

jazz, 22, 44, 195, 268, 323-4, 330, 339, 343, 351; Era do Jazz, 232, 242

Jefté, rei de Israel, 76

Joachim, Joseph, 196-7

José II, imperador austríaco, 109

Josquin des Prez, 32; *Absalon, fili mi*, 33; *Ave Maria, gratia plena*, 33; "El grillo", 33; "Mille regretz", 33

Joyce, James, 275

Juilliard School (Nova York), 336, 343-4

Kant, Immanuel, 82

Kirchner, Ernst Ludwig, 235, 285

Klangfarbenmelodie ("melodia de colorido tonal"), 286

Klopstock, Friedrich Gottlieb, 219

Knappertsbuch, Hans, 259

Köchel, Ludwig von, 112

Kodály, Zoltan, 303

Köthen, corte de (Alemanha), 55

Koussevitzky, Serge, 322

Kraus, Karl, 235

Kreisler, Fritz, 168, 283

Kubrick, Stanley, 261, 329, 331

Ländler (dança folclórica austríaca), 219

Lassus, Orlandus, 33, 34; "Bonjour mon coeur", 34; *Lagrime di San Pietro*, 34; "Matona, mia cara", 34

leitmotiv/leitmotiven, 181-2, 186, 190

Leningrado, Conservatório de, 312

Léonin (monge), 24-5; "Viderunt omnes", 24

Leopoldo de Anhalt-Köthen, príncipe, 55

Levant, Oscar, 291

lídio (modo grego), 21

lied(er), 146-50, 154, 156, 169-70, 172

Liège, Conservatório de, 222

Ligeti, György: *Adventures*, 327; *Atmospheres*, 331; *Concerto para violino*, 330; *Fanfares*, 330; *Le grand macabre*, 329; *Lontano*, 331; *Lux aeterna*, 329; *Mysteries of the Macabre*, 329; *New Adventures*, 327; *Nonsense Madrigals*, 331; *Réquiem*, 329

lira, 19-20

Liszt, Franz, 140-1, 165, 174, 179-81, 184, 189-2, 196-7, 199, 243, 258, 303; Bartók e, 303; Beethoven e, 189-90; Berlioz e, 165; Brahms e, 191, 196-7, 199; Chopin e, 174, 190-1; Debussy e, 190, 192; música de programa e, 140; poema sinfônico orquestral e, 140, 179, 258; Schumann e, 190; Wagner e, 189-92, 196-7; — obras: *Années de pèlerinage*, 192; *Bagatelle sem tonalidade*, 192; *Christus* (oratório), 192; *Danças húngaras*, 191; *Estudos transcendentais* (para piano), 191; *Fausto* (sinfonia), 191; *Nuages gris*, 192; *Sonata para piano em ré menor*, 191; *Valsas Mefisto*, 191

"lobo" (lá bemol), 57

Machaut, Guillaume de, 28-9; "Douce dame jolie", 29; *Le remède de fortune*, 29; "Ma fin est mon commencement", 29; "Messe de Notre Dame", 28

maçonaria, 117

madrigais, 34, 48-9, 141

Maeterlinck, Maurice, 254

Mahler, Alma Maria, 216-7

Mahler, Gustav, 139, 144, 165, 209, 215-21, 284, 324-5, 349; Brahms e, 216, 218; Copland e, 324-5; Mozart e, 216-7; orquestração e, 218; Schoenberg e, 284; Wagner e, 216; — obras: *Das Lied von der Erde*, 220; *Des knaben Wunderhorn* [*A cornucópia mágica do menino*], 139, 218, 219, 220; *Kindertotenlieder* [*Canções sobre a morte de crianças*], 221; "Mais perto, meu Deus, de

Índice remissivo

Ti" (hino), 300; "Quem compôs esta pequena canção?" (*Des knaben Wunderhorn*), 218; "Reveille" (*Des knaben Wunderhorn*), 218; *Rückert Lieder*, 221; "Santo Antônio de Pádua prega para o peixe" (*Des knaben Wunderhorn*), 219; *Sinfonia n⁰ 2 (Ressurreição)*, 219; *Sinfonia n⁰ 4*, 217, 220; *Sinfonia n⁰ 5*, 221; *Sinfonia n⁰ 6*, 217, 221; *Sinfonia n⁰ 7*, 220-1; *Sinfonia n⁰ 8*, 217

Mallarmé, Stéphane, 251

Mann, Thomas, 320

Marx, Harpo, 291

Matisse, Henri, 270

Mayrhofer, Johann, 149

McCartney, Paul, 22

Meck, Nadezhda von, 206, 250

Meiningen, Orquestra de, 258

melodia, 23-4, 26-7; *Klangfarbenmelodie* ("melodia de colorido tonal"), 286

Mendelssohn, Felix, 66, 169, 194, 222; *As hébridas* (ou *A gruta de Fingal*, poema sinfônico), 222; Bach e, 66; *Concerto para violino em mi menor*, 222; *Octeto para cordas*, 222; *Sinfonia n⁰ 4 (Sinfonia Italiana)*, 222; *Sonho de uma noite de verão* (abertura), 222

menestréis, 28

Meninos Cantores de Viena, 92, 145

Messiaen, Olivier, 340-1; *Chronochromie*, 341; *Quarteto para o fim dos tempos*, 341; *Visions de l'Amen*, 341

método científico, 81, 90

Metropolitan Opera (Nova York), 217

Milhaud, Darius, 339; *La création du monde* (balé), 339

minimalismo, 131, 232, 246, 248, 277, 329, 342-4

minueto, 84, 90, 99, 101, 113-5

Modernismo, 229-48, 250-2, 254, 256, 258, 260, 262, 264, 266, 268, 272, 274, 276, 278, 280, 284, 286, 288-90, 292, 294, 296-8, 300, 304, 306, 308, 312, 314, 316, 318, 320, 323-4, 326, 328, 330, 332, 334, 336, 338, 340, 342, 344; como continuação de crescentes tendências na arte do séc. xix, 230; desenvolvimentos recentes no, 247; desintegração social e, 229-30; guerras e, 229, 232-3, 236, 242-4; início, 229, 230; protestos e tumultos da plateia, 231-2; Romantismo e, 144; *ver também* dodecafonismo; Expressionismo; Impressionismo; *compositores individualmente*

modos: maior e menor, 237; modos gregos, 21

Moke, Camille, 161

Monet, Claude, 233, 235

monges cristãos, notação musical criada por, 22

monofonia, 23-5, 29, 350; cantochão, 25

Monteverdi, Claudio, 40, 48-51, 76; *A coroação de Popeia*, 40, 50, 51; "Duo serafim", 50; "Laudate, pueri dominum", 50; *Orfeu*, 40, 49-51; versão do conjunto L'arpeggiata, 50; *Vésperas da virgem abençoada (Vésperas de 1610)*, 50; *Zefiro torna*, 49

Montez, Lola, 191

Monty Python, 179

Moscou, Conservatório de, 205-6

movimento de música antiga, 345-7, 350

Mozart, Constanze, 110-1, 118

Mozart, Leopold, 94, 104-6, 108-10

Mozart, Maria Anna, 107

Mozart, Nannerl, 105-6, 110

Mozart, Wolfgang Amadeus, 40, 48, 66, 71, 75, 83-4, 91, 94, 101, 104-19, 122, 129, 140, 142-3, 145-6, 154, 174, 216-7, 222, 239-40, 258, 270, 280, 284, 346, 348-50; Bach, J. C. (filho de J. S. Bach) e, 84; Beethoven e, 122, 129; Chopin e, 174; "efeito Mozart", 104; Haydn e, 91, 94, 101, 109, 114; Mahler e, 216, 217; Schubert e, 145; Strauss e, 258; Tchaikóvski e, 208; — obras: *A flauta mágica*, 117-8; *As bodas de Fígaro*, 105, 116; *Concerto n⁰ 17 em sol maior* (K. 453), 112; *Concerto n⁰ 20 em ré menor* (K. 466), 112; *Concerto nº 21 em dó maior* (K. 467), 105, 112; *Concerto para piano em ré menor*, 105; *Don Giovanni*, 119; *Eine Kleine Nachtmusik* [*Uma pequena música noturna*], 113, 240; movimento lento do *Concerto nº 21 em dó maior* (K. 467), 112; *O rapto do serralho*, 109; *Quarteto de cordas em dó maior* (*O dissonante*, K. 465), 113; *Quartetos Haydn*, 119; *Quinteto de cordas nº 3 em sol menor* (K. 516), 114; *Réquiem*, 104, 118; *Sinfonia concertante*, 108; *Sinfonia em sol menor*, 105, 346; *Sinfonia nº 31* (*Paris*), 119; *Sinfonia nº 36* (*Linz*), 119; *Sinfonia nº 38 em ré maior* (*Praga*, K. 504), 114; *Sinfonia nº 40 em sol menor* (K. 550), 115; *Sinfonia nº 41*, 119

Müller, Wilhelm, 152, 155

Munch, Edvard, 234

Munrow, David, 26

música antiga, movimento de, 345-7, 350

música cigana/ húngara, 195, 198, 303

música de câmara, 93, 98, 114, 146, 154, 157, 171, 173, 210, 305, 315, 349

música de programa, 140, 160, 179, 294

Música do Futuro (movimento), 179, 190, 199

música eletrônica, 143, 328, 342

música folclórica, 24, 152, 215, 219, 224, 305, 307, 317, 335-6; canções folclóricas nacionais, 102, 139

música instrumental, 14, 45, 47, 88, 258, 260, 268, 291, 311

música medieval *ver* Idade Média

música nativa americana, 211-2

"música noturna" (estilo), 305, 307

música popular, 10, 22-3, 31, 206, 246, 303, 337-9, 343-4, 351

música sacra, 21, 26, 31-4, 63-4, 85, 92, 107, 317, 330, 339

Mussorgsky, Modest, 165, 222, 224, 252, 269; *Boris Godunov*, 225; *Quadros de uma exposição*, 225, 269; *Uma noite no monte Calvo*, 225

nacionalismo, 139, 176, 207, 210-1, 224-6, 229, 302-3, 335

nazismo, 229, 259-61, 290, 312, 328, 334-5, 337, 341

Neefe, Christian, 122, 123

Neoclassicismo, 232-4, 243-5, 277-80, 322-3; Copland e o, 322-3; Stravinsky e o, 323

Nero, imperador romano, 51

New Yorker (revista), 104

Newton, Isaac, 11, 82

Nietzsche, Friedrich, 260

Nijinsky, Vaslav, 272, 274-5

Nolde, Emil, 235

notação musical, 22-3, 31

nota-chave da escala, 237

Nova Inglaterra, Conservatório da, 330

Novalis, 138

oboé, 20, 63, 71, 73, 128, 142-3

ocarina, 330

Ockeghem, Johannes, 33; *Ave Maria*, 33; *Missa prolationum*, 33

Oistrakh, David, 313

ópera: Berlioz e, 160-5; Händel e, 67, 69-73; Haydn e, 93-5; invenção da, 46, 49; Monteverdi e, 49-51; Mozart e, 71, 83, 94, 116-8; *opera seria*, 70, 72; ópera-cômica, 83, 109-12, 116-7, 183, 290; Schubert e, 146, 153; Strauss e, 258-9; Wagner e, 179-88, 207, 216

Ópera de Paris, 160

oratório(s), 62, 72-5; Bach e, 63-4, 75; Händel e, 64, 67-8, 71-5; Haydn e, 95

organum, 24

órgão, 54, 59, 65, 74, 77, 212, 293, 299, 323

Orquestra de Meiningen, 258

Orquestra Sinfônica Americana, 301

Orquestra Sinfônica de Atlanta, 247

Orquestra Sinfônica de Boston, 213, 279, 308-9, 322, 337

Orquestra Sinfônica de Chicago, 306

orquestração: Barroco e, 45; Debussy

Índice remissivo

e, 218; Dvořák e, 212; Mahler e, 218; Modernismo e, 230; orquestra romântica, 142-3; Ravel e, 218, 263-8; Romantismo e, 143; russos e, 208; Strauss e, 258, 262; Stravinsky e, 208, 218, 271-2, 276, 278, 280; Tchaikóvski e, 205, 208; Wagner e, 143, 179, 181-2, 187

Paganini, Nicolò, 163-4, 189
Palestrina, Giovanni Perluigi da, 34-5, 48-9; *Missa Pappae Marcelli*, 34
Paris, Conservatório de, 249, 264, 341
Paris, Ópera de, 160
Parker, Horatio, 294
Paul, Jean, 166
Pears, Peter, 318, 320
percussão, 20, 41, 71-2, 142-3, 268, 273, 277, 306-7
Pergolesi, Giovanni Battista, 277
Pérotin (monge), 25-6; "Sederunt principes", 26
pianoforte, 97
Picasso, Pablo, 230, 270, 273, 275, 278, 338
Pitágoras, 21
pizzicato, 49; *"pizzicato* de Bartók", 305
Platão, 21
Poe, Edgar Allan, 251, 266
poema sinfônico orquestral, 140, 179, 226, 258-60, 284, 302
policoral veneziano, estilo, 76
policordes, 295
polifonia, 24-5, 350; barroca, 40-1, 46, 48; definição, 24, 25; renascentista, 25, 46, 48; *ver também* contraponto; vozes
pop *ver* música popular
Pope, Alexander, 82
Porpora, Nicola, 92
Pós-impressionismo, 232
Pós-modernismo, 229, 247-8, 342
Poulenc, Francis, 339; *Gloria*, 339; *Les mamelles de Tirésias*, 339; *Sexteto para piano e quinteto de sopro*, 339
Prêmio de Roma, 264

Primeira Escola Vienense, 284
Primeira Guerra Mundial, 232, 236, 242, 268, 277-8, 288, 306
primitivismo, 231-2, 234, 273, 276
Prokofiev, Serguei, 314, 316, 332-3; *Concerto para piano nº 3*, 333; *Lieutenant Kijé*, 333; *Pedro e o lobo*, 333; *Sinfonia nº 1 (Sinfonia Clássica)*, 333; *Sinfonia nº 5*, 333; *Sonata para piano nº 7*, 333
proporção áurea, 308
Purcell, Henry, 319

quarteto de cordas, 23, 43, 84, 94-5, 97-8, 124, 130-1, 145, 171, 179, 203, 242, 264, 284, 315, 335; Beethoven e, 124, 130-1; Haydn como Pai do Quarteto de Cordas, 91, 98, 100, 264

Rachmaninoff, Serguei, 209, 232, 336; *A ilha dos mortos*, 336; *Concerto para piano nº 2 em dó menor*, 336; *Prelúdio em dó sustenido menor*, 336; Stravinsky e, 336
racismo, 212
Rádio Colônia (Alemanha), 328
ragtime, 294, 298
Rapsódia espanhola, 269
Rattle, Simon, 329
Ravel, Maurice, 218, 225, 234, 253, 263-9, 274-5, 336, 338; Bartók e, 304; Debussy e, 253, 264-7; Gershwin e, 265-6; orquestração e, 263-5, 267; Prêmio de Roma e, 264; Satie e, 265; Schoenberg e, 268, 270; Stravinsky e, 266, 268, 271, 274, 275; Williams e, 336; — obras: "Blues" (Segunda sonata para violino), 268; *Bolero*, 268; *Daphnis et Cloé*, 267; *Gaspard de la nuit*, 266, 267; *Introdução e allegro*, 269; *L'enfant et les sortilèges*, 269; *La valse*, 268; *Le tombeau de Couperin*, 269; orquestração e, 268; *Pavana para uma princesa morta*, 263-5; *Quarteto para cordas*, 264; *Sonata para violino nº 2*, 268

364   *Linguagem do espírito*

recitativo, 40, 623, 71; *secco*, 70
Red Pony, The (filme), 325-6
Reforma Protestante, 39
Reich, Steve, 246, 329, 343; *Come Out*, 343; *Music for 18 musicians*, 343
Reményi, Eduard, 195-6
Renascença, 21, 25, 30, 31-5, 39, 45-6, 57, 141, 188, 288, 347; movimento de música antiga e, 347; período barroco comparado com a, 39-40; sistemas de afinação na, 57
Renoir, Pierre-Auguste, 233
retrógrada, série, 288
Revolução Russa (1917), 229, 310, 332
Riley, Terry, 246, 329, 342; *A Rainbow in Curved Air*, 343; *In C*, 246, 343
Rimsky-Korsakov, Nikolai, 224, 252, 265, 271; *Capricho espanhol*, 224; *Sheherazade*, 224
Rodin, Auguste, 275
Romantismo, 99, 137-44, 146, 148, 150, 152, 154, 156, 158, 160, 162, 164, 166, 168, 170, 172-4, 176, 180, 182, 184, 186, 188, 190, 192, 194, 196, 198, 200, 202, 204, 206, 208, 212, 214-6, 218, 220, 224, 226, 229, 239, 251, 265, 284; final do, 215; Guerra dos românticos, 141; Modernismo e, 144; nacionalismo e, 139, 176, 207, 210-1, 224; período clássico comparado com o, 90, 138; pintura e a literatura românticas, 137; rejeição do Iluminismo, 137; *ver também compositores individualmente*
rondó, 86; rondó-sonata, 88, 90
Rosé, Arnold, 286
Royal College of Music (Londres), 318, 336
Rubinstein, Anton, 205

Salieri, Antonio, 118, 146
Sand, George, 175, 177
São Petersburgo, Conservatório de, 205, 310
sarabanda (gênero de dança), 45
Satie, Erik, 252, 265, 338; *Gymnopédies*, 338; *Parade* (balé), 338; Ravel e, 265;

Três prelúdios verdadeiramente flácidos (para um cão), 338; *Vexames*, 338
Sayn-Wittgenstein, princesa Carolyn von, 191
Scarlatti, Domenico, 77-8
Scelsi, Giacinto: *Uaxuctum*, 342
scherzo, 90, 99-100, 128, 131-2, 156-7, 176, 200, 208-9, 213, 219-20, 300, 312
Schiele, Egon, 235, 285
Schiler, Friedrich: "Ode à Alegria", 133
Schnittke, Afred, 342; *Concerto grosso nº 1*, 342; *Concerto para viola*, 342
Schober, Franz von, 149-50
Schoenberg, Arnold, 192, 231-3, 235-36, 240, 242-4, 248, 260-1, 268, 270, 275, 278-80, 282-92, 304-5, 317, 334, 336-7, 340-1; Bartók e, 283, 304-5; Boulez e, 306; Brahms, 283; Cage e, 340; Mahler e, 284; Ravel e, 268, 270; Strauss e, 284; Stravinsky e, 279, 280, 283, 287; — obras: *Cinco peças para orquestra*, 285; *Concerto para piano*, 292; *Concerto para violino*, 291; *Erwartung*, 236, 292; *Gurrelieder*, 284; *Moisés e Aarão*, 291; *Pelleas und Melisande*, 284; *Pierrot lunaire*, 231, 242, 286; *Quarteto de cordas nº 2*, 284; *Quarteto para cordas em ré menor*, 283; *Sinfonia de câmara nº 1*, 292; *Três peças para piano, Op. 11*, 240; "Truque baixo" (*Pierrot lunaire*), 286-7; *Verklärte Nacht*, 283; *ver também* atonalidade; dodecafonismo
Schola Cantorum Basiliensis, 347
Schubert, Franz, 11, 15, 48, 139-40, 144, 145-58, 170, 200; Beethoven e, 145, 152, 154-5, 157; Brahms e, 200; Mozart e, 145; — obras: "A morte e a donzela" (canção), 158; "A truta" (canção), 150; *Der Doppelgänger*, 156; *Die Schöne Müllerin* [*A bela filha do moleiro*], 152, 155; *Erlkönig*, 148, 150; "Gretchen am Spinnrade" ["Gretchen na roda de fiar"], 140, 146; *Impromptus, Op. 90*, 150; "O homem do realejo" (canção), 155;

Índice remissivo 365

Quarteto de cordas em ré menor, 158; *Quinteto para piano em lá (Quinteto da truta)*, 150; *Sinfonia inacabada*, 151; *Sinfonia nº 9 em dó maior (A grande)*, 158; *Sonata para piano em si bemol maior (D. 960)*, 156; *Sonata para piano nº 14 em lá menor*, 158; *Sonata para piano nº 20 em lá maior*, 158; *Winterreise*, 153, 155
"schubertíadas", 149-50
Schumann, Clara, 166-9, 171-2, 196-9, 201
Schumann, Robert, 138-9, 144, 166-72, 174-5, 190, 196-8, 200, 239; Brahms e, 171-2, 196-8; Chopin e, 167, 174; Liszt e, 190; — obras: "Auf einer Burg" (canção), 170; *Carnaval*, 167, 168; *Concerto para piano em lá menor*, 171; *Dichterliebe*, 239; *Kreisleriana*, 168; *Liederkreis, Op. 39*, 170; "Novos caminhos" (artigo), 172; *Papillons*, 167, 168; *Quinteto para piano em mi bemol*, 171; *Sinfonia nº 2*, 172; *Sinfonia nº 3*, 172; *Sinfonia nº 4*, 168
Schütz, Heinrich, 76-7; *Danket dem Herren*, 77; *Ist nicht Ephraim mein teurer Sohn*, 77; *Oratório de Natal*, 77; *Saul, Saul, was verfolgst du mich?*, 77
Schwind, Moritz von, 149
Scriabin, Aleksandr, 192, 225; *Mysterium*, 225; *Poema de êxtase*, 225; *Sonata para piano nº 5*, 225
Segunda Escola Vienense, 284, 334
Segunda Guerra Mundial, 120, 233, 243-4, 279, 313, 327
Sêneca, 51
serialismo, 232, 243-7, 280, 341, 343; "total", 243, 341
série de Fibonacci, 307-8
série(s), 288
sétima, acordes de, 238-9
Shakespeare, William, 117-8, 160, 165, 222-3; *Rei Lear*, 290; *Romeu e Julieta*, 160
Shelley, Mary: *Frankenstein*, 138

Shostakovich, Dmitri, 209, 309-16, 333; Bartók e, 309, 312; — obras: "Burleska" *(Concerto para violino nº 1)*, 313; *Concerto para piano nº 1*, 316; *Concerto para violino nº 1*, 313; *Lady Macbeth de Mtsensk* (ópera), 310, 311; *Quarteto de cordas nº 10*, 316; *Quarteto de cordas nº 13*, 316; *Quarteto de cordas nº 8*, 315; *Quinteto em sol menor para piano e cordas*, 316; *Sinfonia nº 13 (Babi Yar)*, 316; *Sinfonia nº 1*, 310; *Sinfonia nº 4*, 311; *Sinfonia nº 5*, 311; *Sinfonia nº 7 (Leningrado)*, 309, 312; *Sinfonia nº 9*, 316; *Trio para piano nº 2*, 313
Sibelius, Jean, 209, 222, 226; *Concerto para violino*, 226; *Finlândia*, 226; *Kullervo*, 226; *O cisne de Tuonela*, 226; *Sinfonia nº 2*, 226; *Sinfonia nº 5*, 226
simbolistas, 251, 253-4
sinfonia(s): Beethoven e, 12, 89, 121, 132, 142; Brahms e, 200-1; clássica, 84-5, 89; Haydn e, 91, 98, 100, 264; Mahler e, 215, 217; Mozart e, 114-5; Schumann e, 168, 171
Singspiel (gênero de ópera), 109
sistema tonal, 239-40, 245, 317
Smithson, Harriet, 160, 162
Sociedade de Música Graz (Áustria), 151
Sociedade Händel & Haydn de Boston, 75
sonata, forma, 86-90, 141, 151, 179, 199; concertos em, 88; "escolar", 86; rondó-sonata, 88, 90
Sprechstimme ("voz falante"), 286
Stálin,Ióssif, 310-4, 316, 332-3
Stockhausen, Karlheinz, 243-4, 328, 330-1, 341; *Gesang der Jünglinge*, 342; *Hymnen*, 342; *Stimmung*, 342
Stokowski, Leopold, 301
Stradivari, família, 345
Strauss, Richard, 140-1, 165, 187, 257-62, 284, 303; Bartók e, 261, 303; Brahms e, 258; Mozart, 258; orquestração e, 258, 262; Schoenberg

e, 284; Wagner e, 187; — obras: "A aurora do homem" (*Also sprach Zarathustra*), 261; *Also sprach Zarathustra* [*Assim falou Zaratustra*], 187, 257, 260-1; *As alegres travessuras de Till Eulenspiegel*, 262; "Dança dos sete véus" (*Salomé*), 259; *Der Rosenkavalier* [*O cavaleiro da rosa*], 260, 262; *Dom Quixote*, 140; *Don Juan*, 258; *Elektra*, 260, 262; *Guntram*, 258; *Metamorphosen*, 261; *Quatro últimas canções*, 261; *Salomé*, 259, 262
Strauss-de-Ahna, Pauline, 259
Stravinsky, Igor, 208, 218, 224, 231, 233, 243-5, 248, 260-1, 266, 268, 270-81, 283, 285, 287, 304, 317, 322-4, 331, 335-6; "acorde *Petrushka*", 273; Bartók e, 304; Copland e, 278, 280, 322-4; Debussy e, 271, 274-5; Ives e, 279; orquestração e, 271-2, 276, 278, 280; Rachmaninoff e, 336; Ravel e, 266, 268, 271, 274-5; Schoenberg e, 279-80, 283, 287; Tchaikóvski e, 208; Webern e, 335; — obras: *A história do soldado*, 270; *A sagração da primavera*, 231, 243, 270, 273, 275, 278, 304; *Agon*, 244, 270-1, 280; *Les noces*, 270-1, 276; *O pássaro de fogo*, 270-3; *Pastorale*, 270-1; *Petrushka*, 270, 272-3; *Pulcinella*, 270, 277-8; *Scherzo fantastique*, 271; *Sinfonia dos salmos*, 270, 279; *Sinfonias para instrumentos de sopro*, 270; *The Rake's Progress*, 280
Stravinsky, Vera, 279
stretto(s), 43
Sturm und Drang (movimento literário alemão), 98-9, 101-2
suicídio, culto romântico do, 138, 166, 168
sumérios, 19
"superior" e "inferior", arte, 246-7
Szell, George, 218

Takemitsu, Toru, 246
"Tammy" (canção), 120
Taverner Consort, 28

Tchaikóvski, Piotr Ilich: Stravinsky e, 208; — obras: *Capricho italiano*, 209; *Concerto para piano nº 1*, 206; *Concerto para violino*, 207; "Dança da fada açucarada" (*Quebra-nozes*), 208; *Marcha eslava*, 209; Mozart e, 208; *O lago dos cisnes* (balé), 206; *Ouverture 1812*, 207; *Quebra-nozes* (suíte), 208; *Serenata para cordas em dó maior*, 208; *Sinfonia nº 1*, 206; *Sinfonia nº 4*, 209; *Sinfonia nº 5*, 208; *Sinfonia nº 6* (*Patética*), 209
temperamento (sistema de afinação), 56-9
teosofia, 225
textura(s), 23, 25, 39-40, 84, 187, 202, 234, 253, 258, 268, 272, 299, 347; *ver também* homofonia; monofonia; polifonia
tímpanos, 142, 201, 305
Tin Pan Alley (editoras musicais de Nova York), 338
Tolkien, J. R. R.: *O senhor dos anéis*, 179
tom médio, afinação em, 57-9
tonalidade: centro tonal, 237, 240, 242; música tonal, 236-41, 243; "tonalidade cromática", 304
tragédias gregas, 20, 39
tremolo em cordas, 49, 63
tríades: maiores ou menores, 238; tríade dominante, 238; tríade tônica, 238
trio (seção de sonata), 90, 124
trombone, 10, 142, 164, 272, 285
trompa, 71, 96, 101, 128, 142-3, 164, 182, 194, 198, 201, 213, 321, 346; francesa, 96
trompete, 20, 65, 71, 96, 142-3, 164, 271-2, 280, 285, 297
"Tropário de Winchester" (*organum*), 24
trovadores, 24, 28-9

Vale da ternura, O (filme), 325-6
Van Gogh, Vincent, 234

Índice remissivo

vanguarda, música de, 244-6, 248, 267, 275, 328, 337, 340-1
Varèse, Edgard, 337; *Amériques*, 337; *Ionização*, 337; *Poema eletrônico*, 337
Varsóvia, Conservatório de, 173
Vasnier, Blanche, 250
Vauxhall, Jardins de, 71
"Veni sancte spiritus" (canto gregoriano), 21
Verdi, Giuseppe, 48, 178, 223; *Falstaff*, 223; *Otello*, 223; *Réquiem*, 223
Verlaine, Paul, 251
Viena, Conservatório de, 216
Viena, Filarmônica de, 286
viola, 108, 142-3, 145, 163-4, 212, 342, 346-7
violino, 45, 55-6, 61, 66, 69, 96-7, 106, 108, 132, 134, 142-3, 145, 163, 170, 195-6, 207, 210, 222-3, 226, 247, 256, 268, 277, 286, 291, 305, 309, 313-4, 324, 330, 334, 345-6, 348
violoncelo, 45, 55, 66, 98, 142-3, 194, 198, 202, 213, 256, 283
Vivaldi, Antonio, 46, 54-5, 77; *As quatro estações*, 77; *Glória em ré maior*, 77
Vogl, Johann Michael, 150
vozes (em polifonia), 25, 27, 41, 48-50, 54, 99, 141

Wagner, Minna, 180, 183
Wagner, Richard: antissemitismo de, 185; Berlioz e, 165; Brahms e, 140-1, 178-80, 182, 184-8, 191; Bruckner e, 223; Debussy e, 187; Liszt e, 189-92, 196-7; Mahler e, 216; orquestração e, 179, 181-2, 187; Strauss e, 187; — obras: *As valquírias*, 187; "Cavalgada das Valquírias" (As valquírias), 187; *Die Götterdämmerung* (O crepúsculo

dos deuses), 186; *Die Meistersinger von Nürnberg* [Os mestres cantores de Nuremberg], 183, 188; "Entrada dos deuses em Valhalla" (*O anel dos Nibelungos*), 187; *Lohengrin*, 181, 183, 187-8; "Marcha fúnebre de Siegfried" (*O crepúsculo dos deuses*), 186; "Murmúrios da floresta" (*Siegfried*), 187; *O anel dos Nibelungos*, 143, 178; "O judaísmo na música" (ensaio antissemita), 185; *O navio fantasma/O holandês voador* (*Der fliegender Hollaender*), 180-1; "Prelúdio amor-morte de *Tristão e Isolda*", 188; "Prelúdio para o ato 1 de *Lohengrin*", 187; *Rienzi*, 180-1; *Siegfried*, 182, 187; *Tristão e Isolda*, 182, 188, 240
Weber, Aloysia, 108, 110
Weber, Carl Maria von, 337
Webern, Anton, 235-6, 240, 242-4, 283-4, 290, 334-5; *Cinco peças para quarteto de cordas*, 335; *Concerto para nove instrumentos*, 335; *Seis peças para orquestra*, 236, 290, 335; Stravinsky e, 335
Weill, Kurt: "Mack, a faca", 72; *Ópera dos três vinténs*, 72
Weltschmerz ("dor do mundo"), 209
Wesendonck, Mathilde, 182
Wieck, Friedrich, 166, 169
Wilde, Oscar, 286; *Salomé*, 259
Williams, Ralph Vaughn: *Fantasia sobre um tema de Thomas Tallis*, 336; Ravel e, 336; *Sinfonia nº 4*, 336
Wood, Grant: *Gótico americano* (quadro), 323

Zappa, Frank, 337
Zemlinsky, Alexander von, 283
Zweig, Stefan, 260

ESTA OBRA FOI COMPOSTA POR MARI TABOADA EM DANTE PRO E
IMPRESSA EM OFSETE PELA LIS GRÁFICA SOBRE PAPEL PÓLEN SOFT
DA SUZANO S.A. PARA A EDITORA SCHWARCZ EM FEVEREIRO DE 2021

A marca FSC® é a garantia de que a madeira utilizada na fabricação do papel deste livro provém de florestas que foram gerenciadas de maneira ambientalmente correta, socialmente justa e economicamente viável, além de outras fontes de origem controlada.